Ron Louis · David Copeland

Wer f... will, muss freundlich sein

Ron Louis · David Copeland

Wer f... will, muss freundlich sein

riva

1. Auflage 2008

Die amerikanische Originalausgabe erschien unter dem Titel *How To Succeed With Women*

Übersetzung: Edward Krause
Lektorat: Annerose Sieck
Umschlaggestaltung: Sabine Krohberger
Coverfoto: Christiane Bach
Layout und Satz: Agentur MCP, Holzkirchen
Druck: CPI – Ebner & Spiegel, Ulm

ISBN 978-3-936994-89-6

Bibliografische Information der Deutschen Bibliothek: Die Deutsche Bibliothek verzeichnet diese Publikation in der Deutschen Nationalbibliothek; detaillierte bibliografische Daten sind im Internet über http://dnb.ddb.de abrufbar.

Für Fragen und Anregungen zum Buch: louiscopeland@rivaverlag.de

Gerne senden wir Ihnen unser Verlagsprogramm: vp@rivaverlag.de

riva Verlag
ein Imprint der FinanzBuch Verlag GmbH
Nymphenburger Straße 86
80636 München
Tel.: 089 651285-0
Fax: 089 652096
E-Mail: info@rivaverlag.de

www.rivaverlag.de

riva

Inhalt

Einführung

Früher ging es uns nicht anders als Ihnen vermutlich heute. Unsere Beziehungen zu Frauen hingen von zwei Dingen ab: vom Glück ganz allgemein und von der Laune der Frauen, die sich zufällig zu uns hingezogen fühlten. Sex war für uns in zweierlei Hinsicht ein »reiner Glücksfall«: Die Entscheidung lag ganz bei der Frau. Wir hatten keinen Einfluss darauf, wann und wo sich Chancen ergaben. Sex und Beziehung, so schien es, waren reine Zufallstreffer. Vielleicht ergab sich etwas – vielleicht aber auch nicht. Natürlich hatten wir bald die Nase voll von diesem Spiel.

Wir beschlossen, um jeden Preis herauszufinden, was bei Frauen ankommt. Wir wollten wissen, wie man sie verführt – und mehr: Wir wollten in Erfahrung bringen, wie man eine Beziehung aufbaut, die für beide Seiten erfüllend ist. Das ist nun 15 Jahre her. Seitdem hatten wir unzählig viele Verabredungen. Nach jedem Treffen mit einer Frau verglichen wir unsere Notizen. Im Nachhinein kamen uns viele Begegnungen unbeholfen und lächerlich vor, aber bei allen Misserfolgen, Frustrationen und Erfolgen: Wir blieben am Ball. Je mehr Erfahrungen wir machten und austauschten, desto deutlicher sichtbar wurde die Struktur für eine erfolgreiche Verabredung. Mit der Zeit konnten wir den Verlauf einer Begegnung besser einschätzen und vorhersagen, wie welcher Typ von Frau auf unsere Verführungsversuche reagieren würde. Mit der Zeit nahmen wir unsere Verabredungen mit Frauen weniger ernst und hatten immer mehr Spaß dabei. Wir erkannten, dass wir die meisten Probleme, die wir mit Frauen hatten, durch unser eigenes Verhalten verursacht hatten. Wir begannen, eine Reihe von Grundsätzen zu entwickeln, aus denen später dieses Buch entstand.

Heute wissen wir, dass wir so viele Frauen haben können, wie wir wollen. Wir müssen einfach die Techniken anwenden, die in diesem Buch umrissen werden. Uns sind z. B. die Botschaften bekannt, die unser ganz persönlicher Stil auf das andere Geschlecht aussendet, und wir wissen, wie wir diesen so verführerisch wie möglich verpacken können. Heute können wir uns Frauen gegenüber schon bei der ersten Begegnung als Romantiker verkaufen, anstatt uns lediglich als »gute Freunde« zu präsentieren. Wir wissen, wie man erfolgreich flirtet und auf diese Weise die erste Verabredung zustandebringt. Uns ist mittlerweile vertraut, wie man eine Verabredung zum Kaffee trifft und dabei die Frau nach allen Regeln der Kunst verführt. Wir wissen, wie man den ersten Kuss – und mehr – wagt. Wir erkennen Probleme schon im Ansatz und sind mit den Regeln vertraut, wie man eine Beziehung aufbaut und wie man diese endgültig beendet. Der Umgang mit Frauen ist – lediglich mithilfe dieser Techniken – für uns viel leichter geworden. Als wir unsere Erfahrungen mit Frauen aufschrieben, haben wir oft zueinander gesagt: »Hätte ich dieses Buch nur schon vor zehn Jahren gehabt! Ich hätte wesentlich weniger Fehler gemacht!« Diese Ratgeber liefert ein Programm, das Ihr Leben mit Frauen für immer verändern wird. Um die Möglichkeiten, die es bietet, voll auszuschöpfen, sollten Sie die folgenden Tipps berücksichtigen:

Seien Sie offen für unsere Ratschläge. Es nützt Ihnen nicht das Geringste, wenn Sie alle Tipps von der Hand weisen, ohne sie wenigstens einmal ausprobiert zu haben. Selbstverständlich werden Sie nicht immer unserer Meinung sein.

Betrachten Sie uns als Ihre persönlichen Verabredungs-Trainer. Als Trainer müssen wir Sie auch dazu ermuntern, etwas Neues auszuprobieren. Stellen Sie sich einen Fußball-Profi vor, der jedes Mal eine Diskussion anfängt, wenn der Trainer ihm etwas beibringen will oder seine Leistung kritisiert. Der Spieler würde viel Kraft verbrauchen, ohne etwas zu erreichen. Wer sich trainieren lässt, muss das, was er weiß, auch mal beiseitelegen können, um fremdes Terrain zu erobern. Wenn Sie das Bestmögliche aus diesem Buch herausholen wollen, sollten Sie beim Lesen auf imaginäre Diskussionen mit uns verzichten. Tun Sie einfach so, als wenn das, was wir sagen, die Wahrheit wäre, und probieren Sie es (wenigstens eine Zeit lang) aus: Sie werden feststellen, was bei Ihnen funktioniert – und was nicht. Denn wenn Sie schon alles über Erfolg bei Frauen wissen und genau das Sexleben haben, das Sie sich wünschen – warum lesen Sie dann dieses Buch?

Suchen Sie sich einen »Lernpartner«. Wissen Sie, warum asiatische Schüler im Durchschnitt bessere Noten erzielen als andere? Experten behaupten, sie seien nicht klüger, würden aber eher gemeinsam in Gruppen lernen. Wer gemeinsam mit anderen in einer Gruppe lernt, bewältigt den Stoff schneller, hat mehr Spaß und erzielt bessere Resultate. Sie sind gut beraten, sich ebenfalls daran zu halten.

Wenn Sie einen anderen Mann kennen, mit dem Sie die Kunst der Verführung studieren können, sollten Sie auf jeden Fall mit ihm gemeinsam lernen. Sie können die einzelnen Kapitel und Vorschläge gemeinsam durchgehen und sich gegenseitig ermuntern, die Techniken auszuprobieren, die wir Ihnen beibringen. Ein Partner kann Sie vor einer Verabredung in Stimmung bringen und hinterher Ihre Erfahrungen mit Ihnen teilen. Er kann Ihnen Feedback und Tipps zu E-Mails und Liebesbriefen geben, die Sie schreiben, und die vielfältigen Erfahrungen mit Ihnen besprechen, die Sie mit Frauen machen werden, wenn Sie beginnen, unser Programm anzuwenden. Er kann Ihre Erfolge mit Ihnen feiern und Ihnen über Ihre Enttäuschungen hinweghelfen.

Bei uns hat es funktioniert: Wir haben das Material in diesem Buch gemeinsam entwickelt und zusammengetragen. Durch unsere Gespräche konnten wir die zahlreichen Unterschiede, auf die es ankommt, schneller herausarbeiten und viel voneinander lernen. Das einzige Problem dabei ist, dass man den richtigen Partner finden muss. Er muss auch mal einen Spaß verstehen, und es darf ihm nicht peinlich sein, Romanzen mit Frauen gemeinsam zu besprechen. Er sollte zudem diskret sein. Wenn er überall herumerzählt, dass Sie lernen, wie man Frauen verführt, passiert es leicht, dass er Frauen abspenstig macht, auf die Sie ein Auge geworfen haben. Man muss kein großes Geheimnis daraus machen, aber es nützt auch niemandem etwas, wenn man es überall verbreitet. Sie werden die Erfahrung machen, dass ein Partner beim »Studium dieses Stoffs« eine große Hilfe ist –, obwohl es notfalls auch ohne geht.

Schreiben Sie in dieses Buch hinein, auch wenn man Ihnen beigebracht hat, niemals in ein Buch hineinzuschreiben. Das ist totaler Quatsch! Nehmen Sie sich die Freiheit, dieses Buch Ihren Bedürfnissen entsprechend zu gestalten. Unterstreichen Sie, was Ihnen wichtig erscheint, und notieren Sie am Rand Ihre Ideen oder Fragen. So können Sie den Stoff erheblich besser aufnehmen und viel schneller Stellen finden, auf die Sie später zurückkommen wollen.

Wir haben die Erfahrung gemacht, dass gute Vorsätze und ein guter Charakter nicht genügen. Diese Eigenschaften sind wichtig, aber in den allermeisten Fällen reichen sie keineswegs aus, um eine Romanze mit einer Frau zu beginnen. Wenn Sie bei Frauen Erfolg haben wollen, müssen Sie romantisches Ambiente erzeugen: Sie müssen lernen, bewusst Situationen, Konversationen, Erlebnisse, Verabredungen und Augenblicke zu kreieren, die in einer Frau romantische Gefühle wecken und sie dazu bringen, Ihnen gegenüber romantische Gedanken zu hegen. Manchmal ergibt sich das von selbst, aber mit etwas Know-how kann man dafür sorgen, dass das dauerhaft geschieht. Sie sollten wissen, wie Sie eine romantische Stimmung erzeugen. In diesem Buch geht es im Grunde darum, genau das zu lernen.

Vergessen Sie nicht: Verabredungen mit Frauen sind ein Spiel. Ein ernstes Spiel, aber ein Spiel. Alle Spiele sind frustrierend, wenn man zum ersten Mal die Regeln lernt; das ist bei einem Date nicht anders. Aber wie alle anderen Spiele machen auch Dates Spaß, wenn man die Regeln beherrscht. Werfen Sie bei den ersten Versuchen trotz aller Unsicherheiten nicht gleich die Flinte ins Korn! Bleiben Sie am Ball – es wird Ihnen bald Spaß machen.

Ein großer Teil des Materials in diesem Buch stammt aus den Fragen unserer Schüler. Wir haben in den vergangenen Jahren individuelle Trainingssitzungen und Kurse abgehalten.

1

Wie man gut bei Frauen ankommt …

Peter kam mit einem Problem zu uns: »Anscheinend kann ich Frauen nicht dazu bringen, dass sie mich gern haben«, sagte er. »Ich meine, sie mögen mich als einen Freund, aber wenn ich die Beziehung romantischer gestalten will, funktioniert es einfach nicht. Ich habe seit über einem Jahr keinen Sex mehr gehabt. Was soll ich tun?«

Geschichten wie die von Peter hören wir immer wieder. Die unterschiedlichsten Männer kommen mit ihren Frauen-Problemen zu uns. Manche sind jung, manche sind im mittleren Alter, manche sind alt. Einige sind Handelsvertreter, andere Computer-Programmierer, wieder andere Manager. Wir haben mit Hochschulprofessoren und mit Studenten gearbeitet. Wir haben mit verheirateten und geschiedenen Männern gesprochen. Reiche und arme, attraktive und hässliche Männern kamen zu uns. Die Männer, die wir beraten haben, hatten so viele unterschiedliche Schicksale und Hintergründe, wie man sich vorstellen kann.

Sie alle sind mit demselben Problem zu uns gekommen: Sie können Frauen nicht dazu bringen, mit ihnen eine Beziehung oder Sex zu haben. Sie wünschen sich nichts sehnlicher als Erfolg beim anderen Geschlecht. Aber sie haben keinen – und es sieht so aus, dass es umso schlimmer wird, je mehr sie es versuchen. Peter sagte: »Ich habe es aufgegeben, mich zu verabreden, weil ich den Schmerz und die Erniedrigung nicht mehr ertrage.« Diesen Männern geht es meist so.

Es sind gute Männer. Sie sind offen und ehrlich und würden gute Liebhaber, Partner oder Ehemänner abgeben. Aber anscheinend können sie Frauen nicht einmal dazu bewegen, ihnen eine Chance zu geben. Sie alle leben von der Hoffnung – der Hoffnung, dass sie eines Tages die Frau finden werden, die sie mag; dass sie eines Tages auf magische Weise herausfinden werden, wie man auf Frauen attraktiv wirkt; dass sie sich eines Tages, durch eine geheimnisvolle Verwandlung, in Superliebhaber verwandeln werden.

Anscheinend hilft es nicht, wenn man sich bloß der Hoffnung hingibt – vor allem nicht bei einer so wichtigen Sache wie der Beziehung zu einer Frau. Das ist, als wenn man hoffen würde, dass sich die Wohnung von selbst aufräumt. Als wenn man hoffen würde, dass man eines Tages genügend Geld für die Rente haben wird, ohne dafür privat vorzusorgen. Man muss die richtigen Entscheidungen treffen, um seine Ziele zu erreichen. Die bloße Hoffnung führt zu nichts.

Mit viel Glück treffen Sie vielleicht einmal eine Frau, bei der alles richtig läuft, egal, was Sie tun, aber ehrlich gesagt, das kommt nur sehr selten vor. Romanzen ergeben sich nur selten von selbst. Die bloße Hoffnung führt nicht zu der Beziehung, die Sie sich wünschen. Wer es dem Zufall überlässt, wird sehr wahrscheinlich in Einsamkeit enden. Sie müssen langfristige Entscheidungen treffen.

Aber wie funktioniert das? Was kann ein Mann tun, um für eine Frau, die er begehrt, so attraktiv zu werden, dass sie ihn nicht nur nett findet, sondern ihre Kleider ausziehen und ihren Körper an seinem reiben will? Die Antwort auf diese Frage ist das Thema dieses Buches.

Wir werden Sie nicht anlügen und Ihnen weismachen, dass Sie sofort zu einem Superliebhaber werden, der eine Frau innerhalb von maximal zehn Minuten ins Bett bringt –, indem Sie einfach nur dieses Buch lesen. Das wäre Quacksalberei (und ist auch nicht Bestandteil dieses Programms). Eine Frau erfolgreich zu verführen, ist harte Arbeit. Dieses Buch wird Ihr Leben dadurch verändern, dass es Ihnen zum ersten Mal in Ihrem Leben sagt, was genau Sie tun müssen. Es liegt an Ihnen, es umzusetzen und die »Wissenschaft« anzuwenden, die wir Sie lehren (obwohl wir Ihnen auch genau sagen werden, wie es geht). Wenn Sie bereit sind, diese Arbeit auf sich zu nehmen, werden die Mittel, die wir Ihnen in diesem Buch vorstellen, tatsächlich funktionieren – wie sie auch bei uns und den vielen anderen Männern geholfen haben, die wir unterrichtet haben. Die Grundsätze sind einfach und äußerst nützlich. Die Schritte sind einfach zu lernen und leicht zu behalten. Mit etwas Übung werden Sie sie meistern – und bei Frauen viel erfolgreicher sein, als Sie jemals geglaubt hätten.

Das »Programm« des Buches

Dieses Buch wird Ihnen schrittweise vermitteln, wie Sie Frauen finden, sich mit ihnen verabreden, sie verführen und Beziehungen zu ihnen aufbauen. Wir werden jeden Aspekt der Verführung abdecken, sodass Sie bei jedem Schritt wissen, wo Sie stehen, wo Sie waren und was Sie als nächstes tun müssen. Dieses Buch wird Ihnen die Fähigkeit verleihen, so viele Frauen anzusprechen und zu treffen, wie Sie möchten – und unter diesen diejenige auszuwählen, die langfristig zu Ihnen passt. Folgende Themen werden behandelt:

Die sieben Gewohnheiten eines Topverführers

Es gibt eine Reihe von Verhaltensweisen, die alle Meister der Verführung befolgen. Wir zeigen Ihnen, was erfolgreiche Verführer tun, um bei Frauen dauerhaft erfolgreich zu sein. Wir zeigen Ihnen auch, wie man die häufigsten Fehler beim Verführen vermeidet (die Sie wahrscheinlich am laufenden Band machen). Wenn Sie die Gewohnheiten erfolgreicher Verführer annehmen und die häufigsten Fehler abstellen, werden Sie bei Frauen sofort besser ankommen.

Wege zum richtigen Stil

Die Kommunikation mit Frauen vollzieht sich hauptsächlich durch den persönlichen Stil und das Maß des Selbstvertrauens. Was Sie auf diesen entscheidenden Ebenen zu einer Frau »sagen«, kann sehr leicht den Unterschied zwischen einer erfolgreichen und einer fehlgeschlagenen Verführung ausmachen. Wir zeigen Ihnen, wie Sie durch Ihre Kleidung und Ihr Verhalten Ihren persönlichen Stil so entwickeln können, dass er einen authentischen Ausdruck Ihrer Persönlichkeit bildet, den Frauen absolut unwiderstehlich finden werden.

Flirten ohne Katastrophe

Flirten tut man, um sich mit einer tollen Frau, die man zufällig trifft, zu verabreden. Durch die Art Ihres Flirts legen Sie den Grund für die Struktur Ihrer Beziehung. Werden Sie ihr Liebhaber sein – oder nur ein guter Freund? Das hängt zum großen Teil davon ab, wie Sie flirten. Wenn Sie nicht wissen, wie das geht, vermasseln Sie Ihre Zukunft mit einer Frau, ohne dass Sie es überhaupt merken. Wir zeigen Ihnen, wie Sie durch einen Flirt ein Date zustandebringen, die natürlichen Ängste einer Frau überwinden und auf eine lustige und spannende Weise eine Beziehung zu ihr herstellen. Dann zeigen wir Ihnen, wie Sie diese Beziehung problemlos in eine akzeptierte Einladung zu einem Date verwandeln können.

Crash-Kurs in Sachen Romantik

Viele »praktisch veranlagte« Männer wissen nicht, wie man auf eine Weise romantisch sein kann, die einer Frau wirklich das Gefühl gibt, etwas Besonderes zu sein. Darüber hinaus scheint Romantik passé zu sein: Im Zeitalter der Gleichberechtigung sollte nicht unbedingt der Mann für die Romantik sorgen müssen – oder doch? Das muss er allerdings. Sie müssen romantisch sein, weil es Spaß macht und einer Frau zeigt, dass sie etwas ganz Wertvolles ist – und außerordentlich attraktiv. Wir zeigen Ihnen, wie das geht.

Schnupper- und Verführungs-Dates

Wir unterscheiden zwei Arten von Dates: »Schnupper-Dates und Verführungs-Dates«. Dabei handelt es sich um unterschiedliche, aber jeweils ganz entscheidende Teile einer erfolgreichen Verführung. Sie werden lernen, was eine Frau an einem Mann begehrt und wie ein Mann dieses Begehren erfüllt, indem er die entsprechenden Aspekte der eigenen Persönlichkeit zum Leben erweckt. Sie werden zuverlässige Mittel für eine romantische Konversation kennenlernen: Wir werden Ihnen zeigen, wie Sie romantische Erfahrungen erzeugen können, durch die Sie eine Frau anregen, sie an sich binden und für sie zeitlebens unvergesslich bleiben.

Wie man den Knoten platzen lässt: Der erste Kuss und mehr

Wenn man es richtig anstellt, ist der erste Kuss einfach. Wenn man es falsch macht – was die meisten Männer tun – ähnelt der erste Kuss eher einem Besuch beim Zahnarzt. Wir zeigen Ihnen genau, wie Sie eine Situation erzeugen, in der die Frau an den Kuss denkt und ihn begehrt. Wir zeigen Ihnen, wie Sie diesen Kuss erobern und sofort sehr viel mehr daraus machen können.

Der Traummann im Bett

Der Meister der Verführung weiß, dass er stets an seiner Fähigkeit arbeiten muss, Sex zu genießen und eine Frau glücklich zu machen. Wir zeigen Ihnen, wie Sie die drei entscheidenden Bereiche verbessern – die Kommunikation, die Einstellung und die Technik. Wir zeigen Ihnen, wie Sie auf den Augenblick hinarbeiten, an dem die Verabredung erotisch wird, wie Sie das Vor- und Nachspiel meistern und was Sie beim Sex sagen sollen – und was nicht.

Wenn Frauen Ärger machen

Leider werden Sie es mit Frauen nicht immer leicht haben. Unserer Erfahrung nach (und die Erfahrungen unserer Schüler bestätigen das) treten dieselben grundlegenden Probleme immer wieder auf. Wir werden Ihnen die neun Geheimnisse des Umgangs mit Ärger vermitteln, den Frauen machen, und begleiten Sie schrittweise durch die häufigsten Probleme bei Verabredungen. Da die Frauen (wenn überhaupt) nur die eine Hälfte des Problems sind, zeigen wir Ihnen auch, wie Sie mit Problemen umgehen können, die Sie selbst bei Verabredungen verursachen.

Wie man Frauen bindet

Wenn man eine Frau verführt hat, muss man den Kontakt zu ihr halten – falls man wieder Sex mit ihr haben will. Wir erklären Ihnen das ABC der Pflege romantischer Beziehungen sowie die besonderen Schritte, die Sie unternehmen müssen, um eine Frau »warmzuhalten« –, damit sie mit Ihnen glücklich ist und auf Sie wartet.

Wie man sich von ihr trennt

Alle kurzfristigen Beziehungen finden früher oder später ein Ende. Wir zeigen Ihnen, wie Sie erkennen, wann es Zeit ist, die Beziehung zu beenden – und wie Sie diese möglichst schonend auflösen und sich in aller Freundschaft trennen. Wir erklären Ihnen auch, wie Sie erkennen, ob eine Frau für eine langfristige Beziehung infrage kommt.

Zwischen Spaß und Ernst

Die meisten Männer wollen eine Zeit lang experimentieren und suchen später eine langfristige Beziehung. Wir zeigen Ihnen die wichtigsten »Do's and Dont's« für eine Beziehung, die auch langfristig leidenschaftlich, spaßig und liebevoll bleibt.

Darüber hinaus erwarten wir von Ihnen, dass Sie die Verantwortung für Ihr eigenes Leben übernehmen. Wir werden Ihnen ständig vor Augen halten, dass viele Probleme, die Sie den Frauen oder dem Schicksal anlasten, tatsächlich aus Ihrem eigenen Verhalten resultieren. Keine Angst: Wir erklären Ihnen auch, wie Sie Ihr Verhalten ändern können, damit Sie Ihr eigenes Leben besser im Griff haben und eher bekommen, was Sie wirklich wollen. Wenn Sie lernen und diesen Stoff aufnehmen, werden Sie automatisch weniger klagen. Sie werden zu einem Mann, der bekommt, was er will – sowohl im Hinblick auf Frauen als auch im Hinblick auf andere Aspekte seines Lebens.

Im Kern geht es in diesem Buch um schöpferische, produktive Fähigkeiten – die Fähigkeit, kreativ, innovativ, ergebnisorientiert und lustig zu sein. Wenn Sie die Praktiken verinnerlichen, die wir in diesem Buch vermitteln, werden Sie in Ihrem eigenen Leben auch eher so werden. Das ist wichtig, weil diese Eigenschaften – die man braucht, um ein erfülltes Leben zu gestalten – letzten Endes auch auf Frauen anziehend wirken. Alle Übungen, Schritte und Verfahren, die wir Ihnen vorstellen, sind einfache Mittel zum Zweck, Sie in einen aufregenden, schöpferisch-produktiven Mann zu verwandeln. Sie werden die Erfahrung machen, dass Sie nicht nur Ihre Beziehungen zu Frauen, sondern Ihr gesamtes Leben verbessern, wenn Sie diesen Charakterzug betonen.

Die sieben Date-Legenden

Sie sind bereit, die Arbeit zu leisten, die man einsetzen muss, um Frauen ins Bett zu bekommen; jetzt müssen wir Ihnen nur noch sagen, was Sie tun müssen. Aber bevor wir Ihnen die Geheimnisse eines erfüllten Liebeslebens verraten, müssen wir die sieben Legenden über das Dating untersuchen und entkräften. Sie haben sich wahrscheinlich die meisten davon (oder alle) angeeignet; jetzt müssen Sie sie zunächst einmal ausräumen.

Legende Nr. 1: Wenn man hinreichend nett und interessant ist, bekommt man eine Frau

Es ist großartig, wenn man nett und interessant ist, aber das reicht nicht: Man muss verführerisch sein - das ist etwas völlig anderes. Die meisten Männer verstehen das nicht. Der Durchschnittsmann glaubt, dass eine Bekanntschaft bereits auf eine Romanze hinsteuert, wenn eine Frau, die er mag, ihn »süß« und »interessant« nennt und ihn für »einen wunderbaren Freund« hält. Das ist nicht der Fall, weil es - wie gesagt - nicht genügt, nett und interessant zu sein: Sie müssen verführerisch sein. Wenn Sie uns nicht glauben, sehen Sie sich doch einmal all die verrückten Typen an, die jede Menge Frauen haben, die mit ihnen ins Bett gehen. Die Frauen laufen ihnen ganz sicher nicht deshalb hinterher, weil sie so nett und interessant sind. Sie laufen ihnen hinterher, weil sie aufregend, romantisch und lustig sind. Wenn Sie lernen, aufregend, romantisch und lustig zu sein, werden auch Sie von schönen, interessanten Frauen umgeben sein. Sie können trotzdem nett und interessant bleiben; Sie dürfen nur nicht vergessen, dass das die Frauen nicht anmacht.

Legende Nr. 2: Sie sind ein lieber Kerl, der nur nette Gedanken und Wünsche hegt

Männer, die glauben, dass sie wirklich liebe Kerle sind, die nur nette Gedanken und Wünsche hegen, sind oft grausame Herzensbrecher. Männer, die wissen, dass sie nicht immer süß sind und nicht immer nur nette Gedanken und Wünsche hegen, sind oft weniger unmenschlich. Wie ist das möglich? Männer, die entschlossen sind, in jeder Hinsicht immer nett zu sein, sollten doch eigentlich die netteren sein oder nicht? Leider läuft das nicht so.

Sehen Sie es so: Im Verlauf einer Beziehung haben Sie die Gelegenheit, eine große Bandbreite von Gefühlen zu empfinden und viele Arten und Weisen des Verhaltens zu erleben. Statistisch gesehen können Sie nicht immer in Topform sein. Manchmal werden Sie sich super fühlen, meistens werden Sie durchschnittlich gelaunt sein, und manchmal sind Sie einfach nur schlecht drauf.

Wer schlecht drauf ist, hat Gefühle und Wünsche, die nicht sonderlich nett sind. Tatsächlich werden diese wahrscheinlich absolut unfreundlich sein. Sie wollen sich für etwas rächen, was der andere gesagt hat, oder das Verhalten des anderen macht Sie wütend. Wer sich selbst für einen netten Kerl hält, der nur nette Gedanken und Wünsche hegt, ist weniger in der Lage, in verantwortlicher Weise damit umzugehen. Man tut dann Dinge, die ganz eindeutig nicht nett sind, ohne dass man sich dessen überhaupt bewusst ist. Sie werden sich dann sagen, Sie könnten niemals gemein sein: Schließlich sind Sie ein »netter Mann«. Sie werden niemals zugeben, dass Sie jemals unfreundlich sein könnten. Frauen sagen uns immer wieder, dass es gerade die »netten« Männer sind, vor denen sie sich in Acht nehmen müssen. Sie sagen, dass die Netten ihren Ärger eher indirekt äußern und Frauen emotional verletzen, wobei sie sich stets unschuldig geben und sich selbst in der Rolle des Opfers sehen.

Männer, die wissen, dass sie nicht immer nette Kerle sind und nicht immer freundliche Gedanken und Wünsche hegen, sind sehr viel eher in der Lage, für sich selbst die Verantwortung zu übernehmen. Sie können es zugeben, wenn sie wütend sind oder Rachegelüste hegen, und entsprechend damit umgehen. Sie sind viel gradliniger und aufrechter als nette Männer. Frauen vertrauen ihnen mehr und mögen sie mehr. Langfristig sind sie für jeden in ihrer Umgebung viel weniger schädlich.

Manche netten Männer brüsten sich damit, für die Gefühle und Bedürfnisse von Frauen besonders sensibel zu sein. Frauen sagen ihnen oft, dass sie »etwas Besonderes« sind – und »anders als die anderen Männer«. Oft halten sie sich selbst für begeisterte Unterstützer der Frauenbewegung und sind übermäßig wachsam gegenüber allem, was eine Frau irgendwie verletzen könnte. Sie sind anderen Männern gegenüber von Natur aus misstrauisch und entschlossen, anders zu sein als sie. Diese Art von Mann nennen wir einen »SNAG«, einen »Sensitive New Age Guy« (das ist ein sensibler, postmoderner Hippie). Verstehen Sie uns nicht falsch – falls Sie einer von diesen Männern sind, haben wir nichts gegen Sie persönlich. Tatsächlich können wir Sie ganz gut verstehen – beide Autoren hatten früher ebenfalls einige SNAG-Eigenschaften.

Wir haben aber Folgendes daraus gelernt: Um Sex zu bekommen, muss man nicht aufhören, ein guter, ehrlicher, einfühlsamer Mann zu sein, der Frauen liebt und Sex haben will. Eine Frau hat Sex mit einem Mann, weil dieser Mann in der Lage ist, ihre Bedürfnisse zu erfüllen. Er mag ihr Bedürfnis nach Abenteuer erfüllen, ihr Bedürfnis nach Romantik oder ihr Bedürfnis nach etwas anderem. Wenn man ein netter, einfühlsamer Mann ist, aber keinen Sex bekommt, ist man vielleicht nicht so nett und einfühlsam, wie man glaubt. Es kann sein, dass Sie die Bedürfnisse von Frauen ignorieren, anstatt sie zu erfüllen. Das kann sehr wohl der Grund dafür sein, dass Sie allein schlafen. Wenn Sie dieses Buch lesen und die Techniken anwenden, die darin vorgestellt werden, werden Sie in der Lage sein, die Bedürfnisse der Frauen besser zu befriedigen als jemals zuvor.

Legende Nr. 3: Seien Sie »Sie selbst« – und Frauen werden Sie begehren

Menschen, die unsere Methode nicht kennen, glauben manchmal, dass wir Männern beibringen, manipulativ zu sein. »Es ist falsch, die Kunst der Verführung zu studieren«, klagen sie. »Warum kann man nicht sein, wie man ist?«

Es ist ein Missverständnis zu glauben, dass die Techniken in diesem Buch ein Ersatz für Authentizität sind. Das ist keineswegs der Fall. Tatsächlich ist es schwieriger, Frauen ins Bett zu kriegen, wenn man sich verstellt: Das merken sie natürlich. Selbst wenn man eine Frau ins Bett kriegt, indem man sich verstellt, wird man es nicht so sehr genießen, wie man es erhofft hat. Man weiß dann, dass man im Grunde nicht gut genug für sie war und sich deshalb verstellt hat. Diese Erfahrung wird das Selbstwertgefühl und die Selbstachtung verletzen.

Wir nehmen allerdings an, dass manche Ihrer Eigenschaften in einigen Situationen angemessener sind als andere. Das liegt doch eigentlich auf der Hand. Schließlich fluchen und rülpsen Sie auch nicht in der Kirche, auch wenn Ihnen danach ist. Sie legen bei einer schicken Party nicht die Füße auf das Tischtuch, auch wenn Sie gerade Lust dazu verspüren. Und Sie machen keine Frau an, bei der Sie sich gerade um einen Job bewerben – auch wenn es ein ehrlicher Ausdruck der Gefühle wäre, die Sie gerade hegen. Keine dieser Handlungen wäre angemessen, um die gewünschten Ziele zu erreichen.

Aber ist das keine Form von Manipulation? Schließlich finden Sie die Frau beim Bewerbungsgespräch attraktiv, aber Sie wollen den Job. Manipulieren Sie sie denn nicht, wenn Sie nicht „Sie selbst" sind und sie um eine Verabredung bitten? Ziehen Sie nicht eine Show ab, um den Job zu bekommen? Und sollte man Sie in der Kirche denn nicht so akzeptieren, wie Sie sind – ohne die ganze Show mit der Kleidung und dem Benehmen? Manipulieren Sie nicht die Menschen dort, nur um akzeptiert zu werden? Sollte man nicht einfach »man selbst« sein können? Schränken Sie bei der Party Ihre Authentizität nicht ein, indem Sie nicht die Füße auf die Tischdecke legen, wenn Sie es gerade möchten? Sollte man nicht »man selbst« sein können – und dafür geliebt werden? Warum sollte man alle Menschen durch Verhaltensweisen manipulieren, die nicht den eigenen natürlichen Neigungen entsprechen, nur um akzeptiert zu werden? Sollte man nicht einfach »man selbst« sein können?

Natürlich ergibt das keinen Sinn. »Man selbst« zu sein bedeutet nicht, dass man völlig impulsiv reagiert und sich von jeder Neigung antreiben lässt zu tun, was einem gerade in den Sinn kommt. In unterschiedlichen Situationen bringt man natürlicherweise verschiedene Teile der eigenen Persönlichkeit zur Geltung. In der Kirche befolgt man bestimmte Benimmregeln – aber das sollte man nicht als Repression ansehen. Es ist lediglich eine Gelegenheit, die formalen, religiösen Persönlichkeitsanteile zur Geltung zu bringen. Bei der Party bringt man eher die kultivierten, gebildeten Persönlichkeitsanteile zur Geltung. Beim Bewerbungsgespräch bringt man die professionelle Seite der eigenen Persönlichkeit zur Geltung, anstatt um eine Verabredung zu bitten. Das ist keine Repression. Man betont lediglich einen anderen Aspekt der eigenen Persönlichkeit. Unserer Überzeugung nach ist es entscheidend, dass man in Verführungssituationen andere Persönlichkeitsanteile hervorhebt bringt als in anderen Situationen. Darüber hinaus glauben wir, dass Sie wahrscheinlich nicht viel über diese Anteile Ihrer Persönlichkeit wissen. Deshalb brauchen Sie eine Anleitung, um die romantischen, verführerischen Seiten an sich selbst zu entdecken.

Darum geht es in diesem Buch. Wie Sie wahrscheinlich irgendwann gelernt haben, wie man sich bei Tisch benimmt, werden Sie lernen müssen, wie Sie sich bei einem Date verhalten. Wenn Sie das tun, werden Sie wahrscheinlich romantische, verführerische und interessante Teile Ihrer Persönlichkeit kennenlernen, mit denen Sie sich bisher kaum beschäftigt haben. Schließlich tun die Frauen das auch. Wenn sie ihr Make-up auftragen und ihren Push-up anlegen, könnte man das ebenfalls als eine Art von Manipulation betrachten. Man könnte aber auch sagen, dass sie die verführerische, sinnliche Seite ihrer Persönlichkeit betonen. So sehen wir das; und Sie werden lernen müssen, das ebenfalls zu tun. Sie werden darin wachsen und Spaß daran haben; die Frauen werden von Ihnen begeistert sein – nur weil Sie bereit waren, über Ihre normalen Reflexe hinauszugehen und etwas Neues auszuprobieren.

Legende Nr. 4: Frauen wissen, was sie wollen, und sie sagen das auch

Haben Sie schon einmal bemerkt, dass Frauen immer davon reden, was für einen Mann sie sich wünschen – und dann mit einem völlig anderen zusammen sind? Das geschieht immer wieder. Wenn Frauen sagen, dass sie etwas wollen, kann es sein, dass sie tatsächlich auf etwas völlig anderes anspringen. Das ist eigentlich ein sehr menschlicher Zug: Wahrscheinlich sagen auch Sie, dass Sie sich in Ihrem Leben bestimmte Dinge wünschen, obwohl Sie eigentlich nur glauben, dass Sie das so wollen. Frauen sind da auch nicht anders. Warum auch?

Im Grunde wollen Frauen Männer, die unternehmungslustig und kreativ sind. Wenn Frauen uns Männern auf Schritt und Tritt sagen müssen, wie wir sie gewinnen können, wie wir sein müssen und wie wir uns benehmen sollten, ist das nicht sonderlich reizvoll für sie. Es ist unsere unabhängige Art, die sie reizt – nicht unsere Abhängigkeit von ihren Anweisungen.

Ironischerweise haben einige der Charakterzüge an Männern, über die Frauen am meisten klagen, das Potenzial der Charakterzüge, die Frauen besonders reizvoll finden. In dem Film »Ganz oder gar nicht« beschließt eine Truppe arbeitsloser männlicher Stahlarbeiter, ihr Geld mit einer Strip-Show für die Frauen der Gemeinde zu verdienen. Bei diesem Plan ist Ärger vorprogrammiert: Keiner der Jungs sieht sonderlich gut aus. Dieser Plan spricht aber einen besonderen männlichen Charakterzug an, den Frauen zugleich als belastend und attraktiv empfinden: Männer machen immer Ärger – Trouble. Sie packen unsinnige Projekte an, treiben diese bis zum Äußersten und schaffen es manchmal sogar, dass sie funktionieren. Die Rolle des »Trouble-Machers« ist die Kehrseite der Unternehmungslust und Kreativität, die Frauen an Männern so attraktiv finden. Lassen Sie sich von Frauen sagen, was diese wollen und wie Sie sich verhalten müssen, um sie zu gewinnen, bremsen Sie diese kreative Natur des »Trouble-Machers« aus, die Frauen so sehr lieben.

Frauen können nicht sagen, was sie an einem Mann wünschen – sie können nur sagen, was sie ihrer eigenen Meinung nach an einem Mann wünschen. Das ist ein großer Unterschied. Sie fühlen sich auch nicht von Männern angezogen, die sich ihnen als Bittsteller nähern –, die um den Schlüssel zur Hintertür betteln, mit dem man das Herz einer Frau mühelos zum Schmelzen bringen kann: Meiden Sie diese Falle.

Legende Nr. 5: Wer den Therapeuten spielt, wird mit Sex belohnt

Wir werden dieses Thema im folgenden Kapitel eingehend behandeln, wenn wir die sieben Gewohnheiten eines Topverführers erläutern. Vorläufig wollen wir lediglich betonen, dass es einer der schlechtesten denkbaren Wege zum Sex ist, wenn man den Therapeuten spielt. Viele Männer glauben, dass es funktioniert, aber es funktioniert fast nie.

Legende Nr. 6: »Ehrlichkeit« bedeutet, dass man ihr die schlimmsten Dinge über sich selbst erzählt

Viele Männer glauben, dass der beste Weg, Frauen gegenüber ehrlich zu sein, darin besteht, die schlechtesten Dinge über sich selbst zu erzählen – je früher, desto besser. Am besten beim ersten Date. Totale Enthüllung scheint das Motto dieser Männer zu sein. Wir halten das, gelinde gesagt, für eine Dummheit.

Es ist gut, ehrlich zu sein. Es gibt nur einen Zeitpunkt, an dem man unserer Meinung nach einer Frau gegenüber nicht die Wahrheit sagen sollte. Ansonsten, so glauben wir, wird es fast immer einfacher sein, mit den Folgen der Wahrheit umzugehen, als mit den möglichen Folgen einer Lüge.

Das bedeutet aber nicht, dass man einer Frau jeden Gedanken oder Wunsch beichten muss, den man jemals hat: Das bringt einfach nichts. Ein Mann, der diese Legende glaubt, wird oft sofort über alle seine Probleme reden oder von seiner schweren Kindheit erzählen. Er glaubt, dass er emotional verletzbar erscheint, wenn er die schlechtesten Seiten seiner Persönlichkeit mit ihr teilt, und dass diese Verletzbarkeit ihn für die Frau begehrenswert macht, die ihn interessiert.

Nichts könnte der Wahrheit weniger entsprechen. Ein Mann, der sofort seine Probleme und Fehler ausweidet, mag eine emotionale Bindung zu der Frau herstellen, aber sie wird ihn nicht begehren. Sie mag ihn als einen Freund ansehen, aber sie kann ihn auch für einen hoffnungslosen Fall halten. Viele Männer sind davon überzeugt, dass sie auf dem Weg zu einer Romanze sind, wenn sie überhaupt eine emotionale Reaktion von einer Frau bekommen. Das ist schlicht unwahr. Obwohl Sie die eigenen Schwächen nicht verleugnen sollten, sollten Sie auch nicht alles sofort brühwarm erzählen.

Legende Nr. 7: Dates sollten fair ablaufen

Diese Legende macht Männern mehr Schwierigkeiten als alle anderen. Wenn Sie ein Mann sind, der darüber jammert, dass Dates nicht fair sind und was man alles tun muss, um Frauen zu gewinnen, müssen Sie schlicht und einfach sofort damit aufhören. Wir hören das die ganze Zeit: »Warum kann mich nicht auch mal eine Frau um eine Verabredung bitten?« »Wenn Frauen wirklich an die Gleichberechtigung glauben würden, würden sie mich zuerst küssen!« »Ich habe es satt, den Frauen hinterherzulaufen. Jetzt sind sie auch mal an der Reihe!« Blablabla. Wenn es Ihnen guttut – Sie haben Recht: Es ist unfair, dass Sie den Frauen immerzu hinterherlaufen und alle emotionalen Risiken tragen müssen, indem Sie ständig den ersten Schritt machen.

Wir haben Männer kennengelernt, die Frauen damit konfrontiert haben, dass sie den Männern nicht hinterherlaufen. Jonas z. B. machte es sich zur Gewohnheit, Frauen damit zu konfrontieren, dass sie nicht ihren Teil der Annäherungsversuche übernahmen. Er sagte ihnen in eindeutiger Weise, dass sie wenigstens die Hälfte der Initiative, der Annäherungen und der emotionalen Risiken übernehmen müssten, wenn sie sich mit ihm treffen wollten. »Dies ist das Zeitalter der Gleichberechtigung«, erklärte er. »Wenn ihr gleiche Rechte wollt, müsst ihr auch gleiche Pflichten übernehmen!« Jonas hatte nicht viele zweite Dates.

Andere Männer, die wir kennen, beklagen sich lediglich darüber. Sie jammern ihren Freunden vor, dass Frauen einfach nicht ihren Teil dazu beitragen wollen, eine Beziehung aufzubauen. Sie beklagen sich darüber, dass immer der Mann den ersten Schritt machen muss, wenn es darum geht, ein Risiko zu übernehmen. Sie warten darauf, dass ihnen auch einmal eine Frau den Hof macht.

Unser Rat ist: Finden Sie sich damit ab. Wenn Sie nicht das Sexleben haben, das Sie sich wünschen, müssen Sie selbst sehen, wie Sie das ändern können. Es ist nicht die Aufgabe der Frau, sich um Sie zu kümmern und dafür zu sorgen, dass Sie alles haben, was Sie von einer Beziehung erwarten. Wenn man das von einer Frau erwartet, ist man nicht reif für eine Partnerschaft.

Betrachten Sie es einmal von dieser Seite: Wenn Verabredungen von Natur aus unfair sind und Sie die ganze Initiative aufbringen müssen, bedeutet das lediglich, dass Sie die Beziehung so einrichten können und müssen, wie Sie sie haben wollen! Sie können den Frauen nachlaufen, wenn Sie es wollen, und es bleiben lassen, wenn Sie es nicht wollen. Sie können die Dates so legen, wie sie Ihnen passen, und den ersten Kuss wagen, wenn Sie sich danach fühlen. Wenn Sie die ganze Initiative in der Hand haben, sitzen Sie am Steuer. Nutzen Sie die Gelegenheit, Ihre Beziehungen so zu gestalten, wie Sie es sich wünschen, und hören Sie auf, darüber zu klagen. Ein für alle Mal.

Wenn Sie in der Vergangenheit an irgendwelche dieser Legenden geglaubt haben, raten wir Ihnen, das ab sofort nicht mehr zu tun.

Zusammenfassung:

- Erstens, es ist großartig, nett und interessant zu sein, aber es bringt Ihnen keinen Sex. So bekommen Sie eine Frau, die Sie nett und interessant findet, was keineswegs dasselbe ist wie eine Frau, die Sie aufregend findet.
- Zweitens, Sie sind kein lieber Kerl, der nur nette Gedanken und Wünsche hat. Sie werden mit Ihrem Verhalten viel verantwortungsvoller umgehen können, wenn Sie sich eingestehen, das Sie manchmal nett sind und manchmal auch nicht. Frauen werden Sie attraktiver finden, weil Sie so ihr Vertrauen besser rechtfertigen.
- Drittens, man selbst zu sein – in dem Sinne, dass man jedem Impuls des Augenblicks nachgibt – bringt keine Frau. Sie brauchen Hilfe, um die verführerischen Seiten Ihrer Persönlichkeit zur Geltung zu bringen, was Ihnen die ersten paar Male gar nicht natürlich erscheinen wird.

- Viertens, selbst wenn Frauen wüssten, was sie wollen – wenn sie es einem Mann ausdrücklich sagen müssten, würden sie sich nicht zu ihm hingezogen fühlen. Frauen fühlen sich zu Männern hingezogen, die Initiative und Kreativität verkörpern – nicht zu Männern, die vor ihnen kriechen und fragen, wie sie sich verhalten sollen.
- Fünftens, wenn Sie den Therapeuten spielen, werden Sie nicht mit Sex belohnt. Es funktioniert schlicht und einfach nicht.
- Sechstens, Ehrlichkeit bedeutet nicht, dass man ihr sofort die schlimmsten Dinge über sich selbst erzählt. Eine totale Enthüllung aller Dinge, die sie an Ihnen nicht mögen könnte, ist unnötig.
- Und siebtens, ein Date ist kein faires Spiel. Männer, die sich darüber beklagen, müssen erst noch erwachsen werden. Männer, die sich damit abfinden, können so viele Frauen haben, wie sie wollen.

Ein Date ist wie ein Tanz. In der Vergangenheit waren die Schritte klar – man konnte miteinander tanzen. Ein Mann wusste, dass er bestimmte Dinge tun konnte, um sein Interesse zu zeigen, wenn er eine Frau reizvoll fand, und eine Frau kannte die passenden Antworten, um ihr Interesse oder Desinteresse zu bekunden. In der modernen Welt sind diese Tanzschritte weitgehend in Vergessenheit geraten; wir müssen nun selbst sehen, dass wir sie entdecken. Oft scheint es, dass wir eher zusammenstoßen und uns ständig gegenseitig auf die Füße treten, als dass wir miteinander tanzten.

In diesem Buch geht es darum, das alles zu ändern. Es hilft Ihnen zu verstehen, wie Frauen tanzen; indem Sie lernen, mit ihnen zu tanzen, können Sie lernen, Ihre Interaktionen mit Musik, Rhythmus und Anmut aufzuladen. Frauen werden sich von ihnen angezogen fühlen, weil Sie einfach zu wissen scheinen, wie man sich ihnen gegenüber romantisch verhalten muss. Mit dieser Fähigkeit haben Sie garantiert Erfolg!

Frauen ankommt ...

Die
sieben
Rituale
eines **Top-
verführers**

Was eine Frau am meisten fürchtet

Wir hatten das Glück, Dates mit vielen attraktiven, sexy Frauen zu haben und uns mit ihnen anzufreunden. Seit wir die Kunst dieses Handwerks studieren, sind wir mit Frauen zusammen gewesen, von denen wir früher nur hätten träumen können. Wir waren mit tollen Blondinen und Brünetten, mit Frauen jeder Art zusammen – alles nur durch das Wissen, das wir in diesem Buch präsentieren. Einer der Verfasser hat eine gute Freundin und ehemalige Liebhaberin namens Susanne. Sie ist 24 Jahre alt, hat langes blondes Haar, große, blaue Augen, ist hochgewachsen, hat lange Beine und eine gewaltige Brust und trägt gern verführerische Kleidung. Außerdem liebt sie Sex, stundenlangen heißen Sex. Kurz: Susanne verkörpert die Fantasien vieler Männer.

Bevor sie mit einem der Verfasser dieses Buches ausging, ging sie in Bars, um dort mit Männern zu flirten. Sie erzählte uns, wie sie eine Bar betrat: Die Männer hörten auf zu reden und starrten sie an – sabbernd wie Hunde. Sie genoss die Aufmerksamkeit – aber es kam nur selten vor, dass sie einem Mann ihre Telefonnummer gab oder sich mit einem Mann verabredete, der sich ihr annäherte. Warum? Weil sie Angst hatte. Sie fühlte sich zu einem Mann hingezogen und fürchtete dann, von ihm misshandelt oder vergewaltigt zu werden. Schließlich kannte sie ihn nicht: Sie hatte ihn eben erst an der Bar getroffen. Deshalb blieb sie auf Distanz – unerreichbar für die vielen Männer, die sie begehrten.

Die Angst, von Männern misshandelt, verletzt oder vergewaltigt zu werden, ist die größte Sorge überhaupt, die Frauen haben, wenn sie sich verabreden. Susanne und die meisten anderen Frauen checken jeden Mann gründlich ab, um sicherzustellen, dass sie von den Männern, mit denen sie ausgehen, nicht verletzt werden. Sie wollen sichergehen, dass sie den Männern vertrauen können, zu denen sie sich hingezogen fühlen, bevor sie sich ihnen körperlich ausliefern.

Wollen Sie bei Frauen Erfolg haben, müssen Sie sich dieser absolut grundlegenden Sorge einer Frau bewusst sein. Sie sollten mit der Tatsache umgehen können, dass Sie von den Frauen, die Sie kennenlernen, gründlich überprüft werden, weil sie wissen wollen, ob ein Mann »unbedenklich« oder potenziell gewalttätig ist. Wir glauben, dass diese Befürchtung vollkommen berechtigt ist. Wenn wir Frauen wären, würden wir dieselben Sorgen haben – und Sie ebenfalls. Versetzen Sie sich in die Lage einer Frau: Wenn Sie sich die Geschichten von Vergewaltigungen, häuslicher Gewalt, Folter und Mord an Frauen vergegenwärtigen, die täglich in der Zeitung und im Fernsehen berichtet werden, würden Sie ebenfalls Angstzustände haben. Frauen müssen eine gewisse Paranoia haben, weil so viele Männer Psychos sind. Es ist für eine Frau einfach nicht das Risiko wert, mit einem Mann nach Hause zu gehen, der sie misshandeln könnte. Das bedeutet für Sie, dass Sie tun müssen, was nötig ist, um das Vertrauen einer Frau zu gewinnen – und dass Sie sich beim Sex und in der Beziehung an ihre Gangart anpassen müssen.

Auch ein komischer Kauz kann Punkte machen

Bei unserem Studium der »Date-Dynamik« haben wir mit Männern jeder Alters- und Berufsgruppe gesprochen. Wir haben Juristen mittleren Alters beraten, aber auch junge, erfolgreiche Musiker. Wir haben Computer-Freaks ebenso beraten wie Schriftsteller. Im Verlauf unserer Studien haben wir einen großen Teil der versteckten sexuellen Dynamik zwischen Männern und Frauen untersucht.

Die Männer, mit denen wir reden, haben oft eine ganze Liste von Problemen, Sorgen und Klagen über ihre ehemaligen und gegenwärtigen Frauen-Beziehungen. Oft kommen die Männer völlig verzweifelt zu uns – sie sind am Ende ihrer Möglichkeiten. Sie haben andere Bücher gelesen, Selbstsuggestion und Pheromon-Parfums ausprobiert, aber nichts hat gewirkt. In der Regel kommen sie zu uns, weil sie Frauen gegenüber kein Selbstvertrauen haben. Sie wollen wissen, wie man Frauen kennenlernt und Liebesbeziehungen zu ihnen aufbaut. Wir geben Männern dieselben Ratschläge und Informationen, die auch Sie in diesem Buch bekommen werden: einen systematischen Ansatz zur Transformation Ihrer Beziehungen zu Frauen.

Einer unserer ersten Kunden war ein attraktiver Mann. Wir wollen ihn Bernd nennen. Bernd war - und ist noch heute - ein sehr populärer Musiker, der im ganzen Land umherreist, CDs bei großen Plattenfirmen herausbringt und in der Musikindustrie ein hohes Ansehen genießt. Er sieht außerdem sehr gut aus - er arbeitet sogar als Model und ist in Werbesendungen aufgetreten. Er ist Solo-Gitarrist, Sänger und Liedermacher und tritt jedes Jahr vor tausenden von Menschen auf. Viele Frauen finden ihn sexy, wenn er mit seiner Gitarre auf der Bühne steht und mit seiner erstaunlichen, samtweichen Stimme singt. Sie wissen so gut wie wir, dass Frauen Rockstars lieben. Bei Bernd ist das nicht anders. Bei unserem ersten Treffen konnten wir nicht glauben, dass dieser Mann Probleme hatte, Frauen kennenzulernen. Wir sahen uns an und lachten laut. Auf den ersten Blick hatten wir gehofft, dass Bernd uns einige Ratschläge würde geben können. Wir hofften, dass er uns als Roadies auf einem seiner Gigs anstellen würde - sodass wir eine Chance hätten, einige seiner weiblichen Fans zu treffen und vielleicht kennenzulernen. Aber hier saß er - mit einem Problem!

Schon nach wenigen Minuten entdeckten wir das Problem, das Bernd davon abhielt, bei Frauen erfolgreich zu sein: Er litt unter einem starken Mangel an Selbstvertrauen. Seine Lage war eigentlich beneidenswert - er war ständig umringt von hunderten von Frauen, die er hätte haben können. Trotzdem hatte er nicht das Selbstvertrauen, seine Chancen zu nutzen und eine davon zu verführen: Er wusste nie, was er Frauen gegenüber sagen sollte. Er schaute ins Publikum und sah viele attraktive Frauen: Er war der große Star - aber er hatte nicht die geringste Vorstellung, wie er mit einer von ihnen eine Unterhaltung führen konnte. Er gab sogar zu, dass Frauen nach einem Gig auf ihn warteten, um mit ihm zu reden, aber er ging selten mit einer von ihnen aus. Wir konnten uns kaum zurückhalten, ihm eine zu kleben - wie konnte man in seiner Lage ein Problem haben! Wir durchliefen mit ihm ein Trainingsprogramm von drei Monaten, berieten ihn, setzten Ziele und arrangierten Dates. Er legte sich darauf fest, wie viele Verabredungen er treffen und mit wie vielen Frauen er reden würde. Es hat ihn viel Mühe gekostet - aber heute hat Bernd Sex mit so vielen Frauen, wie er will.

eines **Topverführers**

Dieses Beispiel zeigt, dass sogar Männer, die von interessierten Frauen umringt sind, unter einem profunden Mangel an Selbstvertrauen leiden können. Andere Männer sind Frauen gegenüber zwar sehr selbstsicher, aber nicht in einer Lage, in der sie so viel Kontakt zu Frauen haben. Manche Männer sind auf den ersten Blick nicht einmal sonderlich attraktiv, verkörpern aber die Verhaltensweisen eines Topverführers so gut, dass sie so viel Erfolg bei Frauen haben, wie sie wollen.

Thomas ist ein gutes Beispiel. Er ist Computer-Programmierer bei einer großen Firma. Er ist 38, leidet unter Epilepsie und hat wegen eines Unfalls in seiner Kindheit Narben auf seinen Armen. Auf den ersten Blick wirkt er wie ein Computer-Freak und ist nicht sonderlich attraktiv. Seine Brille sieht etwas altmodisch aus, und er hat sogar Kugelschreiber mit einer Schutzhülle aus Plastik in der Tasche. Er trägt alberne Krawatten und weiße Tennisschuhe. Er wird allmählich kahl und hat einen kleinen Bauch. Er sieht so aus, als könnte er besser mit Computern als mit Menschen umgehen.

Wenn man ihn aber kennenlernt, sieht man leicht, weshalb er so viele Dates hat, wie er will – er kennt sogar Frauen, die ihn nur wegen des Sex sehen wollen. Es ist ziemlich merkwürdig, dass ein Computer-Freak wie Thomas so viele Frauen haben kann – und ein erfolgreicher Rockstar schafft es kaum, auch nur ein einziges Date zu arrangieren! Aber es ist wahr.

Eine von Thomas Stärken ist, dass man sich sehr gut mit ihm unterhalten kann – im Unterschied zu Bernd. Anders als die meisten Computer-Freaks ist er sehr umgänglich. Er hat gelernt, wie man romantisch und nett zu Frauen ist und gleichzeitig harmlos rüberkommt. Frauen finden ihn attraktiv, weil es ihnen leicht fällt, ihm zu vertrauen. Thomas hat gelernt, dass er es bei vielen Frauen versuchen muss, und er macht sich nichts daraus, wenn er zurückgewiesen wird. Er weiß, dass das nötig ist, um das Sexleben zu haben, das er sich wünscht.

Lange Rede, kurzer Sinn: Wenn Thomas Sex haben kann, dann können Sie das auch. Ja, Sie sind gemeint – der Leser dieses Buches. Auch wenn Sie keine Model-Qualitäten haben oder bereits älter sind und allmählich kahl werden, können Sie trotzdem so viele wunderbare Beziehungen haben, wie Sie wollen: Sie können die nötigen Fähigkeiten kultivieren, um eine echte »Date-Maschine« zu werden!

Keine hohe Wissenschaft

Menschen neigen dazu, Dinge, die sie nicht verstehen, für komplizierter zu halten, als sie tatsächlich sind. Das ist nur natürlich. Viele Menschen glauben, dass der Gebrauch eines Computers so schwierig ist, dass sie es gar nicht wagen, das verflixte Ding auch nur einzuschalten. Andere Menschen haben so großen Respekt vor der einfachen Aufgabe, ihre Kontoumsätze zu prüfen, dass sie niemals lernen, wie das geht. Wir alle neigen dazu, Themen, in denen wir uns noch nicht auskennen, für übermäßig kompliziert zu halten. Bei Begegnungen mit Frauen verhält es sich im Grunde nicht anders als mit jeder anderen Kunst auch. Zunächst scheint die Sache übermäßig kompliziert und schwierig. Die meisten Männer geben irgendwann einfach auf, weil sie glauben, dass die Aufgabe sie überfordert. Sie täuschen sich. Tatsächlich sind viele Männer weniger erfolgreich, als sie sein könnten, weil sie sich einreden, dass der Umgang mit Frauen übermäßig schwierig ist – wodurch sie ihn komplizierter machen, als er tatsächlich ist.

Nehmen wir zum Beispiel einen Mann namens Bob. Er verbringt Stunden damit, seine Treffen mit Frauen in Gedanken zu üben. Vorsichtig konstruiert er imaginäre Konversationen mit schönen Frauen in der Pizzeria, die er häufig besucht. Er entwirft Einwände für alle möglichen Gründe, die sie vorbringen könnten, um nicht mit ihm auszugehen. Er hat Tagträume von verführerischen Konversationen mit jungen Frauen, von denen er sich vorstellt, dass er sie im Bus treffen könnte. Kurz: Bob ist in seine imaginären Gespräche mit Frauen so vertieft, dass es ihm völlig die Sprache verschlägt, wenn er mit einer echten, lebendigen, atmenden Frau redet. Er hat es zu kompliziert gemacht, indem er zu viel über die Verführung von Frauen nachgedacht und zu wenig dafür getan hat: Er hat eine hohe Wissenschaft daraus gemacht – und war am Ende nicht in der Lage, damit umzugehen.

Wir haben dieses Buch mit Absicht in einem klaren Stil geschrieben. Wir möchten deutlich machen, dass es sich nicht um eine abgehobene Wissenschaft handelt. Die ersten Schritte zu einem erfolgreichen Verführer sind einfach – man kann sofort damit beginnen. Wir wollen ein für alle Mal die Vorstellung ausräumen, dass andere Männer etwas wissen und können, was Sie nicht wissen oder ebenfalls lernen können. Das ist einfach nicht der Fall. Wenn Sie erst einmal die Vorstellung überwunden haben, dass diese Aufgabe kompliziert ist und außer Ihrer Reichweite liegt, werden Sie die Erfahrung machen, dass Sie sich unser System sehr leicht aneignen und es problemlos anwenden können, um Frauen zu bekommen – unabhängig von Ihrem Alter oder dem Maß Ihrer körperlichen Attraktivität. Entspannen Sie sich also und genießen Sie es, sich mit diesem Stoff zu beschäftigen.

Auch Sie haben das »gewisse Etwas«

Wenn Sie jemals irgendetwas gelernt haben, können Sie auch lernen, wie man Frauen ins Bett bekommt. Sie haben einfach nie gelernt, wie es geht. Wie bei jeder Kunst gilt: Wenn man erst die Grundlagen beherrscht, erscheint der Rest einfach.

Die meisten Männer sprechen Frauen an und versagen. Bob versucht es immer wieder, aber er schafft es trotzdem nicht, eine Frau ins Bett zu bekommen. »Ich bin ehrlich«, klagt er. »Ich bin ein guter Kerl. Ich bin nett. Ich höre Frauen zu und versuche ihnen zu geben, was sie wollen. Warum habe ich seit zwei Jahren keinen Sex?« Bob regt sich immer mehr auf. Er versucht, sich selbst aufzubauen, öfter unter die Leute zu gehen und Frauen gegenüber selbstsicherer aufzutreten. Er beschließt, dass er diesmal der selbstsichere Mann sein wird, der tief in seinem Inneren schlummert. Diesmal wird er wirklich zu der attraktiven Dame hingehen, die ihn interessiert, und sie um eine Verabredung bitten. Aber wenn er es dann tut, erzielt er doch wieder dasselbe Resultat, das er immer erzielt: Einen Fehlschlag – oder eine weitere gute Bekannte (was im Hinblick auf sein Sexleben im Grunde auch ein

Fehlschlag ist). Sein Selbstvertrauen und seine Selbstachtung stürzen ab – vor allem, wenn er versucht, ein noch besserer netter Junge und ein guter Freund zu sein, weil er hofft, dass Frauen ihn dann eher romantisch finden werden.

In seiner Verzweiflung hat er sogar Frauen auf ihren Mangel an Interesse angesprochen. Vor vielen Jahren war er mit einer Frau namens Katrin befreundet, die ihm sagte, dass sie nicht bereit für eine Beziehung sei. Er akzeptierte das, obwohl er sich zu ihr hingezogen fühlte. Katrin war jung, süß, hatte lange Beine, Mandelaugen und pechschwarzes Haar. In der Hoffnung, dass er der erste Mann sein würde, wenn sie endlich für eine Beziehung bereit wäre, verbrachte er viel Zeit mit ihr. Er wusste, dass sie ihn sympathisch fand, weil sie Zeit mit ihm verbrachte. Er wusste, dass sie im Hinblick auf Musik und Filme den gleichen Geschmack hatten und intellektuell auf gleicher Wellenlänge waren. Er wusste, dass er im Grunde nicht allzu schlecht aussah. Viele Männer, die Freundinnen hatten, sahen durchaus viel schlechter aus als er. Er wusste, dass er alles zu bieten hatte, worauf es ankam; er hängte sich rein und verbrachte Zeit mit ihr, wann immer sie wollte.

Eines Tages sagte sie ihm ganz nebenbei: »Weißt du noch, als ich sagte, ich wäre nicht bereit für eine Beziehung? Ich habe einen Mann getroffen, mit dem ich wirklich gut klarkomme, also hab ich mich wohl geirrt.« »Moment!«, wendete Bob ein. »Warum hast du dich nicht für mich entschieden? Ich bin ein guter Freund! Ich bin immer für dich da! Warum gehst du nicht mit mir aus?« »Ich weiß nicht«, antwortete Katrin, »ich empfinde dir gegenüber einfach nicht so. Um dir die Wahrheit zu sagen: Du hast etwas Merkwürdiges an dir. Du erscheinst irgendwie bedürftig. Ich mag dich und so, aber Joel gibt mir ein anderes Gefühl.« Wieder einmal hatte Bob gegenüber einem anderen Kerl den Kürzeren gezogen, der – selbstverständlich, wie er später lernte – nicht annähernd so einfühlsam war wie er selbst.

Wenn Sie so sind wie Bob, ist Ihnen dasselbe sicher auch schon passiert. Sie haben beschlossen, sich mehr Mühe zu geben und noch selbstsicherer aufzutreten. Wie Bob haben Sie sich insgeheim gefragt, ob mit Ihnen irgendetwas Entscheidendes nicht stimmt. Sie haben gedacht, dass

Sie an sich selbst etwas haben, was Sie selbst nicht sehen können – was aber jeder andere sieht: etwas, was Frauen abstößt – wie auch Katrin sich von Bob abgestoßen gefühlt hatte.

Die gute Nachricht ist: Nichts liegt der Wahrheit ferner. Allerdings: Sie haben Probleme. Das hat jeder. Aber Sie haben zweifellos bemerkt, dass viele Männer, die mehr Probleme haben, mit Frauen ausgehen, Sex haben und Beziehungen führen. Wir kennen einen querschnittsgelähmten Rollstuhlfahrer, der ein ausgiebiges Sexleben mit attraktiven Frauen führt. Wir kennen einen Mann, der durch ein Feuer furchtbar entstellt wurde und trotzdem reihenweise Beziehungen mit Frauen hat: Nicht einmal im Traum würde er sich selbst für sexuell minderwertig halten. Es gibt nichts, was Sie davon abhalten könnte, mit beliebig vielen attraktiven Frauen Sex zu haben. Wenn man irgendwie kommunizieren kann, kann man auch Frauen finden, die einen attraktiv finden – und wenn man nur mit einem Bleistift zwischen den Zähnen Liebesbriefe tippt.

Das einzige, was fehlt, ist die einfache technische Fähigkeit, die man braucht, um bei Frauen romantische Gefühle und Gedanken zu wecken. Wie gesagt – wenn man überhaupt kommunizieren kann, kann man Erfolg bei Frauen haben. Man muss aber wissen, was man sagt – und wie man es sagt. Ebenso wichtig ist es, zu wissen, was man nicht sagen darf – und wie man es vermeidet.

Manche Männer wissen das schon intuitiv. Das sind die Naturtalente, die immer von Frauen umgeben sind, egal, was sie tun. Leider können sie ihre Erfolgstechnik normalerweise nicht weitergeben, weil sie selbst nicht wissen, wie sie es tun: Sie tun es einfach. Aber selbst wenn sie es wüssten, würden sie nicht unbedingt ihre Geheimnisse mit Ihnen teilen wollen. Wenn Sie von sexuell erfolgreichen Männern jemals unnütze oder sogar destruktive Ratschläge bekommen haben, haben Sie das am eigenen Leib erfahren – und sich vielleicht sogar davon entmutigen lassen. Vielleicht haben Sie aus dieser Erfahrung einmal mehr geschlossen, dass Ihnen das gewisse Etwas fehlt, das man braucht, um Frauen zu verführen. Das ist absolut falsch. Man muss kein Naturtalent sein. Man muss sich lediglich die Techniken aneignen, die in diesem Buch stehen.

Alles nur »eine Frage der Einstellung«

Was würden Sie sagen, wenn Sie niemals ein Auto gesteuert hätten und wir Ihnen sagen würden, dass Autofahren nur eine Frage der Einstellung sei? Wir setzen Sie zum ersten Mal in Ihrem Leben hinter das Steuer, geben Ihnen die Schlüssel und sagen: »O.K., fahren Sie!« Zunächst würden Sie uns ansehen, als wenn wir nicht ganz bei Trost wären. Dann würden Sie den Schlüssel drehen und möglicherweise ein paar Umdrehungen schaffen, bevor der Motor absäuft. »Hey«, sagen wir, »lassen Sie sich nicht entmutigen. Das Geheimnis des guten Fahrers besteht in der richtigen Einstellung. Das weiß jeder. Sehen Sie sich selbst an. Sie verlieren die Nerven. Versuchen Sie es noch einmal, aber diesmal mit der richtigen Einstellung!« Sie atmen tief durch, nehmen die »richtige Einstellung« an und versuchen es noch einmal. Vielleicht schaffen Sie es diesmal, das Auto in Bewegung zu versetzen – gerade genug, um jemandem in den Vorgarten zu fahren. »Es hat keinen Sinn«, werden Sie sagen. »Ich kann es einfach nicht.« »Natürlich können Sie«, werden wir antworten. »Aber bei Ihrer Einstellung! Wir können Ihnen ganz sicher nicht helfen, bis Sie diese Einstellung korrigiert haben!«

Es ist offensichtlich, was hier fehlt: Wir haben Ihnen niemals die technischen Kenntnisse vermittelt, die man braucht, um ein Auto zu lenken. Wir haben Ihnen nie erklärt, wie man den Motor startet, wie man ein Auto zum Stehen bringt, wie man lenkt und schaltet. Wir haben Ihnen nicht die Verkehrsregeln erklärt – und auch nicht, worauf Sie achten müssen, um das Fahrzeug sicher lenken zu können. Natürlich hat Ihnen die »richtige Einstellung« gefehlt. Natürlich sind Sie gescheitert.

Stellen Sie sich nun vor, dass wir Ihnen bereits alles erklärt haben, was Sie wissen müssen, bevor wir Sie zum ersten Mal ans Steuer setzen. Sie haben die Lehrbücher gelesen und gelernt, wie andere Fahrer sich verhalten – und wie man mit ihnen am besten interagiert, um zu bekommen, was man will. Sie haben Zeit in einem Fahrsimulator verbracht, wo Sie ohne reale Konsequenzen Fehler machen konnten. Wenn Sie nun zum ersten Mal am Steuer sitzen, wissen Sie genau, was zu tun ist. Würden Sie dann die richtige »Einstellung« haben?

Wenn man sagt, das Geheimnis des Erfolgs sei die richtige Einstellung, dann kann man unserer Meinung nach auch sagen, das Geheimnis des Erfolgs sei der Erfolg. Unserer Meinung nach wird das Wort »Einstellung« heutzutage völlig inflationär gebraucht und trifft keine konstruktive Aussage. Einstellung und Erfolg sind gleichermaßen Ergebnisse, die man erzielt, wenn man auf einer konstanten Basis bestimmte Dinge tut. Wenn man das Fahren in- und auswendig beherrscht und weiß, was man wann und wie tun muss, kommt die richtige Einstellung – und mit ihr der Erfolg – von selbst. Wenn man in- und auswendig weiß, wie man Verabredungen trifft und Sex hat (und was man wann und wie tun muss), kommt die richtige Einstellung – und mit ihr der Erfolg – ebenfalls von selbst.

Wie beim Fahren kommt auch beim Umgang mit Frauen die richtige Einstellung für den Erfolg daher, dass man die richtigen Mittel und Wege kennt und nutzt. Wenn Sie die Mittel, die dieses Buch nennt, anwenden, werden auch Sie die »richtige Einstellung« haben – was dann auch zum Erfolg führen wird. Vor allem müssen Sie die richtige Einstellung nicht herbeizaubern: Wir werden Ihnen genau erklären, wie man sie erzeugt.

Aus Schaden wird man klug

Es besteht kein Grund, aufzugeben, weil Sie nicht wissen, wie man Frauen ins Bett bekommt – oder weil Ihnen ein undefinierbares Ding namens Einstellung fehlt. Tatsächlich hatten wir selbst früher dieselben Probleme wie Sie. Für beide Autoren war Sex manchmal reichlich vorhanden – manchmal aber auch schier unerreichbar. Das schien von der Laune des Schicksals abzuhängen – oder von der Laune der Frauen, die gerade in der Nähe waren. Vor ein paar Jahren beschlossen wir, dieser Ungewissheit ein Ende zu setzen und die Prinzipien zu suchen, die einen Meister der Verführung von den Männern unterscheiden, die den Samstagabend allein verbringen.

Das hat uns viel Arbeit gemacht – und das wird auch Ihnen so gehen. Es besteht aber ein entscheidender Unterschied: Wenn Sie dieses Buch gelesen haben, werden Sie am Ende wissen, was genau Sie tun müssen. Keine weiteren Ratespiele, keine Zerstörung keimender sexueller Beziehungen durch Anfängerfehler, keine einsamen Samstagabende. Aber es ist harte Arbeit – und es erfordert viel Übung.

Wir haben uns entschlossen, zu experimentieren und Frauen auf neue Arten und Weisen zu verführen, an die wir vorher nicht einmal im Traum gedacht hätten. Wir erkannten, dass wir mit unseren gewohnten Strategien nur sehr dürftige Ergebnisse erzielten und beschlossen, neue Ansätze auszuprobieren. Wir haben einmal gehört, dass man als geisteskrank gilt, wenn man dieselben Dinge immer wieder tut und andere Resultate erwartet. Wir haben diesen Ratschlag beherzigt und einen völlig neuen Kurs für die Verführung von Frauen eingeschlagen. Wir sind sicher, dass Sie das auch können – wahrscheinlich sogar mit weniger Zeitaufwand, als wir hatten. Wir werden Ihnen zeigen, wie man diese Fähigkeiten schrittweise meistern kann – aber Sie müssen durchhalten.

Erfolgreiche Verführer nachahmen

Auf unserer Suche nach zuverlässigem, dauerhaften Erfolg bei Frauen haben wir das Prinzip der Nachahmung genutzt. Das bedeutet in diesem Fall nicht, dass wir Models oder Pin-up-Bilder nachgeahmt haben – sondern wir haben unser Verhalten an Männern ausgerichtet, die Erfolg bei Frauen zu haben schienen.

Nachahmen bedeutet, dass man ein Vorbild imitiert. Zu wissen, wie man ein erfolgreiches Vorbild imitiert, ist eine entscheidende Fähigkeit – für jemanden, der etwas lernen will, was ein anderer bereits kann. Dieses Prinzip basiert auf der Überzeugung, dass man alles tun kann, was ein anderer ebenfalls kann. Man muss einfach in der Lage sein, zu denken, was dieser Mensch denkt, an das zu glauben, woran er glaubt und in derselben Weise zu handeln wie er. Wenn man das tut, wird man dieselben Ergebnisse erzielen. Die Erfahrung wird dann zeigen, was bei einem selbst ebenfalls funktioniert und was nicht.

Beispielsweise ist einer unserer Freunde mit 32 wieder auf die Uni gegangen. Er hatte sein Studium bereits vor zehn Jahren beendet. Er beschloss, dass er diesmal herausfinden würde, wie er möglichst effektiv studieren und die besten Resultate erzielen konnte. Also suchte und imitierte er die erfolgreichsten Studenten. Er beobachtete die besten Leute in seinen Kursen. Er beobachtete, wie sie Notizen machten und tat es in derselben Weise. Er saß in denselben Bereichen der Schulräume. Er lernte mit ihnen, um ihre Lerngewohnheiten zu übernehmen, und befragte sie über ihre Einstellung zum Studium. Indem er ihre Verhaltensweisen nachahmte, konnte er dieselben Maßnahmen ergreifen und dieselben exzellenten Ergebnisse erzielen wie sie.

Dieses Prinzip kann man auch anwenden, wenn man lernen will, wie man Erfolg bei Frauen hat. Nehmen wir an, Sie kennen einen Mann, der immer irgendwelche Romanzen mit scharfen Frauen zu haben scheint. Er scheint nie irgendwelche Probleme zu haben, so viele Frauen zu bekommen, wie er will; offensichtlich hat er genau das Sexleben, das er sich wünscht. Wenn Sie sich diesen Mann als Vorbild nehmen würden, würden Sie ihn nicht einfach fragen, wie er das macht, weil er es wahrscheinlich selbst nicht wissen würde. Aber Sie würden sein Verhalten beobachten. Sie würden beobachten, wie er sich kleidet und bewegt – und seinem Beispiel folgen. Sie würden beobachten, wie er sich Frauen gegenüber verhält – und auch darin seinem Beispiel folgen. Sie würden ihn fragen, was er zu bestimmten Zeitpunkten während des Dates denkt – und ebenso denken. Sie würden ihn fragen, wie er über Frauen denkt – und ebenso über Frauen denken. Sie würden zuhören, wenn er mit Frauen redet, und dieselbe Ausdrucksweise übernehmen. Mit der Zeit würden Sie genau so viel Erfolg haben wie er. Und Sie würden das, was Sie von ihm gelernt haben, Ihren Bedürfnissen anpassen. Als wir für dieses Buch erfolgreiche Verführer nachgeahmt haben (und dabei selbst zu Topverführern wurden), erkannten wir bestimmte Trends. Wir konnten elementare Gewohnheiten erkennen, die allen gemeinsam sind. Wenn Sie aus diesem Buch nichts weiter lernen, als diese Gewohnheiten für Ihr Verhalten gegenüber Frauen zu übernehmen, hat es sich schon bezahlt gemacht – und wird Ihnen viel mehr Sex mit Frauen bescheren.

Rituale eines erfolgreichen Frauen-Verführers

Ein Topverführer bittet niemals um Sex

Einer der Charakterzüge 6–10-jähriger Kinder ist, dass sie quengeln. Betrachtet man eine beliebige Gruppe von Kindern, wird man feststellen, dass sie quengeln, um zu bekommen, was sie wollen. Wir wissen nicht, ob das angeboren oder anerzogen ist, aber es ist auf jeden Fall eine Tatsache. Man hört förmlich den nervenaufreibenden Klang einer Kinderstimme, die sagt: »Mama, ich will nicht ins Bett!« Oder stellen Sie sich vor, dass ein Kind Ihnen dieselbe Aussage ins Gesicht schreit und dabei mit seinen Fäusten gegen die Wand trommelt. Wie angenehm!

Kürzlich haben wir mit einem unserer Schüler, Paul, zu Mittag gegessen. Er hatte seinen sechsjährigen Sohn, Benjamin, mitgebracht. Paul ist ein geschiedener Vater, Single, und sucht eine Frau für eine lockere Beziehung. Während des Essens verhielt sich Benjamin ruhig und malte, während wir Dating-Strategien besprachen. Als wir die Rechnung bezahlten, machte Benjamin einen Aufstand, weil sein Vater ihm keinen zweiten Nachtisch bestellen wollte. Benjamin schrie, schlug auf den Tisch und spuckte uns an. Die Leute an den anderen Tischen starrten uns an. Paul entschuldigte sich bei uns und schien sich zu schämen. Nachdem Benjamin fünf Minuten lang geschrien hatte, gab Paul in seiner Verzweiflung nach und bestellte ihm ein zweites Eis.

Viele Männer verhalten sich ganz ähnlich wie Benjamin, wenn sie einer Frau gegenüber ihren Willen durchsetzen und Sex erzwingen wollen. Manche Männer gehen eine Verführung an wie bedürftige kleine Jungen. Wenn eine Frau nein sagt, versuchen sie, sie zu manipulieren und zu bedrängen. Oder sie reagieren offen verärgert und schmollen. Eine weitere verbreitete Strategie besteht darin, eine Frau zu zermürben, indem man um Sex bettelt. Alle diese Verhaltensweisen haben einen Zug von Bedürftigkeit. Aus unserer Sicht sind das alles Arten von Trotzreaktionen.

Selbstverständlich werden Quengler nicht sonderlich ernst genommen. Sie gelten als kindisch; sie verdienen keine Achtung, können nicht für sich selbst sorgen und werden als Schwächlinge angesehen, die man ausnutzen kann. Obwohl man Kindern oft gibt, was sie wollen, damit sie endlich Ruhe geben, werden Quengeleien unter Erwachsenen äußerst scharf bewertet. Der größte Preis der Quengelei ist ein völliger Verlust des Respekts. Obwohl Sie sich dessen nicht bewusst sind, haben Sie wahrscheinlich auch schon so ziemlich in derselben Weise um Sex gebettelt, wie Kinder um ein Eis.

Wenn Sie eine Frau um Sex anbetteln, wird sie Sie für einen Wurm halten. Wenn sie Kinder hat, wird sie Sie automatisch für einen der Spielkameraden halten. Sie wird jeglichen Respekt verlieren. Manche Frauen werden Sie aus der Kategorie »Mann« in die Kategorie »Junge« verschieben. Sehr wahrscheinlich wird sie keinen Sex mit Ihnen haben – oder Sie sogar für jede Art von Beziehung disqualifizieren. Sie wird Sie allerdings für einen Idioten halten, den man möglicherweise ausnutzen kann.

Wissen Sie was? Manche Dinge sind wichtiger als Sex. Und für den Mann im Mann – den Sie entwickeln werden, wenn Sie unser System befolgen – ist Selbstachtung sehr viel wichtiger als eine vorübergehende sexuelle Erfahrung. Einerseits ist es umso einfacher, Erfolg bei Frauen zu haben, je mehr Selbstachtung man hat. Andererseits kann man manchmal auch Sex bekommen, indem man seine Selbstachtung aufgibt und bettelt und quengelt – was ein Topverführer aber niemals tun würde.

Betrachten wir die typische Quengel-Situation. Ein Mann geht mit einer Frau aus. Der Mann weiß kaum etwas (oder gar nichts) über die Kunst der Verführung. Die Frau hat gerade nichts Besseres zu tun und lässt sich auf etwas Knutschen und Petting ein. Ab einem gewissen Punkt macht es ihr keinen Spaß mehr: Sie beschließt, auf den Sex zu verzichten. Der Mann quengelt: »Ach, komm schon, warum denn nicht, du weißt nicht, wie das einen Mann verletzt.« Schließlich gibt sie nach und gestattet ihm sechs Minuten – für sie unbefriedigenden – Sex. Danach wirkt sie angeekelt und wirft ihn aus ihrem Schlafzimmer. Sie hält ihn für einen Idioten – und das mit Recht.

Quengeln kann vielleicht etwas Sex bringen, aber betrachten wir den Preis: Erstens wird es nie wieder funktionieren, auch wenn es diesmal etwas Sex gebracht hat. Quengeln zerstört die Selbstachtung; ein Mann ohne Selbstachtung ist aber für eine Frau nicht attraktiv. Das führt zu mehr Quengelei und Bettelei um Sex, was die Selbstachtung erst recht zerstört. Am Ende hat man keine Selbstachtung und kein Selbstwertgefühl mehr und muss bei jeder Frauenbekanntschaft wie ein Wurm um Sex betteln. Wollen Sie das tatsächlich?

Zweitens: Die Art, wie man mit Sex umgeht, reflektiert auch die Art der Lebensführung. Wenn man humorvoll, spielerisch und zielstrebig ist, ohne sich vom Ergebnis abhängig zu machen, wird man sowohl im Leben als auch bei den Frauen Erfolg haben. Wenn man aber in die Gewohnheit verfällt, bei Frauen zu quengeln und zu betteln, wird man auch in den höheren Bereichen des Lebens ein quengelnder Bettler bleiben. Zu einem gewissen Grad wird man seinem Chef gegenüber quengeln, aber auch gegenüber Verkäufern, Eltern und allen anderen. Man wird ein echter Loser ohne Selbstachtung und Selbstwertgefühl sein.

Drittens (als wenn das nicht schon genug wäre): Gegenüber einem quengelnden Mann, der keine Selbstachtung hat, verhalten sich Frauen gern sadistisch. Oft nutzen sie ihn aus: Sie nehmen sein Geld, stehlen seine Zeit, spielen mit ihm und lassen ihn schließlich unbefriedigt sitzen. Im Verlauf dieses Prozesses werden sie ihn mit Absicht unglücklich machen. Eine Frau erzählte uns von einem Mann, mit dem sie ausging und der sie ständig um Sex anbettelte. Wann immer er sie begehrte, jammerte und quengelte dieser Mann in einer Weise, die sie abstoßend fand. Als Folge dessen ließ sie sich von ihm allerlei teure Geschenke machen. Sie ließ sich sogar seine Kreditkarte geben, um teure Kleider einzukaufen. Dieser Mann hatte ein dreifaches Problem. Erstens merkte er nicht, dass er zur Strafe für seine Quengelei ausgenutzt und bestraft wurde. Er verlor seine Selbstachtung und war zu naiv, um es zu merken. Zweitens merkte er nicht, dass diese Frau einen zu hohen Preis für Sex forderte (mehr dazu später). Drittens hat er sie zwangsläufig verloren. Er hat nie wirklich den Sex bekommen, den er sich gewünscht hatte – und sie gab ihn auf, als er ihr langweilig wurde.

Wir könnten uns nun auf die Frau konzentrieren und darlegen, wie sie ihn ausgenutzt hat. Aber das werden wir nicht tun. Wir wollen erreichen, dass Sie von den äußeren Umständen absehen und immer wieder sich selbst betrachten. Wir wollen erreichen, dass Sie erkennen, was Sie an sich selbst ändern können, was Sie zu bieten haben und wie Sie Ihre Lage ändern können, anstatt den Frauen die Schuld zu geben. Männer geben gern den Frauen die Schuld für ihre Probleme – aber auch das ist im Grunde nur eine Form von Quengelei. Jammern, Betteln und Quengeln um Sex sind Verhaltensweisen, die man abstellen muss, wenn man ein Topverführer werden will.

Ein Topverführer weiß: Die Frau hat immer das letzte Wort

Männer und Frauen spielen ein sehr ausgefeiltes Katz-und-Maus-Spiel. Männer werben – die Frauen akzeptieren, lehnen ab oder zieren sich. Wir Männer lieben dieses Spiel, auch wenn es manchmal ganz schön aufreibend ist. Man muss einer Frau beweisen, dass man sich einsetzt und ihre Zuneigung verdient. Wir Männer lieben die Eroberung. Wir lieben den Erfolg, wenn es uns gelingt, eine Frau zu gewinnen, die zunächst unerreichbar schien.

Bei unseren Nachforschungen für dieses Buch haben wir hunderte von Frauen über ihre Einstellungen und über ihre Erfahrungen mit Verabredungen befragt. Eine Frau erklärte, weshalb sie es liebte, von Männern umworben zu werden: »Ich mag das Gefühl, dass ich ihn abweisen kann. Ich mag das Gefühl, dass er mich haben will und alles tun würde, um mich sexuell zu besitzen. Ich liebe den Augenblick vor dem ersten Kuss, weil ich weiß, dass es der Beginn einer langen Reihe von Interaktionen ist. Der ganze Prozess macht mich verrückt. Ich gebe zu, es macht mich an und bringt mich durcheinander.«

Werben ist paradox. Einerseits ist es die Aufgabe des Mannes, um Sex zu werben und seinen Willen zu verfolgen. Andererseits hat die Frau immer das letzte Wort. Man muss sein Tempo nach ihr richten und gleichzeitig trotzdem vorwärtskommen. Auch wenn es nicht fair erscheint, muss man unter allen Umständen aufhören, wenn sie es sagt. Warren Farrell, der über Männerprobleme forscht, schätzt, dass Männer über hundert Interaktionen mit Frauen initiieren müssen, um sie ins Bett zu bekommen. Auf jedem Schritt des Weges riskieren Männer eine Zurückweisung. Zu diesen Interaktionen zählen Augenkontakt, Küssen, Petting, Austausch der Telefonnummern usw. Man muss auch darauf hören, wenn sie nein sagt, und sich entsprechend verhalten. Ignorieren Männer ein Nein, gehen sie viele Risiken ein. Das größte ist eine Anzeige wegen Vergewaltigung. Das ist eine ernste Gefahr.

Ein Topverführer regt sich wegen eines »Neins« nicht auf

Eine der Legenden über Verabredungen und Verführungen ist, dass man als Mann in der Lage sein sollte, auszugehen, eine schöne Frau auf der Straße anzusprechen und sie binnen weniger Minuten ins Bett zu kriegen. Wir erinnern uns an die Schulzeit, in denen wir glaubten, ein »echter Mann« könne einfach ausgehen und mühelos eine Frau abschleppen, was aber – wie wir später erkannten – so gut wie unmöglich ist. Wenn man ein Rockstar oder bereits sehr berühmt ist, mag das wohl möglich sein – aber für die meisten von uns besteht kaum eine Chance.

Wir haben einmal eine Geschichte von einem Mann gehört, der extrem weit gegangen ist, um Sex zu bekommen. Nein, er hatte keinen Sex in der Öffentlichkeit mit einer Prostituierten (wie Hugh Grant) – er hatte seine eigene Masche. Er stellte sich während des Feierabendverkehrs an eine Bushaltestelle und sprach alle Frauen an, die ein- oder ausstiegen oder warteten: »Ich will mit Ihnen schlafen.« Man sagt, er habe das manchmal mehrere hundert Mal gemacht. Frauen lachten ihn aus, spuckten ihn an, schlugen ihn oder liefen angsterfüllt davon. Hin und wieder kam es aber vor, dass eine Frau an ihm interessiert war. Manche unterhielten sich mit ihm oder spielten mit dem Gedanken, mit ihm in seine Wohnung zu kommen. Noch seltener kam es vor, dass eine Frau Sex mit ihm hatte.

Dieser Mann konnte es hinnehmen, wenn eine Frau nein zu ihm sagte. Wenngleich wir Ihnen nicht raten, hinauszugehen und seine verrückte Masche nachzuahmen, müssen wir doch eingestehen, dass er mit einer ziemlich dreisten Courage handelte, von der wir alle uns eine Scheibe abschneiden könnten. Natürlich war dieser Kerl etwas neben der Schiene, da er so viele Risiken einging – wie zum Beispiel Geschlechtskrankheiten, Sex mit Frauen, die er nicht kannte, Prügel von Frauen und ihren Partnern, eine sofortige Verhaftung, Verlust jeglicher Selbstachtung usw. Vorbildlich ist aber, dass er eine Abweisung gelassen hinnehmen konnte.

Frauen kennenzulernen und Sex mit ihnen zu haben, ist oft ein langwieriger Prozess. Auf dem ganzen Weg muss man allerlei Ärger, Probleme, Zurückweisungen usw. ertragen. Das wichtigste Hindernis auf dem Weg zum sexuellen Erfolg besteht darin, dass die meisten Männer aufgeben, wenn Frauen in unentschiedenem Ton nein sagen. Unserer sehr reichen Erfahrung nach werden Frauen fast immer früher oder später nein sagen. Wir betrachten den Prozess der Verführung als ein Spiel: Es gehört einfach dazu, dass Frauen früher oder später erwartungsgemäß nein sagen. Man muss einen Weg finden, die Motivation zu erhalten und sich auf das Ziel zu konzentrieren, ohne die Frau auf eine Weise zu drängen, die sie abschreckt. Wie der Leidensgenosse, der jede Frau um Sex bat, werden Sie sich im Hinblick auf Zurückweisungen ein dickeres Fell zulegen müssen.

Die meisten Männer schrecken zurück, wenn sie ein Nein ernten, weil sie glauben, dass sie etwas falsch gemacht haben. Haben Sie denn nicht auch einmal bei einem Date geglaubt, dass alles bestens läuft, nur um später erfahren zu müssen, dass dem nicht so war? Sie hielten ihre Hände, führten großartige Gespräche, sahen ihr in die Augen und zählten schon die Augenblicke bis zum ersten Kuss. Mit klopfendem Herzen näherten sich Ihre Lippen zu einem langen, heißen Zungenkuss. Als sich aber Ihre Lippen berührten, stieß sie Sie zurück und sagte: »Nein. Ich bin noch nicht soweit. Ich kann nicht glauben, dass du das gerade getan hast.«

Sie sind nicht der einzige. Wir alle haben Missverständnisse mit Frauen und lassen unser Verhalten von Hormonen diktieren. Das Problem an der obigen Situation ist, dass die meisten Männer an diesem Punkt endgültig aufgeben, weil sie eine zweite Zurückweisung befürchten. Mit der Einstellung, die wir vermitteln, werden Sie sich zurückhalten, wenn eine Frau nein sagt – aber in dem Bewusstsein, dass das ein Schritt auf dem richtigen Weg ist: Sie werden gleichzeitig noch an anderen Frauen »baggern« und wissen, dass die Tür für Küsse und Sex mit dieser Frau später immer noch offen stehen wird.

Ein Topverführer weiß: Zurückweisung ist der Schlüssel zum Erfolg

Sie haben gerade Ihr drittes Date. Sie wissen, dass Sie allmählich den nächsten Zug machen müssen. Die Frau scheint Sie zu mögen. Aber wer weiß? Vielleicht überlegt sie noch, weshalb sie sich überhaupt auf ein Date mit Ihnen eingelassen hat. Aber Sie müssen jetzt schon Ihren Zug machen. Schließlich sind Sie dazu bereit. Aber was, wenn sie nein sagt? Oder vielleicht haben Sie noch gar kein Date. Vielleicht sehen Sie die Frau quer durchs Zimmer an – diesen unberührten Engel, den anzusprechen Sie sich nicht trauen. Sie könnten zu ihr hinübergehen. Das könnte Ihre einzige Chance sein. Aber was, wenn sie Sie zurückweist? Was, wenn sie gemein zu Ihnen ist? Was, wenn sie nein sagt?

Im Prinzip haben Sie nur aus einem einzigen Grund Angst vor Frauen: Sie fürchten den Schmerz und die Erniedrigung, die eine Zurückweisung Ihnen bereiten würde. Ein Nein würde alles Mögliche für Sie bedeuten: Dass Sie niemals eine Frau finden werden, dass Sie nicht gut genug sind und dass mit Ihnen etwas grundsätzlich nicht in Ordnung ist. Sie werden tagelang, vielleicht länger, unter der Enttäuschung und Erniedrigung leiden. Nach jeder Zurückweisung werden Sie noch mehr davor zurückschrecken, jemals wieder etwas mit einer Frau anzufangen – was die Bedeutung des nächsten Versuchs noch stärker aufwertet. Es wird besonders wichtig für Sie sein, nicht noch einmal zurückgewiesen zu werden – was der Frau so merkwürdig vorkommen wird, dass sie Sie erst recht zurückweist. Die Folge sind noch mehr Leiden und einsame Nächte. Diese Kette von Ursachen und Folgen kann einen schwindlig machen. Wir haben viele Männer getroffen, die nach einer Zurückweisung einen ähnlichen Teufelskreis erlebt haben. Das Merkwürdige daran ist, dass wir uns dieser lähmenden Gedanken meist nicht einmal bewusst sind.

Für Bob ist so eine einfache Aufgabe wie eine Bitte um eine Verabredung eine sehr bedeutsame Sache. »Wenn sie nein sagt«, sinniert er, »werde ich wie ein Idiot dastehen. Ich kann den erschreckten Ausdruck auf ihrem Gesicht förmlich sehen. Ich frage mich, wie sie wohl nein sagen wird? Dann wird sie allen unseren gemeinsamen Freunden erzählen, dass ausgerechnet ich mir einen Korb geholt habe. Sie werden mich alle auslachen und hinter meinem Rücken Witze über mich machen. Mein Ruf wird ruiniert sein.«

Bob steigert sich so sehr in die schlimmstmöglichen Szenarien hinein, dass seine Angst ihn lähmt. Während er sich einer Frau nähert, stellt er sich all diese furchtbaren Folgen vor. Auch wenn nichts anderes im Wege steht, sorgt bereits seine bloße Angst für ein sicheres Nein. Er verhält sich merkwürdig und zögerlich, und er zeigt sich nicht von seiner besten, sondern von seiner schlechtesten Seite. Kaum eine Frau würde mit ihm ausgehen wollen. Frauen sind nicht dumm – sie spüren, wenn ein Mann zögert. Sie wollen nicht an seinen Depressionen schuld sein, wenn sie an weiteren Treffen nicht interessiert sind.

Wie viele andere Menschen glaubt auch Bob, dass es seine Pflicht ist, in einer riskanten Situation immer mit dem Schlimmsten zu rechnen, damit er sich dagegen abhärten kann. Er glaubt, dass das der beste Weg ist: Mit Realismus den Nachteilen einer Zurückweisung ins Auge zu sehen. Er irrt sich. Malt man sich die Zurückweisung in den schwärzesten Farben aus und lässt sich von der Angst vor einer Enttäuschung völlig einnehmen, ist ein negativer Bescheid praktisch vorprogrammiert.

Ein Topverführer betrachtet alles aus einem völlig anderen Blickwinkel. Er sieht in einer Zurückweisung nicht den Ausdruck seines Wertes als Mann, sondern den Schlüssel zu sexuellem Erfolg. Ein Topverführer denkt anders über eine Zurückweisung als ein erfolgloser Liebender: Er hat eine bessere Deutung für ein Nein parat. Nehmen wir zum Beispiel an, Sie sind im Gemüsegeschäft und flirten und scherzen mit der attraktiven jungen Dame hinter dem Tresen (was wir Ihnen noch vermitteln wollen). Sie sagt: »Hätten Sie gerne eine Tüte?« Sie lächeln und antworten scherzhaft: »Oh, nein ... Tüten sind gefährlich! Haben Sie nicht die Erstickungswarnungen auf ihnen gelesen?« Sie reagiert mit einem unfreundlichen Blick. Sie scherzen weiter mit ihr –, aber ihre einzigen Worte sind ein kaltes »beehren Sie uns bald wieder«, während sie Ihnen Ihr Wechselgeld gibt. Eine glatte Zurückweisung – es fehlt nicht viel bis zur offenen Feindseligkeit.

Schauen wir, wie es nach dieser Interaktion im Kopf des erfolglosen Verführers aussieht. Er wird denken: »Oje, ich hab es mit ihr total vermasselt. Ich kann nicht glauben, dass ich dieses dumme Zeug gesagt habe. Ich muss wirklich neben der Kappe gewesen sein. Ich hab schon wieder eine Frau abgeschreckt, die ich attraktiv fand. Was ist nur mit mir los? Kann ich denn nie mit einer Frau reden, ohne dass etwas Dummes passiert? Wahrscheinlich redet sie gerade mit allen möglichen Leuten über mich und erzählt, was für ein Idiot ich bin.« Der erfolglose Verführer erklärt sich die Interaktion so, dass sie ihm Erniedrigung und Scham bereitet.

Für den Topverführer ist eine Zurückweisung ein Meilenstein zum sexuellen Erfolg, weil er sie als ein weiteres Nein ansieht, das er auf seinem Weg zu einem unvermeidlichen Ja von einer anderen Frau nicht mehr hören muss. Nach derselben Interaktion wird der Topverführer zu sich sagen: »Wow, die hatte aber nicht gerade viel Sinn für Humor. Vielleicht geht es ihr nicht gut. Vielleicht ist ein Freund von ihr in einer Plastiktüte erstickt. Wer weiß?« Wenn er überhaupt glaubt, dass sie ihn nicht mochte, wird er höchstens denken: »Gut, dass ich Bescheid weiß, bevor ich noch mehr Zeit und Kraft mit ihr verschwende. Jetzt kann ich mich auf all die Frauen konzentrieren, die mit mir zusammen sein wollen!« Der erfolgreiche Verführer erklärt sich selbst die Sache so, dass seine Erklärung ihn aufbaut. Er hat ein weiteres Nein aus dem Weg geräumt und freut sich schon auf das Ja einer anderen Frau.

Wenn sie eine Frau fragen, ob sie mit ihnen ausgehen will, denken der erfolgreiche und der erfolglose Verführer ebenfalls völlig unterschiedlich. Stellen Sie sich vor, Sie sitzen in einem Restaurant und wollen die Bedienung einladen. Sie sagen: »Hey, Sie machen einen ziemlich faszinierenden Eindruck! Wie wär's, wenn wir uns einmal auf einen Kaffee treffen? Könnte ich Ihre Telefonnummer haben?« Sie antwortet: »Nein danke. Hätten Sie gerne ein Dessert?«

Der erfolglose Verführer wird sofort denken: »Mann, wie peinlich! Ich kann nicht glauben, dass ich das getan habe. Was für ein Schlag ins Gesicht! Das kommt davon, wenn man glaubt, dass jede attraktive Frau mit einem ausgehen will. Sie war nicht an mir interessiert. Ich fühle mich wie der letzte Dreck. Ich werde das nie wieder tun.«

Der erfolgreiche Verführer wird dagegen denken: »Wow, was sagt man dazu. Sie muss einen Freund haben oder so etwas, oder sie hat irgendwann eine schwere Enttäuschung erlitten. Ich weiß, sowas kommt vor. Vielleicht ist sie auch nur in ihrer eigenen kleinen Welt eingeschlossen. Na ja, ein Nein weniger auf meinem Weg zu einem Ja von einer anderen Frau. Zu schade, sie war süß. »Was gibt's zum Dessert?« Der erfolgreiche Verführer nimmt die Zurückweisung nicht persönlich: Sie sagt für ihn nichts über ihn selbst aus –, außer dass es ein Nein weniger ist, das er hören muss.

Erfolgreiche und erfolglose Verführer reagieren auch unterschiedlich auf eine Zurückweisung, wenn sie einen Kuss wagen. Nehmen wir an, Sie haben ein Date gehabt, das ganz o.k. war, wenn auch nicht gerade berauschend. Sie waren gelangweilt und haben eine Ausrede gesucht, um sie früh nach Hause zu bringen. Im Auto, vor ihrem Haus, schauen Sie ihr in die Augen und streichen mit den Fingern durch ihr Haar, aber als Sie sich ihr nähern, sagt sie: »Bitte versuch nicht, mich zu küssen.« An diesem Punkt können Sie wahrscheinlich schon den Unterschied erkennen. Der erfolglose Verführer wird wegen der Zurückweisung in Depression versinken. Der erfolgreiche Verführer plant hingegen bereits, wie er den Rest des Abends verbringen will. Er wird zum Beispiel denken: »Hm, sie war wohl genauso gelangweilt wie ich. Das ist ein Nein mehr auf dem Weg zu einem Ja. Was kommt nachher im Fernsehen?« Während der erfolglose Verführer sich davon den Abend verderben lässt, plant der erfolgreiche Verführer, wie er sie so schnell wie möglich aus seinem Auto bekommen kann, damit das Leben weitergeht.

Hier sind die Grundprinzipien, die der erfolgreiche Verführer angesichts der Zurückweisung befolgt – was Sie ebenfalls lernen können. Erstens schützt er sein Selbstbild. Er gibt eine Erklärung, die sich auf die Frau oder die Umstände, aber nicht auf sich selbst bezieht. Er denkt eher »sie muss einen Freund haben« als »ich bin offenbar nicht attraktiv«. Zweitens lenkt er seine Aufmerksamkeit auf etwas anderes. Er erlaubt seinem Gehirn nicht, in Grübeleien zu verfallen, sondern er denkt stattdessen über etwas anderes nach. Er fragt: »Was gibt es zum Dessert?« Oder: »Was kommt heute Abend im Fernsehen?« Wenn er doch auf die

Zurückweisung zurückkommt, denkt er daran, dass er – auf dem Weg zu einem unvermeidlichen Ja – ein weiteres Nein aus dem Weg geräumt hat. Der erfolgreiche Verführer schließt aus einer Zurückweisung nicht, dass er selbst in irgendeiner Weise unwürdig oder schlecht ist. Obwohl wir das übertriebene positive Denken der New-Age-Bewegung nicht sonderlich mögen, haben wir kürzlich ein Poster gesehen, das unseren Rat auf den Punkt bringt. Darauf stand: »100 Prozent der Schüsse, die man nicht abgibt, sind keine Treffer.«

Ein Topverführer nimmt Verabredungen wie eine Wahrscheinlichkeitsrechnung

Ein Topverführer denkt ständig daran, dass Verabredungen, wie viele andere Bereiche des Lebens auch, eine Wahrscheinlichkeitsrechnung sind. Auch wenn es hart klingt: Verabredungen mit Frauen sind wie Verkaufsgespräche. Anstatt einen Staubsauger zu verkaufen, verkauft man jedoch sich selbst. Handelsvertreter wissen, dass sie selten schon beim ersten Verkaufsgespräch etwas an den Mann bzw. die Frau bringen. Wenn es doch vorkommt, wissen sie, dass es ein Glücksfall war, auf den sie sich nicht immer verlassen können.

Beobachten wir einen Topverkäufer bei der Arbeit. Martin verkauft Versicherungen; das tut er bereits seit vier Jahren. Er ist 29 und setzt seine Firma in Erstaunen, weil er seine Verkaufsziele immer wieder übertrifft. Er ist zum besten Vertreter der Firma geworden, nur weil er ein einfaches Prinzip befolgt hat: Mithilfe von Statistiken fand er heraus, dass 75 Anrufe bei verschiedenen Kunden im Durchschnitt vier Termine ergeben, von denen jeweils einer zu einem Verkauf führt. Im Unterschied zu seinen Kollegen, die weniger als er verkaufen, hat Martin diese Tatsachen akzeptiert. Er nimmt es nicht persönlich, wenn Menschen auflegen, nicht zu Hause sind oder ihn anschreien. Das alles hat er bereits einkalkuliert. Er muss lediglich Telefonnummern wählen – früher oder später wird er eine Versicherung verkaufen. Mit diesem Gedanken im Kopf wählt er fleißig weiter.

Seine Kollegen, die weniger verkaufen, nehmen die Zurückweisungen persönlich. Sie sehen diese nicht als unvermeidliche Schritte auf dem Weg zum sicheren Erfolg an, sondern lassen sich vom Misserfolg des Augenblicks hinunterziehen und verlieren ihr Ziel aus dem Blick. Schließlich geben sie auf, wohingegen Martin weiterhin verkauft. Martin ist wie ein Stehaufmännchen: Er lässt sich von Rückschlägen nicht unterkriegen. Natürlich wird Martin nervös und reagiert auch schon mal verärgert und wütend, wenn die Dinge schlecht laufen. Aber am Ende ist der Erfolg für ihn immer eine Frage der Zeit. Topverführer sehen die Verführung ebenfalls als eine Wahrscheinlichkeitsrechnung an. Auch die erfolgreichsten Verführer, die wir kennen, kriegen nicht jede Frau ins Bett, die sie ansprechen – bei weitem nicht. Sie wissen, dass die meisten Flirts mit Frauen einmalige Begegnungen bleiben. Ein Topverführer geht davon aus, dass er mit einer von zehn Frauen, mit denen er flirtet, ausgehen wird, und dass er mit einer von vier Frauen, mit denen er ausgeht, Sex haben wird. Er hat diese Tatsachen akzeptiert. Er nimmt es nicht persönlich, wenn Frauen nein sagen, ihn sitzen lassen oder seine Annäherungsversuche zurückweisen. Er weiß, dass das alles zum Spiel gehört, das ihn schließlich mit Frauen, die er begehrt, ins Bett bringt. Er darf nur nicht lockerlassen, muss Kontakte knüpfen, flirten, Verabredungen treffen und die Prinzipien befolgen, die dieses Buch vermittelt – und früher oder später wird er Sex haben. Also bleibt er am Ball – immer mit diesem Ziel im Kopf.

Erfolglose Verführer dagegen sehen die Verführung von Frauen nicht als eine Wahrscheinlichkeitsrechnung an. Sie nehmen Zurückweisungen und Schwierigkeiten persönlich. Anstatt zu wissen, dass sie sich durch unvermeidliche Zurückweisungen zum unvermeidlichen Erfolg vorarbeiten, verstricken sie sich in die schlechten Gefühle des Augenblicks. Dadurch verlieren sie ihr Ziel aus dem Blick, das sie unvermeidlich erreichen müssen, wenn sie am Ball bleiben. Irgendwann geben sie schließlich auf, wohingegen der erfolgreiche Verführer weiterhin Erfolg hat.

Wenn Sie ganz am Anfang Ihrer Verführungskünste stehen, mögen Ihre Zahlen eher abschreckend wirken. Anders als der erfahrene Verführer müssen Sie mit 25 oder 30 Frauen flirten, bevor Sie drei von ihnen um ein Date bitten – und von diesen werden vielleicht nur zwei mit Ihnen ausgehen. Sie werden sechs oder sieben Frauen ausführen müssen, bevor Sie eine ins Bett bekommen, was einen erfahrenen Verführer nur zwei oder drei Dates kostet. Sie müssen lernen, dass es keine Rolle spielt, wenn Frauen nein sagen. Solange Sie nicht vergessen, dass Beharrlichkeit unweigerlich zum Erfolg führt, können Sie am Ball bleiben und so lange Frauen ansprechen, bis endlich der gewünschte Erfolg eintritt. Dieser Erfolg wird Ihr Selbstvertrauen stärken, was die weiteren Versuche einfacher macht. Solange Sie daran denken, dass es nur eine Frage der Zeit ist, werden Sie bei Frauen erfolgreich sein.

Max ist einer unserer Schüler, der sich diese Gewohnheit zu Herzen genommen hat. Mit 42 Jahren, geschieden und leicht übergewichtig, hatte er seit seiner Scheidung drei Jahre zuvor keinen Sex mehr. Er war ein einfühlsamer Mensch, der einen hingebungsvollen Liebhaber, Freund oder Ehemann abgeben würde. Seine Chancen waren allerdings sehr gering, weil er jede negative Reaktion einer Frau äußerst persönlich nahm. Wenn er einen Witz machte und eine Frau nicht lachte, war er am Boden zerstört. Seit die letzte Frau vor zwei Jahren nein gesagt hatte, hatte er überhaupt keine Frau mehr um ein Date gebeten. Er lebte in der Hoffnung, dass er eines Tages die Liebe und die Beziehung finden würde, die er sich wünschte. Als wir ihn trafen, war Max depressiv und wünschte nichts sehnlicher als weibliche Gesellschaft.

Wir erklärten ihm die Gewohnheiten eines Topverführers, und er änderte seine Einstellung Frauen gegenüber. Anstatt ihre Zurückweisungen als persönliche Werturteile anzusehen, konzentrierte er sich auf die Wahrscheinlichkeitsrechnung. Er sagte: »Vermutlich muss ich zehn Frauen um ein Date bitten, um ein Ja zu bekommen und vier Frauen ausführen, um einmal Sex zu haben. In Ordnung, wird gemacht.« Er zeigte uns sogar eine Tabelle, in der er festhielt, wie viele Frauen er um ein Date gebeten hatte und wie viele Verabredungen sich daraus ergeben hatten. Es erwies sich, dass Max seine Chancen unterschätzt hatte. Von den ersten sechs Frauen, die er um ein Date bat, sagten drei ja; innerhalb von drei Wochen hatte eine von ihnen Sex mit ihm. »Da ich die Verabredungen wie eine Wahrscheinlichkeitsrechnung betrachte, konnte ich einfach zum nächsten Mädchen übergehen, wenn eine nein gesagt hatte«, erzählte er später. Heute hat er eine Geliebte, die er bald heiraten will.

Wenn man Verabredungen wie eine Wahrscheinlichkeitsrechnung betrachtet, behält man das Selbstvertrauen, bei allem, was geschieht, weiterzumachen. Von dem Mann, der Frauen auf der Straße fragt, ob sie mit ihm schlafen wollen, bis hin zu Max Suche nach einer Freundin: Das Gesetz der großen Zahlen sorgt irgendwann für den unvermeidlichen Erfolg.

Manche Männer lehnen die Vorstellung ab, dass die Zurückweisung einer Frau an ihnen spurlos abprallen könnte. Sie wollen doch einfühlsame Männer sein; sie glauben, dass man Männern gestattet, noch unsensibler zu werden, als sie ohnehin schon sind, wenn man die Zurückweisung als Schlüssel zu sexuellem Erfolg wertet. Beklagen sich Frauen schließlich nicht darüber, dass Männer zu wenig einfühlsam sind? Wir glauben, dass Sie auf das, was Frauen sagen und tun, durchaus sensibel reagieren sollten, aber nicht im frühen Stadium einer Bekanntschaft. In dieser Phase wäre ein zu hohes Maß an Sensibilität sexueller Selbstmord. Dagegen wendet man gerne ein, dass man sich nicht »am Riemen reißt«, wenn man sich nicht schlecht fühlt. Man wird dann lediglich ein weiteres Beispiel für das gewaltige männliche Ego sein, von dem wir so oft hören. Nimmt man sich die Zurückweisungen nicht zu Herzen, verliert man schnell die Selbstkontrolle: Man wird sich maßlos überschätzen. Wenn man verletzt ist, ist man wenigstens nicht übermäßig eingebildet.

Bob schlägt diesen Weg ein. Wenn eine Frau ihn zurückweist, ist er am Boden zerstört. Schlägt man ihm vor, die Zurückweisung einmal in einem anderen Licht zu sehen, fürchtet er, dass er sich täuschen könnte: Schließlich könnte er wirklich etwas Peinliches an sich haben, was er korrigieren muss! Wenn er sich nach einer Zurückweisung gut fühlen würde, könnte er einer von diesen eingebildeten Typen sein, über die Frauen spotten! Er könnte ein Macho-Schwein werden – und das will er absolut nicht.

Bob übersieht zwei Dinge. Frauen mögen über diese Typen spotten –, aber sie gehen (aus Gründen, die wir noch behandeln werden) mit ihnen auch eher ins Bett als mit Typen, die sich immerzu rechtfertigen. Zweitens: Er sollte stets seinen Stil und seine Einstellung Frauen gegenüber verbessern – aber wenn er sich schlecht fühlt, wird ihm das nicht helfen.

In der ersten Phase einer Bekanntschaft hat man schlicht keine andere Wahl, als angesichts einer Zurückweisung unsensibel zu reagieren. Wenn man irgendeine Art von Beziehung mit Frauen haben will, muss man ein dickes Fell haben. Folgen Sie einfach dem Muster des erfolgreichen Verführers: Nehmen sie eine Ablehnung als ein weiteres Nein auf dem Weg zum Erfolg und gehen Sie weiter beharrlich Ihren Weg.

Ein Topverführer hat immer mehrere Eisen im Feuer

Aus Befragungen und durch die Nachahmung erfolgreicher Verführer lernten wir die schreckliche Wahrheit kennen: Wenn Sie ein Experte der Verführung werden wollen, ist es für Ihr Sexleben schlimmer, nur einer Frau den Hof zu machen als gar keiner! Warum ist das so? Weil man keinen Plan B hat, wenn man nur einer Frau den Hof macht. Man kann nicht unbefangen sein, weil man keine Risiken eingehen kann: Sie ist die einzige Perspektive, die einzige Chance auf Sex. Man macht sich übermäßig Sorgen, weil man keine andere Frau hat, der man den Hof machen kann, wenn es schief geht. So macht man sich ziemlich von ihr abhängig. Diese abhängige Einstellung wird die Frau sehr wahrscheinlich abstoßen. Außerdem werden Sie glauben, dass etwas mit Ihnen nicht stimmt, wenn die Frau Sie nach ein paar Dates nicht mag. Schon Ihre Unfähigkeit, sich in ihrer Gegenwart zu entspannen, wird sie als unangenehm empfinden - und Sie werden sich selbst nicht in Ordnung finden. Viele unserer Schüler sind in diese Falle gegangen. Man kann alle anderen Gewohnheiten eines Topverführers annehmen - aber wer nur einer einzigen Frau den Hof macht, wird niemals ein erfülltes Sexleben genießen.

Leo, Geschäftsführer einer Reinigungsfirma, wollte uns nicht glauben. Als wir begannen, ihn »einzuweisen«, hatte er schon sechs Monate kein einziges Date mehr gehabt. »Ich habe schon so lange keinen Sex mehr«, scherzte er, »dass ich fast vergessen habe, wie es geht!« Wir trainierten ihm die Gewohnheiten an. Er befolgte sie alle außer einer: Er machte nur einer Frau den Hof. Er flirtete mit einer Frau und kehrte immer wieder in das Geschäft zurück, in dem sie arbeitete, um sie zu treffen. Er malte sich aus, wie wunderbar es wäre, sie auszuführen und sie als Liebhaberin zu gewinnen. Leo ignorierte alle andere Frauen und befolgte nicht unseren Rat, es mit mehreren gleichzeitig zu versuchen. Aber er hatte ein Problem: Jedes Mal, wenn er die Frau traf, die er begehrte, wuchs seine Anspannung. Es wurde immer schwieriger für ihn, witzig zu sein, und er fürchtete zunehmend, etwas Peinliches zu sagen oder zu tun. Als Leo beschloss, eine Verabredung vorzuschlagen, war er so nervös, dass er richtig ins Schwitzen kam. Wenn sie nein sagte, wäre seine ganze Vorarbeit umsonst gewesen – alle Hoffnungen auf eine Zukunft mit ihr wären zerstört! Als er den Versuch wagte, stolperte er über seine eigenen Worte und wurde rot. Sie sagte: »Danke, ich mag Sie und so, aber ich glaube nicht, dass es funktionieren würde.« Da sie die einzige Frau war, der er den Hof machte, wurde ihre Antwort für ihn so entscheidend, dass er sich gar nicht mehr entspannen und unbefangen sein konnte. Angesichts seiner Anspannung wollte sie natürlich nicht mit ihm ausgehen.

Leo kam auf uns zurück und bat um unseren Rat. Wir erklärten ihm einmal mehr, wie wichtig es ist, dass man sich um mehr als eine Frau auf einmal bemüht. Schließlich, so sagten wir, würde er auch nicht nur einen einzigen Kunden für seine Reinigungsfirma suchen. Er begann, unseren Rat zu befolgen, und hielt sich an das System, das wir in diesem Buch skizziert haben – was auch bald zu Erfolgen führte.

Wenn man sich an dieses System hält und immer neue Frauen hinzunimmt, während man zugleich andere aufgibt, bei denen es nicht funktioniert, hat die einzelne Reaktion einer Frau keine allzu große Bedeutung. Sie können sich entspannen und unbefangen sein, ohne sich allzu große Sorgen über ihre Reaktion zu machen. Sie können zu sich selbst sagen: »Hey, wenn sie nicht will, stehen jede Menge Frauen bereit, um ihre Stelle einzunehmen.« Und man weiß, dass es tatsächlich so ist. Machen Sie mehreren Frauen gleichzeitig den Hof, haben Sie mehr Geduld mit denen, die Sie verführen wollen, weil Sie eine Reihe von Frauen in unterschiedlichen Stadien der Verführung haben. Für Leo spielt es jetzt keine Rolle, wenn eine Frau, die einen schlechten Tag hat, unkommunikativ ist, ihn unfair behandelt oder launisch ist. Er weiß, dass er sie nicht irgendwie unter Druck setzen muss, weil er seine Bedürfnisse anderswo befriedigen kann. Das macht seine Gesellschaft angenehmer, wodurch er für Frauen wiederum viel attraktiver wird.

Unser Rat ist auch wichtig, wenn Sie endlich Sex haben. Wenn Sie aufhören, anderen Frauen den Hof zu machen, sobald Sie eine Geliebte haben, wird sie unweigerlich die feste Freundin werden – ob Sie wollen oder nicht. Studien haben ergeben, dass die Körperchemie eines Mannes von einer Frau, mit der er regelmäßig schläft, regelrecht abhängig wird. Das ist in Ordnung, wenn man eine feste Beziehung sucht, aber wenn man kurzfristige Beziehungen zu Frauen sucht, muss man fortfahren, anderen Frauen den Hof zu machen – auch wenn man die erste ins Bett bekommen hat.

Frauen fühlen sich von Männern angezogen, die entspannt, kreativ und aufregend sind. Wenn man mehr als einer Frau den Hof macht, weckt man alle diese Eigenschaften, weil es bedeutet, dass man auf eine kreative und aufregende Art mitten im Leben steht. Wenn man weiß, dass die Frau, der man den Hof macht, nur eine von vielen ist, spielt ihre Reaktion eine geringere Rolle, als wenn sie die einzige Hoffnung auf Sex ist. Man kann sich besser entspannen, weil man nicht riskiert, dass man den einzigen möglichen Sexpartner abspenstig macht. Wenn man sie aus irgendeinem Grund doch verliert, kann man einfach zur nächsten Frau übergehen.

Ein Topverführer übernimmt stets die Initiative

Oft versäumen Männer, bei Frauen die Initiative zu ergreifen. Entweder vergessen sie, wie wichtig das ist, oder sie lehnen es ab. Vielleicht sind sie von Frauen zu oft zurückgewiesen worden. Vielleicht halten sie sich für so toll, dass sie glauben, Frauen müssten auf sie zugehen. Was auch immer der Grund ist, ein Topverführer weiß genau: Der Mann muss bei jedem Schritt Verantwortung und Initiative übernehmen. Ein Topverführer vergisst das nie! Wer sich hängen lässt, wird die Frau seiner Träume an einen anderen Mann verlieren und einsam zu Hause masturbieren, während der andere Mann Sex mit ihr hat.

In der Regel erwarten Männer, dass Frauen ihr Interesse durch Signale bekunden. Das ist ein schwerwiegender Irrtum. Die meisten Männer übersehen, dass Frauen anders als Männer handeln. Man muss wissen, dass Männer und Frauen auf Initiativen völlig unterschiedlich reagieren. Wenn zum Beispiel einer Ihrer Freunde nicht zurückruft, nachdem Sie ein Treffen vorgeschlagen haben, dürfen Sie davon ausgehen, dass er die Einladung nicht annehmen will. Bei Frauen ist das nicht der Fall. Frauen sind so programmiert, dass sie nicht leicht zu haben sind und mehrdeutige Botschaften aussenden. Sie dürfen das nicht persönlich nehmen. Tatsächlich werden Sie ein viel glücklicherer Mann sein, wenn Sie es einfach weiter versuchen. Nehmen Sie nicht persönlich, was eine Frau tut.

Übrigens wird eine attraktive Frau niemals eine Verabredung vorschlagen und selten zurückrufen. Wenn Sie wirklich etwas von ihr wollen, müssen Sie beweisen, dass Sie es wert sind. Sie müssen beharrlich und geduldig sein und zeigen, dass es etwas gibt, was Sie von anderen unterscheidet. Als ein Freund von uns eine schöne 20-jährige Frau in einer Bar traf, sprach er sie an und bekam ihre Telefonnummer. Er rief sie mehrere Male an, aber sie rief nicht zurück. Er rief sie weiterhin an, bis er sie schließlich am Telefon hatte. Sie vereinbarten ein Date zum Kaffeetrinken, aber sie kam nicht. Er rief sie wieder an und traf eine Verabredung. An diesem zweiten Date hat er mit ihr geschlafen. Sein Erfolg beruhte auf seiner Beharrlichkeit und seiner Bereitschaft, die Initiative zu ergreifen. Er hat es nicht persönlich genommen, es ihr nicht nachgetragen und nicht gejammert oder aufgegeben.

Wir haben viele Männer kennengelernt, die wütend waren, weil sie die Initiative ergreifen mussten. Sie beklagen sich darüber, dass das nicht fair ist und dass Frauen auch auf Männer zugehen würden, wenn sie tatsächlich an Gleichberechtigung glaubten. Oder sie jammern, dass es sie abschreckt, eine Frau anzusprechen, die sie nicht kennen, und eine Zurückweisung zu riskieren. Unser Rat an diese Männer ist: Werden Sie endlich erwachsen und lernen Sie, damit umzugehen. Wenn Sie nachtragend sind, wird keine Frau Sie mögen. Sehen Sie einfach darüber hinweg. Das ist vielleicht leichter gesagt als getan, aber es ist notwendig, auf Frauen zuzugehen, ohne nachtragend zu sein, wenn man Erfolg haben will. Das ist das Gesetz der Wildnis, das man kennen muss, um zu überleben. Man kann die Spielregeln nicht verändern – man muss sich an die harten Bedingungen anpassen. Ein Meister der Verführung muss die innere Disziplin aufbringen, seine Angst und Wut zu überwinden, um sein Ziel – jede Menge Sex – zu erreichen.

Sie müssen es so sehen: Die Initiative gibt Ihnen Macht. Anstatt sich darüber zu ärgern, dass er die ganze Arbeit machen muss, um eine Frau ins Bett zu bekommen, weiß ein erfolgreicher Verführer, dass die Initiative ihm die Möglichkeit bietet, seine Chancen bei Frauen selbst zu bestimmen. Wer die Initiative übernimmt, kann mit einer Frau reden, wann er will, Verabredungen so terminieren, wie es ihm am besten passt, jede Frau ansprechen, die er will, und schließlich mit jeder Frau schlafen, zu der er sich hingezogen fühlt. Sie sind nicht machtlos – tatsächlich wird von Ihnen erwartet, dass Sie es selbst in die Hand nehmen! Von diesem Standpunkt aus betrachtet ist es ziemlich gut für Männer, dass sie die Initiative haben.

Nur für den Fall, dass Sie völlig auf den Kopf gefallen sind – hier ist eine Liste der Initiativen, die Sie ergreifen müssen: Der erste Augenkontakt, das erste Lächeln, das erste Mal mit ihr sprechen, Aufrechterhalten der Konversation, Frage nach ihrer Telefonnummer, anrufen, noch mal anrufen, wenn sie nicht zurückruft, eine Verabredung vorschlagen, noch eine Verabredung vorschlagen, wenn sie diese »vergessen« hat, der gesamte Augen- und Körperkontakt beim Date, der erste Kuss, jede einzelne sexuelle Annäherung und jegliche folgenden Verabredungen. Bei einer kurzfristigen erotischen Beziehung müssen Sie außerdem derjenige sein, der Schluss macht.

Ein Topverführer sieht immer und überall Chancen

Ein Topverführer sieht in jeder Begegnung mit Frauen eine Chance. Wenn Sie reichlich Sex haben wollen, müssen Sie das ebenfalls lernen. Einer von Bobs fatalen Schwächen bei seinen Annäherungsversuchen ist sein »Tunnelblick«. Obwohl er dauerhaft erfolglos ist, glaubt er zu wissen, dass es nur sehr wenige Orte gibt, wo er Frauen treffen kann. Er täuscht sich. Tatsächlich sind Frauen überall. Die besten Orte sind die, an denen Sie sich jeden Tag befinden. Da Bob das nicht begreift, flirtet er nur dann mit Frauen, wenn er sich danach fühlt, aber nicht zur Übung. Er verwandelt nicht jede Situation in eine Chance.

Bevor sie unsere Seminare besuchten und unser Buch lasen, stolperten viele unserer Studenten blind durch den Tag. Sie waren sich der vielen

Frauen gar nicht bewusst, die fast ständig um sie waren. Wenn Sie dieses Buch gründlich lesen und unsere Ratschläge befolgen, werden Sie nach und nach die Frauen erkennen, mit denen Sie täglich Umgang pflegen, und viele von ihnen in Geliebte verwandeln – wie ein Topverführer das eben tut. Erfolgreiche Verführer sind wie erfolgreiche Handelsvertreter. Sehen wir, wie ein Topverkäufer sein Leben betrachtet. Für ihn bietet jede Lebenslage die Chance für einen Verkauf. Beispielsweise wird ein hungriger Versicherungsvertreter viele Anrufe machen, seine Freunde um Hinweise bitten, längst vergessene Verwandte anrufen, um sich Tipps geben zu lassen, Annoncen in Zeitungen aufgeben, seine Visitenkarte in Restaurants liegen lassen und andere verrückte Dinge tun, um Käufer zu finden. Er wird alles tun, was nötig ist, um zu verkaufen. Ein Topverführer hat eine ähnliche sture und penetrante Art, Frauen zu suchen.

Ein Topverführer ist wie ein Jäger. Ein guter Jäger ist ständig außerhalb seines Lagers unterwegs. Das bedeutet, dass er nicht nur an Orten jagt, die leicht zu erreichen sind: Er geht dorthin, wo er das Wild vermutet – egal ob diese Orte leicht erreichbar sind. Der Jagderfolg hat eine höhere Priorität als seine eigene Bequemlichkeit. Er steht vor Sonnenaufgang auf, sitzt in der Kälte und wartet geduldig aufs Wild – es mag kommen oder nicht. Er weiß: Wenn er am Ball bleibt, wird er schließlich erfolgreich sein. Das ist ein Vorbild für uns alle. Ein Jäger scannt die Umgebung ständig nach Anzeichen, Gerüchen oder Geräuschen, die ihn zu seiner Beute führen könnten, ab, genau wie ein erfolgreicher Verführer. Er beobachtet die gesamte Landschaft und untersucht alles, was sich bewegt. Die meisten einsamen Männer könnten sich davon eine Scheibe abschneiden. Ein erfolgloser Verführer wird erst überlegen, ob eine Frau überhaupt attraktiv genug ist, sodass er es versäumt, an ihr sein Verhalten zu üben oder andere Frauen durch sie kennenzulernen. Er unterlässt es, die Umgebung zu scannen und die Frauen wahrzunehmen, die potenziell infrage kommen. Die Jäger-Analogie ist hart, aber nützlich, um ein erfolgreicher Verführer zu werden.

Sie sollten jede Situation als Chance betrachten, Frauen zu treffen. Das gilt sogar für jede noch so geringfügige Interaktion mit Frauen – sei es im Restaurant, im Lift, beim Tanken oder beim Arzt: Das alles sind

Gelegenheiten, ein Date zu bekommen und Ihre Fähigkeiten als Verführer zu trainieren. Wir haben bereits erwähnt, dass sogar Computer-Freaks, die den ganzen Tag im Büro eingeschlossen sind, Chancen haben, Frauen zu treffen. Der Unterschied zwischen erfolgreichen und erfolglosen Verführern besteht darin, dass erfolgreiche Verführer diese Gelegenheiten kennen und nutzen. In den späten 1980er-Jahren war es im Trend, »Single-Nächte« in Lebensmittelmärkten abzuhalten. In vielen Städten erwies sich das als wirksame Strategie für Märkte, Profit zu machen, und für Männer und Frauen, sich zu treffen. Dies schien damals eine verrückte Idee zu sein. Wer würde erwarten, dass sich Singles an so einem merkwürdigen Ort treffen? Später wurde das zu einem Trend und schien gar nicht mehr so ungewöhnlich. Dasselbe gilt für viele andere Orte, an denen man sich im Lauf des Tages aufhält.

Ein Topverführer handelt stets ergebnisorientiert

Wenn Sie auf gut Glück Akquise für Ihr Geschäft machen – rufen Sie dann einen Kunden an, ohne zu wissen, was Sie sagen wollen? Wenn Sie eine Gehaltserhöhung aushandeln wollen – verbringen Sie dann Stunden im Büro Ihres Chefs mit zielloser, bedeutungsloser Plauderei – in der Hoffnung, dass sich eine Gehaltserhöhung von selbst ergibt? Nehmen Sie einen potenziellen Kunden zu völlig zufälligen Ereignissen und bedeutungslosen Veranstaltungen mit – in der Hoffnung, dass er aus irgendeinem Grund beschließen wird, Ihr Produkt zu kaufen? Selbstverständlich nicht. Sie handeln immer ergebnisorientiert. Wenn Geselligkeit und Plaudereien zu Ergebnissen führen, werden Sie selbstverständlich gesellig sein und plaudern. Aber Sie haben immer das Ergebnis im Hinterkopf (oder sogar weiter vorne), das Sie erreichen wollen. Sie tun, was Sie einen Schritt dem Ziel näher bringt – und nicht, was dafür ohne Bedeutung ist (oder sogar vom Ziel wegführt).

Das ist es eben, was ein Topverführer macht. Erfolgreiche Verführungen beruhen auf der Festlegung von Ergebnissen, die man Schritt für Schritt erzielen will. Wo kein Plan ist, besteht Spielraum für Probleme und Pannen. Ergebnisorientiertes Handeln beim Date bedeutet, dass ein Mann einer Frau beim ersten Date gezielt romantische Gefühle vermittelt oder versucht, ihre Telefonnummer zu bekommen. Beim Date kann das Ergebnis darin bestehen, Sex zu haben. Nach dem Date kann es darum gehen, sie wiederzusehen, ihr weiterhin das Gefühl zu geben, dass sie etwas Besonderes ist, weiterhin ihr Interesse zu wecken oder die nächste Bekanntschaft anzupeilen. Sie müssen sich immer fragen: »Was ist mein Ziel?« Und: »Wie soll sie sich fühlen?« Wenn Sie wollen, dass sie sich sicher fühlt, müssen Sie harmlos erscheinen (und nicht verrückt oder furchteinflößend). Wenn Sie romantische Gefühle wecken wollen, müssen Sie romantische Fragen stellen und romantische Dinge tun. Wenn Sie nicht wollen, dass sie sich ekelt, dürfen Sie nicht rülpsen, schmutzige Witze machen oder andere widerliche Dinge tun.

Wenn das Ziel Kuss heißt und Sie dieses Ziel im Auge behalten, werden Sie automatisch dazu neigen, Aktivitäten und Verhaltensweisen zu wählen, die diesem Ziel entsprechen. Schritt für Schritt werden sich Ihre Wünsche erfüllen. Männer, die nicht ergebnisorientiert vorgehen, sind den Launen des Schicksals ausgeliefert und zum Scheitern verurteilt. Die meisten Männer fallen in diese Kategorie. Sie überlassen sich dem Schicksal und wollen »einfach sehen, wohin es führt«. Wer mit den Gewohnheiten eines Topverführers vertraut ist, kennt sein Ziel und arbeitet gezielt darauf hin.

Ein Topverführer nimmt sein Schicksal selbst in die Hand

Sie haben sie letzte Woche kennengelernt: Attraktiv, vital, blond und Mitte 20. Sie haben sich gut unterhalten, sie hat Ihnen gerne ihre Telefonnummer überlassen und will sich mit Ihnen zum Kaffee treffen. Sie treffen zehn Minuten zu früh ein und warten darauf, dass sie erscheint. Zum vereinbarten Zeitpunkt warten Sie immer noch, weitere zehn Minuten vergehen und nach 30 Minuten ist sie immer noch nicht da. Die Frage ist: Haben Sie dafür gesorgt, dass Sie trotzdem auf Ihre Kosten kommen?

Ein Mann, der sein Schicksal selbst in die Hand nimmt, hat in dieser Situation keine Probleme. Er bringt Arbeit mit oder einen Text, den er dringend noch lesen muss. Er hat Zeit und Ort so gewählt, wie es für ihn passend war, um nicht seinen Tag zu versauen, wenn sie nicht auftauchen sollte. Er übt und flirtet mit anderen Frauen im Café und hat deshalb so oder so seinen Spaß. Nach 30 Minuten geht er. Wenn er die Frau anruft, die ihn versetzt hat – wie man das macht, zeigen wir Ihnen in einem späteren Kapitel – ist er nicht unproduktiv verärgert, nur weil sie ihre Zusage nicht eingehalten hat. Er sorgt dafür, dass er so oder so auf seine Kosten kommt.

Ein Mann, der sein Schicksal nicht selbst in die Hand nimmt, ist so verblüfft, dass sie überhaupt ja gesagt hat, dass er Himmel und Hölle in Bewegung setzt, um ein Date zu arrangieren. Er sagt wichtige Termine ab, ändert seinen Zeitplan und vereinbart einen für ihn unpassenden Ort für das Treffen. Er kommt, um sich mit ihr zu unterhalten, und hat keinen Plan B für den Fall, dass sie nicht erscheint. Auch wenn sie mit 40 Minuten Verspätung doch erscheint, ist er so verärgert, wütend und beleidigt, dass er die Zeit mit ihr nicht genießen kann. Er hat sich selbst zum Opfer gemacht, weil er nicht vorgesorgt hat.

Das ist ein gewaltiger Fehler, den viele unserer Schüler machen. Sie erwarten, dass andere (oder das Schicksal) das Leben für sie einrichten. Der Mann, der zum Opfer wurde, weil seine Verabredung nicht auftauchte, erwartet, dass sie für einen gelungenen Nachmittag sorgt. Als Folge dessen war er ein Opfer – und das wird auch Ihnen so ergehen, wenn Sie Ihr Schicksal in die Hände anderer Leute legen.

Steve ist ein hochgewachsener Mann Ende 30, der allmählich kahl wird. Um acht Uhr früh am folgenden Tag hat er eine wichtige Präsentation. Diese könnte über eine wichtige Beförderung entscheiden. Nachdem er die letzten Details für seine Präsentation unter Dach und Fach gebracht hat, beschließt er, mit den anderen Jungs auf ein paar Drinks auszugehen. Es ist schon 21 Uhr und die Bar ziemlich voll. Jana, eine attraktive Frau im hautengen Seidenkleid, interessiert sich für ihn. Er tanzt mit ihr und lädt sie auf ein paar Drinks ein. Jana berührt ihn, lächelt und lehnt sich vom Barhocker sogar zu ihm rüber, um ihn flüchtig zu küssen, wobei sie ihre Brüste leicht an ihn drückt. »Endlich«, denkt Steve, »hab ich auch mal Glück.« Leider hat Jana nicht die Absicht zu gehen, bis die Bar um 2.30 Uhr morgens schließt – das sind immer noch drei Stunden. Die Aussicht auf Sex, die vor seiner Nase baumelt, macht Steve wahnsinnig. Er trinkt und tanzt mit ihr bis 2.30 Uhr. Dann bettelt sie ihn an, mit ihr bis um

3.30 Uhr eine After-Hour-Party zu besuchen. Schließlich nimmt er sie mit in seine Wohnung, wo sie bis sechs Uhr Sex haben. Nach einer Stunde Schlaf, völlig betrunken und erschöpft, liefert Steve am nächsten Morgen eine furchtbare Präsentation ab. Er wird nicht befördert, und der Chef seines Chefs fragt offen, was mit ihm los sei. Die Antwort liegt auf der Hand: Steve hat sein Schicksal nicht selbst in die Hand genommen – jedenfalls nicht in dieser Situation. Sobald eine Frau auftaucht, wird er zum Opfer. Er hofft, dass ihre Launen sein Leben in Ordnung bringen und ihm Sex bescheren werden. Er wird das Opfer seiner eigenen mangelnden Bereitschaft, sein Leben selbst in die Hand zu nehmen. Außerdem machen ihn seine Bedürfnisse blind, sodass er nicht in der Lage ist, die richtigen Prioritäten zu setzen. Er handelt aus Verzweiflung – nicht wie ein Mann mit klaren Absichten und Zielen.

Als Robert, den wir geschult haben, sich in der gleichen Situation befindet, ist die Entscheidung klar: Er weiß, dass er die Bar um 23 Uhr verlassen muss, wenn er sein Leben im Griff behalten will, auch wenn ob er eine Frau an der Angel hat. Er sagt Jana, dass er gehen muss, und sie ist enttäuscht. Er sagt, dass er sie wiedersehen möchte, und bittet um ihre Telefonnummer. Er geht, legt sich früh ins Bett und legt am folgenden Morgen eine sehr gute Präsentation hin. Er bekommt die Gehaltserhöhung und ist durch seinen Erfolg so motiviert, dass er an demselben Abend wieder ausgeht, eine andere Frau kennenlernt und mit ihr die ganze Nacht lang Sex hat. Außerdem hat er Janas Nummer und kann sie jederzeit anrufen! Der Unterschied zwischen Steve und Robert besteht darin, dass Robert entschlossen ist, sein Leben selbst in die Hand zu nehmen, wohingegen Steve das nicht tut. Steve würde vielleicht sagen, dass er das ebenfalls tut, aber die Aussicht auf Sex verleitet ihn dazu, die Kontrolle über sein Leben aufzugeben. Wenn wir die beiden Fälle vergleichen, zeigt es sich, dass Steve eher entschlossen ist, zum Opfer der Umstände zu werden und die schnelle Befriedigung zu suchen, anstatt den langfristigen Gewinn anzustreben. Robert setzt seine Ziele und bleibt konsequent. Er verlässt die Bar um 23 Uhr, weil er weiß, dass das eine erfolgreiche Präsentation garantiert. Seine Präsentation hat höchste Priorität. Er weiß, dass eine Nacht Sex im Vollrausch es nicht wert ist, eine Gehaltserhöhung aufzugeben, an der er drei Monate lang gearbeitet hat. Robert ist ein erfolgreicher Verführer. Steve nicht.

Nehmen Sie Ihr Leben unter allen Umständen selbst in die Hand – oder sind Sie bereit, die Kontrolle über Ihr Leben aufzugeben, sobald sich eine Aussicht auf Sex bietet? Ein Topverführer organisiert sein Leben so, dass er das Leben führen kann, das er will, egal, ob Frauen darin eine Rolle spielen oder nicht. Er verlässt sich auf sich selbst, um sein Leben in den Griff zu bekommen, und überlässt das nicht den Frauen. Die Folge ist, dass er glücklicher ist, sein Leben besser im Griff hat und dadurch für Frauen attraktiver wird.

Man sagt, Sex sei die teuerste Ware der Welt. Aus der Sicht des Mannes scheint das oft der Fall zu sein. Das Bedürfnis der Männer nach Sex stürzt Weltreiche, kostet sie Jobs, bringt sie ins Gefängnis. Wenn Sie jemals etwas getan haben, was Ihren langfristigen Interessen schadet, um kurzfristig Sex zu haben, haben Sie Ihr Leben nicht selbst in die Hand genommen. Wenn Sie im Umgang mit Frauen, mit denen Sie sich verabredet haben, jemals zum Opfer der Umstände geworden sind, haben Sie Ihr Leben ebenfalls nicht selbst in die Hand genommen. In beiden Fällen sind Sie kein Topverführer gewesen.

Diese Gewohnheit eines Topverführers geht weit über Frauenbekanntschaften hinaus. Männer, die entschlossen sind, ihr Leben selbst in die Hand zu nehmen, fragen sich selbst, wie sie jede Erfahrung verbessern können. Wenn ein Topverführer auf einer Geschäftsreise einen Flughafen-Aufenthalt von vier Stunden überbrücken muss, jammert er nicht darüber – und wenn doch, kommt er schnell darüber hinweg. Er fragt sich: »Wie kann ich das Beste daraus machen?« Er fragt so lange, bis er eine Antwort findet, die aus seiner Sicht die beste ist. Er erledigt dringende Anrufe. Er holt seinen Laptop heraus und erledigt wichtige Arbeiten. Er geht zum Buchgeschäft und kauft ein Buch, das er ohnehin einmal lesen wollte. Er kann sogar mit seinem Handy in einer leeren Toilettenzelle Telefon-Sex haben. Ein Mann, der sein Leben selbst in die Hand nimmt, setzt alles daran, sein Leben zu gestalten. Er will sein Leben voll ausschöpfen. Wenn er am Flughafen festsitzt, kann er sich vornehmen, mit zehn Frauen zu flirten und mit einer von ihnen Sex zu haben. Er kann eine Ex-Geliebte anrufen, die in der Stadt lebt, in der er festsitzt, um sie zu verführen. Er entscheidet, welche Art von Erfahrung er machen will, und richtet sein Leben so ein, dass er sein Ziel erreicht. Wenn Sie ein Mann sein wollen, der sein Leben selbst in der Hand hat, müssen Sie das ebenfalls tun.

Indem Sie sich selbst diese Fragen stellen und Ihr Leben selbst in die Hand nehmen, anstatt es den Frauen zu überlassen, das für Sie zu übernehmen, werden Sie zu der Art von Mann, zu der sich Frauen am stärksten hingezogen fühlen.

Hier sind einige Fragen, die ein Topverführer sich selbst ständig stellt:

- Wie kann ich die aktuelle Situation sinnvoll nutzen?
- Welche Art von Erfahrung will ich machen – komme was da wolle?
- Was kann ich jetzt gerade tun, um diese Erfahrung für mich selbst zu gewährleisten?
- Was ist für mich in der aktuellen Situation am wichtigsten?
- Wie kann ich erreichen, was ich will?
- Wie würde die aktuelle Situation am meisten Spaß machen?

Ein Topverführer ist niemals Therapeut oder Freund seiner Flamme

Quizfrage: Der beste Weg, von einer Frau begehrt zu werden, besteht darin, ihre Probleme zu lösen, ihre Probleme anzuhören und sich als exzellenter Freund zu erweisen. Richtig oder falsch? Jeder erfolgreiche Verführer, den wir kennengelernt haben, wusste, dass diese Aussage falsch ist. Der Therapeut, Vertraute oder Kumpel einer Frau zu sein, ist einer der schlechtesten Wege, eine Frau ins Bett zu bekommen. Als Therapeut, Vertrauter oder Kumpel vernichtet man sogar die sexuellen Chancen fast völlig. Freilich mögen Sie selbst vielleicht auch Frauen als Kumpel haben wollen – aber wenn Sie eine Frau als möglichen Sexpartner betrachten, kann das der Todesstoß sein.

Die Therapeuten-Masche

Wer versucht, Sex zu bekommen, indem er eine Frau therapiert, glaubt, dass sie von selbst Sex mit ihm haben will, wenn er ihre emotionalen Probleme löst. Diese falsche Überlegung gründet auf die Annahme, dass auch er mit einer attraktiven Frau Sex haben will, wenn sie seine Probleme löst. Wenn man bedenkt, dass er mit einer attraktiven Frau wahrscheinlich auch dann Sex haben will, wenn sie seine Probleme vergrößert, ergibt das offensichtlich keinen Sinn.

Tom versucht, Frauen zu verführen, indem er sich als kostenloser Therapeut anbietet. Er fühlte sich stark zu Diana hingezogen – wie jeder andere Mann auch: Sie ist blond, lebenslustig und klug, hat große Brüste und alles, was er sich an einer Frau wünschte.

Aber Diana hat Probleme: Sie hatte eine schwierige Kindheit, und irgendwie verabredete sie sich immer wieder mit Männern, die sie schlecht behandelten. Sie war mal glücklich und mal unglücklich. Ihre Probleme gaben Tom die Gelegenheit, mit ihr zu reden – und insgeheim hoffte er, dass er sie ins Bett kriegen könnte, wenn er ihre Probleme löste. Sie würde sehen, wie wunderbar er war, und ihn mit Sex belohnen. Er beschloss, ihr persönlicher Therapeut zu werden.

Also hörte Tom sich Dianas Probleme an und gab ihr wunderbare Ratschläge. Dann hörte er sich mehr von ihren Problemen an und gab ihr noch mehr Ratschläge. Er dachte ständig über ihre Sorgen nach und suchte nach innovativen Lösungen. Er erzählte seinen Freunden, wie schwierig sie war, und dass sie sich wohl nicht ändern wollte. Tom ermunterte sie, ihn mitten in der Nacht anzurufen, wenn sie Albträume hatte – was sie auch tat. Er war davon überzeugt, dass er ihr näher kam: Bald würde sie ihm gehören. Schließlich waren sie so intim. Sie rief ihn ständig an!

Toms Plan zerbrach, als er mit Diana zu einer Party ging, wo ihm auffiel, dass sie gerne mit vielen anderen Männern flirtete. Einer seiner männlichen Freude erzählte ihm später, dass sie zu ihm gesagt hatte: »Weißt du, es ist merkwürdig. Ich will mit jedem Mann in diesem Raum Sex haben – außer mit Tom!« Am Ende ging sie mit seinem bestem Freund nach Hause. Tom war völlig am Boden zerstört, weil sie ihn nicht begehrte. Er konnte es einfach nicht verstehen. Hatte er ihr nicht dabei geholfen, ihre Probleme zu lösen?

Diese Erfahrung machen erfolglose Verführer sehr oft. Spricht ein Mann mit einer Frau über ihre Nöte, assoziiert sie ihn damit. Auch wenn er Lösungen findet, ist er immer noch der letzte Mensch, der sie mit ihren Problemen gesehen hat. In jedem Fall wird sie von ihm wegkommen wollen. Ein Topverführer weiß, dass Frauen von ihm in eine andere romantische Welt entführt werden wollen, wo es scheinbar keine Probleme gibt und sie sich wunderbar fühlen. Wenn eine mögliche zukünftige Geliebte einem erfolgreichen Verführer von ihren Problemen erzählt, wird er vielleicht zuhören, aber niemals Lösungen anbieten. Er wird sie allenfalls von ihren Nöten ablenken, indem er sich charmant und aufregend gibt, damit er sie emotional dorthin bekommt, wo er sie haben will: So kann er die Verführung fortsetzen.

Wenn Jake, ein erfolgreicher Verführer, eine Frau wie Diana trifft, geht er völlig anders mit ihr um. Er lässt sich nicht darauf ein, über ihre Probleme zu reden. Stattdessen schafft er romantische Erfahrungen, die ihr den Kopf verdrehen, und sorgt dafür, dass sie seine Gegenwart mit Glück und Spannung assoziiert. (wie das geht, zeigen wir Ihnen in einem späteren Kapitel) Sie genießt seine Gegenwart, weil er aufregend ist – und nicht, weil er ein guter Therapeut ist. Er mag sie sogar in Schwierigkeiten bringen – sie wird das hinnehmen und ihn weiterhin treffen wollen. Einem Mann wie Tom gegenüber wird sie über ihn klagen, aber sie kann es nicht erwarten, ihn wiederzusehen – weil Jake nämlich weiß, dass er nicht ihr Therapeut werden darf.

Die Freund-Masche

Der Mann, der versucht, eine Frau rumzukriegen, indem er den guten Freund für sie mimt, hat genauso verloren wie der Mann, der sich vornimmt, ihr Therapeut zu sein. Frauen, mit denen wir uns unterhalten haben, haben gesagt, dass sie meist schon in den ersten zwei Minuten einer Bekanntschaft entscheiden, ob ein Mann Liebhaber oder guter Freund sein wird. Wir werden später noch darauf zurückkommen.

Wenn man erst in der »Freund«-Schublade gelandet ist, kommt man nur schwer wieder heraus. Lukas war mit Anne befreundet, die er in einem Seminar zur Persönlichkeitsbildung kennengelernt hatte. Sie hielt ihn für einen guten Freund, was sie ihm auch oft sagte. Er aber wollte gern ihr Liebhaber sein, doch wenn er entsprechende Anstalten machte, sagte sie Dinge wie »ich mag dich, aber ich will unsere wunderbare Freundschaft nicht zerstören« oder »ich empfinde dir gegenüber nicht so, du bist eher wie ein Bruder für mich«. Ein Topverführer weiß, wenn man an einer Liebesbeziehung interessiert ist, muss man vermeiden, Freund zu werden. Man muss sein romantisches Interesse sofort bekunden. Wenn Jerome, ein erfolgreicher Verführer, einer Frau wie Anne begegnet, zeigt er sofort sein Interesse. (Wie das geht, werden wir später erklären.) Auf diese Weise positioniert er sich in der Kategorie des »Liebhabers« - bzw. des potenziellen Liebhabers - und umgeht so die Freundschafts-Falle. Während Lukas in der »Freund«-Kategorie steckt, hat Jerome eine Basis, auf die er seine Verführung aufbauen kann, ohne dass sie einwenden kann, dass eine Romanze ihre Freundschaft verderben würde. Schließlich sind sie niemals Freunde gewesen.

Frauen können gute Freunde sein, wenn man kein erotisches Interesse an ihnen hat. Wenn Sie der Liebhaber einer Frau werden wollen, beherzigen Sie den Tipp des Topverführers: Seien Sie kein Freund oder Therapeut!

Ein Topverführer ist immer bereit, sich von ihr zu trennen

Haben Sie schon mal einen Mann gesehen, der sich von einer Frau total abhängig gemacht - und furchtbar darunter gelitten - hat? Sind Sie jemals von einer Frau so abhängig gewesen, dass Sie vergessen haben, was Sie wollen und wo Ihre Grenzen sind? Haben Sie sich jemals von einer Frau »eingenommen« gefühlt?

Zu Beginn einer Beziehung neigen viele Männer dazu, einer Frau alles zu geben, was sie will; sie opfern sogar ihre Selbstachtung, in der Hoffnung auf Sex. Männer hängen oft an unbefriedigenden Beziehungen, weil sie keinen Ausweg sehen - oder weil sie glauben, dass es keine andere Frau gibt, die sie ertragen oder lieben kann. Die Folge ist, dass sie oft jahrelang an unglücklichen Beziehungen hängen, obwohl sie wissen, dass sie diese eigentlich abbrechen sollten – und niemals den Mut aufbringen, sie zu beenden.

Otto, ein 30-jähriger Sozialarbeiter, ging sechs Jahre lang mit Pam, einer Modern-Dance-Tänzerin, aus. Sie stammte aus einer wohlhabenden Familie und zahlte die Miete für ihre gemeinsame Wohnung. In den sechs Jahren ihrer Beziehung wurde Otto von Pam teilweise abhängig. Im letzten Jahr waren sie sogar verlobt. Anfangs, so erklärte er, war alles ganz aufregend – der Sex war großartig: »Oft tanzte sie in ihrem sexy Gymnastik-Anzug durchs Haus. Wir genossen unsere Nächte daheim.« Später entzog sie den Sex und verlangte von ihm, dass er die gesamte Hausarbeit erledigte, weil sie die Miete zahlte. Otto fühlte sich gefangen. Er fürchtete, dass keine andere Frau ihn lieben würde; außerdem war er von ihr abhängig. Er wollte nicht die ganze Arbeit allein machen und auf seine eigenen Interessen verzichten, aber irgendwie war er nicht in der Lage, ihre Forderungen abzuweisen.

Ein Topverführer ist bereit, Beziehungen zu beenden, wenn sie ihm nichts mehr bringen. Wer nicht bereit ist, eine Beziehung zu beenden, hat keine Macht mehr darüber, was geschieht. Wenn Sie nicht bereit sind, sich von einer Frau zu trennen, wird sie Ihnen auf der Nase herumtanzen. Eine Frau wird (wie jeder von uns) versuchen, so viel wie möglich aus Ihnen herauszuholen, wenn Sie ihr nicht die Grenzen zeigen.

Dasselbe Prinzip gilt in beruflichen Situationen: Ein Mann, der nicht bereit ist zu kündigen, wenn die Lage unerträglich wird, ist den Meinungen und Wünschen der Kollegen ausgeliefert. Er wird wahrscheinlich keine Fortschritte in seiner Karriere machen und keine Forderungen stellen, weil er so damit beschäftigt ist, es allen recht zu machen, dass er seine eigenen Interessen ignoriert. Nur die Bereitschaft zu kündigen gibt einem Mann in jeder Situation – vor allem aber bei Frauen – das notwendige Maß an Selbstvertrauen.

Dieses Buch zeigt Ihnen, wie Sie das Steuer in der Hand behalten können –, ob Sie fest liiert sind oder nicht. Wer keine feste Freundin haben will, muss die Bereitschaft aufbringen, sich gegebenenfalls zu trennen. Wer eine feste Beziehung will, muss in der Lage sein, eine Liason zu beenden, wenn die Frau nicht von der Art ist, mit der man den Rest seines Lebens verbringen will. Die Bereitschaft, sich zu trennen, sorgt ohne Grausamkeit für klare Grenzen. Es ist kein persönlicher Angriff auf die Partnerin. Im Grunde sagen Sie nur: »Ich will Sex. Wenn nicht du, dann eine andere.« Ein Topverführer weiß, was er will, und er kommt schnell auf den Punkt. Das spart ihm und der Frau Zeit und Kraft. Ein Mann, der bereit ist zu verzichten (auch auf Sex), wird respektiert und kann nicht aus der Bahn geworfen werden, die er für sein Leben gewählt hat. Wenn Otto unsere »Lehre« früher schon gekannt hätte, hätte er die Beziehung mit Pam viel früher beenden und mit anderen Frauen zusammen sein können, die seinen Wünschen eher entsprachen.

Ein Topverführer zeigt nicht, dass eine Romanze harte Arbeit ist

Worin besteht der Unterschied zwischen der Verführung einer Frau und einem Job? Bei der Arbeit muss man sehen, dass gearbeitet wird – je härter man (dem Anschein nach) arbeitet, desto besser. Ein Topverführer weiß, dass bei der Verführung einer Frau das Gegenteil gilt: Im Umgang mit einer Frau muss alles absolut leicht von der Hand gehen – auch wenn die Vorbereitung für den romantischen Abend harte Arbeit gewesen ist oder die Suche nach dem perfekten kleinen romantischen Geschenk viele Stunden Suche gekostet hat.

Einer unserer Schüler hat beispielsweise zwei Wochen damit zugebracht, für Rachel, seine neueste Flamme, ein T-Shirt zu suchen. Er wusste, dass sie das T-Shirt lieben und ihn irgendwie »belohnen« würde. Als er es ihr in einem unerwarteten Augenblick gab, warf sie ihre Arme um seinen Hals und gab ihm einen langen, leidenschaftlichen Kuss. Die Reaktion übertraf noch seine Erwartung. Wenn er ihr gesagt hätte, dass er es nur gekauft hatte, um ihr zu schmeicheln und ihr ein romantisches Gefühl zu vermitteln (und wochenlang danach gesucht hatte), wäre sie nicht so glücklich gewesen.

Erfolglose Verführer machen oft den dämlichen Fehler, dass sie von einer Frau für die harte Arbeit der Verführung Anerkennung und Dank erwarten. Das ist Selbstmord. Eine Frau wird selten, wenn überhaupt, eingestehen, dass der Mann sie verführt, sie angerufen, ihr mit Fleiß und Bedacht gute Gefühle vermittelt und jedes Mal eine Zurückweisung riskiert hat, als er sie um ein Date gebeten, sie zum ersten Mal berührt, sie geküsst und jede erdenkliche Initiative ergriffen hat. Schließlich läuft die Verführung aus ihrer Sicht mühelos ab oder nicht? Sie muss leicht von der Hand gehen! Man darf von einer Frau nicht einmal erwarten, dass sie Verständnis dafür hat, was man geleistet hat, um – scheinbar mühelos – die perfekte Romanze zu inszenieren. Man kann sich vor den eigenen Freunden mit seinen Verführungskünsten brüsten – aber nicht vor seinem Date. Niemals!

Wer erzählt, dass es Mühe gekostet hat, die sie nicht zu schätzen weiß, beleidigt sie. Sehen Sie es so: Sie erwartet, dass sich eine Romanze von selbst ergibt – sie darf auf gar keinen Fall das Gefühl haben, planmäßig manipuliert zu werden. Wer der Frau sagt, welchen Aufwand er ihretwegen treibt, zerstört den falschen magischen Bann, der mit viel Mühe geschaffen wurde. Sie wird Ihnen vorwerfen, dass Sie sie wie ein Objekt behandeln (und nicht wie einen Menschen) und sie manipulieren, nur, um Sex zu bekommen. Das wird sie noch wütender machen, als Sie sich überhaupt vorstellen können.

Bei einem Date mit Jennifer stand Bob dummerweise ein, dass man für ein Date einen peinlich genauen Plan entwerfen müsse, um einer Frau zu schmeicheln und eine Romanze zu inszenieren. Sie stritten darüber, ob man Dates planen oder nicht eher die »Feste feiern sollte, wie sie fallen«. Bob gab zu, dass es bei einer Romanze seiner Meinung nach nur darum ging, »hart genug zu arbeiten, um eine Frau in eine sexuelle Stimmung zu bringen«. Als wenn die Situation nicht schon schlimm genug gewesen wäre, gab er auch noch zu, sein letztes Treffen mit Jennifer vorher lange durchdacht zu haben: Das Date, an dem sie sich schließlich vor dem Kamin geküsst hatten, während die Stereoanlage im Hintergrund die Musik ihrer Lieblingsband abspielte. Jennifer war schockiert und beleidigt, weil er den Ablauf exakt ausgearbeitet hatte. Sie hatte geglaubt, dass es »sich einfach so ergeben« hatte. Sie war so wütend und beleidigt, dass sie Bob aus ihrer Wohnung warf und ihn nie wieder sehen wollte.

Als er seine Klappe aufriss und Jennifer erzählte, welche Mühe es ihn gekostet hatte, sie zu verführen, machte er eine ganze Reihe furchtbarer

Fehler. Erstens (wir werden das noch behandeln): Ein Streit mit einer Frau endet nicht mit Sex. In der Regel führt er zu mehr Problemen. Zweitens: Frauen haben kein Verständnis dafür, dass man eine Romanze als Arbeit ansieht. Das hatte Bob nicht begriffen. Er hatte recht: Ein Date macht Arbeit. Aber das würde sie nie einsehen. Tatsächlich hat sie adäquat reagiert: Niemand will das Gefühl haben, manipuliert worden zu sein. Wenn man eingesteht, dass man ein Date genau planen muss, wird das von einer Frau unweigerlich als Manipulation empfunden. Drittens: Bob erwartete Anerkennung für die Mühe und Arbeit, die er für die Verführung mit Jennifer aufgewendet hatte. Als er das ausplauderte, hatte er den Mund zu voll genommen und verdarb seine Chancen bei ihr.

Handeln Sie wie ein Topverführer: Machen Sie einen völlig entspannten Eindruck – und die Frauen, die Sie begehren, werden Ihnen zu Füßen liegen!

Der Weg zum eigenen Stil: Kleidung und Selbstvertrauen

Welche Art von Frau wollen Sie? Was ist an einer Frau besonders wichtig für Sie? Soll sie groß oder klein sein? Soll sie wunderschöne Brüste haben? Soll sie blond sein – oder brünett? Soll sie klug sein – oder reich? Was genau wollen Sie eigentlich?

Diese Fragen klingen provokativ. Wenn ein Mann in einer »sexuellen Wüste« lebt, mag die Antwort durchaus lauten: »Egal, Hauptsache eine Frau!« Es klingt vielleicht merkwürdig, aber Sie haben bessere Chancen, eine Frau zu gewinnen, wenn Sie nach einer Frau mit besonderen Qualitäten Ausschau halten, statt irgendeine x-beliebige zu suchen. Deshalb fragen wir Sie noch einmal: Welche Art von Frau schwebt Ihnen vor?

Die meisten Männer, denen wir diese Frage stellen, fangen zunächst an, ein wenig zu spinnen. Sie benehmen sich wie kleine Kinder: »Neunzehn Jahre alt, perfekte Haut und eine Figur wie ein Model«, sagte ein Mann. »Sie ist extrem bisexuell und liebt Sex«, ein anderer: »Sie ist total reich. Ich gebe meinen Job auf und sie unterstützt mich. Wenn sie frei hat, haben wir 20 Stunden am Tag Sex. Sie verkuppelt mich außerdem mit anderen Supermodels.«

Gibt man ihnen Zeit, die Frage zu überdenken, werden die meisten Männer allerdings vernünftiger. Sie wollen nicht wirklich mit 19-jährigen Mädchen ausgehen, aber sie wollen sich mit Frauen umgeben, die jung und attraktiv sind. Sie wollen nicht wirklich mit Models ausgehen und ihre Jobs aufgeben. Aber sie wünschen sich durchaus Frauen, die schöner, sexuell aktiver und intelligenter sind als die Frauen, die ihnen bis dahin über den Weg gelaufen sind. Die Supermodel-Fantasie ist nur ein Ausdruck dieses Wunsches. Im Grunde sehnen sich die meisten Männer nicht nach Extremen – aber sie sehnen sich durchaus nach Frauen, die nicht in ihrer Liga sind.

Denken Sie also darüber nach. Welche Art von Frau wollen Sie wirklich? Die meisten Männer träumen von Frauen, die sie nicht wirklich haben wollen. Am Ende finden sie eine, von der sie nie träumen würden und die sie nicht wirklich begehren. Wir wollen Ihnen helfen, Frauen zu bekommen, von denen Sie träumen würden – und die Sie im wirklichen Leben haben wollen. Gestatten Sie sich also den Traum: Stellen Sie sich vor, welche Art von Frau Sie sich wünschen. Denken Sie »außerhalb Ihrer Liga«. Was kommt dabei heraus?

Die meisten Männer, die wir gefragt haben, begehren Frauen, die extrem attraktiv, jung, intelligent und reif sind und Sex lieben. Sie wollen Frauen, die einen ausgeprägten Sinn für Stil haben, die selbstsicher und kontaktfreudig sind, die ihren Körper pflegen und nicht überheblich oder übertrieben bequem sind. Sie wollen Frauen, die ihre besonderen sexuellen Wünsche erfüllen: Lange Beine, große Brüste, langes Haar, perfekter Po. Männer machen normalerweise die Erfahrung, dass sie Frauen begehren, die weit über dem Level der Frauen liegen, mit denen sie bis dahin ausgegangen sind – wenn auch keine Superstars oder Supermodels. Ein altes Sprichwort sagt: »Wenn man kein Ziel hat, ist jeder Weg richtig.« Sie müssen sich entscheiden, was Sie von einer Frau erwarten, um ans Ziel zu gelangen.

Haben Sie erst eine Vorstellung davon, was Sie wollen, folgt der nächste Schritt: Denken Sie an die Frau, die Sie begehren. Denken Sie an ihren Stil, ihre Anmut, ihre Schönheit. Nun fragen sie sich: »Wenn ich eine solche Frau haben will – was für ein Mann muss ich dann sein?« Diese Frage ist entscheidend, weil sie auf Ihrer Suche den Leitfaden bildet. Welche Art von Mann müssen Sie sein, um die Frau zu bekommen, die Sie begehren? In der Regel glauben Männer, mehr sein zu müssen, als sie überhaupt sein können, um dieses Ziel zu erreichen. Sie besiegeln ihr Schicksal mit Antworten wie: »Ich würde ein Millionär sein müssen.« Oder: »Ich würde ein Fußball-Profi sein müssen.« Oder sie finden Maßstäbe, die ihr Schicksal von einem physiologischen Standpunkt aus besiegeln: »Ich würde größer / attraktiver / jünger sein müssen«; »ich dürfte nicht …« (was auch immer ihrer Meinung nach an ihnen nicht stimmt).

Das ist blanker Unsinn. Sie müssen nicht grundsätzlich anders sein, als Sie sind, um eine Frau von der Art zu bekommen, die Sie begehren. Sie müssen nicht reicher, größer sein oder besser aussehenden. In Wahrheit sind Frauen ganz einfach: Man kann die Frau haben, die man begehrt, wenn man in ihr die romantischen Gefühle wecken kann, nach denen sie sich am meisten sehnt. Um die Frauen zu bekommen, die man begehrt, muss man im Grunde nur die Persönlichkeitsanteile betonen, die in diesen Frauen romantische Gefühle wecken.

Zweitens kommen Männer in dieser Frage zu dem falschen Schluss, dass sie etwas werden müssen, was sie nicht sind: Unechte Männer – Supermänner. Sie stellen sich vor, dass sie grundlegend anders werden müssen. Sie glauben, eine Art James Bond werden zu müssen – oder irgendein stahlharter Action-Held (der sie nicht wirklich sind). Sie glauben, dass sie sich selbst verleugnen müssen. Sie haben aber auch Angst davor, in eine fremde Rolle zu schlüpfen – und das mit Recht. Wenn Männer Frauen gegenüber eine Rolle spielen, die ihnen nicht entspricht, wirken sie irgendwie daneben: Sie versuchen, auf die »Häschen« cool zu wirken – aber sie benehmen sich wie Vollidioten. In diesem Kapitel zeigen wir, dass Sie sich am Riemen reißen müssen –, aber ohne sich zu verleugnen.

Wenn man darüber nachdenkt, welche Art von Mann man sein müsste, um die gewünschte Art von Frau zu bekommen – welche Antworten werden gegeben? Die meisten Männer, die wir »geschult« haben, reagierten zum Beispiel wie Björn: »Man müsste mehr Selbstvertrauen haben, unterhaltsamer sein. Ich glaube, ich würde auch schicker aussehen müssen. Wenn ich eine Frau haben will, die so heiß aussieht und gekleidet ist, wie ich mir das vorstelle, würde ich wahrscheinlich entsprechend gut gekleidet sein und ebenfalls Sachen tragen müssen, die mir stehen. Hm. Ich würde mein Auto putzen müssen – und wie steht es mit meinem Haus? Ich würde wohl diese Bilder aufhängen und meine Pflanzen öfter gießen müssen, um die Frau zu bekommen, die ich mir wünsche.«

Sie müssen nicht anders sein, als Sie wirklich sind –, aber die meisten Männer kommen durchaus zum Ergebnis, dass sie ihre Persönlichkeit gründlicher entwickeln müssen. Sie erkennen, dass sie ihren persönlichen Stil finden müssen. Dieser hat zwei Aspekte: Stil – nämlich die Art, wie man sich kleidet – und Selbstbewusstsein – nämlich die Art, wie man sich gibt. Man muss zwar keine andere Persönlichkeit haben – aber man muss wahrscheinlich die Art verändern, wie man die eigene Persönlichkeit zum Ausdruck bringt: Um die Frau zu bekommen, die man sich wünscht, muss man den persönlichen Stil entwickeln.

eigenen **Stil**

Persönlicher Stil – wozu eigentlich?

Bob will nichts an sich selbst verändern, um Frauen zu bekommen. Er geht davon aus, dass er unecht wirkt, wenn er sein Aussehen und sein Verhalten ändert. »Ich will, dass eine Frau mich nimmt, wie ich bin!«, betont er. Viele Männer sagen uns Dinge wie: »Wenn die Frauen mich nur kennen würden. Ich bin sicher, sie würden mit mir zusammen sein wollen.« Aber aus irgendeinem Grund scheinen die Frauen, die sie kennenlernen wollen, an ihnen nicht interessiert zu sein. Wenn wir Kleidung und Verhalten dieser Männer vergleichen, erweist es sich immer wieder, dass sie Frauen durch ihren Stil abschrecken.

Dominik war ein solcher Mann. Er war sehr stolz darauf, dass er alle Dinge auf seine eigene Art tat – er nannte sich einen Querdenker und Rebell. Er trug gerne zerrissene Klamotten, die furchtbar aussahen: Sein Lieblings-Sweatshirt war so zerrissen, dass er einen der Ärmel durch ein Hosenbein von einer alten Jeans ersetzt hatte. Seine Sachen waren nicht nur zerrissen, sondern auch noch zerknittert. Er brüstete sich damit, dass er keinen Wäschetrockner besaß und sagte stolz: »Ich werde niemals ein Hemd bügeln.« Es war ihm egal, wie er aussah; er war aber darüber überrascht, dass Frauen, denen das nicht egal war, von ihm nichts wissen wollten. Dominik sah furchtbar aus – und er wirkte unattraktiv auf die Frauen, die er begehrte. Merkwürdigerweise hat ihn das jeden Tag immer wieder überrascht.

Um sein Selbstbewusstsein bzw. sein Verhalten gegenüber Frauen stand es kaum besser. Als wir ihn »schulten«, entdeckten wir, dass er bei jeder Interaktion mit attraktiven Frauen an sich selbst zweifelte. Ständig fragte er sich: » Mache ich etwas falsch? Findet sie mich peinlich? Was, wenn sie mich nicht mag? Mache ich ihr Angst?« Er hatte keine Vorstellung davon, was er zu Frauen sagen könnte; oft stotterte er und entschuldigte sich für die »Belästigung«. Sein Selbstvertrauen war furchtbar schwach, aber er änderte niemals seinen Ansatz. Tag für Tag näherte er sich Frauen auf dieselbe erfolglose, apologetische Art; und Tag für Tag wirkte er unattraktiv auf die Frauen, die er begehrte. Und auch das hat ihn Tag für Tag immer wieder überrascht.

Das komische daran war, dass Dominik eigentlich ein toller Kerl war. Er war belesen, gebildet und ein großartiger Koch. Er war Marathon-Läufer, topfit und sehr einfallsreich. Er gab ganz sicher einen wunderbaren Kameraden ab; jede Frau, die mit ihm zusammen wäre, könnte froh sein. Aber Dominik hatte einen fatalen Fehler, der ihn Frauen gegenüber hilflos machte: Er war nicht bereit, irgendetwas an seiner Kleidung oder seinem Verhalten zu ändern. Wir haben bereits erwähnt, dass es ein Zeichen von Geisteskrankheit ist, wenn man dieselben Dinge immer wieder tut und andere Ergebnisse erwartet. Genau das tat Dominik - und viele andere Männer ebenfalls. Es ist gut möglich, dass das auch für Sie gilt.

Denken Sie darüber nach. Wenn Sie bei Frauen nicht den gewünschten Erfolg haben - haben Sie schon einmal an Ihr Aussehen und Ihr Verhalten gedacht? Wir würden beinahe wetten, dass Sie das nicht getan haben. Wie Dominik haben Sie wahrscheinlich getan, was Sie immer tun, und keine anderen Ansätze gekannt, die Sie hätten probieren können. Als Folge dessen haben Sie sich Frauen gegenüber wie ein Geisteskranker benommen, der dieselben Dinge immer wieder tut - und jedes Mal hofft, dass durch bloßes Glück vielleicht etwas Besseres herauskommt. Als wir Dominik dies erklärten, begann er, sich zu ändern. Er erkannte allmählich, dass er nicht ein anderer sein musste als der, der er tatsächlich war, sondern seinen persönlichen Stil und sein Selbstvertrauen besser entwickeln musste, um sein wahres Selbst zum Ausdruck zu bringen. Er lernte (und das gilt auch für Sie), dass seine Kleidung und sein Selbstbewusstsein ihm die Möglichkeit gaben, seine Persönlichkeit umfassender und attraktiver zum Ausdruck zu bringen, anstatt sich zu verstecken oder zu verfälschen. Als er begann, seinen persönlichen Stil und sein Selbstvertrauen zu entwickeln, wurde er allmählich zu dem Mann, der er sein musste, um die Frau zu bekommen, die er sich wünschte.

Individuellen Stil entwickeln

Wie Sie bereits wissen, fühlen sich Frauen von Männern angezogen, die ihnen die romantischen Gefühle vermitteln, nach denen sie sich sehnen.

Lassen Sie sich von der Einfachheit dieser Aussage nicht täuschen: Sie müssen lernen, wie Sie Frauen romantisch anregen können. Das ist das entscheidende Ziel dieses Buches - und das sollte auch bei allen Begegnungen mit Frauen Ihr wichtigstes Anliegen sein. Sie müssen alles tun, was zu diesem Zweck beitragen kann.

Der Stil - die Art der Kleidung und das Maß des Selbstbewusstseins - ist das erste, was eine Frau an Ihnen wahrnimmt. Das ist für die langfristigen Ergebnisse ganz entscheidend. Ihr Stil muss bei den Frauen, denen Sie begegnen, automatisch romantische Gefühle erzeugen. Ihr persönlicher Stil ist Ihr unverwechselbarer Selbstausdruck. Er ist Ihre erste »Werbung« - die der Welt zeigt, wer Sie sind und was Sie tun. Durch Ihren Stil zeigen Sie den Menschen, was Ihnen wichtig ist. Ihr Stil reflektiert Ihre Leidenschaft.

Worauf es beim Stil ankommt

Würden Sie in Ihrem Trainingsanzug zum Bewerbungsgespräch gehen? Würden Sie in zerrissenen, schmutzigen oder sogar stinkenden Kleidern zur Arbeit gehen? Würden Sie mit Anzug und Krawatte in Ihrer lokalen Fußball-Liga spielen? Oder auf Geschäftsreisen eine Badehose tragen? Selbstverständlich nicht. Es ist eine einfache Tatsache, dass es für bestimmte Aktivitäten bestimmte Uniformen gibt. Wer bei einer Vorstellung Erfolg haben will, investiert entsprechend viel Zeit und Geld, um das passende Outfit zu besorgen. Ihr Lebensziel besteht nun darin, »Frauen zu bekommen«. Wenn Sie das ernst nehmen, werden Sie entsprechend viel Zeit und Geld investieren, um dafür die richtige Kleidung zu erstehen. Da jede alltägliche Interaktion mit Frauen eine Art »Bewerbungsgespräch« sein wird, müssen Sie Sachen tragen, die einen guten Eindruck machen.

Welche Kleidung richtig und angemessen ist, ist von Mann zu Mann unterschiedlich. Ein Mechaniker wird seinen Stil anders ausdrücken als zum Beispiel ein Manager. Aber beide Männer werden sich vornehmen, täglich darauf zu achten, wie sie auf Frauen wirken. Unser Erfolg bei Frauen ging ab wie eine Rakete, als wir begriffen, welche Bedeutung die

Kleidung hat, wenn man sich mit Frauen verabredet. Wir entwickelten »Dating-Uniformen«, die uns in die Art von Mann verwandelten, die wir sein mussten, um die gewünschte Art von Frauen zu gewinnen. Wir waren allmählich bereit, entsprechend viel Zeit und Geld zu investieren, um die richtige Kleidung zu kaufen und diese sauber, gebügelt und in Ordnung zu halten. Dieser einfache Entschluss hat das Maß unseres Erfolgs bei Frauen entscheidend erhöht.

Kleidung sagt einiges über einen Menschen aus

Ein weiser Mensch hat mal gesagt: »Ich habe noch nie einen Menschen getroffen, der nicht irgendwie auf sein Äußeres achtet.« Dem stimmen wir zu. Egal, wie Sie jetzt gerade angezogen sind – Sie haben sich bewusst für Ihr Outfit entschieden, weil Sie damit eine bestimmte Aussage treffen wollen. In dem Beispiel oben trug Dominik zerrissene Klamotten, um zu demonstrieren, dass er ein Querdenker ist. Auf einer unbewussten Ebene war es für ihn wichtiger zu zeigen, was für ein Rebell er war, als eine Frau zu bekommen.

Wenn Frauen Ihre Kleidung sehen, lesen sie daran etwas ab. Dominiks Art, sich zu kleiden, teilte ihnen mit: »Ich will, dass du gut aussiehst, aber ich will nicht im Gegenzug ebenfalls gut aussehen.« Es überrascht nicht, dass Frauen das nicht sonderlich attraktiv fanden. Andere Männer treffen andere Aussagen. Einer unserer Kunden, Ralf, war ein älterer Mann, der viele Jahre lang Probleme hatte, Dates zu bekommen. Er trug aufdringliche Kleidung in grellen Farben, die gar nicht zusammenpassten – er hatte einen furchtbaren Stil. Seine Ex-Frau sagte ihm, dass sein Stil der reinste Hohn sei. Darüber hinaus machte er sich nur selten die Mühe, zu baden oder sich zu rasieren, sodass er oft auch schlecht roch. Weil er Kleidung trug, die Frauen nicht mochten, sagte er – auf einer unbewussten Ebene – zu ihnen: »Fahr zur Hölle!« Er sagte das zu seiner Mutter, zu den Frauen, die in seinem Leben gegenwärtig eine Rolle spielten, und zu allen anderen, von denen er sich manipuliert fühlte. Er beklagte sich darüber, dass Frauen seine Kleidung nicht mochten und deshalb nicht mit ihm ausgehen wollten, aber als wir ihn kennenlernten, sahen wir, dass es für ihn wichtiger war, das Empfinden von Frauen zu verletzen, als Sex zu bekommen. Wegen seines unmöglichen Stils beleidigte er die Frauen schon durch seine bloße Gegenwart. Und er fragte sich ernsthaft, weshalb er keine Frauen ins Bett bekommen konnte!

Männer wie Dominik treffen durch ihren Stil gegenüber Frauen zwar weniger plumpe, aber trotzdem zerstörerische Aussagen. Im besten Fall sagen sie »es ist mir egal, wie ich aussehe« und im schlimmsten Fall »ich bin unreif und du willst bestimmt nicht mit mir ausgehen«. Wenn es für Dominik wichtiger ist, seine rebellische Haltung zu demonstrieren, als die Frau zu bekommen, die er begehrt, denken die Frauen schließlich: »Er ist unreif und kein richtiger Mann.«

Andere Männer sind da schon konstruktiver in ihren Aussagen. Denken Sie an Männer, die Sie kennen oder gesehen haben, deren Kleidungsstil auf Frauen anziehend wirkt. Als wir mit Dominik sprachen, änderte er seinen Stil und zugleich seine Aussage gegenüber Frauen. Er erkannte, dass es weniger wichtig war, seine rebellische Einstellung zu demonstrieren, als auf Frauen attraktiv zu wirken. Er beschloss, einen Stil zu entwickeln, der zu den Frauen passte, die er begehrte – einen Stil, der sagte: »Ich bin ein attraktiver, reifer Mann.« (Im Unterschied zu einer rebellischen Teenager-Aussage.) Er änderte dementsprechend seinen Stil (was Sie in diesem Kapitel ebenfalls lernen werden) und spürte sofort Verbesserungen in seinen Beziehungen zum anderen Geschlecht. Was sagt der Stil Ihrer Kleidung einer Frau? Sagt er, dass Sie reif, attraktiv, lebensfroh, selbstsicher und für eine Frau interessant sind? Oder sendet der Stil Ihrer Kleidung eine eher unreife Botschaft aus? Mal sehen.

Frauen tun es auch!

Für Männer mag es neu sein, auf ihr Äußeres zu achten, aber es gibt eine Gruppe von Menschen, für die das nicht neu ist: Frauen! Fast alle Frauen denken oft und lange darüber nach, wie ihre Kleidung auf Männer wirkt, und investieren viel Zeit, um ihre Attraktivität zu erhöhen. Sie tragen sogar Farbe auf ihre Gesichter auf, um besser auszusehen! Wir erwarten nicht, dass Sie ebenfalls so weit gehen, aber da Frauen oft und lange darüber nachdenken, wie sie aus der Sicht des anderen Geschlechts aussehen, ist es vielleicht nicht ganz abwegig, wenn Sie selbst ebenfalls etwas Zeit dafür investieren. Frauen geben eigentlich ein Beispiel, das Mut macht. Sehen denn nicht viele Frauen aus Ihrem Bekanntenkreis deutlich besser aus, wenn sie sich »aufgeputzt« haben? Wahrscheinlich schon. Eine Frau, die wir kennen, Cindy, zählt im Hinblick auf ihr Aussehen zur unteren Mittelklasse, wenn sie zu Hause ist, weil sie dann abgetragene, schlecht sitzende Freizeitkleider trägt und ihre Haare nicht frisiert sind. Wenn sie sich aber schminkt und frisiert und sich attraktiv kleidet, sieht sie großartig aus. Wenn Sie die Frau, die Sie sich wünschen, ins Bett bekommen wollen, müssen Sie lernen, dieselbe Verwandlung zu vollbringen.

Drei Tipps für einen besseren Look

Die Mehrheit der Männer (zu denen Sie vermutlich ebenfalls zählen) ist nicht in der Lage, ohne Hilfe den Stil ihrer Kleidung zu verändern. In diesem Kapitel werden wir die wichtigsten Punkte umreißen – aber um Ihr Äußeres wirklich zu verändern, werden Sie zusätzliche Hilfe von anderen benötigen.

1. Gestylte Männer

Wir schlagen vor, dass Sie sich nach Quellen umsehen, die Sie bereits haben, um Ihren Stil zu entwickeln. Kennen Sie jemanden, der einen guten Sinn für Stil hat? Gehen Sie auf gestylte Männer zu, die Sie kennen, und bitten Sie um deren Rat. Fragen Sie nach, wo sie ihre Kleidung kaufen und sich die Haare schneiden lassen. Gehen Sie dann in diese Läden und bitten Sie die Verkaufsangestellten, Ihnen zu einem neuen Look zu verhelfen. Oft werden sie Kleidung vorschlagen, die Sie normalerweise selbst nicht kaufen würden – die aber Ihrem zukünftigen Stil entsprechen könnten.

2. Gestylte Frauen

Eine weitere intelligente Art des Shoppens besteht darin, eine gestylte Frau zu finden, an der Sie kein sexuelles Interesse haben, um mit ihr einen Einkaufsbummel zu machen. Einer unserer Schüler machte eine großartige Erfahrung, als er das zum ersten Mal ausprobierte. Er ging zu Cindy und bat sie um eine gemeinsame Einkaufstour. Er wusste, dass sie einen außerordentlichen Sinn für Stil hatte und war außerdem nicht sexuell an ihr interessiert, sodass es keine Rolle spielte, wenn sie Freunde wurden. Sie stellte nur eine Bedingung: Er musste versprechen, alles zu kaufen, was sie empfahl, bis die 500 Euro ausgegeben waren, die er dafür zurückgelegt hatte. Es erwies sich, dass sie ihn großartig beriet; einige der schwersten Entscheidungen (zum Beispiel eine Krawatte für 50 Euro) erwiesen sich sogar als die besten. Monatelang machten Frauen ihm Komplimente, weil er so gut aussah – alles nur, weil er bereit gewesen war, sich um sein Äußeres zu kümmern. »Anfangs war es hart«, sagte er später. »Viele Sachen, die sie mir empfahl, wollte ich eigentlich nicht haben. Aber es erwies sich als eine glänzende Entscheidung, die mir half, meinen persönlichen Stil zu finden.«

3. Männliche Freunde

Es lohnt sich auch, mit anderen Männern einkaufen zu gehen, die ebenfalls an ihrem persönlichen Stil arbeiten. Die richtigen Männerfreunde können einen ermutigen, auch gewagte Sachen auszuprobieren. Mit der Zeit werden Sie sich an Geschäfte binden, in denen Sie den Angestellten vertrauen können. Sie werden Ihnen helfen, Ideen zu finden, die Ihr wahres Selbst zum Ausdruck bringen und Sie zugleich für Frauen attraktiver machen. Einer unserer Schüler, der oft einen merkwürdigen Cowboy-Hut trägt, der ihm sehr gut steht, kam auf diese Weise dazu. »Ich habe nie zuvor daran gedacht, so einen Hut zu tragen«, sagt er. »Aber als der Verkäufer ihn brachte und ihn mir aufsetzte, sah er großartig aus. Ich wusste sofort, dass er zu mir passt, aber von selbst wäre ich nie auf die Idee gekommen.« Wenn Sie mehr kaufen, werden Sie herausfinden, was Sie wirklich mögen – und welche Art von Kleidung zum Ausdruck bringt, was Sie Frauen sagen wollen.

Vier Regeln für die gute Kleidung

Die meisten Männer sind »kleiderblind«. Sie sehen keine Flecken und denken auch nicht so viel über Stil nach. Männer müssen deswegen die folgenden Grundregeln über Kleidung lernen.

Erstens – und vor allem – Kleidung muss gut sitzen!
Es spielt keine Rolle, wie schick ein Hemd aussieht, wenn es nicht richtig passt. Es ist unwichtig, wie stark eine Hose herabgesetzt wurde, wenn sie zwischen Oberschenkeln und Lenden eine deutliche »Seestern« -Form aufweist. Einfache Kleidung, die gut sitzt, ist wesentlich besser als schicke Kleidung, die einfach unpassend wirkt. Bevorzugen Sie einen lässigen Look, sollten Sie nicht vergessen, dass ein guter Sitz den entscheidenden Unterschied zwischen einem Sexy-Look und einem Penner-Look ausmacht. Wenn Sie das nächste Mal einen Mann oder eine Frau mit Rissen in der Hose sehen, achten Sie darauf, wie gut die Kleider sitzen. Sie werden feststellen, dass sie perfekt sitzen – und das ist das Geheimnis dieses Stils.

Manche Geschäfte sind für den Durchschnitts-Mann besser geeignet als andere. Wenn Sie etwas übergewichtig sind, werden einige der trendigen und edleren Ausstatter nicht unbedingt etwas haben, was Ihnen steht. Oft wird ein Laden eine ganze Serie von Hosen haben, die Ihnen nicht passen. Es liegt einfach an der Art des Schnitts. Gleichzeitig mag ein anderes Geschäft eine große Auswahl an Hosen haben, die gut sitzen. Es lohnt sich, ausgiebig shoppen zu gehen, bis Sie einen Laden finden, in dem die Sachen passen, gut aussehen und die Verkaufsangestellten Ihnen helfen, Ihren Stil auszubauen.

Woran erkennt man, dass Kleidung nicht zusammenpasst oder einem nicht steht? Oft werden die Verkaufsangestellten Sie beraten, aber darauf kann man sich nicht immer verlassen. Die Männer, mit denen Sie shoppen gehen, können Sie ebenfalls beraten. Im Grunde gilt: Wenn Sie das Gefühl haben, dass sie Ihnen nicht stehen oder nicht zusammenpassen, dann passen sie auch nicht. Verschwenden Sie nicht Ihr Geld – probieren Sie das nächste Teil.

Die zweite Bekleidungsregel lautet: Kleidung muss sauber sein!
Da die meisten Männer »kleiderblind« sind und nicht wissen, wann man Wäsche in die Waschmaschine steckt, wollen wir kurz erläutern, wann man etwas waschen muss.

- Unterwäsche, die man mehr als einmal getragen hat, muss gewaschen werden.
- Bei Hemden und Hosen kann man stärker differenzieren. Um zu entscheiden, ob Hemden und Hosen schmutzig sind, hält man sie unter helles Licht. Sind Flecken zu sehen? Wenn ja, reibt man sie mit Fleckentferner ein (den gibt's da, wo man Waschmittel kauft) und wäscht sie aus. Hosen müssen auch dann in die Wäsche, wenn sie schlabbrig und zerknittert sind. Jeans neigen besonders dazu, sich zu dehnen und auszubeulen. Wenn das der Fall ist, müssen Sie diese waschen.

Die dritte Bekleidungsregel lautet: Kleidung sollte auf gar keinen Fall zerknittert sein!
Ja, Sie müssen Ihre Hemden und Hosen bügeln (oder bügeln lassen). Denken Sie darüber nach: Sie selbst finden Frauen attraktiver, die keine zerknitterte oder schlabbrige Kleidung tragen. Frauen sind da nicht anders. Natürlich müssen nicht alle Sachen gebügelt werden, aber wenn Sie attraktiven Frauen mitteilen wollen, dass Sie die Art Mann sind, die sie haben wollen, kann es nötig sein, zum Bügeleisen zu greifen. Männer, die es sich leisten können und nicht bügeln wollen, können Hemden und Hosen auch in eine Wäscherei geben.

Die vierte Bekleidungsregel lautet: Kaputte Kleidung muss natürlich repariert werden!
In den gelben Seiten finden Sie Schneider, die Knöpfe annähen und Löcher und Risse flicken.

Saubere, gut sitzende, gebügelte Kleidung, die in gutem Zustand ist, hat eine Vielzahl von Vorteilen. Man sieht nicht nur gut aus – man fühlt sich auch gut. Ihr Bekleidungsstil sendet dann automatisch die Botschaft aus, dass Sie attraktiv, gepflegt und für Frauen von Interesse sind.

Anziehend auf Frauen: 13 Punkte für das richtige Körper-Styling

Bei der Schulung von Männern wie Dominik haben wir einen 13-Punkte-Plan für die richtige Körperpflege entwickelt, der die wichtigen Einzelheiten des Erscheinungsbildes unterscheidet. Wir beginnen mit dem oberen Teil des Körpers und arbeiten uns schrittweise abwärts. Um zu garantieren, dass Sie Frauen gegenüber gut aussehen, nennen wir einzelne Stil-Schwerpunkte, die sich in der Erfahrung bewährt haben.

Bobby kam zu uns, weil die Frauen, die er anziehend fand, ihn nicht attraktiv zu finden schienen. Er war 28, dünn und drahtig. Er war ein begabter Computer-System-Administrator und pflegte einen Stil, den man bestenfalls als »fauler Hippie« bezeichnen könnte. Sein Haar war lang und ungekämmt, und er hatte einen ungepflegten Bart. Er trug eine Brille mit dickem Rand, die alt aussah, und schien oft blinzeln zu müssen, um überhaupt noch etwas sehen zu können. Er trug T-Shirts unter heraushängenden, offenen Hemden und eine Reihe von alten Jeans und ausgelatschten Turnschuhen. Im Lauf der Schulung wurde klar, dass er durch seine Kleidung sagte: »Ich bin noch ein Junge. Ich bin nicht gut genug für dich.« Wir durchliefen mit ihm unseren 13-Punkte-Plan und änderten seine Botschaft in: »Ich bin gepflegt und interessant und du würdest gerne mit mir reden.« Das ging so:

1. Haare

Als wir Bobby zum ersten Mal sahen, wirkte er wie ein »Wilder«. Sein Haar war lang und struppig; er sah so aus, als hätte er seit Monaten seine Haare nicht geschnitten oder auch nur gekämmt. Aber Haare müssen gepflegt werden, um gut auszusehen: Filmstars, die zerzaustes, wirres Haar zu haben scheinen, investieren ein Vermögen an Zeit und Geld, um es genauso aussehen zu lassen. Wenngleich kurzes Haar nicht immer besser aussieht als langes, steht langes vielen Männern in fortgeschrittenem Alter nicht mehr. Wir kamen zum Ergebnis, dass Bobby als Teenager mit langem Haar gut ausgesehen hatte, aber nun einen kürzeren, gepflegteren Stil versuchen sollte. Er ließ sich einen neuen, kürzeren Haarschnitt verpassen, was ihn sofort kultivierter aussehen ließ: Er wirkte nun so, als hätte er sein Leben fest im Griff.

Er lernte, sein Haar zu stylen, was er jahrelang abgelehnt hatte. Er entdeckte, dass sein Haar am besten aussah, wenn er es nach dem Waschen mit Styling-Gel föhnte, was er bald fast täglich tat. Er begann, eine Haarspülung zu verwenden, um es fülliger und weicher wirken zu lassen. Er erlebte eine plötzliche Veränderung in seinem Leben: Frauen schienen sich mehr für ihn zu interessieren. Er kam zu dem Schluss, dass angesichts der neu entdeckten weiblichen Aufmerksamkeit die Verwendung eines Föhns kein unverhältnismäßiger Aufwand war.

Es ist wichtig, dass das Haar gut aussieht. Es sollte nicht fettig oder wirr sein, und die Kopfhaut sollte auch keine Schuppen haben. Gehen Sie zu einem guten Hair-Stylisten und lassen Sie sich einen Look empfehlen, der zu Ihnen passt. Wer allmählich kahl wird, hat mehrere Möglichkeiten. Auch wenn man eine Glatze bekommt, kann das Haar gut aussehen und gut gestylt sein. Nehmen Sie sich nur vor der Falle in Acht, in die kahle Männer gehen, indem sie einige wenige Haare quer über ihre Glatze kämmen. Es funktioniert nicht; vor allem Frauen finden es hässlich. Denken Sie nur an Captain Picard aus »Raumschiff Enterprise«: Lassen Sie Ihre Glatze glänzen! Wir kennen auch kahle Männer, die einen eindrucksvollen, attraktiven Look erzeugt haben, indem sie ihre Köpfe geschoren haben. Zugegebenermaßen braucht man etwas Mut dazu, aber wenn man einen wohlgeformten Schädel hat, kann es wirklich gut aussehen.

2. Augenbrauen, Ohrenhaare, Nasenhaare

Die meisten Männer haben kein Problem mit ihren Augenbrauen, aber es empfiehlt sich, sie zu überprüfen, um ganz sicherzugehen. Bei manchen Männern werden die Augenbrauen sehr lang und müssen gestutzt werden. Viele unserer Schüler haben graue Haare in ihren Augenbrauen, die, wenn sie ungehindert wachsen, über zwei Zentimeter lang werden. Diese Männer müssen diese Haare regelmäßig auszupfen oder stutzen.

Haare in Ohren und Nase müssen regelmäßig gestutzt werden. Sie werden es nicht unbedingt merken, wenn diese Haare zu lang sind (und Ihre männlichen Freunde auch nicht), aber die Frauen, die Sie attraktiv finden, schon. Diese Haare müssen mindestens alle zwei Wochen mit einer kleinen Schere oder einem speziellem Werkzeug gestutzt werden. Haare sollten aus Nase oder Ohren nicht hervorstehen. Einzelne Haare, die auf den Ohren wachsen, sollten ebenfalls gezogen werden.

3. Brille

Bob trug eine Brille - wie viele andere Männer auch. Seine war schon alt und zerkratzt. Wir schickten ihn zu seinem Augenarzt, um ein Rezept für eine neue Brille zu holen und begleiteten in dann zum Optiker, um das richtige Gestell mit ihm auszusuchen.

Wenn man eine Brille trägt, ist es entscheidend, dass man den passenden Rahmen findet. Die schlechte Nachricht ist: Ein schicker Rahmen kann 200 oder 300 Euro kosten. Eine Brille hat aber auch den Vorteil, dass man ein Gestell finden kann, das die eigene Attraktivität deutlich akzentuiert. Es lohnt sich, sich nach einem Rahmen umzusehen, der Ihnen besonders gut steht. Gehen Sie sowohl zu teuren als auch zu billigen Optikern. Jede Frau, die Sie sieht, wird Ihre Brille sehen. Deshalb lohnt es sich, eine zu finden, die wirklich gut aussieht.

4. Verschleimte Atemwege

Brian hatte ein Problem. Er war attraktiv und gut gekleidet, aber er musste sich ständig räuspern und Schleim ausspucken. Er hatte sich so sehr daran gewöhnt, dass er es selbst kaum mehr wahrnahm, aber wenn er tief und geräuschvoll einatmete, merkten es die Frauen. Deshalb mieden sie seine Gesellschaft. Geräuschvolles Atmen, Rotzen und Ausspucken finden Frauen äußerst abstoßend. Wir wissen, dass Sie das ebenfalls ekelhaft finden, aber glauben Sie uns - das ist in keiner Weise vergleichbar mit dem, was Frauen dabei fühlen. Wenn Sie ein Problem mit verschleimten Atemwegen haben, müssen Sie die Ursache suchen und sie ausräumen. In vielen Fällen liegt die Ursache in einer Allergie gegen Milchprodukte. In diesem Fall hilft es, wenn man Milchprodukte meidet oder Enzyme einnimmt, die die Verdauung der Laktose unterstützen. Wenn Sie solche Probleme haben, gehen Sie zum Arzt und bekämpfen Sie den Schleim - denn sonst sagen Sie den Frauen: »Ich bin ekelhaft. Halt dich von mir fern.«

5. Haare im Gesicht

Bobby hatte einen Bart. Zunächst schlugen wir vor, ihn abzurasieren – denn ein Bart, der nicht gepflegt und regelmäßig gestutzt wird, wirkt bei den meisten Männern nicht attraktiv. Bobbys Bart sah schlampig aus, weshalb wir vorschlugen, ihn abzurasieren.

Viele Männer sehen ohne Bart besser aus, aber Bobby zählte nicht dazu. »O Gott«, sagte er, nachdem er ihn abrasiert hatte, »ich sehe aus wie eine Witzfigur!« Wir sahen ein, dass das nicht der richtige Look für ihn war, und so ließ er sich einen kurzen, gepflegten Bart wachsen, der zu seinen Haaren passte und ihm gut stand. Das größte Problem, das Männer mit ihren Bärten haben, besteht darin, dass sie diese zu sehr wuchern lassen. Suchen Sie sich einen Stil aus und pflegen Sie ihn. Frauen sagten uns, das größte Problem an den Bärten der Männer sei, dass sie oft kratzen. Wenn Sie einen Bart tragen, verwenden Sie eine Spülung, um ihn weich zu halten.

6. Lippen

Da wir gerade von weichen Oberflächen reden: Wenn Sie eine Frau küssen wollen, müssen Sie Ihre Lippen weich halten. Frauen merken, wenn sie rau sind, und wollen sie dann nicht küssen. Wir wissen, dass es pingelig erscheint, aber es ist so. Denken Sie daran: Das erste Date ist Ihre Probezeit. Natürlich sind Sie ein aufregender Mann, aber ein Date kann auch zu emotionaler Verwirrung und verletzenden Erfahrungen führen. Während Sie daran denken, wie großartig es wäre, mit ihr Sex zu haben, sucht sie ständig nach einem Grund, Sie wieder in den Topf zu den anderen Kerlen zu werfen und zu ihrem schönen, geordneten Leben zurückzukehren. Aus diesem Grund müssen Sie alle Details im Griff haben. Und deshalb müssen auch Ihre Lippen weich sein. Verwenden Sie Lippenbalsam.

7. Zähne

Wir haben Bobby zum Zahnarzt geschickt, um seine Zähne reinigen zu lassen; wenn Sie Ihre Zähne in den letzten sechs Monaten nicht haben reinigen lassen, sollten Sie dies schleunigst nachholen. Bobby wollte nicht hingehen, weshalb wir ihm vorschlugen, sich selbst zu belohnen, um sich zu motivieren. Er beschloss, als Belohnung für die Zahnreinigung den örtlichen Strip-Club zu besuchen und sich zu amüsieren. Mit der Aussicht auf nackte Frauen, die vor seiner Nase baumelten, konnte er sich dazu motivieren und ließ den Dreck der letzten fünf Jahre von seinen Zähnen kratzen. Sie sahen weißer aus und fühlten sich für ihn glatter und sauberer an. Wenn man will, dass eine Frau ihre Zunge dort hineinsteckt, muss man schließlich für einen absolut sauberen Mund sorgen.

8. Haut

Glatte, weiche Haut ist für Frauen besonders wichtig, vor allem im Gesicht. Wenn Sie dazu neigen, gegen Abend schon unrasiert zu wirken, rasieren Sie sich auf jeden Fall noch einmal, bevor Sie zu einem Date gehen. Wenn Sie raue Hände haben, verwenden Sie Feuchtigkeitscreme, um sie weicher zu machen. Die meisten Frauen sind nicht an Männern interessiert, deren Hände sich wie Sandpapier anfühlen.

9. Gerüche

Man kann die negative Wirkung kaum überschätzen, die ein schlechter Körpergeruch auf Frauen hat. Überraschend viele Frauen, die wir befragt haben, erklärten, dass sie bei manchen Dates gerne mit dem Mann Sex gehabt hätten, wenn er nur nicht so schlecht gerochen hätte. Es ist entscheidend, dass Sie regelmäßig baden und sich einen Deo-Roller zulegen, den Sie auch einsetzen. Denken Sie daran: Wenn Sie das Gefühl haben, dass Sie für eine Frau schlecht riechen, dann tun Sie das auch. Sie sollten auch wissen, dass – wie einige Frauen uns im Interview sagten – »nichts die Stimmung mehr verdirbt, als der Geruch von Fäkalien«. Wenn Sie zu Blähungen neigen, müssen Sie handeln. Es gibt viele Produkte, die Blähungen reduzieren. Wenn Sie ein ernstes Problem damit haben, sollten Sie zum Arzt gehen.

Studien haben ergeben, dass Frauen einen feineren Geruchssinn haben als Männer. Gerüche, die für einen Mann nicht allzu schlimm sind, können für Frauen ziemlich abstoßend sein. Wollen Sie Sex mit einer attraktiven Frau haben, müssen Sie Ihren Körpergeruch im Griff haben.

Männer, die es ablehnen, etwas für einen guten Duft zu tun, senden die Botschaft aus, dass sie mehr daran interessiert sind zu furzen, als Sex mit einer Frau zu haben. Frauen halten solche Männer für unreif – und das zu recht.

(Wenn wir schon beim Thema sind: Frauen mögen keine Toilettenwitze. Sparen Sie sich diese für Ihre männlichen Kumpels auf.)

Ein guter Atem ist ebenfalls entscheidend. Immer wieder haben Frauen in unseren Befragungen ausgesagt, dass ein schlechter Atem ihnen die Lust auf Sex verdirbt. Reena ist ein typisches Beispiel – sie sagt: »Klar, ich erinnere mich an eine Reihe von Kerlen, mit denen ich Sex gehabt hätte, wenn sie keinen schlechten Atem gehabt hätten. Ich wollte dann doch nicht.« Putzen Sie regelmäßig Ihre Zähne; wenn Sie glauben, dass Sie einen schlechten Atem haben könnten, dann haben Sie das auch. Tragen Sie Pfefferminzbonbons bei sich, aber nehmen Sie diese nicht in ihrer Gegenwart: Aus irgendeinem Grund scheinen Frauen Männer für eitel zu halten, die sich um einen guten Atem bemühen, auch wenn sie sagen, dass stinkende Männer Penner sind. Nehmen Sie die Atemtabletten in der Toilette ein.

Wenn Sie Aftershave verwenden, nehmen Sie keinesfalls zu viel. Der sprichwörtliche Tropfen reicht schon aus. Frauen mögen es nicht, wenn Männer so viel Aftershave verwenden, dass der Geruch förmlich vom Körper abzustrahlen scheint. Der Mann, der man sein muss, um die gewünschte Frau zu bekommen, darf wahrscheinlich weder zu schlecht noch zu gut riechen.

10. Taschen

Man kann einen wunderschönen, teuren Schreibtisch haben – und ihn so überladen, dass man keine Schublade mehr schließen kann. Ebenso kann man wunderbare, schicke Kleidung tragen – und die Taschen so überfüllen, dass man wie eine alte, verbeulte Matratze wirkt. Während Frauen ihre Handtaschen und Geldbeutel vollstopfen, überfüllen Männer die Taschen ihrer Kleidung. Wer auf Frauen attraktiv wirken will, sollte aber so wenig wie möglich in den Taschen tragen, um nicht verbeult zu wirken.

Bobby überfüllte seine Taschen. Er hatte immer so viele Kugelschreiber und Papiere in seinen Hemdtaschen, dass das Gewicht das Hemd nach unten zog; genauso stand es auch um seine Hosentaschen. Wie viele andere Männer hatte er viele Schlüssel, die eine große Beule an seinem Bein bildeten, wenn er sie einsteckte. Wir ließen ihn die Schlüssel abnehmen, die er nicht unbedingt brauchte, sodass er so wenig wie irgend möglich am Schlüsselbund behielt. Andere Männer, die durchaus viele Schlüssel bei sich tragen müssen, haben davon profitiert, sie an ihren Gürteln (und nicht in der Hosentasche) zu tragen.

Bobbys Brieftasche war dick, desorganisiert und von Papieren und alten Kassenzetteln völlig ausgebeult. Wir erklärten ihm, dass Frauen durchaus die Körper der Männer mustern (wie Männer auch die Körper der Frauen) und eine dicke Brieftasche seinen Hintern weniger attraktiv erscheinen ließ. Er entfernte die überflüssigen Papiere und kaufte eine schmalere Brieftasche.

11. Gürtel

Der Gürtel ist eine der kleinen Einzelheiten, die man unter Kontrolle haben muss, wenn man auf Frauen attraktiv wirken will. Wenn Sie einen billigen Kunstledergürtel tragen oder Ihr Gürtel auseinander fällt, senden Sie keine attraktive Botschaft aus. Wenn man das größte oder kleinste Loch des Gürtels verwendet, kann das ebenfalls lächerlich wirken; man sollte deshalb einen Gürtel besorgen, der besser sitzt. Wenn Sie übergewichtig sind, sollten Sie keine allzu auffällige Gürtelschnalle haben, weil sie die Aufmerksamkeit auf Ihre Taille lenkt – wohin eine Frau möglichst nicht schauen sollte. Besorgen Sie sich eine einfachere Gürtelschnalle, bis Sie abgenommen haben.

12. Socken und Schuhe

Wenn Sie Ihre Socken genau betrachten, werden Sie sehen, dass es eine Innen- und eine Außenseite gibt – sodass man auch das Innere nach außen kehren kann. Obwohl nur wenige Männer das bemerken, stellen Frauen es sehr wohl fest. Also: Tragen Sie Ihre Socken richtig herum. Frauen bewerten Männer auch nach der Qualität ihrer Schuhe. Als Mann kann man sich kaum vorstellen, wie viel Zeit Frauen damit verbringen, über ihre Schuhe nachzudenken. Sie führen untereinander lange Gespräche; sie reservieren einen bestimmten Zeitrahmen für das Shoppen in Schuhgeschäften; sie denken darüber nach, welche Schuhe sie zu welchen Outfits tragen sollen. Je attraktiver eine Frau ist, für die Sie sich interessieren, desto mehr Zeit verbringt sie wahrscheinlich in einem Schuhgeschäft. Wenn man das weiß, überrascht es nicht zu hören, dass Frauen Ihre Schuhe fest im Blick haben und eine Beurteilung abgeben. Das Traurige daran ist, dass Sie wahrscheinlich mehr Schuhe und bessere Schuhe benötigen werden. Bobby hatte seine schmutzigen Turnschuhe, seine ungepflegten Ausgehschuhe und ein sehr unbequemes Paar Schuhe, dass er zweimal pro Jahr zu seinem einzigen Anzug trug. Durch unsere Schulung wurde ihm klar, dass er neues Schuhwerkzeug brauchte, um den Frauen zu gefallen, die er begehrte. Er besuchte eine Reihe schicker Schuhgeschäfte und besorgte sich einige Paare neue sexy Schuhe.

Außerdem kaufte er Schuhstrecker – geniale Geräte aus Holz oder Plastik, die man in die Schuhe steckt, wenn man sie nicht trägt, damit sie ihre Form bewahren und einige Jahre länger halten. Er nahm sich auch vor, seine Schuhe regelmäßig zu polieren und die Schuhbänder zu ersetzen, bevor sie allzu sehr zerfaserten. Er erkannte, dass er mit zerknitterten Schuhen ebenso wenig attraktiv auf Frauen wirkte, wie mit zerknitterten Hemden oder Hosen.

13. Haltung

Bobby hatte eine Haltung, die wir als pubertär einstufen. Er ging gebeugt wie ein Teenager und schlurfte beim Gehen. Seine Schultern waren gerundet, sein Kopf hing nach vorn. Er wirkte zurückhaltend und befangen –, aber er begriff, dass er kraftvoll und entschieden wirken musste, um die Frauen zu gewinnen, die er begehrte. Es gibt jede Menge Trainingsübungen für Leute, die wie Bobby unter einer schlechten Haltung leiden. Man kann es mit Chiropraktik versuchen, was oft wenigstens zum Teil von der Krankenkasse übernommen wird. Andere Männer lassen sich regelmäßig massieren, machen Rolfing oder eine neuromuskuläre Therapie zur Verbesserung ihrer Haltung. Bobby begann eine chiropraktische

Behandlung und ließ sich massieren. Bald stand er aufrecht und gerade, seine Schultern wirkten breiter und weniger angespannt und er entwickelte einen aufrechteren Gang. Als Bonus legten sich seine Schmerzen im unteren Rückenbereich. »Ich fühle mich jetzt stabiler«, sagte er, »und bin eher bereit, attraktive Frauen in ihrem eigenen Gebiet zu begegnen«. Eine bessere Haltung machte aus ihm eher die Art von Mann, die er sein musste, um die Art von Frau zu bekommen, die er begehrte.

Bobby befolgte unseren 13-Punkte-Plan für das richtige Körper-Styling und entwickelte einen völlig neuen Look, der seine Persönlichkeitsanteile betonte. Er wirkte selbstsicherer, reifer, erwachsener und attraktiver – und er fühlte sich auch so. Durch seine Haltung, sein sauberes Äußeres und gut sitzende, interessante, gepflegte Kleidung und Schuhe teilte er mit: »Ich bin ein erwachsener Mann, der weiß, was er will – bereit, die Welt zu erobern. Sie sind an meiner Gesellschaft interessiert.« Frauen bemerkten das und reagierten sofort.

Details – der Schlüssel zum Herzen einer Frau

Ein wichtiger Schlüssel, um Frauen zu verführen, sind Kleinigkeiten. Die Liebe zum Detail wirkt auf Frauen romantisch – ob es sich nun um perfektes Kerzenlicht, saubere Bettlaken oder um Ihre Kleidung handelt. Vielleicht ist Ihnen aufgefallen, wie viele Teile des 13-Punkte-Plans Kleinigkeiten betreffen; das liegt daran, dass gründlich organisierte Details auf eine Frau romantisch wirken.

Sie haben wahrscheinlich auch schon Frauen sagen hören, dass »die kleinen Dinge im Leben« ihnen viel bedeuten, wenngleich das weibliche Geschlecht selten erklärt, was es darunter eigentlich versteht. Ein Mann, der die Kleinigkeiten fest im Griff hat, wird immer Frauen ins Bett bekommen. In den folgenden Kapiteln zeigen wir Ihnen, wie Sie bei der Verführung die kleinen Dinge, auf die es ankommt, managen. Hier zeigen wir Ihnen, wie Sie die kleinen Details Ihres Erscheinungsbildes in den Griff bekommen.

Die »kleinen Details« Ihrer Kleidung erzählen einer Frau viel über Sie und haben einen großen Einfluss darauf, wie sie Sie behandelt. Bernd lässt den saloppen Stil ausgefeilt wirken. Er scheint schäbige Klamotten zu tragen, aber sie stehen ihm sehr gut. Er ist ständig von attraktiven Frauen umringt. Worin besteht sein Geheimnis?

Bernd weiß um die Bedeutung von Details. Er weiß, dass es nicht von Bedeutung ist, ob seine Kleider zerrissen sind; wichtig ist, dass sein Look eine Einheit bildet, die ihm gut steht. Kaputte Klamotten sind Teil seines persönlichen Stils. Er unterscheidet sich von anderen, unattraktiven Männern, die schäbige Kleidung tragen, durch die Art, wie er auf die Einzelheiten seines Erscheinungsbildes achtet.

Erstens: Obwohl seine Kleidung hier und da zerrissen ist, befolgt er doch die vier Bekleidungsregeln genau. Seine Kleidung ist sauber und gepflegt; wir haben selbst gesehen, wie er gerissene Jeans gebügelt und Kleidung weggeworfen hat, deren Risse ihm nicht standen.

Zweitens: Seine Accessoires sind allesamt wunderbar. Sein Stil mutet indianisch an, obwohl er nicht indianischer Abstammung ist. Sein Gürtel stammt aus einem indianischen Bekleidungsgeschäft am Pazifik; Uhr, Ringe, Ohrringe und Halsketten unterstreichen den Stil. Sein Sinn für Kleinigkeiten zeigt, dass er über seinen Look nachgedacht hat. Er sendet ein attraktives Signal an Frauen, egal, was er trägt. Seine Taschen sind niemals übervoll, und seine Brille steht ihm perfekt. Er wirkt, als hätte er einfach alles übergezogen, was zufällig herumlag, aber er sieht großartig aus. Der Grund, weshalb er großartig aussieht, liegt darin, dass er die Einzelheiten seines Erscheinungsbildes durchdacht und im Griff hat. Frauen sehen das und finden ihn faszinierend.

Man kann Accessoires nutzen, um sich von anderen Männern abzuheben. Durch extra schöne oder interessant kombinierte Schuhe, Gürtel, Brieftaschen, Rucksäcke, Aktentaschen, Uhren oder Hüte können Sie Frauen zeigen, dass Sie Sinn für Details haben und auf Ihr Äußeres achten. Ungewöhnliche Dinge können für Frauen ein Anlass sein, sich mit Ihnen auf ein Gespräch einzulassen. Ein Mann, den wir kennen, trägt ein eindrucksvolles Kupferarmband, das er in Indien gekauft hat. Oft sprechen Frauen ihn darauf an, und so kann er von der Zeit erzählen, als er dort herumgereist ist. Ein anderer Mann trägt einen künstlerischen Pin am Jackenaufschlag seines Anzugs, der Frauen zu Kommentaren reizt. Wieder ein anderer trägt einen Cowboy-Hut, der perfekt zu seinem Stil passt und ebenfalls für Gesprächsstoff sorgt.

Tätowierungen bilden, wenn man welche hat, ein weiteres Stilelement, das Anlass zu Gesprächen gibt. Ein Mann, den wir kennen, hat zahlreiche, sehr schöne Tätowierungen und nutzt sie, um mit Frauen zu plaudern, die Tätowierungen und Piercings haben. »Ich mag Ihr Tattoo. Wo haben Sie es machen lassen?« Diese Frage führt oft zu interessanten Gesprächen und Dates mit Frauen, die er attraktiv findet.

Details, die man vermeiden sollte

In der Vergangenheit galt Tabak als cool. Man zündete eine Zigarette an, hielt sie lässig in der Hand, atmete den Rauch aus – und schon wirkte man weltmännisch und intellektuell. Diese Zeiten sind vorbei. Zigaretten sind für Frauen nicht mehr attraktiv; im gegenwärtigen kulturellen Klima wirken sie vor allem auf gesundheitsbewusste, vitale Frauen abstoßend. Cafés und Restaurants sind inzwischen Nichtraucher-Bereiche. Zwar rauchen viele junge Frauen, weil sie glauben, dass sie dadurch dünn bleiben, aber man wirkt auf sie nicht weniger attraktiv, wenn man nicht raucht. Auf Nichtraucherinnen, die in der Überzahl sind, wirken Raucher ganz sicher weniger anziehend. Um Frauen auf sich aufmerksam zu machen, muss man auch das Rauchen aufgeben.

Obwohl Zigarren unlängst im Trend waren, wirken sie auf die meisten Frauen noch immer wie brennende Toiletten; sie empfinden es als eine Belästigung, wenn ein Mann eine anzündet. Jake musste das aus leidvoller Erfahrung lernen. Er befand sich auf Geschäftsreise in einer weit entfernten Stadt, wo er Anne traf. Anne war 33, groß, mit feuerrotem Haar und bemerkenswert straffen, wunderschönen Brüsten. Er war sicher, dass er bei ihr landen würde: Sie wusste, dass er nur für ein paar Tage in der Stadt sein würde, wollte aber trotzdem mit ihm zusammen sein. Sie musste es auf Sex mit ihm abgesehen haben. Was konnte da noch schief gehen?

Sie besuchten ein feines japanisches Restaurant, aßen und tranken und genossen den gemeinsamen Abend, als Jake seinen Fehler machte. Mit einstudierter Lässigkeit zog er eine Zigarre aus der Tasche und zündete sie an. »Ich habe niemals erlebt, dass die Stimmung einer Frau so schnell umschlug«, erzählte er später. »Sie hatte mich sofort abgeschrieben, wurde kalt und konnte gar nicht schnell genug von mir fortkommen. Auch als ich die Zigarre ausdrückte, blieb die Stimmung weiterhin kühl. Es versteht sich von selbst, dass ich in dieser Nacht alleine schlafen musste.« Machen Sie nicht den Fehler, den Jake beging. Wenn Sie Zigarren rauchen, tun Sie das in Gesellschaft anderer Männer. Tun Sie es nicht in Gesellschaft von Frauen, die Sie verführen wollen.

Was, wenn man übergewichtig, unförmig oder hässlich ist?

Ihr Stil muss einer Frau sagen: »Ich bin reif und interessant. Du willst mit mir zusammen sein.« Bei der Umsetzung kommt es darauf an, was Sie aus den Gaben machen, mit denen die Natur Sie gesegnet hat, und weniger darauf, wie schön Sie subjektiv erscheinen. Wir alle haben Männer gesehen, die auf den ersten Blick keine Augenweide sind, aber mit sehr schönen Frauen ausgehen. Das ist möglich, weil sie aus dem, was sie haben, das Beste machen: Sie haben ihren persönlichen Stil gefunden.

Christian ist ein solcher Mann. Er wiegt weit über 150 Kilo und wirkt – auf den ersten Blick – wie ein Kerl, der Sex nur gegen Bares bekommen kann. Weit gefehlt: Bei Christian stehen die Frauen Schlange. Wie macht er das? Ganz einfach, er hat Stil. Er riecht gut und sieht immer großartig aus. Jeder, der ihn kennt, findet, dass seine Kleidung – und sogar sein Gewicht – ihm sehr gut stehen. Auch sein Haus und sein Auto wirken extrem einladend. Er hat außerdem Selbstvertrauen (was wir weiter unten in diesem Kapitel behandeln werden). Christians Stil zeigt, dass er sein Leben liebt, ein reifer Mann ist und Sinn für Details hat. Deshalb finden ihn die unterschiedlichsten Frauen anziehend.

Christian legt Wert darauf, sich nicht für sein Übergewicht zu rechtfertigen. »Ich weiß, dass ich gesünder wäre, wenn ich schlanker wäre. Ich arbeite daran«, sagt er. »Aber ich weiß: Wenn ich mich benehme, als würde etwas mit mir nicht stimmen, werde ich nie mehr ein Date bekommen. Ich sehe mich selbst einfach nur als einen dicken, attraktiven Mann. Die Damen scheinen das auch so zu sehen.« Wenn Sie Ihren eigenen Stil zum Ausdruck bringen, spielt es keine Rolle, wenn Sie von Natur aus nicht einen schönen Anblick bieten. Wer Frauen die richtige Botschaft sendet, erzeugt bei ihnen romantische Gefühle und kommt gut bei ihnen an.

Das Auto – ein verführerisches Séparée

Inzwischen haben Sie gelernt, dass Sie mit Ihrem Look eine individuelle Botschaft an Frauen richten. Sie wissen, wie wichtig es ist, Ihren persönlichen Stil zu entwickeln, gut auszusehen und auf Einzelheiten zu achten. Sie sehen schick aus und fühlen sich gut. Sie haben eine gute Chance, ein Date zu bekommen. Jetzt ist es an der Zeit, die Bereiche einzubeziehen, die ebenfalls Ihren ganz individuellen Stil rüberbringen: Auto und Wohnung.

Dass es für sie keine Rolle spielt, was für ein Auto ein Mann fährt, ist eine der häufigsten Frauenlügen. In gewisser Hinsicht sagen sie die Wahrheit: Intellektuell gesehen spielt es für sie keine Rolle – und sie glauben wohl auch wirklich, dass sie sich von solchen albernen Dingen nicht emotional beeinflussen lassen. Oft machen sie Witze über die Autos der Männer, die sie als deren »verlängerte Penisse« ansehen. (Als wenn das etwas Schlechtes wäre!) Auf der emotionalen Ebene reagieren Frauen aber sehr wohl auf das Auto, das ein Mann fährt – und auf den Zustand des Wagens. Sie werden es aber nur selten eingestehen.

Das wurde uns anschaulich vor Augen geführt, als Esther, eine Bekannte von uns, sich mit einem neuen Mann verabredete. Esther ist eine energische, tatkräftige Frau. Sie ist beruflich erfolgreich und für ihre resolute Einstellung bekannt. Oft listete sie ihren Freundinnen gegenüber ihre Erwartungen an Männer auf und ließ keinen Zweifel daran, dass sie keinesfalls sofort Sex haben würde. Das glaubte sie jedenfalls – bis sie Keith kennen lernte. Esther sage es so: »Wir gingen Essen und alles lief gut. Wir trafen uns im Restaurant, und er wollte mich danach nach Hause fahren. Es stellte sich heraus, dass er einen Cadillac fuhr! Als ich mich in diesen weichen Ledersitz setzte und die Tür mit diesem satten Klick schloss, sagte ich zu mir: Ich werde mit diesem Mann Sex haben!« Was sie an demselben Abend auch tat.

Diese Enthüllung schockierte uns, aber sie hat uns etwas Wichtiges gelehrt: Die Erfahrung, die eine Frau in Ihrem Auto macht, kann über Gedeih und Verderb Ihrer Verführung entscheiden. Die meisten von uns haben nicht so ein schönes Auto wie Keith, aber es gibt trotzdem Dinge, die man tun kann, um das eigene Auto in ein verführerisches Gemach für die Frau zu verwandeln, mit der Sie sich verabreden.

Wie Ihre Art, sich zu kleiden, sendet auch Ihr Auto eine Botschaft an die Frauen. Ihr Auto kann ein wichtiger Teil Ihrer Verführungs-Strategie sein. Teenager sind nicht die einzigen, die in Autos Sex haben: Viele erfolgreiche sexuelle Erfahrungen beginnen im Auto des Mannes und werden später im Schlafzimmer fortgesetzt. Hier sind drei Möglichkeiten, Ihr Auto in ein rollendes Séparée zu verwandeln.

Reinigen Sie Ihr Auto

In einem Auto kann man keine allzu romantische Atmosphäre erzeugen, wenn es unordentlich ist. In unserer Gesellschaft, in der Menschen zunehmend im Auto wohnen, füllt es sich schnell mit vielen Dingen an: Berufliches, Bücher, Fastfood-Abfälle und Dinge, die man entsorgen wollte, aber noch nicht entsorgt hat. Wenn Sie eine Frau im Auto mitnehmen, versteht es sich von selbst, dass das Auto nicht wie ein Mülleimer auf vier Rädern aussieht. Denken Sie daran, dass Sie mit jedem Ausdruck Ihres Stils eine Botschaft an die Frau senden. Vergessen Sie nicht, dass die Frau Ihren Stil beurteilt, um zu entscheiden, ob sie mit Ihnen Sex haben will. Ein sauberes und bequemes Auto bedeutet eine Hürde weniger. Wenn es dreckig daherkommt, schließt sie daraus, dass Sie ein Penner sind, der sein Leben nicht im Griff hat. Sie sind dann schon weniger attraktiv, weil Sie sich in ihren Augen hängen lassen.

Wenn Sie zum Beispiel aus beruflichen Gründen einen Haufen Zeug dabei haben müssen, besorgen Sie ein Ordnungssystem aus Körben für Ihr Auto. Tim musste beruflich oft über Nacht verreisen und deshalb ständig seine Aktenordner, Produktproben und persönliche Dinge im Auto aufbewahren. Da er von Natur aus kein allzu ordentlicher Mensch war, war sein Auto ständig voll mit Papieren, Abfällen und schmutziger Wäsche. Obwohl seine männlichen Kumpels die Unordnung nicht störte, fühlten sich die Frauen davon abgestoßen – und er wunderte sich, weshalb er so wenige zweite Dates hatte. Wir ließen Tom eine Reihe von Plastik-Körben, Wannen und Ordnungssystemen kaufen und einfach aufräumen, was in seinem Auto herumlag. Als erst einmal alles seinen bestimmten Ort hatte, wirkte das Auto recht ordentlich, obwohl immer noch viele Dinge darin waren. Nun wirkte es nicht mehr wie ein Penner-Auto, sondern wie das Auto eines wohl organisierten, beruflich erfolgreichen Mannes.

Wenn eine Frau Ihr Auto in einem unordentlichen Zustand vorfindet, raten wir davon ab, sich dafür zu entschuldigen. Frauen haben die Nase voll von Pennern, die sich dafür entschuldigen, dass sie ihr Leben nicht richtig packen. Nehmen Sie sich einfach die Zeit, ihren Platz frei zu machen, als wenn das völlig normal wäre, und hoffen Sie, dass Sie sie mit einem ordentlichen Auto wiedersehen können.

Gestalten Sie Ihr Auto romantisch

Wenn Sie Ihr Auto im Rahmen Ihrer Verführungsstrategie nutzen wollen (was Sie auf jeden Fall tun sollten), sollten Sie die richtige Ausrüstung haben, um Ihr Auto romantisch zu gestalten. Wir empfehlen, Decken und Kissen im Kofferraum aufzubewahren, falls sich auf einem romantischen Spaziergang im Wald etwas mehr ergeben sollte. Sie sollten auch nicht vergessen, romantische Musik in der Stereoanlage zu haben und Kondome im Handschuhfach zu verstecken.

Sie sollten außerdem alles aus dem Auto entfernen, was einer Frau die Lust verderben könnte. Penthouse-Duftspender mit nackten Pin-up-

Girls sollten nicht am Rückspiegel baumeln. Dasselbe gilt für Spielwürfel aus Stoff. Das Auto sollte außerdem nicht schlecht riechen. Der Geruch von vergammeltem Essen und abgestandenem Zigarettenrauch macht die meisten Frauen nicht wirklich an.

Sie sollten alles aus dem Auto entfernen, was auf andere Frauen hinweist. Einer unserer Schüler trat ins Fettnäpfchen, als er an mehreren Frauen gleichzeitig baggerte. Eine hatte einen hübschen Papier-Schwan für ihn gefaltet und »Christy und Mike« auf die Flügel geschrieben. Sie hatte ihm den Schwan im Auto überreicht; er hat ihn auf sein Armaturenbrett gestellt und sie dann so leidenschaftlich geküsst, dass sie später wieder in sein Haus zurückgegangen sind, um Sex zu haben. Als er sie später an demselben Abend nach Hause fuhr, hatte er unglücklicherweise den Schwan auf dem Armaturenbrett vergessen. Als er am nächsten Tag Jane zu einem Date abholte, sah sie ihn sofort, las die Botschaft darauf und war äußerst beleidigt. Also: Ihr Auto sollte bequem und romantisch sein, gut riechen und Ihr Date nicht an irgendwelche anderen Frauen erinnern.

Sorgen Sie dafür, dass Ihr Auto läuft

Türen und Fenster sollten funktionieren: Frauen mögen es nicht, wenn sie über den Fahrersitz rutschen müssen, um auf den Beifahrersitz zu gelangen. Außerdem sollte der Auspufftopf in Ordnung sein. Ein lautes Auto bedeutet, dass Sie Ihr Leben nicht voll im Griff haben. Wenn Sie nicht in der Lage sind, für Ihr Auto zu sorgen, wie wollen Sie dann für eine Frau sorgen?

Wir empfehlen dringend, dass Sie jeder Frau die Wagentür öffnen und sie hinter ihr wieder schließen. Es ist nicht nötig, darüber ein Wort zu verlieren (es ist sogar besser, nichts dazu zu sagen) –, aber Sie sollten es tun. Öffnen Sie einer Frau die Tür, signalisieren Sie, dass Sie sich um sie kümmern werden und sie wie etwas Besonderes behandeln. Egal, wie sie über die Gleichberechtigung der Frauen denkt, auf einer romantischen Ebene wird sie diese Geste zu schätzen wissen.

Die fünf Geheimnisse einer verführerischen Wohnung

Denken Sie an Ihre Wohnung: Küche, Wohnzimmer, Schlafzimmer. Halten Sie sich das Bild vor Augen. Stellen Sie sich nun die folgenden Fragen:

- *Erstens:* »Kann diese Wohnung die Frau, die ich begehre, sexuell in Stimmung bringen?« Die meisten Männer, mit denen wir zu tun haben, müssen diese Frage mit einem klaren Nein beantworten. Betrachten sie ihre Wohnungen aus der Perspektive der Frauen, auf die sie einen Blick geworfen haben, können sie meist verstehen, weshalb das so ist.
- *Zweitens:* »Was sagt meine Wohnung der Frau, die ich begehre?« Die meisten Männer müssen eingestehen, dass sie nicht die gewünschte Botschaft vermittelt. Sie signalisiert Botschaften wie »ich bin immer noch ein kleiner Junge« oder »ich komme in meinem Leben nicht wirklich voran«. Wenn Ihre Wohnung kein angenehmer Ort für einen romantischen Abend ist, sagt sie aus, dass Romantik Ihnen nichts bedeutet.

Denken Sie nun an Wohnungen, die romantische Botschaften an Frauen auszusenden scheinen. Auch wenn viele davon teuer (und teuer möbliert) sind, folgt ihr Stil doch bestimmten Grundprinzipien, die Sie ebenfalls befolgen können, um Ihr Zuhause einladender und romantischer zu gestalten. Wenngleich Sie diese Checkliste nur unmittelbar vor einem Date erfüllen müssen, werden Sie es leichter haben, wenn die wichtigsten Dinge immer in Ordnung sind.

1. Eine verführerische Wohnung zeigt, dass ein Erwachsener dort lebt

Eine verführerische Wohnung ist kein Schlafsaal, keine Rumpelkammer, kein Warenlager, keine Müllkippe und kein wissenschaftliches Labor. Es ist kein Ort, an dem irgendwelche Zufallsbekanntschaften herumhängen, und auch kein Laden für Sex-Poster. Alle diese Dinge zeigen einer Frau, dass Sie noch immer in der Pubertät sind. Die Folge ist ganz klar. Sie wird Sie nicht begehren.

2. Eine verführerische Wohnung ist immer sauber

Auch hier kommt es darauf an, dass die Accessoires sauber sind. Die Jalousien sollten ordentlich aussehen; es sollten keine Staubflocken in den Ecken liegen. Die Bereiche, die für Ihr Date wichtig sind, sollten am saubersten sein; die Bereiche, die für sie nicht wichtig sind (oder von denen Sie sie fernhalten können), können Sie dagegen ignorieren. Wenn sie zum Beispiel Ihre Küche nur sehen würde, wenn sie über Nacht bei Ihnen bleiben würde, können Sie notfalls auch auf eine Reinigung verzichten. Da Sie schon Sex mit ihr gehabt haben werden, wenn sie diese am folgenden Morgen sieht, kann eine unordentliche Küche Ihre Chancen nicht verderben.

Das Bad muss hingegen absolut sauber sein. Hier sind keine Abstriche möglich. Wir kennen einen Mann, der das umgehen wollte, indem er einfach die Glühbirne herausdrehte, damit die Frau den Dreck nicht sehen konnte. Das hat sie nur verärgert. Sie müssen das Bad gründlich putzen, bevor Ihr Date Ihre Wohnung betritt.

3. Eine verführerische Wohnung ist richtig beleuchtet

Das Licht sollte gedämpft und regelbar sein. Eine grelle Deckenbeleuchtung wird Ihr Date nervös machen: Sie erinnert an ein Verhör. Versuchen Sie es mit sanftem, indirektem Licht. Verwenden Sie zum Beispiel eine 40-Watt-Birne anstelle einer 100-Watt-Birne, stellen Sie Kerzen auf oder lassen Sie das Licht eines angrenzenden Zimmers hereinleuchten. Licht und Schatten sollten geheimnisvolle Muster werfen. Die Atmosphäre sollte einladend wirken, aber nicht antiseptisch. Diese Vorstellung ist vielen Männern fremd, weil sie es gewohnt sind, einen Ort zu beleuchten, um darin etwas zu erledigen. Wussten Sie, dass viele Frauen grelles Licht meiden, weil sie darin weniger gut aussehen? Ein verführerischer Raum ist keine Werkstatt. Achten Sie auf eine romantische Beleuchtung.

4. In einer verführerischen Wohnung ist alles ausgepackt und aufgestellt

Es ist erstaunlich, wie viele Menschen noch Jahre, nachdem sie in eine Wohnung eingezogen sind, aus Kisten leben. Ein Mann, der seit vier Jahren in seiner Wohnung hauste, hatte noch immer keine Bilder aufgehängt. Als wir ihm sagten, dass Bilder sein Zuhause romantischer machen würde, antwortete er: »Was nützt das, wenn die Wohnung nicht sauber ist?« Zwar geben wir zu, dass eine Wohnung auch sauber sein muss, aber es muss auch alles ausgepackt und aufgestellt sein. Packen Sie Ihre Kisten aus und hängen Sie Ihre Bilder auf!

5. Eine verführerische Wohnung hat romantisches Flair

Eine verführerische Wohnung gibt einer Frau das Gefühl, dass sie sich darin entspannen kann. Die Bilder an den Wänden müssen keine Originale sein, aber sie sollten gerahmt und ordentlich aufgehängt sein. Es sind Blumen und gepflegte Pflanzen aufgestellt. (Die Blumen stehen nur ihretwegen da, aber das muss sie schließlich nicht wissen.) Die Möbel sind sauber; wenn sie altmodisch sind und etwas merkwürdig aussehen, ist eine Decke darüber geworfen. Der Teppich ist unlängst gesaugt worden; es liegen keine Stapel von Papieren oder anderes Zeug herum. Die Musik ist sanft und sexy. Alles scheint seinen angestammten Platz zu haben. Eine verführerische Wohnung hat ein verführerisches Schlafzimmer. Darin sollte ein großes Bett stehen (mindestens ein Doppelbett), das auch gemacht sein sollte. Es sollten viele Kissen darin sein, Bilder an der Wand hängen und natürlich sollte die Bettwäsche sauber sein.

Wenn Sie in Ihrer Wohnung romantische Dates haben wollen, koordinieren Sie Ihre Verführungen im Voraus mit Ihren Mitbewohnern. Wenn Sie zum Beispiel das Wohnzimmer für den Abend benötigen, reden Sie mit Ihren Mitbewohnern und versuchen Sie zu vereinbaren, dass sie wenigstens bis zu einem bestimmten Zeitpunkt außer Haus bleiben: Es soll niemand zufällig hereinschneien, wenn man gerade den ersten Kuss wagt.

Apropos: In einer Wohnung mit romantischem Potenzial ist die Lautstärke des Anrufbeantworters gedrosselt. Mehr als einer unserer Schüler stand schon unmittelbar vor dem ersten Kuss, als das Telefon klingelte, der Anrufbeantworter ansprang und die Stimme einer anderen Frau durchs Zimmer schallte! Drehen Sie den Anrufbeantworter herunter und gehen Sie nicht ans Telefon, bis Sie das Date über die Bühne gebracht haben.

Der Stil Ihrer Kleidung, die Pflege Ihres Autos und die Einrichtung Ihrer Wohnung sagen einer Frau viel über Sie und helfen ihr zu entscheiden, ob Sie ein heißer Liebhaber oder nur ein lahmer Freund sein werden. Sie müssen diese Bereiche in den Griff bekommen und sicherstellen, dass die Botschaften, die Sie auf diesen Wegen senden, attraktiv, faszinierend, reif und erwachsen wirken. Alles andere, was Sie in diesem Buch lernen werden, kann durch einen schlechten persönlichen Stil verdorben werden. Sorgen Sie dafür, dass Sie ihn in den Griff bekommen.

So gewinnen Sie Selbstvertrauen Frauen gegenüber

Sie müssen zwei Stolpersteine überwinden, um Frauen gegenüber mit Selbstvertrauen auftreten zu können.

Stolperstein Nr. 1: Angst vor einer Zurückweisung

Ein erfolgreicher Verführer weiß, dass ein Nein nur ein weiterer Schritt auf dem Weg zum unweigerlichen Erfolg ist. Das wissen Sie bereits. Angst vor Zurückweisungen hat man hingegen, wenn man sie als persönliches Werturteil interpretiert. Sie müssen sich so sehr an Zurückweisungen gewöhnen, dass sie ihre negative Bedeutung verlieren. Ein einfacher Weg, das zu tun, besteht darin, klein anzufangen. Befolgen Sie unser 30-Tage-Programm, um sich an Zurückweisungen zu gewöhnen und Ihr Selbstvertrauen zu stärken. Wenn Sie sich davor fürchten, Frauen anzusprechen und von ihnen abgewiesen zu werden, wird dieses einfache Programm Sie dazu bringen, sie täglich anzusprechen und angesichts einer Zurückweisung zu lachen.

Der Plan ist einfach, völlig schmerzfrei und geht leicht von der Hand. Es beruht auf einem einfachen Wort aus zwei Buchstaben, das Ihr Selbstvertrauen aufbaut, Sie zum Reden bringt und einen ersten Schritt bildet, um Frauen in Ihr Leben zu bringen. Sind Sie bereit für dieses Wort? Dieses Wort lautet »Hallo«! Um Ihr Selbstvertrauen aufzubauen und Ihre Angst vor einer Zurückweisung zu überwinden, sagen Sie in den nächsten 30 Tagen mindestens sechsmal am Tag in der Öffentlichkeit »Hallo« zu einer Frau. Nichts weiter. Sie gehen eine Straße entlang, sehen eine attraktive Frau, sagen »Hallo« und gehen weiter. Sie sehen die nächste attraktive Frau, sagen »Hallo« und gehen weiter. Und so weiter. Lassen Sie sich von der Einfachheit des Programms nicht täuschen. Wenn Sie bereit sind, tatsächlich jeden Tag in der Öffentlichkeit zu einigen Frauen »Hallo« zu sagen, wird Ihr Selbstvertrauen steigen – Ihre Angst vor Zurückweisung wird abnehmen und Ihr Erfolg bei Frauen wird sich verbessern. Das hat folgende Gründe:

- *Erstens*: Ihr Selbstvertrauen wird gestärkt, weil Sie tatsächlich mit Frauen reden. Es ist wunderbar, »Hallo« zu sagen, weil die Interaktion sofort vorbei ist. Wie einige andere Techniken zur Stärkung Ihres Selbstvertrauens, die wir Ihnen noch zeigen werden, setzt auch die »Hallo«-Interaktion nicht Ihr Ego aufs Spiel und gibt der Frau kaum eine Chance, Sie zurückzuweisen. Im schlimmsten Fall wird sie komisch schauen, während Sie vorübergehen. Wen kümmert das? Man muss nicht sein ganzes Ego riskieren – wie wenn man sie zum Beispiel um eine Verabredung bittet oder versucht, sie zu küssen. Man gewöhnt sich daran, Frauen anzusprechen, die man attraktiv findet. Darum geht es.
- *Zweitens*: Die Reaktionen von Frauen werden Ihnen weniger wichtig sein. Sie werden endlich so sein, wie Sie sein wollen: Ein Mann, der zu jeder Frau »Hallo« sagt, die ihm gefällt – egal, wie sie reagiert. Sie werden sich vor einer Zurückweisung weniger fürchten, wenn Sie erleben, dass manche Frauen lächeln und zurückgrüßen, andere Sie gar

nicht zur Kenntnis nehmen, weil sie zu sehr in sich selbst versunken sind, und wieder andere Sie düster anstarren und nach ihrem Pfefferspray greifen. Sie werden allmählich merken, dass es keine Rolle spielt. Sie nehmen lediglich Ihr eigenes Leben selbst in die Hand, indem Sie Frauen ansprechen, die Ihnen attraktiv erscheinen.

- *Drittens*: Sie werden mit mehr Frauen sprechen, wenn Sie sich vornehmen, sie sofort anzusprechen. Haben Sie noch nie erlebt, dass Sie sich mit einer Frau gern unterhalten hätten, aber der Anfang schwer fiel, weil Sie sie zunächst ignoriert haben? Das ist erst kürzlich unserem Freund Bob passiert: »Ich stand an der Kinokasse in der Warteschlange. Vor mir stand ein wunderschönes Mädchen, aber als ich sie zum ersten Mal sah, fiel ich in meinen alten Angst-Modus zurück. Ich sah sie nicht an und sagte nicht »Hallo«. Nach weiteren fünf Minuten des Wartens wollte ich unbedingt mit ihr reden, aber es war mir viel peinlicher, weil ich nicht sofort »Hallo« gesagt hatte.« Wenn Sie einige Wochen lang geübt haben, »Hallo« zu sagen, wird es für Sie ganz selbstverständlich sein, diese Frau in der Schlange zu sehen, ihr ins Gesicht zu schauen, zu lächeln und »Hallo« zu sagen. Sie werden sich entspannen und sich nicht mehr um ihre Antwort kümmern. Es wird Ihnen beiden dann ganz natürlich erscheinen, mehr zu reden – und so können Sie dann auch die Mittel einsetzen, die wir im Rest dieses Buches empfehlen – um die Frau zu verführen.

In der Hinterhand: Die »Notration«

Bewahren Sie sich eine »Notration« auf. Wenn Sie beginnen, Ihren Harem von verfügbaren Sex-Miezen aufzubauen, sind Sie zunächst im Nachteil. Jeder Erfolg ebnet den Weg für weitere Erfolge: Je mehr Sex Sie haben, desto selbstsicherer werden Sie im Hinblick auf Sex – und desto mehr Frauen werden Sie attraktiv finden. Am Anfang haben Sie aber nicht das Selbstvertrauen. Das schwächt Ihr Vermögen, die erste Frau zu einer Verabredung zu überreden und sie ins Bett zu bekommen. Obwohl es nicht jedem Mann möglich ist, eine Notration in der Hinterhand zu halten, kann eine solche erotisches Selbstvertrauen schaffen. Eine Notration ist eine Frau, mit der man gelegentlich – sagen wir, einmal pro Monat – Sex hat, obwohl man nicht wirklich an ihr interessiert ist. Sie ist eine Frau, die Sie haben können, mit der Sie aber keine Beziehung aufbauen wollen, weil Sie sie nicht allzu sehr begehren. Eine solche Partnerin für gelegentlichen Sex kann Ihr sexuelles Selbstwertgefühl aufbauen und Ihnen helfen, die nötigen Risiken einzugehen, um mit Frauen ins Bett zu gehen, die Sie tatsächlich begehren.

Wer könnte also eine potenzielle Notration bilden? Es kann sich um Ex-Freundinnen handeln, Frauen, die nicht sonderlich attraktiv sind, Frauen, die um einiges älter sind, enge weibliche Bekannte, Frauen, die verstehen, dass Sie keine Beziehung wollen oder verheiratete Frauen. Wenn Sie eine Notration in der Hinterhand haben, wissen Sie, dass Sie kein totaler Versager sind. Wenn Sie Ihr Leben gründlich genug betrachten, werden Sie in der Regel mindestens eine Frau finden, die mit Ihnen schlafen würde. Probieren Sie es und sehen Sie, was passiert.

Selbstwertgefühl nicht nur über Frauen definieren

Zu viele Männer sind im Hinblick auf Selbstbestätigung, Selbstachtung und Selbstwertgefühl auf Frauen angewiesen. Sie leben, als wenn nichts anderes zählen würde, als die Meinung, die Frauen von ihnen haben. Wenn sie eine gelungene Begegnung mit einer attraktiven Frau erleben, fühlen sie sich aufgewertet. Wenn eine solche Begegnung misslingt, fühlen sie sich minderwertig. Das Bedürfnis, von Frauen geschätzt zu werden, um Selbstbestätigung zu gewinnen, raubt diesen Männern ihr Selbstvertrauen gegenüber Frauen.

Für Bob ist das ein ganz gewaltiges Problem. Sein gesamtes Selbstbild basiert auf seiner jeweils letzten Begegnung mit einer Frau. Wenn er eine Frau um eine Verabredung bittet und sie ablehnt – und das tun sie manchmal, auch die besten Verführer erleben das –, ist er am Boden zerstört: »Was bin ich nur für ein Idiot. Warum bitte ich überhaupt jemals eine Frau um eine Verabredung? Ich bin wohl nicht ganz richtig im Kopf. Ich bin ein Versager. Wie lange ist es schon her, dass ich ein Date hatte? Ich bin eine Niete.« Er kann sich nicht mehr auf seine Arbeit konzentrieren, macht keinen Sport mehr und lässt sich völlig gehen. Andererseits ist er – wenigstens zeitweise – im siebten Himmel, wenn ihm ein Treffen mit einer Frau geglückt ist. Wenn er ein Date hat, das gut läuft, oder eine Frau trifft, die sich für ihn zu interessieren scheint, tanzt er förmlich durchs Leben. Der denkt: »Siehst du? Ich bin doch nicht so ein schlechter Kerl. Ich bin o.k.! Es wird alles gut!« Er sorgt selbst für Enttäuschungen, indem er seine Selbstachtung und Selbstbestätigung von seinem Erfolg bei Frauen abhängig macht. Wir sagen Männern, dass sie den Rat beherzigen sollen, den der ehemalige UCLA-Basketball-Trainer John Wooden seinen Spielern gab: »Ich sagte ihnen immer, dass sie nach einer Niederlage nicht übermäßig bedrückt sein sollten, und wünschte nach einem Sieg auch keinen allzu deutlichen Jubel. Ich hoffte, dass man nach einem Spiel am Verhalten der Spieler nicht erkennen konnte, wer gewonnen oder verloren hatte.« Trainer Wooden wusste: Der beste Weg zum Erfolg besteht darin, dass man seine Selbstbestätigung aus dem Leben insgesamt bezieht, nicht aus einzelnen aktuellen Siegen oder Niederlagen. Die rekordverdächtige Zahl der Siege seines Teams zeigt, dass er einen ziemlich klugen Ansatz gewählt hatte.

Wie kann man lernen, Frauen gegenüber ungezwungen zu sein?

Man muss lernen, sein Leben zu lieben: Holen Sie Ihre Selbstbestätigung aus anderen Aktivitäten. Erfolg bei Frauen und Erfolg im Leben sind im Grunde ganz ähnlich. Wie Frauen sich nicht ändern werden, um Ihnen zu sexuellem Erfolg zu verhelfen, wird sich auch das Leben nicht ändern, um Ihnen Anerkennung zu bringen. In Ihrem Sexleben sind Sie selbst für sich verantwortlich – wie Sie auch in Ihrem übrigen Leben für Ihren eigenen Erfolg sorgen und kämpfen müssen. Wenn Sie bei Frauen Erfolg haben wollen, lohnt es sich, langfristige Ziele zu setzen, die Sie inspirieren und die Sie verfolgen, egal, wie langsam Sie vorankommen. Wenn Sie das tun, werden Sie Ihre Selbstbestätigung nicht so sehr von den Frauen, sondern von Ihrem Leben beziehen.

Don ist ein gutes Beispiel. Als Computer-Programmierer in einem großen Versicherungs-Unternehmen war sein Leben festgefahren. Jeden Tag ging er zur Arbeit, programmierte, kam nach Hause, schaute Fernsehen und ging ins Bett. Er hatte keine Ziele und keine Richtung. Er verhielt sich passiv seinem Leben gegenüber – und (was uns nicht überrascht) Frauen gegenüber. Er gab seiner Firma die Schuld dafür, dass ihm sein Job nicht gefiel, und Frauen gab er die Schuld für seinen Mangel an Sex. Seine Zukunft sah nicht besser aus als seine Vergangenheit. Er suchte bei Frauen nach Selbstbestätigung, weil er sie nirgendwo sonst bekommen konnte; wenn sie ihm diese nicht gaben, wurde er depressiv. Als Folge dessen verschlimmerte sich der Zyklus: Je depressiver er wurde, desto mehr suchte er seine Selbstbestätigung bei Frauen – dementsprechend wurde er natürlich unattraktiver. Je unattraktiver er wurde, desto weniger Bestätigung fand er bei den Frauen – und desto depressiver wurde er.

In diesem Zustand kam er zu uns und klagte über seine Probleme. Wir gaben ihm den Rat, sich Ziele für sein Leben zu setzen. Wir schickten ihn in ein Buchgeschäft, wo er ein Buch über Lebensziele kaufen sollte; er sollte sich gründlich überlegen, was er in – sagen wir – zehn Jahren, fünf Jahren, einem Jahr erreichen wollte. Wir ließen ihn Ziele notieren, die ihn inspirierten, und schrieben sie in seinen Terminkalender, wo sie für ihn ständig sichtbar waren. Als er sich für die Möglichkeiten begeisterte, die ihm sein Leben bot, begann der Teufelskreis zu brechen. Er begann, seine Bestätigung mehr aus seinem Leben und weniger von Frauen zu beziehen. Dadurch wurde er für Frauen wieder anziehender. Anstatt Frauen zu begehren, um ein Leben zu haben, begann er, ein Leben zu führen, das ihm Bestätigung brachte, egal, ob es darin Frauen gab oder nicht. Frauen fanden es natürlich faszinierend, mit welcher Leidenschaft er sein Leben führte, und sie wollten ein Teil davon sein.

Wir rieten Don auch, mehr männliche Freunde zu haben. Don neigte dazu, viele weibliche und wenige männliche Bekannte zu haben. Wir haben nichts gegen weibliche Freunde, aber es gibt zwei Sorten davon: Diejenigen, mit denen man keinen Sex haben will, und diejenigen, mit denen man Sex haben will, die aber nicht mitmachen wollen. Wenn ein Mann in seinem Leben viele Frauen hat, die er sexuell begehrt, die aber nur gute Freunde sein wollen, schadet das seinem Selbstwertgefühl. Don war ständig von Frauen umgeben, die ihn nicht begehrten, sodass er das Gefühl hatte, nicht wirklich begehrenswert zu sein. Er war davon überzeugt, dass Frauen ihn nur als guten Freund haben wollten, was bedeutete, dass sie ihn nicht als vollwertigen Mann schätzten. Durch die Gesellschaft dieser Frauen verfiel er auch in die Gewohnheit, begehrenswerten Frauen gegenüber die unsexuelle Rolle des guten Freundes zu spielen, anstatt sich als Liebhaber zu anzubieten. Er begann, alle Frauen als gute Freundinnen zu behandeln – und sie behandelten ihn ebenso.

Auf unseren Rat hin hörte Don auf, so viel Zeit mit Frauen zu verbringen, die er begehrte, die ihn aber nicht begehrten. Stattdessen verbrachte er mehr Zeit mit anderen Männern. Diese Männerbekanntschaften gaben ihm Bestätigung, ohne seine Sexualität abzuwerten oder ihm das Gefühl zu geben, dass er nicht begehrenswert war. Von Männern erfuhr er eine Art von Unterstützung, die er niemals von Frauen bekommen konnte, die darauf bestanden, Freunde zu sein, obwohl er sie begehrte. Das gab ihm Bestätigung, sodass ihn die Reaktionen der Frauen, denen er sich annäherte, wenige verunsicherten. Frauen finden Männer attraktiv, die ihr Leben mir dem Feuer der Leidenschaft leben. Sie sind nicht daran interessiert, ihnen Bestätigung zu geben. Wenn Sie bestimmte Lebensziele verfolgen, männliche Freunde haben und ein Leben führen, das Sie inspiriert, erfahren Sie Bestätigung durch das, was Sie aus Ihrem Leben machen: Dann werden Frauen ein Teil Ihres Lebens sein wollen. Es wird für Sie keine Rolle mehr spielen, ob eine Frau zustimmt oder ablehnt, wenn Sie sie um eine Verabredung bitten, sie verführen und den ersten Kuss erobern wollen. Sie erfahren Ihre Bestätigung aus Ihrem Leben und können sich ohne Weiteres die nächste Frau vornehmen.

Stolperstein Nr. 2: Die Angst, eine Frau zu verletzen

Manche Männer sind besessen von der Vorstellung, dass ihre Sexualität Frauen verletzt. Beispielsweise hatte Werner immer das Gefühl, dass sein sexuelles Bedürfnis etwas Verwerfliches war. Als hoch gewachsener Mann Anfang 30 war er mit drei Schwestern und einer Mutter, aber ohne

Vater aufgewachsen. »Ich habe eine Menge Frauengerede mitbekommen: Wie böse die Männer sind und dass sie Mädchen nur wegen Sex wollen«, erzählte er uns. »Da es keine Männer gab, die mir erzählten, dass Sex großartig war, gaben sie mir nur ein Bild: Männer sind unsensible Unholde, die Frauen nur für ihre eigene Befriedigung benutzen. Ich erinnere mich, wie meine Schwestern nach ihren Dates nach Hause kamen und die Männer schlecht machten, mit denen sie sich getroffen hatten. Ich nahm mir ganz fest vor, ein guter Mann zu sein, der Frauen nicht durch seine Sexualität verletzt.

Als Teenager versuchte Werner, bei seinen Verabredungen mit Mädchen stets höflich zu sein. »Ich wagte nicht einmal, an Sex zu denken, weil ich glaubte, es sei unanständig«, sagte er. »Ich fühlte mich sogar schon schuldig, wenn ich masturbierte und dabei Frauen in Magazinen ansah! Schließlich lag ich auf meiner Freundin, als ihre Eltern nicht zu Hause waren. Wir knutschten herum, aber ich vermied es, ihre Brüste zu berühren, da ich sie nicht benutzen wollte, wie die Kerle das mit meinen Schwestern getan hatten. Schließlich sagte sie: Merkst du, dass du es vermeidest, meine Brüste zu berühren? Begehrst du mich denn nicht? Sie nahm meine Hand und legte sie auf ihre Brüste. Ich sage Ihnen, das hat meine Welt auf den Kopf gestellt.«

Zwar haben die wenigsten Männer so viel Angst, eine Frau zu verletzen, wie Werner. Aber viele haben diese Angst (wenn auch in geringerem Maß), ohne es überhaupt zu wissen. Sie haben sich auf die Legende eingelassen, dass Männer sexuelle Ungeheuer sind, die Frauen nur ins Bett kriegen wollen. Sie glauben an die Vorstellung, dass ein Mann zum Zweck seiner eigenen egoistischen Befriedigung einer Frau etwas wegnimmt, wenn er mit ihr Sex hat. Schließlich sagen wir auch, dass Frauen sexuell »etwas zu bieten« haben: Das muss wohl bedeuten, dass Männer etwas nehmen, was Frauen anbieten.

Männer wie Werner sind entschlossen, einfühlsam auf die Bedürfnisse von Frauen einzugehen: Wie wollen keine Machos sein – keine unsensiblen Idioten, die Frauen verletzen. Dadurch werden sie für Frauen zu braven Begleitern. Es schwächt ihr Selbstvertrauen und macht sie bei allem, was sie tun, zögerlich und unsicher.

»Einfühlsame« Männer denken zu viel nach. Sie verschwenden ihre Gehirnkapazität mit zermürbenden Grübeleien darüber, was Frauen über sie denken, anstatt charmant, entschieden, witzig und romantisch zu sein. Eine der größten Befürchtungen eines Mannes kann darin bestehen, dass die Frau, mit der er redet, Angst vor ihm hat, weil er sie vielleicht verletzen oder angreifen könnte. Frauen, mit denen Sie reden, machen sich durchaus Sorgen darüber, dass Sie sie verletzen oder angreifen könnten. Und das mit Recht: Verabredungen sind für eine Frau ein Risiko. Diese »einfühlsamen«, unsicheren Männer wissen aber nicht, dass man ihre Angst noch vergrößert, wenn man sich in den Gedanken an ihre Angst hineinsteigert.

Betrachten wir, wie das funktioniert. Hat eine Frau Angst vor Ihnen (was beim ersten Treffen meist der Fall sein wird), sucht sie zunächst nach Anzeichen, die bestätigen, dass ihre Ängste begründet sind (oder nicht). Wenn Sie fürchten, sie zu verletzen, geben Sie ihr eine Rechtfertigung dafür, Sie zu meiden: Sie reagieren zögerlich und unsicher und äußern Selbstzweifel. Sie geben sich, als wenn Sie gefährlich wären. Natürlich wird sie das bemerken und sich von Ihnen fernhalten wollen.

Wenn Sie hingegen sicher auftreten, werden Sie entspannt sein. Sie mag befürchten, dass Sie sie verletzen könnten, aber sie wird auch merken, dass Sie selbst das nicht befürchten. Ihr Selbstvertrauen und Ihre Entschiedenheit helfen ihr, sich ebenfalls zu entspannen. Das macht Sie wiederum anziehender. Das ist einer der Gründe dafür, dass unsensible Idioten Frauen bekommen: Sie haben keine Angst, sie zu verletzen. Es ist ihnen einfach egal. Weil der unsensible Mann keine Angst hat, kann die ängstliche Frau sich entspannen. Es ist die Ironie des Schicksals, dass unsensible Männer – Männer, die Frauen am meisten verletzen – Sex bekommen, gerade weil sie sich darüber keine Sorgen machen, wohingegen Männer, die niemals einer Frau wehtun würden, aber sich ständig deswegen Sorgen machen, gar keinen Sex bekommen können. Das liegt daran, dass diese Männer nicht das unbefangene Selbstvertrauen haben, das man für den Erfolg bei Frauen braucht.

Entspannen Sie sich!

Wir raten Männern, die Angst zu überwinden, dass sie einer Frau durch ihre bloße Anwesenheit oder durch Gespräche wehtun könnten. Eine Frau wird mit ziemlicher Sicherheit verunsichert sein, wenn Sie sich ihr zum ersten Mal nähern. Die beste Möglichkeit, die Anspannung abzubauen, besteht aber darin, die angstfreie Verhaltensweise zu übernehmen -nicht darin, sich in ihre Angst hineinzusteigern. Frauen haben ein dickes Fell - wenn es eine Frau verunsichert, dass Sie »Hallo« zu ihr sagen, wird sie darüber hinwegkommen. Entspannen Sie sich. Wir raten Männern, sich klarzumachen, dass Frauen nie in den Genuss einer Romanze mir ihnen kommen werden, wenn sie Angst haben, die Frau zu verletzen, weil sie die Frau dadurch abschrecken. Eine Frau wird so niemals die Freuden erfahren, die Sie ihr gewähren können: romantische Gefühle, Nervenkitzel und vieles mehr.

Manche Männer verlieren ihr Selbstvertrauen, weil sie falsche Vorstellungen davon haben, was Frauen wollen. Sie haben (so erzählen sie uns) Angst, eine Frau zu verletzen, weil sie mit den meisten Frauen, denen sie begegnen, allenfalls kurzfristige sexuelle Beziehungen haben wollen. Sie sind sicher, dass keine Frau das jemals wollen kann - deshalb vermeiden sie die Verführung ganz, um die Frau nicht emotional zu verletzen.

Auch Frauen wollen Sex und nicht mehr

Das ist nicht wahr. Zum einen gibt es viele Frauen, die nur Sex mit Ihnen haben und Sie schnellstmöglich wieder loswerden wollen. Das erinnert uns an einen Sketch: Ein junger Mann beschloss, dass er seinen ersten One-Night-Stand haben wollte. Kein Problem für ihn. Am nächsten Tag hing er mit seinen Freunden herum und prahlte mit seiner Eroberung. Er träumte davon, wie wunderbar diese Frau war, und beschloss, sie wieder zu treffen. Er wählte die Nummer, die sie ihm gegeben hatte, aber - siehe da - sie hatte ihm eine falsche Nummer gegeben! Er war außer sich. »Sie hat mich benutzt«, sagte er. »Sie hat mich für Sex benutzt!« Ein Freund fragte ihn: »Wie fühlt es sich an?« Nach einer Pause antwortete er: »Hm, eigentlich ziemlich gut.« Sie hatte nur Sex mit ihm haben wollen, um ihn sofort wieder loszuwerden.

Für viele Männer ist es ein Schock, dass Frauen Sex ohne Beziehung haben wollen, weil sie glauben, nie einer solchen Frau begegnet zu sein. Bob jammert: »Wo sind diese Frauen, die nur Sex wollen? Ich treffe nie welche. Wo sind sie?« Sie sind ständig um ihn rum, die ganze Zeit. Der Unterschied zwischen Männern, die nur an Sex denken, und Frauen, die nur an Sex denken, besteht darin, dass Männer sich auch so verhalten, wohingegen Frauen so tun, als würden sie langfristige Beziehungen suchen. Soviel wir wissen, kann man nicht mit Sicherheit erkennen, ob eine Frau nur Sex haben will, wenn man sie nicht verführt. Wenn Sie Sex mit ihr gehabt haben, werden Sie sehen, ob sie Sie weiterhin sehen oder sofort loswerden will.

Wir raten Männern, sich keine Sorgen darüber zu machen, dass sie die Hoffnungen einer Frau auf eine langfristige Beziehung enttäuschen könnten – denn sie wird Sie (wenigstens am Anfang) vielleicht ebenfalls nur des Sex wegen abchecken. Aber was, wenn sie wirklich eine langfristige Beziehung will? Nun, dann hat sie dieselbe Möglichkeit wie Sie: Wenn es ihr wirklich wichtig ist, kann sie versuchen, Sie für eine Beziehung zu gewinnen, indem sie Ihnen zeigt, wie wunderbar sie zu Ihnen ist. Dazu müssen Sie ihr eine Chance geben. Wenn Sie ihr fernbleiben, weil Sie nur an Sex interessiert sind und sich dafür schuldig fühlen, betrügen Sie eine Frau um eine mögliche Beziehung mit Ihnen.

Manche Männer verlieren ihr Selbstvertrauen gegenüber Frauen, weil sie sich schämen, männlich zu sein. Sie haben Frauen gekannt, die in Beziehungen tief verletzt worden waren und daraus geschlossen haben, dass mit Männern etwas grundsätzlich nicht stimmt. Diese Männer unterstützen oft die Frauenbewegung. Sie sind hochgradig sensibel für die Gewalt, die Männer gegen Frauen ausüben, und entschlossen, nicht wie andere Männer zu sein. Andere Männer schämen sich wegen ihrer religiösen Erziehung für ihre Sexualität. All diese Hemmungen machen Männer im Umgang mit Frauen unsicher, wodurch sie für Frauen unattraktiv werden.

Ängste überwinden

Wir bewundern Männer, die Frauen nicht verletzen möchten. Viele legen zu Recht Wert darauf, kein verletzender Mensch zu sein, weder emotional noch körperlich oder sexuell. Das verdient Anerkennung. Gleichzeitig sehen wir aber ein Problem darin, dass viele Männer es vermeiden wollen, Frauen zu verletzen, indem sie sich ständig Sorgen darüber machen. Wir haben gesehen, dass Männer, die sich übertriebene Gedanken machen, oft gar keine Beziehungen zu Frauen aufbauen können, weil sie so zögerlich sind und mögliche Fehler befürchten. Was können Sie tun, wenn Sie einer von diesen übervorsichtigen Männern sind?

- *Erstens*: Um sich zu ändern, müssen Sie sich bewusst machen, dass Sie durch die Angst, Frauen verletzen zu können, gelähmt werden. Sie müssen sich zudem vor Augen führen, dass Sie Frauen auch dann schaden, wenn Sie keine Beziehungen zu ihnen aufbauen, weil Frauen dann gezwungen wären, sich mit unsensiblen Idioten abzugeben. Wenn Sie einsehen, dass Sie auf diese Weise Frauen nicht wirklich helfen und zugleich Ihre Chancen bei ihnen verderben, ist es einfacher, die Angst abzulegen und dadurch verführerischer zu sein.
- *Zweitens*: Sie können Ihre Einstellung Frauen gegenüber ändern. Sie müssen sie nicht unbedingt als zarte, hilflose Pflanzen und sich selbst als einen bedrohlichen Unhold betrachten. Sie können die Ideen aus diesem Buch in Ihrem täglichen Verhalten aktiv umsetzen. Das wird Ihr Selbstvertrauen gegenüber Frauen unmittelbar stärken.

Der erste Stolperstein auf dem Weg zum Selbstvertrauen – die Angst vor einer Zurückweisung – ist im Grunde nichts anderes als die Sorge, dass Sie selbst bei Ihren Interaktionen mit Frauen verletzt werden könnten. Wir haben Ihnen gezeigt, wie Sie diese Angst überwinden können, indem Sie einfach »Hallo« sagen, ständig Frauen ansprechen, eine »Notration« für schlechte Zeiten bereithalten und Ihre Selbstbestätigung aus Ihrem Leben – und nicht von Frauen – beziehen. Wer diese Schritte befolgt, wird in Sachen Zurückweisung fast immun sein;

er wird die Freiheit und das Selbstvertrauen haben, mit Frauen etwas anzufangen, wann immer er will. Während der erste Stolperstein auf dem Weg zum Selbstvertrauen die Angst ist, selbst verletzt zu werden, besteht der zweite Stolperstein in der Angst, Frauen irgendwie verletzen zu können. Wir respektieren diese Einstellung und haben Ihnen gezeigt, wie Sie trotzdem selbstsicherer und freier mit Frauen umgehen können – auch wenn Sie sie nicht verletzen möchten. Wir haben Ihnen gezeigt, dass die Angst, Frauen zu verletzen, die Angst der Frauen vor Ihnen nicht kleiner macht, sondern verstärkt. Wenn Sie aber Beziehungen mit Frauen haben wollen, müssen Sie Frauen wie erwachsene Menschen behandeln, die auf sich selbst aufpassen können. Wir haben Sie darauf hingewiesen, dass manche Frauen nur Sex haben und den Mann dann loswerden wollen. Wir haben außerdem aufgezeigt, dass eine Frau auch bei einer kurzfristigen sexuellen Beziehung die Möglichkeit hat, Sie für eine langfristige Beziehung zu gewinnen: Aus bloßen One-Night-Stands haben sich schon viele feste Beziehungen entwickelt. Es gibt noch mehr Tricks, die Ihnen dabei helfen, Ihr Selbstvertrauen zu stärken:

Bleiben Sie »im Flow«

Man ist »im Flow«, wenn man in Topform ist – wenn alle inneren Ressourcen abrufbar sind und alles leicht von der Hand geht. Wir alle kennen diese Augenblicke, zumindest aus unserer Kindheit, als wir beim Spielen alles um uns herum vergessen haben, ganz bei der Sache, also bei uns waren. Wenn Sie einmal erlebt haben, wie Sie mühelos und entspannt ihre normalen Fähigkeiten noch übertroffen haben, waren Sie im Flow.

Menschen, die sich verlieben, sind im Flow. Sie haben es wahrscheinlich selbst schon erlebt. Als Sie mir ihr zusammen waren, schien die Zeit still zu stehen. Sie konnten nichts falsch machen; in ihrer Gegenwart schien das Leben mühelos von der Hand zu gehen. Wenn Sie zusammen waren, waren Sie kreativ und glücklich – und nicht um sich selbst und um Ihr Leben besorgt. Auch dann ist man im Flow.

Nick machte diese Erfahrung, als er Kay zum ersten Mal traf. »Ich hatte sie ein paarmal auf Partys gesehen und fühlte mich sehr zu ihr hingezogen. Aber ich habe mich in ihrer Gegenwart von Anfang an nicht angespannt oder nervös gefühlt – was normalerweise der Fall ist, wenn ich eine Frau treffe, auf die ich scharf bin. Es war, als wüsste ich in meinem Herzen, dass wir gut miteinander auskommen würden: Ich machte mir keine Sorgen darüber. Ich hatte das Gefühl, dass es passieren würde, wenn das Schicksal es so wollte. Ich machte mir keinerlei Sorgen darüber. Ich weiß noch, wie ich sie zufällig im Park traf. Wir unterhielten uns ein wenig und saßen gemeinsam im Gras. Ich hatte nicht das Gefühl, dass ich etwas sagen musste; es gab lange Phasen, in denen keiner von uns ein Wort sagte, aber ich wusste, dass es in Ordnung war. Ich fühlte mich präsent und glücklich; die Phasen des Schweigens waren mir nicht peinlich.

Nach einer dieser Schweigephasen sagte sie zu mir: Ich will dir einfach alles über mich erzählen. Das war der Beginn unserer Partnerschaft. An diesem Tag war ich im Flow. Soviel ist sicher.«

Wie hat Nick das angestellt? Was hat ihn für Kay so unwiderstehlich gemacht, dass sie das Gefühl hatte, sich ihm gegenüber öffnen zu müssen, obwohl er nur sehr wenig sagte? Nick hat versehentlich getan, was man bei Spitzenleistungen immer tut – und was auch Sie bei Frauen tun können: Er verfolgte sein Ergebnis (nämlich eine Romanze mit Kay) und verzichtete gleichzeitig darauf, es zu erzwingen – weil er nämlich darauf vertraute, dass es sich von selbst ergeben würde, wenn das Schicksal es so wollte. Er machte sich keine Sorgen mehr darüber, ob sie ihn mögen würde, und versuchte einfach, sie zu gewinnen. Jedes Ergebnis wäre ihm recht gewesen. Wenn sie nicht seine Partnerin hätte werden wollen, wäre er enttäuscht gewesen, aber er hätte sich damit abgefunden. Ebenso wenig ließ er sich von ihrem Interesse übermäßig beeindrucken, obwohl er es durchaus wecken wollte.

Betrachten wir ein Gegenbeispiel. Randy war sehr an Donna interessiert. Er fand sie süß und geheimnisvoll. Es schien ihm furchtbar wichtig, dass sie ihn mögen und mit ihm ausgehen würde. Er war so auf dieses Ziel fixiert und hatte solche Angst vor einer Zurückweisung, dass er in ihrer Gegenwart verschroben und unkonzentriert war. »Ich war so ein Idiot«, sagt er heute. »Ich wollte sie so sehr beeindrucken, dass ich zu schnell redete, Witze machte, die nicht witzig waren, und total angespannt und zappelig war.« Weil er so sehr auf sein Ziel (dass sie ihn mögen würde) fixiert war, konnte er sich in ihrer Gegenwart nicht entspannt und sorglos geben. »Ich habe sie abgeschreckt«, sagte er. »Ich war so darauf fixiert, es nicht zu verderben, dass ich in ihrer Gegenwart nie präsent war.« Er war nicht in der Lage, sein Ziel zu verfolgen, ohne sich zu sehr auf den Erfolg zu fixieren. Dadurch geriet er aus dem Flow. Er wurde zwanghaft und dadurch unattraktiv.

Die Chemie stimmt, wenn man einer Frau den Hof machen kann, ohne einen Misserfolg zu fürchten. Bei bestimmten Frauen ist es aus irgendwelchen Gründen einfach, sich keine Sorgen zu machen und im Flow zu sein. Man kann die Angst vor Misserfolgen aber auch abbauen, indem man sich das einfach vornimmt. Man kann sich selbst daran erinnern, dass das Ergebnis bei Interaktionen mit Frauen unwichtig ist. Wenn Sie das tun, werden Sie die Erfahrung machen, dass Sie zunehmend im Fluss sind: Sie sind entspannter und haben eine bessere Chemie. Wenn Randy lernt, sich keine Sorgen darüber zu machen, wie es mit Donna läuft, und daran glaubt, dass alles schon gut wird, kann er sich entspannen. So fällt es Donna leichter, ihn kennenzulernen und attraktiv zu finden. Alle übrigen Mittel, die in diesem Buch vorgestellt werden – Verführungsstrategien, Verabredungen, der erste Kuss – werden Sie leichter üben und erfolgreich anwenden können, wenn Sie diesen Grundsatz befolgen.

Treffen Sie eindeutige Entscheidungen

Wer Entscheidungen trifft, stärkt sein Selbstvertrauen und bekommt sein Leben besser in den Griff. Das will geübt sein. Frauen gegenüber sollten Sie kein Control-Freak sein, aber auch keinesfalls ein unentschlossener Waschlappen. Entschlossenheit bedeutet, dass Sie niemals – und niemals – sagen: »Oh, ich weiß nicht, was meinst du?« Es bedeutet, dass Sie schnell und leicht entscheiden, wenn bei einem Date kleine, bedeutungslose Entscheidungen zu fällen sind – zum Beispiele, an welchem Tisch man sitzen soll. Wenn sie lieber woanders sitzen will, können Sie jederzeit »na klar« sagen, aber treffen Sie in ihrer Gegenwart immer schnelle Entscheidungen. Das zeigt ihr, dass Sie Ihr Leben unter Kontrolle haben und nicht unentschieden sind – das verschafft Ihnen einen meilenweiten Vorsprung vor den meisten anderen Männern, denen sie begegnet. Das erscheint einfach und natürlich, aber es stärkt das Selbstvertrauen und bereitet die Bühne für die Verführung vor.

Einige Tipps, um selbstsicherer zu werden

Pflegen Sie sich wie ein Mann, der Frauen gegenüber selbstsicher ist.

Denken Sie an die Körperpflege. Heute ist vielleicht ein guter Tag für ein neues Aftershave, ein besseres Shampoo oder eine neue Haarspülung. Vielleicht sollten Sie einen Termin bei einem guten Friseur machen, um Ihre Haare auf eine neue Art schneiden zu lassen. Vielleicht sollten Sie auch Ihre Zähne reinigen lassen. Waschen und frisieren Sie Ihr Haar und entfernen Sie etwaige Haare aus Nase und Ohren. Achten Sie darauf, wie es sich auf Ihr Selbstbewusstsein auswirkt, wenn Sie gut gepflegt sind und gut aussehen!

Kleiden Sie sich wie ein Mann, der Frauen gegenüber selbstsicher ist.

Schauen Sie in Ihren Kleiderschrank. Welche Outfits eignen sich am besten, um eine Frau zu verführen und welche nicht? Merken Sie sich die Hemden und Hosen, die Sie öfter tragen sollten, und diejenigen, die Sie in Gegenwart von Frauen lieber nicht anziehen sollten. Achten Sie auch auf Kleinigkeiten: Welche Schuhe sind am attraktivsten? Welches ist der schönste Gürtel? Hut? Welche Ohrringe, Armbänder, Ringe oder andere Schmuckstücke könnten auf Frauen anziehend wirken? Welche Kleidung steht Ihnen am besten – und welche sind im besten Zustand? Worin fühlen Sie sich am wohlsten?

Übersehen Sie nicht, dass das attraktivste Outfit nicht das schickste oder teuerste sein muss. Beispielsweise sehen Sie in einem Anzug nicht unbedingt gut aus; es kann sein, dass Ihnen ein gut sitzendes Sporthemd und ein Paar saubere, gebügelte Jeans mit schönen Turnschuhen und einem schwarzen Gürtel viel besser stehen. Was auch immer es ist, ziehen Sie es an und tragen Sie es heute. Wenn es gebügelt werden muss, tun Sie es. Achten Sie darauf, wie es sich auf Ihr Selbstbewusstsein auswirkt, wenn Sie in Frauengesellschaft dieses Outfit tragen, und nehmen Sie sich vor, eine Garderobe zu entwickeln, die Ihnen dasselbe Gefühl gibt.

Bewegen Sie sich wie ein Mann, der Frauen gegenüber selbstsicher ist.

Zu jedem beliebigen Zeitpunkt können Sie Ihre Körperhaltung und -bewegung ändern – und dadurch auch das Maß an Selbstvertrauen und die Art, wie Sie sich fühlen. Wenn Sie uns nicht glauben, versuchen Sie, sich gehen zu lassen und mit hängenden Schultern durch die Gegend zu schlurfen, als wenn Sie furchtbar depressiv wären. Atmen Sie flach. Wenn Sie diese Haltung wirklich einnehmen, werden Sie sich weniger selbstsicher fühlen und am Ende wirklich depressiv werden! Zum Glück funktioniert das auch umgekehrt. Derselbe Körper, in dem Sie sich unsicher und niedergeschlagen fühlen, kann Ihnen auch das gegenteilige Gefühl vermitteln! Versuchen Sie es jetzt sofort. Nehmen Sie die Haltung eines Mannes ein, der Frauen gegenüber selbstsicher ist. Stellen Sie sich vor, so verschroben es erscheinen mag, dass Sie sich in seinem Körper befinden. Wie sitzt er? Wie steht er? Hängen seine Schultern nach vorn oder zieht er sie zurück? Nehmen Sie dieselbe Haltung ein. Ist sein Kopf gerade oder hängt er herunter? Halten Sie Ihren Kopf ebenso. Atmet ein selbstsicherer Mann tief ein? Tun Sie es! Welchen Gesichtsausdruck hat er? Probieren Sie ihn aus! Es mag sich verrückt anhören, aber wenn Sie es ausprobieren, werden Sie einen Unterschied erleben. Vielleicht sollten Sie sogar aufstehen und in der Haltung eines selbstsicheren Mannes umhergehen.

Stellen Sie sich vor, wie nützlich das sein könnte, wenn Sie auf eine Frau zugehen. Bevor Sie sie ansprechen, nehmen Sie die Haltung ein, die Sie selbstsicherer macht. Atmen Sie tief, stehen Sie aufrecht und entspannt und gehen Sie auf sie zu. Wenn Sie diese Haltung täglich ausprobieren, werden Sie die Erfahrung machen, dass sie Ihr angeborenes Selbstvertrauen weckt und zur Selbstverständlichkeit wird.

Machen Sie Frauen den Hof wie ein Mann, der Frauen gegenüber selbstsicher ist.

Nun, da Sie gut gepflegt und gekleidet sind und die richtige Haltung einnehmen, nehmen Sie sich vor, noch heute eine Frau anzusprechen, wobei Sie ihr auf romantische Art den Hof machen, ohne sich über Erfolg oder Misserfolg Gedanken zu machen. Begeben Sie sich in den Flow und nehmen Sie sich die Freiheit, nicht über das Ergebnis nachzugrübeln. Vielleicht sollten Sie sich vornehmen, eine Frau um ihre Telefonnummer zu bitten. Vielleicht sollten Sie eine Frau um eine Verabredung bitten. Vielleicht wollen Sie einer Frau gegenüber, die Sie attraktiv finden, einfach nur deutlich machen, dass Sie an ihr interessiert sind. Was auch immer Sie tun – setzen Sie das Risiko etwas höher als gewohnt und (das ist am wichtigsten) machen Sie sich keine Gedanken über das Ergebnis.

Denken Sie nochmals an die ersten Fragen, die wir Ihnen am Anfang dieses Kapitels gestellt hatten. Welche Art von Frau wollen Sie? Was ist an einer Frau am wichtigsten für Sie? Soll sie hoch gewachsen oder eher klein sein? Soll sie schöne Brüste haben? Ist sie blond oder brünett? Ist sie klug oder reich? Was genau wollen Sie? Denken Sie dann an die nächsten Fragen, die wir Ihnen gestellt hatten: Welche Art von Mann würden Sie sein müssen, um diese Frau in Ihr Leben und in Ihr Bett zu bekommen? Sind Sie bereits diese Art von Mann? Wenn Sie so sind wie die meisten Männer, werden Sie bereits erkannt haben, dass Sie nicht der Typ sind, der Sie sein müssen, um die Art von Frau zu bekommen, die Sie begehren. Sie müssen Ihren persönlichen Stil entwickeln – Ihre Art, sich zu kleiden; und außerdem Ihr Selbstvertrauen stärken. Sie wissen, dass die Art Ihrer Kleidung einer Frau etwas mitteilt; Sie wissen, wie sie lauten sollte: Ich bin interessant, reif und attraktiv. Du willst mit mir zusammen sein.

Sie haben gelernt, dass es nicht zählt, was die Natur Ihnen mitgegeben hat – was zählt, ist, was Sie im Hinblick auf Kleidung, Körpergefühl und Verhalten daraus machen. Sie haben gelernt, wie Sie Ihr Auto und Ihre Wohnung romantisch gestalten können – und wie man die beiden Stolpersteine auf dem Weg zum Selbstvertrauen gegenüber Frauen überwindet: Die Angst vor einer Zurückweisung – und die Angst, Frauen wehzutun. Sie haben erkannt, dass Sie Ihre Selbstbestätigung nicht von Frauen abhängig machen dürfen –, sondern diese müssen Sie aus Ihrem Leben beziehen. Sie wissen, wie Sie in Gegenwart von Frauen im Flow sein können, einfach, indem Sie aufhören, über die Erfolge und Misserfolge Ihrer Verführung zu grübeln und einfach Ihr Ziel verfolgen – komme, was da wolle. Und Sie haben die vier Dinge gelernt, die Sie heute schon tun können, um Frauen gegenüber selbstsicherer zu werden als jemals zuvor. Wenn Sie Ihren persönlichen Stil entwickeln, werden Sie viele Vorteile entdecken, die über Ihre Beziehungen zu Frauen hinausgehen. Wenn Sie einmal damit begonnen haben, werden Sie erleben, dass Frauen Sie attraktiver finden als jemals zuvor.

eigenen **Stil**

Wie und wo Sie **Frauen** für **Sex** und **Beziehungen** treffen

4

Stellen Sie sich Folgendes vor: Nachdem er dieses Buch gelesen hatte, beschloss Jim, uns anzurufen. Er hatte viele Fragen und wollte an unserem weltberühmten Workshop »Erfolg bei Frauen« teilnehmen. Er erklärte, er sei unser »Fan Nummer eins«. Er hätte das Buch sogar auf Kassetten aufgenommen, um es im Auto, im Zug und beim Training im Fitness-Center anzuhören. Nach einem kurzen Gespräch luden wir ihn zu einem Kurs ein, aber wir lehnten es ab, ihm zu sagen, wo oder wann er stattfinden würde. Wir sagten ihm einfach, dass er in ein Flugzeug steigen und uns treffen sollte, ohne Ort und Zeit zu nennen. Jim wurde wütend, weil wir ihm keine klare Information gaben. Wir sagten ihm einfach, dass er zum Kurs kommen solle, ohne ihm zu sagen, wie oder wohin. Am Ende schrie er ins Telefon: »Wenn ihr mir keine Einzelheiten nennt, komme ich nicht zu eurem verdammten Kurs!« Wir antworteten ruhig: »Es tut uns leid, dass Sie das so empfinden. Wir würden uns freuen, wenn Sie den Kurs besuchen könnten!« Gleichzeitig lehnten wir es aber weiter ab, ihm Ort und Zeit zu nennen. Wir erklärten ihm, was zu tun war, aber nicht wie. Natürlich wurde er allmählich wahnsinnig. Das würde jedem so gehen.

Das ist ein gutes Beispiel dafür, wie die meisten »Autoritäten« Sie lehren, Frauen zu treffen und auszuführen. Sie tun, was wir mit dem armen Jim gemacht haben: Sie sagen, was zu tun ist – aber nicht, wie man das tut. Sie vertreten eine unpraktische Theorie – ohne genaue Anweisung für die Praxis. Wenn man nur Prinzipien lernt, ist man am Ende meist frustriert, leer und schlechter dran als vorher.

Die meisten Männer, die wir »trainiert« haben, besaßen keine guten Erfahrungen mit leeren Date-Theorien wie »seid schwieriger zu bekommen« oder »geht aus euch heraus«. Date-Tipps nehmen gern die Form von Umkleideraum-Gesprächen und ähnlichem unnützem Geschwätz an. Darüber hinaus sind Männer, die darüber reden, wie man Frauen bekommt, meistens selbst nicht diejenigen, die sie tatsächlich erobern. Wahrscheinlich kennen Sie Männer, die viel reden, aber wenig tun; die viel prahlen, aber doch allein schlafen. Erfolgreiche Männer werden vom weiblichen Geschlecht umschwärmt, ohne dass sie großartig etwas dafür tun müssen. Erinnern Sie sich an die Jungs, die an der Schule die Mädchen bekamen? Es waren bei weitem nicht immer die klügsten Köpfe. Oft waren es Außenseiter, die Kurse schwänzten und sich prügelten. Oder es waren Fußball-Spieler, die Ihnen regelmäßig eine verpassten, wenn Sie nicht die Hausaufgaben für sie machten. Sie konnten auf keine Theorie zurückgreifen, und doch wussten sie, wie man richtig agiert und Frauenherzen erobert.

Mit Theorie allein schaffen Sie es nicht, mit den Frauen zu schlafen, die Sie begehren. Sie wissen, wie schwer es ist, eine neue Idee zu übernehmen und sie umzusetzen. Hier erfahren Sie, wie Sie Verführung in Ihren Alltag integrieren. Außerdem gehen wir der Frage nach, wo man Frauen finden und welche spaßigen kleinen Geschenke man einsetzen kann. Es gibt ungewöhnliche Alternativen zu Bars.

Eine Legende, die unter alleinstehenden Männern verbreitet ist, besagt, dass ein Mangel an alleinstehenden Frauen besteht. In der Regel sind Single-Männer völlig blind für die vielen Frauen, denen sie im Alltag begegnen. Die meisten Männer sind im Alltag von Frauen umgeben, aber sie merken es nicht, weil die Legende vom Frauenmangel sie blendet. Die Lösung ist in der Theorie einfach, aber in der Praxis schon sehr viel schwieriger: Man muss Frauen in der Umgebung wahrnehmen, sie ansprechen und sie verführen.

Diese Legende hat keinen realen Grund. Unsere Untersuchungen belegen, dass jetzt, in diesem Augenblick, Millionen von weiblichen Singles auf Sie warten. Sie verstecken sich nicht in irgendwelchen Bergen oder Höhlen: Sie befinden sich mitten unter uns: in Buchgeschäften, Einkaufszentren, Bars, auf der Straße, bei der Arbeit, an der Kasse, in Restaurants, einfach überall. Sie müssen nur den Kontakt herstellen. Die Möglichkeiten der Verführung lauern überall.

Wir beginnen mit unserem verzweifelten, einsamen Freund Bob und zeigen seine stumpfsinnigen Fehler auf. Wir werden ihn mit unserem Topverführer, Bruce, vergleichen: Wir zeigen Ihnen alle Tricks, die er den ganzen Tag über anwendet, um Frauen zu verführen. Der fundamentale Unterschied zwischen Bob und Bruce besteht darin, dass Bruce viele Praktiken zur Hand hat, die ihm seinen Erfolg sichern. Er kennt nicht nur die Theorie; er weiß auch, wie man sie in die Praxis umsetzt. Aber zunächst wollen wir den typischen Tag von Bob betrachten, an dem er, wie er sagt, keine Frauen trifft:

7.30 Uhr, Bob wacht auf, weil sein Wecker laut schellt

Bob setzt sich auf und denkt: »Oh nein, noch ein Tag. Kann ich nicht im Bett bleiben und so tun, als wäre ich tot? Heute wird es sicher noch schlimmer als gestern. Mein Gott, ich wünschte, ich wäre krank. Vielleicht sollte ich bei der Arbeit anrufen und sagen, dass ich die Grippe habe. Ich habe seit über zwei Jahren keine Frau mehr getroffen.«

Bob nimmt sich nicht die Zeit, um zu duschen. Er sieht sich auf seinem schmutzigen Schlafzimmerboden nach halbwegs sauberen Unterhosen um. Er findet eine unter seinem Bett neben einem zerknüllten Hemd, das er ebenfalls anzieht. Sein Haar ist ungeordnet. Er ordnet es, indem er mit den Fingern hindurch fährt. Er starrt in den Badezimmerspiegel und grunzt: »Ich hasse das.« Er findet ein Paar Hosen in seinem Wäschekorb, zieht seine Schuhe an und los geht's zur Arbeit.

7.45 Uhr, auf dem Weg zur Arbeit

Bob beschimpft die anderen Fahrer auf der Straße. An einer Ampel starrt er eine wunderschöne Frau an, die im Auto neben ihm sitzt, und wünscht sich, er könnte bei ihr sein. Sie bemerkt seinen Blick und starrt ihn an, sodass er schnell wegsieht. »Ich sollte mich als Schwuchtel eintragen lassen«, sagt er zu sich selbst.

7.55 Uhr, am Drive-In bei McDonalds

Bob murrt die weiblichen Angestellten an und bestellt sein übliches Frühstück. Er bezahlt bei der süßen, jungen Kassiererin. Sie lächelt ihn an; er rollt nur mit den Augen. Er fährt weg. Er schlürft seinen Kaffee und beißt hastig von seinem Egg McMuffin ab. Krümel von seinem Muffin fallen auf Hemd und Hose. Er ignoriert die fettigen Krümel und brummelt: »Ich hasse es, mich zu verspäten! Warum bin ich nur immer zu spät dran?« So fährt er das restliche Stück zur Arbeit.

8.15 Uhr, bei der Arbeit

Er betritt das Büro. Patty, die Empfangsdame, lächelt und sagt: »Guten

Morgen, Bob.« Er grunzt zurück: »Morgen. Scheißverkehr heute. Ich hasse diesen ganzen verdammten Verkehr.« Nachdem er seine Frustration an dieser attraktiven jungen Dame ausgelassen hat, geht er zu seinem Schreibtisch.

Als er es sich an seinem Arbeitsplatz bequem macht, ruft ihn seine Ex-Freundin an, um ihn zu einer Party einzuladen. Bob wird wütend und sagt: »Schau, Laurie, ich will mit deinen blöden Partys nichts zu tun haben! Ich hasse Partys!« Sie legt auf und er macht sich an die Arbeit.

Ein paar Kolleginnen bleiben stehen, um ihn zu begrüßen. Er tut sein Bestes, um sie loszuwerden, indem er weitertippt und sich auf seinen Computer konzentriert, während sie mit ihm reden. In einer kurzen Arbeitspause geht er ins Internet und liest Kontaktanzeigen. Er findet sie albern. »So könnte ich nie eine Frau kennenlernen. Ich wette, das sind alles Psychopathen oder Männer, die sich als Frauen ausgeben.« Er wechselt zu seinen Lieblings-Porno-Seiten, schaut sabbernd die heißen Frauen an und macht sich wieder an die Arbeit.

12.30 Uhr, Mittagspause

Während seiner Mittagspause tut Bob sein Bestes, um Kontakt mit anderen zu meiden. Entweder holt er Essen in der Cafeteria seiner Firma und bringt es mit an seinen Schreibtisch, oder er bringt ein Buch mit und liest in einer Ecke. Andere Leute unterhalten sich und lachen. Bob sieht sie voll Verachtung an: »Warum zum Teufel sind die alle so fröhlich?« Er starrt Marcia an, die attraktivste Frau in der Firma. Sie sitzt mit einem Kerl namens Bruce zusammen und amüsiert sich blendend. »Was hat dieser Kerl, was ich nicht habe?«, fragt er sich. »Er ist nicht einmal allzu attraktiv.«

Heute wartet Bob in der Schlange, um für seine Hühner-Kasserolle zu bezahlen. Er spricht nicht mit anderen Angestellten in der Schlange oder mit der freundlichen 40-jährigen Kassiererin. Er sieht Frauen an, mit denen er gerne reden würde, aber er weiß in seinem Herzen, dass sie sowieso nur unfreundlich reagieren würden. »Abgesehen davon«, sagt er zu sich selbst, »macht eine Konversation noch lange keinen Sex. Wozu also die Anstrengung.« Er schleicht zurück an seinen Schreibtisch.

13.20 Uhr, wieder bei der Arbeit

Martin, Bobs Schulkumpel, schickt ihm sexy E-Mails von Frauen, die er im Internet kennengelernt hat. Martin will wissen, ob Bob an einem Doppel-Blind-Date mit den Frauen interessiert wäre, die Martin getroffen hat. Bob hält Martin für verrückt und schreibt zurück, dass er seine Prinzipien hat: Er würde niemals zu einem Blind-Date gehen. »Blind Dates sind etwas für Loser«, erklärt er. »Sie zeigen, dass man anders keine Frau bekommen kann.« Martin gibt auf und findet jemand anders.

18.00 Uhr, Feierabend

Bob geht nach Hause, um für den Rest der Nacht allein fernzusehen. Er bestellt Pizza und trinkt zwei Bier. Er schaut einen Pornofilm, masturbiert und geht ins Bett. Von Anfang bis Ende seines Tages lebt Bob in einem Vakuum. Auch wenn Frauen in der Nähe sind, meidet er sie und rationalisiert seinen Mangel an Kontaktfreude, indem er sich sagt, dass die verfügbaren Frauen nicht gut genug sind oder ihn sowieso nicht haben wollen. Er bleibt notgeil, einsam und depressiv.

Werfen wir nun einen Blick auf das Leben unseres Helden Bruce, der im Großen und Ganzen genauso lebt wie Bob. Er hat aber eine andere Einstellung.

6.00 Uhr, der Wecker plärrt

Bruce wird durch seinen schrillen Radiowecker geweckt, der den Jimi-Hendrix-Song »Foxy Lady« plärrt. Während das Radio plärrt, versucht unser galanter Held zu lächeln. Er reibt seine Augen, streckt seine Arme in die Luft und sagt zu sich selbst, dass heute ein Tag voller Flirts, Träume und Spaß auf ihn wartet. Er stimmt in den Song mit ein und improvisiert seinen eigenen Text. »Du weißt, dass du ein süßer kleiner Herzensbrecher bist. Oh yeah, du bist meine sexy Foxy Lady. Du machst mich sooo scharf. Ooooooh yeah!« Er lacht laut heraus und lächelt.

Den nächsten Song kennt er nicht; dieser verblasst und verschwindet allmählich im Hintergrund, während die sexy Stimme des weiblichen DJs sagt: »Der zehnte Anrufer gewinnt Tickets für den heißesten neuen

Film und fünf neue CDs.« Bruce, schon halb rasiert, schnappt sich das schnurlose Telefon und wählt begeistert die Hotline. Obwohl die Leitung belegt ist, versucht er es immer wieder, bis er durchkommt. Obwohl er den Wettbewerb nicht gewinnt, flirtet er dreist mit der Moderatorin und sagt ihr, dass er ein Fan von ihr ist. Während er mit ihr redet, beschließt Bruce, dass sie sein neuestes »Projekt« sein wird und schwört sich, dass er sie ein paarmal pro Woche anrufen wird. Könnte sich daraus nicht ein Date ergeben?

Er putzt seine Zähne, zieht seine saubere, gut sitzende, gestylte Kleidung an und packt seinen Trainingsanzug und seine Aktentasche für sein nächstes Abenteuer ein.

6.38 Uhr, auf dem Weg ins Fitness-Center, in seinem Auto

Bruce fühlt sich gut und singt die Lieder, die aus dem Radio dröhnen, mit. Er lächelt, zwinkert mit den Augen und winkt, als Frauen vorbeifahren. Manche starren ihn wütend an, manche lächeln und manche ignorieren ihn. Es ist ihm egal.

Er ruft die nette Moderatorin mit seinem Handy an und fragt, ob sie mit ihm ausgehen will. Sie lehnt ab und Bruce erzählt ihr völlig unverdrossen einen dummen Witz. Er bittet um die Adresse ihrer Radiostation, damit er ihr eine Karte schicken kann. »Übrigens«, fragt er beiläufig, »haben Sie einen Freund?« Bruce fragt sich, ob sich der Aufwand lohnt, wenn die Chancen schlecht stehen. Wenn sie einen Freund hat, kann er genauso gut eine andere suchen.

Als er sich dem Fitness-Center nähert, fährt eine schöne braunhaarige Frau in einem sportlichen Auto vorbei. Sie hat einen Schmollmund und sieht aus wie eine erotische Empfangsdame. Trotz der frühen Stunde ist Bruce von ihr gebannt. Sie scheinen dieselbe Richtung zu nehmen und Bruce lächelt, winkt und zwinkert ihr zu, während sie sich durch den zähen Verkehr quälen. Sie lächelt und winkt zurück – und Bruce glaubt, dass sie rot wird. Er sagt mit den Lippen »I love you«. An der nächsten Ampel fährt er neben sie, schreibt »wie wär's mit einem Kaffee – ruf mich an« auf seine Visitenkarte und wirft sie durch ihr offenes Autofenster. Er biegt ab und hat fast schon das Fitness-Center erreicht.

7.00 Uhr, im Fitness-Center

Bruce geht an vier Tagen pro Woche stets zur selben Zeit ins Fitness-Center. Es zahlt sich aus, konsequent zu derselben Zeit zu trainieren, weil er die Stammkunden kennenlernt, die ebenfalls um diese Zeit trainieren. Er kann seine Erfolge bei den Frauen, die er dort trifft, ausbauen und in kleinen Schritten an seinen Verführungen arbeiten.

Als er zur Tür geht, flirtet er mit Janet, die ebenfalls gerade hineingeht. Bruce hat sie schon oft im Fitness-Center gesehen. Sie kommt mit ihrem sechsjährigen Sohn. Bruce sagt »Hallo« zu ihrem Sohn, öffnet Janet die Tür und mustert sie. »Sie hat ein Kind – und wenn schon«, sagt er zu sich selbst. Sie trainiert ständig, hat einen großartigen Körper, und außerdem will er sowieso nur mit ihr üben. Als er in den Club geht, lächelt er auch dem Mädchen zu, das die Mitgliedsausweise prüft, und flirtet mit ihr. Sie heißt Pauline, ist 23 Jahre alt und stammt aus einer Kleinstadt. Scherzhaft lädt er sie in eine Bar ein, um ein Spiel der lokalen Fußball-Mannschaft anzusehen. Sie geht auf seine Scherze ein; er weiß, dass sie auf jeden Fall bald einmal miteinander ausgehen werden. Er flirtet geduldig mit ihr, weil er weiß, dass sein Erfolg gesichert ist, wenn er nur am Ball bleibt.

Beim Training

Bruce zieht sich fürs Training um. Obwohl er keinen perfekten Körper hat, hat er einen Trainingsanzug gewählt, der ihm gut steht. Er ist sauber, wirkt gepflegt und riecht gut. Beim Training auf Hometrainern wählt er einen klugen Platz neben einer sexy aussehenden Frau Mitte 30, die große Brüste hat. Bruce hat sie noch nie im Club gesehen. »Sind Sie neu hier?«, fragt er, um das Gespräch zu eröffnen. Nachdem er sich vorgestellt hat, sagt sie ihm, dass sie Fiona heißt. Sie besprechen ihren regelmäßigen Trainingsplan. Als sie aufsteht, bittet er um ihre Telefonnummer. Sie lehnt ab, will ihn aber an einem Nachmittag in der folgenden Woche im Club treffen. Er akzeptiert und genießt ihren Anblick, als sie geht.

Auf dem Weg zum Kraftraum begrüßt Bruce andere süße Stammkundinnen. Er nutzt jede Gelegenheit, um Frauen anzusprechen. Auch wenn die Frauen gar nicht so attraktiv sind, flirtet er trotzdem – weil er so klug ist, wie Bob dumm ist. Er unterhält sich mit Frauen aller Altersgruppen und Schönheitsgrade. Wegen seiner Hartnäckigkeit hatte Bruce mit vielen Frauen aus dem Fitness-Center Dates und Sex. Er duscht und bereitet sich auf das nächste Abenteuer vor.

8.30 Uhr, er besucht sein Stammcafé

Bruce betritt sein Stammcafé, seinen Lieblingsort für Flirts, Kaffee und Frühstück. Das Café ist gut für ihn zu erreichen, und viele Frauen sind hier ebenfalls Stammkundinnen. Es gibt hier nicht das beste Essen in der Stadt, aber Bruce weiß, dass es darauf ankommt, Frauen für Dates zu finden – nicht das beste Essen oder den besten Kaffee zu genießen.

Bruce ist von seinem Training schon in Laune; er lächelt und unterhält sich mit den liebenswerten jungen Damen hinter dem Tresen. Die Frau, die für die Kaffee-Sorten zuständig ist, heißt Vicki. Er hat ihr den Spitznamen »Cappuccino-Mama« gegeben. Sie und einige andere Frauen, die dort arbeiten, sind sehr schön. Bruce unterhält sich mit ihnen über irgendeine unwichtige Sache aus den Nachrichten. Sie lachen. Er hat sogar das Gefühl, dass sie sich auf seinen Besuch freuen.

In der Schlange redet er mit einer anderen Frau. Sie ist hoch gewachsen, dunkel und konservativ gekleidet. Er redet über Kaffee, aber sie reagiert distanziert und verängstigt. Er stellt sich vor und redet mit ihr, bis sie ihren Kaffee bekommt. Sie wählt ihren Platz weit weg von ihm. Aber diesmal ist es ihm egal. Für ihn kommt es darauf an, der Mann zu sein, der er sein will. Die Reaktion einer Frau zählt für ihn nicht.

Er setzt sich, wie jeden Tag, mit einem Muffin, einem Kaffee und einer Zeitung an einen Tisch. Er beginnt ein Gespräch mit einer Frau, die in seiner Nähe sitzt. Die Zeitung ist eine Hilfe, weil er lustige oder verschrobene Nachrichten kommentieren kann. Er bekommt ihre Telefonnummer und macht sich fertig für die Arbeit.

9.15 Uhr, unser Wunderkind erscheint bei der Arbeit

Wenn Bruce am Arbeitsplatz erscheint, flirtet er zuerst mit der Empfangsdame. Er lehnt sich auf ihren Schreibtisch, lächelt und sagt: »Wie geht es der Göttin des Empfangs heute morgen?« Er kennt die Prinzipien, die in seiner Firma gelten. Er achtet darauf, dass seine Flirts mit den Frauen am Arbeitsplatz niemals sexuell belästigend wirken.

Er geht zu seinem Schreibtisch, loggt sich ins Internet ein und prüft seine E-Mails. Er hat einige Frauen per E-Mail verführt, die er im Internet kennengelernt hat; es warten schon einige lüsterne Antworten auf ihn. Er komponiert eine heiße Antwort im Stil der Leserzuschriften im Penthouse, die er mit geringfügigen Änderungen an beide Frauen schickt, die ihm geschrieben haben, sowie an eine Frau, die er verführt hat, zu der er aber keinen Kontakt mehr hat. Neben dem Internet hat er auch Anzeigen in lokalen kostenlosen Anzeigenblättern geschaltet und beantwortet. Bis jetzt hat er auf diesem Weg sechs Frauen kennengelernt. Bis zum Ende des Monats will er noch ein paar mehr treffen. Er entwirft eine neue Annonce, schickt sie mit dem Büro-Faxgerät an die Zeitung und macht sich an die Arbeit.

Etwas später kommt eine süße Frau aus einer Druckerei vorbei und liefert Broschüren ab. Ihre Blicke treffen sich und sie führen ein Gespräch. Er findet heraus, welche Art von Filmen und Musik sie mag, und beschließt, sie im Copy-Shop anzurufen, um sie ins Kino einzuladen.

12.30 Uhr, Mittagspause

Vom Herumrennen und von der harten Arbeit ist unser Held hungrig geworden. Er geht zu einem seiner Lieblingsrestaurants. Das Essen ist unterdurchschnittlich, aber es liegt in der Nähe des Büros. Viele Geschäftsfrauen essen dort. Bruce wählt seine Mittags-Restaurants wie seine Cafés: Er geht dorthin, wo schöne Frauen sind.

In der Schlange lächelt er zwei sehr niveauvolle Frauen an, die auf einen Sitzplatz warten. »Macht es nicht Spaß zu warten?«, fragt er sarkastisch. Die beiden Frauen lächeln, und er stellt sich vor. Als eine von ihnen ihm die Hand reicht, küsst er die Hand und sagt, es sei ihm eine Ehre, ihre Bekanntschaft zu machen. Als sie sich setzt, bietet er ihr seine Visitenkarte an.

Er sitzt allein und geht in seinem Notizbuch eine Reihe von Frauen durch, die für Dates infrage kommen. Er kann sich nicht einmal an alle Namen der Frauen erinnern, an denen er derzeit baggert. Auf dem Weg zur Toilette unterhält er sich mit einer weniger scharfen Bedienung an der Bar. Sie kennt seinen Namen und unterhält sich ein wenig mit ihm.

Bruce nutzt seine Mittagspause immer, um zu flirten und seine Verführungskünste zu trainieren. Auch wenn er es eilig hat und deshalb bei McDonalds essen muss, geht er möglichst hinein und verzichtet auf das Drive In. Das gibt ihm die Gelegenheit, mit den jungen Damen hinter dem Tresen zu flirten und seine Künste noch weiter zu verfeinern.

13.20 Uhr, wieder am Arbeitsplatz

Bruce kommt wieder zur Arbeit und prüft seine E-Mails. Ein paar weitere gelangweilte Frauen, die ebenfalls berufstätig sind, haben geantwortet. Er flirtet per E-Mail und schickt ihnen weitere verführerische Botschaften. Auf seinem Anrufbeantworter zu Hause hat er außerdem einige Botschaften von Frauen, die er um Verabredungen gebeten hat und die ihn treffen wollen. (Die Autoren dieses Buches wundern sich insgeheim, wie Bruce seinen Job behält, wenn er so wenig Zeit dafür hat.)

18.00 Uhr, Feierabend

Bruce freut sich schon auf die schönen Erfahrungen, die am Abend auf ihn warten. Jede Woche studiert er den Veranstaltungskalender in der Zeitung, um zu sehen, was ihm am meisten zusagt. Vielleicht wird er sich heute Abend einen Vortrag über Hunde anhören oder eine burleske Versammlung besuchen.

Er ruft zahlreiche Frauen auf seiner Liste an und vereinbart ein Date für 20 Uhr in Suzis Wohnung. Suzi ist seit einigen Monaten eine Gelegenheits-Geliebte. Sie freut sich immer, von ihm zu hören, und sagt, dass sie heute Nacht im Bett kuscheln und Videos ansehen will. Unser Held besucht sie, hat stundenlang Sex und wacht auf für einen neuen Tag.

Die vier Ausreden, die Sie davon abhalten, Frauen zu treffen

Bob ist erfolglos, weil er sein Leben durch negative Einstellungen bestimmen lässt. Wahrscheinlich ist er Ihnen sehr ähnlich – und zweifellos ähnelt er uns, wie wir waren, bevor wir die Geheimnisse der Verführung näher kennenlernten. Seine negativen Befürchtungen und Überzeugungen bestimmen sein Verhalten, was umgekehrt über seinen Erfolg (oder Misserfolg) bei Frauen entscheidet. Seine Befürchtungen und Überzeugungen werden zu Ausreden, die Bob benutzt, um sich selbst davon abzuhalten, Frauen den Hof zu machen. Die folgenden vier Ausreden beschäftigen Bob oft und zerstören seinen Erfolg bei Frauen. Wer diese nicht in den Griff bekommt, wird seinen Erfolg bei Frauen verderben.

Ausrede Nr. 1: »Es kostet zu viel Zeit«

Bob schaut in seinen Terminkalender und jammert, dass er einfach nicht genügend Zeit hat. Er kann keine Frauen kennenlernen, weil er immer zu tun hat. Er behauptet, dass er keine Angst vor Frauen hat, sondern nur zu sehr in Eile ist: Zu viel Arbeit, zu viele Verpflichtungen. Wir wissen, dass das nicht wahr ist. Frauen zu treffen ist tatsächlich nicht so zeitaufwendig, wie man glauben mag; und gerade ein großer Teil der »verlorenen« Zeit - zum Beispiel das Warten in einer Schlange - ist dafür am besten geeignet.

Bruce hat uns gezeigt, dass Flirten und Verabredungen mit Frauen durchaus ein gewisses Maß an Zeit kosten; daran führt kein Weg vorbei. Es lohnt sich aber. Während Verabredungen mit Frauen einige Vorarbeit erfordern, kostet es relativ wenig Zeit, die Beziehungen zu pflegen. Bruce sieht Flirten und Treffen mit Frauen nicht als Zeitverschwendung an, weil er es sehr genießt. Für ihn ist das pures Vergnügen: Flirten ist eines der Dinge, die ihm den Tag versüßen. Manchmal kostet es ihn auch Mühe, aber in der Regel geht ihm die Begegnung wie selbstverständlich von der Hand, sodass ihn die Unterhaltung nicht sonderlich anstrengt.

Das Einüben einer neuen Fähigkeit erfordert zunächst immer eine gewisse Investition von Zeit und Energie. Wer ein guter Sportler werden will, muss sich die richtige Ausrüstung zulegen und ausreichend trainieren. Wenn Sie trainiert sind, ist es nicht mehr ganz so schwer. Es genügt notfalls, die Fähigkeiten zu trainieren und die Kondition zu pflegen.

Dasselbe gilt für Verabredungen mit Frauen. Wenn Sie die Fähigkeit der Verführung erst einmal erworben haben, müssen Sie weit weniger Zeit investieren. Bruce hat viele alltägliche Gewohnheiten, die ihn in

Form halten und seinen Erfolg bei Frauen garantieren. Er unterhält sich mit Frauen, lächelt, sagt »Hallo« und flirtet. Diese Dinge erfordern nicht viel Zeit, aber die kumulative Wirkung ist gewaltig.

Ausrede Nr. 2: »Es schadet meinem Ruf«

Viele Männer, einschließlich Bob, machen sich zu viele Gedanken um ihren Ruf. Sie haben Angst, dass ihr Treiben herauskommt. Sie fürchten, dass ihre Freunde sie nicht mehr respektieren. Viele Menschen schauen auf Männer herab, die es auf Dates abgesehen haben, vor allem, wenn sie nur kurze Beziehungen wünschen. Weil sie sich nicht möchten, dass man auf sie herabsieht, versuchen manche Männer nicht einmal, Frauen kennenzulernen.

Das können Sie in den Griff bekommen, wenn Sie sich vorsichtig verhalten. Seien Sie diskret und umsichtig. Es ist in Ordnung, seine Leidenschaften mit männlichen Freunden zu teilen. Ein Vorbehalt ist aber, dass sie Ihren Respekt verdienen. Bei Männerbekanntschaften ist es oft nötig, sich gegenseitig auf die Vertrauenswürdigkeit zu testen. Wenn man einem anderen Mann vertraut, kann man ihm von einer Verabredung erzählen; sonst nicht. Eine gute Faustregel besteht darin, Frauenbekanntschaften und Beruf sauber zu trennen. So schützen Sie Ihren Job und die Integrität Ihrer Beziehungen am Arbeitsplatz und verschaffen sich mehr Freiraum bei den Frauen, da niemand sonst diese kennt. Nach einer Weile, wenn Sie eine feste Beziehung haben, kann Ihre Freundin Sie am Arbeitsplatz besuchen. Sonst nicht.

Bob missbraucht seine Sorge um seinen guten Ruf als Ausrede, um nicht unter die Leute gehen und mit Frauen reden zu müssen. Er sagt: »Was, wenn ich die Frau anspreche, für die ich mich so interessiere? Ich kann einfach sehen, wie angeekelt sie auf diese Vorstellung reagieren wird. Ich weiß einfach, dass sie es allen unseren gemeinsamen Bekannten erzählen wird. Ich kann sie förmlich sehen, wie sie mich auslachen.« Er jammert, dass er Angst hat, in Single-Bars zu gehen, weil er dort jemanden treffen könnte, den er kennt. Diese Ängste sind absolut unbegründet, weil in diesem Fall jeder von beiden dasselbe über den anderen denken würde. Wenn Sie Ihren Mund halten, wird der andere das ebenfalls tun. Es schadet nicht, wenn man sich zu einem gewissen Maß um seinen Ruf sorgt, aber Paranoia vor allen möglichen Situationen verbaut Ihnen die Gelegenheiten, Frauen zu treffen.

Ausrede Nr. 3: »Ich kann es einfach nicht«

Alle unsere »Schüler« hielten sich früher oder später für unfähig, Frauen anzusprechen. Vielleicht waren sie gerade erst dabei zu lernen, wie man Dates mit Frauen verabredet, und fühlten sich überfordert. Oder zehn Frauen hintereinander haben ihnen einen Korb gegeben. Vielleicht hatten sie die letzten drei Frauen schon fast soweit, dass sie Sex mit ihnen haben wollten –, aber alle drei beschlossen im letzten Augenblick, »nur Freunde« zu sein. Aus welchem Grund auch immer: Manchmal hat man das Gefühl, dass man es einfach nicht packt. Das ist nur natürlich. In gewisser Hinsicht ist es gut, sich wie ein Versager zu fühlen, weil die Unzufriedenheit motiviert, sich aufzulehnen und zu beweisen, dass man es sehr wohl kann. Aus dieser Perspektive ist das Gefühl zu versagen eigentlich eine Gelegenheit zu beweisen, dass man keineswegs ein Versager ist.

Bestimmt haben Sie sich wegen einer Sache auch schon einmal so schlecht gefühlt, dass Sie es nicht mehr ertragen konnten. Menschen, die unter Depressionen leiden, berichten oft davon: Sie halten es nicht mehr aus, so niedergeschlagen zu sein – also beginnen sie, ihr Leben zu ändern. Es heißt, man soll einen Menschen treten, wenn er am Boden liegt, weil er dann schneller aufsteht. Wenn das Gefühl, eine Frau nicht ansprechen zu können, stark genug wird, werden Sie von Natur aus beginnen, auf sie zuzugehen, weil Sie es nicht ertragen können, sich wie ein Waschlappen zu benehmen.

Wenn Sie das Gefühl haben, dass Sie es einfach nicht schaffen können, müssen Sie sich vor allem um Unterstützung von anderen Männern bemühen. Mark befand sich in dieser Lage. Er begann gerade erst, die Kunst der Verführung zu lernen; jeder Versuch schlug aber fehl. Seine Versuche, geistreiche Unterhaltungen mit Frauen zu führen, wirkten wie geschwollenes Gerede eines Betrunkenen auf der Straße – jede Interaktion mit einer Frau wirkte gezwungen. Er war bereit, es ganz aufzugeben, und kam völlig entmutigt zu uns.

»Ich kann es einfach nicht«, sagte er. »Es ist mir zu schwer und ich bin nicht gerade gut darin. Ich kann es einfach nicht mehr ertragen.« Er brauchte Unterstützung, also gaben wir sie ihm – und auch Sie werden Unterstützung suchen müssen, wenn Ihre Niederlagen Sie niederdrücken. »Schau«, sagten wir, »natürlich ist es am Anfang schwer. Halt durch und es wird besser werden.« Wir besprachen seine Interaktionen und gaben ihm Tipps, wie er diese künftig verbessern konnte. Wir erinnerten ihn daran, dass seine Dating-Probleme nur vorübergehend waren und besprachen seine letzten Verabredungen, um mögliche Fehler zu entlarven. Auf diese Weise gaben wir ihm die Unterstützung, die er brauchte, um unter Leute zu gehen und es weiter zu versuchen.

Wenn Sie glauben, dass Sie es nicht schaffen können, müssen Sie sich um Unterstützung bemühen. Wenn Sie männliche Freunde haben, die dieses Buch ebenfalls lesen, gehen Sie zu ihnen, um sich daran erinnern zu lassen, dass sich die Lage bessern wird. Denken Sie auch an das langfristige Ziel, an dem Sie arbeiten. Reden Sie mit Männern, die Sie an Ihre bisherigen Erfolge bei Frauen erinnern werden, egal, wie geringfügig diese sein mögen. Wenn Sie die nötige Unterstützung haben, werden Sie in der Lage sein, am Ball zu bleiben.

Ausrede Nr. 4: »Ich weiß nicht, wie man Frauen verführt«

Niemand hat Ihnen – oder irgendeinem von uns – jemals erklärt, wie man eine Frau anspricht und verführt. Manche Männer sind Naturtalente – die übrigen müssen sich auf ihr Glück verlassen. »Ich weiß nicht, wie man Frauen verführt« ist in gewisser Hinsicht ein begründeter Einwand. Schließlich ist es die Wahrheit, oder nicht? Die Antwort auf diese letzte Ausrede halten Sie in Ihren Händen. Wenn Sie dieses Buch durchgelesen haben und wissen, was Sie lernen und üben müssen, müssen Sie nichts weiter tun, als es unermüdlich zu versuchen: Der Erfolg ist vorprogrammiert.

Diese vier Ausreden halten Männer davon ab, Maßnahmen zu ergreifen, um die Frauen zu bekommen, die sie haben wollen. Sie müssen diese aufgeben und aufhören zu jammern, wenn Sie eine echte Verführungs-Maschine werden wollen. Bob steigert sich im Lauf seines Tages ständig in diese Ausreden hinein. Bruce nicht.

Erfolgslehren des Meisters

Wie Sie gesehen haben, handelt Bruce den ganzen Tag über wie ein Meister der Verführung und produziert am laufenden Band Erfolge bei Frauen. Während sich Bob wie ein Idiot benimmt, ist Bruce nicht zu bremsen. Er konzentriert seine Aufmerksamkeit und seine Aktivitäten auf die Eroberung von Frauen und einen stetigen Nachschub an Dates.

Bruce flirtet mit jeder Frau

Viele Männer klagen bereits, wenn ein oder zwei Versuche, Frauen kennenzulernen und Dates zu vereinbaren, fehlgeschlagen sind. Sie geben auf, wenn sie nicht sofort positive Resonanz haben. Sie glauben, dass die viele Zeit, die sie an Sex denken und die Körper von Frauen bewundern, ebensoviel wert ist, wie wenn sie unter die Leute gehen, mit Frauen flirten und sie um Dates bitten. Bruce ist nicht so: Er weiß, dass jede Frau, mit der er in Kontakt tritt, eine neue Chance offeriert. Er flirtet und flirtet und flirtet. Er verlässt sich nicht auf eine einzelne Frau, um Sex zu haben; unermüdlich bemüht er sich darum, neue Frauen kennenzulernen. Eines hat Bruce schon lange gelernt: Wer zögert, masturbiert. Deshalb flirtet er bei jeder Gelegenheit mit Frauen. Bruce weiß, dass ihn jede Verführung tausend kleine Interaktionen kostet. Egal, ob Sie einen One-Night-Stand oder eine langfristige Beziehung (oder etwas dazwischen) anstreben – Sie werden viel mehr Erfolg haben, wenn Sie daran denken, dass jede Verführung tausend kleine Interaktionen kostet.

Die meisten Männer, die wir schulen, gehen im Umgang mit Frauen nachlässig vor: Sie versuchen, eine Verführung mit wenigen Handlungen hinzukriegen. Sie glauben, dass die Arbeit erledigt ist, wenn sie eine Frau angesprochen haben oder mit ihr ausgehen. Sie verstehen nicht, dass man täglich – und in jedem Augenblick – ständig daran arbeiten muss, eine Frau glücklich zu machen und in romantischer Stimmung zu halten. Bruce weiß das und auch, dass immer etwas zu tun ist. Er ruht sich niemals auf seinen Erfolgen aus. Er ruft immer wieder an, schreibt E-Mails, besucht ihm bekannte Bedienungen in Restaurants und macht jede Menge andere dreiste Manöver.

Die kleinen, beharrlichen Schritte, die Bruce unternimmt, ergänzen sich zu einem großen Verführungs-Erfolg. Denken Sie immer daran, dass es viele, viele Initiativen erfordert, um eine Frau ins Bett zu bekommen. Diese Arbeit müssen Sie sich machen – wie Bruce.

Bruce verwandelt jede Situation in eine Chance

Bruce ist so erfolgreich, weil er niemals aufgibt: Ständig verwandelt er jede Situation in eine Chance, Frauen kennenzulernen und mit ihnen zu flirten. Alle Frauen bieten potenzielle Chancen. Das bedeutet, dass sie mögliche Dates, Freundinnen, One-Night-Stands, Ehepartnerinnen, die Mütter Ihrer Kinder oder irgendetwas anderes sein können, was Sie sich wünschen. Wer Chancen sucht, sucht ständig nach Gelegenheiten – und nutzt sie auch. Ein Topverführer ist wie ein Topverkäufer: Wenn ein guter Handelsvertreter Verkaufsgelegenheiten sucht, sucht er nach potenziellen Klienten oder Kunden. Er wird jede Situation nutzen, um zu verkaufen, und jeden, den er kennt, fragen, ob er Kontakte zu Leuten hat, die ihn auf seiner Suche weiterführen oder ihm etwas abkaufen könnten. Auf diese Weise verwandelt er jede Situation in eine Chance. Genau das müssen Sie ebenfalls tun.

Einer unserer Schüler, Derek, war ein sehr erfolgreicher Grundstücksmakler. Beim Kaffee erzählte er uns von einem berühmten Makler, der jedes Jahr mehrere Millionen Dollar mit Grundstücksgeschäften verdiente. »Na und?«, antworteten wir, »viele Leute landen einmal einen Treffer bei Grundstücksgeschäften. Was ist schon dabei?« Interessant sei, erklärte Derek, wie dieser Makler sein Geld verdiente: Er ging von Haus zu Haus, klopfte an jede Tür und redete mit jedem einzelnen Einwohner der Stadt. Er fragte die Leute, ob sie ihr Haus verkaufen wollten, ob sie einen Makler suchten, ob sie Bekannte hatten, die einen Makler suchten oder ob sie ein neues Haus brauchten. Er war unermüdlich, sprach mit jedem, der ihm begegnete, über Grundstücksgeschäfte, verfolgte jeden Hinweis – und das zahlte sich aus.

So muss man es auch mit Frauen machen. Bruce tut das. Wenn Bruce glauben würde, dass er die Frau, die er begehrt, ins Bett bekommen könnte, indem er »Türklinken putzen« geht, würde er das tun. Er ist bereit, alles zu tun, was nötig ist, um Frauen zu treffen, die er begehrt. Folgen Sie seinem Beispiel und flirten Sie mit allen Frauen, die Ihnen begegnen. Wir wissen, dass Sie eigentlich nur mit den wirklich heißen Bräuten reden wollen, aber am Anfang ist das nicht unbedingt zu empfehlen: Sie werden sowieso zu viel Angst vor ihnen haben, um erfolgreich zu flirten. Wir empfehlen, mit allen Frauen zu reden. Sie müssen lediglich atmen: Zu Beginn Ihrer Suche nach Frauen muss das als Auswahlkriterium genügen. So einfach ist das.

Bruce macht einen Sport daraus

Wenn wir von einem Sport reden, denken die meisten Männer an Wettkämpfe - oft an verbissene Wettkämpfe, die von Kampf, Konflikten, harten Gefühlen, Niederlagen und Wutausbrüchen geprägt sind. Man mag in diesem Zusammenhang ferner auch an planmäßige, manipulative Strategien denken. Man kann Sport aber auch mit Spaß, kreativem Selbstausdruck, Freiheit und Staunen verbinden.

In diesem Buch bedeutet Sport etwas, was Spaß macht und keine negativen Konsequenzen hat, wenn man einmal verliert. Die meisten Männer nehmen Dates sehr ernst: Fehlschläge haben nachteilige Auswirkungen auf ihre Selbstachtung. Treffen erscheinen als schwieriges Problem: Ein Test für die Männlichkeit. Diese Vorstellung wollen wir ändern. Dates werden Ihnen sehr viel leichter fallen, wenn Sie diese spielerisch nehmen und Spaß dabei haben.

Für Bruce sind diese Treffen ein spielerischer Wettbewerb: So sollten Sie das auch sehen. Auf diese Weise fühlen Sie sich unbeschwert und frei. Bruces Anziehungskraft auf Frauen hat viel mit seiner sportlichen Einstellung zu tun: Er macht Spaß, ist spielerisch, nimmt nichts zu ernst und führt ein Leben, an dem Frauen teilnehmen wollen.

Hier sind die Spielregeln für Ihre Dates:

Regel Nr. 1: Nehmen Sie es nicht persönlich.

Haben Sie jemals ein Spiel mit anderen Menschen gespielt, das plötzlich kein Spiel mehr war, weil es persönlich wurde? Ein Mann erzählte uns von einem Fußballspiel, an dem er teilgenommen hatte. Das Spiel lief großartig, aber plötzlich griff einer der Spieler einen aus der gegnerischen Mannschaft an. »Plötzlich war es kein Spiel mehr«, erklärte er uns. »Er nahm ein Manöver des anderen Spielers persönlich und verlor die Beherrschung.« So kann man ein Spiel ganz schnell verderben. Egal, was eine Frau tut: Nehmen Sie es nicht persönlich. Bedeutet das, das man eine Frau küssen und anfassen kann, auch wenn sie das nicht will? Absolut nicht. Aber wenn Sie zu einer Frau »Hallo« sagen und sie Ihnen einen wütenden Blick zuwirft, oder wenn Sie sie um eine Verabredung bitten und sie ablehnt, sollten Sie es einfach nicht persönlich nehmen. Es gibt viele Gründe dafür, dass sie so reagiert.

Vielleicht kann man sich die abweisende Reaktion einer Frau auf ein Lächeln dadurch erklären, dass sie gerade von einem tragischen Todesfall in ihrer Familie erfahren hat. Und wenn sie ein »Hallo« ignoriert, hört sie womöglich nicht besonders gut. Die kühle Reaktion einer Frau kann daran liegen, dass sie Magenschmerzen hat, weil sie zu viel Schokolade gegessen hat. Entscheidend ist: Sie wissen im Grunde nicht, weshalb sie abweisend reagiert oder Ihnen eine Abfuhr erteilt. Wenn man ihre Reaktionen persönlich nimmt, ist es kein Spiel mehr und macht keinen Spaß.

Bruce lässt sich von abweisenden Reaktionen nicht aus der Bahn werfen. Er nimmt es gelassen. Wenn Sie es ebenso machen, werden Sie den meisten anderen Männern um Lichtjahre voraus sein. Wenn eine Frau auf Ihre Flirtversuche positiv reagiert, sollten Sie es hingegen persönlich nehmen. Denken Sie daran: Sie wirken attraktiv auf sie – und das ist Ihre eigene Leistung. Sie sollten sich bestätigt fühlen, wenn es gut läuft. Nehmen Sie es aber nicht persönlich, wenn es nicht gut läuft.

Regel Nr. 2: Seien Sie spielerisch.

Kürzlich haben wir einen unterdurchschnittlich attraktiven, 55-jährigen, übergewichtigen Versicherungsvertreter beobachtet, der eine schöne junge Frau geangelt hat. Wir saßen in einem Restaurant, und er kam herein, um die Toilette zu benutzen. Er fragte die Kassiererin nach einigen Bildern an der Wand und witzelte darüber, wie hässlich und veraltet sie waren. Sie lachte und lächelte ihn an. Sie fragte ihn, ob er sich setzen wolle, aber er sagte, er sei unterwegs zu einem Lebensmittelgeschäft in der Nähe, um dort einzukaufen. Er reichte ihr die Hand und verabschiedete sich von ihr. Sie reichte ihm ebenfalls ihre Hand; er küsste sie langsam und sagte: »Es war mir ein Vergnügen, so eine liebenswerte und schöne Frau kennenzulernen.« Sie wurde rot und fächelte sich mit einer Speisekarte Luft zu: Sie tat so, als wenn er sie verunsichert hätte. Sie gab ihm einen Drink in einem Becher zum Mitnehmen und bat ihn, zu bleiben, um sich mit ihr zu unterhalten. Seine spielerische Art machte ihm den Weg frei, um ihr den Hof zu machen. Dieser Mann, der eher unterdurchschnittlich gut aussah, hatte gelernt, Frauen zu entzücken: Er hatte keine Probleme, mit Frauen Dates zu vereinbaren und Sex zu haben.

Regel Nr. 3: Geben Sie nicht auf.

Wie bei jedem anderen Spiel kommt es darauf an, nicht locker zu lassen. Auch wenn man glaubt, dass man nicht gewinnen kann, hat man viel mehr Spaß daran, wenn man nicht aufgibt und trotzdem spielt, in der Hoffnung, zu gewinnen.

Bruce hat genau diese Einstellung: Es ist ihm egal, ob er gewinnt oder verliert; wichtig ist nur, wie gut er spielt. Er spielt, um zu gewinnen, auch wenn die Chancen gegen ihn stehen. Die meisten Frauen, mit denen er flirtet, gehen nie mit ihm ins Bett, aber das ist ihm egal. Er versucht einfach, bei jeder Begegnung so weit zu gehen, wie er kann. Dann fängt er bei der nächsten Frau von vorne an. Er weiß, dass man verloren hat, wenn man aufgibt. Da er das Spiel genießt, will er am Ball bleiben.

Hartnäckigkeit und der Wille zu gewinnen, machen Sie zu einem Mann, der nicht leicht aufgibt. Wie ein Mann, der nicht aufgibt, werden

Sie mehr Erfolg haben, als Sie sich jemals haben vorstellen können. Man erzählt von einem Jungen, der in einem Mathe-Kurs eingeschlafen war. Als er erwachte, schrieb die Lehrerin gerade eine Aufgabe an die Tafel. Er hielt die Aufgabe für eine Hausaufgabe, schrieb sie in sein Heft und nahm sie mit nach Hause.

Die folgenden zwei Tage arbeitete er jede freie Minute an dieser Aufgabe. Schließlich fand er die Antwort und brachte sie zur Lehrerin. Sie war schockiert – es erwies sich, dass diese Aufgabe als unlösbar galt: Sie hatte sie nur als Beispiel an die Tafel geschrieben. Er konnte sie lösen, weil er spielte, um zu gewinnen: Er wusste gar nicht, dass er es nicht konnte. Er gab nicht auf, als es schwierig wurde – genau wie Bruce.

Regel Nr. 4:
Machen Sie eine Wahrscheinlichkeitsrechnung daraus.

Das Interessante an Sportreportagen ist, dass die Reporter Wahrscheinlichkeiten in ihre Kommentare einfließen lassen. Bei einem Date sind Wahrscheinlichkeiten ebenfalls aufregend. Durch sie wird das Spiel interessanter; außerdem wirken sich Begegnungen mit Frauen weniger auf das Selbstwertgefühl aus, wenn man sie zu einer Wahrscheinlichkeitsrechnung macht. An einem bestimmten Abend sehen Sie vielleicht eine schöne Frau gegenüber an der Bar und rechnen Ihre Chancen aus, dass sie mit Ihnen nach Hause geht. Vielleicht geben Sie sich eine Chance von fünf Prozent, dass sie mit Ihnen redet. Die Chance, dass sie sich einladen lässt, könnte ein Prozent betragen und die Chance, dass Sie in derselben Nacht mit ihr schlafen, 0,5 Prozent. Wenn sie weniger schön oder stärker angetrunken ist, steigen Ihre Chancen. Es mag albern klingen, aber diese Technik schafft einen spielerischen Rahmen und sorgt so für mehr Spaß. Wenn man diese Regeln befolgt, werden Dates zu einem Sport: Sie werden dadurch weniger abschreckend und machen allen Beteiligten mehr Spaß. Man weiß, dass es bei Wettbewerben Höhen und Tiefen, Siege und Niederlagen gibt. Man setzt dabei nicht sein Ego aufs Spiel und hat keine Minderwertigkeitsgefühle, wenn man nicht ständig gewinnt.

Lassen Sie sich von Ihren Freunden anfeuern

Als Männer lieben wir Wettkämpfe – ob wir es zugeben oder nicht. Diesen angeborenen Ehrgeiz können Sie nutzen, um sich und Ihre Freunde anzuspornen, mehr Frauen anzusprechen und verwegene Dinge zu tun, die Sie sich normalerweise nicht zutrauen.

Die Verfasser dieses Buches haben dieses Prinzip oft eingesetzt, um sich gegenseitig anzuspornen, unter die Leute zu gehen und mehr Dates zu vereinbaren. Wir hänselten uns gegenseitig und forderten uns heraus, eine schöne Frau anzusprechen. Wir schlossen Wetten auf unsere Erfolgs- und Misserfolgs-Quoten ab.

Auch in dieser Hinsicht ist die Unterstützung durch Männerfreunde entscheidend. Wenn der Wettbewerb in Ihnen das Gefühl weckt, ein Versager zu sein, hören Sie sofort damit auf. Wir ermutigen Sie, Freunde zu finden, die Sie sowohl trösten, wenn es nicht gut läuft, als auch Mut machen, wenn Sie Angst haben und nicht aktiv werden können. Niemand versteht die potenziellen Stolperfallen, Probleme und Freuden bei einem Date besser als ein anderer Mann. Wenn Sie wenige männliche Freunde haben und eher mit Frauen zusammen sind, muss sich das ändern. Der Ansporn durch männliche Freunde ist Ratschlägen von Frauen weit überlegen.

Bruce verfolgt Hinweise hartnäckig

Bruce lässt bei seiner Suche nach Frauen niemals locker. Er begegnet jeden Tag so vielen Frauen, dass es ihm ziemlich egal ist, wie viele Begegnungen erfolgreich verlaufen. Er konzentriert sich auf das langfristige Ziel, Dutzende von Frauen kennenzulernen, die er jederzeit anrufen kann, um noch in derselben Nacht mit ihnen zu schlafen.

Er verfolgt ständig die Hinweise, die er findet – in Restaurants, am Telefon, per E-Mail sowie in Geschäften und an anderen Orten, die er besucht. Wie ein geschäftstüchtiger Handelsvertreter tut er alles, was in seiner Macht steht, um so viele Frauen wie irgend möglich zu bekommen.

Bruce weiß, dass es eine Frage der Wahrscheinlichkeit ist

Bruce lebt nach dem Muster der »Zahlenspiel«-Analogie, die wir bereits besprochen haben. Er weiß, dass Dates, wie auch Verkäufe, eine Frage der Wahrscheinlichkeit sind. Er weiß, dass eine Frau ihm ihre Telefonnummer geben wird, wenn er mit zehn Frauen flirtet. Wenn er zehn Dates ausmacht, werden vier Frauen tatsächlich erscheinen. Er weiß, dass er mit mindestens einer von diesen vier Frauen schlafen wird. Bruce setzt diese Philosophie ein, um sich selbst aufzubauen, wenn er abgewiesen wird. Eine Zurückweisung ist für ihn nur ein weiterer Schritt zu einem Ja.

Bruce hat viele Chancen, weil er mit vielen Frauen flirtet

Wir haben bereits darauf hingewiesen, dass Meister der Verführung nicht alles auf eine Karte setzen: Sie haben viele Eisen gleichzeitig im Feuer. Auch wenn Frauen nicht auf eine Annäherung eingehen, ist die Übung den Aufwand wert. Das Flirten und die Suche nach Gelegenheiten sind für Bruce notwendige Voraussetzungen für seinen Erfolg. Wer lange genug übt, wird es zur Meisterschaft bringen. Indem Sie oft flirten, trainieren Sie Ihre Redegewandtheit Frauen gegenüber. Jeder von uns kann sich auf bestimmte Fähigkeiten konzentrieren, die er sehr, sehr lange übt, bis er sie zur Meisterschaft bringt. Fahrradfahren, Schuhe binden und das Große Einmaleins sind Beispiele dafür.

Wer mit vielen Frauen flirtet, erwirbt ein hohes Maß an Vitalität und Selbstvertrauen, das auf Frauen wiederum ansteckend wirkt. Wer mit vielen Frauen redet, ebnet den Weg für den Erfolg; das führt zu mehr Dates und zu mehr Vitalität in anderen Bereichen des Lebens. Wir definieren Vitalität als den Ausdruck der Entschlossenheit, mit der man Aufgaben angeht. Sie kann sich daran bemessen, wie kontaktfreudig und verwegen man ist. Frauen wollen, dass ein Mann in der Öffentlichkeit und privat stark und selbstsicher auftritt. Wer mit vielen Frauen flirtet, entwickelt diese Eigenschaften.

Ein weiterer Grund, mit vielen Frauen zu flirten, ist, dass es früher oder später gute Resultate gibt. Wir glauben, dass kleine, beharrliche Initiativen schließlich zum Erfolg führen. Wir alle kennen die Geschichte von der Schildkröte, die erfolgreich war, weil sie zwar langsam, aber beharrlich war, wohingegen der Hase zwar schnell war, aber nachlässig und faul wurde. Dasselbe gilt, wenn man Frauen den Hof macht: Wenn man ständig mit Frauen flirtet, hat das einen Multiplikationseffekt. Das unterstützt gegenwärtige und zukünftige Erfolge bei Frauen.

Bruce tut, als wenn er der Mann wäre

Wir haben bereits erwähnt, dass es wichtig ist, andere Männer nachzuahmen. Es lohnt sich, Kleidung, Vorgehensweise, Einstellung und allgemeines Gebaren eines erfolgreichen Verführers zu übernehmen. Bruce gibt sich, als wenn er der Mann wäre: Das tut er ständig. Er handelt in selbstsicherer Weise. Insgeheim ahmt Bruce eine Rolle nach, die John Travolta einmal spielte. Er nimmt sich auch seinen Freund Sam zum Vorbild. Sam ist immer von Frauen umgeben und hat häufig Dates. Bruce hat gelernt, dass er mehr Erfolg bei Frauen hat, wenn er Sam nachahmt, als wenn er es nicht tut.

Wenn Bruce das Haus verlässt, wirft er sich in Schale

Jederzeit gut auszusehen, komme, was da wolle, ist ein wichtiger Teil des Erfolgs bei Frauen. Viele Männer machen den Fehler, dass sie auf Treffen mit Frauen nicht vorbereitet sind, wenn sie das Haus verlassen. Wir meinen nicht, dass man ständig einen Anzug tragen sollte. Man sollte aber darauf achten, was man trägt, und überlegen, ob es für eine Begegnung mit Frauen angemessen ist (oder nicht). Wir haben das im vorangegangenen Kapitel gründlicher durchgenommen. Auch bei Trainingshose und T-Shirt kann man darauf achten, dass man auf Frauen attraktiv wirkt. Denken Sie daran.

Bruce ist immer bereit zu flirten, komme, was da wolle. Für einen Weltklasse-Verführer gehört das dazu. Hinter all diesen Flirts stecken viele Stunden Vorbereitung. Er hat verführerische Fragen und Eröffnungsphrasen auswendig gelernt. Er hat im Voraus entschieden, wie viele Frauen er im Lauf des Tages ansprechen will. In den späteren Kapiteln werden Sie Anmachsprüche und Ansätze lernen, die Sie einsetzen können, um Frauen anzusprechen. Bruce hat viele unterschiedliche Ansätze und Arten parat, Frauen anzusprechen, sodass er in jeder Situation zum Flirten bereit ist.

Bruce hat die Kunst der Verführung in allen Einzelheiten studiert, wie ein Meister der Kampfkunst, der jede mögliche Situation vorhersieht. Wie ein Meister der Kampfkunst bereitet sich Bruce auf alle möglichen Situationen vor und ist bereit, neue Alternativen zu erfinden, die in jeder Situation, in die er geraten mag, leicht anzuwenden sind.

Die vier besten Orte, um Frauen kennenzulernen

Bruce hat die Angewohnheit, regelmäßig dieselben Orte aufzusuchen. Diese Praxis eröffnet viele Gelegenheiten, sich mit Frauen zu verabreden, und schafft eine Basis für enge Bindungen. Sozialwissenschaftler haben nachgewiesen, dass man sich zu einem Menschen eher hingezogen fühlt, wenn man ihn häufiger sieht und öfter Kontakt hat. Man bezeichnet das als »Attraktivität durch Gewöhnung«. Allein schon diese Tatsache sollte Sie dazu anregen, Möglichkeiten zu suchen, mit denselben Menschen regelmäßig zu verkehren.

Hier ist eine Liste mit vier Orten, die man regelmäßig besuchen kann, um Frauen zu treffen und Attraktivität durch Gewöhnung zu schaffen.

1. Cafés

Cafés zählen inzwischen zu den heißesten Orten, um Frauen kennenzulernen. Singles im ganzen Land nutzen sie als potenzielle Anmachorte. Der Trend ist nicht nur in Großstädten zu verzeichnen. Wir sind sicher, dass das Café in Ihrem Ort eine gute Auswahl an unterschiedlichen Frauen bietet.

Bruce hat demonstriert, wie nützlich es ist, ein Stammkunde in einem Café zu werden. Manchmal bilden die Stammkunden kleine Gemeinden. Dieselbe Mischung von Persönlichkeiten kreuzt täglich um dieselbe Zeit auf. Es ist gut, eine feste Routine zu entwickeln. Auf diese Weise lernt man die Stammkunden kennen. Eine Frau mag einen heißen Java trinken und mit ihren Freunden herumhängen. Oder sie liest ein Buch oder schreibt in ihr Tagebuch. Wenn man viele Angestellte und Stammkunden kennt, wird es auch einfacher, andere Kunden kennenzulernen.

2. Restaurants

Restaurants sind eine weitere gute Möglichkeit, um Dates zu vereinbaren. Frauen lieben es, essen zu gehen. Je besser und teurer das Essen, desto mehr mögen sie es. Restaurants versetzen Menschen in eine festliche Stimmung. Sie sind dann offen für neue Erfahrungen. Außerdem lieben Frauen es, sich gut anzuziehen und auszugehen. Auch wenn man zurückgewiesen wird, ist es gut für das Selbstvertrauen, mit Frauen zu verkehren, die attraktiv gekleidet sind. Die besten Restaurants für Frauenbekanntschaften sind solche mit einem großen Bar-Bereich und einer Terrasse.

Bedienungen sind das Beste an Restaurants. Wenn man ein Restaurant und die Bedienungen kennt, kann man einen Food-Service leicht in einen Sex-Service verwandeln. Beispielsweise ging Mark, ein 34-jähriger Forscher, dreimal pro Woche zum Abendessen in dasselbe Restaurant. Mit der Zeit ergab sich eine Romanze mit einer Bedienung. Er nahm sich die Zeit, die Romanze mit ihr langsam zu entwickeln – schließlich wusste er, wo sie war und dass sie ihn wiedersehen würde. Er war beim Flirten niemals verwegen. Eines Abends traf er sie außerhalb des Restaurants in einer Bar. Sie unterhielten sich, und er lud sie zu einem Film ein. Sie gingen aus und begannen schließlich zu knutschen. Später hatten sie gelegentliche Dates.

3. Fitness-Center

Jeder glaubt, dass Fitness-Center vor Singles wimmeln, die auf Dates und Sex aus sind. Diese Erfahrung haben wir nicht gemacht. Vielleicht ist es keine gute Idee, im größten Fitness-Center der Stadt zu trainieren. Sie bieten aber insgesamt gute Möglichkeiten, Kontakte zu Frauen zu knüpfen und gelegentliche Dates zu vereinbaren. Oft war unser Center voll mit molligen, verheirateten Frauen mittleren Alters, die wütend wurden, wenn man sie nur ansah. Andererseits berichten unsere Schüler, dass sie Frauen im Fitness-Center kennengelernt haben. Sie sind der Meinung, dass es einfach Spaß macht, die strammen Körper der Frauen anzusehen. Wir empfehlen das Fitness-Center, weil das Training den Körperbau – und dementsprechend den Verkehrswert bei Frauen – verbessert. Wer einige Male pro Woche trainiert, kann den Bauch loswerden und die Ausdauer verbessern. Angeblich erhöht es sogar den Testosteronwert im Blut.

Der andere Vorteil ist, dass manche Frauen dort einen Mann suchen. Wenn man sich an eine Frau und ihren Terminplan gewöhnt, kann man Gespräche anfangen und langfristig daran arbeiten, bis man sie um eine Verabredung bittet.

4. Buchgeschäfte

Suchen Sie eine Frau, die sexy, klug und ungebändigt ist? Wenn Sie regelmäßig in Buchgeschäfte gehen, können Sie einsame Intellektuelle treffen. Frauen, die Sie in Buchgeschäften treffen, werden Ihnen gegenüber offener sein, weil diese Frauen meist klug sind und keinen Mann finden. Was glauben Sie, warum Frauen so viele Liebesromane und verschrobene Erzählungen lesen? Viele Buchgeschäfte sind am Freitagabend voller Frauen. Sie suchen etwas – und es ist nicht nur ein neues Buch.

Einer unserer Schüler lernte eine attraktive Frau kennen, als sie Bücher in der Sex-Abteilung einer großen Buchgeschäft-Kette ansah. Obwohl er es für gewagt hielt, machte er einen Witz über ein Buch, das sie las. Sie war ihm gegenüber offen, und sie machten Witze über Zubehör zur Penisverlängerung. Später bekam er ihre E-Mail-Adresse; sie schrieben sich ein paar Wochen Mails und hatten später auch Dates.

Wir empfehlen allen unseren intellektuellen Schülern, Frauen in Buchgeschäften kennenzulernen.

Die neun geheimen Orte, um Frauen zu treffen

Es folgt eine Liste von Orten, die man wahrscheinlich nicht für erstrangige Orte hält, um dort Frauen zu treffen. Aber gerade dort warten viele einsame Frauen auf Sie. Wir empfehlen, dass Sie unmittelbar weitergehen, wenn Sie an den folgenden Veranstaltungen oder Orten keine Frauen finden, an denen Sie interessiert sind. Wenn Sie schnell weitergehen und sofort die nächste Gelegenheit suchen, ist der Erfolg vorprogrammiert.

1. Yoga-Kurse

Ein Yoga-Kurs in Ihrer Stadt ist ein großartiger Ort, um New-Age-Frauen kennenzulernen. Yoga ist (falls Sie das noch nicht wissen) eine Art von Training, das dem Stretching ähnelt. Yoga stammt aus Indien und wurde als Mittel eingesetzt, um Körper und Geist gleichermaßen zu transzendieren. Wir wollen keine weiteren Einzelheiten nennen, um Sie nicht zu verängstigen. In den vergangenen paar Jahren ist Yoga unter gesundheitsbewussten Frauen eine populäre Form des Trainings geworden. In den meisten Großstädten gibt es viele Kurse, und unter den Lehrern und Schülern sind Frauen normalerweise in der Mehrzahl. Eine Frau, die jahrelang aktiv Yoga gemacht hat, hat normalerweise einen wunderbar trainierten Körper. Das ist ein weiterer Extra-Vorteil!

Fred besuchte einen Yoga-Kurs und befand sich mit 20 Frauen (und keinen anderen Männern) in einem Raum. Als Anfänger versagte er jämmerlich bei den Yoga-Positionen. Fred bat die Frauen um Hilfe. Am Ende der Unterrichtsstunde hatte er vier Frauen, die ihm anboten, ihm außerhalb des Kurses zu helfen. Andere Frauen waren freundlich und ermunterten ihn, wiederzukommen. »Es war großartig«, sagte Fred. »Ich stehe voll auf Yoga-Kurse, man lebt wie eine Made im Speck. Ich liebe es, mit diesen ruhigen, versponnenen Frauen zu reden. Es macht Spaß, mit ihnen zu reden und noch mehr, sie anzusehen. Außerdem ist es gesund.«

2. Kochkurse

Was glauben Sie, wer all die exotischen Kochkurse besucht? Frauen natürlich. Wer macht sich Gedanken über hochwertiges Essen? Frauen. Denken Sie an das Sprichwort: »Liebe geht durch den Magen.« Frauen besuchen Kurse, um die Männer in ihrem Leben glücklich zu machen. Was glauben Sie, wer die meisten Kochkurse nicht besucht? Männer. Sie verpassen die Gelegenheit, Frauen zu treffen und tolle Rezepte kennenzulernen.

Kochkurse sind ein großartiger Ort, um Frauen zu treffen – und zwar aus denselben Gründen wie Yoga-Kurse. In dieser Umgebung sind Sie eine Seltenheit, eine knappe Ressource. Sie werden sogar dafür belohnt werden, dass Sie nicht kochen können und Rezepte versauen. Die Frauen in den Kursen werden bald Mitleid mit Ihnen haben und ihre Hilfe anbieten. Sie können sie um Koch-Dates bitten, damit Sie zu Ihnen in die Wohnung kommen. Wenn der Kurs zum Beispiel sechs Wochen dauert, haben Sie darüber hinaus die Möglichkeit, die Frauen im Kurs mit der Zeit allmählich kennenzulernen und die Verführungen systematisch auszubauen. Ach so: Und Sie lernen auch noch Kochen.

3. Gottesdienste

Vor ein paar Jahren hatten wir einen Schüler, der sagte, dass die Kirche der ultimative Ort sei, um Frauen kennenzulernen. Er hieß Rolf und war das Paradebeispiel eines Strebers. Er trug eine Brille im Stil der 1950er-Jahre und altmodische Hosen. Rolf war in seiner Kirchengemeinde aktiv und ein gläubiges Mitglied. Er beschloss, seinen Glauben einzusetzen, um Frauen zu bekommen.

Rolf begann, an Wochenenden einzelne Veranstaltungen zu besuchen. Er gestand zahlreichen Mitgliedern seiner Gemeinde, dass er eine gläubige Frau suchte. Da viele Kirchen Dates und Beziehungen innerhalb ihrer Gemeinde fördern, begannen viele Mitglieder seiner Gemeinde, ihn zu verkuppeln.

Uns erstaunte, dass diese Frauen Sex mit ihm hatten. »Wie Kaninchen«, erzählte er uns. »Die meisten von ihnen konnten es nicht erwarten, ins Bett zu gehen!« Vielleicht wollen auch Sie in der kommenden

Woche den Gottesdienst besuchen und die Mädchen abchecken, während Sie beten.

4. Mittelalter-Märkte

Mittelalter-Märkte gibt es im Sommer überall, sie sind voll im Trend. Obwohl Märkte jeder Art ein großartiger Ort sind, um Frauen zu treffen, sind Mittelalter-Märkte die besten. Diese Märkte ziehen die Hippie-Frauen der 1960er-Jahre an, die Frieden, Liebe und Freiheit schätzen. Kurz: Diese Arten von Frauen sind offen für Bekanntschaften und Sex.

Eine Gruppe unserer Schüler besuchte im letzten Sommer einen Mittelalter-Markt und hatte viel Spaß dabei. Sie fanden bald Gruppen von Frauen in langen Gewändern mit indischem Parfum, die für Flirten, Unterhaltungen und andere Dinge offen waren. Nach einigen Stunden auf dem Markt führten unsere Schüler die Damen in eine nahe gelegene Bar aus. Die Party ging bis in die Morgenstunden. Ein weiterer großartiger Ort, um Frauen zu treffen, sind Veranstaltungen der »Regenbogen-Leute«. Das sind im Grunde die Hippies des 21. Jahrtausends.

5. Open-Air-Konzerte

Was könnte romantischer sein, als ein Konzert unter den Sternen? Frauen stehen auf diese Art von Veranstaltung. Je nach Art der Musik kann ein Konzert seine Zeit und sein Geld durchaus wert sein.

Solch eine Musikveranstaltung ist ein großartiger Ort, um Frauen zu treffen, wenn man allein hingeht. Single-Frauen, die in kleinen Gruppen kommen, sind für Männerbekanntschaften aufgeschlossen – und tatsächlich haben viele von ihnen genau das im Sinn. Wenn es sich um Jazz, Klassik oder Pop-Rock handelt (nicht Punk- oder Hard-Rock), wird es einfacher sein, Kontakte zu knüpfen. Bei Hard-Rock-Freiluft-Veranstaltungen gibt es viele betrunkene minderjährige Mädchen. Dementsprechend muss man sich hier vor Frauen hüten, die attraktiv aussehen und erwachsen wirken, aber tatsächlich erst 17 Jahre alt sind. Ein weiteres Problem bei Hard-Rock-Konzerten ist die Lautstärke: Man kann sich gar nicht unterhalten.

Die Autoren dieses Buches haben einmal ein Jazz-Festival in Kalifornien besucht –Miles Davis spielte als Top-Act. Es war ein langer Tag in der Sonne; als die Nacht hereinbrach, wurde es kalt. Wir nutzten die Kälte als Gelegenheit, um drei Frauen, die in der Nähe saßen, einzuladen, unter unserer Decke zu kuscheln. Sie hatten Shorts getragen und waren auf die Kälte nicht vorbereitet. Da wir uns den ganzen Tag über immer wieder mit ihnen unterhalten hatten, fühlten sie sich bei uns wohl. Wir kuschelten mit ihnen und luden sie später in unser Hotelzimmer zu etwas After-Hour-Action ein. Sie akzeptierten.

Da es keine Wundermittel gibt, werden Sie nicht immer so viel Glück haben. Sie können aber beharrlich Orte und Veranstaltungen besuchen, wo Frauen für Dates offen sind. Irgendwann werden Sie Erfolg haben.

6. Abteilung für Kochgeschirr im Kaufhaus

In jedem Gourmet-Kochgeschäft sind höchstwahrscheinlich klasse Frauen zu finden, die herumhängen und Kochgeschirr ansehen. An solchen Orten haben Sie gute Ansätze, um ein Gespräch zu beginnen. Die besten Chancen hat man an Wochenenden. Man geht einfach auf eine gut aussehende Frau zu und fragt sie über Kochutensilien aus. Fragen Sie sie zum Beispiel, welche Knoblauchpresse sie empfiehlt, und welche Spachtel für französisches Essen am besten geeignet ist.

Die Frauen, die in diesen Geschäften einkaufen, sind wahrscheinlich über 35 Jahre alt. Das ist ideal, wenn man eine heiratswillige Frau für eine ernste Beziehung sucht, oder eine geschiedene Frau, die eine Portion Sex nötig hat. Wenn man aber nichts weiter sucht, als ein »Bett im Kornfeld« mit einem Mädchen um die 20, ist das nicht der passende Ort.

Es kommt gut an, wenn Sie aus dem Stehgreif flirten. Die Tatsache, dass Sie Gourmet-Zubehör suchen, sagt einer Frau viel über Sie: Es zeigt, dass Sie feines Essen – und wohl auch feine Kultur – mögen. Sie wird das mögen, weil sie sich, wie die meisten Frauen, zu hochklassiger Kultur hingezogen fühlt. Es ist für Sie von Vorteil, wenn Sie in Ihren Gesprächen mit ihr über Ihre Liebe zur Kultur reden. Es wird ihr mitteilen, dass Sie »raffiniert« sind, einen Sinn für hochwertige Dinge haben. Ihr Interesse wird ihre Hormone übersteuern und Sie automatisch in die Kategorie »mögliche ernste Beziehung« einordnen. Diesen Ansatz können Sie überall dort anwenden, wo teure und erlesene Dinge verkauft werden, zum Beispiel in einem Schmuckgeschäft, in einem teuren Bekleidungsgeschäft oder in einem Möbelgeschäft.

7. Tanzkurse

Ein Steh-Blues zählt immer noch zu den romantischsten Dingen überhaupt. Die männlichen Sex-Symbole der alten Schule sind unter Frauen auch heute noch beliebt, weil sie ein Flair von Romantik haben. Fred Astaire, Bing Crosby und andere mehr regen noch immer die Fantasie der Frauen an. Ein Teil ihres Charmes bestand darin, dass sie durch ihre Art zu tanzen und romantisch zu reden eine Frau umwerfen konnten: Sie konnten gleichzeitig subtil und draufgängerisch sein.

Tanzkurse sind ideal, um Frauen zu treffen und zu verführen. Erstens schätzen es Frauen, wenn Männer die romantischen Aktivitäten der alten Schule (zum Beispiel Tanzen) lernen. Sie werden es Ihnen hoffentlich nachsehen, wenn Sie ein schlechter Tänzer sind – schließlich besuchen Sie den Kurs, um zu lernen, oder? Zweitens werden sie mit Ihnen tanzen wollen, weil nur wenige Männer Tanzkurse besuchen und Sie eine seltene Ware sind. Drittens können Sie über mehrere Wochen hinweg mit ihnen flirten und Ihre Verführung langsam ausbauen.

Gesellschaftstänze sind eine ausgezeichnete Gelegenheit, Frauen nah am Körper zu halten und dieselben Bewegungen zu vollziehen, die Meister der Verführung im Fernsehen und im Kino ständig vorführen. Viele Menschen berichten, dass sie sich high fühlen, weil das Tanzen den Kreislauf anregt und romantische Gefühle verstärkt. Gesellschaftstänze sind außerdem nützlich für Hochzeiten, formale Events und sogar für die Tanzbar.

Brian, ein 31-jähriger Computer-Programmierer, nutzte Gesellschaftstänze, um Frauen kennenzulernen. Er hatte ein Problem, interessante und sexy Frauen für Dates zu treffen. Sein Beruf zwang ihn, den größten Teil des Tages im Haus zu bleiben, und die Bar-Szene entsprach nicht seiner Natur. Brian beschloss, Kurse zu besuchen. Für ihn war es ein hervorragender Sport und eine ideale Möglichkeit, attraktive Studentinnen kennenzulernen.

Nach einigen Monaten war er schon ein recht guter Tänzer – viele der Frauen im Club baten ihn, bei ihren Veranstaltungen zu tanzen. Brian war bis dahin ein eher einsames Leben gewohnt gewesen; die neue Aufmerksamkeit war für ihn spaßig und aufregend. Er wurde ein Stamm-Mitglied im Club und besuchte zwei Tanzveranstaltungen pro Woche. Brian fand nicht nur einen neuen Freundeskreis, sondern begann auch, mit einer der Frauen eine feste Beziehung aufzubauen.

8. Bars in der Nähe von Hotels, in denen reisende Geschäftsfrauen wohnen

Reisende Geschäftsfrauen sind oft offen für sexuelle Experimente mit wechselnden Partnern. In den besseren Hotels Ihrer Stadt wohnen wahrscheinlich viele Geschäftsfrauen, die spät abends an der Bar oder im Foyer herumhängen. Ja, sie sind einsam. Ja, sie hätten gerne Gesellschaft. Genau wie ihre männlichen Kollegen sind sie auf Reisen einsam und sehnen sich nach der Zuneigung, Liebe und Zärtlichkeit eines Mannes. Sie wissen, wie es ist, auf Reisen zu sein, niemanden zu kennen und bei Sitzungen stundenlang präsent sein zu müssen. Am Ende des Tages wollen sie genau dasselbe, was wir wollen: einen warmen Körper, ein kaltes Bier und Sex.

Jack begann, im teuersten Hotel seiner Stadt herumzuhängen. Er wollte sehen, wie viele Frauen er in der Bar treffen konnte. Er begann, die Bar einige Male pro Woche zu besuchen. Die ersten paar Wochen traf er nur ein paar langweilige Computer-Freaks auf Geschäftsreise. Eines Abends sah er aber eine einsam wirkende, 38-jährige Frau. Sie war attraktiv, trug einen Anzug, trank Wein und suchte den Raum nach einem Mann ab. Jack setzte sich neben sie und begann ein harmloses Gespräch. Es schien zwischen ihnen sofort zu funken. Sie waren beide in demselben Geschäft, und sie schien sehr klug zu sein. Sie unterhielten sich stundenlang, bis Jack fast betrunken war. Sie lud ihn auf ihr Zimmer ein. Sie hatten die ganze Nacht lang Sex. Am nächsten Morgen erwachte Jack in ihrem Bett.

9. Das Internet

Sind Sie schüchtern? Haben Sie Angst, Frauen anzusprechen? Haben Sie Angst, Ihr romantisches Interesse zu zeigen, aufs Ganze zu gehen und eine Zurückweisung zu riskieren? Natürlich. Kein Problem: Es gibt eine Ort, an dem Sie die Verführung von Frauen üben können, an dem jede Zurückweisung minimal erscheint, Erfolge leicht zu haben sind und Sie Ihren Stil und Ihre Kenntnisse in der Kunst der Verführung verfeinern können. Dieser Ort ist das Internet. Wenn Sie einsam, schüchtern und geil sind, sollten Sie den internationalen Sex-Superhighway nutzen. Die Teile des Internet, um die es hier geht, sind das World Wide Web, Newsgroups und Chat-Rooms.

Das Web ist im Allgemeinen ein stumpfsinniger Ort für eine Romanze. Hier gehen die meisten Männer hinein – wegen der schmutzigen Bilder und Geschichten, die man hier findet. Aber die Suche nach Wichsvorlagen ist nicht dasselbe wie die Verführung von Frauen. Um Frauen für sexuelle Erfahrungen zu finden, muss man das Web beiseite lassen und sich auf Kontakt-Newsgroups und Chat-Rooms konzentrieren.

Mit einem Newsreader-Programm kann man im Usenet surfen. Das ist eine Auswahl von tausenden und abertausenden von Newsgroups zu speziellen Themen. Jeder kann sich in die meisten dieser Gruppen einloggen und Briefe einstellen, die jeder lesen und beantworten kann – entweder durch einen offenen Brief oder direkt und persönlich über die E-Mail-Adresse. Es gibt eine große Auswahl an Gruppen, die hauptsächlich aus Kontaktanzeigen bestehen. Hier können Sie beginnen, verführerische Postings für Frauen zu platzieren. In einem späteren Kapitel werden wir uns ausführlicher über Kontaktanzeigen aller Art unterhalten und zeigen, wie man sie verfasst.

In Chat-Rooms kann man sich am besten einloggen, wenn man einen großen Internet-Anbieter hat. Chat-Rooms sind Orte, an denen jeder gleichzeitig tippt und am Bildschirm liest, was die anderen schreiben. Das meiste, was dort abläuft, ist infantil (»Hey, wer ist da?« »Sind irgendwelche Frauen da?«), aber mit etwas Geduld kann man Sex- und Romanzen-Gruppen finden, in denen man mit Frauen über ihre Erfahrungen mit Romanzen reden kann.

Kann man im Internet eine Frau für Sex finden? Möglich, aber einige Dinge muss man bedenken. Erstens: Sie sind zum Üben hier. Zweitens: Sie könnte durchaus fett sein. Man kann beinahe davon ausgehen – obwohl es nicht zu 100 Prozent sicher ist. Drittens: Sie kann weit weg wohnen, verheiratet sein oder eine andere unerfreuliche Überraschung verschweigen. Wenn man diese drei Vorbehalte bedenkt, kann man bei Verführungen im Internet definitiv Erfolg haben, denn:

- Man hat Gelegenheit zum Üben. Wir empfehlen allen unseren Schülern, ihre Verführungskünste im Internet zu verfeinern.
- Man hat Erfolgserlebnisse. Frauen, die erotische Briefe schreiben, geben einem das Gefühl, ein ausgiebiges Sexleben zu führen. Diese Fülle macht einen in Gegenwart von Frauen im Alltag entspannter.
- Man kann Telefon-Sex bekommen. Das ist ein sehr häufiger Vorteil. Viele unserer Studenten haben Partnerinnen für Telefon-Sex, die sie im Internet kennengelernt haben. Sie können jederzeit, Tag und Nacht, anrufen, um sich sexuell anzuregen. Diese Frauen leben in weit entfernten Städten, stehen aber für Telefon-Sex zur Verfügung: So spielt es keine Rolle, wie fett sie sind. Auch Sie können kostenlosen Telefon-Sex haben, wenn Sie die Chance nutzen und ins Internet gehen!
- Man kann echten Sex bekommen. Einige unserer Schüler haben diese Frauen auch besucht. Einer von ihnen erzählte von einer weit entfernten Stadt, in der eine der Frauen lebte, die er online kennengelernt hatte. Er hatte bereits eine Menge E-Mail-Sex und etwas Telefon-Sex mit ihr gehabt. Er teilte ihr mit, dass er ihre Stadt besuchen würde, und sie schlug ein Treffen vor. Obwohl sie versuchte, es im letzten Moment zu verderben, indem sie sagte, dass sie nur Freunde sein sollten, blieb er beharrlich. Er sagte, es sei o.k., nur Freunde zu bleiben, und traf sie trotzdem. Als er sie zum ersten Mal sah, war sie sehr sexy gekleidet. Er berührte und küsste sie schon nach fünf Minuten und sagte: »Ich weiß, du willst, dass wir nur Freunde sind, aber die Chemie ist so stark! Ich höre sofort auf, wenn du willst!« Sie sagte:

»Nimm mich!« Dann hatten sie die ganze Nacht lang Sex. Später erfuhr er, dass sie das mit den nur Freunde bleiben gesagt hatte, weil sie Angst hatte, dass er sie nicht haben wollte! Sie haben heute noch Internet-Sex, und sie möchte ihn wiedersehen, wenn er das nächste Mal auf der Durchreise ist. Internet-Verführung kann definitiv funktionieren.

- Man kann mehr bekommen! Man kann auch den Traumpartner im Internet finden. Das kommt vor. Man muss einfach beharrlich bleiben und bereit sein, die nötige Zeit zu investieren.

Der langen Rede kurzer Sinn: Es gibt keine Ausrede dafür, dass man keine Frauen trifft, auch wenn man schüchtern ist. Wenn man einer Frau im Internet zu nahe tritt, zum Beispiel in einem Brief oder einer Voice-Mail-Nachricht, wenn sie einfach nicht antwortet oder nicht zurückruft: Was soll‘s? Das Internet ist ein Ort, an dem man sein Selbstvertrauen aufbauen und seine Verführungskünste schulen kann.

Gimmicks, die Frauen zu einem Date animieren

Jeder wirklich erfolgreiche Frauenheld hat irgendein Gimmick. Elvis nutzte seinen Ruhm, Reichtum und Charme, um jede Frau zu bekommen, die er wollte. John F. Kennedy nutzte seine Macht als Präsident, um mit heißen Bräuten wie Marilyn Monroe zu schlafen. Wilt Chamberlain nutzte seinen Erfolg im Basketball, um mit tausenden von Frauen zu schlafen. Da Sie wahrscheinlich nicht reich und berühmt sind, werden Sie fantasievollere Möglichkeiten finden müssen, um die Aufmerksamkeit von Frauen zu erregen. Hier sind einige Vorschläge:

Aktivitäten mit Hunden

Frauen lieben Hunde. Hunde erinnern sie an eine sorglose Zeit in ihrer Kindheit, als sie von Pferden, Hundebabys und Barbiepuppen träumten.

Frauen finden Hunde (vor allem junge Hunde) süß– aber vor allem bilden sie die Mehrheit der Teilnehmer beim Hundetraining und bei Veranstaltungen von Hundeliebhabern.

Natürlich mag man Hunde. Man kann mit ihnen Ball spielen. Vielleicht hatten Sie als Kind einen großen Hund und erinnern sich besonderes gern daran, wie Sie Ihrem Hund beibrachten, andere Leute zu beißen. Wenngleich Sie Hunde mit Spaß assoziieren, denken Sie in diesem Zusammenhang wohl eher nicht an Romantik, Charme und Begegnungen mit Frauen. Das sollten Sie aber. Glauben Sie uns, Hunde sind das perfekte Gimmick für schüchterne Männer, die sich nicht überwinden können, den ersten Schritt zu machen.

Das Gimmick besteht darin, dass man sein Interesse an Hunden zum Thema macht oder sogar einen besitzt, den Frauen süß finden. Beispielsweise hat Clem auf einem strammen Spaziergang in einem Naturpark einen Ort bemerkt, an dem sich Frauen mit ihren Hunden trafen. Clem ging auf eine von ihnen zu und sagte, dass er sich einen Hund zulegen wollte. Ob sie Ihm wohl eine Empfehlung geben könne? Er sah sie mit großen, unschuldigen, jungenhaften Augen an. Sie konnte nicht widerstehen – sie unterhielten sich eine Stunde lang über die Vor- und Nachteile unterschiedlicher Rassen. Am Ende bat er um ihre Telefonnummer und schlug vor, gemeinsam zum Tierheim zu gehen. Sie sagte zu und sie gingen noch in derselben Woche hin.

Hundeschauen, Hundetraining am Wochenende und Kurse in Hundetraining sind ideale Gelegenheiten, um Frauen zu treffen. Einer unserer Schüler besuchte ein Hundetraining am Wochenende. Unter den Teilnehmern waren 120 Frauen und nur vier Männer! Zwar waren nicht alle Frauen attraktiv, aber es gab doch ein paar – er holte mit Leichtigkeit einige Dates heraus. Auf Hundeschauen trifft man fast nur Frauen. Gehen Sie hin – auch wenn Sie keinen Hund haben!

In den meisten Städten gibt es Hundeparks, wo die Leute hingehen können, um ihre Hunde auszuführen. Sie sollten ebenfalls dorthin gehen. Und wenn Sie einen Hund haben, besuchen Sie Kurse in Hundetraining: Sie werden Frauen treffen – und überdies einen gehorsamen Hund haben!

Besuchen Sie ein Seminar zur Persönlichkeitsbildung

Wollen Sie eine emotional offene Frau kennenlernen, die bereit ist, Sie als die magische Lösung ihrer Probleme anzusehen? Könnte diese Lösung auch eine heiße Nacht mit Ihnen umfassen? Ein Seminar zur Persönlichkeitsbildung kann Ihre Fahrkarte ins Paradies sein. Eines der entscheidenden Elemente bei den meisten Seminaren ist das tiefe Zusammengehörigkeitsgefühl, das zwischen den Teilnehmern sehr schnell entsteht. In einem Seminar zur Persönlichkeitsbildung befinden Sie sich in einer Gruppe von Leuten, die aus ihrer Alltagsroutine ausbrechen und etwas Neues ausprobieren wollen. Das kann eine günstige Umgebung sein, um neue Verhaltensweisen mit Frauen einzuüben, die viel offener sein werden als diejenigen, die Sie auf der Straße oder in einem Café treffen.

Ein weiterer Vorteil dieser Seminare: Meist legt man großen Wert auf Ehrlichkeit. In der Regel ist emotionale Ehrlichkeit gemeint. Wer seine innersten Geheimnisse preisgibt, wird von den Gruppenleitern belohnt und erntet den Respekt der übrigen Teilnehmer. Diese Umgebung ist ideal, weil Sie sich als Mr. Aufrichtig, Einfühlsam, Ehrlich und Noch-zu-Haben präsentieren können, obwohl Sie eigentlich nur Frauen anmachen wollen. In einer Pause könnten Sie zur attraktivsten Frau gehen und zum Beispiel sagen: »Ich habe das noch nie jemandem vorher gesagt, aber ich bin mir erst jetzt darüber klar geworden, dass ich ein vollwertiges sexuelles Wesen bin. Ein sexueller Mann, der emotionale und sexuelle Bedürfnisse gleichermaßen hat. Glauben Sie, das ergibt Sinn? Haben Sie jemals geglaubt, dass Sie sich selbst oder den Menschen in Ihrer Umgebung gegenüber ehrlich waren im Hinblick auf das, was Sie in Beziehungen wirklich wollen?« In einer Umgebung, in der man Ehrlichkeit und Offenheit schätzt, können Sie auf viele Frauen zugehen und Ihre Zuneigung offen zum Ausdruck bringen, sie um Verabredungen bitten, sie besser kennenlernen und neue Fähigkeiten üben.

Ein weiterer Vorteil ist, dass die meisten weiblichen Teilnehmer zuerst auf Sie zugehen werden. Manche werden sogar nur zu dem Zweck teilnehmen, einen Mann zu finden. Andere suchen nur einen Sexpartner! Es werden auch Frauen teilnehmen, die einer inneren Verwirrung auf den Grund gehen wollen; sie leiden vielleicht unter dem »Unschuldiges-

Opfer-Syndrom« und der »Unglaublich-leichtgläubig-Krankheit«. Das ist gut und schlecht zugleich. Gut ist, dass sie offen für Verabredungen sind und ihre Gedanken mit Ihnen teilen. Der Nachteil ist, dass sie psychotische Nervensägen sein könnten, die mehr Ärger machen, als sie wert sind. Wir werden Sie später noch über Psycho-Ticks aufklären und Ihnen die nötigen diagnostischen Mittel nennen, um solche Ticks bei Frauen zu erkennen. Bis dahin werden Sie mit manchen von ihnen vielleicht auch nette Dates haben.

Vielleicht werden Sie die Information, die im Seminar präsentiert wird, ebenfalls nützlich finden. Wir haben die Erfahrung gemacht, dass ein Mann desto besser mit Frauen umgehen kann, je klarer seine Lebensziele sind und je mehr Klarheit er in seinen Beziehungen hat. Ein Seminar kann dabei vielleicht helfen. Der einzige größere Nachteil an Seminaren ist, dass sie sehr viel Geld kosten können. Für den unerfahrenen Mann ist die Welt der Persönlichkeits-Seminare völlig undurchsichtig. Es gibt New-Age-Kristall-Therapie-Kurse, Kurse für das Selbstwertgefühl, Wut-Management-Kurse, Unterstützungsgruppen für Erektionsprobleme (hier wird man keine Frauen finden), Gruppen geschiedener Väter und Angebote von Firmen. Denken Sie daran, dass manche Seminare nur für Männer sind. Sie werden dort keine Frauen treffen.

Ehrenamtliche Tätigkeiten

Erinnern Sie sich an das größte Hindernis, das Sie bei einer Frau überwinden müssen? Die korrekte Antwort lautet: Sie macht sich Gedanken darüber, ob Sie gewalttätig sind und wer sie verletzen könnte. Wenn Sie sich bei einer karitativen Aktion kennenlernen, werden Sie dieses Hindernis schnell überwinden. Welche Art von Männern arbeitet ehrenamtlich für gute Zwecke? Männer, die vertrauenswürdig, ehrlich und verantwortungsbewusst sind. Viele ehrenamtliche Aktivitäten werden zu Begegnungen mit Frauen führen. Sie werden mit einer Frau Seite an Seite arbeiten oder eine Frau als Teamleiterin haben (das ist ein zusätzlicher Bonus für die unterwürfigen Jungs der Welt). Frauen melden sich viel häufiger als Männer für Ehrenämter. Deshalb werden Sie eine Rarität in einer Horde von weiblichen Helferinnen sein. Die Frauen werden Sie für einfühlsam, moralisch und ungefährlich halten, was Ihren Verkehrswert bei den Frauen ungemein steigert.

Wenn Sie die sieben Gewohnheiten eines Topverführers übernehmen, werden Sie ein Mann sein, der seinem Leben eine Richtung gibt, sich dauerhaft auf seine Werte konzentriert und diese in der Welt zum Ausdruck bringt. Diese Art von innerer Disziplin, Entschiedenheit und Zielstrebigkeit wird Sie für Frauen begehrenswert machen. Als ehrenamtlicher Helfer stärken Sie nicht nur Ihr Selbstvertrauen, sondern führen auch ein Leben, in dem Sie anderen Liebe geben. Das wird Ihren Verkehrswert bei Frauen enorm steigern. Wenn ein Mann sich für die Gemeinde engagiert, sich für eine Sache einsetzt, an die er glaubt, an einer politischen Kampagne teilnimmt oder Aufmerksamkeit für ein Problem weckt, das ihn stark bedrückt, präsentiert er sich als Führernatur und wird dafür geachtet.

Stellen Sie sich vor, Sie helfen bei der Registrierung für einen 10-Kilometer-Lauf für den Naturschutz. Sie treffen früh am Samstagvormittag ein und begegnen vielen heißen Bräuten, die am Rennen teilnehmen wollen. Sie flirten offen mit ihnen. Mit der Zeit können Sie hunderte Frauen abchecken, die enge Trainingshosen und knappe Shorts tragen und mehr oder weniger nackt sind. Sie werden wahrscheinlich auch mit vielen Frauen zusammenarbeiten, die ebenfalls ehrenamtlich helfen und dabei Spaß haben wollen. Sie begegnen einer Frau an einem Tisch in der Nähe und unterhalten sich mit ihr, nachdem das Rennen begonnen hat; Sie vereinbaren ein gemeinsames Abendessen für denselben Abend.

José, ein 40-jähriger geschiedener Vater, arbeitete ehrenamtlich für ein Festessen für Kinder, bei dem Spenden gesammelt werden sollten. Als Vater wollte er eine Weihnachts-Spenden-Aktion unterstützen und zugleich auf die Kinderarmut aufmerksam machen. Überdies, so glaubte er, würde es ihn von Frauen ablenken. Er fühlte sich in der winterlichen Jahreszeit einsam und wollte über »Größeres« nachdenken. Er verbrachte zwei Monate damit, wöchentliche Versammlungen zu besuchen und örtliche Restaurants anzurufen, die er um Menü-Beiträge bat. Beim ersten Meeting fiel ihm Caroline auf. Sie war eine quirlige, 42-jährige Frau, überdurchschnittlich attraktiv. José beschloss, mit ihr in einer Arbeitsgruppe zusammenzuarbeiten. Sie hatten häufigen telefonischen Kontakt, und José schlug vor, sich in einer Bar zu Besprechungen zu treffen. Im Lauf der zwei Monate überredete José nicht nur zahlreiche Restaurants, Menü-Beiträge zu spenden, sondern begann auch, sich mit Caroline privat zu verabreden.

Ehrenämter sind nicht nur eine gute Möglichkeit, Frauen zu treffen, sondern sie steigern auch Ihren Verkehrswert. Sie entwickeln Selbstvertrauen und beginnen, sich zur Abwechslung auch mal um andere Menschen zu kümmern. Diese Fähigkeit werden Sie brauchen, wenn Sie eine langfristige Beziehung anstreben.

Zaubertricks

Dieses Gimmick ist zunächst einmal zeitaufwendig. Sie müssen ein paar Tricks einstudieren und üben. Ihre männlichen Kumpels mögen Sie für einen Spinner halten, aber Frauen, denen Sie Zaubertricks vorführen, werden entzückt sein. Frauen lieben es, sich von Männern unterhalten zu lassen. Eine große Bandbreite an Zaubertricks kann bei Begegnungen mit Frauen in jeder Situation äußerst nützlich sein. Brian, ein 36-jähriger, durchschnittlich attraktiver Bankangestellter, machte uns erstmals auf den Wert von Zaubertricks bei Begegnungen mit Frauen aufmerksam. Brian beschrieb sie als »ultimative Gesprächsanlässe für jede Frau und jede Situation«.

Brian setzt Zaubertricks ein, wenn er in Warteschlangen steht, um Frauen kennenzulernen: am Flughafen, im Restaurant, sogar im Lebensmittelgeschäft. Kürzlich unterhielt er sich mit zwei Frauen, als er für Kinokarten anstand. Seine ersten Eröffnungssprüche misslangen. Sie ignorierten ihn; eine warf ihm sogar einen fiesen Blick zu. Er fragte sie, ob sie Interesse an einer Zaubervorführung hätten. Er erklärte, er sei ein Zauberlehrling und würde für eine Show in einem örtlichen Club üben. Sie sagten »na klar«. Er zog einen Satz Spielkarten heraus und forderte sie auf, jeweils eine zu nehmen. Brian zog den ausgefeilten Trick aus dem Handgelenk ab. Die beiden lächelten. Sie unterhielten sich, und die Frauen luden ihn ein, beim Film neben ihnen zu sitzen. Auch dieses Gimmick ließ Brian wie einen lieben Jungen erscheinen, der auf jeden Fall vertrauenswürdig war. Zaubertricks kann man jederzeit einsetzen, um jede beliebige Frau kennenzulernen. Außerdem kann man sie nutzen, um Kinder zu unterhalten; das wird auch ihre Mütter amüsieren und deren Interesse an Ihnen wecken.

Tragen Sie etwas Ausgefallenes bei sich

Das Einkaufszentrum in der Innenstadt ist sehr belebt. Gruppen von Frauen gehen shoppen und freuen sich darauf, Geld auszugeben. Dann kommen Sie: Der Mann mit dem metergroßen Plüschbär oder -hund. Die Frauen lachen und wollen ihn berühren. »Wo haben Sie den her?«, fragen sie. Dieses Gimmick ist leicht einzusetzen. Sie müssen lediglich ein großes Plüschtier kaufen oder ausleihen. Frauen werden sich von Ihnen und dem Tier sofort angezogen fühlen. Am besten setzen Sie sich auf eine Bank oder positionieren sich in einem gut zugänglichen Bereich, der zum Verweilen einlädt.

Die Männer werden Sie für einen Trottel halten. Aber gleichzeitig lernen Sie Frauen kennen. Am besten verwickeln Sie sie in lange Unterhaltungen über Ihren ausgestopften Freund. Die kurzen Konversationen werden Spaß machen, aber selten zu Dates führen. Die Konzentration auf längere Unterhaltungen wird mehr Dates und mehr langfristige Erfolge gewährleisten.

Babys

Wollen Sie sich ein Date für heute Abend sichern? Leihen Sie das Baby eines Freundes aus: Sie werden von Frauen umringt sein. Babys lassen jeden Mann wie einen tollen Kerl wirken und ziehen jede Frau im Umkreis von 100 Metern an. Sie werden sofort bei Ihnen sein und Ihnen helfen wollen, sich um das Baby zu kümmern. Sie werden sogar mit Ihnen Dates vereinbaren, nur um in der Nähe des Babys zu sein.

Das Problem ist natürlich, dass kein normaler Mensch Ihnen sein Kind leihen wird, damit Sie Frauen kennenlernen können. Realistisch gesehen ist es am besten, mit einem Freund und seinem Baby gemeinsam spazieren zu gehen: So dürfen Sie auf viele Begegnungen mit Frauen hoffen. Begleiten Sie Ihren Freund, wenn er mit dem Kinderwagen spazieren geht: Frauen werden hinzukommen und Ihre Fragen beantworten. Es funktioniert besser, wenn Sie so tun, als wenn Sie hilflos und dumm wären.

Handpuppen

An einem sonnigen Nachmittag saßen wir einmal auf einer großen, öffentlichen Terrasse der Universität, als ein Mann mit einer großen Handpuppe von der Größe eines Muppets aufkreuzte. Wir sahen erstaunt zu, wie er mit seiner liebenswerten Puppe zu jedem Tisch ging und jeden Anwesenden auf charmante Weise unterhielt. Er sprach alle Frauen dort an, egal, wie attraktiv sie waren, und saß am Ende in einer Gruppe kichernder Frauen. Wir haben nie erfahren, wie es weiterging und ob er am Ende Sex hatte, aber wir bewunderten seine Bereitschaft, das zu tun, um die Aufmerksamkeit von Frauen zu erregen.

Lesen Sie romantische Gedichte bei Literaturlesungen und Open-Mike-Veranstaltungen

Mit dem Boom der Coffee-Shops kam auch der Boom der Literaturlesungen und Open-Mike-Veranstaltungen. Das sind ideale Gelegenheiten, talentierte Frauen kennenzulernen, die einen intellektuellen Herzensbrecher suchen. Frauen suchen die Nähe von Männern, die schreiben oder Gedichte rezitieren: Sie sehen diese Art von Mann als eine Herausforderung an. Ein solcher Mann ist talentiert und so von der Welt isoliert, dass keine andere Frau ihn erreichen konnte: Sie will die eine sein, die ihn schlussendlich aus seiner Schale holt.

Man kann auf die Bühne gehen und irgendetwas lesen, um mit Frauen ins Gespräch zu kommen. Wir empfehlen einen romantischen Text, weil das die Chancen auf eine Verführung verbessert. Man kann auch ein Gedicht über die Schrecken des Krieges und hungernde Kinder lesen, aber darauf werden Frauen eher nicht eingehen. Lesen Sie über Liebe – so werden Sie auch Liebe ernten. Sie können kurze, verführerische Gedichte in der Bücherei oder in Shakespeare-Sammelbänden nachschlagen. Noch besser ist es, wenn Sie selbst eins schreiben. Der folgende Schmalz müsste gut funktionieren:

Du,
Ich sah die Bewegung deiner Lippen, als du vorübergingst.
Mein Herz rast, wenn ich an deine Augen denke,
Ach, könnte ich doch die Luft sein, die du atmest.
Du,
Ich will dich,
Du,
Ich begehre dich in meinem Herzen.
Du,
wir begegnen uns im Kerzenlicht,
wir versinken für Stunden in Zärtlichkeit.
Du,
mein auserwählter Engel,
Ich will nur dich.

Solche Lesungen bilden eine Gelegenheit für Frauen, sich mit Ihnen zu unterhalten, und für Sie, mit Frauen Gespräche zu führen. Es stärkt Ihr Selbstvertrauen und zeigt den Frauen, dass Sie ein romantischer Kerl sind. Wie wir später sehen werden, weckt man in dem Menschen, mit dem man redet, automatisch Erinnerungen an das entsprechende Gefühl, wenn man einen Geisteszustand oder ein bestimmtes Gefühl (zum Beispiel Begehren und Sehnsucht) beschreibt. Wenn sie ein romantisches Gedicht lesen, fühlen sich alle Frauen im Saal an Zeiten erinnert, als sie die Gefühle hatten, die Sie in Ihren Gedichten beschreiben. Diese Gefühle wollen Sie wecken; außerdem wird es dann einfacher, später ins Gespräch zu kommen.

Gimmicks können Frauen dazu bringen, mit Ihnen zu reden. Wenn Sie lernen, mit Gimmicks umzugehen, die Frauen anziehen und einen bestimmten Teil Ihrer Persönlichkeit zum Ausdruck zu bringen, werden Sie bald von Frauen umringt sein, die Ihre Gesellschaft suchen. Abschließend sei gesagt: Wir können nicht länger die Ausrede gelten lassen, dass keine Frauen dort draußen sind, dass Sie zu viel Angst haben oder dass es zu schwierig ist und zu viel Zeit erfordert, Frauen kennenzulernen. Sie müssen nicht länger warten, bis Sie Glück haben und eine Frau treffen.

Sie müssen auch nicht länger von der bloßen Hoffnung auf bessere Zeiten leben.

Frauen sind überall. Man begegnet ihnen ständig und verpasst regelmäßig Gelegenheiten, sich mit ihnen zu unterhalten. Das ist mehr als positives Denken oder sonstiges New-Age-Geschwätz. Wenn Sie Ihre Ausreden aufgeben, mit jeder Frau flirten, die Sie sehen, Ihre Verführungen durch tausend kleine Interaktionen langfristig aufbauen, in jeder Situation eine Chance sehen, Begegnungen mit Frauen von der sportlichen Seite betrachten, Freunde haben, die Sie anspornen und unterstützen, jedem neuen Hinweis folgen und gut aussehen, wenn Sie Ihr Haus verlassen, werden Sie bereit sein, Frauen kennenzulernen. Wenn Sie regelmäßig ein Café oder Coffee-Shop, ein Fitness-Center, ein Restaurant und Buchgeschäfte besuchen, werden Sie vielen unterschiedlichen Frauen begegnen.

Wenn Sie sich die Mühe machen, einen Yoga-Kurs, eine New-Age-Veranstaltung, einen Kochkurs, ein Seminar zur Persönlichkeitsbildung oder einen Mittelalter-Markt zu besuchen, werden Sie ebenfalls jede Menge Frauen treffen. Wenn Sie überdies ein Gimmick haben, können Sie Frauen sogar dazu bringen, Sie zuerst anzusprechen!

Jetzt wissen Sie, wo man Frauen treffen kann. Als Nächstes müssen Sie lernen, wie man sie anspricht. Das ist das Thema des nächsten Kapitels.

Flirten
ohne
Katastrophe

So sprechen Sie eine Frau an

Viele Männer gehen ihr Leben sehr analytisch an: Sie sehen das Leben vom praktischen Standpunkt aus - und betrachten auch Frauen aus dieser Perspektive. Sie verfangen sich in der »Paralyse der Analyse«. Das ist ein gewaltiger Fehler: Romantik ist nicht praktisch, logisch, geschweige denn vernünftig.

Bob glaubt, Frauen und Romantik sollten logisch sein. Wenn er sich zusammenreißt und Frauen anspricht, die er attraktiv findet, hält er es für das Beste, direkt zu sein. »Schließlich«, so glaubt er, »mögen Frauen Männer, die direkt und ehrlich sind. Was könnte ehrlicher sein, als ihnen meine Zuneigung zu gestehen?« Er hat versucht, befreundete Frauen zu verführen, indem er ihnen erklärte, wie logisch es wäre, wenn sie eine Beziehung hätten. »Du sagst, du magst mich, und ich mag dich. Es ergibt keinen Sinn, wenn wir keine Partner sind.« Bob hat nie verstanden, weshalb sie sein Angebot abgelehnt haben. Sein praktischer, logischer Ansatz stößt Frauen ab.

Was ist Flirten?

Um bei Dates mit Frauen erfolgreich zu sein, müssen Sie das Flirten beherrschen. Flirten ist nicht praktisch oder direkt. Aber es läuft nach allgemeinen Prinzipien ab: Wer diese versteht, ist anderen Männern im Umgang mit Frauen meilenweit voraus.

Denken Sie an spielende Kinder. Sie versuchen nicht, etwas Bestimmtes zu erreichen: Sie sind einfach am Spiel interessiert. Sie schlüpfen ohne Probleme in fremde Rollen. Sie spielen Cowboy und Indianer. Sie spielen Vater und Mutter. Sie spielen Doktor und Patient. (Das ist die Art von Spiel, die Sie mit erwachsenen Frauen spielen sollten!) Sie verkleiden sich, um sich besser in die Rollen hineinzuversetzen. Sie lassen ihrer Fantasie freien Lauf. Es ist im Grunde bedeutungslos, aber das spielt keine Rolle - sie wollen nur Spaß haben.

Kinder lieben Spiele – vorgegebene oder selbst erfundene. Die meiste Zeit sind sie auch nicht übermäßig aufs Gewinnen fixiert. Es genügt, miteinander zu spielen, um glücklich zu sein. Kinder bauen durch Spiele Beziehungen auf, die sie durch ihre Spiele auch pflegen – auch wenn sie selbst das nicht so sehen. Spielen ist eine Art, gemeinsam im Flow zu sein.

Erwachsene spielen anders. Werfen wir zunächst einen Blick darauf, wie Männer mit Geschlechtsgenossen spielen. Wir sehen es normalerweise nicht als Spiel an, aber wenn Männer Sportsendungen ansehen oder sich über Sport unterhalten, spielen sie in gewisser Weise miteinander. Schließlich ist Sport vollkommen bedeutungslos: Welche Mannschaft Meister wird, ist nicht wirklich weltbewegend. Wirklich nicht. Entschuldigung. Entscheidend ist: Indem sie gemeinsam darüber nachdenken, gemeinsam die Spiele ansehen, gemeinsam die Spieler anschreien und gemeinsam die Statistiken der Spieler verfolgen, spielen Männer miteinander. Aus diesem Grund empfinden sie eine Verbundenheit und unbewusste Liebe zueinander, die auch Kinder empfinden. Sie sind im Flow. Eine andere Art zu spielen besteht darin, Witze zu reißen und Streiche zu spielen. Die kleinen Witze, die Männer übereinander machen, gutmütige Provokationen, die hin und her gehen, schaffen unter Männern ein Gefühl der Verbundenheit.

Männer und Frauen spielen dagegen auf andere Weise miteinander. Die meisten Männer machen die Erfahrung, dass man mit Frauen nicht so spielen kann wie mit Männern. Frauen interessieren sich nicht für Sport-Statistiken – und die Witze, die Männer untereinander machen, finden Frauen einfach geschmacklos. Nachdem sie das aus leidvoller Erfahrung gelernt haben, beschließen Männer, mit Frauen gar nicht mehr zu spielen. Sie wählen den Weg, den Bob geht: Logisch und pragmatisch. Das Ergebnis ist gleich null. Flirten ist die Art, wie Männer und Frauen spielen. Wenn man nicht flirten kann, kann man nicht mit Frauen spielen; wenn man nicht mit Frauen spielen kann, kann man kein romantisches Interesse in ihnen wecken. Durch das Flirten findet eine Frau heraus, wie ein Mann als Liebhaber und Partner sein wird. Wenn Sie bei der ersten Begegnung nicht schon spielerisch, fantasievoll und unterhaltsam sind, wie soll das dann beim Date sein – und erst recht im Bett? Bob hinterlässt bei Frauen einen kalten Eindruck. Er gibt sich steif, analytisch und berechnend. Auch wenn er ihnen logisch erklärt, dass sie sich für ihn interessieren sollten, lässt er sie kalt, weil ihm die spielerische Art fehlt. Sein ergebnisorientierter Ansatz ist alles andere als spielerisch.

Betrachten wir nun, wie Bruce, ein perfekter Flirter, mit Frauen umgeht, die ihm gefallen. In der Bank flirtet er zum Beispiel mit der süßen weiblichen Kassiererin, während er seine Einzahlungen macht. »Also«, fragt er mit einem Lächeln, »behalten Sie einen Teil des Geldes, das Sie jeden Tag einnehmen? Das wäre doch nur fair oder nicht?« Sie lacht und sagt: »Oh, das wäre schön, vor allem am Zahltag.« Er witzelt weiter: »Aber dann würde man vielleicht einen Anteil der Auszahlungen wieder abziehen! Das können wir Ihnen doch nicht zumuten!« Sie lacht wieder und spürt, dass sie sich ihm verbunden fühlt. Als er geht, sagt er: »Vielen Dank, Göttin der Bank!« Sie ruft ihm lachend nach: »Das ist keine Bank – sondern eine Kredit-Union!« Er geht und denkt daran, wie glücklich sie sein wird, ihn zu sehen, wenn er wiederkommt.

Bruce weiß, dass das Flirten mit einer Frau Gelegenheiten schafft. Es ist eine Chance, Spaß an der Begegnung mit einer Frau zu haben, sie auf ein erstes Date vorzubereiten und zu klären, ob Frauen an Sex oder Beziehungen interessiert sind. Wenn Bruce flirtet, hat er Spaß und sorgt dafür, dass Frauen ihn mögen. Er findet heraus, ob sie positiv auf ihn reagieren, und stimmt sie darauf ein, mit ihm auszugehen. In diesem Kapitel zeigen wir Ihnen, wie das geht.

Ihr Ziel beim Flirten

Wenn Bruce die Bank verlässt, hinterlässt er eine entzückte Kassiererin, die sich schon auf ein Wiedersehen freut. Das ist genau das Ziel, das Bruce verfolgt. In jeder Flirt-Situation mit einer Frau kommt es darauf an, dass sie die Begegnung mit Ihnen als Vergnügen erlebt. Jeder erfolgreiche Verführer weiß, dass sich Frauen von ihren Gefühlen leiten lassen – nicht aber vom Verstand. Ein erfolgreicher Verführer bewirkt durch sein Flirten, dass Frauen schon Glücksgefühle haben, wenn sie ihn nur sehen.

Das Flirten bewirkt, dass Frauen sich freuen, wenn sie den Verführer sehen. Das wird durch einen Vorgang bewirkt, den man als »Anker setzen« bezeichnet. „Anker setzen" bedeutet einfach, dass ein bestimmter Stimulus – ein Anblick, ein Geräusch, ein Geruch oder eine Person – immer mit einem bestimmten Gefühl assoziiert wird. Beispiel: Den Anblick eines Polizeiautos im Rückspiegel in Verbindung mit einer heulenden Sirene und Blaulicht werden die meisten Menschen mit einem Gefühl der Angst assoziieren. Ihre Gefühle reagieren automatisch auf den Polizei-Stimulus – das Herz schlägt, Sie empfinden Angst: Stimulus und Gefühl sind durch einen Anker verbunden.

Dementsprechend weiß Bruce, dass er der Stimulus ist. Er will in der Frau Glücksgefühle wecken. Wie man auf ein Blaulicht automatisch mit Angst reagiert, will Bruce erreichen, dass seine Gegenwart in einer Frau automatisch ein Gefühl des Vergnügens weckt. Er weiß, dass das Flirten den Rahmen bildet, in dem sich das entwickeln kann.

Was das Flirten bewirkt

Flirten ist der Schlüssel zu erfolgreicher Verführung. Wer das Flirten beherrscht, beherrscht auch die Kunst der Verführung – und umgekehrt. Alle Meister der Verführung wissen, wie man erfolgreich mit Frauen flirtet.

Ein vertrautes Gefühl aufbauen

Ein vertrautes Gefühl bedeutet, dass eine Frau die Unterhaltung mit Ihnen genießt und sich dabei wohl fühlt. Beim Flirten redet man in der Regel nicht über belastende oder tiefsinnige Themen. Meist redet man über etwas Lustiges oder Albernes: Mann und Frau empfinden Vergnügen. Das schafft ein Gefühl der Vertrautheit.

Man schafft ein Gefühl der Sicherheit, indem man immer wieder zu denselben Themen zurückkehrt

Beim Flirten hat man oft einen »Running Joke«. Beispielsweise flirtet Frank, ein 44-jähriger Dozent, seit einigen Wochen mit einer Frau, die im Reformhaus arbeitet. Sie ist hübsch, rothaarig, tätowiert und Mitte 20. Frank findet sie ziemlich schön und stellt sich vor, dass sie im Bett viel Spaß machen würde. Als er sie zum ersten Mal traf, trug sie ein altes Militärhemd und Jeans; er scherzte mit ihr darüber, dass sie wie ein Marine-Soldat aussah. »Hallo, Major«, sagte er zu ihr. »Ich sehe, Sie tragen Ihre Arbeitskleidung. Haben Sie eine verdeckte Mission hier im Reformhaus zu erfüllen?« »Oh ja«, antwortete sie und ging sofort auf seine albernen Idee ein. »Ich beobachte jeden hier, um feindliche Spione abzuwehren.« Sie witzelten eine Weile auf dieser Schiene weiter. Als er ging, sagte Frank: »Ich sollte besser gehen – ich will Ihre Tarnung nicht auffliegen lassen!« Sie lachte. Immer, wenn er hereinkommt, bauen sie diese Comic-Szene weiter aus. Sie freut sich immer, ihn zu sehen, und liebt die nette kleine Welt, die sie gemeinsam geschaffen haben. Außerdem hat er immer ein Thema, über das er mit ihr reden kann.

Durchs Flirten findet man heraus, ob man zusammenpasst

Sie mögen bis jetzt noch anders darüber denken, aber glauben Sie, man will wirklich nicht mit jeder attraktiven Frau etwas zu tun haben, der man begegnet. Wir werden das noch eingehender behandeln, aber vorläufig wollen wir festhalten, dass das Flirten eine Möglichkeit bietet, herauszufinden, ob eine Frau gefährlich und unberechenbar ist – oder ein kalter Fisch, der nicht an Sex interessiert ist. Ted weiß das aus leidvoller Erfahrung. Kara war attraktiv, betrunken und an Ted interessiert. Er traf sie in einer Bar; sie gingen schon nach 15 Minuten miteinander ins Bett. Sie trafen sich, sie sagte »ich will dich« und schon gingen sie zu Teds Haus. Ted fand es cool, so schnell Sex zu haben, aber nach dem Sex sagte sie: »Wow, es ist großartig, endlich einen festen Freund zu haben!«

Dann begann Teds persönliche Hölle. Von diesem Augenblick an war Kara ein beständiger, unerwünschter Teil seines Lebens, bis er sie endlich los war. Sie brach in sein Haus ein und wartete in seinem Bett, als er nach

Hause kam. Sie rief immer wieder an und füllte seinen Anrufbeantworter mit verrückten Nachrichten. Sie belästigte seine Freunde und ließ ihn niemals in Ruhe. Schließlich musste er die Polizei rufen, um sie aus seinem Leben zu entfernen. »Heute wünschte ich, ich wäre in der ersten Nacht nicht so erfolgreich gewesen«, sagt er. »Wenn ich mir die Zeit genommen hätte, mit ihr zu flirten, hätte ich herausgefunden, wie verrückt sie war.« Wie kann man also durchs Flirten herausfinden, wie stabil eine Frau ist? Zunächst hilft das Flirten, ihre Angst einzuschätzen. Wenn sie vor Ihnen dauerhaft Angst hat, lohnt es sich vielleicht nicht, ihr den Hof zu machen. Man muss aber unbedingt zwischen einer solchen dauerhaften und einer anfänglichen Angst unterscheiden, die fast alle Frauen haben, wenn sie einem Mann zum ersten Mal begegnen.

Anfangs müssen Sie durchs Flirten die Angst einer Frau überwinden: Sie müssen ihr das zuverlässige Gefühl geben, dass alles in Ordnung ist. Nach der zweiten oder dritten Begegnung sollte sie aber auftauen und Ihre Witzeleien erwidern. Wenn das nicht der Fall ist, können Sie auf jeden Fall weiterhin mit ihr flirten, um in Übung zu bleiben, aber Sie sollten sie dann als potenziellen Sexpartner besser aufgeben. Eine Frau, die nicht mit Ihnen spielen und Spaß haben kann, bietet für keine Art von Beziehung eine erfreuliche Perspektive.

Außerdem werden Sie vielleicht die Erfahrung machen, dass sie extrem empfindlich und leicht beleidigt ist. Wenn Ihr Flirten sie wütend macht oder eine Frau Sie darüber belehrt, dass man »über manche Dinge eben keine Witze macht«, weiß man, dass man sie meiden sollte. Ebenso sollten Sie ihr aus dem Weg gehen, wenn sie zu weinen beginnt – oder wenn sie Sie so verängstigt, dass Sie selbst anfangen zu heulen. Wenn sich Ted die Zeit genommen hätte, mit Kara zu flirten, hätte er ihre fundamentale Unausgeglichenheit erkannt und sich schnell aus dem Staub gemacht.

Flirten hilft ihr, sich sicher zu fühlen

Erinnern Sie sich an die wichtigste Angst einer Frau bei der ersten Begegnung? Sie macht sich zu Recht Sorgen darüber, ob Sie gefährlich sind oder nicht. Geht man mit einer Frau spielerisch um, entspannt sie sich. Unbewusst sagt sie sich: »Er gibt mir ein gutes Gefühl. Deshalb kann er nicht gefährlich sein.« Männer, die nicht flirten können, machen Frauen oft Angst, weil sie so angespannt und kalt sind, dass sie die natürliche Furcht der Frau vor Männern eher verstärken als dämpfen. Wer spielerisch flirten kann, nimmt Frauen die Angst, verletzt zu werden.

Flirten ebnet den Weg zur Romanze

Wenn Sie mit einer Frau flirten, schaffen Sie eine andere, fiktive Welt für Sie beide. Von dieser Welt des Flirts zur Welt der Romanze ist es nur ein kleiner Schritt. Wir empfehlen allen unseren Schülern, ständig mit Frauen zu flirten: So haben Sie die Möglichkeit, die Kunst der Verführung zu üben, bis Sie diese beherrschen. Wenn man zum ersten Mal das Flirten lernt, ist es wichtig, dass man mit allen Frauen übt – nicht nur mit denen, die man attraktiv findet.

Flirten macht kreativ

Beim Flirten muss man ständig auf kreative Weise neue Möglichkeiten finden, die Frauen, die einen interessieren, zu entzücken. Das ist nicht möglich, wenn man depressiv, bedürftig, nachtragend, launisch oder verschlossen ist. Gutes Flirten erfordert Energie und Kreativität. Schließlich gehen Frauen gerne mit schöpferisch-produktiven Männern ins Bett. Wenn Sie das Flirten üben, wie in diesem Kapitel beschrieben, werden Sie aus Ihrer Launenhaftigkeit geweckt und verwandeln sich in einen lebendigen, vitalen Mann, der bei Frauen gute Chancen hat. Je mehr Sie erfolgreich mit einer Frau flirten, desto natürlicher wird es für sie, mit Ihnen auszugehen.

Flirten mit Humor

Vergessen Sie nicht: Sie wollen Frauen zum Lachen bringen. Wenn Sie eine Frau zum Lachen bringen können (solange Sie nicht auf Ihre Kosten lacht), bereiten Sie ihr Vergnügen, sodass sie Sie wiedersehen will. Die meisten Männer wissen aber aus Erfahrung, dass Frauen oft andere Dinge komisch finden als Männer. Es besteht das Risiko, dass man sich vergreift und sie stattdessen verängstigt oder beleidigt. Hier ist eine Liste mit Do's und Dont's für das Flirten mit Humor.

Don'ts

Scherzen Sie mit einer Frau nicht so grob wie mit einem Mann, und machen Sie keine Witze über ihr Äußeres.

Das ist sehr wichtig. Wenn ein Mann etwas fallen lässt, machen Männer gerne Späße und applaudieren: »Weiter so, Alter.« Unter Männern gilt das als großartiger Humor – es ist ein Anlass, sich gegenseitig auf die Schulter zu klopfen. Solche Witze gehören zu der Art, wie wir Männer miteinander spielen. Wenn eine Frau etwas fallen lässt, muss man sich zurückhalten. Am besten macht man über ihre Fehler keine Witze – sonst ist sie beleidigt. Man sollte möglichst auch keine Witze über ihr Erscheinungsbild machen, es sei denn, Sie wissen mit Sicherheit, dass der Witz positiv aufgenommen wird. Frauen wird von Geburt an eingeimpft, dass sie sich wegen ihres Aussehens verrückt machen müssen; wenn eine Frau eine Bemerkung über ihr Erscheinungsbild missverstehen kann, wird sie das auch tun. Einmal sagte zum Beispiel Robert zu Greta: »Wow, du hast so einen schönen, dicken Hintern. Ich mag dicke Frauen.« Er hatte es wirklich ehrlich gemeint. Greta war beleidigt – und so wird jede Frau in der westlichen Welt reagieren.

Machen Sie keine Witze über Gewalt – es sei denn, Sie sind absolut sicher, dass sie das mag. (Sehr wahrscheinlich ist das nicht der Fall.)

Auch hier gilt: Männerspiele und Frauenspiele sind unterschiedlich. Unter Männern gelten Witze über Gewalt als lustig. Wenn man zum Beispiel einen Mann um eine Information bittet, kann er antworten: »Ich könnte es dir sagen, aber dann würde ich dich töten müssen.« Für Männer ist das lustig. Frauen macht das Angst. Hier besteht ein großer Unterschied. Kenny lernte Rachel auf einem eintägigen Seminar zur Persönlichkeitsbildung kennen. Später fuhren sie in seinem Auto zu einer nahe gelegenen Bar. Unterwegs unterlief ihm dieser Fehler: Er wollte einen Witz machen und sagte: »Ach, ich glaube, ich werde einfach in den Wald fahren und dich töten.« Rachel regte sich auf; nur die Tatsache, dass sie schon auf den Parkplatz der Bar einbogen, hielt sie davon ab, völlig durchzudrehen. »Die Sache ist die«, erklärte er später, »ich hatte diesen Spruch einige Wochen vorher bei einem

Mädchen angewendet, das ich bei einem Punk-Rock-Konzert getroffen habe. Sie fand ihn saukomisch.« In den meisten Fällen nehmen Frauen Witze über Gewalt als Drohungen wahr. Sie sind beim Flirten nicht angebracht: Unterlassen Sie das.

Unterlassen Sie bei Frauen körperlichen Humor.

Männer setzen untereinander auch körperlichen Humor ein. Sie knuffen sich gegenseitig auf spielerische Art, geben sich gegenseitig Kopfnüsse und pflegen einen eher rauen Umgang. Sie machen körperliche Witze über Pissen, Furzen und Scheißen. Männer finden das äußerst witzig, aber bei Frauen zieht das nicht. Unterlassen Sie es einfach. Solche Witze beleidigen Frauen auf jeden Fall. Man muss sich entscheiden, was wichtiger ist: Witze oder Romanzen.

Machen Sie sich nicht selbst zum Idioten.

Das ist sehr wichtig. Bedenken Sie: Wenn eine Frau Ihnen zum ersten Mal begegnet, entscheidet sie, welche Rolle Sie in ihrem Leben spielen werden. Werden Sie ein Liebhaber sein? Ein Freund? Jemand, den sie meidet? Sie versucht herauszufinden, welches Maß an Respekt Sie verdienen; das tut sie zum Beispiel, indem sie beobachtet, wie Sie sich selbst behandeln. Wenn Sie auf Ihre eigenen Kosten Witze machen, weiß sie, dass es sich nicht lohnt, ihre Zeit mit Ihnen zu verschwenden.

Manche Männer sind so daran gewöhnt, Witze über sich selbst zu machen, um Frauen zu unterhalten, dass es ihnen schwerfällt, damit aufzuhören. Jerry war immer der Klassenclown. Er war etwas übergewichtig und hatte sich daran gewöhnt, Witze über sein eigenes Körpergewicht zu machen, um Frauen zu unterhalten. »Ich habe die Erfahrung gemacht, dass sie lachen, wenn ich mich über mich selbst lustig mache«, sagte er. »Aber mir wurde klar, dass ich niemals Sex hatte. Es war schwer, keine Witze auf meine eigenen Kosten mehr zu machen, aber ich habe es geschafft. Jetzt habe ich eine Freundin.«

Do's

Äußern Sie kreative Fehlinterpretationen.

Wenn Sie auf eine Frau zugehen, müssen Sie wachsam sein und die Augen offenhalten. Achten Sie auf Einzelheiten Ihres Erscheinungsbilds und auf Ihr Verhalten. Vielleicht entdecken Sie etwas, über das Sie Witze machen können, ohne ein Risiko einzugehen. Tun Sie das, indem Sie einer ganz normalen Sache eine neue Bedeutung geben. Bruce fragte zum Beispiel die Kassiererin in der Bank: »Behalten Sie einen Teil von dem Geld, das Sie jeden Tag einnehmen?« Er gibt eine kreative Interpretation ihrer Funktion und nutzt sie für seinen Flirt. Wenn er sie fragt, ob sie einen Teil behält, ist er auf eine Weise albern, auf die sie eingehen kann. Der Witz bietet Ihnen Gesprächsstoff und schafft eine kleine gemeinsame Welt.

Ähnlich verhält sich Frank, als er die Dame im Reformhaus für eine aus der Marine hält: Er nutzt die Gelegenheit für eine kreative Fehlinterpretation und münzt sie um, um Witze zu machen und zu flirten. Immer, wenn sie sich treffen, kommen sie auf diesen Witz zurück, und jedes Mal fühlt sie sich in seiner Gegenwart wohler.

Sie sollten versuchen, Ihre Fehlinterpretation als Kompliment zu gestalten. Wenn man beispielsweise die Kassiererin im Parkhaus als »Göttin des Parkens« bezeichnet, kommt das besser an, als wenn man sie als Müllsammlerin tituliert, die zufällig Geldscheine sammelt. Das erste wäre ein Witz; das zweite eine Beleidigung. Achten Sie stets auf diesen Unterschied.

Lächeln Sie und sagen Sie »Hallo«.

Ihr Gesichtsausdruck ist wichtiger Teil Ihres Verhaltens. Wenn Sie mit einer Frau flirten wollen, sollten Sie möglichst entspannt sein und lächeln, Augenkontakt herstellen und »Hallo« sagen. Zu viele Männer gehen das Flirten auf eine zu ernste Weise an. Sie ärgern sich darüber, dass sie diejenigen sind, die flirten müssen, und lassen sich davon die Laune verderben. Sie wirken nicht entspannt. Und das sieht man Ihnen an.

Wir haben Ihnen bereits erklärt, dass Sie Ihre pubertäre Körperhaltung aufgeben müssen, wenn Sie Erfolg bei Frauen haben wollen. Wenn

Sie ständig Anspannung ausstrahlen, kann es nötig sein, an Ihrem Körper zu arbeiten und evtl. Yoga-Kurse zu belegen. Wenn Sie in entspannter Haltung auf eine Frau zugehen, sieht sie das an Ihrem Gesicht und Ihren Augen.

Fragen Sie nach Dingen, die sie kennt.

Berufsbezogene Fragen sind gut, auch Fragen nach dem persönlichen Escheinungsbild. Wie wir später erläutern werden, ist eine gute Frage: »Welche Geschichte steckt hinter …?« Wenn eine Frau zum Beispiel eine ungewöhnliche Halskette trägt, können Sie sagen: »Was für eine wunderschöne Halskette. Welche Geschichte steckt dahinter?«

Stellen Sie Fragen.

Es ist gut, Fragen zu stellen, die in dieselbe Richtung gehen. Schließlich wollen Sie etwas über die Frau erfahren. Die richtigen Fragen geben Ihnen wichtige Informationen an die Hand. Es ist aber kein Verhör, also sollten Sie sie nicht mit Fragen löchern, aber fragen Sie nach, was ihr wichtig ist. Beispiel: Wenn sie eine Blume in der Hand hat, fragen Sie nach: »Sie haben da eine wunderschöne Rose. Weshalb haben Sie Rosen ausgesucht? Welche Gefühle wecken Rosen in Ihnen?« Oder: »Was glauben Sie, weshalb Frauen Blumen lieben?« in jedem Fall verwickeln Sie sie durch Ihre Fragen in eine Konversation über ihre Vorlieben, Abneigungen und Gefühle. Das ist die Art von Konversation, die später romantisch werden könnte.

Beschreiben Sie Gefühle.

Ihr Ziel beim Flirten besteht darin, romantische Gefühle in ihr zu wecken, die sie mit Ihrer Person assoziiert. Zu diesem Zweck müssen Sie romantische Gefühle beschreiben.

Sind Sie jemals jemandem begegnet, der etwas Ekelhaftes beschrieben hat? Denken Sie zum Beispiel an einen Freund, der sich erbrochen hatte, und später mit viel Liebe fürs Detail beschrieb, wie es sich anfühlt, wenn man sich erbricht. Können Sie sich daran erinnern, wie Sie sich gefühlt hatten, als er sein Erbrechen beschrieb? Ist Ihnen davon ebenfalls übel geworden? Oder haben Sie jemals gewünscht, dass jemand aufhören würde, ein schreckliches Ereignis oder einen Unfall zu beschreiben, weil Sie es allmählich nachempfinden konnten? Wahrscheinlich schon. Dem liegt ein einfaches Prinzip zugrunde: Wenn man ein Gefühl beschreibt, erlebt man es nach. Aus diesem Grund wird Ihnen übel, wenn ein Freund seine Übelkeit beschreibt, oder es wird Ihnen mulmig, wenn jemand von einem schrecklichen Unfall erzählt.

Nur auf der Grundlage dieses Prinzips ist erfolgreiches Flirten möglich. Man muss es nur umgekehrt einsetzen. Man muss Gefühle, die eine Frau haben soll - Romantik, Zuneigung, Erregung - in allen Einzelheiten ausgiebig beschreiben. Während Sie diese Gefühle beschreiben, wird sie beginnen, sie zu empfinden.

Das Prinzip ist einfach: Wenn jemand etwas beschreibt, muss man es sich vorstellen, um nachvollziehen zu können, wovon die Rede ist. Wenn ich mein neues Auto beschreibe und sage, es ist ein blauer Kleinbus, müssen Sie es sich vorstellen. Selbst wenn ich Ihnen sage, dass Sie sich eine Sache nicht vorstellen sollen, müssen Sie schon eine Vorstellung davon haben, um zu wissen, wovon ich rede. Wenn ich Ihnen sage, dass Sie sich einen Kleinbus nicht vorstellen sollen, müssen Sie sich einen vorstellen, um zu wissen, welchen Gedanken Sie vermeiden müssen.

Dasselbe geschieht, wenn Sie einer Frau gegenüber ein Gefühl beschreiben. Ob sie will oder nicht - sie muss fühlen, was Sie beschreiben, schon um zu wissen, wovon Sie reden. Das Maß ihrer Empfindung hängt davon ab, wie ausführlich Sie das Gefühl beschreiben. Beispielsweise redet Sven mit der Dame hinter der Konditorei-Theke: »Ich kann mir vorstellen, das Sie sich hinter der Theke großartig fühlen. Sie sind etwas ganz Besonderes - die Göttin des gesamten Geschäfts: Die Leute kommen, um Sie anzubeten. Es muss ein wunderbares Gefühl sein, dass all diese Leute kommen, um Sie zu sehen.« Er hat das Gefühl, etwas Besonderes zu sein, auf spielerische Weise vermittelt. Wenn sie nachvollziehen will, wovon er überhaupt redet, muss sie in sich gehen und diese Gefühle nachempfinden. Da sie zugleich Sven ansieht, assoziiert sie seine Besuche im Geschäft mit diesen besonderen Gefühlen.

Mit der Zeit führt das dazu, dass sie sich »von Natur aus« zu ihm hingezogen fühlt.

Dichter waren immer schon die Könige des »Flachlegens«: Aus Gedichten kann man sehr gut lernen, wie man eine schöne und genaue Beschreibung romantischer Einzelheiten gibt. Schließlich handeln 99 Prozent aller Gedichte von der Liebe. Wenn Sie die romantischsten Gedichte durchlesen, zeigt es sich, dass sie aus Beschreibungen von romantischen Gefühlen der Liebe bestehen. Liebesromane beschreiben in ziemlich ähnlicher Weise einen endlosen Strom romantischer Gefühle. Lernen Sie, in romantischer Weise zu reden, indem Sie romantische Gefühle beschreiben – dann werden Sie viel mehr Erfolg bei Frauen haben.

Vertrauen Sie darauf, dass Ihre Witze in Ordnung sind.

Einer der wichtigsten Fehler beim Flirten besteht darin, dass Männer darauf warten, ob die Frau sich beim Flirten wohl fühlt, bevor sie selbst sich dabei wohl fühlen. Man kann es nicht oft genug betonen: Wenn eine Frau einen Mann zum ersten Mal sieht, überlegt sie zuerst, ob er gefährlich sein könnte. Sind Sie unsicher und zögerlich, wirkt das, als wenn auch Sie selbst sich für gefährlich halten würden: Es sieht so aus, als hätten Sie selbst Angst vor sich. Das muss die Frau unweigerlich verunsichern. Sie müssen ganz bewusst die Gewissheit ausstrahlen, dass Sie sie nicht verletzen oder bedrohen wollen und dass Ihr Flirten für Sie beide unterhaltsam und entspannend ist.

Bob hat dieses Problem. Er versucht zu flirten, aber er weiß nicht recht, wie. Er hat solche Angst, die Frau zu verscheuchen, dass er ein reines Nervenbündel ist. Als er anlässlich der Zahnreinigung mit der Zahnarzthelferin Natalie redet, ist er so verängstigt wie eine Maus in der Falle. Er muss sich überwinden, sie anzusprechen, und hat Herzklopfen. Er fragt sich ständig: »Was, wenn sie mich nicht mag?« Er fürchtet eine mögliche Zurückweisung. »Ich fürchte, eine Menge Leute werden hier verletzt«, witzelt er steif mit zuckenden Kiefermuskeln. Sie starrt ihn an und fragt sich, was für ein Psycho er ist. Er bemerkt ihre Angst und wird noch stärker verunsichert. »Äh, ich meine, das war ein Witz«, sagt er mit dünner Stimme. »Ach so, wann ist mein Termin?« Seine Unsicherheit und sein Bemühen, ihr die Angst zu nehmen, führen bei der Zahnarzthelferin – wie bei allen anderen Frauen – zum Misserfolg.

Sehen wir einmal, wie Bruce mit derselben Situation umgeht. Wenn er Natalie sieht, weiß er, dass er sie begehrt; und auch sie mag dazu neigen, ihn zu mögen – oder auch nicht. Er weiß, dass sie vielleicht nicht positiv reagiert, aber das ist ihm egal. Bruce geht davon aus, dass seine Witzelei in Ordnung ist. Er bezweifelt nicht, dass er charmant ist – auch wenn Natalie das nicht so sieht. Als er sie sieht, lächelt er entspannt und strahlt eher Selbstvertrauen als Spannung aus. »Sie sind also die Wächterin dieses furchtbar bösen Ortes, hm?«, sagt er lachend. Sie schaut ihn an, um zu entscheiden, ob er eine Bedrohung darstellt, aber er wirkt so entspannt und selbstsicher, dass sie beschließt, sein Lachen zu erwidern. »Oh ja, ich bin die Wächterin, allerdings«, sagt sie. Er fährt in seiner selbstsicheren, scherzhaften Art fort: »Wie kann ich Sie überreden, mich zu verzaubern, damit Ihr Bann mich hier vor Schaden bewahrt? Ich spüre schon jetzt, dass Sie mich verzaubern. Sie verhexen mich, Natalie!«, sagt er und liest ihren Namen an ihrem Namensschild ab. Sie lacht über seine Witzelei. »Jetzt habe ich das Gefühl, dass ich dort hineingehen kann, weil Ihr Bann mich schützt. Ich werde einfach zum Zahnarzt sagen: Die wunderschöne und charmante Natalie hat mich unter ihren schützenden Bann genommen. Wie wird das wirken?« »Sie können es versuchen«, antwortet sie, immer noch lachend. »Aber ich würde trotzdem das Schmerzmittel nehmen.« »Oh, ich brauche keine Schmerzmittel, nachdem ich Sie gesehen habe«, reagiert er. »Haben Sie schon jemals das Gefühl gehabt, dass Sie jemanden treffen, und plötzlich kann Ihr Herz nur gute Gefühle haben und keinen Schmerzen mehr empfinden? Nachdem ich Sie getroffen habe, werde ich sicherlich nichts anderes spüren.« Sie wird rot. »Na ja, danke sehr.«

Bei Bruce hat diese Begegnung funktioniert, weil er sicher war, dass sie funktionieren würde. Wenn er, wie Bob, sichtbar daran gezweifelt und darauf gewartet hätte, dass Natalie ihm eine Bestätigung gab, bevor er sich entspannte, hätte er denselben Misserfolg gehabt, den Bob hatte. Da er sich wohl fühlte, bevor sie sich wohl fühlte, konnte er für sie beide gute Gefühle erzeugen.

Ihr Humor muss romantisch sein.

Es reicht nicht, für sie nur den Clown zu spielen. Sie müssen ihr deutlich machen, dass Sie sie attraktiv finden. Im Beispiel oben bringt Bruce Natalie nicht nur zum Lachen – er nutzt die Gelegenheit auch, um ihr zu sagen, dass er sie schön und charmant findet. Das tut er, indem er gelegentliche Komplimente einstreut. Wenn er sagt, dass die »schöne und charmante Natalie« ihn unter ihren schützenden Bann genommen habe, sagt er, dass sie schön und charmant ist und er sie für mehr als nur eine Bekannte hält. Auf diese Weise beeinflusst er ihre Entscheidung: Freund oder potenzieller Liebhaber? Wenn sie weiter mit ihm flirtet, nachdem er diese romantischen Dinge über sie gesagt hat, hat sie ihn schon als potenziellen Liebhaber eingestuft.

Nur wenn sie seine Komplimente zurückweist, wird sie ihn als einen weiteren flüchtigen männlichen Bekannten einstufen können. Da sie aber so viel Spaß daran hat, mit ihm zu flirten, ist das unwahrscheinlich. Indem er einen Schuss Romantik in seinen Humor mischt, bietet er sich als einen potenziellen Liebhaber an. Wenn man sieht, wie Bruce mit Natalie flirtet, kann man sehen, dass es ihr schwerfallen muss, in ihm »nur einen Freund« zu sehen, weil sein Flirten eine romantische Qualität hat. Sie können das ebenfalls tun, indem Sie beim Flirten Ihr romantisches Interesse signalisieren.

Schlussfolgerungen

Männer machen gern zwei Fehler, wenn sie mit Frauen flirten: Entweder spielen sie mit Frauen so, wie sie es mit Männern machen, oder sie spielen gar nicht mit ihnen und erscheinen deshalb steif und nervös; spielen ist aber das Wesen des Flirtens. Wenn Sie die Leitgedanken befolgen, die wir Ihnen vermittelt haben, werden Sie diese Fehler nie wieder machen. Sie haben gelernt, dass das Flirten eine Frage des Humors und des Spielens ist, dass Frauen und Männer unterschiedlich witzeln und dass man Frauen gegenüber so spielen und witzeln muss, dass sie es als romantisch empfinden. Sie haben gelernt, mit Frauen nicht so grob zu witzeln wie mit Männern, nicht über Gewalt zu witzeln, Frauen gegenüber keinen körperlichen Humor (zum Beispiel Knuffen) anzuwenden und sich selbst nicht im Scherz zum Idioten und Trottel zu machen.

Sie haben gelernt, wie man Frauen gegenüber »kreative Fehlinterpretationen« äußert, romantische Andeutungen spielerisch einstreut und Fragen stellt. Sie haben gelernt, dass es wichtig ist, Gefühle zu beschreiben, die sie haben soll, und darauf zu vertrauen, dass Ihr Flirten okay ist, auch wenn die Frau das anders sieht.

Sehen Sie, wie nützlich diese Fähigkeiten bei Ihren Interaktionen mit Frauen schon heute sein können? Natürlich wird es Zeit kosten, zu lernen, wie man mit Frauen flirtet; die ersten Erfahrungen werden kaum so wunderbar sein, wie Sie sich das wünschen. Das macht nichts. Was zählt, ist, dass Sie anfangen, mit Frauen zu reden, zu witzeln und zu spielen: Nur die Übung macht den Meister. Da Sie nun die Grundlagen des humorvollen Flirtens kennen, sind Sie bereit, das Flirten als Weg zum ersten Date einzusetzen.

Flirten als Weg zu einem Date

Auf diesen Grundlagen aufbauend führen wir Sie nun schrittweise von der ersten Begegnung mit einer Frau zur ersten Verabredung. Wir zeigen die besonderen Probleme der einzelnen Schritte auf und erklären Ihnen, wie man diese überwinden kann. Das Hauptproblem ist, dass Frauen, wie auch Männer, Veränderungen gegenüber zurückhaltend sind – auch wenn es Veränderungen sind, die sie sich eigentlich wünschen. Es ist durchaus möglich, dass ein Date mit Ihnen das Beste ist, was der Frau Ihrer Träume jemals passiert ist. Es ist auch durchaus möglich, dass Sex mit Ihnen das Beste wäre, was ihr jemals passiert ist.

Wenn Sie tun, was wir Ihnen in diesem Buch beibringen, können Sie einer Frau durchaus mehr Romantik, Leidenschaft und Glück bieten als irgendein anderer Mann vorher. Auch wenn Sie nur eine kurzfristige sexuelle Beziehung anstreben, könnten Sie ihr ohne weiteres eine Affäre bieten, an die sie sich für den Rest ihres Lebens gern wieder erinnern wird.

Obwohl Sie einer Frau ein Fest der Lust bereiten möchten, wird sie zunächst Widerstand leisten, weil sie Veränderungen fürchtet. Sie repräsentieren das Potenzial für Leid, Unannehmlichkeit und Ungewohntes: Sie sind Sand im Getriebe ihres sonst wohlgeordneten Lebens. Während Sie von wunderbaren Nächten mit heißem Sex träumen, sieht sie schon Ihre schmutzigen Socken herumliegen: Sie werden ihr Leben durcheinanderbringen – wie andere Männer vor Ihnen. Auch unter günstigen Umständen werden Sie auf Widerstand stoßen, wenn Sie einer Frau begegnen.

Es besteht kein grundlegender Unterschied zu jeder anderen Verkaufssituation (was die Verführung einer Frau im Grunde ist). Wenn Sie jemals als Handelsvertreter gearbeitet haben, wissen Sie, dass Menschen neue Produkte und Leistungen zunächst ablehnen, auch wenn diese ihr Leben verbessern würden. Während Sie dieses großartige Produkt verkaufen wollen, überlegt der Kunde, wie schlimm Sie ihn über den Tisch ziehen wollen. Bei Frauen ist es genauso. Jeder der folgenden Schritte dient dazu, ihre Angst zu überwinden und ihr Begehren nach Ihnen zu wecken.

So gewinnen Sie ihr Vertrauen

Bevor Sie das Flirten als einen Weg hin zu einer Verabredung einsetzen, müssen Sie die natürliche Angst einer Frau vor Verletzungen überwinden. Sie müssen ihr Vertrauen gewinnen.

Hin und wieder ist es Bob aufgefallen, dass Frauen irgendwie Angst vor ihm hatten, wenn er sie zum ersten Mal ansprach. Er versuchte, dieses Problem direkt anzugehen – mit schrecklichen Ergebnissen: »Ich bin nicht gefährlich, wissen Sie«, sagte er einmal zu einer attraktiven Empfangsdame in einem Warenhaus. »Ich bin nur ein Durchschnittstyp. Sie müssen wirklich keine Angst haben.« Sie wurde bleich, ihre Augen weiteten sich vor Schreck. Zweifellos fragte sie sich: »Warum sagt dieser Kerl, dass er nicht gefährlich ist? Wieso sollte er so etwas sagen? Was wird er mir antun?«

Wie wir schon mehrfach gesagt haben, machen sich Frauen zuerst Sorgen, dass Sie sie angreifen, vergewaltigen oder töten könnten. Wenn man sagt, dass man nicht gefährlich ist, macht sie das nur noch ängstlicher und misstrauischer. Man muss sich Zeit nehmen, ihre Angst zu lindern – entweder im Lauf eines Flirts oder über mehrere Flirts hinweg. Wenn Sie beharrlich flirten und sie dauerhaft in eine gute, heitere Stimmung versetzen, wird sie Ihnen allmählich von selbst vertrauen und Sie für ungefährlich halten. Um ihre Angst zu überwinden, dass Sie gefährlich sein könnten, müssen Sie bestimmte Eigenschaften demonstrieren. Wenn Sie das nicht tun, werden Sie ihre Angst niemals abbauen. Es ist traurig für uns, mit ansehen zu müssen, wie viele wunderbare Männer bei Frauen abblitzen, weil sie ihnen nicht vermitteln können, dass sie nicht gefährlich sind – und zwar auf eine Weise, die eine Frau verstehen kann.

Was einen vertrauenswürdigen Mann ausmacht

Schaffen Sie Vertrauen, indem Sie die Frau respektieren. Bob hält es für respektvoll, wenn er einer Frau sagt, dass er nicht gefährlich sei. Tatsächlich macht er ihr nur noch mehr Angst. Bob hat nicht erkannt, dass Taten, um es sprichwörtlich zu sagen, mehr zählen als Worte. Wer hat nicht schon Leute kennengelernt, die von sich selbst sagten, wie sie waren, die aber in Wahrheit ganz anders waren? Vielleicht war es jemand, der die Pünktlichkeit lobte, aber sich ständig verspätete. Seine Worte entsprachen nicht seinem Verhalten – und wahrscheinlich sind Sie bei seinem Gerede über seine Pünktlichkeit misstrauisch geworden. Wenn man sagt, dass man nicht gefährlich sei, ist das genauso. Wenn man darüber redet, wird es nur noch schlimmer – man muss es demonstrieren. Die erste Maßnahme ist respektvolles Verhalten.

Respektvoll zu sein bedeutet nicht, dass Sie vor einer Frau kriechen oder sie behandeln, als wenn sie etwas Besseres (oder Ihnen übergeordnet) wäre: Das ist nicht respektvoll, sondern hündisch und kriecherisch. Damit will keine Frau etwas zu tun haben. Vor allem muss man sie respektieren, wenn sie nein sagt. Eine Frau will bei einer Verführung ihr eigenes Tempo selbst bestimmen. Sie fühlt sich sicher, wenn sie weiß, dass sie das Tempo unter Kontrolle hat. Das erkennt man daran, dass sie nein sagt. Wenn sie nein sagt, muss man sich zurückhalten. Wenn man das tut, wird sie sich respektiert fühlen. Flirten Sie mit einer Frau zum ersten Mal, kann es sein, dass Sie etwas sagen, das sie beleidigt. Sie wird etwas gereizt reagieren. Sie merken es daran, dass der Fluss des Flirts langsamer wird oder sogar abbricht. Sie müssen dies respektieren, es zur Kenntnis nehmen und damit umgehen.

Schaffen Sie Vertrauen, indem Sie nicht bedürftig wirken. Nichts kann einer Frau schneller das Gefühl geben, ausgenutzt zu werden, als ein Mann, der weibliche Zuwendung nötig hat, einsam ist oder nach Sex hungert. Frauen schließen daraus sofort (und zu Recht), dass ein solcher Mann sich nicht wirklich für sie interessiert, sondern dass es ihm nur um Sex geht. Vielleicht würden Sie es großartig finden, wenn eine Frau nur an Sex mit Ihnen interessiert wäre, aber eines müssen Sie uns glauben: Sogar Frauen, die tatsächlich nur Sex wollen, verlieren die Lust daran, wenn man irgendwie bedürftig wirkt.

In den folgenden drei typischen Situationen wird man am ehesten bedürftig erscheinen:

1. Wenn man nur einer Frau den Hof macht. Wie wir bereits erläutert haben, erscheint man sehr leicht bedürftig, wenn man alles auf eine Karte setzt. Man hat dann keinen Ersatzplan - deshalb muss es bei der Frau, mit der man sich trifft, einfach funktionieren. Dieser Erfolgsdruck verhindert ein unbefangenes Verhalten. Man kann dann nicht sagen: »Es spielt keine Rolle, wie es bei dieser Frau läuft; ich habe ja jede Menge andere.« Der Mann wirkt angespannt. Die Frau spürt das und wird ebenfalls nervös. Der Mann wird dadurch noch nervöser - denn schließlich ist diese Frau seine einzige Chance. Wenn man erst einmal so weit ist, ist das Spiel schon gelaufen. Wenn man sich nicht nachdrücklich daran erinnern kann, dass einem viele Frauen zur Verfügung stehen, wird man wahrscheinlich immer bedürftig erscheinen. Die Lösung besteht selbstverständlich darin, dass man an

mehreren Frauen gleichzeitig »baggert«. Wer eine Reihe potenzieller Liebhaberinnen »in Arbeit« hat, wird nicht so schnell einen bedürftigen Eindruck machen.

2. Wenn man übertriebene Angst vor einer Zurückweisung hat. Wenn man sich so fühlt, wird man ebenfalls bedürftig erscheinen. Wir haben Ihnen inzwischen hoffentlich deutlich machen können, wie wichtig es ist, die Angst vor einer Zurückweisung zu überwinden und konsequent die Anti-Angst-Maßnahmen zu ergreifen, die wir im zweiten Kapitel beschrieben haben.
3. Wenn Ihr Leben in anderer Hinsicht einsam und sinnlos ist. Wenn man einsam ist und das Leben sinnlos erscheint, wirkt man aus Sicht der Frauen ebenfalls bedürftig. Man muss sich für etwas engagieren, das dem Leben eine Bedeutung gibt, die über eine Beziehung und Sex mit einer Frau hinausgeht. Wenn Sie versuchen, Ihrem Leben durch Ihre Begegnungen mit Frauen einen Sinn zu geben, werden die Frauen das immer spüren und Ihre Gegenwart nicht schätzen. Männer werden Sie ebenfalls nicht respektieren.

Wahrscheinlich ist Ihnen bereits aufgefallen, dass Frauen erfolgreiche Männer mögen. Sicherlich sind sie auch am Geld interessiert, aber das ist nicht die ganze Wahrheit. Sie fühlen sich auch zu Männern hingezogen, die etwas aus sich und ihrem Leben machen, die Leidenschaften haben und sich für etwas begeistern können. Manche von diesen Männern haben Geld, aber nicht alle. Geld ist nicht so wichtig wie die innere Einstellung zum Leben: Ein Mann sollte begeisterungsfähig, dynamisch und tatkräftig sein.

Wir alle kennen Rock-Gitarristen, die leicht Sex haben können, obwohl sie nur in kleinen Kneipen auftreten. Ihr leidenschaftlicher Einsatz macht diese beiden Arten von Männern – Geschäftsmänner und Rockmusiker – für Frauen attraktiv.

Wir werden mit Ihnen nicht Ihr ganzes Leben umkrempeln, aber Sie werden sehen, dass die Prinzipien für Erfolg bei Frauen dieselben sind wie die Prinzipien für Erfolg im Leben. Die sieben Gewohnheiten eines Topverführers gelten auch für das Leben außerhalb einer Beziehung.

Sie sollten stets ergebnisorientiert handeln. Das gilt nicht nur bei Frauen, sondern für den Alltag. Betrachten Sie das Leben als Wahrscheinlichkeitsrechnung, nehmen Sie einzelne Ereignisse nicht persönlich und verfolgen Sie mehr als ein Projekt auf einmal. Man sollte bereit sein, sich von Jobs oder Geschäften zu trennen, die sich nicht lohnen, wie auch von Frauen, die einem nichts geben. Und man sollte sein Leben selbst im Griff behalten – wie man auch für ein Date nicht die eigenen Pläne umwerfen sollte. Wenn Sie diese Prinzipien bei Ihrer Lebensplanung im Auge behalten, wird es Ihnen leichter fallen, mit Leidenschaft und Erfolg zu leben. Die Prinzipien der Planung und konsequenten Durchführung von Projekten, die wir in den folgenden Kapiteln anwenden werden, werden ebenfalls helfen, ein Leben zu gestalten, das Sie mit Leidenschaft erfüllt. Wenn Sie Ihr Leben mit Leidenschaft führen und außer Sex noch andere Interessen haben, werden Sie nicht bedürftig erscheinen.

Männer erscheinen auch bedürftig, wenn sie einsam sind. Das passiert vor allem dann, wenn sie viele weibliche und wenige männliche Freunde haben. Wenn Sie keine Kumpels haben, mit denen Sie ausspannen und sich gehen lassen können, sollten Sie sich welche zulegen. Wenn man männliche Freunde hat, sind Begegnungen mit Frauen weniger wichtige Quellen von Liebe und Wertschätzung. Es wird für eine Frau viel einfacher sein, Ihnen zu vertrauen und sich zu entspannen, wenn sie weiß, dass Sie ihre Zuwendung nicht unbedingt nötig haben.

Wenn Sie eines dieser Probleme haben, besteht die Gefahr, dass Sie Frauen gegenüber bedürftig erscheinen.

Schaffen Sie Vertrauen durch Geduld

Geduld ist ein wichtiges Mittel, einer Frau zu zeigen, dass Sie nicht gefährlich sind und ihr Vertrauen verdienen. Man darf aber Geduld nicht mit Dummheit verwechseln: Wir meinen nicht, dass Sie sich von einer Frau auf der Nase herumtanzen lassen. Wir sagen lediglich, dass Flirten, das zu einem Date führt, Zeit kostet. Sie müssen auch bei langfristigem Flirten Geduld haben. Sie müssen bereit sein, eine Frau immer wieder zu treffen und oft mit ihr zu flirten, bevor sie mit Ihnen ausgeht. Jim pflegte zu glauben, dass er bei einer einzelnen Begegnung durch einen Flirt Vertrauen, Interesse und Zuneigung einer Frau wecken und sie zu einer Verabredung einladen konnte, die gleich zum Sex führen würde. Obwohl das durchaus nicht unmöglich ist, lassen sich die meisten Frauen nicht so schnell verführen. Sie müssen Geduld aufbringen und bereit sein, bei vielen Begegnungen zu flirten, bevor sie endlich mit Ihnen ausgeht.

Geduldige Besuche an ihrem Arbeitsplatz oder in ihrem Fitness-Center bauen ebenfalls ihr Vertrauen auf, weil sie Sie immer wieder sieht. Der Flirt mit Ihnen wird zu einem Teil ihres zuverlässigen, gewohnten Alltags. Gemeinsame Bekanntschaften helfen ebenfalls, Vertrauen aufzubauen, solange es sich nicht um andere Ex-Geliebte von Ihnen handelt. Wenn die Frau einen Ihrer Freunde kennt oder Sie von einem gemeinsamen Freund vorgestellt werden, haben Sie eine implizite Empfehlung von einem Freund: Auch das hilft, Vertrauen zu bilden. Sie können auch Vertrauen aufbauen, indem Sie ihr Ihre Visitenkarte geben. Sie wird nicht anrufen; rechnen Sie nicht damit. Es ist aber ein einfaches Mittel, ihr zu zeigen, dass Sie Ihre Adresse und Identität nicht verheimlichen. Es ist ein Teil eines geduldigen Prozesses der Vertrauensbildung.

Schaffen Sie Vertrauen, indem Sie unnötige Konflikte vermeiden

Mäßigen Sie sich in Ihren Aussagen, wenn Sie das Vertrauen einer Frau gewinnen wollen. Denken Sie erfolgsorientiert: Sie wollen erreichen, dass diese Frau Sie begehrt. Zu diesem Zweck müssen Sie beim Flirten unnötige Konflikte vermeiden. Wen stört es, wenn sie eine Meinung vom Stapel lässt, die Ihnen auf den Sender geht? Denken Sie an Ihr Ziel: Romantik und Sex. Als Kurt zum ersten Mal mit Sally ausging, machte er alles richtig … bis sie begann, über Feminismus zu reden. »In dieser Gesellschaft ziehen Frauen immer den Kürzeren«, sagte sie. »Männer bekommen alles – und wissen es nicht einmal.« Kurt, der sich mit der Männer-Bewegung identifizierte, wurde wütend, als sie das sagte. Er nannte Zahlen, die belegen, wie Männer von ihren Frauen wirklich ausgenutzt werden, dass mehr Männer als Frauen in Kriegen sterben, dass Männer im Gefängnis vergewaltigt werden und was Männern bei der Knabenbeschneidung angetan wird. Zweifellos hatte er in allen Punkten Recht, aber das half ihm bei Sally nicht weiter.

Schließlich unterbrach ihn Sally: »Hey, du redest jetzt sehr laut, das macht mir Angst. Ich mag das nicht an dir.« Kurt zerstörte eine perfekte Verführung, indem er sich in einen Streit um Männer- und Frauenrechte hineinziehen ließ. Er hätte romantisch sein müssen. Er hat sie nie ins Bett bekommen.

Sie müssen entscheiden, was Ihnen wichtiger ist: Streit oder Sex. Nach dem Verhalten der Männer zu urteilen ist der durchschnittliche Mann mehr an Streit als an Sex interessiert: Er streitet darum, weshalb Sport für Männer wichtig ist, oder lässt sich in Streitigkeiten um Männer- und Frauenrechte hineinziehen. Sie müssen anders sein. Wenn eine Frau einen Streit provoziert, müssen Sie ihr zu verstehen geben, dass Sie es zur Kenntnis genommen haben, um dann aber das Thema zu wechseln. Als Sally ihre Meinung über Männer und Frauen vom Stapel ließ, hätte Kurt einfach darüber hinweggehen sollen. Er hätte sagen sollen: »Wirklich? Das ist interessant. Erinnerst du dich noch an deine erste Liebe?« Hätte er nicht mit ihr gestritten, sondern das Thema gewechselt, hätte er Sallys Vertrauen nicht verspielt und die Verführung fortsetzen können.

Manche Frauen suchen Streit und tun fast alles, um ihn zu provozieren. Frauen, die sich mit Frauenfragen identifizieren und liebend gerne erzählen, wie Männer Frauen verletzen, werden Streit mit Ihnen suchen. Wenn Sie merken, dass Sie ständig der Auseinandersetzung mit ihr ausweichen müssen, ist sie nicht die richtige. Suchen Sie eine andere Frau.

Schaffen Sie Vertrauen, indem Sie zeigen, dass Sie okay sind.

Wer hat nicht schon einen Mann erlebt, der merkwürdig war und doch Erfolg bei Frauen hatte. Vielleicht kennen Sie einen, der am ganzen Körper tätowiert ist und grüne Haare und viele Piercings hat – oder einen, der schwarze Haare hat und eine schwarze Lederjacke trägt, was einen verwegenen Eindruck macht. Vielleicht kennen Sie jemanden mit irgendeiner anderen exzentrischen Macke. Man merkt, dass diese

Männer ihren exzentrischen Stil im Griff haben: Sie fühlen sich wohl in ihrer Haut – mit Tätowierungen, Piercings, grünen Haaren, merkwürdigen Details usw. Diese Männer haben auch keine Probleme, an Frauen heranzukommen.

Vielleicht haben Sie aber auch einmal einen Mann kennengelernt, der sich dessen bewusst war und sich dafür schämte, dass er merkwürdig oder exzentrisch war. Er mag einen ungewöhnlichen Kleider- oder Musikgeschmack gehabt haben – nicht anders als die Männer, die ungewöhnlich sind und doch Erfolg bei Frauen haben. Wenn ein Mann sich wegen seiner exzentrischen Art unbehaglich fühlt, wird er Probleme haben, Frauen zu erobern.

Ein Mann, der in gewisser Weise verschroben ist und sich dabei wohl fühlt, wird von Frauen als Inspiration erlebt: Sie sehen, dass er sich wegen seiner Macken nicht schämt und bereit ist, sich selbst voll zur Geltung zu bringen. Das sind erregende Eigenschaften für eine Frau: Frauen finden solche Männer süß und künstlerisch. Sie vertrauen solchen Männern – weil diese sich selbst vertrauen.

Ein Mann, der sich mit seinen exzentrischen Neigungen unwohl fühlt, wirkt hingegen auf Frauen beängstigend. Da er selbst glaubt, dass mit ihm etwas nicht stimmt, glauben die Frauen das auch. Da er sich wegen seiner Macken schämt, erscheint er auch den Frauen verschroben und nicht vertrauenswürdig: Sie vertrauen ihm nicht – weil er sich selbst nicht vertraut.

Die Lösung ist, dass man jegliche »absonderliche« Verhaltensweise oder Kleidung prüft und entscheidet, ob man sie beibehalten will. Wenn ja, muss man sie stolz in den eigenen Stil integrieren. Diese Entscheidung trifft man, indem man sich selbst fragt: »Welche Botschaft sendet sie über mich aus?« Als Mario darüber nachdachte, ob er seinen Pferdeschwanz und Spitzbart behalten sollte, stellte er sich diese Frage. Er fragte nicht nur sich selbst, sondern auch seine Freunde und Angehörigen. Er machte die Erfahrung, dass viele Leute seinen Pferdeschwanz unreif fanden: Er sendete die Botschaft aus, dass er ein Junge in einem Männerkörper war – und nicht bereit, erwachsen zu werden. Nachdem er über dieses Feedback nachgedacht hatte, stimmte Mario zu: Er trennte sich von seinem Pferdeschwanz und rasierte auch seinen Spitzbart ab. Danach war er glücklicher, und die Menschen reagierten anders auf ihn. Plötzlich schienen sich Frauen in seiner Gegenwart wohler zu fühlen.

Clarence machte eine andere Erfahrung. Er hatte sich in Cowboy-Kleidung immer wohl gefühlt. Ständig trug er einen Cowboy-Hut, ein Hemd und Cowboy-Stiefel - was in seinem Wohnort als exzentrisch galt. Als er seine Freunde fragte, welche Botschaft sein Hut und seine Stiefel ihrer Meinung nach aussendeten, reagierten sie alle positiv. »Das ist eben Clarence«, sagte einer von ihnen, »anscheinend hast du genau deinen Stil gefunden.« Clarence stimmte zu und behielt sein Cowboy-Outfit. Er betonte seinen Stil sogar noch durch einen neuen, extravaganten Hut, den er stolz trug. Frauen fühlten sich in seiner Gegenwart wohl, weil er durch seinen Stil zum Ausdruck brachte, wer er wirklich war. Sie vertrauten ihm. Luther hatte hingegen durch seinen Stil seine Angst vor dem Altern zum Ausdruck gebracht. Als Frauen das erkannten, erschien er ihnen verschroben und nicht vertrauenswürdig.

Oft erscheint ein Mann einer Frau verdächtig, weil er von ihr Bestätigung erwartet. Wir haben das immer wieder behandelt: Sie müssen Ihre Selbstbestätigung aus einer anderen Quelle beziehen - nicht von Frauen. Das Bedürfnis nach Bestätigung durch Frauen verursacht Probleme in jedem Bereich der Verführungskunst. Wenn eine Frau sich um Ihre Gefühle kümmern muss und Sie sie benutzen, um sich gut zu fühlen, sind Sie als Liebhaber nicht interessant.

Schaffen Sie Vertrauen, indem Sie sie in glücklicher Stimmung verlassen.

Alle diese Praktiken werden Sie für eine Frau vertrauenswürdiger machen. Wenn Sie sie respektieren, nicht bedürftig erscheinen, Geduld haben, nicht mit ihr streiten und ihr zeigen, dass Sie nicht verschroben sind, wird sie jeden Grund haben, Ihnen zu vertrauen. Wenn Sie sie in glücklicher Stimmung verlassen, wird sie Ihnen nicht nur vertrauen - sie wird es nicht erwarten können, Sie wiederzusehen.

Die drei Schritte für einen erfolgreichen Flirt

Schritt 1: Die erste Begegnung

Als Bob Brenda auf einer Party zum ersten Mal begegnete, war er verunsichert. Brenda, eine 26-jährige Werbetexterin, hatte glattes, blondes Haar, einen durchtrainierten, geschmeidigen Körper, ein wunderschönes Gesicht und intelligente Augen – aber das erste, was ihm auffiel, war ihre üppige Oberweite, um ehrlich zu sein. »Ich wusste, dass ich einen guten Eindruck machen musste«, sagte er später seinem Freund Scott. »Deshalb achtete ich darauf, dass ich nichts tat, was sie abschrecken könnte.« Bob hatte solche Angst davor, dass sie ihn nicht mögen würde oder er sich peinlich verhalten könnte, dass er nicht in der Lage war, normal mit ihr umzugehen. Er verfiel in seinen üblichen, erfolglosen Ansatz bei attraktiven Frauen: Er versuchte, harmlos zu erscheinen. »Was machen Sie beruflich?«, fragte er Brenda. Als sie es ihm sagte, begann er ein Gespräch über Arbeit, Überstunden und unterschiedliche Computersysteme, die man am Arbeitsplatz verwendet. Sie fand ihn harmlos und nur mäßig interessant, aber als er endlich den Mut aufbrachte, sie zitternd nach ihrer Telefonnummer zu fragen, sagte Brenda: »Ich mag dich und so, aber ich muss dir sagen, dass du wirklich nicht mein Typ bist.« Ihm war klar, dass sie ihn zunächst für eine potenzielle Bedrohung gehalten hatte, aber er hatte dieses Problem abgewendet. Jetzt hatte sie definitiv keine Angst vor ihm. Was ist also schief gelaufen?

Richtig ist, dass eine Frau bei der ersten Begegnung zunächst befürchtet, dass Sie sie verletzen könnten. Diese Angst müssen Sie ihr nehmen. Das bedeutet aber nicht, dass Sie sich durch ihre Angst sterilisieren lassen und, wie Bob, langweilig werden dürfen. Man muss ihre Angst beschwichtigen – aber wenn man jemals mit ihr Sex haben will, muss man auch sein romantisches Interesse sofort bekunden.

Wie wir bereits gesagt haben, stufen Frauen einen Mann immer sofort ein. Sie entscheiden schon in den ersten Minuten einer Bekanntschaft, ob man ein potenzieller Liebhaber oder nur ein entfernter Bekannter sein wird. Das muss man unbedingt zum eigenen Vorteil nutzen, indem man sein romantisches Interesse sofort bekundet. Wenn Sie das versäumen und sich darauf beschränken, ihr ein Gefühl der Sicherheit zu geben, wird sie Sie höchstens als einen Freund einstufen und romantische Abenteuer anderswo suchen.

Sprüche für die erste Annäherung

Unsere Schüler fragen uns oft nach Sprüchen, die man bringen kann, wenn man zum ersten Mal auf eine Frau zugeht oder ihr eine Verabredung vorschlagen will. Sie scheinen zu glauben, dass es eine Art Zauberformel gibt, die bei allen Frauen funktioniert – als wenn man diese nur finden müsste, um ein Date zu bekommen.

Die Wahrheit ist, dass es keinen »richtigen« Weg gibt, eine Frau um eine Verabredung zu bitten – und keine »perfekte« Eröffnungsformel für ein Gespräch. Sie sollten eigentlich froh darüber sein, weil es bedeutet, dass alles, was Sie gerade gerne sagen würden – zum Beispiel etwas Einfaches und Ehrliches – durchaus perfekt sein kann.

Manche Männer bevorzugen Witze. Sie gehen auf eine attraktive Frau zu und sagen: »Wow, vermisst der Himmel einen Engel? Hier steht einer direkt vor mir.« Unsere Befragungen von über 300 Frauen deuten darauf hin, dass sie solche Sprüche eher nicht mögen. Ebensogut könnte man sagen: »Wow, vermisst der Himmel ein Paar Engel? Sie baumeln direkt vor mir in Ihrer Bluse.« Das ist ebenfalls nicht zu empfehlen. Wir empfehlen ferner auch nicht den Spruch: »Wenn ich Ihnen sagen würde, dass Sie einen wunderschönen Körper haben, würden Sie das gegen mich verwenden?« All diese künstlichen, pubertären Sprüche sagen einer Frau, dass Sie nicht wirklich ein erwachsener Mann sind. Geben Sie sie auf.

Schritt 2: Sie hat Sie als Romantiker eingestuft

Wenn Sie im ersten Schritt alles richtig gemacht haben, wird die Frau, an der Sie interessiert sind, Ihnen vertrauen. Sie wird Sie dann als Romantiker einstufen. Sie haben Ihr Interesse bekundet, ihr Vertrauen gewonnen und sie nach jeder Begegnung in glücklicher Stimmung verabschiedet. Sie haben humorvoll geflirtet. Sie haben keinen dummen Streit mit ihr angefangen und sie auch sonst nicht abgeschreckt. Sie genießt Ihre Gesellschaft und weiß, dass Sie an einer Romanze interessiert sind. Sie glauben, Sie seien schon am Ziel. Sie beginnt zu denken: »Dieser Kerl ist cool. Warum sollte ich nicht mit ihm ausgehen? Warum nicht?« Was könnte jetzt noch schief gehen?

Nun, da Sie ihre anfänglichen Befürchtungen überwunden haben, kommt das nächste Problem. Wenn sie sich zu Ihnen hingezogen fühlt, beginnt sie, Antworten auf diese Frage zu suchen: »Warum nicht?« Vergessen Sie nicht, Frauen sind wie wir alle: Sie versuchen, Veränderungen zu vermeiden – auch solche, die sie sich wünschen. Wie gesagt, während Sie über Nächte mit heißem Sex fantasieren, fürchtet sie, dass sie auf der nassen Seite schlafen muss. Um ihr gewohntes Leben zu schützen, sucht sie Gründe, um Sie zu disqualifizieren. Die nächste Herausforderung besteht für Sie darin, diese Gründe zu überwinden, ihr weiter gute Gefühle zu vermitteln und die Verführung voranzutreiben.

»Warum nicht?« Welche Art von Antwort wird sie auf diese Frage finden? Sie wird sich selbst – und Ihnen – sagen, dass Sie nicht ihr Typ sind, dass sie nicht Ihre Freundschaft verderben will (mehr darüber später) oder dass sie erst über irgendeinen anderen Mann hinwegkommen muss. Wie jeder andere auch, der etwas Neues und potenziell Gefährliches erwägt, erdenkt sie sich jeden möglichen Grund, um nicht mit Ihnen auszugehen. Sie müssen damit umgehen.

Antworten auf die Frage »warum nicht« sind eher von allgemeiner, unbestimmter Art. Sie sagt nicht deshalb nein, weil sie Sie nicht mag oder weil Sie etwas falsch gemacht haben. Die Frage »warum nicht« bezieht sich eher auf vage, allgemeine Probleme, die ganze Klassen von Beziehungen betreffen. Typisch ist die Antwort: »Ich gehe nicht mit Männern, die kleiner sind als ich.« Dasselbe gilt für: »Du bist nicht mein Typ.« Oder: »Ich bin momentan nicht an einer Beziehung interessiert.« Weitere Beispiele sind: »Ich habe keine Zeit«, »ich habe kein Auto«, »ich muss mir die Haare waschen« und ähnliches mehr.

Die Frage »warum nicht« verweist auf Probleme, die nicht direkt etwas mit Ihnen zu tun haben. Wenn sie Sie nicht mag, wird sie zum Beispiel sagen: »Hey, ich will nie mehr mit dir reden. Ich werde niemals mit dir ausgehen. Ich will, dass du mich in Ruhe lässt.« In diesem Fall lassen Sie sie in Ruhe und suchen Sie Frauen, die an Ihnen interessiert sind. Aber wenn sie etwas eher Unbestimmtes sagt, was sie quasi aus dem Handgelenk schüttelt, was eher Beziehungen im Allgemeinen betrifft und nicht auf Sie persönlich gemünzt ist, müssen Sie auf sanfte Weise beharrlich bleiben.

Viele unserer Schüler sind Männer in fortgeschrittenem Alter, die sich mit jüngeren Frauen verabreden wollen. Erwartungsgemäß erklärt die junge Frau dem älteren Mann relativ früh, dass er zu alt ist. Das widerfuhr zum Beispiel Marvin. Mit 38 Jahren ging er wieder als Teilzeitstudent auf die Uni, um sein Vordiplom zu beenden. Plötzlich war er von unglaublich heißen 19–20-jährigen Mädchen mit Stripper-Figur umgeben. Er begann sofort zu baggern, stellte aber fest, dass sie sehr unsicher und misstrauisch waren. »Dieser erste Schritt dauert bei diesen Mädchen eine Ewigkeit«, sagte er. »Ich machte aber die Erfahrung, dass ich ihr Vertrauen doch gewinnen konnte, wenn ich beharrlich blieb.«

Die erste Studentin, mit der er sich verabredete, war eine 22-jährige Frau namens Jennifer, die schon im Hauptstudium war. Sie ging erst mit ihm aus, nachdem sie ihn aus Kursen kannte und immer und immer und immer wieder mit ihm geredet hatte. »Das Semester war schon zu einem Drittel gelaufen, als ich schließlich glaubte, dass sie mir genügend vertraute, um mit mir einen Kaffee trinken zu gehen.« Als er sie fragte, antwortete sie: »Okay, aber da ist etwas, was ich Ihnen sagen muss. Ich habe darüber nachgedacht, und ich kann es rechtfertigen, mit einem Mann bis maximal 28 auszugehen, aber nicht mit einem Mann in Ihrem Alter.« Ein Mann, der nicht von uns geschult wurde, hätte an diesem Punkt vielleicht aufgegeben oder einen dummen Streit darüber angefangen, was sie mit rechtfertigen meinte. Marvin wusste, dass das wahrscheinlich nur eine Antwort auf die Frage »warum nicht« war und vereinbarte Zeit und Ort für das Date zum Kaffee.

»Ich wusste, dass sie es vielleicht tatsächlich meinte«, sagte er uns, »aber das Risiko muss man eben eingehen. Wenn ich später versucht hätte, sie zu küssen, und sie nein gesagt hätte, hätte ich gewusst, dass sie es ernst meinte und mich nicht mochte. Aber ich vermutete, dass es eine Antwort auf die Frage ›warum nicht‹ war. Ich sagte, ich würde das verstehen, und arbeitete weiter an dem Date.« Drei Dates später hatte er Sex mit ihr, was – so sagte sie ihm später – die »beste Erfahrung meines Lebens« gewesen sei. Marvin wusste, dass er ihre Bedenken überwinden konnte, indem er beharrlich blieb, bereit war, ihr Nein zu akzeptieren, und weiter am Ball blieb.

Der Schlüssel zur Überwindung der Probleme, die sie durch ihr »warum nicht« aufwirft, besteht in der Beharrlichkeit, ihr Wohlbefinden zu vermitteln. Irgendwann wird sie erkennen, wie wunderbar Sie sind und die Beziehung mit Ihnen weiterführen wollen. Oder sie wird Sie als einen widerwärtigen Penner einstufen und Ihnen ins Gesicht sagen, dass Sie verschwinden sollen. In jedem Fall sind Sie auf dem Weg zum Sex – entweder mit ihr oder mit einer anderen Frau, die Sie mag.

Schritt 3: Sie akzeptiert Ihre Einladung zum Ausgehen

Es gibt drei verschiedene Arten von Situationen, in denen man Frauen begegnet. Wie früh man sie um eine Verabredung zum Ausgehen bittet, hängt davon ab, in welcher Situation man sich befindet.

Erstens gibt es die Notfall-Situation: Man sieht eine Frau, die man attraktiv findet, und muss sie sofort um eine Verabredung bitten, weil sie gerade gehen will und man sie wahrscheinlich nie wiedersehen wird. Wer hat nicht schon die Anzeigen unter »Bekanntschaften« gelesen, in denen ein trauriger Kerl eine Frau beschreibt, die er gesehen hat, und darum bettelt, dass sie ihn anrufen möge: »Ich habe dich auf der anderen Seite des Zimmers gesehen, aber ich habe mich nicht getraut, dich anzusprechen«, wird er zum Beispiel schreiben. »Du warst groß, blond, gut gebaut und hast mit einem muskulösen Gewichtheber geredet. Ich war der Kerl, der sich in die Ecke duckte und so tat, als wenn er sich mit der Topfpflanze unterhalten würde. Bitte ruf mich an!« Kaum anzunehmen.

Wenn Sie nicht einer von diesen wehleidigen Kerlen sein wollen, müssen Sie die Frau ansprechen, die Sie vielleicht nie wiedersehen. Das kann so ablaufen, dass Sie zum Beispiel an einer Tankstelle eine Frau ansprechen und sagen: »Hallo, ich habe Sie da gesehen und konnte Sie einfach nicht aus meinem Leben verschwinden lassen. Ich tue das normalerweise nicht, aber vielleicht darf ich Sie gelegentlich mal anrufen?« Es kann gut sein, dass sie abwimmelt – aber ebenso kann sie auch zustimmen. Wenn Sie sehr ängstlich sind, können Sie ihr Ihre Visitenkarte geben, wenngleich die Chance, dass sie anruft, verschwindend gering ist. Die Chance auf ein Date ist auf jeden Fall größer, wenn Sie fragen, als wenn Sie nicht fragen. Denn wenn Sie nicht fragen, ist die Chance gleich null.

Die zweite Situation gibt Ihnen etwas mehr Zeit. Vielleicht haben Sie ein paar Stunden (oder sogar einen ganzen Tag) Zeit zum Baggern. Das kann auf einer Party sein – oder zum Beispiel bei einem eintägigen Kurs. Sie können zahlreiche Interaktionen mit ihr haben und am Ende, bevor Sie beide gehen, sagen: »Wissen Sie, Sie scheinen cool zu sein. Wie wäre es, wenn wir einmal zusammen ausgehen?« Dann können Sie versuchen, eine Verabredung zu treffen.

In der dritten Situation flirten Sie über einen längeren Zeitraum hinweg. Sie sehen die Frau regelmäßig: Die Frauen, die zu derselben Zeit wie Sie trainieren, die Bedienungen im Café, das Sie besuchen, die Kellnerin in Ihrem Lieblings-Restaurant. In dieser Situation haben Sie am wenigsten Stress, weil Sie langfristig baggern können. Sie können ihr die Zeit geben, die sie braucht, um sich an Sie zu gewöhnen, sich sicher zu fühlen und in Ihnen einen möglichen Partner für eine Romanze zu sehen. Dann, wenn die Zeit reif ist und Sie die Muße dazu haben, schlagen Sie eine Verabredung zum Ausgehen vor.

Entscheidend ist, dass Sie bei jeder Frau, die Sie attraktiv finden, die Situation einschätzen. Alle Fähigkeiten des Flirtens und der Verführung nützen Ihnen nichts, wenn die Frau Ihrer Träume aus Ihrem Leben verschwindet und Sie nichts tun, um sie aufzuhalten. Wenn Sie die Situation entsprechend einschätzen, können Sie Dringlichkeit und Tempo Ihres Flirts entsprechend planen.

Wie man am Telefon ein Date ausmacht

Einer der häufigsten Fehler, den Männer machen, besteht darin, dass sie glauben, die Frau sei nicht an ihnen interessiert, wenn sie nicht zurückruft. Die Folge ist, dass die Männer nicht mehr anrufen, über mangelndes Entgegenkommen der Frauen jammern und – im schlimmsten Fall – aufgeben. Wir wissen, dass das nicht so offen auf der Hand liegt, aber Tatsache ist, dass Frauen anrufen, wenn sie Lust dazu haben. Sie handeln nicht rational. Vergessen Sie nicht: Eine Frau ist nicht dazu da, Ihnen das Leben leichter zu machen. Sie werden glücklicher sein, wenn Sie von Frauen endgültig nicht länger erwarten, dass sie die Dinge einfacher machen, indem sie zurückrufen.

Was man beachten muss, wenn man am Telefon ein Date vereinbart:

- Hängen Sie nach der zweiten Nachricht auf, wenn Sie ihren Anrufbeantworter dran haben, und versuchen Sie es weiter, bis Sie sie persönlich erreichen. Sie machen sonst einen bedürftigen Eindruck; Sie sind dann für sie »der Kerl, der ständig anruft«.
- Nennen Sie bestimmte Zeiten, Tage und Orte für ein Treffen, wenn Sie auf den Anrufbeantworter sprechen. Sagen Sie: »Ich würde gerne am Mittwoch mit Ihnen ins Planetarium gehen.« Aber nicht: »Äh, würden Sie gerne ausgehen?«
- Drucksen Sie nicht herum, wenn Sie eine Nachricht hinterlassen. Seien Sie entschieden.
- Rufen Sie nicht an, nur um zu reden. Das schafft nur Gelegenheiten, etwas Dummes zu machen und Ihre Chancen zu verderben. Rufen Sie nicht an, wenn Sie nicht etwas Verführerisches zu sagen oder ein Date vorzuschlagen haben.

- Halten Sie alle Anrufe kurz.
- Achten Sie auf einen freundlichen Ton, wenn Sie Nachrichten hinterlassen. Wenn Sie dabei lächeln, wird Ihre Stimme freundlicher klingen.
- Rufen Sie niemals an, wenn Sie wütend auf sie sind.

Wenn sie nicht zurückruft, rufen Sie sie wieder an und tun so, als wenn es Ihre erste Botschaft nie gegeben hätte. Fragen Sie nie, warum sie nicht zurückgerufen hat: Es erinnert sie daran, dass Sie ein Waschlappen sind, den sie aus Gnade zurückgerufen hat und der nun um mehr bettelt. Tun Sie einfach so, als wenn Sie die erste Botschaft nie hinterlassen hätten.

Wenngleich Sie durchaus Geduld haben müssen und niemals einen Rückruf erwarten sollten, dürfen Sie sich auch nicht zum Fußabtreter machen lassen. Sie könnten die Regel der drei Anrufe versuchen: Wenn sie nach drei Anrufen immer noch nicht zurückruft, suchen Sie sich eine andere Frau. Manchmal empfehlen wir, anzurufen und sie zu warnen, wenn sie schon zweimal nicht zurückgerufen hat. Sie können zum Beispiel sagen: »Ich würde Sie gerne wiedersehen, aber Sie haben schon zweimal nicht zurückgerufen. Ich tue das nur ungern, aber wenn Sie diesmal nicht zurückrufen, kann ich eine längere Zeit nicht mehr anrufen.« Das zeigt ihr an, dass Sie sie mögen, aber nicht bereit sind, ihretwegen Ihre Selbstachtung zu opfern.

Was, wenn man es vermasselt?

Wenn Sie sie schließlich um ein Date bitten und sie akzeptiert, sind Ihre Probleme noch lange nicht gelöst: Sie – eher noch als die Frau – können es vermasseln.

Die Zeit ist gekommen: Sie ist soweit. Sie haben eine intensive Verbindung zu ihr geschaffen – entweder schon durch eine einzelne

Begegnung oder durch eine ganze Reihe von Begegnungen. Sie haben Ihr romantisches Interesse bekundet, indem Sie gezeigt haben, dass Sie sie attraktiv finden. Sie hat sich an die Vorstellung gewöhnt, dass Sie als Partner für eine Romanze infrage kommen. Sie haben dauerhaft und erfolgreich mit ihr geflirtet. Sie ist sehr glücklich, wenn sie Sie sieht, und auch noch, wenn Sie sich verabschieden. Es ist Zeit, mit ihr auszugehen.

An diesem Punkt werden Sie es verderben, wenn Sie nicht aufpassen. Gehen wir die dümmsten Fehler durch, die Ihnen vermutlich unterlaufen werden, um zu zeigen, wie man sie vermeidet:

Sie warten zu lange, bis Sie mit ihr ausgehen

Wenn Sie das tun, besteht die Gefahr, dass Sie Ihr »Gelegenheitsfenster« verpassen. Wenn Ihr Flirten bei der Frau, an der Sie baggern, eine gewisse Zuneigung und Verbundenheit weckt, müssen Sie das ausnutzen, bevor ihre Stimmung kippt. Es ist nicht leicht, präzise zu sagen, wann der richtige Punkt gekommen ist; das lernt man aus Erfahrung. Wenn Sie zu lange warten, denkt die Frau, dass Sie nicht mehr interessiert sind, und sie beginnt, Sie wie einen Bekannten anzusehen. Deshalb müssen Sie handeln, wenn die Zeit reif ist.

Wenn Sie in der Verführung von Frauen eine gewisse Übung haben, werden Sie allmählich die Erfahrung machen, dass es tatsächlich auch Frauen gibt, die Sie verführen wollten, an denen Sie dann aber doch kein Interesse haben. Es mag Ihnen momentan nicht möglich erscheinen, aber wenn Sie einmal begonnen haben, mit den Mitteln in diesem Buch Frauen den Hof zu machen, können Sie mehr Frauen für Dates gewinnen, als Sie zeitlich unterbringen können. Das ist kein Hirngespinst: Beiden Verfassern und vielen ihrer Schüler ist das gelungen. Wenn es Ihnen ebenfalls so geht, werden Sie das »Gelegenheitsfenster« als eine Möglichkeit entdecken, einer Frau Ihr Desinteresse zu bekunden, indem Sie sie eben nicht ausführen. Bis Sie aber soweit sind, achten Sie darauf, dass Sie Frauen ausführen, sobald Sie deren Interesse geweckt haben.

Sie haben keinen Plan für das Date

Wenn Sie mit einer Frau ausgehen wollen, müssen Sie immer eine bestimmte Vorstellung davon haben, wohin Sie mit ihr gehen wollen. (Wir werden das in den folgenden Kapiteln näher erörtern.) Führen Sie niemals eine Frau aus, wenn Sie keinen Plan im Kopf haben. Das bedeutet, dass Sie vorher entscheiden, welche Art von Erfahrung Sie machen wollen, wohin Sie gehen könnten und was Sie unternehmen könnten. Wie Sie später sehen werden, gibt es zwei Arten von Dates: Schnupper-Dates und Verführungs-Dates. Wenn Sie mit einer Frau ausgehen wollen, müssen Sie wissen, welche Art von Date es werden soll und was Sie unternehmen wollen.

Wenn eine Frau ein Date mit Ihnen akzeptiert und Sie keinen Plan im Kopf haben, ist Ihr Schicksal wahrscheinlich schon besiegelt. Sie werden sagen: »Keine Ahnung, was wollen Sie machen?« Das ist das Schlimmste, was Sie überhaupt sagen können. Sie stehen dann wie ein unselbstständiger Trottel da, der keine Ideen hat und bei jeder Entscheidung auf sie angewiesen ist. Glauben Sie uns, sie wird das nicht sonderlich anziehend finden.

Wenn Sie eine Frau um eine Verabredung bitten, können Sie zum Beispiel sagen: »Hey, Sie scheinen gut drauf zu sein. Wie wäre es, wenn wir mal einen Kaffee trinken gehen?« Wenn sie ja sagt, geben Sie weitere Einzelheiten an und lenken das Gespräch sanft auf einen ausgearbeiteten Plan hin. »Wie wär‘s nächste Woche im Café Regenbogen? Ich habe am Dienstag Zeit, nach der Arbeit, sagen wir ca. 17.30 Uhr. Würde das bei Ihnen passen?« Warten Sie nicht darauf, dass sie die Einzelheiten entscheidet, und sorgen Sie dafür, dass der Plan klar ist.

Sie sind unentschlossen

Eine einfache Möglichkeit, aus sich selbst einen eindrucksvollen, attraktiven Mann zu machen, besteht darin, dass man Entscheidungen schnell und mit einem Minimum an Diskussion trifft: Das will geübt sein. Je leichter Sie Entscheidungen treffen, desto erfolgreicher werden Sie in allen Lebensbereichen sein – einschließlich Frauen.

Man soll nicht bevormundend sein, aber man muss eine klare Einladung präsentieren. Wenn sie den Plan ändern will, seien Sie flexibel, aber entscheiden Sie schnell und unkompliziert über die Einzelheiten. Die Vereinbarung einer Verabredung ist eine wichtige Interaktion, bei der eine Frau eine Menge darüber erfährt, wie Sie Ihr Leben angehen. Sie wird darauf achten, ob Sie schwach und unentschieden oder stark und entschieden handeln: Erwarten Sie, dass ich alle Entscheidungen treffe und Pläne mache oder steuern Sie auch Ideen bei? Denken Sie daran, Frauen finden Männer attraktiv, die etwas bewegen. Das bedeutet, dass Sie die Vorschläge machen und die Einzelheiten ausarbeiten müssen. Unentschiedenheit zerstört die ganze Arbeit, die Sie bereits geleistet haben.

Sie sind zu leicht zu haben

Wie alle Menschen mögen Frauen Dinge, die nicht leicht zu haben sind. Wenn Sie sich mit einer Frau verabreden, sagen Sie nicht: »Oh, ich hab eigentlich immer Zeit.« Das klingt, als wenn Sie ein arbeitsloser Penner wären, der keine Freunde hat. Selbst wenn Sie ein arbeitsloser Penner ohne Freundeskreis sind, ist es wichtig, dass Sie sich nicht so anhören. Bieten Sie zwei Termine an und zögern Sie, ihretwegen andere Dinge zu verschieben. Sorgen Sie dafür, dass Ihnen Ort und Zeit des Treffens passen, weil es mehr als wahrscheinlich ist, dass sie sowieso nicht kommt. Wenn Sie eine Zeit vorschlagen, sollten Sie zum Beispiel sagen: »Ich kann am Mittwoch um vier, aber ich habe nur rund eine Stunde.« Wenn Sie beschäftigt, aber nicht unerreichbar erscheinen, werden Sie für sie interessanter sein.

Wenn Sie es schaffen, eine Verabredung zu vereinbaren und ein Date anzusetzen, ohne es zu vermasseln, herzlichen Glückwunsch! Wenn Sie diese Schritte beim Flirten befolgen, werden Sie die Probleme, die beim Flirten auftreten können, leicht überwinden. So bekommen Sie das Date. Sie lassen sich nicht durch die anfänglichen Befürchtungen der Frau aufhalten, auch nicht durch ihre Einwände auf die Frage »warum nicht«, nicht durch das, was sie an Ihnen persönlich auszusetzen hat – und auch nicht durch Probleme, die Sie selbst verursachen. Sie treiben die Verführung voran und legen einen großen Teil der romantischen Fundamente, die Sex mit Ihnen für sie später selbstverständlich erscheinen lassen werden. Sie setzen Flirten, Humor und kreative Rollenspiele ein, um in ihr ein Gefühl der Verbundenheit zu wecken, sodass sie sich freut, Sie zu sehen. Sie spielen mit Frauen auf eine Weise, die in ihnen das Verlangen nach Ihnen weckt und sind zugleich stark, entschieden und schöpferisch-produktiv.

Wenn Sie das alles richtig hinbekommen, ist das erste Date so gut wie sicher. Kommen während und nach dem Date weitere Probleme auf Sie zu? Selbstverständlich. Aber keine Sorge: Wir werden Ihnen zeigen, wie man mit jedem einzelnen davon umgeht. Wir werden Ihnen nun einige bestimmte nützliche Hinweise für das Flirten mit Frauen geben. Es folgen Übungen und Aktivitäten, die Sie einsetzen können, um Ihre Flirt-Muskeln zu trainieren und Sie für Frauen noch viel attraktiver zu machen.

Kontaktanzeigen in Zeitungen und Zeitschriften

Kontaktanzeigen in Zeitungen und Zeitschriften sind eine gute und risikofreie Möglichkeit, Ihre Fähigkeiten beim Flirten zu üben. Wie im Internet, nur langsamer, kann man ohne Risiko unpersönliche Kontakte zu Frauen arrangieren, bevor man sie persönlich trifft.

Kontaktanzeigen haben gewisse Vorzüge gegenüber Internet-Flirts. So leben zum Beispiel die Frauen, denen Sie auf diesem Weg begegnen, in der Nähe, wohingegen sie im Fall des Internet buchstäblich auf der anderen Seite des Planeten sein können. Wie bei Kontaktanzeigen in Newsgroups ist es wahrscheinlicher, dass Frauen Kontaktanzeigen lesen und darauf antworten, als dass sie selbst eine aufgeben. Lassen Sie sich also nicht davon entmutigen, dass 99 Prozent der Anzeigen von Männern stammen. Sie müssen eine Anzeige zu kreieren, die Frauen dazu bringt, zu schreiben oder anzurufen, wenn sie die Anzeige lesen. Wenngleich die meisten dieser Frauen übergewichtig oder in anderer Hinsicht unattraktiv sein werden, sind die Antworten, die Sie bekommen, wunderbare Möglichkeiten, Erfahrungen im Flirten zu sammeln. Aber lesen Sie Kontaktanzeigen nicht, um eine Frau zu finden, die Sie über eine Anzeige sucht. Sie müssen selbst die Arbeit machen: Sie müssen selbst die Anzeige aufgeben – und mit etwas Geschick und Glück wird sich die Frau melden, mit der Sie flirten wollen.

Reden wir über die Anzeige, die Sie aufgeben wollen. Sie sollte aus verschiedenen Gründen kurz gehalten sein. Erstens sind kurze Anzeigen billiger (und manchmal sogar kostenlos). Viele Männer glauben, dass sie bei Frauen erfolgreicher sind, wenn sie eine Menge Geld zum Fenster hinauswerfen. Das ist nicht wahr (außer beim Kauf dieses Buches natürlich). Kreieren Sie eine kurze, eindrucksvolle Anzeige: Das kostet Sie nicht viel. Zweitens verderben lange Anzeigen Frauen die Lust. Wenn Sie jemals Kontaktanzeigen gelesen haben, haben Sie bestimmt einmal eine gesehen, deren Verfasser über 20 oder 30 Zeilen schwafelt. Das wirkt verschroben – und das ist es auch. Sie sollen nicht Ihre Lebensgeschichte erzählen. Sie wollen sie lediglich dazu inspirieren, anzurufen oder zu schreiben.

Eine gute Anzeige besteht aus vier Teilen. Erstens beschreibt man das Gefühl, das sie haben soll. Zweitens gibt man eine knappe Beschreibung des eigenen Erscheinungsbildes. Drittens beschreibt man die eigene emotionale Bereitschaft, und viertens erteilt man eine Einladung. Betrachten wir diese Schritte einzeln.

Schritt 1: Wecken Sie Ihre Empfindungen!

Da es in der Romantik um Empfindungen geht, muss man in einer Kontaktanzeige eine solche ansprechen. Wie wir bereits gesagt haben, weckt man ein Gefühl, indem man ein solches beschreibt. Der Hörer muss in sich gehen und auf die Empfindung hören, um zu wissen, wovon man redet. Fragen Sie sich, welche Art von Empfindung die Frau haben soll, die Ihre Anzeige liest. Zuneigung, Faszination, Romantik, Leidenschaft, Neugier?

Die ersten ein oder zwei Sätze sollten diese Empfindungen wecken – und zugleich die positiven Erinnerungen, die sie damit verbindet. Gut ist eine Frage – wie zum Beispiel: »Haben Sie sich jemals total verbunden und ganz und gar geliebt gefühlt?« Oder: »Kann eine Romanze ewig währen? Ich glaube ja!« Einer unserer Schüler, David, leitete eine seiner Kontaktanzeigen so ein: »Ist emotionale Wärme nicht etwas Unglaubliches? Stellen Sie sich vor, Sie entspannen sich in starken Armen, die Sie halten. Sicherheit, Wertschätzung und Vertrauen geben Ihnen das Gefühl, dass alles gut ist.« Er dachte an ein Gefühl, das er in Frauen wecken wollte, und er beschrieb es.

Schritt 2: Beschreiben Sie kurz Ihr Erscheinungsbild

Auf diese Einleitung ließ David einige Worte über sich selbst folgen. »Ich suche ebenfalls. Ledig, männlich, 44, 1,80 m groß, fit und attraktiv.« Beschreiben Sie sich selbst möglichst vorteilhaft (wenn man Sie schon einmal attraktiv genannt hat, können Sie das sagen), aber lügen Sie nicht. Wenn Sie nicht fit sind, lassen Sie das weg – aber bedenken Sie, dass Sie nicht Arnold Schwarzenegger sein müssen, um sich fit zu fühlen. Es ist auch okay, wenn Sie weniger anziehende Eigenschaften aussparen. Wenn Sie übergewichtig sind, erwähnen Sie das Körpergewicht gar nicht erst. Bedenken Sie: Es geht darum, das Flirten zu üben und darin besser zu werden. Wenn Sie sich darauf konzentrieren (anstatt auf Sex), werden Sie mehr Spaß haben, entspannter sein und mehr Erfolg bei Frauen haben. Sie müssen nur erreichen, dass Frauen antworten, damit Sie lernen, mit ihnen umzugehen.

Schritt 3: Beschreiben Sie Ihre emotionale Bereitschaft

Das ist ein wichtiger Schritt. Frauen klagen darüber, dass Männer unsensibel und nur eingeschränkt beziehungsfähig sind. Wir haben die Erfahrung gemacht, dass die folgende Phrase Wunder wirkt – vor allem, wenn sie auch zutrifft: »Bin kein emotionaler Analphabet und offen für das Risiko.« David hat sie in seine Anzeige eingebaut. Wenn Sie doch ein emotionaler Analphabet sind (d. h., wenn Sie Wut und Trauer nicht unterscheiden können und zum letzten Mal geweint haben, als ein Stein auf Ihren Fuß fiel), können Sie trotzdem ehrlich sein und sagen: »Bin offen für emotionale Risiken.« Schließlich gehen Sie ein emotionales Risiko ein, indem Sie die Annonce aufgeben.

Schritt 4: Erteilen Sie eine Einladung

An dieser Stelle machen Sie ihr das Angebot, sich zu melden. Hier sollten Sie etwas sagen wie zum Beispiel »rufen Sie an, wenn das etwas in Ihnen berührt« oder »rufen Sie an, wenn das Sie berührt«. Emotionale Aussagen werden die meisten Frauen bewegen, egal, von wem sie kommen. Indem Sie eine Frau darum bitten, anzurufen, wenn sie sich berührt fühlt, lenken Sie ihre Aufmerksamkeit auf die Gefühle, die sie beim Lesen Ihrer Anzeige hatte, und geben diesen Gefühlen die Bedeutung, dass sie anrufen sollte. Betrachten wir Davids vollständige Anzeige. Achten Sie auf die vier Teile.

> Ist emotionale Wärme nicht etwas Unglaubliches? Stellen Sie sich vor, Sie entspannen sich in starken Armen, die Sie halten. Sicherheit, Wertschätzung und Vertrauen geben Ihnen das Gefühl, dass alles gut ist. Ich suche ebenfalls. Ledig, männlich, 44, 1,80 m groß, fit und attraktiv. Bin kein emotionaler Analphabet und offen für das Risiko. Wenn Sie das anspricht, rufen Sie bitte Box 491 an.

Bei diesem Ansatz werden Frauen anrufen und schreiben, mit denen Sie das Flirten üben können.

Grundlegende Flirt-Übungen: Ihre Alltags-Routine

Wie man »Hallo« sagt

Erinnern Sie sich an diese Übung? Indem Sie täglich zu sechs Frauen »Hallo« sagen, interagieren Sie schon mit Frauen und trainieren Ihre Fähigkeiten im Flirten.

Zwinkern und Winken

Flirten besteht großenteils eher in der Art, wie Sie Gesicht und Körper bewegen, als in dem, was Sie sagen. Einer unserer Schüler erzählte von einer Fahrt mit der U-Bahn. Eine hinreißende schwarze Frau bestieg den Zug und setzte sich ihm gegenüber, einige Sitze entfernt. »Ich wünschte, ich hätte den Mut gehabt, mich neben sie zu setzen und sie anzusprechen«, erzählte er uns, »aber ich hatte ihn nicht. Deshalb zwinkerte, lächelte und winkte ich ihr zu, als unsere Blicke sich begegneten. Sie lächelte zurück. Zu meinem Erstaunen kam sie herüber und setzte sich neben mich.« Am Ende küssten sie sich noch auf derselben Zugfahrt; später hatten sie Sex in ihrer Wohnung – einfach, weil er den Mut gehabt hatte, mit einem bloßen Zwinkern und Winken zu flirten.

Aufhören, solange es noch Spaß macht

Wenn schüchterne Männer das Flirten üben, bleiben sie oft zu lange auf Partys oder flirten zu lange. Wenn man das Flirten lernt, sollte man aufhören, solange es noch Spaß macht. Einer unserer Schüler, Michael, hatte dieses Problem. Er war schüchtern, aber fest entschlossen, sich zu überwinden. Wenn er mit einer Frau flirtete, rückte er ihr deshalb so lange auf die Pelle, bis sie ihm deutlich sagte, dass er sie endlich in Ruhe lassen sollte. »Am Anfang war ich voll motiviert, aber als sich die Unterhaltung mühsam in die Länge zog, fühlte ich mich zunehmend unwohl, und die Situation wurde allmählich peinlich. Ich dachte nicht daran, zu gehen, solange es gut lief. Solange es gut lief, glaubte ich wohl, bleiben zu müssen.« Nachdem er das eingesehen hatte, konnte er viel erfolgreicher flirten und viel mehr Spaß dabei haben.

Das Kompliment zum Abschied

Das Kompliment zum Abschied funktioniert gut, wenn man geht, solange es noch gut läuft. Wenn man zu einer Party, Bar oder einer anderen sozialen Veranstaltung geht, gestattet einem das Kompliment zum Abschied ein aggressiveres Flirten, auch wenn man sehr unsicher ist.

Das Kompliment zum Abschied nutzt den Umstand aus, dass fast jeder Mann genügend Selbstvertrauen entwickeln kann, um wenigstens einmal etwas Nettes zu sagen. Die meisten Männer stoßen auf Probleme, nachdem sie etwas Nettes gesagt haben. Wie soll man sich nun verhalten? Was, wenn sie es nicht mag? Was, wenn sie wütend wird oder ihn ansieht, als wenn sie ihn gerade erst von ihrem Schuh abgekratzt hätte? Wie geht man mit der peinlichen Stimmung um? Was jetzt?

Das Kompliment zum Abschied löst alle diese Probleme mit einem Schlag. Wenn man bereit ist, die Bar, Party oder sonstige Veranstaltung zu verlassen (am besten, solange man noch Spaß hat), geht man einfach auf die Frau zu, die man nicht anzusprechen gewagt hatte, macht ein Kompliment und geht sofort.

Ein solches Kompliment kann einfach sein, zum Beispiel: »Ich muss gehen, aber ich wollte Ihnen vorher noch sagen, dass Sie großartig aussehen und einen wundervollen Sinn für Stil haben.« Man kann auch etwas aggressiver vorgehen, zum Beispiel.: »Wow, Sie sehen großartig aus, ich wollte nur, dass Sie das wissen. Wenn ich nicht gehen müsste, würde ich bleiben, um Sie zu verführen.« Nach dem Kompliment zum Abschied geht man einfach. So kann man sich beim Flirten sicherer fühlen und steht weniger unter Druck.

Fragen Sie: »Welche Geschichte steckt dahinter?«

Bruce ließ sich in seinem Lieblings-Café bedienen. Sandy, das Mädchen, das ihm den Kaffee servierte, war ein süßer Rotschopf Anfang 20, vermutlich eine Studentin. Er bemerkte, dass sie eine ungewöhnliche Halskette trug; sie wirkte alt und schien aus Indien zu stammen. »Wow, das ist eine wunderschöne Halskette«, sagte er. »Welche Geschichte steckt dahinter?« Das öffnete die Schleusen für das Gespräch. Sie berichtete drei Minuten lang von ihrer Indienreise und erzählte, wie sie die Halskette in einem der bedeutsamsten Erlebnisse ihres Lebens bekommen hatte. Sie war offen und mitteilsam, wodurch er viel über ihre Vorlieben erfuhr.

Für ein paar Minuten fühlte sie sich nach Indien zurückversetzt und erlebte einmal mehr eine ihrer besten Erfahrungen, als sie ihm davon erzählte. Am Ende ihrer Erzählung fühlte sie sich Bruce sehr verbunden. Schließlich sagte er zu ihr: »Wow, Sie scheinen eine faszinierende Frau zu sein. Ich würde gelegentlich gerne mehr von Ihnen hören und Sie besser kennenlernen. Darf ich Sie anrufen?« Sie sagte ja. Schließlich war er gut genug gewesen, ihm eine ihrer intimsten Erfahrungen zu erzählen; also musste er auch gut genug sein, um mit ihm auszugehen, oder?

»Welche Geschichte steckt dahinter?« ist eine ungeheuer wirksame Flirt-Frage. Sie bringt die meisten Frauen dazu, sich sofort zu öffnen und Ihnen intime Einzelheiten über sich selbst zu erzählen. Nachdem sie Ihnen diese Dinge erzählt haben, fällt es ihnen weniger leicht, Sie für einen Idioten zu halten – denn wenn Sie einer wären, weshalb sollten sie sich Ihnen gegenüber so sehr öffnen?

Wenn Sie sich mit einer Frau unterhalten, sei es eine Verkäuferin hinter einem Tresen oder eine Frau auf einer Party, achten Sie darauf, ob sie etwas trägt, was ungewöhnlich oder persönlich wirkt. Es kann eine Nadel sein, eine Halskette, ein Stück Kleidung oder ein Armband. Nehmen Sie es zur Kenntnis und fragen Sie: »Welche Geschichte steckt dahinter?« Das ist eine wirksame Einleitung für eine Konversation.

In diesem Kapitel haben Sie eine Menge darüber gelesen, wie man mit Frauen flirtet. Sie haben konkrete Beispiele und allgemeine Grundregeln sowie Do's und Dont's kennengelernt. Sie haben gelernt, was Sie tun können, um von heute an mehr zu flirten, und hoffentlich haben Sie auch gesehen, wie die Anwendung dieser Techniken Ihr zukünftiges Sexleben beleben kann. Wir wollen, dass Sie sie anwenden und bei Frauen Erfolg haben, aber unserer Erfahrung nach hält eine Frage Männer davon ab, es tatsächlich im Alltag anzuwenden: »Was, wenn ich es mir bei einer Frau verderbe?«

Mit »verderben« kann vieles gemeint sein, aber die Ängste der Männer haben gewisse gemeinsame Eigenschaften. Oft befürchten Männer, dass sie in Verlegenheit geraten und nicht mehr wissen, was sie sagen sollen. Sie haben Angst, dass die Frau sie nur entsetzt anstarren wird, wie ein Reh im Licht der Frontscheinwerfer. Sie haben Angst, dass sie nicht für unterhaltsam, sondern als belästigend erfahren werden.

Zuerst die schlechte Nachricht: Wenn man wirklich übt, wird einem all das mit ziemlicher Sicherheit passieren. Frauen werden auf Ihre scharfsinnigen Eröffnungsphrasen mit fassungslosem Schweigen reagieren. Manchmal werden Sie in Verlegenheit geraten. Manchmal werden Frauen vor Ihnen Angst haben. Das alles ist Teil des Lernprozesses; es passiert sogar Meistern der Verführung. Es führt einfach kein Weg daran vorbei.

Man muss sich klarmachen, dass man eine Wahl hat – sowohl bei Frauen als auch im Leben. Sie können sich dafür entscheiden, niemals etwas zu versuchen, wenn Sie nicht absolut sicher sind, dass die Dinge genauso laufen werden, wie Sie sich das vorstellen. Oder Sie können sich auf das Leben einlassen und darauf vertrauen, dass es gut werden wird. Wenn Sie mit dem Flirten warten, bis Sie glauben, dass Sie es gut genug können, werden Sie niemals flirten – und nie Erfolg bei Frauen haben. Ebenso wird es um Ihr übriges Leben stehen, wenn Sie diese Einstellung haben und nie etwas versuchen, was nicht hundertprozentig sicher ist: Sie werden keinen Erfolg im Leben haben. Sie werden immer wieder dieselben Dinge tun und nie aus Ihrer Routine ausbrechen. Mit diesem Verhalten werden Sie in keinem Lebensbereich jemals etwas erreichen.

Jetzt die gute Nachricht: Wenn Sie üben, werden Sie Erfolg haben. Sicherlich wird es gelegentliche Probleme geben. Aber bleiben Sie am Ball – und Sie werden Frauen erobern.

Definieren Sie, was Sie sich unter einem Erfolg vorstellen wollen. Wir schlagen vor, dass Sie eine Interaktion mit einer Frau als einen Erfolg einstufen, wenn Sie daraus etwas über die Kunst der Verführung gelernt haben. Wenn Sie nichts daraus gelernt haben, haben Sie versagt. Sie können die Interaktion in einen Erfolg verwandeln, indem Sie herausfinden, welche Lehren Sie daraus ziehen können. Wenn Sie Ihre persönliche Vorstellung von Erfolg so definieren, egal, was passiert, werden Sie es nicht wirklich »verdorben« haben – und so können Sie sagen: Ich bin okay.

Katastrophe

Ein

Crash-Kurs

in **Romantik**:

Wie man eine

Frau im Sturm

erobert und

ins **Bett**

bringt

An einem wunderschönen Nachmittag im Frühling holte Simon seine Freundin Molly von der Arbeit ab. Früher am Tag hatte er sie angerufen und einen heimlichen Ausflug vorgeschlagen. »Erwarte das Unerwartete«, sagte er. »Pack nur eine leichte Jacke und festes Schuhwerk ein. Überlasse alles andere mir.« Den ganzen Tag über freute sich Molly darauf, ihn zu sehen. Sie war gespannt auf das geheimnisvolle Abenteuer, das vor ihnen lag. Sie erzählte sogar einigen Freunden davon: »Ich weiß nicht, was mich erwartet. Simon ist so unberechenbar, nicht wie andere Männer. Er macht alles immer so spannend.«

Als sie zu seinem Auto ging, stieg Simon aus, umarmte sie, küsste sanft ihre Lippen und flüsterte: »Du siehst schöner aus als je zuvor. Ich freue mich schon den ganzen Tag darauf, dich zu sehen.« Dann öffnete er die Autotür. Frische Blumen, eine Karte und ein paar Pralinen warteten schon auf sie. Als sie durch die Vorstadt in Richtung Landstraße fuhren, schob Simon eine Kassette mit ihrer Lieblingsmusik ein. Nachdem sie fast eine Stunde lang gefahren waren, erreichten sie ein entlegenes Naturschutzgebiet, das für seine Aussichtspunkte auf hohen Felskämmen bekannt war. Es war ein wunderschöner Ort, der jeden inspirieren würde, sich glücklich, begeistert und ausgelassen zu fühlen.

Simon wusste, dass Molly die Natur liebte und keine Allergien gegen Gräser und Pollen hatte. Diese Einzelheiten sind entscheidend, wenn man das perfekte romantische Date plant. (Wenn sie gegen etwas allergisch gewesen wäre, hätte Simon das Date völlig anders geplant.) Dieser Ausflug war maßgeschneidert, um Mollys Herz zum Schmelzen zu bringen.

Simon hatte dieses Ereignis peinlich genau geplant. Da er alle Einzelheiten im Voraus erledigt und geplant hatte, war es für Simon einfacher, sich zu entspannen und Spaß mit ihr zu haben. Die Planung lag in seinem eigenen Interesse. Als sie sich an den Händen hielten und gemeinsam spazieren gingen, war Simon zufrieden mit sich selbst. Nach einer Stunde wollte Molly eine Pause einlegen. Sie entspannten sich auf einer Parkbank mit Aussicht über eine Schlucht. Simon zog eine Decke über ihre Schultern und sie begannen, sich zu küssen. Sie dankte ihm dafür, dass er so ein wunderbarer Freund war und sich so viel Mühe gegeben hatte.

Schließlich erreichten sie eine Bergspitze, beide etwas ausgelaugt. Die Aussicht war atemberaubend. Molly legte ihre Arme um Simons Hals und sie küssten sich leidenschaftlich, wie zwei hungrige Liebende. Schließlich lagen sie auf einem gewaltigen flachen Felsen auf einer Decke.

Nachdem sie eine Zeit lang gemeinsam auf dem Felsen gelegen waren, fiel die Temperatur schnell ab; sie zogen sich an und eilten weiter. Sie lachten miteinander und stellten sich vor, wie verrückt es ihren Freunden erscheinen würde, dass sie hier halb nackt im Wald herumliefen. Nachdem sie sich angezogen und mit einer Decke aufgewärmt hatten, holte Simon noch ein Geschenk für Molly heraus. Es war eine Halskette, die ihr perfekt passte. Sie war von dem Geschenk ganz begeistert. Es war schon fast dunkel, als Simon Molly einen anderen Weg hinunterführte, der viel kürzer war als der, auf dem sie den Berg bestiegen hatten. Einmal mehr zahlte sich Simons Planung aus: Schnell erreichten sie ihr Auto. Molly lobte Simon, weil er sich im Park so gut auskannte.

Bald verließen sie den Park für das nächste Abenteuer. Simon holte eine Karte heraus und suchte den Weg zu einem abgelegenen Lokal – einem eleganten, gemütlichen Restaurant mit gedämpfter Beleuchtung. Simon hatte reserviert. Sie saßen an einem riesigen Fenster, von dem aus man Kieferbäume und Wälder überschauen konnte, hielten sich an den Händen und tranken Wein. Beim Essen holte Simon noch mehr kleine Geschenke heraus. Eines davon war ein Plüschbär. Es war ein süßes und preisgünstiges Geschenk, von dem er wusste, dass sie es mögen würde. Sie hatten einige Wochen zuvor Plüschtiere in einem Schaufenster betrachtet, und sie hatte erwähnt, wie sehr sie diesen bestimmten Bär mochte. Das andere Geschenk war ein Gedichtband; vor einigen Monaten hatten sie ihn in einem Buchgeschäft betrachtet und darin geschmökert. Simon hatte sich den Titel gemerkt und auf die perfekte Gelegenheit gewartet, ihn für sie zu kaufen. Insgeheim hatte er gedacht, es wäre großartig, ihr die Gedichte vorzulesen, während sie zusammen im Bett waren.

Nach einem gemütlichen Abendessen fuhren sie wieder nach Hause. Simon fuhr sie direkt zu ihrer Wohnung, und sie bat ihn hinein. Simon ließ sie vorangehen, um mit weiteren Überraschungsgeschenken eintreten zu können. Nach einigen Minuten kam er mit einigen Geschenken in Geschenkpapier herein. Sie riss das Papier auf wie ein Kind zu Weihnachten und entdeckte ein sexy Dessous, eine Flasche Wein und Massageöl – das gesamte Zubehör für eine romantische Nacht zu zweit. Molly packte die Geschenke aus und zog Simon in ihr Schlafzimmer. Sie liebten sich die ganze Nacht hindurch.

Gekonnt das Feuer der Romantik entfachen

Erfolg bei Frauen erfordert einen Sinn für Romantik. Ein Mann muss wissen, wie er romantische Situationen erzeugt und entsprechende Gefühle bei Frauen weckt. Alle Frauen lieben Romantik und stehen gern im Mittelpunkt der Aufmerksamkeit. Obwohl nicht alle dasselbe suchen und die Bedürfnisse stark variieren, wünschen sich doch die meisten Frauen die Gefühle, die sie haben, wenn Männer ihnen den Hof machen. Wenn Sie eine kurzfristige Beziehung suchen, spielt Romantik darin eine große Rolle: Man muss eine Frau im Sturm erobern, um sie direkt ins Bett zu befördern. Sie muss von Ihnen völlig mitgerissen werden – nur dann haben Sie eine Chance auf Sex. Romantik ist der Schlüssel, um das Herz einer Frau zum Schmelzen zu bringen und ihr Begehren zu wecken. In einer langfristigen Beziehung ist Romantik der Kitt, der das Paar zusammenhält. Romantik sorgt dafür, dass man über viele, viele Jahre hinweg die Intimität und den Sex miteinander genießen kann. Romantik hält die Beziehung frisch und munter. Es ist die Aufgabe des Mannes, seine Beziehungen zu Frauen mit einer kräftigen Prise Romantik zu würzen. Wenn Sie Sex mit einer Frau haben wollen, ist Romantik Ihre Eintrittskarte. Es lohnt sich, sich die Mühe zu machen, um ein Meister der Romantik zu werden.

Zwischen Sex-Symbolen und Meistern der Romantik muss man sauber unterscheiden. James Dean zum Beispiel galt wegen seines Aussehens und Auftretens auf der Leinwand als Sex-Symbol, aber er war kein großer Romantiker. John F. Kennedy konnte nur seiner Macht und seines Ansehens wegen mit so vielen Frauen schlafen, nicht aber wegen seiner Verführungskünste. Ein Mann wie Casanova war hingegen »romantisch«: Er verkörperte klassische romantische Verhaltensweisen. Meister der Romantik, wie Casanova und auch Don Juan, wussten genau, wie man Frauen verführt. Sie waren ihnen gegenüber generös und boten ihnen genau das, was sie am meisten wollten.

Bei der Verführung verhielt sich Simon Molly gegenüber vorbildlich. Er bereitete ihr nicht nur eine umwerfende Überraschung, sondern schuf auch eine dauerhafte Bindung zwischen ihnen, die noch lange zu seinem Vorteil wirken würde. Er schuf eine unvergessliche Erfahrung, die genau nach Mollys Geschmack war. Molly würde später auf ihren gemeinsamen magischen Nachmittag zurückschauen wie auf einen Urlaub in Florida oder eine Kreuzfahrt. Das Beste daran ist, dass Simon nicht viel Geld ausgeben oder weit reisen musste, um dieses Ergebnis zu erzielen. Und das funktioniert nicht nur bei langfristigen Beziehungen wie bei Simon und Molly. Eine Beziehung wird in jeder Phase durch Romantik belebt und sexuell intensiviert.

Für Frauen ist Romantik eine individuelle, äußerst persönliche und intime Liebeserfahrung – gewissermaßen eine Erfahrung aus einer »anderen Welt«. Da Mädchen oft schon früh einen Sinn für Romantik entwickeln, sind sie gut darauf vorbereitet, auf Ihre Angebote einzugehen. Kinderbücher und sogar Comics präsentieren Situationen, in denen Frauen im Sturm erobert, von tapferen und mutigen Männern beschützt oder von Schlosstürmen gerettet werden. Die Sozialisation der Frauen weckt in ihnen die Erwartung und das Bedürfnis, dass Männer ihnen den Hof machen. Männer hingegen versuchen oft, gegen diese Tatsache anzukämpfen. Wir haben sie aber akzeptiert und nutzen sie aus, um unsere Beziehungen zu Frauen zu verbessern und unsere Erfolge zu vermehren. Man kann gegen alles ankämpfen – aber wenn man Erfolg haben will, muss man lernen, in jeder Hinsicht romantisch zu sein.

Als Simon Molly zum Aussichtsfelsen führte und sie mit einer Halskette überraschte, war Molly romantisch berührt. Schon als sie ins Auto stieg, konnte sie an der Karte, den Pralinen und den Blumen die romantische Absicht erkennen. Die Kombination aus detailgenauer Planung, fürsorglichem Verhalten, Freigiebigkeit und Spannung schuf in Molly ein magisches, geheimnisvolles Gefühl.

Frauen lieben das Gefühl, dass man an sie denkt. Wenn sie merken, dass man das tut, weckt das eine romantische Stimmung. Sie wollen sich vorstellen, dass Sie ständig an sie denken, wie sie auch oft an Sie denken. Auch wenn Sie das nicht tun, müssen Sie Maßnahmen ergreifen, um diesen Anschein zu erwecken. Frauen brauchen die Bestätigung, dass man es zu schätzen weiß, wenn sie ihren Körper darbieten. Sie wollen sicher sein, dass sie in einer Beziehung respektiert werden. Einer der Hauptgründe für Mollys Begeisterung bestand darin, dass Simon offenkundig so viel Überlegung investiert und bei Einkauf und Planung für das Date ständig an sie gedacht hatte. Sie hatte das Gefühl, etwas Besonderes zu sein. In manchen Situationen ist nicht einmal das Geschenk selbst entscheidend – es ist die Tatsache, dass man an die Frau gedacht hat, als man nicht bei ihr war: Das macht sie glücklich.

Was Romantik ist, hängt von der Frau ab, der man den Hof macht. Wenn man ihr zum Beispiel Blumen kauft, ist das nicht romantisch, wenn sie allergisch darauf reagiert. Manche Frauen finden es vielleicht romantisch, wenn man falsches Blut kauft, in ihren Hals beißt und so tut, als wäre man ein Vampir. Die Entscheidung ist absolut subjektiv. Man muss auf ihre Reaktionen achten, um zu erkennen, ob man ihren Sinn für Romantik getroffen hat oder nicht.

Zum Beispiel hatte sich Bill einige Wochen lang mit Karen getroffen. Sie hatten sich gern, fühlten sich aber nicht so verbunden, wie sie es sich vorgestellt hatten; auf sexueller Ebene lief gar nichts. Sie knutschten einige Male und fummelten herum, aber der Funke sprang nicht über. Auf einem unserer Tagesseminare erkannte Bill, dass er ihr keine Romantik geboten hatte. Er hatte versucht, zu schnell zur Sache zu kommen, und es versäumt, ihr den Hof zu machen. Bill erkannte, dass er ihr nicht gab, was sie tatsächlich suchte: Romantik.

In der folgenden Woche begann Bill, für Karen einen romantischen Abend zu gestalten. Er kaufte einige preisgünstige, aber schön verpackte

Geschenke und führte sie zum Essen aus. Er tat Dinge, von denen er glaubte, dass sie sie mögen würde, und schenkte ihr seine volle Aufmerksamkeit. Er hielt sich mit dem Thema Arbeit zurück und erwähnte nicht, wie sehr er sich auf die kommende Jagdsaison freute. Plötzlich schienen sie viel besser miteinander auszukommen und führten »tiefe« Gespräche. Nach dem Essen gingen sie zu ihm nach Hause, unterhielten sich und schmusten vor seinem Kamin. In dieser Nacht hatten sie zum ersten Mal Sex. Ironischerweise ergab sich der Sex von selbst, ohne jede besondere Bemühung seinerseits, sobald er seine Aufmerksamkeit nicht mehr auf seine eigenen Bedürfnisse konzentrierte: Anscheinend ergibt sich der Sex von selbst, sobald man seine Aufmerksamkeit ganz auf die Frau richtet. Romantik ist der Weg dazu.

Eine psychologische Disziplin, die Neurolinguistische Programmierung (NLP), geht davon aus, dass Menschen Liebe und Zuneigung auf unterschiedliche Weise erleben. Manche Frauen fühlen sich geliebt, wenn man sie berührt oder umarmt: Sie reagieren auf Körperkontakt. Andere fühlen sich geliebt, wenn man bestimmte Dinge sagt: Bestimmte Worte und Redensarten geben ihnen das Gefühl, geliebt zu werden. Wieder andere fühlen sich nur dann geliebt, wenn man ihnen schöne Dinge kauft und sie ihnen übergibt.

Dasselbe gilt für eine Romanze. Manche Frauen empfinden Romantik nur, wenn man bestimmte Dinge zu ihnen sagt: Nur romantische Gedichte oder süße Kommentare können ihren Sinn für Romantik wecken. Andere brauchen Körperkontakt, wie zum Beispiel Küsse, Umarmungen, Massagen und andere Erfahrungen, die auf Berührungen basieren. Wieder andere brauchen Geschenke oder ungewöhnliche Erfahrungen, wie zum Beispiel Ausflüge zu unbekannten Orten. Betrachten wir die Einzelheiten. Was ist eine romantische Situation? Eine romantische Situation holt die Frau aus ihrem Alltag und versetzt sie in eine andere Welt. Simon fährt mit Molly in eine neue Umgebung, um das zu erreichen. Er fährt mit ihr auf Landstraßen in eine Gegend, die sie selten besuchen. Er schafft auch eine romantische Stimmung, indem er ihr Geschenke macht und im Voraus besondere Erfahrungen plant. Simon gestaltet dieses Date als Event, nicht als eine normale Verabredung zum Ausgehen – und das mit Erfolg.

Man muss einen Ausflug nicht so gründlich austüfteln, wie Simon das tat, um ein denkwürdiges Date zu haben. Man kann eine Frau ebenso gut zu einer kulturellen Veranstaltung, in ein exotisches Restaurant oder zu einem Kuschelabend zu Hause einladen. Entscheidend ist: Es muss etwas Besonderes sein, das die alltägliche Routine sprengt. In diesem Sinne kann man Romantik auch als ein Fest der Zweisamkeit sehen. Das Fest besteht darin, dass man voll bei ihr ist, ihre Gesellschaft genießt und Spaß dabei hat. Wenn man es nicht genießt und keinen Spaß hat, weshalb sollte man dann überhaupt mit einer Frau ausgehen? Man verbringt einen sehr großen Teil des Lebens bei der Arbeit – und die meisten von uns mögen ihre Jobs nicht einmal. Weshalb sollte man es also nicht in vollen Zügen genießen und feiern, wenn man einmal zusammen sein kann? Auch wenn es ein One-Night-Stand ist – warum sollte man es nicht voll ausschöpfen?

Meister der Romantik leben das Leben in vollen Zügen und wissen, dass Magie nur in der Gegenwart möglich ist. Sie verschwenden keine Zeit damit, über die Zukunft nachzudenken oder mit Vergangenem zu hadern. Stellen Sie sich vor, wie es sein würde, wenn Sie im Umgang mit Frauen jede Begegnung wie ein Fest behandeln würden. Das ist kein Schmalz oder New-Age-Geschwätz – es geht schlichtweg um eine Art, mit Frauen umzugehen, die ein Maximum an Spaß, Leichtigkeit und üppigen sexuellen Erfahrungen garantiert.

Einer Frau richtig den Hof machen

Wenn Sie eine Freundin bzw. eine langfristige Beziehung suchen, werden Sie der Frau ein Stück weit auch den Hof machen müssen. Darunter verstehen wir einen Prozess, der einer Frau »beweist«, dass Sie langfristig mit ihr zusammen sein wollen. Der Terminus selbst wird mit mittelalterlichen Verhältnissen assoziiert – mit König und Königin und Rittern in glänzender Rüstung, die den Hof verteidigen. Damals war das »Hof machen« ein langer Prozess, bei dem ein Mann, Junge oder Prinz seinen Wert nicht nur gegenüber der Frau oder Prinzessin, sondern auch gegenüber ihren Eltern und Angehörigen unter Beweis stellen musste. Glücklicherweise müssen wir heutzutage nicht annähernd durch so viele Ringe springen, aber diese alten Vorstellungen sind immer noch sehr lebendig: Ein Mann muss einer Frau beweisen, dass er sie verdient. Freilich ist das nicht gerade eine feministische Idee – aber nachdem wir für dieses Buch hunderte von Frauen gefragt haben, wie sie einen Mann auswählen, sind wir zu dem Ergebnis gekommen, dass die mittelalterliche Vorstellung des »Hofierens« auch heute noch gilt.

Der Schlüssel zum Hofieren besteht darin, dass Sie Ihre Geduld unter Beweis stellen müssen. Sie demonstrieren Zuverlässigkeit, Ehrlichkeit, Güte, Integrität und andere noble Eigenschaften. Kurz: Sie beweisen, dass Sie eine Frau wirklich als eine individuelle Persönlichkeit begehren – nicht nur als einen One-Night-Stand. Das bedeutet, dass Sie ihr langfristig und beständig den Hof machen müssen. Die meisten Frauen brauchen die Bestätigung, dass Sie an mehr interessiert sind als nur an ihren Körpern und Sex – vor allem, wenn es um eine langfristige Beziehung geht. Wenngleich es in einer kurzfristigen Beziehung wahrscheinlich vorrangig um Sex geht, ist das in einer langfristigen Beziehung nicht der Fall. Wenn Sie einer Frau langfristig den Hof machen, lernen Sie sie kennen und schaffen die Voraussetzungen dafür, dass sie sich Ihnen auf Dauer »hingeben« kann.

Der Vorteil des Hofierens ist, dass Sie selbst die Frau »austesten« können: Ist sie Ihnen gegenüber wie eine Hexe – oder jemand, mit dem Sie viele Stunden zubringen können, ohne zu streiten? Geht sie auf Sie ein oder verhält sie sich fordernd? Wenn sie bösartig oder hinterhältig ist (oder einfach nicht Ihrer Vorstellung entspricht), können Sie auch einfach aufhören, sich mit ihr zu treffen.

Während Sie das lesen, denken Sie vielleicht, dass man es nicht nötig haben sollte, einer Frau etwas zu beweisen. Vielleicht denken Sie, dass die Frau Sie so nehmen sollte, wie Sie sind. Vielleicht halten Sie diese Vorstellung auch für lächerlich und altmodisch. Nichts ist weiter von der Wahrheit entfernt. Wenn Sie so naiv sind und glauben, dass Frauen heute nicht mehr hofiert und im Sturm erobert werden wollen, täuschen Sie sich gewaltig. Wenngleich ein One-Night-Stand ohne Hofieren vielleicht möglich ist, wird doch kaum mehr dabei herauskommen. In einem späteren Kapitel werden wir viel eingehender behandeln, wie man eine langfristige Beziehung pflegt. Vorläufig wollen wir lediglich die grundlegende Bedeutung des Hofierens deutlich machen.

Hier sind einige Fragen, die eine Frau sich stellen wird, wenn sie mit Ihnen ausgeht. Wenn Sie einer Frau den Hof machen, müssen Sie diese Hürden überwinden:

- Kann ich ihm vertrauen?
- Wie sehr kann ich ihm vertrauen?
- Hat er eine Neigung zur Gewalt?
- Will er eine langfristige Beziehung?
- Spielt er mir nur etwas vor?
- Wie weit wird er gehen, um sich mir zu beweisen?
- Wie viel kann ich ihm abverlangen?
- Kann er es aushalten, wenn ich Sex verweigere?
- Wäre er ein guter Vater?
- Läuft seine Karriere gut?
- Hat er den Elan, um in der Welt erfolgreich zu sein?
- Mögen ihn meine Freundinnen?
- Würden meine Eltern ihn mögen?
- Ist er attraktiv?

Es braucht Zeit, diese Hürden zu überwinden. Merkwürdigerweise zeigt unsere Erfahrung, dass sogar Frauen, die nicht an einer langfristigen Beziehung interessiert sind, sich in der Regel solche Fragen stellen. Es ist eine Tatsache, dass man sich Frauen gegenüber beweisen muss, mit denen man Sex hat. Am Ende erweist sich Romantik als der schnellste Weg, das zu erreichen.

in Romantik

Einen Liebesbrief schreiben, der sie dahinschmelzen lässt

Der historische Verführer wusste, wie man Liebesbriefe schreibt. Da man eine Frau vor der Hochzeit nur selten sah, musste man oft per Brief kommunizieren. Das war eine Möglichkeit, eine heiße Romanze zu inszenieren – und das werden Sie ebenfalls lernen müssen. Die meisten Frauen lieben Briefe. Als wir Frauen den Hof machten, haben sich Liebesbriefe als nützliche Mittel der Verführung überaus bewährt. Wir haben sie als E-Mails, Postkarten, handschriftliche Mitteilungen und Briefe abgefasst. Frauen lieben es, wenn man Aufwand investiert, um eine Mitteilung abzufassen und sie abzuschicken. Man kann einige Zeilen eines Shakespeare-Gedichts abschreiben oder auch etwas einfaches wie: »Ich vermisse die Berührung unserer Lippen.« Oder: »Ich kann unseren nächsten geheimen Ausflug am kommenden Wochenende nicht erwarten.« Oder: »Als wir uns letzten Freitagabend verabschiedet haben, habe ich vergessen, dir zu sagen, wie schön deine Augen sind.« Manche Frauen können auch mit den harten Sachen umgehen, zum Beispiel: »Ich kann es nicht erwarten, mit dir ins Bett zu gehen.« Aber das ist ein Risiko und sollte nur eingesetzt werden, nachdem man schon Sex mit ihr gehabt hat. Das müssen Sie selbst entscheiden. Betrachten wir das eine Sekunde lang von einem rein ökonomischen Standpunkt. Für zwei, drei Euro bekommt man eine sehr gut aussehende Karte in einem Spezialgeschäft. Für den Preis einer Briefmarke kann man dann die Karte abschicken. Diese einfachen Aktionen können eine Frau leicht auf ihrem Stuhl dahinschmelzen lassen. Das lohnt sich oder nicht?

Das Studium romantischer Briefe ist eine Wissenschaft für sich. Hier geben wir lediglich einige Tipps für die Abfassung schriftlicher Mitteilungen. Zuerst muss man sich klarmachen, dass die Würze in der Kürze liegt. Ein paar gute Zeilen, die den Nagel auf den Kopf treffen, sind besser, als eine lange, schmalzige Tirade, die der Frau mehr Gelegenheiten gibt, die Mitteilung nicht zu mögen. Es ist besser, wenn sie mehr will, als wenn man es übertreibt und sie verwirrt – denn sonst denkt sie womöglich, dass Sie lügen oder versuchen, sie zu manipulieren.

Hier sind die drei Elemente jedes erfolgreichen Liebesbriefes:

Wie schön sie ist

Je spezifischer die Komplimente, desto besser. Beispielsweise kann man sagen, wie wunderschön ihre »braunen Augen im Kerzenlicht funkeln«. Das ist viel besser, als nur zu sagen, dass ihre Augen schön sind. Hier sind die wichtigsten fünf Dinge, die man kommentieren kann:

- Ihr Haar
- Ihre Augen
- Wie süß sie ist
- Wie Sie es lieben, sie nur anzusehen
- Ihre Lippen
- Die wunderschöne Art, wie sie sich bewegt

Zu vermeiden sind übertrieben sexuelle Aussagen über ihren Körper. Hier sind einige Dinge, die man besser nicht kommentieren sollte:

- Wie gut ihre Brüste unter dem weißen T-Shirt aussehen
- Wie gut ihre Lippen für Oralsex geeignet sind
- Wie gut ihr Hintern in engen Jeans aussieht
- Wie sie morgens nach dem Aufstehen aussehen mag

Wie gut Sie sich bei ihr fühlen

Nun müssen Sie darüber reden, wie wunderbar Sie sich bei ihr fühlen. Wieder sollten Sie eindeutige Aussagen treffen. Hier sind einige Vorschläge für mögliche Kommentare:

- Wenn wir zusammen sind, verliere ich mich
- Wenn wir zusammen sind, habe ich dieses warme Gefühl am ganzen Körper
- Ich habe mich bei einer Frau noch nie so wohl gefühlt

Dass Sie an sie denken

Die letzte entscheidende Komponente besteht darin, dass Sie an sie denken und es nicht erwarten können, sie wiederzusehen. Hier sind einige Vorschläge:

- Ich muss immerzu an dich denken
- Ich halte meinen Atem an, bis ich dich wieder sehe
- Ich habe dein Bild immer vor meinen Augen – und ich will, dass es so bleibt
- Du bedeutest mir mehr, als Worte sagen können

Wenn Sie den Brief aufwerten wollen, gehen Sie die Schritte 1 und 2 noch einige Male durch. Wenn Sie loslegen, sollten Sie aber die Mitteilung kurz und süß halten. Und vergessen Sie nicht die Unterschrift!

Details, Details, Details

Man kann es nicht oft genug betonen: Die einzelnen Details sind in der Regel sehr einfach auszuführen, aber es ist sehr schwer, dauerhaft und konsequent auf alle Kleinigkeiten zu achten. Wir Männer achten in der Regel nicht auf Details, wenn wir abends ausgehen. Bei Frauen ist das umgekehrt.

Eine Faustregel besagt: Je mehr Zeit Sie in Details investieren (oder zu investieren scheinen), desto besser. Wenn Sie diesen Tipp berücksichtigen, wird alles andere viel glatter ablaufen. In einer romantischen Situation hat man die Details im Griff. So hat zum Beispiel Simon seinen Ausflug mit Molly sehr umsichtig geplant. Er hat alles im Voraus organisiert, von der Abkürzung beim Abstieg bis zur Flasche Wein für den späteren Abend.

Ein weiteres Detail, das man im Griff haben muss, ist das Erscheinungsbild. Wie wir bereits erklärt haben, bedeutet das, dass man gut gekleidet ist und saubere Sachen trägt, gut riecht und einen frischen Atem hat. Darüber hinaus sind Auto und Wohnung sauber und bereit. Sauberkeit ist gut, weil es dann eine Sache weniger gibt, welche die Frau ablenkt. Es bedeutet auch, dass Sie Überlegung, Zeit und Kraft aufgewendet haben, um ein Event für sie zu gestalten. Eine Frau sagte bei einer Befragung: »Ich liebe es, in die Wohnung meines Freundes zu gehen. Er hat jedes Mal die Wohnung für mich frisch gereinigt und frische Blumen aufgestellt.

Wenn ich hineingehe, habe ich immer das Gefühl, dass er königlichen Besuch erwartet. Ich fühle mich immer so angesehen und geschätzt, wenn ich ihn besuche.«

Ihre Sinnlichkeit wecken

Sinnlichkeit ist ein weiteres Eingangstor zu einer Romanze; es ist einer der entscheidenden Bausteine in Ihrem romantischen Konzept. Unter Sinnlichkeit verstehen wir Maßnahmen, die man ergreift, um die Sinne einer Frau zu öffnen. Man muss ihren Geist durch romantische Gespräche und Liebesbriefe verzaubern. Außerdem muss man ihren Körper durch sinnliche Spiele stimulieren. Wir unterscheiden zwischen Sexualität und Sinnlichkeit. Obwohl eine gewisse Ähnlichkeit besteht, ist es nützlich, den Unterschied zu kennen und zu verstehen, wie Frauen diese beiden Bereiche auf unterschiedliche Weise erleben. Sexualität ist der Sexualakt, der in der Regel auch genitalen Kontakt umfasst. Sinnlichkeit bezieht sich auf die Stimulation der Sinne, was den genitalen Kontakt - und sogar Körperkontakt schlechthin - nicht unbedingt erfordert.

Frauen neigen dazu, eher sinnlich zu sein, wohingegen Männer eher zum Sexuellen neigen. Frauen können die ganze Nacht im Kerzenschein kuscheln und schmusen und dabei über die Beziehung reden. Viele Männer sind froh, wenn sie schnellen Sex haben und sich dann zum Schlafen umdrehen können, wenn sie fertig sind. Gesamtzeit von Anfang bis Ende: 15 Minuten. Das ist der uralte Streit zwischen Männern und Frauen: Wie kann man sie dazu bringen, Sex zu haben, wenn sie etwas völlig anderes will? Die einfachste Lösung besteht darin, das sinnliche Spiel als Vorspiel laufen zu lassen. Danach wird sie Ihnen in der Regel das sexuelle Spiel gewähren, das Sie wollen.

Wenn es Ihnen gelingt, alle ihre Sinne gleichzeitig zu wecken, entsteht ein Multiplikationseffekt, der eine wunderbare sexuelle Stimmung erzeugt. Sie gestalten eine wertvolle Erfahrung für sie - nicht nur eine schnelle Sache. Sie geben ihr, was sie will - und so wird auch sie Ihnen geben, was Sie wollen. In der Regel geschieht das durch Streicheln des Rückens, Massagen, Bäder und Kuscheln. Man kann auch die anderen Sinne einbeziehen: Sehen, Hören, Schmecken und Riechen.

Beruhigende Gerüche

Beruhigende Gerüche, wie etwa Sandelholz, sind ebenfalls gut. Fragen Sie sie, welche Düfte sie am liebsten mag. Verbrennen Sie Weihrauch oder kaufen Sie Aromaöle, um den Raum mit ihrem Lieblingsduft zu füllen. Wie wir bereits gesagt haben, besitzen Frauen einen viel feineren Geruchssinn als Männer. Das können Sie zu Ihrem Vorteil nutzen, um sie in Stimmung zu bringen. Es kann aber auch zu Ihrem Nachteil sein. Eine Frau kann Ihren Achselschweiß und Ihre verkrustete Unterwäsche viel besser riechen als Sie. Sie wird auch faulendes Essen im Kühlschrank und moderige Bierdosen unter dem Bett viel deutlicher wahrnehmen. Finden Sie heraus, welche Gerüche sie genießt, und entfernen Sie die ekligen, um die Verführung und die Romanze zu fördern.

Gemeinsam naschen

Naschen ist eine weitere sinnliche Erfahrung. Wenn man eine Frau mit Trauben oder anderem Obst füttert, stimuliert man ihren Mund und verschiebt ihre Aufmerksamkeit auf die Welt der Sinnlichkeit. Das öffnet ihre Geschmacksknospen und erweitert zugleich ihre erotische Bereitschaft. Schokolade ist ein sinnliches Werkzeug ersten Ranges. Die meisten Frauen lieben sie. Korrigiere: Sie lieben sie nicht nur – sie sind verrückt danach. Das ekstatische Gefühl, das Schokolade ihnen gibt, ähnelt dem Gefühl, das sie beim Sex haben. Ein kleines Stück im Mund der richtigen Frau zur richtigen Zeit öffnet sie für alle Arten sinnlicher Spiele.

Monty war gerade dabei, Jane in Stimmung zu bringen. Er begann, indem er sie massierte. Sie entspannte sich schnell. Er legte seine Hände auf ihre Augen, küsste ihre Wange und legte ein sehr kleines Stück Schokolade in ihren Mund. Sie kaute es genießerisch und zog seinen Mund näher an ihren heran. Sie gingen zu leidenschaftlichen

Küssen und intensiven sexuellen Berührungen über. Das können Sie ebenfalls tun.

Hier ist eine Liste der zehn wichtigsten Lebensmittel, die sie einsetzen können, um eine erotische und romantische Stimmung zu erzeugen:

- Schokolade (auch Schokoladensauce)
- Schlagsahne (die klassische erotische Erfahrung besteht darin, sie von ihren Brüsten oder anderen verbotenen Stellen abzulecken)
- Heidelbeeren
- Trauben
- Kiwi
- Erdbeeren
- Honig
- Eiscreme
- Ahornsirup
- Gelee

Aber beachten Sie: So viel Spaß es auch machen mag, Schokolade und Obst gehören nicht in die Vagina. Der Zucker in diesen Lebensmitteln verändert den PH-Wert der Vagina und kann sehr schmerzhafte Pilzinfektionen hervorrufen. Am besten beschränkt man das auf andere Körperteile. Glauben Sie uns.

Sinnliche Beleuchtung

Eine sinnliche Erfahrung wird durch die passende Beleuchtung stark aufgewertet. Abendlicher Kerzenschein oder ein Zimmer mit gedämpftem Licht erzeugen eine sanfte, romantische Stimmung. Kerzenschein sorgt nicht nur für eine romantische Stimmung, sondern sieht auch auf der Haut sehr gut aus. Denken Sie nur einmal eine Sekunde lang daran, wie ungemütlich es ist, in Neonlicht, unter Strahlern oder unter der Schreibtischlampe zu sitzen. Will man eine Frau in romantische Stimmung versetzen, muss man dafür sorgen, dass sie sich wohl fühlt – nicht wie im Scheinwerferlicht bei einem polizeilichen Verhör.

Nachdem er etwas über die Bedeutung der Beleuchtung gelesen hatte, installierte Steve einen Dimmer am Schalter seiner Schlafzimmerbeleuchtung, was schon für eine entspannende Stimmung sorgte. Aber wenn Sie das tun, besorgen Sie einen Dimmer mit einem hochwertigen Regelwiderstand. Fragen Sie im Fachgeschäft nach, ob das Teil einen Summton von sich gibt. Viele Dimmerschalter erzeugen ein sehr störendes Geräusch. Das ist für Ihre Zwecke kontraproduktiv. Sie könnten auch mit ungewöhnlicheren Beleuchtungsmöglichkeiten experimentieren, zum Beispiel mit Schwarzlicht. Das sieht auf ihrem nackten Körper sexy aus und kann eine sexuelle Stimmung erzeugen. Besonders schön ist das Spiel mit fluoreszierenden Körperfarben. Sie sollten auch rotes oder grünes Licht oder völlige Dunkelheit ausprobieren.

Ein weiteres Spielzeug besteht aus Objekten unterschiedlichen Materials, die sie berühren kann, zum Beispiel weiche Stoffe (Seide) oder ein Baumwolltuch. Der Trick ist, Dinge zu finden, die Sie auf ihrem Körper reiben können oder die sie mit ihren Händen anfassen kann, um die sinnliche Stimmung zu fördern. Dazu zählen Kissen und Laken. Schaffen Sie eine Umgebung, in der sie kuscheln und sich total entspannen kann. Kissen helfen, ihren Körper genau in die gewünschte Position zu bringen. Weiche und sinnliche Laken sind nur eines von vielen Details für eine perfekte Nacht.

Jeremy ging zu einem Stoffgeschäft und kaufte zahlreiche kleine Muster weicher Stoffe, die er bei seiner Freundin Wanda ausprobieren wollte. Er kaufte Muster, die 30 cm^2 groß waren. Sie waren billig und eigneten sich ideal zum Reiben auf der Haut im Schlafzimmer. Sie war erregt und fand auch, dass es Spaß macht, mit ihnen zu spielen.

Romantische Musik

Musik hilft ebenfalls, eine romantische Stimmung zu erzeugen. Sicher haben Sie schon gemerkt, dass Sie intensiver und aggressiver empfinden und aus irgendeinem Grund schneller fahren wollen, wenn Sie auf der Autobahn aggressive Rockmusik hören. Man steigt in die Musik ein – d. h., der Herzschlag neigt dazu, sich dem Takt der Musik anzupassen. Eine gute Möglichkeit, einen heiteren, sinnlichen Ort zu schaffen, besteht in sanfter Hintergrundmusik, die Sie beide in Stimmung bringt. Manche klassischen Stücke sind gut; aber probieren Sie sie vorher aus: Einige Stücke beginnen leise und romantisch und werden später, wenn Sie sie endlich in die richtige Stimmung gebracht haben, plötzlich wild und laut. Probieren Sie die »Ambiente-Musik« aus, zum Beispiel Brian Eno, Peter Gabriels CD Passion, Enya und Enigma. Oder legen Sie Musik auf, von der sie selbst sagt, dass sie sie besonders in Stimmung bringt.

Noch besser ist es, wenn Sie eine Frau dazu kriegen, auf ein bestimmtes Lied oder eine CD zu reagieren. Wie wir bereits erläutert haben, kann man Menschen dazu bringen, eine bestimmte Reaktion mit einem bestimmten Stimulus zu verbinden. Jeder Lehrgang in Psychologie lehrt das und belegt es durch allerlei Forschungsergebnisse. Das bedeutet: Wenn Sie in romantischen Augenblicken immer dasselbe Lied spielen, wird das Lied selbst in ihr romantische Gefühle erzeugen. Das kann man zum eigenen Vorteil nutzen: Wenn man ein Lied oder eine CD in romantischen Augenblicken immer auflegt, wird sie die Frau in Zukunft automatisch in die richtige Stimmung bringen.

Unterhaltung

Eine Frau genießt es zu wissen, dass Sie sie für wunderschön halten. Warum sagen Sie es ihr nicht? Legen Sie Ihren Mund an ihr Ohr und flüstern Sie: »Du bis so schön.« Das wird ihre Stimmung verändern, unter Garantie. Warum Flüstern besser funktioniert als Schreien, wissen wir nicht, aber es ist so. Reden und das Eröffnen neuer Themen für Diskussionen wird ebenfalls ein tieferes Gefühl der Verbundenheit zwischen Ihnen schaffen. Viele Psychologen gehen davon aus, dass Kommunikation der entscheidende Faktor ist, der eine Beziehung aufbaut oder zerstört. Wir werden Ihnen noch zeigen, wie man romantische Gespräche führt, die sie dazu bringen, Sie zu begehren.

Die sechs wichtigsten Erfahrungen für Frauen

Sie müssen lernen, ein Sensualist zu sein. Ein sinnlicher Mensch liebt Gefühl, Berührung und sinnliche Erfahrungen. Wahrscheinlich halten Sie sich jetzt schon für einen Sensualisten, aber das sind Sie nicht. Sehr wahrscheinlich sind Sie eher ein Sexualist. Sie lieben sexuelle Erfahrungen. Vielleicht halten Sie sinnliche und sexuelle Erfahrungen sogar für dasselbe. Glauben Sie uns: Für eine Frau liegen Sinnlichkeit und Sexualität meilenweit auseinander. Wenn Sie mit einer Frau sexuelle Erfahrungen machen möchten, müssen Sie zunächst ein Sensualist werden.

Für Frauen sind Sinnlichkeit und Romantik ein und dasselbe. Wenn Sie romantisch sind, achten Sie auf jedes einzelne Detail in Ihrer Umgebung. Sie achten auf saubere Kleidung, zünden Kerzen an, besorgen guten Wein und sorgen dafür, dass alles am richtigen Ort ist. Wenn Sie Sensualist sind, achten Sie auf jede kleine Einzelheit im Hinblick darauf, wie etwas für Sie beide jeweils sich anfühlt, schmeckt, aussieht, klingt oder riecht. Indem Sie auf die Sinne achten, sind Sie auf einer inneren, intimen Ebene romantisch.

Wenngleich Sie nicht in der Lage sein werden, alles zu tun, was wir hier aufgelistet haben, bevor Sie zum ersten Mal Sex haben - zum Beispiel werden die wenigsten Frauen es Ihnen gestatten, sie zu baden, bevor Sie schon sexuellen Kontakt hatten -, ist es für Ihre Verführung wichtig, die Art von Erfahrung zu verstehen, die Frauen ein sinnliches und romantisches Gefühl vermittelt, und auf diese Erfahrungen beharrlich hinzuarbeiten.

Die sechs wichtigsten sinnlichen Erfahrungen für Frauen sind:

1. Baden

Natürlich werden Sie mit einer Frau erst baden, nachdem Sie sie zum ersten Mal verführt haben, aber es ist in jedem Fall eine wichtige sinnliche Erfahrung, die Sie kennen müssen. Frauen finden Bäder viel sinnlicher und attraktiver als Männer. Wenn Sie uns nicht glauben, fragen Sie einen durchschnittlichen Mann, wann er zum letzten Mal ein langes, gemütliches, heißes Bad genommen hat. Wahrscheinlich ist das schon eine Weile her. Wenn Sie hingegen eine Frau fragen (was im Rahmen der Verführung ohnehin zu empfehlen ist), wird sie mit verträumtem Blick alles darüber erzählen, weil es ihre sinnlichen Schaltkreise sofort aktiviert.

Wenngleich man eine Frau nicht beim ersten Date baden kann, kann man auf jeden Fall darüber reden. Fragen Sie sie, ob sie gerne Bäder nimmt und was für sie zu einer perfekten romantischen Bade-Erfahrung dazugehört. So wecken Sie nicht nur romantische, sinnliche Gedanken, die sie mit Ihnen assoziiert, sondern gewinnen auch wertvolle Informationen für das Arrangement eines romantischen Bades, wenn die Zeit gekommen ist. Frauen lieben Bäder und es ist ein zusätzlicher Bonus, wenn Sie Kerzen, Blütenblätter, sanfte Musik, Schaumbad und Wein im Badezimmer haben. Ziehen Sie sie langsam aus, wobei Sie alle Körperteile berühren. Begleiten Sie sie dann in ein Bad bei perfekter Temperatur. Sie können mit ihr in die Wanne steigen oder daneben sitzen, sie füttern oder Wein nachschenken. Vergessen Sie nicht, sie abzutrocknen, wenn sie herauskommt. Sie können sie dann direkt ins Schlafzimmer führen; sie wird entspannt und willig sein.

Die Frauen, die wir bei unseren Recherchen für dieses Buch befragt haben, haben uns oft gesagt, dass sie es lieben, wenn ihre Liebhaber oder Ehemänner sie mit Zärtlichkeiten verwöhnen. Zärtlichkeit und Romantik waren für sie gleichwertig. Kleine zusätzliche Genüsse, wie zum Beispiel Bäder, geben einer Frau das Gefühl, verwöhnt zu werden.

2. Massagen

Eine Massage ist etwas, was Sie machen können, bevor Sie mit einer Frau tatsächlich Sex haben. Wenngleich ein langes, sinnliches Bad eher angemessen ist, wenn man schon eine Weile mit einer Frau ausgegangen ist, ist eine Frau, die Sie gerade erst kennenlernen, die ideale Kandidatin für eine Massage. Das kann sogar bei einem ersten Date schon funktionieren, wenn man seine Karten richtig ausspielt. Eine Massage ist gut, weil sie ihr zeigt, dass Sie ihren Körper genießen und ihm gute Gefühle geben. Es zeigt auch, dass Sie froh sind, wenn Sie sie auch nur berühren, auch wenn Sie keinen Sex haben. Paradoxerweise kann das der erste Schritt auf dem Weg zum Sex sein.

Wie bei allem, was man bei einem Date tun kann, muss man zunächst das gewünschte Ergebnis festlegen. Sie wollen sie dazu bringen, mit Ihnen Sex zu haben. Sie versuchen nicht, ihr eine Akupunktur zu geben oder einen anderen körperlichen Therapie-Effekt zu erzeugen. Es wäre dumm, eine Massage zu machen, die ihr Schmerzen bereitet oder sie auslaugt, selbst wenn eine solche für ihr körperliches Wohlbefinden besser wäre. Es kommt darauf an, dass sie sich entspannt und ein intimes Verhältnis entsteht; es geht nicht darum, ein körperliches Problem zu richten, das sie vielleicht hat. Sorgen Sie dafür, dass sie sich wohl fühlt. Sie soll sich aufrecht hinsetzen oder sich auf den Bauch legen, damit Sie sanft an ihr arbeiten können. Greifen Sie ihr nicht an die Brüste. Gehen Sie langsam vor.

Wir empfehlen, dass Sie etwas Öl besorgen und damit beginnen, Ihre Hände aufzuwärmen, Musik aufzulegen, die sie mag, und sanft ihren Rücken zu reiben. Zu Beginn können Sie Kreise oder Muster ziehen. Dann können Sie sanft ihren Hals reiben und sogar ihr Haar streicheln. Von da aus können Sie sich zu ihrem Po hinunter vorarbeiten. Stopp.

Gehen Sie nicht weiter, wenn Sie nicht sicher sind, dass sie für sexuelle Berührungen bereit ist. Es mag Spaß machen, sie durch die Massage in Stimmung zu bringen, aber wenn Sie zu schnell vorgehen, werden Sie sie womöglich abschrecken. Entscheidend ist, dass sie etwas von Ihnen will, wohingegen Sie nichts von ihr brauchen.

Nach einer Weile kann sie sich auf ihren Rücken drehen. An diesem Punkt können Sie ihren Bauch reiben und eventuell ihre Brüste berühren, wenn die Stimmung es erlaubt. Denken Sie daran, dass Sie das tun, um sie in die richtige Stimmung zu bringen. Wenn sie Ihre Berührungen unangenehm findet, weil sie nicht bereit dafür ist, verderben Sie sich wahrscheinlich jede Chance. Gehen Sie deshalb beim Massieren langsam vor.

Manchmal erzeugt eine Massage ein wunderbares Gefühl der Erwartung. Das Licht ist genau richtig, das Zimmer ist warm, das Öl riecht gut und Sie haben Kerzen angezündet. Sie fühlt sich absolut geborgen, und durch Ihre Berührungen sorgen Sie dafür, dass sie sich immer besser fühlt. Während sich das Gefühl der Erwartung aufbaut, wissen Sie beide, dass ein Kuss bevorsteht, aber Sie wissen nicht, wann. Wenn Sie beide das gleichzeitig empfinden, wissen Sie, dass Sie am Ziel sind.

3. Kuscheln

Frauen lieben es zu kuscheln. Männer finden es weniger wichtig. Wenngleich man nicht unbedingt schon am Anfang eines Dates kuscheln kann (schließlich kennen Sie sich noch fast gar nicht), können Sie durchaus erwähnen, dass Sie gerne kuscheln. Machen Sie nicht viel Aufhebens davon – erwähnen Sie es lediglich in einer beiläufigen Weise.

Unser Schüler Jake kommt sehr schnell voran, wenn er übers Kuscheln redet. Wenn er zum ersten Mal mit einer Frau ausgeht und das Gespräch auf Männer und Frauen kommt, sagt er: »Weißt du, es gibt etwas, was ich nicht verstehe. Vielleicht kannst du mir das erklären. Erstens, wenn ich fragen darf: Kuschelst du gerne? Das hab ich mir gedacht. Aber es scheint, dass viele Männer das nicht mögen. Kann das sein?« An diesem Punkt erzählen ihm die meisten Frauen von irgendeinem Idioten, den sie einmal gekannt hatten, der nicht gerne kuschelte. Jake fährt dann fort: »Ja, das ist es, was ich nicht verstehe. Ich meine, für mich gibt es nichts Schöneres, als einen Menschen zu halten, mit dem man sich eng verbunden fühlt – wissen Sie, was ich meine?« Indem er geschickt eingesteht, dass er – im Unterschied zu anderen Männern – gerne kuschelt, weckt er in ihr die Vorstellung, mit ihm sexuell intim zu werden und danach zu kuscheln: Er bringt sie dazu, ihn als sexuelles »Material« anzusehen.

Wenn Sie die Möglichkeit dazu haben, ist das Kuscheln vor einem Kaminfeuer ideal, um eine romantische Stimmung zu erzeugen; man kann auch nachts am Strand mit einer Decke, eng umschlungen im Bett oder in jeder anderen Situation kuscheln, in der man den eigenen Körper für eine längere Zeit an ihren drücken kann, ohne Sex zu haben. Frauen lieben das; das können Sie ausnutzen.

4. Sinnliches Essen

Wie wir bereits verdeutlicht haben, ist Essen ein romantisches, sinnliches Elixier. Wichtig an sinnlichem Essen ist, dass es Spaß macht und ihr einen besonderen Genuss gibt. Wenn Sie zum Beispiel wissen, dass sie Schokolade liebt, kaufen Sie ihr nicht einfach eine Tafel in der Hoffnung, dass sie ihr schmeckt. Sie achten auf Details und machen daraus eine sinnliche, unvergessliche Erfahrung, wie unser Schüler Josh. Als Josh zum ersten Mal mit Ellen sprach, fand er heraus, dass sie für Schokolade schwärmte. »Oh, ich könnte niemals ohne Schokolade leben«, sagte sie verzückt. »Ich liebe dieses Gefühl im Mund und den Geschmack! Mmm.« Josh merkte sich diese Vorliebe und nutzte sie aus.

An ihrem ersten Date brachte er eine Tafel Schokolade mit – und zwar die absolut beste Qualität, die er finden konnte. Er zog sie heraus und sagte: »Ich habe eine wunderbare Erfahrung für uns mitgebracht. Willst du sie mit mir teilen?« Ihre Augen leuchteten auf und er bat sie, die Schokolade auszupacken. Er redete mit ihr über alles, was sie an Schokolade liebte. Langsam fütterte er sie mit einem Stück, und sie gab ihm ebenfalls eins. Es war eine sehr sinnliche und romantische Erfahrung. Als sie die Schokolade gegessen hatten, wusste Josh, dass Ellen ihn romantisch fand und eine wunderbare sinnliche Erfahrung mit ihm gehabt hatte. Beim nächsten Date hatten sie Sex, was vor allem deshalb möglich war, weil er seinen Sinn für Sinnlichkeit demonstriert hatte.

Nicht alle Frauen lassen sich durch Schokolade stimulieren; viele reagieren auf andere Lebensmittel, die sie besonders glücklich machen.

Wenn Sie herausfinden, um welche es sich handelt, können Sie diese Kenntnis nutzen, um die Verführung voranzubringen.

5. Wandern in freier Natur

Haben Sie jemals Kontaktanzeigen gelesen, die von Frauen geschrieben wurden? In neun von zehn heißt es, dass sie Sonnenuntergänge und Spaziergänge in freier Natur lieben. Zugegebenermaßen betrachten diese Frauen kaum jemals einen Sonnenuntergang und machen auch nur selten längere Spaziergänge. Aber für Frauen sind diese beiden sinnlichen Erfahrungen gleichbedeutend mit Romantik.

Auch wenn Sie kein Naturliebhaber sind – die meisten Frauen sind es. In der Natur werden sie sich normalerweise entspannen, sich Ihnen öffnen und »in Stimmung kommen«. Natur bietet Frauen eine Möglichkeit, alle ihre Sinne zu wecken; so bereiten Sie das Feld für romantischen Zauber. Wenn man im gewaltigen Betondschungel einer Großstadt lebt, kann das schwierig werden. Aber schon ein See, um den man gehen kann, oder ein kleines Naturschutzgebiet können diesen Zweck erfüllen. Der Vorteil an der Natur ist, dass man sich an den Händen halten kann und die Einsamkeit ein Gefühl der Verbundenheit erzeugt.

George hat die Erfahrung gemacht, dass es seine Dates aufwertete und die Erfahrung intensivierte, wenn er mit einer Frau in nahe gelegenen Naturparks spazieren ging. Frauen erwarten, dass man mit ihnen Essen und ins Kino geht. Die meisten werden es für etwas Besonderes halten, wenn Sie an einem See ankommen. Außerdem präsentieren Sie sich dann als ein sinnlicher Mann.

6. Feuer

Wenn Sie die Frau Ihrer Träume an einen Ort mit Feuerstelle bringen, kommt alles zusammen, was Sie bis jetzt in diesem Kapitel gelernt haben: Vor einem offenen Feuer hat man das gedämpfte Licht, den Geruch, das Ambiente – und alle Voraussetzungen für eine heiße Liebesnacht. Haben Sie jemals einen der Liebesromane gelesen, die Frauen lieben? Wenn Sie einen lesen, werden Sie verstehen, was Frauen suchen. Während die Pornohefte der Männer Geschichten über harten und groben Sex oder One-Night-Stands enthalten, konzentrieren sich Liebesromane auf das Vorspiel, die Jagd, die Verführung und die romantischen Nächte, die zum Sex führen. In vielen Geschichten sitzen Mann und Frau am Ende vor einem lodernden Feuer und umarmen sich. Dieses spezielle Szenario wird in Filmen, Kunstwerken und Erzählungen ausgemalt. Kurz: Das ist eine ideale Möglichkeit, eine wunderbare Nacht mit einer Frau zu gestalten.

Ralph hat sich zum Beispiel einmal um das Haus eines Freundes gekümmert, das eine Feuerstelle hatte. Er nutzte die Gelegenheit und lud Tess ein. Er hatte eine gute Flasche Wein gekauft und sie tranken ein Glas nach dem anderen vor dem Kamin. Natürlich hatte Ralph ihn angezündet, bevor sie kam. Sie unterhielten sich lange, während die Musik im Hintergrund für eine romantische Stimmung sorgte. Nach einer Weile schlug Ralph vor, Tess zu massieren. Sie zog ihr Hemd aus, und die Dinge nahmen ihren Lauf.

Auch Sie können solche Erfolge haben, wenn Sie einen Sinn für Sinnlichkeit entwickeln. Diese Ideen sind nur die Vorspeise – es gibt viele andere Möglichkeiten, Sinnlichkeit mit Frauen in eine Romanze und heißen Sex zu verwandeln. Aber wenn Sie die Macht des Wassers, der Massage, des Kuschelns, des Naschens, der Natur und des Feuers kennen und bei Ihren Verabredungen nutzen, werden Sie viel eher der romantische Mann sein, für den die Frauen schwärmen.

Die sechs Schlüssel zur Romantik

Nun, da Sie (ohne jede Ironie) allmählich ein Gefühl für Sinnlichkeit entwickeln, sind Sie bereit für eine Lektion in Sachen Romantik. Für romantisches Verhalten gegenüber Frauen gibt es sechs Schlüssel:

1. Romantik ist generös – sie ist niemals bedürftig

Sie wissen bereits, wie man die Bedürftigkeit überwindet: Sie müssen Ihre Selbstbestätigung von Frauen unabhängig machen, indem Sie diese aus anderen Quellen bezieht. Aber wie kann man generös werden? Bei einer romantischen Erfahrung muss die Frau im Mittelpunkt stehen – nicht der Mann. Der Mann muss sich für sie einsetzen – nicht umgekehrt. Darin besteht die Generosität bei einem Date.

Anfangs wird es Ihnen wahrscheinlich schwerfallen, sie in den Mittelpunkt zu stellen. Vielleicht ärgern Sie sich, dass Sie die Vorarbeit für das Date machen müssen; vielleicht haben Sie das Gefühl, dass sie Ihnen Anerkennung schuldet für die Risiken, die Sie eingegangen sind, um mit ihr zu flirten und sie um eine Verabredung zu bitten. Kommen Sie darüber hinweg. Nachdem Sie eine Weile geübt haben, generös zu sein, werden Sie die Erfahrung machen, dass es mehr Spaß macht, als sich zu ärgern. Wenn Sie sich darüber ärgern, denken Sie daran, dass Sie das alles nicht umsonst machen. Indem Sie empfindsam, lieb und großzügig sind, bringen Sie ihr Herz zum Schmelzen und machen die Bahn frei für Sex. Aber keine Sorge – Sie sind kein bloßer Automat für gute Gaben, der keine eigenen Bedürfnisse hat. Wir würden Sie niemals zu einem Fußabtreter machen – oder zu einem Mann, der immerzu gibt und nie etwas zurückbekommt. Später werden wir noch besprechen, wie man Beziehungen mit Frauen abbricht, die einem nichts geben, und wann man das tun sollte. Vorläufig müssen Sie aber erst einmal die Vorarbeit leisten. Sie wird es nicht tun – und wenn Sie es nicht tun, werden Sie nichts erreichen.

Generosität ist ein wesentlicher Grundzug eines erfolgreichen Mannes. Männer, die Respekt einfordern, sind keine bedürftigen, kriechenden Würmer. Sie sind reif, wissen, wann man geben oder fordern muss und erwarten nicht von anderen Menschen, zumal von attraktiven Frauen, dass sie sich um sie kümmern. Eines der Probleme, die wir an vielen modernen Männern beobachten, besteht darin, dass sie ihre Position in der Welt nicht behaupten und keinerlei »Mumm in den Knochen« haben, weil sie so sehr darauf fixiert sind, »nett« zu sein. Sie wirken geschlagen, am Boden zerstört und haben Frauen gegenüber eine übertrieben intellektuelle Art. Der entgegengesetzte Ansatz, der »Macho-Idiot«, wird ebenfalls scheitern: Dieser Ansatz ist nicht nur gefährlich, weil man wegen Belästigung im Gefängnis landen kann – es ist auch falsch, Frauen zu dominieren und unter Druck zu setzen, wie ein Macho das tut. Wenn man eine Frau zu etwas zwingen muss, ist das ein Zeichen von Schwäche. Ein selbstbewusster Mann ist überzeugend und romantisch, nicht übertrieben fordernd - und auch nicht übertrieben nett. Wenn Sie beispielsweise bedürftig erscheinen und versuchen, eine Frau dazu zu bringen, Sie dafür zu »belohnen«, dass Sie nett zu ihr sind, wird sie wahrscheinlich - und zu Recht - glauben, dass Sie ein Volltrottel sind, der nur versucht, sie zu manipulieren. Wenn man generös ist, aber sich nicht zum Fußabtreter macht, ist man auf dem richtigen Weg.

2. Romantik ist geduldig

Wenn Sie die perfekte romantische Situation planen, drängen Sie sie nicht zu sehr. Wir sind alle ungeduldig, aber bei einer Verführung müssen Sie Geduld aufbringen. Nichts verdirbt Frauen schneller die Lust als ein Mann, der es offensichtlich nur auf Sex abgesehen hat. Das ist absolut unromantisch. Nach einem verführerischen Abend ist Ungeduld besonders schädlich. Wenn man am Ende des Abends ungeduldig wird, wird sie wahrscheinlich glauben, dass der ganze Abend nur eine Masche war, um sie ins Bett zu bekommen. Es wird die ganze Arbeit zerstören, die Sie bis dahin investiert haben. Lernen Sie also, geduldig zu bleiben und die Dinge zu nehmen, wie sie sich ergeben.

Beispielsweise verdirbt Jason immer seine Dates, indem er Frauen gegenüber immer zu direkt und aufdringlich ist. Anstatt geduldig zu bleiben, versucht er immer sofort, Sex zu haben, obwohl ein kleines bisschen Geduld ihm viel mehr nützen würde. Kürzlich führte er Christina zum Essen und Tanzen aus. Sofort begann er mit »Dirty Dancing«, indem er sein Becken gegen ihre Hüfte stieß. Er ignorierte, dass sie immer wieder auf Abstand ging, weil sie es nicht mochte. Tatsächlich hat er ihr wehgetan, indem er sie zu stark gestoßen hat. Später, als sie deutlich wütend wurde, erfuhr er die Wahrheit. »Warum hast du mir nicht einfach gesagt, dass ich dir wehgetan habe? Ich hab's doch nicht besser gewusst«, sagte er wahrheitsgemäß.

Einen Mann wie Jason nennen wir einen »hilflosen Idioten«. Er hatte keine Ahnung, wie man sich einer Frau gegenüber charmant oder verführerisch verhält. Er war Frauen gegenüber noch immer in pubertären

Verhaltensweisen befangen. Er wünschte und erwartete noch immer eine sofortige Belohnung, ohne aufmerksam und geduldig zu sein. Wir alle machen Dummheiten wie Jason, und solange wir nicht einsehen, dass sie nicht funktionieren, werden wir sie weiterhin machen – und weiterhin erfolglos bleiben. Bleiben Sie immer geduldig und schaffen Sie die Voraussetzungen für den Sex, ohne die Frau zu drängen.

3. Ein Romantiker zeigt einer Frau seine Wertschätzung

Bei einer Romanze steht die Frau im Mittelpunkt. Es ist Aufgabe des Mannes, ihr den Hof zu machen und ihr die romantischen Gefühle zu geben, die sie sich wünscht. Beginnen Sie, indem Sie ihre Schönheit bewundern, ihre Augen, ihre Intelligenz, ihre Haare oder ihre Wohnung. Man muss wissen, dass eine Frau sich ernste Gedanken über ihr Erscheinungsbild macht. Sie investiert Stunden, um ihre Haare so zu richten, dass sie genau richtig aussehen. Sie zieht einen extra schönen Büstenhalter an, um Ihnen zu gefallen, verwendet Parfum, von dem sie glaubt, dass es Ihnen gefällt und trägt den perfekten Armreif passend zu ihren Schuhen. Wenn Sie eines dieser unscheinbaren Details bemerken und es ihr gegenüber erwähnen, werden Sie einen starken Eindruck auf sie machen. Sie können Ihre Wertschätzung für sie auch dadurch zum Ausdruck bringen, dass Sie auf die Einzelheiten Ihres eigenen Erscheinungsbildes achten. Auch wenn es Ihnen egal ist, ob Ihre Socken zusammenpassen oder Ihr alter Fußball-Anstecker zu Ihrer Krawatte passt – einer Frau ist es keineswegs egal. Achten Sie auf die romantischen Einzelheiten Ihres eigenen Erscheinungsbildes.

Meister der Verführung wie Casanova wussten die Schönheit einer Frau wirklich zu schätzen und gaben ihr das Gefühl, dass sie etwas ganz Besonderes war. Das muss ihnen ebenfalls gelingen. Indem Sie die Einzelheiten ihres Erscheinungsbildes würdigen, vermitteln Sie einer Frau das Gefühl, dass sie die einzige Frau der Welt ist, mit der Sie diesen Abend verbringen wollen – auch wenn das nicht unbedingt wahr ist. Wenn Sie einer Frau das Gefühl geben, dass sie im Mittelpunkt Ihrer Aufmerksamkeit steht, ist die Wahrscheinlichkeit viel größer, dass Sie mit Sex belohnt werden.

4. Romantik hat eine Atmosphäre des Unwirklichen

Achtung, Achtung! Das ist sehr wichtig und wird Ihnen bei jedem Schritt Ihrer Verführung nützlich sein. Wenn wir Ihnen zeigen, wie man eine »Verführungsstrategie« entwirft, werden wir immer und immer wieder darauf zurückkommen, dass Romantik eine Atmosphäre des Unerwarteten und Unwirklichen besitzt. Wenn man weiß, wie man Frauen unerwartete und unwirkliche Erfahrungen vermittelt, kann man fast jede Frau erobern, die man begehrt. Tun Sie das, indem Sie für Überraschungen sorgen und Dinge tun, die Sie normalerweise nicht tun würden.

Überraschungen

Unerwartete und unwirkliche romantische Situationen enthalten oft wundervolle Überraschungen. Wir haben dieses Kapitel mit dem Beispiel von Simon eingeleitet, der Molly einen romantischen Nachmittag bereitete. Einer der Gründe, weshalb dieser Nachmittag so gut lief, bestand darin, dass Molly keine Ahnung hatte, was jeweils als Nächstes geschehen würde. Indem er den Nachmittag mit Überraschungen gespickt hatte, gelang es Simon, sie in eine andere Welt zu entführen – eine Welt jenseits ihrer normalen Alltagsroutine.

Aktivitäten, die nicht alltäglich sind

Eine Frau, die wir befragt haben, erklärte: »Wenn ein Mann meine Fantasie und meinen Geist erobern kann, kann er auch den Rest haben.« Wenn Sie sich Aktivitäten ausdenken, die nicht alltäglich sind, zeigen Sie der Frau, mit der Sie zusammen ist, dass Sie unterhaltsam und abenteuerlustig sind und (was besonders wichtig ist), dass Sie ihretwegen keinen Aufwand scheuen. Würzen Sie einen romantischen Abend stets mit etwas Unwirklichem und Unerwartetem – besuchen Sie nach dem Kino einen neuen Stadtteil oder nach einem Spaziergang eine abgelegene Bar. Sie soll sich wie eine Königin fühlen, wie eine Prinzessin, wie eine Figur in einem Film. Die Gestaltung eines ungewöhnlichen romantischen Ereignisses ist eine wunderbare Art, das zu tun.

Morgens, bevor sie beide zur Arbeit gingen, sagte Steve seiner Frau Ruth, dass sie nach der Arbeit direkt nach Hause kommen und sich auf eine wilde Nacht gefasst machen sollte. An diesem Abend erzählte er, dass sie für den Rest des Abends so tun würden, als wenn sie aus einem anderen Land kämen. Er gab ihnen beiden neue Namen und Identitäten. Steve war nun »Ricardo«, ein Latin Lover. Ruth war nun »Natasha«, eine russische Spionin. Sie zogen sich entsprechend um und taten, als wenn sie sich in einer vornehmen Bar in der Innenstadt begegnen würden. Ricardo setzte Natasha an der Bar ab. Einige Minuten später kam er herein. Er machte sich daran, sie »abzuschleppen«. Er sprach mit einem falschen Akzent und lud sie fortwährend zu Drinks ein. Sie tat, als wenn sie »nicht leicht zu haben« wäre. Sie verbrachten einige Stunden damit, auf diese Weise hin- und her zu flirten. Einige andere Männer in der Bar machten sich sogar an Natasha heran, weil sie so gut aussah. Ricardo musste sich im Wettbewerb mit anderen um ihre Aufmerksamkeit bemühen. Das machte den Abend besonders sexy. Am Ende tanzten sie und Ricardo wagte sich an einen Kuss. »Es war so heiß und sexy«, sagte Natasha später. »Normalerweise sitze ich mit meinem Ehemann am Abend vor dem Fernseher. Frische und Spontaneität sind oft schwer zu wecken. Es war einfach, als wir uns gerade erst kennengelernt hatten, aber in letzter Zeit fiel es uns schwer. Als wir begannen, falsche Namen zu verwenden und zu flirten, kamen der ganze Spaß und die sexuelle Spannung zurück, die einmal da gewesen waren. Das war einer der spaßigsten Abende, die wir jemals gehabt haben.« Nach einem Abend der Schauspielerei brachte Ricardo sie nach Hause. Sie genossen eine lange Nacht mit sehr heißem Sex. Indem sie falsche Identitäten angenommen hatten, hatten sie einen sehr romantischen, denkwürdigen und »unwirklichen« Abend geschaffen.

5. Romantik ist selbstsicher

Wenn Sie einen romantischen Augenblick, ein Date oder ein Gespräch ruinieren wollen, müssen Sie ein Mann sein, der kein Selbstvertrauen hat und sich keine Dreistigkeit gestattet. Ein Meister der Romanze ist in der Lage, in Gegenwart einer Frau in jedem Augenblick selbstsicher zu sein. Das bedeutet nicht, dass er dominant und herrschsüchtig ist. Ein Mann mit Selbstvertrauen trifft Entscheidungen, ist nicht unentschlossen, kann einer Frau gegenüber seine Erwartungen eindeutig zum Ausdruck bringen und schämt sich seiner sexuellen und sonstigen Bedürfnisse nicht.

Ken ist zum Beispiel ein typischer unsicherer Mann. Nur selten macht er den ersten Schritt, und es ist ihm peinlich, wenn Frauen ihn in der Öffentlichkeit berühren. Obwohl er bereits 35 ist, wirkt sein Gesicht wie das eines 20-Jährigen. Er ist beruflich erfolgreich und verdient ganz ordentlich, aber nur wenige Menschen achten ihn. Männer halten ihn in der Regel für einen Waschlappen ohne eigenen Standpunkt, der ständig damit beschäftigt ist, die Launen anderer Leute zu bedienen, ohne seine eigenen zu berücksichtigen. Als wir ihm sagten, dass er bei einem Date romantische Dinge sagen sollte, glaubte er nicht, dass er einer Frau etwas Romantisches würde sagen können. Er fürchtete, dass sie das als Belästigung empfinden könnte. Es versteht sich von selbst, dass Ken schon seit drei Jahren keinen Sex mehr hatte. Schlimmer noch: Seine letzte Freundin ließ sich von ihm Geschenke machen, lieh seine Kreditkarte und stahl sogar Geld aus seinem Haus. Ken war ein typischer »Sensibler New-Age-Mann«: Seine Unfähigkeit, selbstbewusst seine Ziele zu verfolgen, machte ihn zu einem Opfer seiner Lebensumstände.

Isaak hingegen ist selbstsicher. Obwohl es ihm nicht in die Wiege gelegt wurde, hat er gelernt, Frauen zu verzaubern und mit großem Erfolg romantische Abende zu gestalten. Das Beste ist: Er hat Sex, wann immer er will. Isaak hat unser Programm studiert und gelernt, bei Dates mit Frauen selbstsicher aufzutreten. »Vor einem Date, und manchmal auch während eines Dates, bin ich oft unsicher. Ich lasse es einfach nicht an mich heran. Ich kenne die sieben Gewohnheiten eines Topverführers und habe sie auswendig gelernt. Ich mache einfach weiter, wenn ich etwas verderbe, und die Frauen interessieren sich weiterhin für mich.« Vor allem ist Isaak selbstsicher, wenn er einer Frau seine Karte gibt, die Rechnung bezahlt, ihr die Tür aufhält, den ersten Schritt macht, sie küsst, Entscheidungen trifft und weitere Verabredungen vorschlägt.

Vielleicht sagen Sie jetzt: »Augenblick mal! Sie haben gerade gesagt, dass man Geduld haben soll! Jetzt soll ich selbstsicher und dreist sein! Was hat das zu bedeuten?« Die Wahrheit ist: Man muss geduldig und dreist zugleich sein. Während Sie darauf warten, dass sie für eine Romanze bereit ist, müssen Sie zugleich selbstsicher und überzeugt sein, dass alles o.k. ist und Sie alles richtig machen, egal was während der Verführung passiert. Dieses Selbstvertrauen gibt Ihnen die Fähigkeit, so geduldig wie nötig zu sein.

6. Einzelheiten

Wir wissen, dass es völlig überflüssig ist, die Bedeutung von Details an dieser Stelle auch nur zu erwähnen, aber da Männer sich so sehr dagegen sträuben, wichtige Einzelheiten in Dates zu integrieren, erwähnen wir es einmal mehr: Details entscheiden über das Gelingen eines Dates. »Liebe zum Detail« muss bei der Planung aller Dates das Motto sein.

Das romantische Gespräch

Wahrscheinlich erinnern Sie sich daran, wie Sie sich fühlten, als Sie zum ersten Mal wirklich begriffen, dass jemand Sie liebte – oder nicht? Vielleicht erinnern Sie sich auch daran, als Sie zum ersten Mal »Liebe auf den ersten Blick« gespürt haben. Und wenn Sie an eine der schönsten Erfahrungen denken, die Sie jemals mit einer Frau gehabt haben, was empfinden Sie dabei?

Manchmal fühlen Sie sich jemandem einfach verbunden. Haben Sie nicht auch schon einmal ein überwältigendes Vertrauen empfunden, obwohl Sie vielleicht nicht genau gewusst haben, warum? Dass Sie jemandem begegnet sind und es einfach schien, als wenn eine Verbindung da wäre, als wenn Sie sich schon immer gekannt hätten? Wissen Sie, was ich meine? Die meisten Menschen werden auf die vorangegangenen zwei Absätze emotional reagieren. Genau das macht diese Absätze zu Beispielen für romantische Gespräche. Fragen und Beschreibungen von romantischen Gefühlen werden in dem Menschen, der Ihnen zuhört, in der Regel genau diese Gefühle wecken. Aus diesem Grund muss man romantische Gespräche führen.

Wir haben bereits erklärt: Wenn man ein Gefühl beschreibt, wird sich eine Person, die zuhört, automatisch an Zeiten erinnern, als er oder sie sich genau so gefühlt hat. Wenn Sie beispielsweise eine Frau fragen, wann sie zum ersten Mal das Gefühl hatte, im Sturm erobert zu werden und von einem Mann völlig bezaubert zu sein, wird sie sich automatisch an diese Erfahrung erinnern. In demselben Augenblick wird sie diese Erfahrung nacherleben. Das kann sehr nützlich sein, um eine Romanze zu gestalten. Wenn Sie vor einem Date nur etwas Zeit investieren, können Sie viele romantische Fragen auswendig lernen, die Ihnen helfen werden, die Frau in eine entsprechende Stimmung zu versetzen. Dieselben Ergebnisse erzielt man, indem man sich über romantische Themen unterhält.

Hier sind einige Beispiele für romantische Fragen, die Sie einer Frau stellen können:

- Wie fühlt es sich an, wenn Sie absolut glücklich und sorglos sind?
- Stellen Sie sich vor, Sie haben eine Woche Urlaub mit Ihrem Traummann. Was würden Sie als Nächstes tun?
- Welcher Abend war der romantischste Ihres Lebens?
- Welcher Film war der romantischste, den Sie je gesehen haben?
- Welchen Schauspieler finden Sie am attraktivsten und warum?
- Wie fühlt es sich an, wenn man verliebt ist?
- Woher weiß man, dass man verliebt ist?
- Was lieben Sie am meisten am Küssen?
- Wer war Ihr bester Liebhaber und warum?
- Beschreiben Sie Ihre liebste Prinzessinnen-Geschichte.
- Wie haben Sie sich eine Romanze vorgestellt, als Sie noch ein kleines Mädchen waren?

Wenn man diese Fragen stellt, bringt man sie in eine romantische Stimmung. Wir werden das im nächsten Kapitel genauer erörtern.

Seien Sie gewarnt: Auf diese Weise können nicht nur positive Gefühle geweckt werden. Wir könnten Sie in eine ängstliche und nervöse Stimmung versetzen, wenn wir Sie bitten würden, sich an eine Zeit zu erinnern, als sie von einem anderen Mann bedroht wurde. »Wie hat sich das angefühlt?«, könnten wir fragen. »Beschreiben Sie alle Einzelheiten. Was haben Sie gedacht und empfunden? Ist das Adrenalin durch Ihre Adern geschossen? Wie hat sich das angefühlt? War der Mann groß oder klein? Wie hat er ausgesehen? Hatte er eine Waffe? Haben Sie sich als Opfer gefühlt?« Konnten Sie bei der Lektüre dieser Fragen nachvollziehen, wie man jemanden so in etwas hineinsteigern kann, dass er Angst bekommt? Das ist der Fehler, den man bei Frauen macht, wenn man sich auf Gespräche über Gewalt gegen Frauen sowie über Krieg und Vergewaltigung einlässt. Wenn man das tut, beginnt sie, sich vorzustellen, dass sie ein Opfer solcher Gewalttaten wird. Lassen Sie sich nie auf Beschreibungen von Gewalt und Horror ein, weil Sie sonst die romantische Stimmung völlig verderben.

Das hört sich kompliziert an, aber werfen wir einen Blick auf Ihre Chancen im Wettbewerb. Der Durchschnittsmann hat keine annähernde Vorstellung von diesen Möglichkeiten. Er behandelt Frauen, als wenn es sehr sexy Männer wären, er schafft keine besonderen Situationen für sie, er behandelt sie nicht wie etwas Besonderes, er macht nur selten Komplimente, er wirkt entweder bedürftig oder er setzt die Frau unter Druck. Er hat keinen Sinn für Sinnlichkeit und ärgert sich, dass er die Frau in den Mittelpunkt stellen muss, wenn er Sex haben will. Er kann ebenso gut etwas über Gewalt sagen und Frauen dadurch abschrecken, wie er – ganz aus Versehen – auch einmal etwas Romantisches sagen kann. Frauen erzählen uns, dass Männer nicht einmal daran denken, vor einem Date zu baden – geschweige denn, dass sie romantische Mitteilungen schreiben. Wenn Sie die üblichen Fehler vermeiden und auch nur die Hälfte der romantischen Dinge tun, die wir in diesem Kapitel beschrieben haben, werden Frauen Sie begehren und nach mehr lechzen.

Das Schnupper-Date

Wendy arbeitete in dem Fitness-Club, den Bruce besuchte. Sie war zwar nicht gerade umwerfend schön, aber durchtrainiert und hatte einen kleinen, strammen Körper. Nachdem er einige Male mit ihr geflirtet hatte, erkannte Bruce, dass sie eine Intellektuelle war. Fast jedes Mal, wenn er sie sah, las sie ein Buch; sie sagte, sie arbeite an ihrer Promotionsarbeit in Zoologie. Sie war niedlich und süß zugleich. Er fand sie attraktiv und lud sie zum Kaffee ein. Sie sagte zu. Sie vereinbarten für den folgenden Dienstag um 16 Uhr ein Treffen in einem Café in der Nähe des Fitness-Clubs. »Ich habe nur ungefähr eine Stunde Zeit«, erklärte Bruce. »Aber das sollte reichen, um uns gegenseitig etwas näher kennenzulernen.«

Eine solche Verabredung nennen wir Schnupper-Date (aber natürlich würde er das ihr gegenüber nie so sagen). Der Zweck dieses Treffens besteht darin, mit einer Frau gerade so lange zusammen zu sein, um einen romantischen Bezug zu ihr herzustellen (sodass sie ihrem Verehrer gegenüber romantische Gefühle hegt). Außerdem will man herausfinden, wie man sie beim Verführungs-Date im Sturm erobern kann. Das Schnupper-Date gibt Ihnen die Gelegenheit, zu entscheiden, ob es sich überhaupt lohnt, dieser Frau den Hof zu machen. Es kostet nicht viel, und da es sich um eine Verabredung zum Kaffee handelt, fühlen sich die meisten Frauen dabei auch wohler als bei einem extravaganten Essen im Restaurant mit anschließendem Kinobesuch.

In der Regel ist es falsch, eine Frau schon beim ersten Date zu einem extravaganten Essen im Restaurant mit anschließendem Kinobesuch einzuladen, weil man noch nicht vorbereitet ist. Man weiß noch nicht genug darüber, was sie von einem Mann erwartet, um eine erfolgreiche Verführung zu arrangieren; entsprechend hoch ist das Risiko vernichtender Fehler. Wenn Sie schon beim ersten Mal einen ganzen Abend mit ihr verbringen wollen, wird sie außerdem von der Intensität und Intimität eines solchen ersten Dates abgeschreckt. Wenn man eine Frau zum Kaffee einlädt (und nicht gleich zu einem gemeinsamen Abend), wirkt man ruhiger und weniger bedürftig: Man will sie sehen, aber man hat es nicht nötig, sie zu drängen. Das zeigt einer Frau, dass Sie auch noch Ihr eigenes Leben haben – was vor allem bei sehr attraktiven Frauen besonders wichtig ist.

Bei einem Schnupper-Date wird das Feld für die spätere Eroberung erkundet und abgesteckt. Das ist, wie wenn man eine Feuerstelle herrichtet, bevor man ein Feuer anzündet: Wenn man es richtig macht, kann man schon mit wenigen kleinen Handgriffen ein ziemlich heißes, kleines Feuer entfachen. Ohne die richtige Vorbereitung wird man auch mit großer Mühe nur wenig erreichen. Nach dem Schnupper-Date ist alles soweit vorbereitet, dass man loslegen kann.

Die drei Bausteine eines Schnupper-Dates

1. Das Schnupper-Date ist kurz

Wer eine Frau erobert, sollte möglichst wenig Zeit mit ihr verbringen, bevor er mit ihr Sex hat, weil er dann weniger Gelegenheiten hat, Fehler zu machen, welche die Eroberung verderben. Nehmen Sie sich so viel Zeit wie nötig, aber keinen Augenblick mehr. Jede unnötige Interaktion birgt das Risiko, dass Sie es vermasseln. Vor einem Date sucht eine Frau nach Gründen, um Sie loszuwerden. Wir haben bereits angesprochen, dass ein Date das geordnete Leben einer Frau ins Wanken bringen kann. Jeder Mensch widersteht der Veränderung, auch wenn sie ein Glücksfall ist. Irgendwo im Hinterkopf wird die Frau, an der Sie interessiert sind, eine Rechtfertigung suchen, Sie aus ihrem Leben zu entfernen. Je mehr Zeit Sie ihr dafür geben, desto eher wird sie einen finden.

Wenn eine Frau Sex mit Ihnen gehabt hat, ändern sich die Regeln: Sie sucht nun nicht mehr nach einer Rechtfertigung dafür, Sie loszuwerden, sondern dafür, weshalb Sie es überhaupt wert sind, dass sie mit Ihnen ins Bett geht. Anstatt nach schlechten Eigenschaften zu jagen, wird sie nun eher die guten Seiten suchen. Wenn Sie vor dem Sex sehr viel Zeit mit ihr verbringen, haben Sie viel mehr Minuspunkte in der Gleichung. Schnupper-Dates, so wichtig sie auch sind, müssen kurz sein.

Als Bob zum ersten Mal mit Marcella ausging, brach er diese Regel. Er hatte ihr gesagt, dass das Treffen höchstens eine Stunde dauern würde. Sie verabredeten sich zum Kaffee. Es lief so gut, dass er beschloss, das Treffen auszudehnen. Schließlich hatte Marcella genug von ihm und schlug vor zu gehen. »Oh, musst du schon gehen? Schade! Sollen wir wieder einmal miteinander ausgehen?«, bettelte er. Er hatte sich in eine machtlose, abhängige Position manövriert und wirkte dementsprechend wie ein Idiot.

Als Bruce sich mit Wendy zum Kaffee traf, wusste er, dass er das Date erst recht kurz halten musste, wenn es gut lief. Schon nach 30 Minuten sagte er: »Ich muss nun leider wirklich gehen.« Wendy wirkte traurig, da er sich verabschiedete, weil sie sich so gut amüsierte. Er verließ sie, als sie mehr von ihm wollte, anstatt ihr Interesse zu befriedigen oder sie sogar zu übersättigen. Als er vorschlug, wieder gemeinsam auszugehen, war sie dementsprechend interessiert.

Unserer Meinung nach sollte ein erstes Treffen zwischen 30 und 75 Minuten dauern – nicht länger. Wenn man sich gut unterhält, ist das wunderbar. Verabschieden Sie sich, bevor Sie es verderben, und investieren Sie Ihren Erfolg in das Verführungs-Date.

2. Das Schnupper-Date findet in Cafés und an anderen ruhigen öffentlichen Orten statt

Wenn man das Schnupper-Date in einem Café oder an einem anderen ruhigen öffentlichen Ort stattfinden lässt, kann sich die Frau sicher fühlen und steht nicht unter Druck. Was (so wird sie überlegen) können Sie ihr in einem Café schließlich anhaben? Vergleichen Sie das einmal mit einer Einladung zum Abendessen in Ihrer Wohnung: Für die meisten Frauen ist das ein sehr gefährliches erstes Date. Viele werden Gründe finden, im letzten Moment einen Rückzieher zu machen. Eine Verabredung zum Kaffee findet hingegen in aller Öffentlichkeit statt. So weiß sie, dass sie nicht körperlich angegriffen werden kann.

Wählen Sie einen Ort, der nicht zu laut ist und wo Sie nicht auf irgendwelche Bekannte stoßen. Wenn Sie wissen, dass die Frau und ihre Freunde in einem bestimmten Café herumhängen, schlagen Sie ein anderes vor. Sie soll auf gar keinen Fall abgelenkt werden oder vor ihren Freunden angeben.

Wählen Sie besser kein Restaurant. Sie soll sich auf Sie konzentrieren – nicht auf ihr Essen. Es kann sein, dass sie bloß zu einem Essen eingeladen und dabei von Ihnen unterhalten werden will. Sie soll nicht durch einen Kellner oder den Geschmack des Essens abgelenkt werden. Sie soll sich auf Sie konzentrieren – und auf die romantischen Möglichkeiten, die zwischen Ihnen bestehen. Außerdem dauert ein Date im Restaurant von Anfang bis Ende länger und bedeutet für die Frau ein größeres emotionales Risiko als eine Einladung zum Kaffee.

Wenn Sie sie fragen, ob sie mit Ihnen ausgehen will, müssen Sie einen passenden Ort im Kopf haben. Stellen Sie sicher, dass sie die Adresse des Lokals kennt. Einer unserer Schüler, Larry, bat eine Frau, ihn am »Café Espresso« zu treffen, übersah aber dabei, dass es tatsächlich zwei Filialen dieser Kette gab: Eine am Anfang und eine am Ende der Straße. Sein Date ging zu dem einen und er zum anderen, sodass sie sich nie trafen. Stellen Sie klar, wo Sie sich treffen, und geben Sie bei Bedarf eine einfache Wegbeschreibung.

3. Das Schnupper-Date ist keine Gelegenheit für ziellose Plauderei

Das erste Treffen ist keine Gelegenheit, ohne besondere Absichten herumzuhängen und zu plaudern. Das ist das letzte, was Sie tun dürfen, bevor sie Sex mit ihr hatten. Herumhängen und ziellos plaudern können Sie mit Ihren männlichen Freunden. Bei Frauen gilt: Dates und Freundschaften sind zwei verschiedene Dinge, die sich gegenseitig ausschließen. Man kann nicht zwei Herren gleichzeitig dienen: Man kann nur entweder das eine oder das andere haben. Es ist wie mit dem Alkohol und dem Autofahren: Entweder man trinkt, oder man fährt. Man kann nicht beides tun. Man muss sich entscheiden, ob eine Frau eine Freundin oder eine potenzielle Liebhaberin sein soll, und dabei bleiben. Wenn man herumhängt und ziellos plaudert, wird man automatisch als guter Freund eingestuft.

Der Zweck eines Schnupper-Dates besteht auch darin, charmant zu sein und sie für die nächste Ebene der Verführung vorzubereiten. Dieses Kapitel erklärt, wie man im Einzelnen vorgehen muss, um diese hohen Ziele zu erreichen.

Schnupper-Date-Vorbereitungen

Wie Sie inzwischen wissen, müssen Sie bei einem Date einen großen Teil der Arbeit schon leisten, bevor das Date beginnt. So gesehen ist eine Verabredung mit einer Frau wie das Streichen eines Hauses. Wenn Sie an Streichen denken, denken Sie vermutlich daran, wie man die Oberfläche eines Gebäudes mit einem Pinsel, einem Roller oder einer Spraydose langsam und gleichmäßig mit Farbe bedeckt. Wenn Sie schon öfters gestrichen haben, wissen Sie, dass das eigentliche Streichen der angenehmste Teil des Projektes ist. Vorher muss man die Oberfläche vorbereiten, was viel länger dauern kann, als das Streichen selbst. Man muss Schicht um Schicht die alte Farbe abtragen. Man muss tagelang schaben oder Lösungsmittel auftragen. Man muss sicherstellen, dass das Holz selbst intakt ist, und es notfalls zunächst reparieren oder ersetzen. Das Streichen läuft nur dann einfach und glatt ab, wenn man alles richtig vorbereitet hat. Aber selbst dann muss man die Oberfläche erst grundieren, bevor man die Farbe auftragen kann, die man eigentlich haben will. Wenn man es versäumt, die nötige Vorarbeit zu leisten, wird das Streichen mit einer Katastrophe enden.

Wenn Sie an ein Date mit einer Frau denken, werden Ihre Gedanken wahrscheinlich ebenfalls sofort zum eigentlichen Date springen. Wenn Sie unsere Methode erst einmal ausprobiert haben, werden Sie aber begreifen, dass das Date selbst nur der angenehme Teil des Projektes ist. Wie man vor dem Streichen die Oberfläche vorbereiten muss, muss man sich auch auf ein Date vorbereiten, bevor man hingeht. Die Kehrseite ist, dass das Zeit und Kraft kostet. Der Vorteil ist aber, dass das Date ein viel größerer Erfolg wird, wenn man es richtig vorbereitet. So sollten Sie sich auf das Schnupper-Date vorbereiten:

Überlegen Sie, was für eine Art von Frau sie sein könnte

Wahrscheinlich kennen Sie sie gut genug, um einzuschätzen, was für eine Art Frau sie sein könnte. Ist sie eine Intellektuelle, ein Party-Girl, eine Künstlerin, eine schlichte Natur, ein scheues Reh, eine überarbeitete Mutter, eine Rebellin – oder ein anderer Typ, den wir hier nicht genannt haben? Wenn Sie das im Voraus einschätzen, wird Ihnen das bei Ihren Vorbereitungen helfen. Wenn die Frau eine Intellektuelle ist, müssen Sie sich darauf vorbereiten, klug und witzig zu sein. Es könnte hilfreich sein, ein intelligentes Buch mitzubringen, das Sie gerade lesen, damit sie es sehen und kommentieren kann. Wenn sie eher ein rebellischer Typ ist, kann es sinnvoll sein, den eher kämpferischen Aspekt Ihrer Persönlichkeit hervorzuheben. Das wäre eine Gelegenheit, Ihre Lederjacke und eine dunkle Brille zu tragen. Wenn sie eher ein Künstler-Typ ist, könnten Sie eine Zeitschrift über Aktionskunst lesen, wenn sie gerade hereinkommt. Das bedeutet nicht, dass Sie Persönlichkeitsmerkmale erfinden sollen, die Sie gar nicht haben. Das wäre zu viel Aufwand und würde ohnehin nicht gut funktionieren. Sie sollten aber die Dates mit unterschiedlichen Arten von Frauen nutzen, um unterschiedliche Seiten Ihrer eigenen Persönlichkeit zu betonen und kennenzulernen. So werden Sie beim Date mehr Spaß haben und erfolgreicher sein.

Wählen Sie Zeit und Ort so, dass das Date gut in Ihren Terminplan passt

Es ist gut möglich, dass sie nicht erscheint (später erfahren Sie mehr darüber, wie man damit umgeht). Wenn Sie Zeit und Ort sehr ungünstig legen und dann sitzen gelassen werden, werden Sie sich ziemlich blöd vorkommen.

Es ist eigentlich ziemlich einfach: Sorgen Sie dafür, dass das Date für Sie gut passt und akzeptieren Sie nichts, was Ihnen nicht passt. Das bedeutet nicht, dass Sie stur sind und ihr nicht entgegenkommen, denn ein Kaffee mit einer Frau ist immer weniger bequem als zu Hause zu sitzen. Aber es ist einfach nicht hinnehmbar, eine wichtige Sitzung abzusagen oder zwei Stunden mit dem Auto zu fahren, um eine Frau zu treffen, die es sich vielleicht anders überlegt.

Überlegen Sie, was Sie tun, wenn sie nicht kommt

Bringen Sie etwas Arbeit oder ein gutes Buch mit. Seien Sie darauf vorbereitet, mit den anderen Frauen im Café zu flirten. Lassen Sie es niemals soweit kommen, dass Sie auf eine Frau warten, die nicht erscheint, ohne dass Sie etwas zu tun haben. Das ist erniedrigend und macht wütend. Ihre Einstellung muss sein, dass Sie in jedem Fall zufrieden sind, auch wenn sie nicht kommt. Das erreichen Sie am besten dadurch, dass Sie etwas mitbringen, womit Sie sich sinnvoll beschäftigen können.

Denken Sie ergebnisorientiert

Bevor Sie zu einem Schnupper-Date gehen, müssen Sie sich klarmachen, welches Ergebnis Sie erzielen wollen. Soll sie sich zu Ihnen hingezogen fühlen – interessiert, sexuell angeregt? Sorgen Sie dafür, dass Sie wissen, wie sie sich am Ende des Dates fühlen soll, damit Sie sich auf Ihr Ziel einschießen können und einen Maßstab haben, der die möglichen Themen für die Konversation vorgibt.

Erstellen Sie eine Liste romantischer und sinnlicher Fragen, die Sie stellen können

Wir haben bereits hervorgehoben, welche Bedeutung romantische Fragen beim Flirten haben. Diese Fragen sind auch beim Schnupper-Date wichtig. Denken Sie daran: Wenn Sie die richtigen romantische Fragen stellen, können Sie auf schnellstem Wege erreichen, dass sie beim Gedanken an Sie romantische Gefühle hegt. Dabei geht es nicht darum, »nur Konversation« zu machen: Hier werden die entscheidenden Weichen gestellt.

Romantische Fragen haben drei Teile:

- Der Vorwand
- Die Beschreibung
- Die Frage

Obwohl das nicht immer zutrifft und die drei Teile nicht immer in dieser Reihenfolge angeordnet sein müssen, können Sie nach diesem Muster romantische Fragen kreieren, die Frauen dazu bringen, über Gefühle zu reden. Der Vorwand ist der Teil, der begründet, warum Sie die folgende Frage stellen wollen. Ein Vorwand könnte sich zum Beispiel so anhören: »Ich habe mich mit meinem Freund darüber unterhalten und frage mich, wie Sie darüber denken« oder »ich habe gestern Abend eine TV-Show gesehen, die mich angeregt hat, über den Begriff der Attraktivität nachzudenken« oder »ich habe in letzter Zeit viele unterhaltsame Gespräche über diese Frage geführt, welche die Romantik betrifft.«

Der zweite Teil besteht in der Beschreibung. Bevor Sie die romantische Frage stellen, beschreiben Sie kurz das Gefühl, das sie erleben soll. Beispiel: »Es war so romantisch, die Art, wie sie sich zueinander hingezogen fühlten, wie sich die Chemie langsam aufbaute, bis zu diesem romantischen, leidenschaftlichen ersten Kuss.« Oder: »Dein Herz öffnete sich einfach und du konntest spüren, wie du von diesem unglaublichen Mann entwaffnet wurdest.«

Der dritte Teil besteht in der Frage selbst. Beispiel: »Wie war Ihr erster Kuss?« oder »Was war Ihr romantischstes Erlebnis?«

Wenn Sie alles zusammensetzen, sieht das Ganze ungefähr so aus:

- »Wissen Sie, gestern Abend habe ich eine Fernsehshow gesehen, bei der diese beiden Teenager sich verliebt und sich zum ersten Mal geküsst haben. Es war so romantisch, wie sie sich zueinander hingezogen gefühlt haben, die Chemie sich allmählich aufbaute, bis zu diesem romantischen, leidenschaftlichen ersten Kuss. Es hat mich zum Nachdenken gebracht … darf ich fragen, wie Ihr erster Kuss war?«
- »Erinnern Sie sich an Ihre erste Liebe? Alles schien so frisch und neu und erstaunlich, wissen Sie noch? Es war, als wenn Sie zum ersten Mal begreifen, dass jemand Sie wirklich mag, so wie Sie sind. Darf ich Sie fragen, wie das bei Ihnen war?«
- »Meine Freundin Mary hat mir gerade von dem romantischsten Date erzählt, das sie je erlebt hat. Es war Wahnsinn. Stellen Sie sich das vor: Sie gehen mit einem Mann aus, den Sie wirklich lieben und sehr

attraktiv finden. Sie sitzen in diesem herrlichen Restaurant im Freien mit Aussicht auf einen See. Die Herbstfarben sind einfach perfekt. Die Luft ist frisch und riecht so gut, man hat das Gefühl, dass man nicht einmal essen muss, man sitzt einfach da und atmet die gute Luft. So hat sie das jedenfalls erzählt. Man hat so einen unglaublichen Abend, die Sonne geht über dem Wasser unter, die Sterne leuchten und der Mond geht auf. Man fühlt sich so miteinander verbunden, so verliebt, wissen Sie, was ich meine? Was würden Sie sagen – was war das romantischste Erlebnis, das Sie jemals hatten?«

- »Ich habe mit meinem Freund darüber diskutiert und frage mich, wie Sie darüber denken. Glauben Sie an Liebe auf den ersten Blick? Sie sehen jemanden und fühlen, wie es funkt? Es ist, als wenn man sich schon immer gekannt hätte, auch wenn man sich zum ersten Mal sieht. Oder baut sich dieser Zauber bei Ihnen nur allmählich auf? Ist Ihnen jemals so etwas passiert?«
- »Glauben Sie an die Vorsehung – als wenn manche Dinge oder Beziehungen durch das Schicksal vorbestimmt sind? Ich bin sicher, Sie kennen das Gefühl, wenn Sie jemanden sehen und es bei Ihnen einfach funkt: Obwohl Sie ihm zum ersten Mal begegnen, haben Sie das Gefühl, dass Sie sich schon ewig kennen.«
- »Meine Bekannte Suzy hat sich verliebt. Es macht so Spaß, es mitzuerleben. Sie erzählte mir, wie sie diesem Mann begegnete und das Gefühl hatte, dass sie ihn ihr ganzes Leben kannte. Als wenn sie dachte: Oh, du bist es. Dabei waren sie sich gerade erst begegnet. Sind Sie jemals jemandem begegnet, bei dem Sie das Gefühl hatten, als wenn Sie ihn schon immer gekannt hätten?«
- »Ich habe daran gedacht, Urlaub zu machen, und Leute gefragt, welche Urlaubserfahrungen sie wirklich genossen haben. Es war faszinierend, die besten Erfahrungen der Leute zu hören. Wie würde Ihr absoluter Traumurlaub aussehen?«
- »Wissen Sie, es ist interessant, wie unterschiedliche Menschen sich auf unterschiedliche Weise als geschätzt erleben. Ich meine, es ist, als wenn jeder Mensch seinen oder ihren eigenen Code hätte für das Gefühl, geschätzt, verbunden und wirklich geliebt zu sein. Ich bin neugierig: Woran merken Sie, dass ein Mann Sie wirklich schätzt?«

Wenn Ihnen diese Fragen zu persönlich erscheinen, können Sie immer Fragen über Frauen im Allgemeinen stellen. Sie wird sie in jedem Fall auf die gleiche Weise beantworten. Anstatt zu fragen »woran erkennen Sie, dass ein Mann Sie wirklich schätzt« können Sie zum Beispiel fragen »woher weiß eine Frau, dass ein Mann sie wirklich schätzt«. Die Antwort wird dieselbe sein. Oft glauben Männer, dass man solche Fragen nur stellen kann, wenn die richtige Stimmung dafür schon da ist. Das ist ein kniffliges Problem, weil die Stimmung für solche Fragen eben durch solche Fragen geweckt wird. Indem man diese und ähnliche Fragen stellt, baut man eine romantische Stimmung auf, die diese und ähnliche Fragen angemessen erscheinen lässt. Man muss einfach ins kalte Wasser springen und diese Fragen stellen.

Zögern Sie also nicht, diese Fragen Wort für Wert auswendig zu lernen, gerade so, wie wir sie hier formuliert haben. Es besteht ein gewaltiger Unterschied zwischen der Frage »Hey, wie war Ihr erster Kuss?« (ohne Vorwand und Beschreibung) und der Art, wie wir es hier erklärt haben.

Sie sollten diese Fragen nicht in einer Reihe abfeuern: Das würde sich merkwürdig anhören. Dies ist kein Verhör. Wenn Sie eine romantische Frage stellen und später eine weitere stellen wollen, können Sie einfach sagen: »Ich weiß nicht, weshalb meine Gedanken so auf Romantik fixiert sind. Ist das Ihnen jemals so gegangen? Jedenfalls, aus irgendeinem Grund frage ich mich …« Seien Sie unaufdringlich und bleiben Sie mit diesen Fragen beim Thema. Das wird den Prozess der Verführung stark beschleunigen.

Lernen Sie aus dem, was sie Ihnen sagt

Was die Frau bei diesen romantischen Konversationen über sich selbst offenbart, wird die Basis für das Verführungs-Date bilden, das Sie später für sie entwerfen werden. Wenn sie Ihnen sagt, dass sie ihre romantischste Erfahrung hatte, als ein Mann für sie gekocht hat, sollten Sie beim nächsten Mal für sie kochen. Verrät sie Ihnen, dass sie romantische Spaziergänge liebt, sollten Sie einen organisieren – komplett mit Decken, Wein und Käse. Vergessen Sie nicht: Sie führen keine ziellose

Konversation. Sie haben eine Aufgabe zu erfüllen. Das Schöne an romantischen Fragen ist nicht nur, dass sie eine Frau in eine romantische Stimmung versetzen, sondern Ihnen auch die Daten liefern, die Sie brauchen, um ihr möglichst erfolgreich an die Wäsche zu gehen. Achten Sie darauf, was sie sagt. Gehen Sie zwischendurch auf die Toilette, um Notizen zu machen, wenn Ihnen das hilft, sich alles zu merken. Machen Sie sich auf jeden Fall unmittelbar nach dem Date Notizen, solange Sie noch alles im Kopf haben.

Bereiten Sie die Antworten auf die romantischen Fragen vor

Wenn Sie Ihre romantischen Fragen stellen, werden Sie die Erfahrung machen, dass Ihr Date sie nicht nur selbst beantwortet, sondern auch Ihre Meinung hören will. Sehr junge, attraktive Frauen werden Ihnen oft ein ganzes Date lang keine einzige Frage über Sie selbst stellen. Das ist auch nicht schlecht. Je weniger sie über Sie weiß, desto weniger Gründe wird sie finden, sich nicht mit Ihnen zu verabreden. Einen großen Teil der Zeit wird sie aber damit verbringen, sich Ihre eigenen Antworten auf Ihre romantischen Fragen anzuhören. Sie wird Ihnen eine Antwort geben und dann fragen: »Ich weiß nicht. Was war Ihre romantischste Erfahrung?« Der häufigste Fehler besteht darin, dass man ihr die eigene romantischste Erfahrung so erzählt, wie man sie selbst erlebt hat. Das ist schön und gut, nützt aber nicht unbedingt der Verführung. Wenn Sie vorankommen wollen, müssen Sie die Frage beantworten, indem Sie Ihre romantische Erfahrung (oder eine erfundene romantische Erfahrung) aus der Sicht der Frau beschreiben. Das gibt Ihnen eine weitere Möglichkeit, ihr gegenüber romantische Gefühle der Zuneigung zu beschreiben, wodurch sie noch mehr an eine Romanze mit Ihnen denken wird.

Das können Sie folgendermaßen umsetzen. Nehmen wir an, Sie haben Ihr Date gefragt: »Wie ist es, wenn Sie sich wirklich anerkannt gefühlt haben?« Sie antwortet und beendet ihre Antwort mit: »Nun, ich glaube, so ist es. Und wie ist es, wenn Sie sich wirklich anerkannt fühlen?« Befolgen Sie diese Richtlinien – dann sind Sie auf der Siegerstraße:

Beantworten Sie die Frage aus ihrer Sicht

Das tut man, indem man sagt: »Wissen Sie, wie es ist, wenn man …« Dann beantwortet man die Frage mit: »Es ist großartig, wenn man sich geschätzt und anerkannt fühlt. Wissen Sie, es ist, wie wenn man das Gefühl hat, dass man von einem Menschen so gesehen wird, wie man wirklich ist. Man bedeutet einem Menschen sehr viel, und dieser Mensch findet einen wirklich toll.« Es lohnt sich auch, solche Gefühle in der Gegenwartsform zu beschreiben. Das macht es für sie einfacher, diese Gefühle jetzt zu haben, anstatt sich einfach vorzustellen, dass sie sie irgendwann einmal gehabt hat. Sagen Sie: »Es ist, als wenn man einfach loslassen und sich der Romantik hingeben kann« anstatt »es war, als könnte man loslassen und romantisch sein«. Beides funktioniert, aber in der Gegenwartsform funktioniert es besser.

Beschreiben Sie die Gefühle, die sie haben soll

Beschreiben Sie nun – aus ihrer Sicht – die Gefühle, die sie haben soll. Man kann zum Beispiel sagen: »Es ist, als wenn man das Gefühl hat, sich aufzulösen, es ist so großartig. Man empfindet eine so starke Verbundenheit, ein so unmittelbares Vertrauen, als wenn man sich seit Jahren kennen würde. Für mich sind das die romantischsten Augenblicke.«

Seien Sie unbestimmt in dem, was Sie offenbaren

Wenn Sie eine besondere Erfahrung beschreiben, beschreiben Sie nicht die Frau, mit der Sie zusammen waren, und sagen Sie nicht, wie verrückt Sie nach ihr waren. Das wird Ihrem Date nur die Lust verderben. Sagen Sie: »Es war ein unglaublicher Abend. Das müssen Sie sich folgendermaßen vorstellen: Der Spaziergang unter dem Sternenhimmel, die Luft, die perfekte Temperatur, der Duft der Blumen. Später dann guter Wein und Kerzenlicht. Einfach perfekt, wissen Sie?« Sagen Sie nicht: »Ich war mit Jessica zusammen. Was für eine Frau! Sie war so fantastisch, und was für ein unglaublicher Körper! Das Beste war, wenn sie es stundenlang mit mir getrieben hat!« Das wird Ihre aktuelle Eroberung vernichten. Halten Sie Ihre Beschreibungen allgemein, damit Ihr Date sich einbezogen fühlen kann.

Verwandeln Sie romantische Fragen in romantische Gespräche

Das Verführungs-Date konzentriert sich darauf, Erfahrungen zu schaffen, die in einer Frau sexuelle und romantische Gefühle für Sie wecken. Das Schnupper-Date konzentriert sich auf das Gespräch über solche Gefühle. Wenn Sie wollen, dass die Frau sich romantisch angezogen und geheimnisvoll fasziniert fühlt, müssen Sie Gespräche über diese Themen initiieren. Romantische Fragen verwandelt man in ein romantisches Gespräch, indem man Fragen stellt, die das Gespräch ausweiten. Wenn man zum Beispiel eine Frau fragt: »Was war die romantischste Erfahrung, die Sie jemals hatten?«, wird sie vielleicht sagen: »Es war in einem Restaurant in Italien. Es war eine perfekte Nacht, soviel ist sicher.« Lassen Sie sie nicht an dieser Stelle aufhören! Obwohl Sie Ihre Frage beantwortet hat, wollen Sie erreichen, dass sie weiter in die Einzelheiten geht – und zwar aus zwei Gründen: Erstens wollen Sie, dass sie über ihre romantischen Erfahrungen redet, sodass sich daran erinnert, wie es sich angefühlt hat und dasselbe jetzt auch in Ihrer Gegenwart empfindet. Durch die Beschreibung der Erinnerung wird ein Teil von ihr zu dieser Erfahrung zurückgehen und beginnen, sie noch einmal zu erleben. Zweitens wollen Sie Informationen sammeln, die Sie für das Verführungs-Date nutzen können. Wenn sie bereit ist, Ihnen zu sagen, was in der Vergangenheit bei ihr funktioniert hat, erfahren Sie genau das, was Sie wissen wollen.

Hier ist eine Liste von Fragen, die man stellen kann, um romantische Gespräche in Gang zu bringen:

- »Wow. Was hat Ihnen dabei die besten Gefühle vermittelt?«
- »Ich bin sehr beeindruckt. Würden Sie mir mehr Einzelheiten erzählen?«
- »Faszinierend. Erzählen Sie mir mehr von … (irgendeinem Teil der Erfahrung).«
- »Wie haben Sie sich dabei gefühlt?«
- »Das ist erstaunlich. Haben Sie sich seither wieder einmal so gefühlt?«

Wie man in drei Schritten die Konversation für das Date übt

Wenn Sie mit lebendigen Frauen konfrontiert sind, werden Sie vielleicht nervös sein. Deshalb ergibt es Sinn, vorher schon möglichst viel zu üben, damit es nachher leichter fällt. Aus diesem Grund schlagen wir vor, dass Sie Ihre romantischen Fragen und Antworten vor dem Date laut üben. Wir wissen, dass es sich dumm anhört, aber es kann entscheidend helfen, die Konversation zu führen, wenn es wirklich darauf ankommt. Wenn Sie üben, werden Sie sich an romantische Themen gewöhnen, sodass Sie sich allmählich entspannen und freier sprechen können. Wenn Sie die folgenden Schritte üben, werden Ihre romantischen Fragen alle Frauen in Sichtweite zum Schmelzen bringen. Erstens: Üben Sie die Fragen laut, bis Sie das Gefühl haben, dass Sie wenigstens ein paar davon auswendig sagen können. Zweitens: Stellen Sie sich ihre Antworten vor und üben Sie die Fragen zur Ausdehnung der Konversation ebenfalls laut. Drittens: Üben Sie die Beantwortung aller romantischen Fragen, falls sie Ihre Meinung hören will. Stellen Sie sich geistig auf das Date ein.

Bauen Sie Ihr Selbstvertrauen auf

Benutzen Sie dazu die Techniken, die wir Ihnen bereits in Kapitel 3 »Der Weg zum eigenen Stil: Kleidung und Selbstvertrauen« beschrieben haben, um sich für das Date optimal vorzubereiten.

Bereiten Sie sich auf den Erfolg vor

Oft sind unsere Schüler überrascht, wenn diese Techniken wirklich funktionieren. Am Ende seines Schnupper-Dates mit Jeanette wagte Morris den ersten Kuss (wir werden noch zeigen, wie das geht) und hatte Erfolg. »Ich war schockiert, als ich sie küsste«, erklärte er uns. »Ich konnte nicht glauben, wie enthusiastisch sie reagierte. Nach dem Kuss ging ich völlig betäubt davon. Ich hätte sie noch mehr küssen und später mit ihr irgendwo hingehen können, um gleich Sex mit ihr zu haben. Das habe ich zu spät begriffen!«

Für den Fall eines Erfolgs muss man sich vorher schon darauf einstellen, dass das gewünschte Ergebnis viel früher als erwartet eintritt. Nehmen Sie ein Kondom mit und überlegen Sie, wohin Sie gehen könnten, um Sex zu haben, wenn es sich erweist, dass sie schon bereit ist. Wenn sie wirklich auf Ihren ersten Kuss eingeht, machen Sie weiter. Sie wollen sich nicht selbst hinterher ohrfeigen, weil Sie, wie Morris, eine Frau stehen gelassen haben, die schon bereit war.

Checkliste für das Schnupper-Date

- Baden
- Gut riechen
- Rasieren
- Zähne putzen
- Erscheinungsbild im Spiegel prüfen
- Haare müssen gut aussehen
- Kleidung muss einem stehen, frisch gewaschen und gebügelt sowie sauber und ohne Flecken sein
- Sorgen Sie für eine Beschäftigung, während Sie auf sie warten
- Tragen Sie eine Uhr
- Bereiten Sie mindestens drei romantische Fragen / Konversationen vor
- Stellen Sie sich psychisch auf die Verabredung ein
- Waschen Sie das Auto
- Nehmen Sie sich vor, nur 30–75 Minuten zu bleiben
- Nehmen Sie Geld mit
- Bilden Sie klare Zielvorstellungen
- Überlegen Sie, wo Sie hingehen können, wenn sie Sex haben will
- Stecken Sie Kondome ein
- Üben Sie romantische Fragen / Konversationen laut
- Verlassen Sie das Haus rechtzeitig, um pünktlich zu erscheinen
- Machen Sie einen Plan für das nächste Date

Wie man mit dem Körper Vitalität demonstriert

Bevor Sie zum Treffen gehen, sollten Sie noch einmal Ihre Körperhaltung überdenken. Das ist ein schlüpfriges Problem. Alle Mittel, Techniken, Praktiken und Checklisten in diesem Buch dienen dem Zweck, aus Ihnen einen Mann zu machen, der weiß, was er tut. Das wird Ihnen helfen, die selbstsichere Haltung einzunehmen, die bei Frauen so gut ankommt. Aber denken Sie daran: Was das Können und die Einstellung wirklich vermitteln, sind Vitalität und schöpferische Produktivität. Wenn Sie eine vitale, quicklebendige, kreative Männlichkeits-Bestie sind, werden Frauen Sie begehren und Sex mit Ihnen haben wollen. Wenn Sie die Methoden aus diesem Buch anwenden, ist es entscheidend, dass Sie es mit einem vitalen und energischen Flair tun.

Wenn Sie sich vital, kraftvoll und lebendig fühlen, bewegen Sie Ihren Körper anders, als wenn Sie depressiv, unglücklich und hoffnungslos durchs Leben gehen. Indem Sie die Weise verändern, wie Sie Ihren Körper bewegen, können Sie die Art verändern, wie Sie sich fühlen; Menschen werden ganz anders auf Sie reagieren. Denken Sie daran: Die Frau überlässt es Ihnen, dafür zu sorgen, dass das Date gut abläuft. Wenn Sie das ihr überlassen, ist Ihr Schicksal besiegelt. Wenn Sie Ihren Körper richtig einsetzen, können Sie diese bestimmte, entschiedene Haltung erzeugen, die ihr ein Gefühl der Sicherheit gibt.

Versuchen Sie Folgendes: Während Sie das hier lesen, bewegen Sie Ihren Körper so, als wenn Sie das faszinierendste, aufregendste Buch lesen würden, das Sie jemals gelesen haben. Vielleicht lehnen Sie sich vor und verändern Ihren Gesichtsausdruck. Setzen Sie sich nun so hin, als wenn Sie ein unglaublich selbstbewusster, attraktiver, energischer, maskuliner Mann wären, der für sein Leben Feuer und Flamme ist. Atmen Sie so. Tun Sie es wirklich! Das ist die Art von Haltung, die Sie beim Schnupper-Date einnehmen sollten. Man muss nicht schon ein energisches und entschiedenes Gefühl haben, um das zu tun. Man kann das Gefühl immer hervorrufen, wenn man will, indem man den eigenen Körper einsetzt.

Wenn Sie das tun und von der Frau keine Bestätigung dafür erwarten, dass das Date gut läuft, werden Sie allein schon durch Ihre Präsenz und Ihr Charisma Eindruck machen. Sie werden dieses geheimnisvolle Ding namens »Einstellung« haben. Ergänzen Sie das durch romantische Fragen und Gespräche, und sie wird Sie begehren, bevor das Date vorüber ist.

Verhalten beim Date

Sie haben die Vorarbeit geleistet. Sie haben sie gefragt, ob sie mit Ihnen ausgehen will, Zeit und Ort so festgelegt, wie es Ihnen passt und sich vorgenommen, nicht mehr als eine Stunde Ihrer Zeit zu investieren. Sie haben Ihre romantischen Fragen und Gespräche vorbereitet und geübt. Sie haben absolut kristallklare Zielsetzungen. Sie haben sich psychisch darauf eingestellt, und Ihre Körperhaltung versprüht Vitalität, Einfallsreichtum und Unternehmungslust. Um zu unserer Maler-Metapher zurückzukehren: Sie haben die Oberfläche vorbereitet und sind nun bereit zum Streichen!

Männer fragen uns oft, ob man sich beim Schnupper-Date verspäten sollte. Schließlich, so die Überlegung, lässt man sie warten, hat Macht über sie und begibt sich nicht in eine unterlegene Position. Diese Überlegung hat zahlreiche Mängel. Erstens wird sie mit ziemlicher Sicherheit noch später kommen. Wenn Sie sich auf einen kleinen Wettbewerb einlassen, wer später kommen kann, wird sie wahrscheinlich gewinnen. Zweitens erscheint man nicht sonderlich mächtig, wenn man sich verspätet und sich dann dafür entschuldigt: Es wirkt, als wenn man sein Leben nicht im Griff hätte. Wenn man zu spät kommt und sich nicht entschuldigt, ist das noch schlimmer: In diesem Fall wirkt man wie ein ungehobelter Penner.

Wir empfehlen, dass Sie vor der Zeit erscheinen und etwas dabei haben, womit Sie sich beschäftigen können. Wenn sie erscheint, sind Sie so in Ihre Beschäftigung vertieft, dass Sie sie gar nicht bemerken, bis sie an Ihrem Tisch auftaucht. Das zeigt, dass Sie genauso zufrieden sind, wenn

Sie alleine da sitzen, und ihre Gesellschaft nicht unbedingt nötig haben. Da Frauen zu Schnupper-Dates meistens sowieso nicht erscheinen, lohnt es sich, wenn Sie so oder so Ihren Spaß haben.

To-Do-Liste fürs Schnupper-Date

Im Verlauf des Treffens sollten Sie Dinge tun, die Ihre romantischen Absichten zum Ausdruck bringen und auch bei der Frau eine entsprechende Stimmung wecken. Natürlich wird nicht jeder Augenblick des Schnupper-Dates mit romantischen Gesprächen ausgefüllt sein. Den meisten Frauen würde das merkwürdig vorkommen. Es ist völlig akzeptabel, sie nach ihrem Job, ihrer Familie usw. zu fragen. An irgendeinem Punkt in der Unterhaltung sollten Sie aber tief durchatmen, eine selbstbewusste Haltung einnehmen und folgende Dinge tun:

Berühren Sie sie mindestens fünfmal

Wenn man eine Frau beiläufig und unaufdringlich berührt, sinkt die Hemmschwelle für spätere intimere Berührungen. So kann sie sich allmählich an Ihre Berührungen gewöhnen und sich sogar gut dabei fühlen.

Diese Berührungen vollziehen Sie schnell, sanft und so flüchtig, dass sie keine Zeit hat, sich dabei unwohl zu fühlen. Sie können beim Reden zufällig ihren Arm berühren, um einen bestimmten Punkt zu betonen, oder ihren Rücken, wenn Sie sie zu ihrem Tisch begleiten. Manchmal sind Männer so verlegen, dass sie vergessen, wie man diese einfache Sache tut. Es ist einfach: Beim Gestikulieren streckt man die Hände manchmal auch vom Körper weg. Das sind die Augenblicke, in denen man eine Hand etwas weiter ausstreckt, um sie zu berühren.

Berühren Sie mindestens einmal ihre Hand

Diese Berührung ist etwas intimer, etwas aufdringlicher. Legen Sie einfach Ihre Hand für einen Augenblick auf ihre, um etwas zu betonen, was Sie sagen wollen. Schauen Sie dabei kurz in ihre Augen und ziehen Sie dann die Hand weg.

Schauen Sie »zu lange« in ihre Augen

Das schafft einen Augenblick der Intimität, der Ihr romantisches Interesse zum Ausdruck bringt. Sie sollten ihr, wenigstens ab und zu, in die Augen sehen, wenn Sie mit ihr reden. Es geht nicht darum, sie »auf Teufel komm raus« anzustarren – langes Starren wird in der Regel als aggressiv empfunden. Aber selbst wenn Sie einer Frau, mit der Sie reden, sonst niemals in die Augen sehen, sollten Sie es zumindest gelegentlich tun. Es zeigt ihr, dass Sie nicht unsicher sind. Wenn Sie es auf eine entspannte Art machen, zeigt es, dass Sie bereit sind, offen und ehrlich zu ihr zu sein.

Im Verlauf des Gesprächs sollten Sie wenigstens einmal Augenkontakt herstellen und ihn für den Bruchteil einer Sekunde länger halten, als es Ihnen angenehm ist, dann aber einen anderen Teil des Gesichts ansehen. Das wirkt besonders romantisch und intim. Das ist eine subtile Art, sie dazu zu bringen, ihre »persönliche Abstandsgrenze« für Sie zu öffnen. Das bereitet sie darauf vor, diese später noch weiter zu öffnen.

Taxieren Sie einmal ihren Körper

Halt, warten Sie! Bevor Sie sie angaffen wie eine Stripperin in einer Bar, lassen Sie uns erklären, wie man den Körper einer Frau taxiert, ohne ihr zu nahezutreten. Es ist eine verschrobene Dichotomie. Einerseits reagieren Frauen beleidigt, wenn man ihre Körper taxiert. Andererseits investieren sie einen großen Aufwand, um ihre Körper so attraktiv wie möglich zu machen. Wenn man auf die falsche Art hinsieht, können sie beleidigt reagieren. Wenn man es aber gar nicht tut, kann sie daraus schließen, dass Sie kein sexuelles Interesse an ihr haben. Man kann das Problem lösen, indem man ihren Körper flüchtig taxiert. Beginnen Sie mit einem Blick in ihre Augen und lassen Sie Ihren Blick dann flüchtig, in weniger als einer Sekunde, über ihren Körper gleiten. Kehren Sie dann zu ihren Augen zurück. Indem Sie zu ihren Augen zurückkehren, zeigen Sie, dass Sie sich nicht schämen, ihren Körper angesehen zu haben, und dass Sie immer noch mit ihr reden wollen. Tun Sie das (maximal) ein- oder zweimal während ihrer Unterhaltung mit ihr. Das wird dazu beitragen, die romantische Stimmung zu verstärken.

Treffen Sie Entscheidungen schnell und unkompliziert

Wir haben es bereits gesagt und wollen es hier nur erwähnen, um Sie an die Bedeutung dessen zu erinnern: Entschlossenheit ist anziehend. Unentschiedenheit ist unattraktiv. Wählen Sie selbst.

Zwinkern Sie ihr einmal zu

Zwinkern schafft einen kleinen Augenblick der Intimität zwischen Ihnen und einem anderen Menschen. Haben Sie jemals erlebt, dass eine Frau Ihnen zuzwinkert? Man teilt dann eine gewisse Verbundenheit – eine kleine gemeinsame Welt, die für einen Augenblick nur zwischen Ihnen besteht. Wenn man einer Frau zublinzelt, tut man das für sie. Tun Sie es schnell – nicht so, als würden Sie ein Garagentor schließen. Lächeln Sie dabei; es ist keine große Sache.

Stellen Sie Ihre romantischen Fragen

Der erste Schritt zu romantischen Gesprächen besteht darin, dass Sie Ihre romantischen Fragen stellen. Wenn Sie das nicht tun, besteht eine viel geringere Wahrscheinlichkeit, dass Sie als potenzielles romantisches »Material« infrage kommen, sodass Sie einmal mehr in der Kategorie »nur ein guter Freund« landen. Öffnen Sie einfach Ihren Mund und beten Sie die Zeilen herunter, die Sie auswendig gelernt haben, auch wenn Ihnen das unangenehm ist. Sie müssen den Anfang machen und von da an das Thema weiter ausbauen.

Führen Sie romantische Gespräche

Dehnen Sie ihre Antworten durch die entsprechenden Fragen weiter aus, die Sie – selbstverständlich – vor dem Date auswendig gelernt haben. Dieser Teil wird Ihnen wahrscheinlich leichter fallen, als Sie glauben. Wenn ein Mensch von seinen besten Erlebnissen erzählt, ist es einfach, ein ehrliches Interesse zu zeigen. Wenn sie Gegenfragen stellt und nach Ihren romantischen Highlights fragt, antworten Sie mit saftigen Beschreibungen romantischer Gefühle, die Sie schon vorbereitet haben.

Achten Sie stets auf forsche Körperhaltung

Sitzen Sie, als wenn Sie fasziniert und faszinierend wären.

Verwenden Sie verführerisches Vokabular

Manche Wörter sind romantischer als andere. Wörter wie »Urin« und »Zwangsvollstreckung« sind weniger romantisch als »Schönheit«, »Romantik« und »Liebe«. Sie sollten in Ihrer Konversation so oft wie möglich romantische Wörter verwenden, ohne verrückt zu erscheinen. Das bedeutet, dass man diese Wörter öfter verwenden sollte, als man es natürlicherweise tun würde, wobei man aber der übrigen Unterhaltung ebenfalls genügend Raum geben muss.

Hier ist eine Liste romantischer Wörter und Redewendungen. Sie können ohne Weiteres andere finden, die diese unvollständige Liste ergänzen:

- verführerisch
- Schönheit
- sich verlieben
- Romantik
- warm und geborgen
- elegant
- sinnlich
- verträumt
- leidenschaftlich
- Körpergefühl
- exquisit
- exotisch
- erotisch
- magisch
- verzaubert

Flüstern Sie einmal oder ändern Sie den Tonfall

Das ist zwar nicht bei allen Schnupper-Dates angemessen, aber wenn es gut läuft, kann es dazu beitragen, die romantische Interaktion auf die nächste Ebene zu heben. Flüstern ist aus einer ganzen Reihe von Gründen sehr wirksam. Erstens nimmt man ihre Aufmerksamkeit stärker in

Anspruch, wenn man flüstert. Wenn sie nicht aufpasst, versteht sie nicht, was Sie sagen. Zweitens schafft das Flüstern eine kleine Welt, in der es nur Sie beide gibt. Drittens müssen Sie näher an sie heran, um zu flüstern. Wenn Sie sich zum Flüstern über den Tisch lehnen müssen, kann Ihr Mund gefährlich nahe an ihr Ohr kommen. Das ist intim, aber doch einfach zu akzeptieren. Das macht es ihr einfacher, später Ihre romantischen Annäherungen zu erlauben.

Machen Sie ihr dreimal Komplimente

In dem Film »Hallo, Mr. President« wollte der Präsident (gespielt von Michael Douglas) nach dem Tod seiner Frau gerade zu seinem ersten Date gehen. Seine Tochter gab ihm die Anweisung, ein Kompliment über ihre Schuhe zu machen: »Mädchen mögen das.« Er war verblüfft, hielt sich aber daran, was seinem Date sehr schmeichelte. Frauen lieben es, wenn man ihr Aussehen würdigt und ihnen Komplimente macht. Sie arbeiten hart und lange daran, für uns gut auszusehen. Warum sollte man es nicht zur Kenntnis nehmen?

Selbstverständlich sollten Ihre Komplimente nicht allzu sexuell sein. »Ihre Brüste sehen in diesem Outfit so gut aus, dass ich meine Hände fast nicht bei mir behalten kann« eignet sich zur Zerstörung einer möglichen Romanze fast so gut wie das Eingeständnis einer Schwäche für Serienkiller. Versuchen Sie, ein Kompliment über ihre Schuhe zu machen, falls diese überhaupt schön sind. Sagen Sie ihr, dass sie einen wunderbaren Sinn für Stil hat, oder ein wunderschönes Lächeln. Suchen Sie irgendetwas, was man loben kann.

Die einzige Ausnahme zu dieser Regel: Wenn eine Frau extrem schön ist und es weiß, ist es für sie nichts Besonderes, wenn ein Mann ihr Komplimente macht. Tatsächlich werden solche Frauen es Ihnen manchmal als Minuspunkt anrechnen, wenn Sie das tun. Eine Frau sagte zu uns: »Ein Mann macht ein Kompliment über meinen Körper. Großartig. Noch ein Kerl, der mich will. Wie originell. Was interessiert mich das?« Wenn Sie ein Kompliment machen müssen, suchen Sie etwas Ungewöhnliches, auf das Sie sich konzentrieren können. Oscar traf Sheila bei einem Vortrag über den Klimawandel. Sie war umwerfend schön. Er wollte nicht einfach einer von vielen sein, die ihre Schönheit anbeten. Beim Schnupper-Date sagte er: »Wissen Sie, Sie sind wirklich hübsch und so, aber dass ich mich mit Ihnen treffen wollte, hat sich entschieden, als Sie diese Frage zum Vortrag gestellt haben. Ich musste Sie unbedingt kennenlernen.« Es gelang ihm, über etwas Ungewöhnliches - ihre Intelligenz - ein Kompliment zu machen und zugleich ihr gutes Aussehen zu würdigen. Sie war beeindruckt und warf das Kompliment nicht zu den anderen auf einen Haufen.

Amüsieren Sie sich

»Amüsieren Sie sich« ist - wie »man muss die richtige Einstellung haben« - eine der Anweisungen, die man gibt, ohne jemals zu sagen, wie man das anstellen soll. Wir empfehlen, dass Sie die Gelegenheit, sich zu amüsieren, nutzen sollten, wenn sie sich ergibt, weil das einer der Gründe ist, hinzugehen. Sie sollten diese Richtlinien für das Date gründlich studieren, aber beim Date sollten Sie sich entspannen und sie ab und zu vergessen. Wenn Sie sie vorher gründlich gelernt haben, wird Ihr Gehirn in der Lage sein, die Richtung zu halten. Das ist zwar Arbeit, aber man sollte sich nicht zwanghaft abmühen. Wenn Sie daran denken, Spaß zu haben, kann das helfen.

Zehn mögliche Probleme beim Schnupper-Date

Nicht alle Schnupper-Dates laufen reibungslos ab. Viele Dinge können schief gehen - und das tun sie auch. Es muss aber nicht alles gut gehen, damit das Date ein Erfolg wird. Sobald bei einem Date ein Problem auftritt, geraten die meisten Männer in Panik und glauben, dass alles ruiniert ist; das ist einfach nicht wahr. Man muss aber mit Problemen umgehen können, wenn welche auftreten. Zum Glück haben Sie unsere vorausschauenden Ratschläge, die Ihnen helfen, jedes mögliche Problem zu lösen.

1. Sie kommt nicht

Das häufigste Problem ist, dass sie gar nicht erst kommt. Erstaunlicherweise »vergessen« Frauen Verabredungen zum Kaffee sehr, sehr oft. Attraktive Frauen Anfang 20 neigen ganz besonders dazu. Wenn Sie damit beginnen, sich mit vielen Frauen zu verabreden, ist es unvermeidlich, dass einige davon Sie versetzen.

Eigentlich ist es eine lehrreiche Erfahrung, wenn man versetzt wird. Es lehrt einen, das Date nicht zu persönlich zu nehmen. Es lehrt einen, sein Wohlbefinden nicht von Frauen abhängig zu machen und sich nicht auf sie zu verlassen, wenn man Probleme hat. Wenn eine Frau Sie versetzt, bleiben Sie selbst verantwortlich für Ihre Gefühle, für Ihre Selbstachtung angesichts einer Zurückweisung sowie für Ihr Leben insgesamt. So können Sie damit umgehen, wenn Sie versetzt werden:

Nehmen Sie es nicht persönlich

Natürlich kommt sie zu spät. Natürlich werden Sie von ihr versetzt. Das bedeutet nicht, dass sie Sie nicht mag oder nicht irgendwann doch mit Ihnen schlafen wird. Sie hat nur Angst bekommen oder wurde von Ereignissen abgelenkt, die ihr wichtiger schienen. Vielleicht hat sie auch einfach keine Lust gehabt oder es sogar vergessen. Machen Sie sich darüber keine Gedanken. Wir werden Ihnen gleich zeigen, wie Sie den Spieß herumdrehen können, sodass sie durch ihr Verhalten Ihre Verführung weiter vorantreibt.

Ziehen Sie keine voreiligen Schlüsse

Erstaunlicherweise kann es durchaus sein, dass sie sehr an Ihnen interessiert ist. Sie hatte nur gerade keine Lust zu erscheinen. Das hört sich merkwürdig an, aber man muss sich einfach daran gewöhnen. Manche extrem attraktiven Frauen würden für Männer, an denen sie ernsthaft interessiert sind, niemals einen Finger krumm machen – oder auch nur eine Verabredung mit ihnen einhalten. Eine solche Frau war zum Beispiel Denise. Als sie Steve kennenlernte, war sie sehr an ihm interessiert. Ihren Freundinnen erzählte sie: »Er war so süß, klug und lustig.« Sie hat aber niemals etwas getan, um ihn zu gewinnen. Tatsächlich hat sie so ziemlich das Gegenteil gemacht. Sie rief zweimal nicht zurück und erschien auch nicht, als sie schließlich doch ein Schnupper-Date verabredeten. Trotzdem war sie interessiert. Man muss wissen, dass solche Dinge tatsächlich vorkommen.

Natürlich kann ihre Abwesenheit auch einen berechtigten Grund haben - vielleicht hat sie das Date gar nicht vergessen, weil sie keine Lust dazu hatte. Menschen können sich verlaufen oder in Not geraten. Als Kate zu ihrem Schnupper-Date mit Alvin nicht erschien, stellte es sich heraus, dass zwei Bekannte von ihr bei einem Autounfall ums Leben gekommen waren. Seine Wut schwand ziemlich schnell, als er das erfuhr, und er bot sich an, sie zu trösten.

Wie reagiert man, wenn man versetzt wird?

Erstens wartet man nur 15 Minuten darauf, dass sie kommt. Wenn Sie auch nach 20, 30 oder 40 Minuten noch auf sie warten, zeigen Sie ihr (falls sie doch noch kommt), dass Sie ein Wurm sind, der immer noch auf sie warten wird - egal, was sie tut. Wenn eine Frau nach 30 Minuten erscheint und Sie schon weg sind, weiß sie, dass Ihre Zeit ebenso wertvoll ist wie ihre eigene. Wenn eine Frau 15 Minuten nach der vereinbarten Zeit nicht erscheint, besteht ohnehin nur eine sehr geringe Chance, dass sie überhaupt noch kommt.

Hören Sie Ihren Anrufbeantworter ab

Wenn eine Frau sich verspätet oder verhindert ist, hinterlässt sie manchmal eine Nachricht auf dem Anrufbeantworter oder der Mailbox, um Ihnen Bescheid zu geben. Hören Sie Ihren AB ab, nachdem Sie 15 Minuten gewartet haben. Wenn keine Nachricht von ihr da ist, gehen Sie. Wenn Sie keinen Anrufbeantworter mit Fernabfragefunktion haben, besorgen Sie sich einen, falls Sie sich mit vielen Frauen verabreden wollen. Es wird Ihnen eine Menge Rätselraten ersparen.

Wenn sie sich verspätet und Ihnen Bescheid gibt, kann man es verantworten zu warten, aber man sollte das Date trotzdem früh abbrechen. Wenn Ihr Date zum Beispiel für 12 Uhr Mittag angesetzt ist und Sie um 12.15 Uhr die Nachricht erhalten, dass sie einige Minuten später kommt, kann es durchaus sein, dass sie erst zum Beispiel um 12.35 Uhr erscheint.

In diesem Fall ist es entscheidend, dass Sie sich zu einem Zeitpunkt verabschieden, an dem Sie sich ohnehin verabschiedet hätten, auch wenn sie pünktlich gewesen wäre. Um fünf vor eins würde man sie warnen: »Junge, es ist wirklich schön mit Ihnen, aber ich muss in ein paar Minuten gehen.« Die Kürze des Dates wird sie hoffentlich dazu anregen, beim nächsten Mal pünktlich zu erscheinen. Wenn Sie extra länger bleiben, um ihre Unpünktlichkeit auszugleichen, und zu diesem Zweck Ihren Terminplan umstellen müssen, besteht für sie kein Grund, ihr Verhalten zu ändern: Sie wird sich dann auch in Zukunft weiterhin verspäten. Die Folge ist, dass Sie sich in Zukunft mehr Umstände machen müssen und eher ausgenutzt werden.

Rufen Sie am folgenden Tag an und entschuldigen Sie sich dafür, dass Sie nicht gekommen sind

Wenn eine Frau Sie versetzt, können Sie am folgenden Tag durch einen Anruf den Spieß herumdrehen. Normalerweise empfehlen wir nicht, Frauen gegenüber irgendwie unehrlich zu sein. Aber wenn sie Sie versetzt, hat sie unserer Meinung nach eine Lektion verdient. Das funktioniert so: Rufen Sie sie nicht an dem Tag an, an dem sie Sie versetzt hat – und zwar aus zwei Gründen. Erstens: Wenn Sie an demselben Tag anrufen, erscheinen Sie bedürftiger, als Sie tatsächlich sind. Sie soll wissen, dass Sie viel um die Ohren haben, sodass ein verpasstes Date nicht sonderlich ins Gewicht fällt. Zweitens könnte es sein, dass sie anruft und sich entschuldigt (obwohl wir und unsere Schüler das nie erlebt haben).

Rufen Sie am folgenden Tag an und entschuldigen Sie sich dafür, dass Sie nicht zum Date erschienen sind. Auch wenn Sie da waren, sagen Sie: »Es tut mir leid, dass ich unser Date gestern versäumt habe. Bei der Arbeit geht es gerade drunter und drüber und dabei habe ich einfach die Zeit vergessen. Es tut mir ehrlich leid. Ich hoffe, Sie geben mir noch einmal eine Chance. Das ist Ihnen überlassen.« An diesem Punkt hat sie zwei Möglichkeiten. Erstens kann sie sagen: »Oh, das ist in Ordnung, ich war auch nicht da.« Das zeigt, dass sie wenigstens ehrlich ist. Zweitens kann sie lügen und sagen: »Ja, ich habe 20 Minuten lang gewartet, aber Sie sind nicht gekommen!« In jedem Fall ist Ihre Antwort dieselbe.

Sie decken nicht ihre Lüge auf – schließlich wollen Sie sie verführen, aber nicht Recht haben. (Sie müssen aber zur Kenntnis nehmen, dass diese Frau Sie zuerst versetzt und dann auch noch angelogen hat, was gleich zwei schlechte Vorzeichen sind.) Stattdessen sagen Sie: »Es tut mir so leid. Ich verspreche, dass ich es bei unserem nächsten Date wiedergutmachen werde.« Sie können dann entweder das Programm vorantreiben und sie zu einem romantischeren Date einladen oder zum nächsten Schnupper-Date mit Blumen erscheinen, um auf diese Weise Ihre romantischen Absichten deutlicher zu demonstrieren. Vereinbaren Sie ein weiteres Date und baggern Sie noch intensiver unter dem Vorwand, es wiedergutmachen zu wollen.

2. Sie versetzt Sie mehrfach

Für Ihre Dates empfehlen wir Ihnen die Regel: »Drei Versuche und du bist draußen.« Wenn eine Frau beim dritten Schnupper-Date nicht erscheint, sollten Sie folgende Worte an Sie richten: »Nehmen Sie es nicht persönlich, aber wenn Sie dieses Mal nicht erscheinen, werden wir uns sehr lange nicht mehr sehen können.« (Wir setzen voraus, Sie haben ihr gesagt, dass Sie das erste, aber nicht das zweite Date verpasst haben.) Erscheint sie trotzdem nicht, rufen Sie nicht an und reden Sie nicht mit ihr. Wenn Sie ihr auf der Straße begegnen, ignorieren Sie sie demonstrativ. Das mag hart klingen, aber wenn Sie ihr den Stecker herausziehen und ihr die weitere Initiative überlassen, haben Sie bessere Chancen, mit ihr ins Bett zu gehen. Kurz: Vergessen Sie sie und suchen Sie eine andere.

3. Sie bringt einen Freund oder eine Freundin mit

Wenn sie eine Freundin mitbringt, handelt es sich vermutlich um eine Anstandsdame, die Sie abchecken soll. Seien Sie charmant, aber weniger forsch, was die romantischen Fragen anbetrifft. Sie können natürlich trotzdem Ihr Interesse bekunden. Sie können die Freundin auch fragen, wie sie sich kennengelernt haben, und darüber reden, wie Sie sich gefühlt haben, als Sie sie zum ersten Mal sahen. Sie können ihr sagen: »Ist Sheila nicht schön?« So können Sie Ihrem Date ein Kompliment machen. Wenn Sie Ihr Date später anrufen (wenn Sie das tun), können Sie scherzhaft fragen, ob Sie den Test bei der Anstandsdame bestanden haben. Sie wird ableugnen, dass sie ihre Freundin mitgebracht hat, um Sie abzuchecken. Akzeptieren Sie das, indem Sie sagen: »Selbstverständlich. Das war nur ein Scherz.« Dann vereinbaren Sie das nächste Date.

Bringt sie einen männlichen Freund mit, haben Sie ein ernstes Problem. Warum hat sie einen Wettbewerber mitgebracht? Ist sie so beliebt, dass sie Gruppen-Dates vereinbaren muss? Es könnte sein, dass sie lediglich extrem gedankenlos ist. Es könnte auch sein, dass sie ein Psycho ist. Setzen Sie Ihre Techniken zur Identifikation von Psychos ein und fahren Sie die Intensität der Verführung deutlich zurück. Verabschieden Sie sich nach ca. 20 Minuten – Sie werden ohnehin nicht viel erreichen, wenn der andere Mann dabei ist. Wenn Sie beschließen, sie wieder einmal anzurufen, fragen Sie ebenfalls scherzhaft, ob Sie den Test bei der »Anstandsbegleitung« bestanden haben. Wenn Sie sie noch einmal einladen, bitten Sie sie scherzhaft darum, dass sie diesmal allein kommen möge.

4. Sie ist langweilig oder verschroben, aber Sie wollen trotzdem Sex mit ihr

Gelegentlich werden Sie eine Frau treffen, die nicht ganz normal ist. Sie werden kein intellektuelles Interesse an ihr haben, nur scharf auf ihren Körper sein. In solchen Situationen müssen Sie schnell vorgehen und zusätzliche Risiken eingehen, sodass entweder die Romanze zu einem Ergebnis führt oder sie beleidigt ist und endgültig aus Ihrem Leben verschwindet. Der häufigste Fehler, den Männer in dieser Situation machen, besteht darin, dass sie sich weniger um die Details kümmern, die nötig sind, damit eine Frau sie überhaupt begehrt.

Als Bob beschloss, Maria zügiger zu erobern, weil er sie langweilig fand, versäumte er es, sie beiläufig zu berühren, ihr in die Augen zu sehen, ihr zuzuzwinkern oder sonst irgendetwas zu tun, was ihr das Gefühl gab, besonders geschätzt zu werden: Weil er sie tatsächlich nicht schätzte, schien er zu glauben, dass er sie verführen konnte, ohne ihr seine Wertschätzung zu zeigen. Es versteht sich von selbst, dass Maria vor ihm zurückschreckte, als er auf sie losging, um einen plumpen, unvorbereiteten Kuss zu landen.

Ein Topverführer weiß, dass man in solchen Situationen die Romantik nicht vergessen darf: Man lässt nur alles andere fallen. Es bestehen zwei Möglichkeiten: Sie kann Sie durchaus zurückweisen und sagen, dass sie Sie »zunächst besser kennenlernen« möchte – oder sie hat Sex mit Ihnen. An diesem Punkt können Sie entscheiden, ob Sie sie weiterhin treffen möchten.

5. Sie scheint sich bei Ihren romantischen Fragen unwohl zu fühlen

Manchmal werden Frauen sich winden oder ganz still werden, wenn Sie ihnen den Hof machen, weil sie Sie attraktiv finden, aber Angst haben. Manchmal tun sie aber auch genau dieselben Dinge, weil sie sich abgestoßen fühlen und Angst haben. Das ist schwer zu unterscheiden.

Sie werden die Nuancen im Umgang damit besser verstehen, wenn Sie mehr Erfahrungen mit Verabredungen sammeln. Wir haben bereits gesagt, dass jede Frau zunächst skeptisch reagiert, weil sie Veränderungen jeglicher Art ablehnt. Sie müssen am Ball bleiben und sich weiterhin romantisch geben, bis sie darüber hinwegkommt. Wenn sie sich bei Ihren romantischen Gesprächen äußerst unbehaglich und gar nicht zu Ihnen hingezogen fühlt, werden Sie von selbst zurückschalten. Vielleicht wird sie auch ausdrücklich sagen, dass ihr das unangenehm ist. Wenn sie sich gar nicht auflockert, verabreden Sie sich nicht mehr mit ihr.

6. Sie gehen zu forsch und zu schnell vor

Wenn Sie diese Techniken zum ersten Mal anwenden, sind Sie im Prinzip noch in der Übungsphase. Da Sie unsicher und unerfahren sind, mag Ihr neues Gerüst aus Verhaltensweisen, Gesprächsthemen und Bekleidungsstilen Ihnen unnatürlich und ungewohnt erscheinen. Das bedeutet aber nicht, dass die Frau es ebenfalls als unnatürlich empfindet. Schließlich weiß sie nicht, wie Sie sich normalerweise verhalten.

Sie weiß nicht, dass Sie normalerweise nicht zwinkern, Frauen taxieren oder romantische Gespräche führen. Das wissen nur Sie selbst. Die meiste Zeit werden nur Sie sich dabei merkwürdig vorkommen. Das gewaltige Risiko, das Sie eingehen, wenn Sie sie nach ihrem romantischsten Erlebnis fragen, erscheint ihr nicht als ein Risiko; das ist nur in Ihrem Kopf der Fall. Verwechseln Sie Ihre eigene Unsicherheit nicht mit ihrer.

Vor allem am Anfang kann sie das Gefühl haben, dass Sie zu forsch und schnell vorgehen. Sie treten ihr zu nahe; sie weicht aus, wenn Sie sie berühren wollen. Sie mag sogar fragen: »Ziehen Sie eine Masche ab, um mich zu verführen?« Sagen Sie ihr, dass Sie sie mögen und an ihr interessiert sind und entschuldigen Sie sich (knapp) dafür, dass Sie ihr zu nahegetreten sind. Führen Sie eine Zeit lang eine neutrale Konversation über ihren Job und bringen Sie die Verführung allmählich wieder ins Spiel.

7. Ihre Schönheit macht Sie verlegen

Wenn Sie zum ersten Mal mit einer sehr attraktiven Frau ausgehen, kann es gut sein, dass Ihre Sorge darüber, ob alles glatt läuft, Sie verlegen macht. Schließlich ist sie wunderschön – Sie sollten es möglichst nicht verderben. Sehr wahrscheinlich werden Sie vor lauter Angst in Ihre alten, erfolglosen Verhaltensweisen verfallen. Am Ende haben Sie eine neue wunderschöne »Bekannte«. Verfallen Sie nicht in Ihre alten Verhaltensweisen: Sie werden Ihnen nichts nützen.

Die beste Lösung besteht darin, Dates mit schönen Frauen als Experiment zu betrachten. Als Russ seine erste Verabredung mit Tina, einer Schauspielerin, hatte, war er von ihrer Schönheit hin und weg. Sie war ein echter Hingucker. Sie hatte an Schönheitswettbewerben teilgenommen, bevor sie Schauspielerin wurde. Er bat uns um Hilfe bei der Vorbereitung für das Date. »Ich kann fast nicht mit ihr reden, weil sie so verdammt attraktiv ist«, sagte er. »Was kann ich tun?«

Zunächst empfahlen wir ihm, sein Date als Experiment zu betrachten. Da dies sein erstes Date mit einer wirklich schönen Frau war, war es wahrscheinlich, dass er es verderben würde, zumal er vorher kaum geübt hatte. Wir rieten ihm, sich darüber keine Sorgen zu machen. »Es geht nicht darum, sie ins Bett zu bekommen«, erklärten wir ihm. »Es geht darum, zu sehen, wie weit Sie kommen, ohne es zu verderben, und aus jedem möglichen Fehler möglichst viel zu lernen. Je mehr Sie von dieser schönen Frau lernen, desto weiter werden Sie bei der nächsten kommen.« Wir rieten ihm auch, seinen Körper möglichst wirkungsvoll einzusetzen und Übungen zur Stärkung des Selbstvertrauens zu machen.

Er hielt sich an unsere Ratschläge und betrachtete die Verabredung nicht als eine Aufgabe, bei der er erfolgreich sein musste. Er lernte eine Menge aus seiner Begegnung mit ihr und schaffte es sogar, sie zu küssen, bevor sie ihn zurückwies. Russ war nachher nicht niedergeschlagen, sondern begeistert darüber, dass er so weit gekommen war – und mit der nächsten heißen Frau, der er den Hof machte, hatte er sogar Sex.

8. Sie beleidigt Sie oder Sie haben eine ernste Meinungsverschiedenheit

Manchmal ist die Gesellschaft einer Frau so unerfreulich, dass man sein Ziel überdenkt. Schnell entscheiden Sie sich, dass es mehr Spaß machen würde, ihr die Meinung zu sagen, als mit ihr zu schlafen. Wenn das Ihre Entscheidung ist, dann streiten Sie auf jeden Fall mit ihr. Lassen Sie sich nichts gefallen. Aber täuschen Sie sich nicht: Sie werden niemals Sex mit ihr haben oder sie überzeugen. Aber es ist Ihr Recht, mit ihr zu streiten, wenn Sie Lust dazu haben.

Wenn Sie eine ernste Meinungsverschiedenheit mit ihr haben oder von ihr beleidigt werden, kann es sein, dass Sie trotzdem nicht ganz die Lust verlieren. In diesem Fall müssen Sie Ihre Meinung zurückhalten. Aber denken Sie daran: Wenn Sie sie nicht mögen, müssen Sie nicht mit ihr schlafen. Wenn Sie ständig Frauen ansprechen und ihnen den Hof machen, werden Sie genügend andere zur Auswahl haben. Sie werden einfach experimentieren müssen, um zu entscheiden, wie Sie mit Frauen umgehen können, die Sie beleidigen.

9. Sie versäumen die Kleinigkeiten

Wenn man einer Frau den Hof macht, muss man auf viele Einzelheiten achten, die auf den ersten Blick so geringfügig erscheinen, dass viele Männer glauben, sie könnten es auch ohne sie schaffen. Sie zwinkern oder lächeln nicht und machen ihr keine Komplimente. Sie verzichten auf romantische Gespräche. Diese Männer glauben, sie könnten mit dem geringsten Aufwand wegkommen, und beginnen mit der Kleinarbeit erst, wenn es sich zeigt, dass sich der Aufwand bei einer bestimmten Frau auch lohnt. Das ist schlicht und einfach dumm. Wer die Kleinigkeiten vernachlässigt, wird kein Interesse entfachen. Gehen Sie nicht in diese Falle: Achten Sie auf die Details.

10. Sie will sich bei Ihnen ausheulen, aber nicht mit Ihnen ins Bett gehen

Das ist der Super-GAU – und der kommt manchmal durchaus vor. Reggie mochte Wanda, aber als sie miteinander ausgingen, sagte sie, dass sie über ihre sexuelle Identität verwirrt war. »Ich wünschte, ich würde auf Männer stehen, aber tatsächlich begehre ich nur Frauen«, gestand sie ihm. »Aber ich will heiraten und ein normaler Mensch sein!« Sie blieb das gesamte Schnupper-Date hindurch in dieser Laune und brachte ständig alle romantischen Gespräche auf ihre Probleme zurück. Zuerst dachte Reggie, der Aufwand könnte sich lohnen. Er träumte sofort davon, mit Wanda und einer ihrer sexy Freundinnen ins Bett zu gehen – der Traum eines jeden Mannes. Als er aber fragte, ob sie jemals versucht habe, mit einem Mann und einer Frau gleichzeitig zu schlafen, war sie tief beleidigt und sagte: »Warum sagen Männer das immer?« Wenn Sie eine Frau begehren, die Sie immerzu als Therapeut benutzt, sollten Sie Ihre Verführung intensivieren, um sie entweder ins Bett zu bekommen oder sie loszuwerden. Als Reggie am Ende des Dates versuchte, Wanda zu küssen, wehrte sie ab. Er hat sie nie mehr angerufen.

Denken Sie an Ihr Ziel. Eine Frau, die sich bei Ihnen ausheulen, aber keinen Sex haben will, wird in aller Regel auch weiterhin keinen Sex mit Ihnen haben wollen. Verschwenden Sie nicht Ihre Zeit.

Wie man das Date beendet und den Köder auslegt

Sie verabschieden sich vom Schnupper-Date. Woher wissen Sie, ob Sie ihr einen Kuss geben oder bis zum nächsten Mal warten sollen?

Im Hinblick auf die Verführung ist es besser, sie flüchtig zu küssen, wenn das möglich ist. Wenn Sie sie küssen, muss sie für sich selbst Gründe dafür suchen, dass es richtig war, es zuzulassen. Wenn Sie sie nicht küssen, wird es ihr leichter fallen, in Ihnen nur einen »guten Freund« zu sehen. Wenn sie aber noch nicht bereit ist, besteht das Risiko, dass Ihre ganze Vorarbeit umsonst war: Das ist der Nachteil.

Es bestehen außerdem logistische Probleme. Wenn sie beschließt, noch länger im Café zu bleiben, wird es schwieriger, sie zu küssen. Wenn Sie sie hingegen zu ihrem Auto begleiten, mag die relative Privatsphäre eines Parkhauses für den ersten Kuss günstiger sein. Auch wenn sie Ihren Kuss ablehnt, kann es sein, dass sie einfach noch nicht bereit ist. Ken versuchte, Mindy nach ihrem Schnupper-Date zu küssen, als er neben ihr stand. Er war sich bewusst, dass er recht schnell vorging, und da er nicht sicher war, wie sie reagieren würde, warnte er sie vorher. »Oje«, sagte er, »ich weiß nicht, ob ich widerstehen kann, dich zu küssen.« »Bitte nicht«, sagte sie mit einem Lächeln. »Es ist einfach zu früh. Aber du kannst mich anrufen, wie wäre das?« »Oh, dann darf ich dir also noch länger den Hof machen?«, lachte Ken. »Das mach ich gern. Du bist jede Minute wert.« Sie stieg lachend in ihr Auto und er ging davon. Ein Erfolg – auch wenn er nicht alles bekommen hatte, was er sich vorgenommen hatte. Mindy hatte deutlich gemacht, dass er sich lediglich noch mehr Mühe geben musste, um sie zu haben. Ken hatte nichts dagegen, mehr dafür zu tun, weshalb er glücklich und zuversichtlich nach Hause ging. Wenn Sie für das Verführungs-Date eine klare Vorstellung haben, ist es völlig in Ordnung, sich am Ende des Schnupper-Dates mit ihr zu verabreden und Pläne zu machen. Sagen Sie einfach: »Das war großartig, ich würde dich gern wiedersehen.« Es ist besser, die Entscheidung festzunageln, solange Sie mit ihr zusammen sind. In der heutigen Zeit der Telefonkonferenzen und Ringbuch-Terminkalender kann es viel einfacher sein, das nächste Date gleich vor Ort festzulegen. Es ist auch gut, sich mit ihr zu verabreden, wenn sie direkt vor Ihnen steht und noch die Freude empfindet, die Sie am Date erzeugt haben, als später, wenn sie genügend Zeit hatte, darüber nachzudenken, warum Sie ein Idiot sind. Bleiben Sie unbestimmt – es sei denn, Sie haben bereits eine Strategie für das Verführungs-Date im Kopf. Setzen Sie einen Termin fest und fragen Sie sie nach der günstigsten Zeit zum Anrufen, um die Einzelheiten abzusprechen. Ihre nächste Aufgabe besteht darin, die Strategie für das Verführungs-Date zu entwerfen.

Nach dem Date: Hoffentlich haben Sie ...

- romantische Fragen gestellt, die Sie auswendig gelernt hatten
- romantische Gespräche geführt, die Sie vorbereitet hatten
- ihre Hand berührt
- einmal etwas zu lang in ihre Augen geschaut
- das Date kurz gehalten (maximal 75 Minuten)
- sie beiläufig und unaufdringlich berührt
- Entscheidungen schnell und unkompliziert getroffen
- sie mindestens einmal zum Lächeln und / oder Lachen gebracht
- Ihre Ziele verfolgt
- Ihr romantisches Interesse zum Ausdruck gebracht
- sich gerade in etwas anderes vertieft, als sie gekommen ist
- Informationen über ihre romantischen Bedürfnisse gesammelt
- fünf Komplimente gemacht
- mindestens 40 Sekunden lang Spaß gehabt
- ihren Körper auf die beschriebene Weise taxiert

- siebenmal verführerisches Vokabular gebraucht (Verführung, Schönheit, Verlieben, Romantik etc.)
- interessierte Körpersprache gebraucht
- mindestens einmal geflüstert
- hinterher aufgeschrieben, was romantische Gefühle in ihr weckt

Nach dem Date: Hoffentlich haben Sie vermieden …

(Das sind die neun Date-Killer!)

1. sie wie eine Bekannte / gute Freundin zu behandeln
2. sie zu beleidigen
3. zu jammern
4. über andere Frauen zu klagen
5. sich für andere Frauen zu interessieren
6. ihren Hintern anzufassen
7. auf eine Bestätigung von ihr zu hoffen, dass das Date gut lief
8. aus der Fassung zu geraten, wenn Sie Ihren Text vergessen hatten
9. irgendetwas persönlich zu nehmen, was sie sagte oder tat

Hausaufgaben nach dem Schnupper-Date

Wir empfehlen, dass Sie sich nach dem Schnupper-Date hinsetzen und sich selbst ein paar Fragen stellen. Ob es so lief, wie Sie es sich vorgestellt haben oder nicht – Sie können aus der Erfahrung lernen und in Zukunft ein besserer Verführer werden.

- Ist sie den Aufwand wert, den sie wahrscheinlich verursachen wird? Wie sehr begehren Sie sie? Wie viel Arbeit wollen Sie investieren?
- Was haben Sie darüber herausgefunden, was bei Dates und Beziehungen für sie wichtig ist?
- Konnten Sie bei ihr ein Gefühl der besonderen Verbundenheit erzeugen? Wodurch?
- Gab es etwas, was ein Gefühl der Distanz erzeugt hat? Was war es?
- Was hat sie an Ihnen gemocht?
- Wie empfänglich war sie für romantische und sexuelle Themen?
- Inwiefern war das Date erfolgreich?
- Was haben Sie über Verführung gelernt?
- Was sagt Ihnen Ihre Intuition darüber, wie Sie diese Frau verführen können?
- Wie verrückt ist sie?
- Lebt sie bei ihren Eltern oder unter anderen Umständen, unter denen Sex ein Problem sein könnte?
- Scheint sie sich in der dominanten oder unterwürfigen Position zu bevorzugen?

- Welche Themen sind gut oder schlecht?
- Welche verführerische Konversation hat am besten funktioniert?
- Wie ist das Kosten-Nutzen-Verhältnis?
- Zu welcher der vier Arten von Frauen gehört sie?

Das Schnupper-Date: Mit wehenden Fahnen bestanden!

Bruce hat er das Schnupper-Date mit Wendy mit wehenden Fahnen bestanden. Er war in sein Buch vertieft, als sie erschien; es handelte sich um ein wissenschaftliches Werk mit dem Titel »Der Sex und das Gehirn«. Ihr »Hallo« rief ihn in die Gegenwart zurück; er begrüßte sie: »Wow, hallo. Ich war so in dieses Buch vertieft, dass ich gar nicht gesehen habe, wie Sie hereingekommen sind.« Wendy, eine Intellektuelle, war beeindruckt und interessierte sich für das Buch. Das führte zu einem Gespräch über Sex und darüber, warum Männer und Frauen sich gegenseitig attraktiv finden. Bruce ergriff die Gelegenheit, verführerische Wörter wie »Romantik«, »Attraktivität«, »Beziehungs-Chemie« usw. zu verwenden.

Er nutzte das Gespräch als Eröffnung, um sie nach ihren romantischen Erfahrungen zu fragen. Er erkundigte sich, wie sie diese Erfahrungen empfand. Nachdem sie ihm vom romantischsten Date ihres Lebens erzählt hatte, lachte Wendy und sagte: »Ich habe das Gefühl, ich erzähle Ihnen alles über mich! Jetzt wissen Sie vermutlich alles darüber, wie man mich verführen kann!« »Ja, das ist doch großartig«, antwortete Bruce. Er lehnte sich nach vorn und flüsterte etwas intimer: »Aber glauben Sie mir, ich habe ein paar romantische Überraschungen für eine schöne Frau wie Sie, die Sie noch nicht erlebt haben.« Er lächelte verschwörerisch. Dann lehnte er sich zurück, zwinkerte mit dem Auge und sagte: »Sie werden sehen.« Im Verlauf des Dates traf er schnelle, unkomplizierte Entscheidungen und setzte seinen Körper ein, um ihr gegenüber seine Vitalität und sein Interesse zum Ausdruck zu bringen. Er berührte einige Male Wendys Arm und legte dann seine Hand auf ihre.

Als Wendy einmal nach seinem romantischsten Erlebnis fragte, sagte er: »Wir empfanden eine wunderbare Verbundenheit, wissen Sie, was ich meine?« Dabei streckte er seine Hand aus und berührte flüchtig ihre Wange. Sie wurde rot und das Gespräch lief weiter. Er hielt den Blickkontakt einen Augenblick zu lange, und als er aufstand, um zu gehen, taxierte er einmal kurz ihren Körper.

Durch sein Selbstvertrauen wirkte Bruce auf Wendy anziehend. Sie war überrascht, wie er auf ganz natürliche Weise romantisch wirkte. Ihr war nicht bewusst, dass er ihr kaum eine andere Möglichkeit geboten hatte. Er würde offensichtlich kein bloßer Bekannter bleiben. Bruce hatte auf romantische und geschickte Weise sein Interesse an ihr gezeigt. Sie musste ihn entweder als potenziellen Liebhaber oder als einen aufdringlichen Idioten ansehen. Bruce war das einerlei, denn beide Alternativen brachten ihn näher an sein Ziel. Wenn sie ihn romantisch fand, war es wahrscheinlich, dass sie mit ihm ins Bett gehen würde. Hielt sie ihn für einen aufdringlichen Rüpel, wurde er sie schnell wieder los und konnte sich die Zeit für andere Frauen sparen.

Nach 40 Minuten stand Bruce auf, um zu gehen. »Es war schön, Sie zu sehen«, sagte er. »Sollen wir uns mal wiedersehen?« »Das wäre toll«, entgegnete sie. »Rufen Sie mich doch einmal an!« In diesem Augenblick konnte er entweder sofort ein Date ausmachen und schon jetzt einen Kuss wagen oder sich verabschieden und sie später anrufen. Er hatte Chancen und konnte Entscheidungen treffen; das Date hatte kaum etwas gekostet und nicht sehr lange gedauert. Indem er unsere Anweisungen befolgt hatte, hatte Bruce eine Romanze angebahnt. Mit unseren Anweisungen können Sie das auch.

Das Verführungs-Date

Nach dem erfolgreichen Schnupper-Date wusste Bruce, dass Wendy sich für ihn interessierte. Sie schien es zu bedauern, als er sich beim letzten Date verabschiedet hatte, und während des Gesprächs hatte sie ihn fortwährend angestarrt und angelächelt. Sie hatte auch noch gelächelt, als er ihr zugezwinkert und ihren Körper taxiert hatte. Bruce wusste, dass sie bestimmt in der Nähe des Cafés schon geknutscht hätten, wenn er es darauf angelegt hätte, aber er wollte nicht zu schnell vorgehen. Bruce freute sich darauf, die Romanze beim Verführungs-Date zu intensivieren. Er fand sie attraktiv, intelligent und niedlich. Das Schnupper-Date war erst eine Woche her, aber Bruce wollte schnell handeln. Sein nächster Schritt war ein spannender Nachmittag – ein Date, das liebevolle Erinnerungen hinterlassen sollte: Ein magischer Nachmittag.

Bruce wartete bis Donnerstag, bevor er Wendy anrief. Sie hörte sich am Telefon glücklich an. Nach einigen Minuten lockerer Unterhaltung schlug er ein Date für Samstag vor. »Ich kann es kaum erwarten, dich zu sehen«, sagte sie. »Wir werden ein geheimnisvolles Abenteuer erleben«, warnte Bruce. »Ich liebe geheimnisvolle Abenteuer«, antwortete sie. Bruce bat sie, sich wie eine sexy FBI-Agentin, die auf Verfolgungsjagd ging, anzuziehen. Sie lachte und sagte »In Ordnung.« Voller Vorfreude legte Bruce auf. Er konnte es gar nicht erwarten.

Der Zweck des Verführungs-Dates besteht darin, romantische Stimmung zu kreieren, die schließlich zum Sex führt. Während Sie beim Schnupper-Date mit Gesprächen arbeiten, um Vertrauen zu erzeugen, geschieht das beim Verführungs-Date durch sinnliche Erfahrungen. Beim Verführungs-Date müssen Sie voraussetzen können, dass die Frau Ihr romantisches Interesse wahrgenommen hat und an weiteren Treffen interessiert ist. Beim Schnupper-Date lotet man aus, was für einen Mann sie sucht und was sie romantisch findet. Diese Informationen verwenden Sie beim Verführungs-Date.

Nach vier Schnupper-Dates mit Kathy beschloss Bob, sie zu einem Verführungs-Date einzuladen. Obwohl sie nicht an ihm interessiert schien und sie nie so weit waren, dass er einen Kuss wagen konnte, wollte Bob die nächste Ebene einleiten. Er hatte nicht wahrgenommen, dass sich Kathy bei allen Verabredungen zuerst verabschiedet hatte.

Bei einem Date bat sie ihn, ihr Geld zu leihen, und ließ sich fortwährend in teuren Restaurants zum Essen einladen. An keinem Punkt hatte sie auch nur das geringste Interesse geäußert. Für sie war Bob nur ein Trottel; zu einem Verführungs-Date war sie nicht einmal annähernd bereit. Weder hatte Bob romantische Gefühle bei Kathy geweckt noch ein Gefühl der Vertrautheit geschaffen. Er hatte kaum romantische Fragen gestellt und seine Ausstrahlung war unangenehm. Bob hatte sich nicht als potenzieller Liebhaber angeboten. Er wäre besser dran gewesen, wenn er mit irgendeiner anderen Frau ausgegangen wäre, anstatt Kathy zu einem Date zu drängen.

Bei seinem 30-Minuten-Schnupper-Date verabschiedete sich Bruce, als Wendy mehr von ihm wollte. Sie hatten sich die ganze Zeit über romantische Themen unterhalten. Er kannte ihre Lieblings-Filme (Science Fiction), ihr Lieblings-Essen (chinesisch) und wusste, dass sie Natur und Tiere liebte. Der ideale Sonntagmorgen sah für sie so aus, dass sie mit ihrem Liebhaber aufwachte, der dann für sie Zeitung und Brötchen holte, um danach stundenlang mit ihr im Bett zu kuscheln, Kaffee zu trinken und zu lesen. Er hatte sie häufig berührt und ihre Hand geküsst. Sie verabschiedeten sich lachend und hatten viel Spaß miteinander.

Die acht Bausteine eines erfolgreichen Verführungs-Dates

1. Das Verführungs-Date dauert viele Stunden

Bei einem Schnupper-Date kommt es darauf an, nicht zu viel Zeit mit der Frau zu verbringen, weil ein erhebliches Risiko besteht, dass man etwas Dummes sagt und dadurch alles vermasselt. Der Zweck eines solchen Treffens besteht darin, die Neugier der Frau zu wecken. Beim Verführungs-Date sollten Sie mindestens vier Stunden gemeinsam verbringen: Romantik und sexy Gefühle bauen sich normalerweise über mehrere

Stunden hinweg allmählich auf: Es handelt sich um eine laufende Serie von Erfolgen, die aufeinander aufbauen. Das Verführungs-Date dauert u. a. auch deshalb länger, weil Frauen es genießen, dass man ihnen den Hof macht. Für sie ist es wie ein Katz-und-Maus-Spiel: Die Frau spielt die Rolle der Katze, der Mann ist die Maus. Die Frau sitzt am längeren Hebel: Der Mann muss sich abmühen, um sie zu beeindrucken. Bei diesem Spiel, das man viele Stunden lang spielen muss, müssen Sie Ihre Geduld unter Beweis stellen. Das Verführungs-Date dauert aber auch deshalb länger, weil Sie dadurch der Frau eine Rechtfertigung geben, mit Ihnen zu schlafen. Die meisten Frauen haben ein schlechtes Gefühl, wenn sie einen Mann in einer Bar kennenlernen und dann mit zu ihm nach Hause gehen. Oft bereuen sie die Erfahrung und meiden anschließend diesen Mann. Wenn man viele Stunden mit ihnen verbringt, können sie eine sexuelle Erfahrung eher rechtfertigen.

Jim führte Sandy zu einem Verführungs-Date aus. Es war ein verschneiter Wintertag. Beim Schnupper-Date hatte er erfahren, dass sie beide Wintersport, vor allem das Skifahren, liebten. Er war seit 15 Jahren ein begeisterter Skifahrer – und sie liebte es ebenfalls, auf der Piste zu sein. Aufgrund ihrer gemeinsamen Interessen organisierte Jim für sie beide einen Tagesausflug. Er fand ein abgelegenes Gebiet, das nur wenige Menschen besuchten. Es war sehr abgelegen – nur die eingefleischtesten Skifahrer kannten es. Obwohl es nicht so viel zu bieten hatte wie die populären Wintersportgebiete war es seiner Meinung nach für einen romantischen Ausflug besser geeignet. Sie reisten am Sonntag um 13 Uhr an. Es war ein perfekter Tag für einen Ausflug; es waren kaum andere Leute auf der Piste. Jim flirtete den ganzen Tag mit Sandy. In einer Pause hielten sie sich an den Händen, unterhielten sich und lachten. Es gab ihnen nicht nur die Gelegenheit, ein paar Stunden lang aus dem Alltag auszubrechen, sondern bescherte Jim auch Stunden, um zu flirten und ihr Vertrauen zu gewinnen. Später in derselben Nacht, nach einem wunderbaren Abendessen, gingen sie in ihre Wohnung, saßen auf der Couch, sahen Filme und küssten sich stundenlang. Sie machten alles bis auf Sex. Das Date endete perfekt.

2. Beim Verführungs-Date steht die Frau im Mittelpunkt

Beim Schnupper-Date kommt es darauf an, die Beziehung zu vertiefen: Sie verwandelt sich aus einer Bekanntschaft in eine potenzielle Partnerschaft. Die Verabredung weckt romantische Gefühle, der Frau gibt es das Gefühl, im Mittelpunkt zu stehen und geachtet zu werden. Das Schnupper-Date hat ihr vermittelt, dass Sie vertrauenswürdig sind. Das jetzige Treffen entscheidet darüber, ob Sie als potenzieller Liebhaber infrage kommen oder nicht.

Die meisten Männer würden mit einer Frau auch schlafen, wenn sie als potenzielle Geliebte nicht infrage käme. Frauen suchen hingegen nach einem möglichen Partner. Alleinstehende Frauen über 30 konzentrieren sich meist auf Männer, die als »ehetauglich« einstufen. Ihre Aufgabe besteht darin, sich als die Art von Mann zu präsentieren, der ihren Bedürfnissen entspricht, egal, welche das sind. Wenn Sie mehrere Stunden gemeinsam verbringen, können Sie sich eher als der Partner verkaufen, den sie schon immer gesucht hat. Sie verbringen nicht nur einen schönen Tag mit ihr, sondern machen ihr den Hof auf eine Weise, die ihr gefällt.

Eine Frau – das gilt für jede Frau – will im Mittelpunkt der Aufmerksamkeit stehen. Ihre Aufgabe besteht darin, ihr dieses Gefühl zu geben. Ihr Traummann muss würdigen können, was ihr wichtig ist: Den Stil ihrer Kleidung, die Themen, über die sie gerne redet, die Interessen, die sie hat, und vieles andere mehr. Wenn Sie als potenzieller Liebhaber in Augenschein genommen werden möchten, können Sie Ihre Chancen verbessern, indem Sie sich ebenfalls für diese Dinge interessieren. Der ideale Partner wird einer Frau sehr wahrscheinlich lange den Rücken massieren, sie eng umarmen, bei Dates die Rechnungen bezahlen und sanfte Küsse im Mondlicht lieben. Wenn es das ist, was eine Frau will, tun Sie es. Wahrscheinlich werden Sie erleben, dass es Ihnen ebenfalls gefällt. Verführungs-Dates funktionieren am besten, wenn man sich vornimmt, die Wünsche einer Frau zu erfüllen, anstatt von ihr zu erwarten, dass sie die Wünsche des Verehrers erfüllt.

Um die Frau in den Mittelpunkt zu stellen, können Sie das Treffen wie eine Feier zu ihren Ehren gestalten. Das bedeutet, dass Sie Dinge tun, die sie gerne tun würde. Als Faustregel gilt: Konzentrieren Sie sich während des gesamten Dates auf sie und ihre Bedürfnisse, um ihr das Gefühl zu geben, dass sie im Mittelpunkt der Aufmerksamkeit steht. Versuchen Sie aber auch, selbst Spaß dabei zu haben. Halten Sie sich daran, wenn Sie das Date planen, durchführen und auswerten. Weiter hinten in diesem Kapitel erläutern wir die besonderen Techniken, die man einsetzen kann, um ihr die gebührende Aufmerksamkeit zu schenken und sie dahinschmelzen zu lassen.

Wenn eine Frau das Gefühl hat, dass Sie nur an Sex interessiert sind, wird sie wahrscheinlich nicht mit Ihnen schlafen. Auch wenn sie der Typ für gelegentliche One-Night-Stands ist, wird sie erwarten, dass Sie irgendetwas an ihrer Persönlichkeit schätzen. Sie will mehr sein als nur eine Frau, mit der man Sex haben will. Das erreichen Sie am besten dadurch, wenn Sie sich in sie hineinversetzen und sich vorstellen, was sie an Ihrer Stelle unternehmen würde und wie sie behandelt werden will. Wahrscheinlich werden Sie den Nagel nicht ganz auf den Kopf treffen, aber es gibt immerhin gute Anhaltspunkte für Ihr Verhalten.

Wenn Sie charmant sind, fühlen Frauen sich geschätzt. Charme basiert auf Respekt. Man muss ihre Vorlieben und Abneigungen respektieren. Auch wenn Sie sich selbst nicht für einen einfühlsamen Menschen halten, ist es wichtig, während eines Dates ihre Wünsche und Grenzen zu respektieren. Andernfalls verderben Sie Ihre Chancen.

Romantische Geschenke – richtig überreicht

Frauen lieben Geschenke – wer tut das nicht? Die gute Seite an kleinen Mitbringseln ist, dass man mit wenig Geld ihr Herz zum Schmelzen bringen kann. Wir empfehlen Ihnen, diese Technik bei einem Verführungs-Date einzusetzen, um das Gefühl der Romantik und der Zusammengehörigkeit zu verstärken. Kleine Geschenke erfüllen die unterschiedlichsten Zwecke. Zum einen kann der Überraschungseffekt eingesetzt werden, um ihre Aufmerksamkeit zu gewinnen. Indem Sie ihr etwas geben, was sie nicht erwartet, zeigen Sie, dass Sie an ihr interessiert sind und zuvor an sie gedacht haben. Zum anderen macht es deutlich, dass Sie generös sind. Schließlich gibt es der Frau das Gefühl, umsorgt zu werden. Kleine Mitbringsel geben ihr etwas Greifbares mit, das sie nach dem Date an den Mann erinnert. Wenn ihr das Geschenk gefällt, wird sie es wahrscheinlich noch lange nach dem Date ansehen oder benutzen. Auch etwas Albernes kann sie daran erinnern, wie schön und verrückt das Treffen war. Durch das Geschenk verbindet sie mehr romantische und angenehme Gefühle mit Ihnen, auch wenn Sie nicht in der Nähe sind. So wichtig wie das Geschenk selbst ist seine Verpackung. Das ist entscheidend. Das Auspacken ist ein aufregendes Ritual für sie, und Sie werden es genießen, ihr dabei zuzusehen. Wenn das Geschenk nicht viel kostet (und das sollte es auch nicht), macht das Geschenkpapier es zehnmal einmaliger, als wenn es nicht eingepackt wäre. Vergessen Sie nicht: Sie soll die Erfahrung genießen. Das Auspacken eines Geschenks ist eine Erfahrung, an die sie sich noch lange erinnern wird.

Die fünf Regeln fürs Schenken

1. Das Geschenk muss schön verpackt sein.
2. Es muss geschmackvoll sein (keine vibrierende Riesenhand oder Spielkarten mit nackten Frauen).
3. Es darf nicht viel kosten.
4. Es muss entweder (für sie) lustig oder romantisch sein.
5. Es muss für sie unerwartet überreicht werden. Die Frau soll nicht bei jedem Date Geschenke erwarten oder verlangen.

Beispiele für preiswerte Geschenke, die Frauen lieben:

- Plüschtiere
- Schokolade
- süße Karten
- lustige Kugelschreiber
- ein Erinnerungsstück, das man während des Treffens kauft
- eine CD mit romantischer Musik
- ein lustiges Spielzeug
- Badeseife
- Lebensmittel
- Massageöl
- eine verrückte Mütze
- eine Muschel aus dem Meer
- ein Buch

3. Das Verführungs-Date findet an einem außergewöhnlichen Ort statt

Bei einem Verführungs-Date sollten Sie Ihre Angebetete aus ihrer gewohnten Umgebung reißen. Vergessen Sie nicht: Sie wollen ein unvergleichliches Erlebnis schaffen. Eine Möglichkeit besteht darin, aus der Routine auszubrechen und Orte zu besuchen, an denen Sie vorher noch nicht waren - andere Umgebungen, Gerüche, Sehenswürdigkeiten ... Auf diese Weise gestalten Sie ein aufregendes, einprägsames und abenteuerliches Erlebnis.

Das Treffen kann in einem Museum stattfinden, in einem Einkaufszentrum am anderen Ende der Stadt, auf einer Sportveranstaltung (falls sie erwähnt hat, dass sie Sport mag), bei einem Konzert, in einem besonderen Restaurant oder an irgendeinem anderen Platz, den sie lieben könnte. Die einzige Einschränkung ist, nicht an Orte zu gehen, die sie in ihrem Alltag besucht. Wenn sie also jede Woche ins Museum geht, um ägyptische Kunstgegenstände zu studieren, gehen Sie nicht dorthin. Wenn hingegen in der Nähe eine Helium-Ballon-Show oder eine Kunstausstellung stattfindet, für die sie sich interessiert, ist das ideal. Diese Ereignisse sind ihr neu und werden eher eine Attraktion sein.

Jason zerbrach sich stundenlang den Kopf darüber, wohin er mit Sara gehen sollte. Mit 40 Jahren hielt er sich für erfolgreich und attraktiv, aber sehr schüchtern. Er wollte mit Sara ausgehen, einer Frau, die er in einem Café in der Nachbarschaft kennengelernt hatte, das sie beide regelmäßig besuchten. Jason hatte einige Wochen lang mit ihr geflirtet und nach und nach vieles über ihr Leben erfahren. Nach fast einem Monat brachte er schließlich den Mut auf, sie zu einem Kaffee einzuladen. Da er eines unserer Seminare besucht hatte, wusste er, dass er sich in einem anderen Café mit ihr treffen musste als dem, in dem sie sich kennengelernt hatten.

Nach dem Schnupper-Date fühlte er sich bereit, sie zu erobern. Obwohl er seit zehn Jahren in New York wohnte, erschien ihm jeder Platz, der ihm einfiel, albern. Er zermarterte sich den Kopf, was ihr gefallen könnte. Schließlich beschloss er, mit ihr zur Freiheitsstatue zu gehen. Die Überlegung war, dass eine Bootsfahrt romantisch wäre, und er wusste, dass sie immer schon einmal dorthin gehen wollte. Sara hatte es vor einem Monat erwähnt, als er gerade begonnen hatte, mit ihr zu flirten und etwas über ihr Leben zu erfahren.

Das Date wurde wunderbar. Die Bootsfahrt machte ihnen Spaß und die Führung durch die Statue war interessanter, als er gedacht hätte. Später gingen sie in Stadtvierteln spazieren, die sie gerne besuchen wollte. Sie besichtigten Kirchen und andere interessante Gebäude. Jason und Sara gingen spazieren, hielten sich an den Händen und kehrten gelegentlich ein, um etwas zu trinken oder sich auszuruhen. Am Ende des Tages begleitete er sie zu ihrem Haus, wo sie sich leidenschaftlich küssten. Es war das erste von vielen gemeinsamen Unternehmungen.

Ein Grund für den Erfolg war, dass er sie an einen Ort ausgeführt hatte, den sie besuchen wollte. Darüber hinaus führte sie das Date aus ihrer normalen Routine in unbekanntes Territorium. Schließlich waren sie viele Stunden zusammen, wodurch ein Gefühl der Verbundenheit entstand. Im Café konnten sie mit anderen Leuten reden oder sich in ihre Bücher und Zeitungen zurückziehen. Auf der Bootsfahrt und beim Spaziergang mussten sie zusammenbleiben. Sie konnten entweder die gemeinsame Fahrt genießen oder leiden. Sie ließen sich aufeinander ein, was die Verführung ein Stück weit voranbrachte.

4. Das Verführungs-Date hält ein Überraschungsmoment bereit

Als wir Frauen danach fragten, wo ihr romantischstes Date stattgefunden hatte, antworteten die meisten, dass der Ort weniger wichtig war als der Ablauf des Treffens. Romantisch wurde das Treffen, weil der Mann sich um alle Details gekümmert und die Frau in eine andere Welt versetzt hatte. Überraschungen sind ein wundervolles Mittel, um solche Gefühle bei Frauen zu erzeugen.

Seit unserer Kindheit lieben wir Überraschungen. Warum lieben Kinder zum Beispiel Horrorfilme? Warum lieben sie Achterbahnen und Verstecken? Das Element der Überraschung verwandelt ein alltägliches Ereignis in eine Attraktion. Es verwandelt das Gewöhnliche in etwas Außergewöhnliches. Die Vorbereitung einer schönen Überraschung für eine

Frau hebt auch Ihre verspielten Seiten hervor, was immer eine gute Idee ist. Die meisten Frauen wollen einen Mann, der gleichzeitig einfühlsam und stürmisch, witzig und verspielt und ein wenig unberechenbar ist. Wenn das Date voller Überraschungen steckt, sind Sie unberechenbar und aufregend; es ist dann schwierig, keinen Spaß zu haben. Wir empfehlen dringend, bei einem Verführungs-Date mit Überraschungen zu experimentieren, und es auch in einer festen Beziehung zu pflegen. Es hält die Beziehung interessant und frisch.

Ein Teil der Magie des Verführungs-Dates besteht darin, so erzählten uns Frauen, dass man Dinge tut, die man normalerweise nicht macht. »Ich will aus meiner gewohnten Umgebung herausgeführt werden«, sagte eine Frau. »Ich will, dass ein Mann mich an einen Ort bringt, an den ich alleine oder mit meinen Freundinnen normalerweise nicht gehen würde. Auch wenn es nur ein ausgeflippter Coffee-Shop am anderen Ende der Stadt oder eine Ballett-Veranstaltung ist – es beeindruckt mich, wenn ein Mann mir zeigt, dass er meinetwegen keine Mühe scheut.« Frauen sind verrückt nach Geheimnissen, Überraschungen und Magie.

Als Bruce mit Wendy ausging und sie bat, sich wie eine FBI-Agentin anzuziehen, war sie sofort Feuer und Flamme. Obwohl es ihr merkwürdig erschien, war sie total fasziniert. Tatsächlich konnte sie es gar nicht erwarten, zu sehen, welchen Plan er für sie ausgeheckt hatte. Zu einem aufregenden Abenteuer eingeladen zu werden, gab ihr das Gefühl, auserwählt zu sein und besonderes geschätzt zu werden. Es versprach auch eine Menge Spaß. Wendy freute sich darauf, mit Bruce zu flirten, während sie zugleich die sexy Agentin spielte. Ihre Reaktion entsprach exakt Bruces Vorstellungen.

5. Sie bezahlen für das Date

Manche Männer sind weniger geschickt. Bob ist nicht nur ein tollpatschiger Idiot, sondern auch noch geizig. Er gibt nicht gerne Geld aus – weder für sich selbst noch für eine Frau noch für irgendjemanden sonst. »Ich will mein Geld nicht hinauswerfen, wenn es nachher keinen Sex gibt«, sagt er. »Warum sollte ich mein schwer verdientes Geld für eine Frau ausgeben?« Ein Grund, weshalb Bob bei Frauen so schlecht ankommt, ist, dass er nicht bereit ist, sich für sie einzusetzen. Er erwartet, dass sie sich ihm an den Hals werfen und ihn um Sex anbetteln, obwohl er nicht bereit ist, auch nur einen Finger für sie zu krümmen. Es geht nicht darum, eine Menge Geld für eine Frau auszugeben. Das wäre in der Tat dumm und naiv. Aber Sie müssen schon bereit sein, sich zu einem gewissen Maß um sie zu kümmern. Bei einem Verführungs-Date geht es darum, einer Frau Unterhaltung und Spannung, Romantik und Aufmerksamkeit zu bieten. Dazu gehört auch, dass man Geld dafür ausgibt.

Indem er es ablehnt, 20 Euro für einen Kinobesuch auszugeben, schießt sich Bob selbst ins Knie und ruiniert seine eigenen Erfolgschancen. Weil er übertrieben paranoid und geizig ist, verdirbt er Frauen die Lust. Viele Männer gehen in diese Falle. Wenn man eine Frau einlädt, demonstriert man, dass man sich etwas leisten kann. Man zeigt, dass man bereit ist, den eigenen Beitrag zu leisten. Die meisten Frauen erwarten, dass man sie einlädt, und sie haben einen schlechten Eindruck, wenn man es nicht tut. Sie dürfen gerne den ganzen Tag darüber diskutieren, ob das fair ist. Sie können bis zum jüngsten Gericht Recht haben. Es interessiert uns aber nicht. Alle Frauen, die wir befragt haben, haben angegeben, dass sie das erwarten: Darauf läuft es hinaus. Immer. So ist das nun mal.

Wenn Sie wenig Geld haben, ist das kein Grund zur Sorge. Es geht nicht darum, große Mengen auszugeben. Eine unvergessliche Erfahrung für sie zugestalten und die Verantwortung für die Organisation der Verabredung zu übernehmen ist wichtiger, als Geld auszugeben. Ein schönes, unvergessliches und kostenloses Date kann darin bestehen, dass man eine Frau in ein kostenloses Museum ausführt und dann mit ihr an einem See spazieren geht. Wenn man sie schon besser kennt, kann man Filme ausleihen und ihr ein wunderbares Essen kochen. Eine weitere Möglichkeit ist ein Besuch einer benachbarten Stadt. Das alles sind günstige Möglichkeiten. Entscheidend ist, dass Sie der Frau Erlebnisse bieten und die Verantwortung für das Date übernehmen, anstatt bis zum Sankt-Nimmerleins-Tag zu erwarten, dass sie das tut.

Murray wusste ziemlich viel über Pflanzen und studierte an der Uni Gartenbau. Er hatte über Waldökologie geforscht und konnte fast jeden Baum, jeden Strauch und jedes Gewächs im nahe gelegenen Botanischen

Garten identifizieren. Er beschloss, Beth zu einer Besichtigung des Gartens einzuladen. In einer der ersten Gespräche hatte sie erwähnt, dass sie exotische Vögel, Pflanzen und Bäume liebte. Für Murray war der Botanische Garten ein idealer Ort, um spazieren zu gehen und ein Gefühl der Verbundenheit zu schaffen. Von da aus wollte er sie in ein Lokal ausführen und danach eine Schokoladenfabrik besichtigen. Das ganze Date würde nach seiner Schätzung rund 20 Euro kosten. Das würde ihm die Gelegenheit geben, an einem romantischen Ort mit ihr zusammen zu sein und das Treffen für sie unvergesslich zu machen.

Jürgen ist ein Date-Meister. Er hat immer eine ganze Reihe von Frauen, die mit ihm ausgehen wollen. Er begegnet ihnen überall, wo er hingeht. Im Lauf der Jahre hat er eine lange Liste von Regeln entwickelt, die er strikt einhält. Eine davon ist die »50-Euro-Regel«: Er gibt bei einem Verführungs-Date niemals mehr als 50 Euro aus. Er entscheidet einfach im Voraus über das Maximum, das er ausgeben will, und investiert niemals mehr. Diese Regel hat sich sehr bewährt: Er ist hinterher niemals pleite oder frustriert.

Wir empfehlen Ihnen, sich an Jürgen ein Beispiel zu nehmen und dasselbe zu tun. Legen Sie vorher schon eine bestimmte Summe auf die Seite und gestalten Sie ein Date, das diese Summe nicht überschreitet. Spieler, die im Voraus entscheiden, wie viel sie verspielen wollen und dieses Limit nicht überschreiten, verlassen die Spielhallen in glücklicher Stimmung. Sie leben im Rahmen ihrer Möglichkeiten und schaden sich nicht selbst dadurch, dass sie (zum Beispiel beim Black Jack) das Glück herausfordern. Dasselbe gilt für Verführungs-Dates. Wenn man keinen Erfolg hat und keine Verbindung herstellen kann, darf man nicht versuchen, etwas zu erzwingen. Wenn ein Date schon schlecht anfängt, sollten Sie nicht in die Falle gehen, dass Sie noch mehr Geld ausgeben, um es zu retten. Das geschieht aus Verzweiflung und führt zu nichts. Wenn man noch mehr Geld ausgibt, kann man nichts retten. Wahrscheinlich fühlen Sie sich nachher noch schlechter und sind Ihrem Ziel nicht näher gekommen.

Obwohl man für Verführungs-Dates bezahlen sollte, darf man der Versuchung erliegen zu glauben, dass das die romantische Stimmung ersetzt. Geld ist niemals ein Ersatz für die übrige Arbeit, die erforderlich ist. Sie müssen die Frau trotzdem berühren und verzaubern; Sie müssen Verbundenheit schaffen und vieles mehr. Wenn Sie eine Frau in ein sehr teures Restaurant ausführen, mag sie beeindruckt sein, aber wenn Sie keine romantische Stimmung erzeugen, wird sie Sie nur als einen Idioten ansehen, den sie dazu bringen kann, ihr Dinge zu kaufen. Es muss ein Gleichgewicht bestehen; die Arbeit beim Date muss die Bezahlung ergänzen.

6. Das Verführungs-Date eignet sich nicht für Small Talk

Wie schon das Schnupper-Date ist auch das Verführungs-Date keine Gelegenheit für Small Talk. Natürlich wollen Sie auch Spaß haben, aber Sie dürfen nicht vergessen, dass Sie eine Aufgabe erfüllen müssen. Konzentrieren Sie sich auf das Ziel, eine sexuelle Spannung zu erzeugen. Den Spaß, sie aufzulösen, können Sie sich später gönnen. Die zweite Aufgabe besteht darin, romantische Gefühle zu erzeugen. Als Faustregel gilt: Setzen Sie für jede Interaktion mit Ihrer Date-Partnerin ein klares Ziel. Wenn Sie von Ihrer Linie abweichen, kehren Sie wieder zu ihr zurück. Wenn Sie Ihre Ziele vergessen, werden Sie diese kaum erfüllen.

7. Verführungs-Dates haben einen flexiblen Zeitplan

Schnupper-Dates haben ein klares Format. Sie sind kurz – in der Regel 40–75 Minuten. Das Ziel besteht darin, die Vorlieben und Abneigungen der Frau kennenzulernen. Verführungs-Dates haben einen völlig anderen Rahmen. Obwohl man zielstrebig vorgehen muss, ist das Tempo langsamer und weniger intensiv. Bei diesem Treffen ist Sex das Ziel, aber viele Wege führen dahin. Der einfachste besteht darin, dass man darauf verzichtet, den Plan perfekt umzusetzen, aber gleichzeitig das Ziel im Auge behält. Ist das verwirrend? Wahrscheinlich schon: Wir geben Ihnen gleichzeitig zwei widersprechende Anweisungen.

Den meisten Männern fällt es schwer, die Dinge »auf sich zukommen« zu lassen. Sie würden lieber schon im Voraus wissen, wie jeder Augenblick ablaufen wird. Sie werden unruhig, wenn die Dinge nicht so laufen wie geplant. Ihre Erfolgschancen werden stark vergrößert, wenn Sie Zwiespältigkeit und Unsicherheit akzeptieren können und trotzdem die anderen Prinzipien befolgen. Andernfalls werden Sie sich in einen Kontrollfreak verwandeln. Nach einigen Verführungs-Dates werden Sie diese Faustregel besser verstehen.

Als Peter Sabine zur Eröffnung einer Kunstsausstellung ausführte, hatte er nicht erwartet, dass der Künstler sie zu einer privaten Darbietung in sein Hotelzimmer einladen würde. Obwohl er etwas besorgt war, dass der Künstler sich an Sabine heranmachen würde, ging er trotzdem hin. Schließlich unterhielten sie sich mit dem Künstler, tranken Wein und lernten ihn kennen. Danach brachte Peter sie nach Hause, wo sie schließlich Sex miteinander hatten. Da er bereit war, seine Pläne zu ändern, und trotzdem das Ziel im Auge behielt, konnte er ihr ein ganz besonderes Erlebnis bereiten und hatte am Ende Erfolg damit.

Die meisten Menschen hetzen durchs Leben und nehmen sich nicht die Zeit, sich zu entspannen und das Hier und Jetzt zu genießen. Wenn Sie es zulassen, dass das Date seinen eigenen Rhythmus entwickelt, schaffen Sie einen entspannten Rahmen, was sehr hilfreich ist. Das bedeutet keineswegs, dass man das Date nicht penibel genau plant und nicht eine Fülle von Möglichkeiten bereithält. Man muss einen genau strukturierten Ausflug vorbereiten, der sich flexibel anpassen lässt.

Vergessen Sie außerdem nicht: Keine Frau will mit einem Mann zusammen sein, der ständig auf die sexuelle Schiene drängt. Wenn Sie drängeln, wird eine Frau Sie nicht respektieren und Sie ganz sicher nicht als potenziellen Liebhaber einstufen. Männer, die bei Frauen erfolglos sind, sind nicht in der Lage, taktvoll zu sein. Wenn man sich entspannt und es dem Date erlaubt, sich zu entwickeln, kann man sich dem Tempo der Partnerin anpassen und trotzdem das Ziel im Auge behalten. Sie wird das respektieren und eher für Sex offen sein.

8. Beim Verführungs-Date muss der Erfolg eingeplant werden

Wenn man ein Date plant, muss man davon ausgehen, dass es auch zu Sex kommen wird. Darauf sollten Sie vorbereitet sein. Stellen Sie sich mental, körperlich, praktisch und emotional darauf ein und richten Sie die Umgebung für eine mögliche sexuelle Erfahrung passend her. Vor allem muss das Date an einem Ort enden, an dem man es tun kann. Calvin, ein erfolgreicher Student, erzählte, dass eines seiner ersten Verführungs-Dates fehlschlug, weil er nicht umsichtig geplant hatte. Das Treffen verlief gut; er begleitete eine entzückende junge Frau nach Hause. So weit, so gut, dachte er. Sie begannen, sich auf ihrer Couch leidenschaftlich zu küssen. Nach einiger Zeit machten sie im Schlafzimmer weiter. Calvin zog ihr Top aus und spielte mit ihren Brüsten. Sie küssten sich noch mehr. Schließlich zog sie ihm seine Hosen und Unterhosen aus. Sie machten weiter; sie zog Bluse und Büstenhalter aus. Calvin war im siebten Himmel. Nach einer weiteren halben Stunde Vorspiel bettelte sie ihn um einen Beischlaf an.

Exakt in diesem Augenblick wurde Calvin klar, dass er keine Kondome dabei hatte. »Ich fühlte mich wie ein totaler Idiot«, erinnert er sich. »Ich hatte keine Ahnung, dass sich die Dinge so weit entwickeln würden. Hätte ich es gewusst, hätte ich es geplant. Ich könnte mir immer noch selbst in den Hintern treten, wenn ich an meinen Patzer denke.« Calvins mangelhafte Vorbereitung kostete ihn eine wunderbare Nacht und den Respekt einer Frau.

Die meisten Männer sind so daran gewöhnt, bei Frauen zu versagen, dass sie immer das Schlimmste erwarten. Nach vielen Zurückweisungen erwarten sie, dass sie sowieso durchfallen. Sie rechnen nicht mit einem Erfolg und sind darauf nicht vorbereitet. Wie Calvin bringen sie keine Kondome zum Date mit, weil sie gar nicht damit rechnen, dass sie überhaupt einen Treffer landen könnten. Sie machen sich nicht die Mühe, das Schlafzimmer zu reinigen, weil sie nicht davon ausgehen, dass die Frau mit in ihre Wohnung kommen wird. Sie ziehen sich nicht gut an, weil sie glauben, dass die Frau sie sowieso nicht mögen wird. Und so weiter und so fort.

Wenn Sie auf negativen Überzeugungen und einer pessimistischen Einstellung beharren, haben Sie unserer Erfahrung nach nichts anderes zu erwarten als schlechte Resultate und lauwarme bis kalte Reaktionen von Frauen. Wir empfehlen, dass Sie von jetzt ab in Zukunft bei jedem Date den Erfolg einplanen. Sie müssen unbedingt darauf vorbereitet sein, dass die Dinge in Ihrem Sinn ablaufen. Wenn Sie unvorbereitet sind, bleiben Sie ein Trottel und sind selbst an Ihrem Schicksal schuld.

Das A und O der Vorbereitung

Wir betonen immer, wie wichtig es ist, sich auf ein Date vorzubereiten; das sollten Sie inzwischen bemerkt haben. Schließlich macht die Planung 90 Prozent der Arbeit aus. Stellen Sie sich vor, wie viel Vorarbeit ein Drehtermin für einen Film erfordert. Die Designer sind Wochen vor den Schauspielern am Drehort. Sie verbringen Wochen damit, im freien Gelände Gebäude aufzubauen, Parkplätze in Getreidefeldern anzulegen und Scheunen in Saloons zu verwandeln, damit alles genau dem Drehbuch entspricht. Wenn alle Vorbereitungen getroffen sind, kommen die Schauspieler vorbei und drehen die Szenen. Das Filmen dauert in der Regel weniger als einen Monat. Die Bühnenbildner sind vor, während und nach dem Drehtermin da, um sicherzustellen, dass alles planmäßig abläuft.

Erfolgreiche Dates laufen weitgehend genauso ab. Sie erfordern stundenlange Vorarbeiten, um das Bühnenbild vorzubereiten. Man ist ständig gefordert. Die Anforderungen sind hoch. Aber die harte Arbeit zahlt sich aus, wenn die Schauspieler (Sie und Ihre Partnerin) scheinbar Magie aus der Luft zaubern. Dies sind die Richtlinien, die Sie vor dem Date erfüllen müssen:

Schätzen Sie ab, wie anziehend Sie sich finden

Sie haben gelesen, wie gründlich Bruce Wendy auf das Verführungs-Date vorbereitet hat. Zunächst weckte er ein leichtes Interesse, dann gewann er ihre Zuneigung und schließlich freute sie sich auf das nächste Treffen. Bob hatte sein Date hingegen gar nicht vorbereitet. Tatsächlich schien sie sich gar nicht für ihn zu interessieren. Sie schien die Verabredungen nur aus Höflichkeit anzunehmen und nutzte die Gelegenheit, sich zum Essen einladen zu lassen. Wenn Bruce und Bob auf Frauen unterschiedlich attraktiv wirken, verdeutlicht das, dass sie in völlig unterschiedlichen Phasen der Eroberung stecken. Wenn Sie sich selbst gegenüber offen eingestehen, wie anziehend Sie tatsächlich wirken, können Sie ein maßgeschneidertes Date organisieren, das gut wirkt.

Hier ein kurzes Quiz. Anhand der Antworten können Sie bestimmen, wie sehr eine Frau sich für Sie interessiert. Wenn Sie auf drei oder mehr von diesen Fragen mit ja antworten, kann es gut sein, dass sie ziemlich interessiert ist. Wenn Sie drei oder mehr mit nein beantworten, besteht kaum ein Draht zwischen Ihnen, sodass Sie erst ein Gefühl der Verbundenheit aufbauen müssen.

- Hat sie einen interessierten Eindruck gemacht, als Sie romantische Fragen stellten?
- Schien sie sich über den Vorschlag eines weiteren Dates zu freuen oder war sie nur höflich?
- Schien sie bereit zu sein, ihren Terminplan zu ändern, um Sie zu treffen?
- Schien sie sich über beiläufige Berührungen zu freuen oder hat sie versucht auszuweichen?
- Hat Sie Ihnen wegen Ihres Aussehens oder Ihres Verhaltens Komplimente gemacht?
- Hat sie Diskussionen über sexuelle Dinge begrüßt?
- Hat sie erwähnt, dass sie mit ihren Freundinnen über Sie geredet hat?

Wenn Sie realistisch einschätzen, wie attraktiv Sie gegenwärtig auf sie wirken, können Sie sich auf das Date gründlich vorbereiten. Sie müssen aber damit rechnen, dass Sie in eine von zwei Fallen treten. Erstens können Sie sich einreden, dass sie Sie ebenfalls attraktiv findet, weil Sie selbst sie so anziehend finden. Vergessen Sie nicht, Sie wollen ermitteln, wie attraktiv Sie sich gegenseitig finden, was wahrscheinlich eher von ihr als von Ihnen abhängt. Zweitens kann es sein, dass Ihre Angst für Sie entscheidet: So kommen Sie zu dem Ergebnis, dass die

Frau Sie keinesfalls attraktiv finden kann. Auch das ist unrealistisch. Betrachten Sie die Situation, als wenn Sie ein Outsider wären, der eine keimende Beziehung beurteilt, und treffen Sie Ihre Einschätzung aus dieser Perspektive.

Schaffen Sie ein sexuelles Ziel für das Date

Nun, da Sie eingeschätzt haben, wie attraktiv Sie sich gegenseitig finden, ist es einfacher, ein sexuelles Ziel für das Date festzulegen. Vergessen Sie nicht: Der Definition nach zielen alle Verführungs-Dates darauf ab, die Bahn für Sex frei zu machen.

Setzen Sie sich realistische Ziele. Es ist völlig in Ordnung, eine neue Ebene anzustreben und sich darum zu bemühen, die Grenzen des aktuellen Zustands zu übersteigen. Aber das Ziel muss erreichbar und realistisch sein. Viele Männer suchen Ziele, mit denen sie überfordert sind, weil sie außerhalb der Reichweite liegen. Sie wollen lieber in einer Traumwelt leben, als sich der harten Realität zu stellen. Wenn Sie sich selbst überfordern, schaden Sie Ihrer Selbstachtung. Wenn Sie sich selbst gegenüber nicht ehrlich sind, versteifen Sie sich auf kindische, illusorische Vorstellungen, die Sie daran hindern, das Leben zu führen, das Sie sich wünschen. Wenn Bob zum Beispiel glaubt, dass seine Date-Partnerin wirklich mit ihm schlafen wird, ist er komplett verrückt. Schon ein Kuss wäre ein Wunder, wenn man bedenkt, wie es für ihn läuft.

Während Bob bei seinem Date null Chancen hat, ist es gut möglich, dass Bruce beim Verführungs-Date mit Wendy ins Bett geht. Sie hat bereits sexuelles Interesse an ihm signalisiert. Die Chemie zwischen den beiden stimmt. Sie empfinden bereits eine starke Verbundenheit miteinander und scheinen sich gegenseitig zu mögen. Wenn er ein Date konzipiert und durchführt, welches sie genießen kann, wird es wahrscheinlich zum Sex kommen. Egal, ob Ihre Situation eher der von Bruce oder Bob entspricht – in jedem Fall müssen Sie einschätzen, wie weit die Dinge sich entwickeln können, und dementsprechend planen. Jede Verführung muss maßgeschneidert sein.

Sorgen Sie dafür, dass Ihnen Zeit und Ort passen

Haben Sie wirklich genügend Zeit für ein Date? Wenn nicht, müssen Sie sich entweder die Zeit nehmen oder ganz auf das Treffen verzichten. Bei der Planung ist es entscheidend, sich genügend Zeit zu nehmen, um das Date erfolgreich zu gestalten. Wenn Sie, wie die meisten von uns, einen anspruchsvollen Job haben, wird man wahrscheinlich von Ihnen erwarten, dass Sie gelegentlich auch am Wochenende arbeiten oder bei Bedarf Überstunden machen. Wir empfehlen dringend, dass Sie ein Date niemals über Ihre beruflichen Verpflichtungen stellen.

Vergessen Sie nie, dass Ihre Arbeit unter allen Umständen wichtiger ist als eine Frau – vor allem in der Anfangsphase einer Beziehung. Es ist Wahnsinn, den Job zu riskieren, um mit einer Frau auszugehen, egal wie attraktiv sie ist. Männer schaden sich aus Verzweiflung oft selbst, nur um eine Frau zu bekommen. Voreilige Entscheidungen, die man aus bloßer Verzweiflung trifft, fallen einem später immer auf die Füße. Wenn Sie von der Arbeit fernbleiben, um eine Frau zu treffen, wird das Date schon deshalb schief gehen, weil Sie abgelenkt sind. Die Lösung ist, dass man Zeit und Ort für das Date so ansetzt, dass es gut in den Terminplan passt.

Legen Sie fest, wie viel Geld Sie investieren wollen

Wie wir bereits erläutert haben, müssen Sie im Voraus entscheiden, wie viel Sie für das Date ausgeben wollen. Die Festlegung eines Budgets ist eine entscheidende Sicherheitsmaßnahme, damit Sie sich von einer Frau nicht ausgenutzt fühlen. Manche Männer berichten uns, dass sie sich von Frauen oft ausgenutzt fühlen; sie haben das Gefühl, dass Frauen sich mit ihnen verabreden, um an ihr Geld zu kommen. In diesen Situationen geben die Männer mehr für das Date aus als sie sich vorgenommen haben. Gleichzeitig bekommen sie dafür keinen Sex. Um das zu vermeiden, müssen Sie im Voraus entscheiden, wie viel Sie ausgeben wollen – und sich auch daran halten. Unter allen Umständen.

Nutzen Sie für die Planung die Erfahrung aus dem Schnupper-Date

Schnupper-Dates dienen der Informationsfindung. Indem Sie einer Frau romantische Fragen stellen, finden Sie heraus, was sie an einem Mann sucht und was sie abstößt. Man lernt gleichzeitig ihre Vorlieben und Abneigungen sowie ihre Interessen kennen und erfährt, welche Themen man besser vermeiden sollte. Dieses Informationspaket und das, was Ihr Gespür Ihnen sagt, hilft Ihnen, das Verführungs-Date zu planen. Beginnen Sie die Organisation mit der Durchsicht der Notizen vom Schnupper-Date. Gehen Sie alles durch, was Sie über ihre »Eroberung« wissen. Erinnern Sie sich an ihre Vorlieben und Abneigungen, an alles, was an ihr interessant schien oder was an ihr merkwürdig war, sowie an alles, was Ihnen sonst noch an Einzelheiten aufgefallen ist. Diese Daten werden Ihnen helfen, zu entscheiden, wohin Sie mit ihr gehen können und welche Strategie am wirksamsten sein würde.

In sieben Schritten zu einer Eroberung im Sturm

Ihr Erfolg hängt davon ab, wie Sie das Date insgesamt gestalten. Es genügt nicht, wenn Sie eine Frau lediglich in einen wunderbaren Park mitnehmen oder Eintrittskarten für eine Oper kaufen. Sie müssen eine romantische und sexuelle Stimmung erzeugen. Vergessen Sie nicht: Sexuelle Spannung ist das Ziel des Treffens. Wenn Sie eine Frau an außergewöhnliche Orte bringen, aber weder Zuneigung noch sexuelles Interesse erzeugen, wird alles, was Sie tun, völlig umsonst sein. Wie es auch den Erfolg nicht garantiert, wenn Sie nur Geld ausgeben, kann auch ein großartiger Ort, den Sie gemeinsam besuchen, keinen Erfolg garantieren. Alles muss funktionieren – von Anfang bis Ende.

So können Sie eine Frau im Sturm erobern

1. Rufen Sie Erkenntnisse in Erinnerung, die Sie über die Frau gesammelt haben, und Dinge, für die sie sich zu interessieren schien.
2. Erstellen Sie eine Liste möglicher Orte, die ihr gefallen könnten.
3. Versetzen Sie sich in die Frau hinein und wählen Sie diejenigen Orte, die besonders romantisch und lustig erscheinen.
4. Notieren Sie eine grobe Zeitschiene für das Date.
5. Finden Sie kreative Möglichkeiten, die beide Aktivitäten zu verbinden.
6. Fragen Sie sich beim Date und bei der Planung ständig, was die Erfahrung noch romantischer und sinnlicher machen könnte. Wenn Ihnen etwas einfällt, überlegen Sie, wie Sie es einbauen können.
7. Fragen Sie sich, was Sie tun können, um den Spaß noch um eine Stufe zu verstärken und bauen Sie das in den Verlaufsplan ein.

Ein Teil der Planung besteht darin, vorher anzurufen und sicherzustellen, dass das Lokal tatsächlich geöffnet ist. Erkundigen Sie sich über die Öffnungszeiten und fragen Sie nach Orten in der Nähe, die für Sie und Ihr Date interessant sein könnten. Finden Sie auch heraus, ob Reservierungen erforderlich sind und was sie kosten würden. Wenn Sie alle sieben Schritte durchführen, aber nicht vorher anrufen, um zu gewährleisten, dass der Ort überhaupt frei ist, handeln Sie sich vielleicht einen weiteren Fehlschlag ein.

Hier sind zwei Listen; die eine nennt potenzielle Orte, die man besuchen kann, die andere nennt Orte, die man meiden sollte. Wenn Sie diese Listen lesen und trotzdem nicht weiter wissen, rufen Sie sie an und fragen Sie sie nach ihrer Meinung. Die meisten Frauen sagen ehrlich, was sie gerne unternehmen würden, und tragen dazu bei, dass das Date gut läuft.

Was ihr gefallen könnte

- einen Film in einem abgelegenen oder alternativen Kino anzusehen
- Natur pur (nur wenn sie eine Naturliebhaberin ist)
- eine Autofahrt in eine kuriose kleine Stadt oder eine aufregende Großstadt in der Nähe
- ein Stadtteil, der ungefährlich ist und den Sie beide normalerweise nicht besuchen
- Museen
- Konzerte
- wundervolle Restaurants
- Strände
- Parks, in denen man Vögel füttern kann
- Eisdielen
- Freizeit-Parks
- Botanische Gärten
- eine Fahrt aufs Land
- ein Planetarium
- ein schönes Tanzlokal
- Autokinos
- Theaterstücke
- Zoo
- Aquarium
- gemeinsames Kochen
- Weinproben
- Touristen-Attraktionen
- Fahrradtouren
- Kabarett

Was ihr nicht so gut gefällt

- gefährliche Orte
- Kampfsport-Vorführungen und kommerzielle Wrestling-Veranstaltungen
- Sportveranstaltungen (es sei denn, sie hat ausdrücklich gesagt, dass sie dergleichen mag)
- jeder Ort, an dem viele Männer sie anmachen könnten
- blutrünstige Filme
- Strip-Clubs
- eine Rekrutierungs-Veranstaltung für Handelsvertreter
- eine Tauschbörse für Fußball-Karten oder Star-Treck-Devotionalien
- Orte, an denen Ihre Kumpels herumhängen
- ein Konzert, bei dem sie vielleicht die Musik nicht mag
- ein Ausflug mit Übernachtung
- Vorträge, die zu politischen Auseinandersetzungen zwischen Ihnen führen könnten
- eine Sport-Bar
- ein FKK-Strand
- zu private Orte, falls Sie glauben, dass sie Angst vor Ihnen haben könnte

Diese Listen sind unvollständig und sollen Ihnen nur eine ungefähre Vorstellung von Ihren Möglichkeiten geben. Wenn Sie ihr zuhören und Ihre Vorstellungskraft einsetzen, werden Sie am ehesten etwas finden, was gut zu ihr passt. Vergessen Sie nicht, jede Frau ist anders, und das ultimative Verführungs-Date kann bei der nächsten Frau völlig daneben liegen. Diese Listen sollten aber einige Anregungen bieten.

Die Bedeutung eines Ersatzplans

Seth hatte das ultimative Date für Stephanie geplant. Er hatte einen Flug mit einem Heißluftballon gebucht und anschließend ein Picknick im Naturschutzgebiet vorgesehen. Danach wollte er mit ihr eine Vorführung von »Romeo und Julia« in einem nahe gelegenen Freilicht-Festival besuchen. Er wusste, dass Stephanie das alles gefallen würde. Es schien perfekt. Am Tag vor dem Treffen war er mit sich selbst zufrieden, weil er ein fantastisches Date organisiert hatte. Er träumte von Sex mit Stephanie in freier Natur. Er stellte sich vor, sie würden zu einem Landgasthof fahren, weil sie vor lauter Lust die Heimfahrt nicht würden abwarten wollen.

Am Samstag wachte Seth auf und musste schockiert feststellen, dass es regnete. Der Himmel war schwarz und ein Gewitter zog auf. Er geriet in Panik, weil er nicht wusste, was er sonst mit Stephanie machen sollte. Schließlich sagte er ab, weil ihm nichts anderes einfiel. Da er zu zuversichtlich gewesen war und keinen Ersatzplan hatte, war er auf der ganzen Linie gescheitert. Dasselbe kann auch Ihnen passieren, wenn Sie keinen Ersatzplan haben, weil jeder Plan im letzten Moment ruiniert werden kann. Wir empfehlen, dass Sie drei oder vier Orte aussuchen, an die Sie eine Frau ausführen können, und für alle einen Plan ausarbeiten, falls Probleme auftreten.

Kaufen Sie mindestens ein Überraschungsgeschenk für sie

Als Bruce mit Wendy ausging, hatte er im Voraus ein Thema für das Date vereinbart. Sie beide wollten FBI-Agenten auf Verfolgungsjagd sein. Jeder Stopp auf ihrer Fahrt war Teil einer imaginären Verfolgungsjagd, die den ganzen Nachmittag dauerte. Das war genügend ausgefallen, um unvergesslich und lustig zu werden. Indem er Wendy die Rolle der FBI-Agentin gab, überließ er ihr von Anfang an eine lustige Art von Macht. Bruce konnte mit ihr flirten, als wenn sie Agentin Scully und er Agent Mulder aus der Serie »Akte X« wären. Das öffnete die Tür für Kommentare über Handschellen, Verführung eines Beamten, um sich aus einer Affäre zu ziehen und vieles mehr.

Bruce überraschte sie mit vielen Geschenken zum Thema. Er kaufte Spielzeug-Handschellen für sie. Sie waren lustig und erzeugten auch eine erotische, sexuelle Stimmung. Als Ergänzung zu den Handschellen kaufte er außerdem Spritzpistolen und Polizeimarken. Er gestaltete auf seinem PC sogar eine lustige Version eines Durchsuchungsbefehls, den sie bei sich tragen konnte. In dem Dokument war die Klausel enthalten, dass sie bei jedem, dem sie begegnete, Leibesvisitationen durchführen durfte – einschließlich ihres FBI-Partners. Er hatte alles in Geschenkpapier eingepackt. Sie lachte und war darüber ganz begeistert.

Bruce kaufte auch ein paar Geschenke, die eher auf herkömmliche Weise romantisch waren. So kaufte er zum Beispiel eine kleine Schachtel Pralinen für sie. Er sagte, damit würden sie feiern, wenn sie ihren »Kriminellen« erwischten. Er kaufte auch ein Lesezeichen mit Zitaten ihres Lieblings-Autors. Die Geschenke kosteten insgesamt rund 15 Euro. Aus ihrer Sicht schien er viel einzusetzen, um das perfekte Date für sie zu planen. Das brachte ihm bei ihr viele Punkte ein. Bruce hatte ebenfalls seinen Spaß dabei. Es gab ihm einen Kick, Agenten zu spielen und ihr damit eine Freude zu machen. Wenn beide Spaß dabei haben, ist das eine großartige Möglichkeit, die Magie der Romantik zu entfachen.

Seien Sie vorbereitet

Wie jeder Pfadfinder müssen Sie auf alle Unwägbarkeiten vorbereitet sein. Für diejenigen unter Ihnen, die uns auch nur die geringste Aufmerksamkeit geschenkt haben, wird die folgende Liste ein alter Hut sein. Wenn Sie das Buch zu Ende gelesen haben, werden Ihnen diese Maßnahmen hoffentlich in Fleisch und Blut übergegangen sein. Für diejenigen, die weniger aufgepasst haben, wollen wir sie nochmals durchgehen.

Vergessen Sie nicht

- Ihr Auto zu waschen
- Kondome einzustecken
- Ihr Schlafzimmer zu putzen
- Ihr Bett frisch zu beziehen
- im Schlafzimmer Kerzen aufzustellen
- dafür zu sorgen, dass Ihr Mitbewohner Sie nicht stört
- sich gut anzuziehen

Erfinden Sie romantische Fragen, die Sie ihr stellen können

Im Kapitel über das Schnupper-Date haben wir behandelt, wie man romantische Fragen stellt. Wir empfehlen, diese auswendig zu lernen und sie oft zu üben. Beim Schnupper-Date haben Sie sie ständig in das Gespräch eingestreut, um romantische Gefühle zu erzeugen und Informationen über die Frau zu sammeln. Vielleicht haben Sie auch richtiggehende romantische Gespräche geführt, aber viel Zeit blieb Ihnen dazu nicht. Beim Verführungs-Date ist das anders. Wir empfehlen, dass Sie eine längere und tiefere Unterhaltung über romantische Themen führen. Romantische und aufregende Rahmenbedingungen tragen dazu bei.

In der ersten Stunde des Verführungs-Dates mit Britta fragte Shane sie nach ihrem leidenschaftlichsten Kuss. Zunächst stellte er seine Fragen eher auf eine scherzhafte Weise. Ihre ausführlichen Antworten überraschten ihn. Britta beschrieb, wie gut sich die Zunge eines Mannes in ihrem Mund anfühlte und wie sehr sie die Nähe eines Mannes genoss. Sie redete immer weiter, was Shane umwarf. Nachdem sie zahlreiche Kusstechniken besprochen hatten, wagte er schließlich den ersten Kuss. Das war der Anfang einer langen und heißen Knutscherei.

Der Erfolg, den Shane erzielte, hatte seinen Grund darin, dass er fähig und bereit war, bei Verführungs-Dates romantische Fragen zu stellen. Es ist wichtig, dass man sie einsetzt, um längere Gespräche einzuleiten. Viele dieser Fragen können während des Dates das Vorspiel bilden.

Lernen Sie ihre Telefonnummer auswendig

Unsere Befragungen haben ergeben, dass es Frauen oft beeindruckt, wenn ein Mann ihre Telefonnummer auswendig weiß. Es mag trivial klingen, aber es zeigt einer Frau, dass man oft an sie denkt und sie einem etwas bedeutet. Das ist nicht schwer und macht einen guten Eindruck.

Bauen Sie Ihr Selbstvertrauen auf

Benutzen Sie dazu die Techniken, die wir Ihnen bereits in Kapitel 3 »Der Weg zum eigenen Stil: Kleidung und Selbstvertrauen« beschrieben haben, um sich für das Date optimal vorzubereiten.

Alles im Griff

Es ist eine große Leistung, wenn Sie so weit gekommen ist. Sie sollten sich selbst beglückwünschen und ruhig etwas stolz auf sich sein. 90 Prozent der alleinstehenden Männer haben Sie abgehängt – wenn das kein Erfolg ist!

Werfen Sie einen Blick auf einige der Hürden, die Sie bereits genommen haben: Sie haben eine Frau um eine Verabredung gebeten; Sie haben mindestens ein Schnupper-Date überstanden; Sie haben Kleidung, Auto und Wohnung in Ordnung gebracht und einen außergewöhnlichen Plan für das Verführungs-Date ausgearbeitet; Sie haben sich auf den sexuellen Erfolg vorbereitet und romantische Fragen geübt; Sie haben eine Zeitschiene und ein Budget festgelegt, einen Ersatzplan ausgearbeitet und vieles mehr. Die Frau wird nie erfahren, was Sie alles getan haben, damit das Treffen gelingt – aber wir wissen es und gratulieren Ihnen. Sie sind nahe daran, ein echter Verführer zu werden.

Wenn Sie die richtigen Voraussetzungen geschaffen haben, sollte das Date gut ablaufen. Wenn nicht, sind Probleme unvermeidbar. Aber ob Sie alle Vorarbeiten erledigt haben oder nicht – wenn die Verabredung vor der Tür steht, müssen Sie das alles unbedingt hinter sich lassen. Beim Date müssen Sie der Frau Ihre ganze Aufmerksamkeit schenken. Das wird viel einfacher sein, wenn Sie alle Erwartungen, Gedanken, Meinungen und Zweifel außen vor lassen, die Sie im Kopf haben. Wir wissen, dass das schwierig ist – nur wenige Menschen können es wirklich gut. Aber wenn Sie es schaffen, wird jede Verführung besser laufen.

Seien Sie pünktlich

Obwohl ein Verführungs-Date ein anderes Tempo hat als ein Schnupper-Date, ist es von Bedeutung, pünktlich zu erscheinen. Unsere Forschungen und persönlichen Erfahrungen haben ergeben, dass Dates am besten gelingen, wenn sie pünktlich beginnen. Frauen respektieren pünktliche Männer eher als Männer, die zu Verspätungen neigen. Welchem Mann würden Sie in einer Notlage vertrauen? Wen würden Sie als Ehemann bevorzugen? Einen, der pünktlich ist, oder einen, der sich verspätet? Pünktlichkeit ist eine wunderbare Gewohnheit. Sie gibt Ihnen Zeit zum Durchatmen und hilft, sich auf das Date zu konzentrieren, anstatt auf die Erklärung für die Verspätung.

Seien Sie besonders höflich

Viele Männer haben Probleme, die modernen Anforderungen, die an ein Date gestellt werden, zu verstehen. In einer Zeit, in der man die Political Correctness betont und Dinge sich dramatisch wandeln, geben sie immer wieder an, dass sie nicht mehr wissen, wie man eine Frau behandelt. »Ich habe im letzten Jahr Dates erlebt, bei denen die Frau wütend reagierte, wenn ich ihr die Tür aufhielt«, sagte ein Mann. Wir wissen, dass es unklar ist, wie man sich Frauen gegenüber verhalten sollte. Als Faustregel empfehlen wir ausdrücklich, dass Sie sich als Mann mit außergewöhnlich guten Manieren präsentieren. Beispiele: Öffnen Sie ihr die Türen, nehmen Sie ihr im Lokal den Mantel ab, helfen Sie ihr später wieder hinein, achten

Sie darauf, dass sie sich bei Tisch zuerst setzt und beginnen Sie nicht zu essen, bevor sie das tut.

Man kann es nicht immer jeder Frau recht machen. Alles, was man tun kann, ist, sein Verhalten konsequent nach den eigenen Überzeugungen zu richten. Wenn eine Frau wütend reagiert, weil Sie ihr eine Tür aufhalten, hören Sie sich ihre Klage an und behandeln Sie die Klage in neun Schritten, die wir am Ende dieses Kapitels vorstellen. Kommen Sie darüber hinweg und sorgen Sie dafür, dass das Date gut läuft.

Behandeln Sie eine Frau nicht wie Ihre Kumpels

Es ist wichtig, dass Sie sich mit vulgären Ausdrücken zurückhalten und sich so zivilisiert wie möglich verhalten. Das abgedroschene Sprichwort »alles hat seine Zeit und seinen Ort« bestätigt sich besonders in diesem Fall. Wenn Sie mit Ihren Kumpels zusammen sind, können Sie gerne mit den Händen essen, fluchen, rülpsen, laut furzen und darüber lachen, Bier aus der Flasche trinken und Ihre Kumpels auf die Schulter klopfen. Bei einem Date kommen das alles nicht besonders gut an. Die meisten von uns wissen das intuitiv, aber oft haben wir uns bei einem Date nicht genügend im Griff.

Zahlreiche Frauen haben uns gegenüber geäußert, dass Männer oft nachlässig gekleidet sind und schlecht riechen, wenn sie zu einer Verabredung kommen. Außerdem haben sie sich beklagt, dass viele Männer »Dummheiten« begehen, die das Date ruinieren: Sie rülpsen laut und lachen darüber, lästern über die Borniertheit ihrer Arbeitskollegen oder gebrauchen allzu derbe Ausdrücke. Wenn Sie dergleichen tun, scheiden Sie als potenzieller Liebhaber aus; die Frau wird dann auf eine Gelegenheit warten, das Date abzukürzen. Wenn Sie sich klarmachen, welche Verhaltensweisen gegenüber Frauen angemessen sind und welche nicht, werden Sie beim Date diese Fallstricke vermeiden.

Ignorieren Sie andere Frauen

Wahrscheinlich ist Ihnen das nicht bewusst, aber wenn Sie sich wie die meisten anderen Männer verhalten, schauen Sie auf der Straße, in Bars, in Restaurants und überall sonst Frauen an. Für einen alleinstehenden Mann ist die Welt sein Einkaufszentrum: Warum soll man nicht attraktive Frauen anhimmeln? Die meisten Männer starren hin und fragen sich, wie eine Frau wohl im Bett ist, ob ihre Brüste echt sind und wie die Chancen für ein Date stehen. Das sind absolut natürliche Reaktionen.

Zwar ist es in Ordnung, die Frauen auf der Straße anzusehen, aber bei einem Date ist das absolut inakzeptabel. Wollen Sie das Treffen verderben und den Respekt der Frau verspielen, die mit Ihnen ausgeht? Natürlich nicht. Wenn Sie unablässig andere Frauen anstarren, wird sie wahrscheinlich wütend, eifersüchtig und traurig sein. Wenn sie schlecht gelaunt ist, haben Sie mehr Arbeit und brauchen mehr Zeit, um eine sexuelle Stimmung zu erzeugen.

Erstens muss man sich vergegenwärtigen, dass man gewohnheitsmäßig die Frauen abcheckt. Der zweite Schritt besteht darin, es seltener zu tun. Drittens muss man es sofort unterlassen, wenn man sich bei einem Date dabei ertappt. Mit der Zeit lernt man jedoch, damit umzugehen.

Tom hatte ein Verführungs-Date mit Betsy. Sie hatten viel Spaß im Zoo. Es war Sommer; sie saßen auf einer schattigen Bank und aßen Eis. Auf einer Bank in der Nähe saßen zwei unglaublich gut aussehende 20-jährige Frauen, die – zugegebenermaßen – viel attraktiver waren als Betsy. Beide trugen sehr kurze Röcke und enge Oberteile. Ihre Brüste hingen fast heraus. Tom konnte nicht aufhören, sie anzustarren. Nach wenigen Minuten fiel es Betsy und den beiden jungen Damen auf, dass er sie taxierte. Betsy wurde wütend und drohte zu gehen, wenn er nicht aufhörte. »Warum gehst du überhaupt mit mir aus, wenn du sowieso nur andere Frauen anschaust?«, fragte sie. »Findest du mich denn nicht attraktiv? Ich dachte, wir verbringen einen romantischen Tag, und ich hatte gerade begonnen, dich zu mögen, aber jetzt bin ich mir da nicht mehr so sicher.« Tom brauchte Stunden, um die Stimmung wieder herzustellen, die er im Park verdorben hatte. Es ist zwar natürlich hinzusehen, aber er musste aus leidvoller Erfahrung lernen, dass man bei einem Date auf keinen Fall andere Frauen taxieren darf.

Seien Sie liebevoll

Den meisten Männern fällt es schwer, liebevoll zu sein. Sie behalten liebevolle Worte und Berührungen für das Schlafzimmer vor. Männer vermeiden es, im Alltag als »weich« oder schwächlich zu erscheinen. Frauen lieben es aber. Man kann die Verführung beschleunigen und eine Frau »im Sturm erobern«, indem man sich ihr gegenüber liebevoll gibt. Das kann sich in der Form von Komplimenten äußern. Hier sind einige Beispiele:

»Joyce, ich freue mich sehr, mit dir zusammen zu sein. Ich staune darüber, wie nahe ich mich dir nach so kurzer Zeit fühle.«

»Ich muss dir sagen, dass du bei diesem Date noch viel schöner aussiehst, als ich dich jemals vorher gesehen habe. Es ist entzückend, dass ich dich ansehen darf.«

»Ich habe so viel Spaß mit dir. Ich möchte dir dafür danken, dass du mit mir ausgegangen bist und alles so toll mitgemacht hast, was ich vorhatte.«

»Joyce, du bist die Art von Frau, auf die ich schon sehr, sehr lange gewartet habe. Du bist eine ganz besondere Frau, und ich schätze es wirklich sehr, mit dir zusammen zu sein.«

Diese Beispiele bringen Dankbarkeit und Anerkennung zum Ausdruck. Das müssen Sie auf Ihre eigene Weise und in Ihrem unverwechselbaren Stil tun. Wenn Sie unsere Worte verwenden und diese nicht Ihrem eigenen Stil entsprechen, werden Ihre liebevollen Worte merkwürdig und unehrlich erscheinen. Zärtlichkeit kommt freilich eher in Taten als in Worten zum Ausdruck. Das können sanfte und zärtliche Berührungen sein, schriftliche Mitteilungen, ein kurzer Anruf oder ein Überraschungsgeschenk. Es gelten dieselben Regeln, die wir oben schon genannt haben: Die Handlung muss irgendeine Form von Anerkennung, Kompliment und Dankbarkeit umfassen.

Ben ging mit Marie ins Kino. Es lief der neueste Frauenfilm. Gegen Ende des Films lag eine der Hauptdarstellerinnen auf ihrem Sterbebett im Krankenhaus. Sie erklärte ihrer Enkelin, wie hart es war, in den 1930ern auf einer Farm aufzuwachsen. Während der Szene begann Marie zu weinen. Ben fand die Szene albern und unrealistisch. Trotzdem nahm er ihre

Hand, als sie weinte, und reichte ihr ein Taschentuch. Auf diese Weise drückte er seine Zärtlichkeit und Fürsorge aus. Sein Einfühlungsvermögen beeindruckte sie.

Später, als sie beim Kaffee saßen, klagte Marie über ihren steifen Hals. Ben bot an, ihn zu massieren, was er einige Minuten lang tat. Er hatte auch eine kurze romantische Mitteilung für sie geschrieben und sie während dem Film in ihre Jackentasche geschmuggelt. Sie entdeckte sie später. Das alles sind Beispiele für liebevolles Verhalten: Es sind kleine Handlungen, die langfristig große Wirkungen haben.

Berühren Sie sie mindestens sechsmal

Während des Schnupper-Dates haben Sie angefangen, die Frau beiläufig zu berühren. Auf diese Weise haben Sie die Voraussetzungen für liebevollere Berührungen geschaffen. Beim Verführungs-Date sind nun gezielte Berührungen erforderlich. Sie sollten die Frau häufiger daran erinnern, dass Sie an ihr interessiert sind. So gewöhnen Sie sie an Berührungen und schaffen eine sinnliche Stimmung für spätere Annäherungen. Vielleicht wollen Sie ihre Hand halten, ihr Gesicht oder ihre Haare leicht berühren, mit den Fingern über ihren Hals streichen oder ihren Rücken oder ihre Taille streicheln. Wir raten dringend davon ab, Brüste, Hintern, Lippen oder Schenkel zu berühren. Es ist wichtig, sie zu küssen, bevor man diese »privaten« Bereiche berührt. Man muss klein anfangen und sich langsam vorarbeiten.

Achtung: Manchen Frauen ist es unangenehm, wenn man sie so oft berührt. Obwohl sie Sie vielleicht sogar mögen und mit Ihnen schlafen wollen, kann es ihnen auf die Nerven gehen. Achten Sie immer auf die Reaktion einer Frau. Es ist entscheidend, dass man respektvoll ist und sie nicht verärgert. Denken Sie daran, dass ihre Reaktion auch von Religion, Kultur und familiärem Umfeld abhängt. Eine religiöse Frau mag es als unangenehm empfinden, egal, wie man sie berührt, wohingegen eine andere es vielleicht genießt, in der Öffentlichkeit Händchen zu halten und sich leidenschaftlich zu küssen. Es hängt alles von der Frau ab. Es ist Ihre Aufgabe, auf ihre Reaktionen zu achten und entsprechend zu reagieren.

Machen Sie ihr viele Komplimente

Komplimente sind ein wirksames Instrument, einer Frau zu zeigen, dass sie einem viel bedeutet. Es ist aber wichtig, wahrheitsgemäße Komplimente zu machen. Frauen haben ein feines Gespür für Unehrlichkeit und riechen eine Lüge oft eine Meile gegen den Wind. Wenn eine Frau glaubt, dass Sie lügen, wird es zweifellos gegen Sie sprechen.

Man kann einer Frau sehr leicht schmeicheln, indem man ein Kompliment über eine Eigenschaft macht, welche die meisten Männer nicht einmal bemerken würden. Wir haben bereits darauf hingewiesen, wie wichtig es ist, dass Sie sich von anderen Männern absetzen. Wenn Sie einer Frau auf eine ehrliche Art Komplimente machen über etwas, was die meisten Menschen gar nicht merken, wird sie wahrscheinlich beeindruckt sein. Wenn Sie zum Beispiel eine Haarspange oder eine Halskette bemerken, zeigt das, dass Sie mehr wahrnehmen als nur ihre Brüste oder ihren Hintern.

Hier sind einige Beispiele für Dinge, über die man Komplimente machen kann: Ihre Kleidung, ihre Augen, ein Schmuckstück, ihr Lächeln, ihre Hände, eine intelligente Bemerkung, ihre Ausstrahlung oder ihr Sinn für Humor.

Auf einer Kanufahrt führten Zach und Chris eine tiefsinnige Unterhaltung über östliche Religionen. Er war überrascht, wie viel sie über das Thema wusste und machte ihr deshalb ein Kompliment. Später sagte er, wie süß sie aussah mit einem Kanupaddel in der Hand und einer Schwimmweste um den Hals. Er machte auch eine Bemerkung darüber, wie schön ihr Haar in der Sonne glänzte. Indem er Chris gegenüber aufmerksam war, fiel es Zach leicht, ihr auf vielerlei Arten Komplimente zu machen.

Wählen Sie unterhaltsame Themen

Es ist wichtig, über Themen zu reden, die gute Laune machen. Das bedeutet nicht, dass Sie sich als unverbesserlicher Optimist präsentieren sollen, der immer lächelt und unbekümmert ist. Wir weisen aber darauf hin, dass es auch nicht gerade hilfreich ist, wenn man eine negative Einstellung hat und ständig alles und jeden kritisiert. Wenn Sie oft über unangenehme Themen reden, klagen, über Dinge reden, die Sie hassen, Ihre Date-Partnerin beleidigen und dauernd an Sex denken, wird das Date kein Erfolg. Vergessen Sie nicht: Sie soll Spaß haben und Ihre Gesellschaft genießen. Wenn Sie eine negative Stimmung erzeugen, werden Sie ihr unheimlich; sie wird Sie dann eher meiden. Wir meiden schließlich ebenfalls Menschen, die uns Angst machen oder die nicht ganz richtig ticken. Ihre Date-Partnerin ist da nicht anders. Manche Männer neigen auch dazu, übertrieben ernst zu sein. Das ist genauso unproduktiv wie Diskussionen über Tod und Krieg oder wie sehr Sie Ihre Arbeit hassen. Fröhliche Themen sorgen für eine gute Stimmung; das hilft einer Frau, sich zu entspannen.

Bob ist ein starker Verfechter des Recycling. Er teilte Carla beim Verführungs-Date seine Ansichten mit. Er gab zu, dass er den Bürgermeister der Stadt für seine laxe Recycling-Politik hasste. »Der Bürgermeister ist so ein Idiot«, sagte er. »Ich halte die meisten Politiker für Schwachköpfe. Viele von ihnen sollten besser erschossen werden, als unseren Gemeinden zu dienen. Findest du nicht auch?« Bobs Kommentare machten Carla nervös. Obwohl sie ebenfalls eine Verfechterin des Recycling ist, machte seine Heftigkeit ihr Angst. Hätte er einen weniger heftigen Ton gewählt, hätte Carla das Thema mit ihm diskutiert und ihm sogar zugestimmt. Aber so wirkte er wie ein Freak.

Bei seinem Date mit Wendy erzählte Bruce von vielen Auslandsreisen, die er in seinem Leben unternommen hatte. Er erzählte vom Regenwald in Brasilien und vom Klettern in den Schweizer Alpen. Obwohl er im Verlauf des Dates auch zu einigen politischen Themen unverblümt seine Meinung sagte, achtete er stets darauf, dass Wendy sich immer in die Konversation einbezogen fühlte. Bruce fragte Wendy oft nach ihrer Meinung. Er achtete darauf, dass er nichts sagte, was als zu heftig oder zu herb ausgelegt werden konnte, und wechselte oft zu fröhlicheren Themen, wenn die Konversation in eine deprimierende Richtung lief.

Themen, die man vermeiden sollte

- kontroverse Themen, die sie beleidigen könnten
- alles, was zu offen sexuell ist
- Gewalt
- Tod
- Verletzung oder Entführung von Kindern
- wie sehr Sie Ihren Chef oder Job hassen
- das Finanzamt
- wie sehr Sie die Ehe hassen
- Ihre Faszination für Serienkiller
- dass Sie Zigarren sammeln
- Ex-Freundinnen
- wie oft Sie gerne Sex haben
- Gewalt gegen Tiere, vor allem Katzen und Hunde
- Themen, für die sie sich nicht interessiert, zum Beispiel Autos, Mathe, Star Trek, Computer, Sport usw.
- Ihre schlechten Gewohnheiten, die Sie dringend überwinden müssen

Treffen Sie Entscheidungen

Bei einem Verführungs-Date müssen Sie selbstbewusst auftreten. Frauen wollen sehen, dass Sie mit sich selbst zufrieden sind und sich nicht dafür schämen, wer Sie sind. Wir haben es bereits gesagt, aber wir wiederholen es noch mal: Eine einfache Möglichkeit, selbstbewusst zu erscheinen, besteht darin, entschieden zu sein. Das betrifft die Planung sowie jeweils die Entscheidungen unterwegs: Welches Restaurant Sie mögen, an welchem Tisch Sie sitzen möchten, welche Musik Sie im Auto hören möchten und welche Abteilung im Museum Sie zuerst besuchen wollen.

Gleichzeitig sollte man sich nicht wie ein Kontrollfreak verhalten oder überheblich wirken. Denken Sie aber daran, dass es ein Date zerstört, wenn der Mann angesichts einer Entscheidung ständig antwortet: »Mir egal, was wir als Nächstes machen. Was willst du machen?« Oder: »Ich weiß nicht.« Unentschiedenheit zeigt, dass man kein Selbstvertrauen und keine klare Linie hat. Treffen Sie beim Date Entscheidungen: Das wird das Maß an Respekt erhöhen, das sie für Sie hat. Wenn Sie das noch nicht gelernt haben, sollten Sie das jetzt nachholen.

Hören Sie auf ihre Meinung

Wir haben bereits erwähnt, dass Sie ihre Meinung ernst nehmen und sie beim Entscheidungsprozess immer mit einbeziehen müssen. Viele Frauen klagen darüber, dass Männer ihnen nicht zuhören und sich nicht darum kümmern, was sie denken oder empfinden. Wenn Frauen ihre Meinung äußern, betrachten Männer das oft als Nörgelei oder Forderung. Es ist natürlich, dass man es so empfindet. Trotzdem ist es wichtig, dass man auf ihre Ansicht hört und sie ausreden lässt – ob man das nun für Nörgelei hält oder nicht.

Wenn eine Frau beginnt, sich Ihnen gegenüber zu öffnen, bedeutet das, dass sie Sie allmählich als einen potenziellen Partner ansieht. Sie vertraut Ihnen genügend, um Ihnen ihre Gedanken, Meinungen und Ideen anzuvertrauen. Zu den heimlichen Kosten bei einem Date gehört, dass man Dinge hinnehmen muss, die einem nicht gefallen. Machen Sie es sich bewusst, dass Sie verärgert oder wütend sind, weil die Frau zu viel redet oder fordert – aber hören Sie einfach trotzdem zu.

Cheryl liebte es zu reden. Reden, reden, reden. Sie ergoss ihre Meinungen über jeden, der sie hören wollte. Dean fand sie attraktiv, aber ihr ständiges Gerede und ihre unbegründeten Meinungen gingen ihm manchmal auf die Nerven. Dean neigte dazu, mit Frauen zu streiten. Er lernte eine Frau kennen, ging ein paar Wochen mit ihr aus und sagte ihr schließlich, was er von ihr und ihren Ansichten hielt. Natürlich war jedes Mal sofort Schluss. Nachdem er einige Jahre lang immer wieder nach diesem Muster vorgegangen war, wurde ihm klar, dass seine Art der Interaktion mit Frauen einfach nicht funktionierte. Bald danach kam er in unsere

Schulung; das Problem war bald verschwunden. Er erkannte, dass Frauen meist nur jemanden suchen, der ihnen zuhört und sie ernst nimmt – also regte er sich nicht mehr auf. Er erkannte, dass er Cheryl auch zuhören konnte, wenn er sich langweilte. Er machte auch die Erfahrung, dass sie normalerweise nach einigen Minuten fertig war und das Date weitergehen konnte. Da er ihr zuhörte, fühlte sich Cheryl ihm sehr nahe und wollte mit ihm schlafen.

In neun Schritten vom Raubtier zum schnurrenden Kätzchen

Bei Verführungs-Dates kommt es durchaus zu Schwierigkeiten. Da Sie viel Zeit miteinander verbringen und hoffentlich auch eine gewisse Romantik in der Luft liegt, werden Sie beide wahrscheinlich recht angespannt sein. Sie wird oft abwesend sein, weil sie darüber nachdenkt, ob sie ein Paar werden könnten oder nicht. Sie werden an die Dummheiten denken, die Sie gesagt haben, sich fragen, ob sie Spaß hat und darüber nachdenken, ob Sie sie einmal nackt sehen werden. Das alles kann Probleme machen.

Verführungs-Dates sind deshalb brisanter als Schnupper-Dates, weil Sie beide inzwischen mehr ineinander investiert haben. Das schafft Erwartungen und Spannungen.

Wenn sie aus irgendeinem Grund wütend wird, haben Sie ein Problem. Vielleicht sagen oder tun Sie etwas, was sie beleidigt oder gegen ihre Wertvorstellungen ist. Vielleicht haben Sie gemeinsam eine beunruhigende Erfahrung gemacht, über die sie reden muss. Was auch immer sie wütend macht – die Lösung bleibt dieselbe. Dieses Modell wirkt bei jedem Date, bei jeder Frau, in jeder Phase der Verabredung. Wenn man einige Schritte modifiziert, kann man sie bei langfristigen Beziehungskonflikten ebenfalls anwenden.

1. Hören Sie ihr zu

Wenn sie schlecht gelaunt sind, wollen die meisten Frauen lediglich jemanden (Sie), der ihnen zuhört. Wenn Ihre Date-Partnerin ihr Problem, ihre Sorge oder ein Missverständnis früh genug ausdrücken kann, wird sich das Problem wahrscheinlich schnell von selbst lösen. Wir empfehlen, dass Sie einfach zuhören, ohne zu unterbrechen und ohne eine Lösung zu suchen. Wenn Sie ihr zuhören, wird sie sich wahrscheinlich schnell beruhigen.

2. Wiederholen Sie, was Sie verstanden haben

Eine Frau will nicht nur wissen, dass Sie ihr zugehört haben, sondern auch sichergehen, dass Sie alles richtig verstanden haben. Wenn Sie wiederholen, was sie gesagt hat, können Sie eventuelle Missverständnisse aufklären. Das beweist, dass Sie wirklich zuhören, und trägt dazu bei, dass sie sich beruhigt.

3. Danken Sie ihr

Auch wenn Sie wütend sind, weil die Frau Ihnen alle ihre Gedanken unterbreitet, obwohl diese Sie nicht im Geringsten interessieren, danken Sie ihr dafür, dass sie sich die Zeit nimmt und den Mut aufbringt, mit Ihnen zu reden. Aus ihrer Sicht geht sie ein Risiko ein, indem sie Ihnen ihre Sorgen mitteilt. Indem sie es sich sozusagen »vom Herzen redet«, wird sie sich wahrscheinlich eher entspannen und sich Ihnen noch stärker verbunden fühlen.

Es kann auch sein, dass sie Ihre Reaktion testet. Wenn Sie sich bei ihr bedanken, zeigt das, dass Sie aufmerksam und einfühlsam sind. Es ist auch ein Vorzeichen, das ihr zeigt, wie Sie bei künftigen Konflikten reagieren könnten. Wenn Sie sich wie ein Gentleman verhalten und wie ein verantwortungsbewusster Mann reagieren, wird sie Ihnen eher vertrauen und mit Ihnen schlafen wollen.

4. Hören Sie ihr weiterhin zu

Wenn sie ein Problem hat, ist es wahrscheinlich, dass ein weiteres auftauchen wird, das mit dem ersten zusammenhängt. Lassen Sie sie auch über jedes weitere Problem reden, wenn sie das für nötig hält. Ihre Aufgabe ist es, zuzuhören, es für sie zu wiederholen und ihr zu danken.

5. Machen Sie Versprechen und entschuldigen Sie sich

Wenn Sie die vorigen Schritte befolgen, wird sie sich beruhigen. Wenn sie eine Minute lang aufhört zu reden, raten wir Ihnen, zu versprechen, dass Sie tun oder lassen werden, was auch immer der Anlass ihrer Verärgerung war. Es ist auch wichtig, sich für alles zu entschuldigen, was sie verärgert hat.

Wenn sie zum Beispiel Hunde mag und verärgert ist, weil Sie kritisiert haben, dass Hunde überall urinieren, sollten Sie versprechen, Hunde nie mehr zu kritisieren. Zweitens sollten Sie sich für die Heftigkeit der Äußerung entschuldigen.

6. Wenn es Ihnen wirklich absolut egal ist

Hat die Frau ein großes Problem, das Ihnen völlig unwichtig erscheint, entscheiden Sie, ob Sie das Date beenden wollen oder nicht. Entscheiden Sie, ob Sie Sex für möglich halten. Wenn Sie sie attraktiv finden, sich weitere Dates mit ihr vorstellen können und eine ehrliche Entschuldigung möglich ist, entschuldigen Sie sich. Wenn sie den Ärger nicht wert ist, beenden Sie das Date auf der Stelle. Verschwenden Sie nicht Ihre gemeinsame Zeit. Wenn Sie es wert ist, lassen Sie alle Frustrationen fallen und fahren Sie mit dem nächsten Schritt fort.

7. Lassen Sie alles los

Wenn sie wütend war, werden Sie es wahrscheinlich ebenfalls sein. Wir empfehlen dringend, das Feuer nicht zu verstärken, indem Sie ihr Ihre Meinung sagen oder ihr Ihre Wut zeigen. Sie müssen sich auf Ihre langfristigen Ziele konzentrieren. Wenn Sie einer Frau die Meinung sagen, ihr zeigen, wie sehr sie Sie wütend macht, und ihr mit logischen Argumenten beweisen, dass sie falsch liegt, wird das Date wahrscheinlich fehlschlagen. Wenn Sie Erfolg haben wollen, müssen Sie loslassen.

8. Machen Sie ihr Komplimente

Sie sollten sich nicht nur entschuldigen und ihr danken, sondern wir empfehlen auch, dass Sie ihr nochmals ein Kompliment machen, um die ganze Sache zu beenden. Viele Männer, die diese Schritte durchlaufen, versäumen es, die Unterhaltung mit einer positiven Bemerkung zu beenden. Ein Kompliment schafft einen sauberen Abschluss. Danach können Sie zu Dingen übergehen, die leichter und schöner sind. Es wird sie wahrscheinlich beeindrucken, wenn Sie ihre Offenheit und ihre kommunikativen Fähigkeiten loben.

9. Wiederholen Sie diesen Prozess so oft wie es nötig ist

Und weiter geht's mit dem Date.

Nach dem Date: Hoffentlich haben Sie ...

- dafür gesorgt, dass das Date mindestens vier Stunden gedauert hat
- ihr gezeigt, dass sie Ihnen viel bedeutet
- ihr mindestens ein kleines Geschenk gegeben
- sie aus ihrer alltäglichen Umgebung herausgeführt
- Überraschungen vorbereitet
- für das Date bezahlt
- sich zeitlich flexibel gezeigt
- sie mindestens einmal zum Lächeln und / oder Lachen gebracht
- sich auf den Erfolg vorbereitet
- eingeschätzt, wie attraktiv Sie sich gegenseitig finden
- ein sexuelles Ziel für das Date festgelegt

- das Date so festgelegt, dass es in Ihren Terminplan passt
- vorher entschieden, wie viel Geld Sie ausgeben wollen, und sich daran gehalten
- die Informationen aus dem Schnupper-Date für die Planung genutzt
- Ihre Partnerin während des Treffens an einen romantischen Ort gebracht
- mindestens siebenmal verführerische Ausdrücke eingestreut (Verführung, Attraktivität, Verlieben, Romantik)
- durch Körpersprache Interesse gezeigt
- mindestens einmal geflüstert
- das Date nach der empfohlenen Methode konstruiert
- einen Ersatzplan entworfen
- sich und Ihre Umgebung vorbereitet
- ihre Telefonnummer auswendig gelernt
- sich seelisch auf das Date eingestellt
- auf Pünktlichkeit geachtet
- außergewöhnlich gute Umgangsformen gezeigt
- die Frau anders behandelt als Ihre Kumpels
- sich auf Ihre Date-Partnerin konzentriert und nicht auf andere Frauen geachtet
- sich liebevoll verhalten
- sie mindestens sechsmal berührt
- sie mindestens zweimal geküsst
- ihr viele Komplimente gemacht
- ihr eine angenehme und unterhaltsame Gesellschaft geleistet
- über fröhliche Themen geredet
- Entscheidungen getroffen
- sich für ihre Meinungen interessiert

Nach dem Date: Hoffentlich haben Sie vermieden …

- sie wie eine bloße Bekannte zu behandeln
- sie zu beleidigen
- sich zu beklagen
- über andere Frauen zu klagen
- andere Frauen zu taxieren
- ihren Hintern anzufassen
- sich von ihr bestätigen zu lassen, dass das Date gut lief
- sich durcheinanderbringen zu lassen, wenn Sie Ihren Text vergessen hatten
- etwas persönlich zu nehmen, was sie gesagt oder getan hat

Wie Sie das Verführungs-Date beenden

Wenn Sie alle empfohlenen Schritte durchgeführt haben, sollten Sie sich beide romantisch und sexuell angeregt fühlen. Da Sie sich auf den Erfolgsfall eingestellt haben, werden Sie das Date an einem Ort beenden, an dem Sie Ihre Körper erforschen können. Wenn das Treffen auf sein Ende zugeht, wird das Timing noch wichtiger. Wir empfehlen, dass Sie während der ganzen Verabredung romantisch und sexy sind, sodass Sie schließlich von selbst in einem Ihrer Schlafzimmer landen – oder an einem anderen Ort, an dem man sich küssen (und noch mehr Dinge tun) kann. Wenn die sexuelle Chemie stimmt und Sie am Ende in entsprechender Stimmung sind, tun Sie es. In den folgenden zwei Kapiteln zeigen wir Ihnen, wie Sie den ersten Kuss wagen, die Frau ins Bett kriegen und der Liebhaber ihrer Träume sein können.

Der **Knoten** platzt: Der erste **Kuss** und **mehr**

Bei den seltenen Gelegenheiten, in denen Bob versuchte, eine Frau zu küssen, ging alles schief. Entschlossen, seine Einsamkeit endgültig zu beenden und es bei seiner Bekannten Sherry zu versuchen, lud er sie in einen preisgekrönten künstlerischen Film im Kommunalen Kino ein. Während des Films, der viele Menschen beim Sex zeigte, bemerkte Bob, dass Sherry sich so weit wie möglich von ihm fernhielt; es fehlte nur noch, dass sie auf einen andern Sitz gerutscht wäre. Er beschloss, seinen Arm nicht um ihre Schulter zu legen. Warum sollte man sie schließlich belästigen? Sie beide sahen Menschen beim Sex zu: Natürlich würde sie ihn automatisch genauso wollen, wie er sie.

Nach dem Film zitterte Bob fast vor Nervosität. Er ging aber davon aus, dass sie gerade (sozusagen) einen romantischen Film gesehen hatten. Deshalb hieß es: Jetzt oder nie. Als sie noch in der Lobby waren, legte er seinen Arm um Sherrys Schultern und versuchte, sie zu küssen. Sie wich aus, nahm Abstand und drehte das Gesicht zur Seite. »Bitte«, sagte sie. »Bob, ich mag dich als einen Bekannten! Du bist nur ein guter Freund!« Er war am Boden zerstört, und als Sherry sich hastig verabschiedete, begleitete er sie nicht einmal zum Auto. Sein erster Kuss war gescheitert und er war wieder allein.

Paul ging mit einer Therapeutin namens Annie aus. Es war ihr drittes Date, und er bemerkte wieder einmal, dass sie kalt und distanziert war. Sie ist langweilig, sagte er zu sich selbst. Den Rest des Abends berührte er sie nicht, er zwinkerte ihr nicht zu und tat nichts, um ihr ein romantisches Gefühl zu geben. Paul sagte zu sich selbst: »Eigentlich bedeutet sie mir sowieso nicht viel. Wozu der Stress?« Sie besuchten eine Gedichtlesung. Schließlich sagte er: »Mir ist langweilig. Lass uns gehen.« Er brachte sie zurück zu ihrem Haus und machte keinen Hehl daraus, dass sie ihn langweilte. Als sie vor ihrem Haus in seinem Auto saßen, sagte er: »Wie wär's mit einem Kuss?« Selbstverständlich lehnte sie ab. Warum sollte sie einen Mann küssen, der sie loswerden wollte? Annie stieg aus und Paul fuhr heim.

Männer fragen uns oft, warum es ihnen so schwerfällt, den ersten Kuss zu erobern. Sie sind bereit, aber der richtige Zeitpunkt scheint einfach nicht zu kommen. Oder sie erwarten, dass die Frau die Initiative ergreift – was aber fast nie passiert. Sie warten auf die eine Frau, die sie so wahnsinnig attraktiv findet und bei der die Chemie so überwältigend ist, dass der erste Kuss »einfach passiert«. Obwohl es eine solche Chemie in der Welt tatsächlich gibt und die meisten Männer wenigstens einmal erlebt haben, dass sich eine sexuelle Affäre scheinbar einfach und mühelos ergab, muss man auf solch ein Wunder sehr, sehr lange warten.

Wenn Sie auch sonst nichts aus diesem Buch lernen, sollten Sie wenigstens dies lernen: Sie werden niemals das Leben führen, das Sie sich wünschen, wenn Sie auf ein Wunder warten und hoffen, dass etwas Gutes geschieht. So bekommen Sie nicht den Sex, den Sie sich wünschen, und werden auch sonst keinen Erfolg im Leben haben. Außerdem sind Sie für Frauen weniger attraktiv, wenn Sie ein Mann sind, der auf ein Wunder wartet – denn Frauen suchen in der Regel tatkräftige Männer, die ihr Leben selbst in die Hand nehmen. Sie müssen sich entschließen, Ihr Leben aktiv zu gestalten, und am Ball bleiben, bis Sie das gewünschte Ergebnis erzielen. Wenn es um den ersten Kuss (und mehr) geht, darf man nicht auf ein Wunder warten: Man muss die richtige Methode haben und anwenden. Wenn Sie auf ein Wunder warten, werden Sie wieder einmal einsam bleiben.

Das Geheimnis des ersten Kusses

Das Geheimnis des ersten Kusses ist ganz einfach. Wenn Sie es erst verstanden haben, wird der erste Kuss für den Rest Ihres Lebens keine große Sache mehr sein. Das Geheimnis liegt in der Vorarbeit. Wenn Sie den ersten Kuss wagen, müssen Sie die Frau so darauf vorbereitet haben, dass sie selbst ihn nicht erwarten kann. Auch das entspricht dem Entfachen eines Lagerfeuers: Wenn man mit einem brennenden Streichholz auf die Feuerstelle zugeht, wird sie natürlich nicht brennen. Wenn das Lagerfeuer nicht brennen will, liegt das nicht an dem Streichholz, an der Art, wie Sie dieses halten oder wie Sie es an der Schachtel gerieben haben. Die Feuerstelle ist nicht defekt und hasst Sie auch nicht. Sie haben lediglich das Feuer nicht richtig vorbereitet. Wenn Sie den Fehler beim Vorgang des Anzündens suchen, obwohl der Fehler in der mangelhaften Vorbereitung besteht, wird nichts funktionieren, was Sie versuchen.

Beim ersten Kuss - und beim ersten Sex - verhält es sich genauso. Wenn Sie die Frau richtig vorbereiten, ist der erste Kuss einfach und erscheint natürlich. Männer glauben, dass der erste Kuss schwierig ist - oder dass sie einen komplizierten Trick (oder einen raffinierten Spruch) nicht kennen: Sie neigen dazu, sich auf die falsche Seite des Problems zu konzentrieren. Man muss aber verstehen: Am Ende des Dates ist es zu spät, eine Frau auf den ersten Kuss vorzubereiten. Anstatt sich auf den Augenblick des ersten Kusses zu konzentrieren, muss man sich auf die Maßnahmen konzentrieren, die zu ihm hinführen.

Als Bob bei Sherry den ersten Kuss wagte, hatte er keine von den notwendigen Vorbereitungen getroffen. Zunächst betrachtet Sherry ihn als einen Bekannten - er hat ihr auch niemals einen Grund gegeben, ihn für etwas anderes zu halten. Er hat keinerlei romantisches Interesse gezeigt, bevor er versuchte, sie zu küssen. Wenn er es getan hätte, hätte er vielleicht begriffen, dass sie nicht interessiert war. Wenn er das im Voraus geklärt hätte, hätte er sie vor dem Date schon abgeschrieben und sich die Zeit gespart. Er ignorierte sogar unseren Rat, beim Date romantische Fragen zu stellen, um sie in Stimmung zu bringen. Indem er mit ihr einen Erotikfilm ohne romantische Rahmenhandlung ansah, schuf er eine Situation, in der sie Angst vor ihm hatte. Und dann wunderte er sich auch noch, warum der erste Kuss schwierig zu haben war!

Paul machte ähnlich dumme Fehler. Sobald er entschieden hatte, dass Annie den Aufwand nicht wert war, tat er gar nichts Romantisches mehr. Er behandelte sie wie eine Frau, die er loswerden wollte, und wunderte sich dann, dass sie ihn nicht küssen wollte! Beide fragten sich, was sie beim ersten Kuss falsch gemacht hatten. Die Ursache ihrer Probleme war aber hier ganz sicher nicht zu finden.

Bob und Paul müssen sich an Bruce ein Beispiel nehmen: Bruce weiß, dass der erste Kuss das Resultat einer zuvor erzeugten romantischen Stimmung ist. Als er Wendy den ersten Kuss gab, wartete sie schon darauf. Er hatte sofort abgeklärt, ob sie interessiert war, und sein romantisches Interesse dauerhaft gezeigt. Er hatte romantische Fragen gestellt und sie in romantische Gespräche verwickelt. Er hatte alles getan, was wir in diesem Kapitel beschreiben werden. Als er den ersten Kuss wagte, erwartete sie ihn bereits – und erwiderte ihn leidenschaftlich. Bruce weiß, dass der erste Kuss nicht schwierig ist: Es kommt nur auf die Vorarbeit an, die zu ihm hinführt.

Auswertung der Vorarbeit

Inzwischen wissen Sie das meiste von dem, was Sie wissen müssen, um eine Frau dazu zu bringen, dass sie romantische Gefühle Ihnen gegenüber hegt. Wenn Sie mehr darüber wissen wollen, lesen Sie dieses Buch noch einmal! Die vorangegangenen Kapitel haben alles abgedeckt, was Sie wissen müssen, um eine Frau auf eine sexuelle Affäre mit Ihnen einzustimmen.

Zu diesem Zweck müssen Sie

- romantische Fragen stellen
- romantische Gespräche führen
- Ihre Hand berühren
- etwas zu lange in ihre Augen schauen
- sie beiläufig und unaufdringlich berühren
- schnelle und unkomplizierte Entscheidungen treffen
- sie zum Lächeln und / oder Llachen bringen
- Ihre Ziele eindeutig definieren
- Ihr romantisches Interesse deutlich machen
- Informationen über die romantischen Bedürfnisse der Frau sammeln
- beim Verführungs-Date die romantischen Bedürfnisse der Frau erfüllen

- Ihr fünfmal Komplimente machen
- auf die schon beschriebene Weise ihren Körper taxieren
- siebenmal verführerische Worte einstreuen (Verführung, Attraktivität, sich verlieben, Romantik)
- durch Körpersprache Interesse zeigen
- ihr etwas zuflüstern

Diese Grundlagen bilden das Gerüst. Wenn Sie den überwiegenden Teil dieser Maßnahmen versäumt haben, sollten Sie den ersten Kuss gar nicht erst in Betracht ziehen: Fangen Sie noch einmal von vorn an. Führen Sie mehr romantische Gespräche. Schaffen Sie zusätzliche romantische Situationen. Wenn Sie die Grundlagen geschaffen haben, können Sie weiter voranschreiten. Nachdem Sie die nötige Vorarbeit geleistet haben, bleiben nur noch zwei Schritte übrig: Sie testen ihre Bereitschaft und wagen den Kuss.

Wie man ihre Bereitschaft testet

Wer den ersten Kuss wagt, sollte bestimmte Voraussetzungen erfüllt haben; andernfalls wird der Versuch kläglich scheitern. Solange diese Voraussetzungen nicht gegeben sind, sollten Sie es gar nicht erst versuchen – sie wird ohnehin nein sagen. Wenn Sie aber alles vorbereitet haben, dürfen Sie es ruhig probieren! Sie ist darauf eingestellt. Sie müssen aber wissen, dass diese Voraussetzungen manchmal schneller erfüllt sind, als das in unseren Fallbeispielen der Fall ist. Wenn die Chemie stimmt und sie in der Stimmung ist, wagen Sie den Kuss – egal, wann es soweit ist. Das kann am Ende des Schnupper-Dates sein, oder auch schon mittendrin. Es kann auch schon vor dem Schnupper-Date geschehen, wenn Sie merken, dass ihr Feuer schon vorbereitet ist und nur noch auf den Funken wartet. Es kann sogar geschehen, wenn Sie einer Frau zum ersten Mal begegnen – wenn sie Sie attraktiv findet und die Energie stimmt.

Vor dem ersten Kuss müssen folgende Voraussetzungen erfüllt sein

- Sie ist von dem Kuss nicht überrascht.
- Sie denkt an den Kuss – und an mehr.
- Sie weiß, dass Sie sie wollen – und findet das gut.

Aber woher soll man wissen, ob diese Bedingungen erfüllt sind? Wir haben eine Reihe von Tests entwickelt, die unsere Schüler nutzen können, bevor sie den ersten Kuss wagen. Diese Tests werden Ihnen sagen, ob Ihr Date bereit ist, und zugleich dazu beitragen, sie einzustimmen. Wir empfehlen, diese Tests durchzuführen und ihre Reaktionen auszuwerten, bevor Sie es darauf ankommen lassen.

Berührungstests

Sie können ihre Bereitschaft testen, indem Sie ihre Reaktionen auf beiläufige und romantische Berührungen beobachten. Beiläufige Berührungen sind einfach und schnell: Man berührt ihre Finger beim Servieren einer Tasse Kaffee oder ihren Arm oder Rücken, wenn man sie zum reservierten Tisch führt. Beiläufige Berührungen sind zweideutig: Sie können ein Zeichen von Freundschaft oder von Liebe sein. Romantische Berührungen sind deutlicher: Wenn Sie ihre Hand berühren oder halten, ihren Arm reiben oder Ihre Hand länger als ein paar Sekunden auf einen ihrer Körperteile legen, handelt es sich um eine romantische Berührung. Ziel ist es, dass sie sich über zunehmend längere Berührungen freut. Fassen Sie sie zunächst beiläufig an und achten Sie auf ihre Reaktion. Sehr wahrscheinlich wird sie keine sichtbare Reaktion zeigen. Wenn sie ausweicht, halten Sie Ihre weiteren Berührungen knapp und führen Sie weitere romantische Gespräche. Wenn sie Ihren Berührungen weiterhin ausweicht, erwägen Sie, sie loszuwerden und es bei einer anderen zu versuchen. Es gibt keinen Grund, bei einer Frau zu bleiben, die kalt ist, nicht auf Sie eingeht und keine Romanze mit Ihnen haben will.

Wenn sie positiv reagiert, berühren Sie sie über längere Phasen. Wenn sie sich entspannt und angeregt gibt, ihr Gesicht rot wird oder ihre Augen aufleuchten, deutet das auf eine positive Reaktion hin. In diesem Fall legen Sie Ihre Hand für eine längere Zeit auf ihre. Machen Sie keine große Sache daraus – lassen Sie es wirken, als wenn es sich einfach so ergeben würde.

Der Umarmungstest

Eine Möglichkeit, herauszufinden, was eine Frau für Sie empfindet, besteht darin, ihre Reaktion auf eine Umarmung zu testen. Wie bei beiläufigen Berührungen lässt eine Frau es in der Regel zu, wenn Sie es einfach tun. Wenn Sie sie ohne großes Aufhebens umarmen, wird sie Sie meist nur für einen Typ halten, der eben Leute umarmt. Sie wird sich dann auch nicht viel daraus machen.

Im Allgemeinen empfehlen wir, dass man eine Frau nicht zu oft umarmen sollte, bevor man Sex mit ihr gehabt hat. Umarmen ist eher ein freundschaftliches Verhalten, nicht so sehr das eines Liebhabers. Wenn sie sich daran gewöhnt, dass Sie sie umarmen, ohne sie zu küssen, erklärt sie diesen offensichtlichen Widerspruch dadurch, dass Sie nur ein guter Freund sind. Umarmungen sind auch eine Gelegenheit, bei der Männer ungewollt eine gewisse Bedürftigkeit äußern, wenn ihnen Körperkontakt sehr fehlt. Sie klammern sich fest, sind von dem guten Gefühl überwältigt (das sie vielleicht nicht empfindet), drücken zu fest und lassen nicht los. Eine Frau erzählte von einem Mann, der sie auf einer Party umarmte, als sie sich verabschiedete. Er kannte sie gerade einmal eine Stunde. »Er umarmte mich, legte seine Hände auf meine Hüften und drückte mich, während er sich verabschiedete. Es erschien wirklich verrückt, so festgehalten zu werden. Ich hatte das Gefühl, dass ich ihn nicht loswurde.« Die

Umarmung ist eine Gelegenheit, es zu verderben. Wenn Sie es also tun, dann machen Sie es wenigstens richtig.

Wenn Sie eine Frau umarmen, mit der Sie ausgehen, lautet die erste Regel: Machen Sie es kurz. Kurz, kurz, kurz. So können Sie ihre Bereitschaft testen – aber es ist keine Gelegenheit, Ihren eigenen Mangel an Sex oder Körperkontakt auszugleichen. Davon werden Sie später genug bekommen. Wenn Sie »Hallo« oder »Tschüss« sagen, können Sie sie kurz drücken. Wenn Sie es kurz machen, machen Sie ihr keine Angst und können ihre Reaktion einschätzen. Drückt sie sich an Sie? Scheint sie Sie wirklich festhalten zu wollen? Das ist ein gutes Zeichen; eventuell sollten Sie sie auf der Stelle küssen. Wenn eine Frau sich eher schnell wieder lösen will, haben Sie noch einiges zu tun, bevor sie romantische Gefühle entwickelt.

Kuss auf die Wange

Neben einer Umarmung kann man auch den Kuss auf das Gesicht versuchen. Das bedeutet, dass man ihre Wange küsst, um ihre Reaktion zu testen. Wenn sie auf den Kuss eingeht und dabei lächelt, bedeutet das, dass sie später für einen Kuss auf die Lippen empfänglich ist. Wenn sie ausweicht oder zusammenzuckt, müssen Sie Ihre Strategie überdenken. Wenn sie einen Kuss auf die Wange nicht bereitwillig hinnimmt, wird sie für einen Kuss auf die Lippen kaum bereit sein.

Begeisterungstest

Das Interesse einer Frau kann man an ihrer Begeisterung ablesen. Das äußert sich in ihrem allgemeinen Gebaren, aber vor allem zwischen zwei Aktivitäten. Die beste Gelegenheit, zu zeigen, dass sie müde ist und nach Hause gehen will, ist nicht während einer Aktivität, sondern zwischen zwei Aktivitäten. Achten Sie darauf, wie interessiert sie ist. Ist sie nach einem Film scharf auf einen Kaffee oder einen Drink, oder zögert sie eher? Sucht sie nach einer Gelegenheit, um das Date zu beenden, oder will sie die ganze Nacht durchfeiern? In diesen »Zwischenphasen« können Sie erkennen, wie interessiert sie wirklich ist.

Als Mike mit Karin ausging, achtete er darauf, wie sie sich zwischen zwei Ereignissen verhielt. An ihrem Verführungs-Date nahm er sie mit in den Botanischen Garten und lud sie hinterher zu einem Eis ein. »Großartig«, sagte sie. Er sah ihre Begeisterung und wusste, dass sie auf einen Kuss zu einem späteren Zeitpunkt wahrscheinlich interessiert und offen reagieren würde. Einige Wochen vorher war er mit Kelly in den Botanischen Garten gegangen. Sie hatte gesagt: »Ich muss jetzt wirklich gehen. Ich habe eine Menge zu tun … also …« An diesem Punkt hatte er gewusst, dass sie nicht interessiert war und für einen Kuss wahrscheinlich nicht offen sein würde. Er hatte sie sofort gehen lassen, sie nicht gedrängt zu bleiben, nicht gejammert und – vor allem – nicht versucht, sie zu küssen.

Schein-Kuss-Test

Dieser Test dient ebenfalls dazu, die Frau auf Ihren Kuss einzustellen. Man bewegt sich auf sie zu, als wenn man sie küssen wollte, »ändert« dann aber seine Meinung und zieht sich wieder zurück. Wenn sie zurückweicht, während Sie sich auf sie zu bewegen, will sie wahrscheinlich nicht geküsst werden. Wenn sie sich nicht bewegt oder sich Ihnen zuneigt, ist sie wahrscheinlich interessiert. Der »Schein-Kuss-Test« kann als eine Zusage für den späteren wirklichen Kuss genommen werden. Wenn sie nicht zurückweicht, ist für beide klar, dass ein Kuss unvermeidlich ist – es ist nur eine Frage der Zeit.

Als Bruce Wendy verführt, leistet er die ganze Vorarbeit. Im Verlauf des Dates testet er auch ihre Bereitschaft, indem er sie berührt, sie umarmt und ihr Gesicht küsst; er achtet auf das Maß ihrer Begeisterung zwischen den Aktivitäten, ihre Empfänglichkeit für Komplimente und ihre Reaktion auf seinen »Schein-Kuss«. Diese Aktivitäten fördern auch ihre Bereitschaft für den Kuss. Immer, wenn ihm eine Reaktion nicht gefällt, intensiviert er seine Vorarbeit, um das Gefühl der Verbundenheit zu stärken. Als er den Kuss wagt, beweist ihre leidenschaftliche Reaktion, dass sie sehr an ihm interessiert ist.

Schritt für Schritt zum ersten Kuss

Wenn Sie alle Vorarbeiten geleistet haben und die Frau auf die Tests gut reagiert hat, können Sie sie zum ersten Mal küssen. Sie ist gut eingestimmt und bereit: Es wird höchstwahrscheinlich gut gehen. Sie müssen nur einige technische Aspekte abdecken, um die Vorbereitungen abzuschließen.

Der richtige Zeitpunkt

Bei jeder sexuellen und romantischen Handlung kommt es vor allem auf den richtigen Zeitpunkt an. Wenn Sie den Kuss wagen, sollte in dem Moment eine romantische Stimmung herrschen - nicht gestern, nicht vor ein paar Minuten, nicht letzte Woche am Telefon. Mit der Zeit und mit etwas Übung werden Sie lernen, romantische Augenblicke wahrzunehmen. Ist ein solcher Moment da, handeln Sie. Warten Sie nicht darauf, sie vor der Tür zu küssen, wie das die Männer in Film und Fernsehen tun. Wenn die Stimmung stimmt, wagen Sie es. Man weiß nie, wie lange sie anhält - es kann Stunden dauern, bis sich wieder eine Gelegenheit bietet.

Der richtige Zeitpunkt ist besonders schwer zu trainieren. Diese Kunst erfordert Übung und die Bereitschaft zu scheitern. Wir glauben, dass ein Gefühl für den richtigen Zeitpunkt allen Männern angeboren ist - wir tun nur Dinge, die es zerstören. Welche grundlegenden Hindernisse stören den besten Zeitpunkt bei Interaktionen mit Frauen?

Mangel an Selbstvertrauen

Das sollte sich inzwischen wie eine Schallplatte mit Sprung anhören, aber wir werden es immer wieder betonen, damit es sich Ihnen einprägt. Das Selbstvertrauen ist eines der wichtigsten Dinge, die Sie im Umgang mit Frauen im Griff zu haben müssen. Die größte Bedrohung für das Selbstvertrauen besteht, wenn man nicht sicher ist, ob das Date gut läuft, bis die Frau das bestätigt. Verzichten Sie darauf. Folgen Sie Ihrem Gefühl und handeln Sie, wenn Sie sicher sind, dass der Zeitpunkt stimmt.

Fixierung auf ein bestimmtes Ergebnis

Wer mit vollem Selbstvertrauen handelt, ist voll präsent und achtet auf alles, was geschieht. Wenn man sich Sorgen über das Ergebnis macht, schenkt man der Frau, die vor einem sitzt, nicht genügend Aufmerksamkeit und macht Fehler. Fixieren Sie sich nicht auf das Ergebnis – hoffen Sie einfach das Beste. Wenn Sie entspannt und zielstrebig handeln und alles akzeptieren, was sich ergibt, haben Sie ein viel besseres Timing.

Falsche Einstellung

Beim Kuss (wie beim gesamten Date) sollten Sie eine selbstsichere, aufmerksame Haltung haben; zugleich sollten Sie innerlich doch etwas auf Distanz bleiben – denn wenn es diesmal nicht klappt, versuchen Sie es bei einer anderen Frau. Sie müssen ihr zeigen, dass sie Ihnen viel bedeutet und Sie ihre Gesellschaft genießen, aber auch deutlich machen, dass Sie noch viele andere Verehrerinnen haben. Die größte Bedrohung für Ihre Einstellung besteht, wenn Sie Ihr Selbstwertgefühl von dem Erfolg bei dieser Frau abhängig machen. Wie oft müssen wir das noch sagen? So schön es auch ist, bei Frauen Erfolg zu haben – man sollte sein Selbstwertgefühl nicht davon abhängig machen, ob die Frau, mit der man ausgeht, mit einem Sex haben will. Wenn Sie das bedenken, können Sie die richtige Einstellung für den ersten Kuss finden und werden für die Frau noch attraktiver.

Jetzt aber wirklich: der erste Kuss

Sie haben Ihre Vorarbeiten geleistet und einige Tests durchgeführt: Sie scheint für den ersten Kuss bereit zu sein. Sie fühlen sich selbstsicher, haben sich nicht auf das Ergebnis fixiert und sind beide in romantischer Stimmung. Wie geht man nun den ersten Kuss an? Es gibt vier Möglichkeiten: Die Draufgänger-Methode, die Frage-Methode, die Ankündigungs-Methode und die passive Methode. Gehen wir diese Methoden einzeln durch.

Die Draufgänger-Methode

Wenn die Stimmung da ist, küsst man sie einfach. Das kann man, je nach den Umständen, auf viele verschiedene Arten tun. Es kann sein, dass es am besten funktioniert, wenn Sie die Frau in Ihre Arme nehmen; es kann sein, dass Sie sich einfach hinüberlehnen und sie flüchtig küssen können. Die Einzelheiten ändern sich je nach Situation. Die Grundlage dieser Methode ist aber einheitlich: Man tut es einfach, ohne sich allzu viele Gedanken darüber zu machen.

Die Frage-Methode

In unserer heutigen Welt der Political Correctness ist dies ein rechtlich unbedenklicher Weg, den ersten Kuss zu erobern. Schließlich kann es als persönlicher Angriff gewertet werden, wenn man eine Frau ohne ihre Erlaubnis küsst. Wenn Sie die Anweisungen dieses Buches befolgen, ist es natürlich sehr unwahrscheinlich, dass eine Frau einen Prozess gegen Sie führen wird, weil Sie sie im falschen Moment geküsst haben.

Das Problem an der Frage-Methode ist, dass sie besonders schlecht funktioniert, weil manche Frauen, die interessiert sind, durch diesen Ansatz die Lust verlieren. Viele Frauen haben bestätigt, dass es sie beleidigt, wenn Männer vor einem Kuss um Erlaubnis bitten. Natalie, eine Frau, die wir befragt haben, sagte: »Ich hasse es, wenn ein Mann fragt, ob er mich küssen darf. Ein Mann hat das vor einigen Monaten getan. Ich habe ihm gesagt, dass er sich verpissen soll. Wenn ein Mann mich küssen will, soll er wenigstens auch Manns genug sein, es zu tun, ohne zu fragen.« Das ist eine echte Zwickmühle für einen Mann. Einerseits sagen manche Frauen, dass wir immer ihre absolute, kristallklare Zustimmung benötigen, wenn wir sie berühren. Andererseits sagen manche Frauen, dass es ihnen die Lust verdirbt, wenn Männer vor dem ersten Kuss um Erlaubnis fragen! Wir empfehlen, dass man eine Frau vor einem Kuss in der Regel nicht um Erlaubnis bitten soll. Es macht einfach mehr Probleme, als es löst.

Die Ankündigungsmethode

Diese Methode kann ziemlich gut funktionieren und gibt der Frau eine Gelegenheit, abzulehnen, wenn sie Sie nicht küssen will. Wenn Sie vor einem Kuss eine Art Ankündigung geben, bitten Sie nicht wirklich um eine Erlaubnis – was, wie gesagt, manchen Frauen die Lust verdirbt. Trotzdem hat sie die Chance, Ihnen zu sagen, dass Sie verschwinden sollen, wenn sie es nicht will. Man kann zum Beispiel sagen: »Oje, du bist so schön … keine Panik. Ich muss dich einfach küssen.« Und los geht's. Die Ankündigungsmethode funktioniert gut und gewährleistet eine gewisse Rechtssicherheit.

Die passive Methode

Bei dieser Methode wird die Frau so romantisch berührt, dass sie Ihnen den ersten Kuss gibt. Wahrscheinlich sagen Sie zu sich selbst: »Mann, das wäre toll, wenn das jemals geschehen würde.« Wenn Sie aber erst einmal den Stoff in diesem Buch beherrschen, werden Sie merken, dass der erste Kuss keine große Sache ist, egal, wie man ihn bekommt. Es macht keinen großen Unterschied, wer wen küsst. Es ist nur ein Schritt in einer unvermeidlichen Eroberung.

Wenn sie nein sagt

Herzlichen Glückwunsch! Eine Frau hat Ihren Kuss zurückgewiesen! Wenngleich das wahrscheinlich nicht oft geschieht, ist es doch gut möglich. Willkommen im Club! Folgende Dinge sollten Sie tun bzw. nicht tun, wenn eine Frau Ihren Versuch zurückweist:

Entscheiden Sie, welche Schlüsse Sie daraus ziehen

Zuerst müssen Sie entscheiden, welche Schlüsse Sie daraus ziehen wollen. Normalerweise werden Sie daraus wohl schließen, dass Sie ein Loser und ein Idiot sind. Überlassen Sie sich nicht Ihrem gewohnheitsmäßigen Denken. Entscheiden Sie, wenn möglich im Voraus, wie Sie damit umgehen wollen.

Wir empfehlen: Interpretieren Sie eine Zurückweisung dahingehend, dass die Frau für einen Kuss noch nicht bereit ist. Es ist, als wenn sie sagen würde: »Nicht jetzt, aber ein anderes Mal.« Sie können daraus auch schließen, dass Sie mehr Vorarbeit leisten müssen. Wir empfehlen dringend, dass Sie es vermeiden, sich deshalb für einen Verlierer zu halten. Wenn Sie Erfolg bei Frauen haben wollen, müssen Sie die Zurückweisung positiver auslegen. Unserer Erfahrung nach hat kein Mann dauerhaften Erfolg bei Frauen, ohne zunächst viele Zurückweisungen einzustecken.

Fragen Sie niemals »warum nicht«

Die Frage ist ein typischer Anfängerfehler, den viele Männer machen. Erstens wirkt man dann wie ein Waschlappen: Es erinnert an ein kleines Kind, das quengelt, weil es etwas nicht haben kann. Diese Frage kann als Bettelei ausgelegt werden. Dementsprechend wird sie noch weniger Lust zum Küssen haben. Zweitens wird sie die Frage beantworten – und das ist das letzte, was Sie brauchen können. Es zwingt sie, eine Rechtfertigung dafür zu geben, dass sie Sie nicht küssen will. Je mehr Gründe sie findet, desto geringer die Wahrscheinlichkeit, dass sie Sie jemals küssen will. Diese Frage ist praktisch Selbstmord.

Diskutieren Sie niemals darüber

Ein weiterer Anfängerfehler, den Männer angesichts einer sexuellen Zurückweisung machen, besteht darin, dass sie darüber diskutieren. Das hat denselben Effekt wie die Frage »warum nicht?«, weil sie dann ihren Standpunkt weiter ausbaut. Uns ist aus keinem einzigen Fall bekannt, dass eine Frau ihre Meinung geändert und einen Mann bereitwillig geküsst hat, weil er ihre Zurückweisung infrage gestellt hat. Es führt nur dazu, dass sie Sie erst recht niemals küssen wird. Sie wird negative Gedanken haben, wenn sie an Sie denkt, und Sie in Zukunft meiden. Wenn Sie die Entscheidung einer Frau infrage stellen, bedeutet das, dass Sie ihre Meinung und ihre Grenzen nicht respektieren, was ihr wahrscheinlich noch mehr die Lust verderben wird.

Betteln Sie niemals

Manche Männer machen diesen schrecklichen Fehler. Betteln ist eine Verhaltensweise, die häufiger auftritt, wenn man mit einer Frau im Bett ist. Betteln Sie nicht. Drängen Sie nicht. Sagen Sie nicht: »Oh, komm schon, du weißt nicht, wie das einem Mann wehtut.« Betteln zeigt einer Frau, dass Sie ein lascher Waschlappen sind, der nicht warten kann, wenn er etwas will. Es zeigt, dass Sie nicht entschlossen sind, Ihr Leben selbst in die Hand zu nehmen. Tun Sie es nicht. Sie werden Ihre Selbstachtung verlieren, wenn Sie sich ihren Launen unterwerfen.

Versuchen Sie es später noch einmal

Sie weist Sie nur jetzt zurück – nicht später. Wenngleich Sie sie nicht bedrängen sollten, sollten Sie doch bedenken, dass manche Frauen lediglich testen wollen, wie Sie mit einer Absage umgehen. Andere sind im Augenblick einfach nicht in der richtigen Stimmung, wären aber ein anderes Mal bereit. Wieder andere werden Sie durchaus küssen wollen, erwarten aber, dass Sie sich stärker einsetzen, um zu beweisen, dass Sie sie wirklich lieben (und nicht nur ihren Körper begehren). Manche Frauen wollen Sie einfach nicht – und werden Sie niemals wollen. Bedenken Sie, dass jedes Nein ein Meilenstein zu einem Ja ist – wenn nicht von dieser Frau, dann von einer anderen.

Die zehn entscheidenden Fehler, die den ersten Kuss verderben

Inzwischen wird Ihnen klar, dass die meisten Ihrer Probleme durch selbst gemachte Dummheiten entstehen, durch die Sie Ihre Verführung selbst verdorben haben. Sie haben sich als »guter Freund« präsentiert, sich der Frau gegenüber wie in Männergesellschaft verhalten oder unentschlossen gehandelt. Nun wollen wir die wichtigsten Fehler nennen, die Männer machen, wenn sie den ersten Kuss wagen, und Tipps geben, wie man sie vermeidet.

Fehler Nr. 1: Man äußert die Absicht, sie zu verführen

Sie könnten sich dazu hinreißen lassen, Ihrer Date-Partnerin zu sagen, dass Sie ein Buch über die Verführung von Frauen haben und die Techniken an ihr ausprobieren wollen! Man sollte glauben, dass niemand so dumm sein würde, aber wir kennen viele, die es getan haben. Es versteht sich von selbst, dass sie danach keine Lust mehr hat, Sie zu küssen.

Fehler Nr. 2: Sie beleidigen sie durch eine dumme Äußerung

Es besteht kein Mangel an Möglichkeiten, eine Frau bei einer Verabredung zu beleidigen. Ein Artikel aus der »Cosmopolitan« nennt einige Beispiele für Dummheiten, die Männer bei ihren ersten Dates getan oder gesagt haben:

- Ein Mann fragte: »Warum sind alle guten Frauen vergeben?«
- Einer sagte: »Der Geist eines Serienkillers fesselt mich. Der Wahnsinn und die Leidenschaft beim Töten eines Menschen faszinieren mich.«
- Ein Mann stieß eine Frau ab, indem er sagte: »Ich dusche viermal täglich. Das muss bei mir sein.«
- Ein Mann fühlte sich dazu gedrängt, einzugestehen, dass er sich beim Sex immer vorstellen musste, mit einer anderen Frau im Bett zu sein.
- En Mann sagte über die Ehe: »Ich selbst bin eigentlich kein großer Fan dieser Institution.«
- Ein Mann sagte über seine Ex-Freundin: »Manche Menschen wollen einfach geschlagen werden.«
- Ein Mann lud eine Frau zum Essen in sein Haus ein und sagte am Ende des Dates: »Ich will unsere Beziehung nicht dadurch belasten, dass einer von uns das Gefühl hat, dem anderen etwas schuldig zu sein. Warum zahlst du nicht für deine Hälfte?« Dann präsentierte er eine detaillierte Liste seiner Ausgaben.

Man kann eine Frau auch dadurch abschrecken, dass man über seine Liebe zur Pornografie redet, Kommentare über die Körper anderer Frauen abgibt oder einen Standpunkt in einer politischen Frage oder zur Gleichberechtigung von Mann und Frau einnimmt, den sie zutiefst ablehnt. Außerdem kann man sie abstoßen, indem man eine Zigarre anzündet (es sei denn, dass sie zuerst eine anzündet) oder sich ausgiebig kratzt. Wenn Sie etwas tun, was sie tief beleidigt, nehmen Sie sich sofort zusammen: Entschuldigen Sie sich knapp - wenn Sie glauben, dass es hilft - und fahren Sie mit dem normalen Programm fort, als wäre nichts geschehen. Leider werden Sie oft nicht erfahren, was sie empfindet. Sie wird es Ihnen nicht sagen; sie wird Sie einfach abschreiben und versuchen, Sie schnellstens loszuwerden. Sie wird Sie auf keinen Fall küssen.

Fehler Nr. 3: Man behandelt den Kuss als eine geschäftliche Transaktion

Dies ist ein häufiges Problem unter Männern, die endlich »zur Sache kommen« wollen. Dieses Problem hat man, wenn man im Geschäftsleben steckt oder praktisch veranlagt ist. Männern, die in diese Falle tappen, fällt es schwerer als anderen zu akzeptieren, dass sie Umwege gehen müssen, um einer Frau das Gefühl zu geben, dass sie ihnen etwas bedeutet. Sie betrachten den Aufwand als falsch, manipulativ und unehrlich. Sie mögen es gar nicht und scheinen wild entschlossen zu sein, uns zu widerlegen. Leider haben wir aber Recht: Wenn ein praktisch veranlagter Mann es wagt, eine Frau zu küssen, wird sie ihn unweigerlich zurückweisen. Sie sagt ihm, dass er »zu kalt und berechnend« sei - was er tatsächlich ist. Man muss warmherzig und aufmerksam sein - was man erreicht, indem man romantisch ist, auf Kleinigkeiten achtet und die Richtlinien befolgt, die in diesem Buch umrissen werden.

Fehler Nr. 4: Sie sind unentschlossen

Wenn Sie sich entscheiden, sie zu küssen, tun Sie es! Welche Methode Sie auch immer anwenden - in diesem Fall gilt: Wer zögert, verliert. Frauen wollen einen starken, entschlossenen Mann. Das zeigt sich niemals deutlicher als beim ersten Kuss. Das bedeutet nicht, dass man übertrieben heftig küsst oder ihren Protest ignoriert. Wenn sie es nicht will, darf man sie natürlich nicht küssen. Aber man sollte nicht herumdrucksen. Wenn Sie die nötigen Vorarbeiten geleistet haben und die Tests positiv ausgefallen sind, handeln Sie!

Fehler Nr. 5: Sie verhalten sich, als wenn sie Ihnen einen Gefallen tun würde, wenn sie sich küssen lässt

Als Bob endlich seinen ersten Kuss bekommt, bedankt er sich bei seiner Date-Partnerin! Das ist ein Fehler. Man kann sagen »das war sehr schön«, aber man darf sich nicht so verhalten, als wenn sie Ihnen einen größeren Gefallen tut, als den, den Sie ihr tun.

Fehler Nr. 6: Sie geraten während des Dates in Verlegenheit und geben auf

Der größte Fehler, den man machen kann, wenn man eine Frau erobern will, ist aufgeben. Oft werden Männer verunsichert, weil eine Unterhaltung nicht gut läuft, weil sie beleidigt reagiert oder weil romantische Fragen sie misstrauisch machen. Bedenken Sie: Sie kann entweder positiv oder negativ reagieren. Das ist kein Werturteil über Ihre Person. Wenn Sie verlegen sind, können Sie in vielen Fällen einfach so tun, als wenn nichts geschehen wäre, und fortfahren. Es kann sein, dass sie von Ihnen eine Bestätigung erhofft, dass das Date gut läuft, auch wenn es einen peinlichen Wortwechsel gegeben hat. Wenn Sie nicht aufgeben, wird sie wahrscheinlich sehen, dass alles gut läuft, und sich wieder entspannen.

Fehler Nr. 7: Sie drängen zu stark und handeln zu schnell

Jede Verführung hat ihr eigenes Tempo. Man kann die Wirksamkeit jeder Methode in diesem Buch zerstören, wenn man sie zu hart, zu schnell oder zu ungenau anwendet. Das hört man natürlich nicht gerne, nachdem man auf mehreren hundert Seiten gelesen hat, dass man bei der Verführung entschlossen handeln muss, aber es ist eben die Wahrheit: Mann muss handeln, aber man muss sich auch an das Tempo der Frau anpassen. Das bedeutet, dass man lernen muss, auf ihre Reaktionen zu achten. Wenn sie dauerhaft Widerstand leistet und nicht auf Sie eingeht, kann es sein, dass Sie ihr Angst machen, sie zu sehr drängen oder zu schnell vorgehen. Reduzieren Sie das Tempo und nehmen Sie sich etwas zurück.

Wenn sie sagt, dass es ihr zu schnell geht, machen Sie sich keine Sorgen. Es ist gut, dass sie Ihnen eine Rückmeldung gegeben hat. Bedenken Sie: Es ist nicht unbedingt gemeint, dass Sie die Verführung aufgeben sollen. Wahrscheinlich heißt es nur, dass Sie langsamer machen sollen. Sagen Sie etwas wie: »Bin ich zu zudringlich geworden? Entschuldige bitte.« Machen Sie ihr außerdem ein Kompliment: »Du bist eben eine tolle Frau. Ich halte mich zurück.« Indem Sie so etwas sagen, zeigen Sie ihr, dass Sie nur deshalb so schnell gewesen sind, weil sie so toll ist. Indem Sie ihr versichern, dass Sie sich zurücknehmen werden, bestätigen Sie auch, dass Sie sie verführen wollen und es weiter versuchen werden. Wenn sie das akzeptiert, wird diese Interaktion die Verführung einen entscheidenden Schritt voranbringen.

Fehler Nr. 8: Sie überrumpeln sie, weil Sie sie »aus heiterem Himmel« küssen wollen

Frauen mögen Feingefühl. Sie mögen keine aggressiven Überraschungen, die aus dem Nichts kommen. Ihr erster Kuss sollte der Gipfel einer langen Reihe von Handlungen sein, die Feingefühl und Aufmerksamkeit ihr gegenüber beweisen. Wenn Ihr Kuss sie überrascht und scheinbar »aus heiterem Himmel« erfolgt, wird sie daraus schließen, dass Sie kein Feingefühl haben, und das Interesse an Ihnen verlieren.

Die Lösung besteht in der Unterscheidung zwischen Ihrem Begehren und den romantischen Augenblicken, die kommen und gehen werden. Achten Sie darauf, dass Sie nicht aus Geilheit küssen, sondern weil die Stimmung romantisch ist. Die Ankündigungsmethode gibt ihr wenigstens einen Augenblick Zeit, um sich auf Ihren Kuss einzustellen.

Fehler Nr. 9: Sie rammen Ihre Zunge in ihren Mund

Viele Frauen haben erzählt, dass manche Männer Küsse (die erfolgreich gewesen wären) vermasselt haben, indem sie zu früh und zu hart die

Zunge in ihren Mund geschoben haben. Der erste Kuss ist ein sanfter Schmatz – kein Zungenkuss. Der sanfte Kuss dient als Vorspiel zu einem längeren, intensiveren. Nachdem Bruce Wendy geküsst hatte, sagte sie: »Das war der sanfteste Kuss, den ich je erlebt habe.« Das ist die Art von Antwort, auf die man hoffen sollte.

Fehler Nr. 10: Sie haben Knoblauch gegessen, Mundgeruch oder einen schlechten Geschmack im Mund

Es hat keinen Sinn, die ganze Vorarbeit zu machen, alle Tests zu bestehen und mit einer Frau eine echte Verbindung herzustellen, wenn man es durch Mundgeruch oder einen schlechten Geschmack im Mund verdirbt. Eine Reihe von Frauen berichteten, dass Männer, die sie küssen wollten, sie durch Mundgeruch angeekelt haben. Das darf Ihnen nicht passieren.

Die Lösung ist, dass man bei einem Date für einen frischen Atem sorgt. Aber – das ist wichtig – spritzen Sie sich niemals vor einer Frau Mundspray in den Mund. Aus Gründen, die wir nicht begreifen, finden Frauen das absolut abstoßend. Wenn Sie bei einem Date heimlich Zahnbürste und Zahnpasta mitbringen müssen, gehen Sie nach dem Essen auf die Toilette (aber erwähnen Sie es nicht). In der Regel wird ein Atemspray, ein Kaugummi oder eine Pfefferminztablette genügen.

Wie man mehr aus dem Kuss macht

Wenn sie den ersten Kuss zulässt, sollten Sie auf der Stelle erwägen, ob Sie mehr bekommen können. Im Idealfall werden Sie mit Ihrem Küssen so weit wie möglich gehen, aber aufhören, bevor sie sagt »es geht mir zu schnell«. Einzuschätzen, wann eine Frau einen Kuss stoppen wird, ist ungefähr so einfach, wie ein Soufflé zu kochen, ohne es anbrennen zu lassen. Es ist möglich, aber wahrscheinlich lässt man es anbrennen – egal, wie vorsichtig man ist.

Lässt sie einen Kuss zu, ist das nicht dasselbe, wie wenn sie ihn leidenschaftlich erwidert. Wenn sie ihre Brust an Sie drückt und Sie heftig küsst, bleiben Sie am Ball. Wenn Sie an einem Ort sind, der intensiveren Küssen förderlich ist, tun Sie es. Als Josh Lea zum ersten Mal küsste, reagierte sie leidenschaftlich. Er hatte sie nach ihrem Schnupper-Date zum Auto begleitet. Sie beide hatten Termine. Bei Leas Auto küsste Josh sie. Sie reagierte positiv, presste ihren Körper gegen seinen und legte ihre Arme um seinen Hals. Sie küssten sich weiter und begannen, intensiv zu knutschen. »Warum steigen wir nicht ins Auto?«, fragte er. Sie setzen sich gemeinsam auf den Vordersitz und küssten sich mehr und leidenschaftlicher. Josh begann, ihren Körper zu berühren – sie keuchte leidenschaftlich. Schließlich sagte er: »Scheiß auf das Meeting. Gehen wir zu mir.« Sie stimmte zu und fuhr ihn hin, wo sie Sex hatten.

Wenngleich das selten vorkommt, ist es gelegentlich doch möglich. Man muss bereit sein, einen ersten Kuss so weit zu treiben, wie man kann. Man muss ständig ihre Reaktionen im Auge haben und mit den Handlungen fortfahren, wenn es möglich ist. Wird es ihr unangenehm, machen Sie langsamer oder nehmen Sie sich zurück. Wenn sie Lust zum Küssen hat, treiben Sie es weiter. Wenn man nicht aufpasst, geht man entweder zu weit oder nicht weit genug.

Bedenken Sie, dass dies kein Rennen ist. Wenn Sie die Vorarbeiten geleistet haben, wird sie Sie begehren. Das bedeutet, dass Sie später mehr bekommen können. In vielerlei Hinsicht sind Sie besser dran, wenn Sie sich verabschieden, solange sie noch mehr will. Frauen sind es nicht gewohnt, dass Männer ein Sex-Angebot ausschlagen können; das beeindruckt sie. Schließlich kann es wirklich sein, dass Sie noch andere Verpflichtungen haben. Sie müssen dafür sorgen, dass es in Ihren Terminplan passt – wie wir schon so oft gesagt haben. Sie sollten ihr zum Beispiel sagen: »Das ist toll, aber ich muss jetzt wirklich los. Du bedeutest mir wirklich viel. Kann ich heute Abend vorbeikommen, sagen wir um 22 Uhr, wenn ich alles erledigt habe?« Lassen Sie sich den Weg beschreiben, legen Sie die Verabredung fest und beenden Sie den Liebesakt am späten Abend, wenn Sie frei haben.

Leidenschaftliche Küsse!

Sie haben jetzt keine Entschuldigung mehr, wenn Sie immer noch nicht wissen, was Sie im Augenblick des ersten Kusses falsch machen. Sie wissen nun, dass dieser Augenblick relativ trivial ist im Vergleich zu den vielen wichtigen Schritten, die ihm vorausgehen. Sie wissen nun, dass es wenig Aufwand erfordert, den Augenblick des ersten Kusses zu verbessern; die eigentliche Arbeit betrifft jeden einzelnen Augenblick, der zu ihm hinführt. Man beginnt, eine Frau auf den ersten Kuss vorzubereiten, wenn man ihr zum ersten Mal begegnet – indem man sich von den Männern absetzt, die nur Freunde sind. Man bereitet sie auch auf den Kuss vor, indem man sein romantisches Interesse zeigt und wie ein Mann flirtet, der an ihr interessiert ist. Wenn Sie sie (nach einer oder mehr Begegnungen) soweit haben, dass sie sich bei Ihnen wohl fühlt, fragen Sie entweder nach ihrer Telefonnummer oder schlagen eine Verabredung vor. Wenn sie zusagt, gehen Sie zum Schnupper-Date über; wenn sie ablehnt, versuchen Sie es bei der nächsten Frau – oder Sie baggern weiter an ihr und versuchen es später noch einmal.

Beim Verführungs-Date bereiten Sie den ersten Kuss vor, indem Sie entschlossen sind, in ihre Augen schauen, sie zu berühren, weiterhin Ihr romantisches Interesse zu zeigen, sie zum Lächeln und Lachen zu bringen, interessierte Körpersprache einzusetzen, ihren Körper kurz zu taxieren, ihr etwas Romantisches ins Ohr zu flüstern, romantische Fragen zu stellen und romantische Gespräche zu führen.

Wenn Sie sie nicht am Schnupper-Date küssen, bereiten Sie sie am Verführungs-Date weiter auf den ersten Kuss vor. Das geschieht, indem Sie vieles vom Schnupper-Date wiederholen und zusätzlich Erlebnisse gestalten, die in ihr romantische Gefühle wecken. Diese Erlebnisse zeigen ihr, dass sie etwas Besonderes ist, dass Sie sie attraktiv finden und dass sie Ihnen viel bedeutet. Sie testen ihre Bereitschaft, was sie ebenfalls weiter vorbereitet. Wenn Sie sie schließlich küssen, ist sie nicht überrascht: Sie ist absolut bereit und denkt ebenfalls daran. Jetzt sind Sie bereit für den nächsten Schritt: Wie werden Sie zum Traummann im Bett?

Der erste **Kuss** und mehr

10

Der Traummann im Bett

Nach einigen Monaten harter Arbeit schaffte es Bob endlich, eine Frau mit nach Hause zu bringen. Barbara war Ende 30, relativ attraktiv, hatte ein niedliches Gesicht und war groß, aber übergewichtig. Am Abend hatten sie sich ein Fußballspiel angesehen. Bob küsste und umarmte sie, als sie in der Menge standen. Als das Spiel vorüber war, schlug er vor, zu sich nach Hause zu gehen. Sie stimmte zu. Minuten später kamen sie in sein dunkles und düsteres Haus. Überall lagen schmutzige Kleider herum, ebenso leere Pizza-Schachteln und Teller mit verschimmelten Essensresten. Schlimmer noch: Papierstapel lagen überall verstreut am Boden herum. Bob schob den Müll beiseite, um einen Weg zur Couch zu bahnen. Das heiße und sinnliche Gefühl war in der Unordnung untergegangen. Barbara setzte sich auf die Couch, und Bob begann sofort, ihr Haar zu streicheln und sie zu küssen. Dann versuchte er, ihre Brüste zu berühren. Sie schob seine Hände weg. Wieder küssten sie sich, und er versuchte, sie zu begrabschen. Als sie ihn zum zweiten Mal weg schob, war es ihm peinlich. Langsam wurde er wütend.

Bob hörte auf, sie zu berühren, verschränkte seine Arme und saß minutenlang mit wütendem Blick da. Zum Glück sagte Barbara: »Das funktioniert nicht. Versuchen wir es noch einmal von vorn.« Sie ergriff die Initiative und küsste ihn zärtlich. Wieder begrabschte er eine ihrer Brüste. Sie schob ihn wieder weg. »Bob, das tut weh. Sei zärtlich zu mir, oder ich gehe«, sagte sie. »Pam, meine Ex-Freundin, hatte es immer gern, wenn ich ihre Nippel zwickte«, meckerte Bob. Sie antwortete: »Schau, entweder du bist zärtlich zu meinem Körper, oder ich gehe.«

Bob gab sich mehr Mühe und berührte sie zärtlich. Barbara beruhigte sich; die Stimmung wurde langsam intensiver. Dann zog sie ihr Hemd aus, löste langsam ihren Büstenhalter und legte Bobs linke Hand auf ihre rechte Brust. »Berühre sie sanft, etwa so«, erklärte sie. Er genoss es, mit seinen Fingern Kreise um ihre Nippel zu beschreiben. Sie stöhnte und fragte ihn, ob sie im Bett kuscheln könnten.

»Jetzt kriege ich endlich was ab«, dachte Bob bei sich selbst. »Die vielen Monate des Wartens zahlen sich endlich aus.« Sie gingen Hand in Hand in sein Schlafzimmer. »Ziehen wir uns aus«, sagte er und begann, seine Kleider abzulegen. »Nein, bitte halt mich. Ich will nur neben dir kuscheln und fühlen, wie sehr wir uns gegenseitig mögen«, antwortete Barbara. Wieder einmal wurde er wütend, aber er tat es trotzdem. Sie umarmten sich in seinem Bett. Er streichelte sanft ihr Haar und küsste sie am ganzen Körper. Barbara lachte, als er ihren Hals küsste. Er reagierte sofort defensiv: »Was lachst du so? Was hab ich jetzt schon wieder getan?« Sie sagte es ihm: »Ich mag die Art, wie du mich berührst. Mein Hals ist eben kitzlig, das ist alles.« Er schien Barbara so unerfahren. Sie fand es irgendwie süß und beschloss weiterzumachen. In diesem Moment klingelte das Telefon. Er unterbrach, um abzunehmen. Barbara starrte ihn ungläubig an. Sie konnte nicht glauben, dass er einen romantischen Augenblick unterbrechen würde, um zu telefonieren.

Nachdem er das Telefon aufgelegt hatte, küsste sie ihn und drückte ihn auf seinen Rücken. Sie tat, als wenn sie ihn reiten würde wie ein Pferd, was er außerordentlich genoss. Bob begann, ihre Jeans aufzuknöpfen und mit seinen Fingern über ihre Unterwäsche zu streichen. Er zwickte ihren Oberschenkel sehr grob, was ihr wehtat. Wieder bat sie ihn, zärtlicher zu sein. Als sie ihm das sagte, sah er auf die Uhr. »Hast du nachher einen Termin?«, fragte sie ihn.

Bob machte weiterhin jeden nur denkbaren Fehler. Trotzdem war Barbara bereit für den Geschlechtsverkehr. Sie fragte ihn, wo er die Kondome aufbewahrte. »Oje, ich hab nicht gedacht, dass wir heute noch so weit gehen. Ich habe keine. Wenn du warten willst, kann ich zum Laden fahren und welche holen.« Barbara starrte ihn ungläubig an und zuckte mit den Schultern. »Ich habe eins in meiner Handtasche.« Sie lief ins Wohnzimmer und kehrte mit einem Kondom zurück.

»Warum hast du Kondome in der Handtasche? Tust du das etwa öfter?«, fragte er. »Halt die Klappe, Bob! Wenn du mich noch einmal beleidigst, gehe ich. Was ich mit meinem Leben mache, geht dich gar nichts an. Du hast Glück, dass du mich überhaupt anfassen darfst. Außerdem hast du schließlich keine Kondome. Ich würde sagen, dass Bettler nicht wählerisch sein können.« Bob fühlte sich gedemütigt, aber er war so scharf auf Sex, dass er es nicht wagte, zu antworten. Er riss die Kondom-Packung auf und legte es schnell an. Sofort versuchte er, in sie einzudringen. »Nicht so schnell. Mach langsam, Cowboy. Küss mich vorher«, sagte Barbara. Er küsste sie heftig, wobei er seine Zunge in ihren Mund rammte, und versuchte dann wieder, in sie einzudringen.

Mittlerweile konnte Barbara nicht glauben, wie merkwürdig und unbeholfen Bob sich verhielt. Trotzdem machte sie mit dem Sex weiter. Die ganze Zeit hindurch sah er sie nicht an. Sie sah weiter in seine Augen und lächelte. Je mehr sie das tat, desto unangenehmer wurde es ihm. Er unterbrach sogar den Akt und schaltete das Licht aus, um ihr Gesicht nicht sehen zu müssen. Als sie endlich Sex hatten, war er schnell und heftig; dabei ignorierte er ihre Bedürfnisse. Er versuchte nie, zu sehen, ob sie Spaß hatte, oder ob er etwas tun konnte, um die Erfahrung für sie schöner zu machen. Bob machte einfach weiter und kümmerte sich dabei nur um sein eigenes Vergnügen.

Als er befriedigt war, drehte sich Bob wortlos um und schlief sofort ein. Wenige Augenblicke später zog sich Barbara an und rannte aus dem Haus. Sie war wütend und schwor, Bob nie wiederzusehen.

Wir wissen, dass Sie nicht Bob sind, aber Sie halten sich für Casanova – und der sind Sie nicht. Sie glauben, dass Sie eine Frau beim Sex jedes Mal befriedigen (und das Gegenteil von Bob sind), aber das ist nicht der Fall. Sie glauben, Ihre sexuelle Kommunikation funktioniert bestens, aber das tut sie nicht. Sie glauben, dass man mit Ihnen gut auskommen kann, aber das ist eine Lüge. Egal, wie gut Sie im Bett sind – es gibt immer noch etwas zu lernen.

Dieses Kapitel konzentriert sich darauf, Ihnen Tipps an die Hand zu geben, damit Sie ein guter Liebhaber werden. Es nennt die üblichen Probleme und Sorgen, die beim ersten Sex mit einer Frau sowie in Beziehungen mit Frauen auftreten. Wir behandeln außerdem Strategien, die man vor, während und nach dem Sex anwenden kann.

Der Dreifach-Ansatz: Die drei Schlüssel für besseren Sex

Bob ist ein schrecklicher Liebhaber, weil er die drei entscheidenden Bereiche im Schlafzimmer nicht gemeistert hat: Kommunikation, Technik und Einstellung. Dieses Kapitel vermittelt Ihnen die handwerklichen Grundlagen in diesen drei Bereichen (das ist kein Wortspiel). Wenn Sie Ihre Meisterschaft verbessern, wird sich Ihr Sexleben ebenfalls unweigerlich vervollkommnen. Das Gute daran ist, dass jede dieser Lösungen die anderen fördert. Wenn Sie zum Beispiel Ihre Technik verbessern, ändern Sie dadurch auch Ihre Einstellung zum Positiven. Außerdem kann es eine Menge Spaß machen, diese Bereiche zu perfektionieren.

Wir wissen, dass Sie ein viel beschäftigter Mann sind und nicht noch eine weitere Liste von Aufgaben brauchen. Trotzdem: Wenn Sie regelmäßig an der Verbesserung Ihrer Kenntnisse und Fähigkeiten in jedem dieser Bereiche arbeiten, werden Sie zu einem Meister im Bett.

1. Kommunikation im Schlafzimmer

Jedes Problem lässt sich durch Kommunikation lösen. Alle Sorgen, Ängste, Launen oder Gedanken können transformiert werden, wenn man seinen Mund aufmacht und redet. Wir kommunizieren ständig. Körpersprache, Zuhören, Tonfall, Wortwahl und Volumen fließen gemeinsam in die Sprache ein. Im Schlafzimmer sind kommunikative Fähigkeiten besonders wichtig, wenn man ein heißer und unvergesslicher Liebhaber sein will: Sie entscheiden über die Stimmung. Hat eine Frau beim Sex Angst, kann eine gute Kommunikation sie schnell beruhigen. Jemand wie Bob wird hingegen die Probleme nur verschlimmern.

Frauen klagen ständig darüber, dass Männer einfach nicht genügend reden. Es schadet nicht, etwas mehr Kommunikation ins Schlafzimmer zu bringen. Da die Körper der Frauen unterschiedlich sind, werden Sie nicht umhin können, beim Sex Fragen zu stellen. Der Meister der Verführung stellt Fragen - nicht der Amateur. Der Meister weiß, dass Reden nicht stört - sondern die Intensität noch steigert. Rod war zum Beispiel mit Patricia im Bett. Er begann, ihre linke Brust zu lecken. Sie stöhnte. Er machte weiter und begann, ihre andere Brust mit seiner Hand zu berühren. Sie stöhnte noch mehr. Das ging einige Minuten so weiter. Rod machte eine kurze Pause und fragte sie, wie kräftig er sie berühren durfte. »Da meine Brüste so groß sind, brauchen sie auch eine Menge Stimulation«, sagte sie. Als Rod sie wieder berührte, tat er das viel kräftiger. Patricia stöhnte noch lauter. Indem er eine einfache Frage stellte, brachte er sie noch mehr in Fahrt.

2. Technik der weiblichen Anatomie

Technik bezieht sich auf die Kenntnisse, die ein Mann von der weiblichen Anatomie hat, sowie auf seine Erfahrung in sexuellen Interaktionen. Genauer: Es geht um Positionen, Fantasien, Produkte, Methoden, Vorspiel, Nachspiel, Küssen und vieles mehr. Das alles sind Bestandteile sexueller Interaktion; in der Summe bilden sie ein System von Unterscheidungen, das man als »Technik« bezeichnet.

Bob behandelte Barbara so grob, dass es ihm nicht gelang, die richtige Stimmung zu erzeugen. Er hatte keine Vorstellung davon, wie man eine Vagina sanft berührt. Er wusste nicht, was oder wo eine Klitoris ist. Seine Technik existierte nicht. Er muss erst einmal lernen und begreifen, was Frauen von einem Liebhaber wollen. Diese Information ist frei zugänglich.

Dieses Kapitel zeigt Ihnen nicht die geheimen Sex-Positionen in einer einfachen Lektion. Wir empfehlen, dass Sie in ein Buchgeschäft gehen und Bücher darüber heraussuchen, wie man eine Frau befriedigt. Ferner brauchen Sie detaillierte Bücher über Positionen und Massagen sowie eines, das lehrt, wie man die ganze Nacht über durchhalten kann. Das sind die Techniken, die man braucht, um ein Weltklasse-Liebhaber zu werden. Wenn man seine Technik gut beherrscht, kann man sich auch besser entspannen. Dann wird auch der Sex noch heißer sein.

3. Die richtige Einstellung

Einstellung ist alles! Wenn man im Bett die richtige Einstellung hat, wird Sex Spaß machen, leicht fallen und ekstatisch sein. Eine falsche Einstellung gibt der Frau das Gefühl, dass Sie stur, fies, arrogant, unsicher und ein Frauenheld sind. Bob hat eine schlechte Einstellung – das ist das erste, was Menschen in seiner Gegenwart wahrnehmen. Seine Gesellschaft ist unangenehm; die meisten Frauen schreiben ihn sofort ab. Es ist seine Einstellung - nicht seine Technik -, auf die Frauen so reagieren.

Wir empfehlen, dass Sie im Bett eine spaßige, verwegene, selbstbewusste, spielerische und unkomplizierte Einstellung annehmen. Wenn Sie ein unvergesslicher Liebhaber sein wollen, müssen Sie ihr zeigen, dass sie Ihnen viel bedeutet; Sie müssen Leidenschaft und Freude in ihr wecken. Barbara war nicht nur unbefriedigt, sondern schwor auch, Bob nie wieder zu besuchen. Tatsächlich war der Sex so schlecht, dass sie hoffte, es wäre bald vorbei, damit sie endlich nach Hause gehen konnte. Wenn Bob mit ihr geredet hätte und offen für Spaß gewesen wäre, hätten sie beide mehr Spaß gehabt. Sie hätte ihm erklären können, was ihr gefällt. Stattdessen war Bob so darauf fixiert zu tun, als wenn er sich auskennen würde, und sich selbst zu befriedigen, dass er die Gelegenheit verpasste.

Ein Einstellungskiller, der viele Männer betrifft, besteht in der klassischen Dosis Schuldgefühle. Dieses Gefühl kommt auf, wenn ein Mann glaubt, dass er die Frau über den Tisch zieht und sie manipuliert, um Sex zu bekommen. Wenn er etwas tut, was seine Integrität beschädigt oder ihm falsch erscheint, fließt das in jede Interaktion mit ihr ein. Schlimmer noch: Er ignoriert, dass Frauen eigentlich genau wissen, was Männer wollen. Frauen sind klüger, als man glaubt: Sie wissen, dass wir nichts anderes wollen, als sie ins Bett zu kriegen, und alles tun, um das zu bewerkstelligen. Wenn man sich bei einer Interaktion mit einer Frau voll bewusst macht, dass sie weiß, was man will, dann stärkt das das Selbstvertrauen. Das eröffnet viele Nächte mit heißem Sex und gibt einem die Freiheit, die eigenen Befürchtungen loszulassen.

Um Ihre Einstellung zu verbessern, sollten Sie Männer studieren, deren Verhalten gegenüber Frauen Sie beeindruckt. Sean Connery, Clint Eastwood, John Travolta und Jack Nicholson spielen starke männliche Figuren, die kein Problem damit haben, Frauen kennenzulernen und mit ihnen ins Bett zu gehen. Sie tun das auf der Leinwand wie auch im Alltag. Sie stehen für eine spielerische, aber sehr starke männliche Präsenz, die Frauen wild macht. Studieren Sie deren Haltung - das wird auf Sie abfärben. Bevor Sie mit einer Frau ins Bett gehen, müssen Sie entscheiden, welche Einstellung Sie vermitteln wollen. Nutzen Sie die Übungen, die Sie seelisch auf ein Date einstimmen, und schaffen Sie dann die ultimative Erfahrung für die Frau, mit der Sie ausgehen.

Vorbereitung auf den ersten erotischen Augenblick

Es gibt einen Augenblick, an dem der erste erotische Funke überspringt. Das kann der Fall sein, wenn man sich küsst: Beide fühlen sich angeregt und wollen mehr. Oder man sieht einen Film auf der Couch, und die Leidenschaft flammt auf. Wie auch immer die Situation im Einzelnen gelagert ist - es kommt immer ein besonderer Augenblick, an dem das Küssen zu mehr führt. Achten Sie auf diesen Augenblick. Genießen Sie ihn! Achten Sie darauf, was zu ihm hingeführt hat. Sie können zahlreiche Dinge tun, um diesen Moment herbeizuführen. Indem Sie noch einmal die nötige Vorarbeit leisten und sich und die Rahmenbedingungen entsprechend vorbereiten, verbessert sich die Wahrscheinlichkeit.

Romantische Stimmung im Zimmer

Man muss kein Genie sein, um zu erkennen, dass man eine romantische Stimmung aktiv erzeugen kann. Wir haben Ihnen jede Möglichkeit genannt, die wir kennen. Es folgt eine grundlegende Liste von Eigenschaften, die ein Zimmer romantisch machen. Wie Sie sich mental auf Dates vorbereitet haben, indem Sie sich psychisch darauf eingestellt und romantische Fragen geübt haben, empfehlen wir auch, dass Sie die richtigen äußeren Rahmenbedingungen schaffen und diese für heißen Spaß vorbereiten.

Gedämpftes Licht

Kein normaler Mensch empfindet einen hell erleuchteten Raum als sinnlich. Studien belegen, dass Menschen sich bei gedämpftem Licht entspannen und bei hellem Licht angespannt sind. Dieses Phänomen können Sie ausnutzen. Wenn Sie eine Frau küssen, sollten Sie das Licht dämpfen.

Tun Sie das unauffällig: Eine Frau wird nicht beeindruckt sein, wenn sie Sie für einen Playboy hält, der allzu auffällig den feinsinnigen Liebhaber spielt. Seien Sie unauffällig. Dämpfen Sie das Licht und lassen Sie die Stimmung langsam wirken. Gestatten Sie, dass sie sich einige Minuten lang entspannt, und sorgen Sie dann nach allen Regeln der Kunst für einen romantischen Abend.

Musik

Dieselben Genies, die sich die Zeit genommen haben zu belegen, dass gedämpftes Licht die Menschen entspannt, fanden auch heraus, dass Musik die Stimmung beeinflusst. Wahrscheinlich überrascht es Sie nicht, dass Led Zeppelin bei voller Lautstärke eine andere Wirkung hat als sanfte klassische Musik im Hintergrund. Gute Musik kann Ihnen dienlich sein. Sie übertönt nicht nur Hintergrundgeräusche, sondern schafft auch eine Atmosphäre, die für den Sex förderlich ist. Es ist aber wichtig, Musik laufen zu lassen, die sie mag. Wenn Sie die Möglichkeit haben, finden Sie vor dem Date heraus, welche Künstler sie bevorzugt. Noch besser: Lassen Sie sie Ihre CD-Sammlung durchgehen und die CDs herauspicken, die sie mag. Es wird die Stimmung verderben, wenn sie die Musik nicht mag, die Sie laufen lassen. Wählen Sie Titel, die eine magische Stimmung schaffen. Dann werden Sie einer unvergesslichen Nacht für Sie beide viel näher kommen.

Duft

Frauen reagieren auf Gerüche viel sensibler als Männer. Dementsprechend empfehlen wir, keine Duftlampen anzuzünden, wenn Sie nicht sicher sind, dass sie das mag. Da Gerüche eine Frage des individuellen Geschmacks sind, besteht eine hohe Wahrscheinlichkeit, dass man etwas anzündet, was sie nicht mag – was ihr dann auch die Lust verderben wird. Dasselbe gilt für Lufterfrischer, Aromatherapie, Aftershave und Schalen mit duftenden Blütenblättern. Wenn sie einen Geruch wahrnimmt, den sie mit Sex assoziiert, ist das wunderbar. Die Assoziation zwischen Sex und Parfum kann man vorher schon herstellen, wenn man in ein Parfumgeschäft oder Reformhaus geht und sie eine Auswahl von Aromatherapie-Essenzen, Duftölen oder Aftershaves auswählen lässt.

Kerzen

Nachdem er einige Wochen lang mit Wendy ausgegangen war, organisierte Bruce ein sinnliches Picknick in seinem Schlafzimmer. Er hatte vorher schon die idealen Lebensmittel und die passende Musik ausgewählt. Alles war nach ihren Wünschen hergerichtet. Sie erschien pünktlich um 23 Uhr. Nachdem sie sich einige Minuten lang unterhalten hatten, sagte Bruce, dass sie ihre Augen schließen sollte, weil er eine Überraschung für sie hatte. Er nahm Wendy an der Hand und begleitete sie in sein Schlafzimmer. Der ganze Ort war absolut sauber; brennende Kerzen standen auf den Fensterbänken und auf dem Nachttisch. Als Wendy ihre Augen öffnete, staunte sie über das Zimmer. Alles war perfekt. Die Kerzen waren das I-Tüpfelchen, das für die richtige Stimmung sorgte. Kerzen gehören zum traditionellen romantischen Hintergrund. Ein von Kerzen erleuchtetes Schlafzimmer voller Kissen und guter Musik ist unwiderstehlich. Minimales Licht ist viel besser als komplette Dunkelheit. Frauen wollen Sie im Auge behalten. Kerzen sorgen für die richtige Stimmung und machen Frauen glücklich.

Kaminfeuer

Wenn Sie die Ausgaben des Playboy-Magazins der letzten Jahrzehnte studieren, werden Sie feststellen, dass viele Models vor einem offenen Kamin posieren. Wenn Sie sich zu Tode langweilen wollten und alle Liebesromane lesen würden, die Frauen lesen, würden Sie wieder Dutzende von Szenen finden, in denen Frauen mit muskulösen Männern vor einem offenen Kamin Liebe machen. Diese Übereinstimmung fanden wir umwerfend. Obwohl Männer und Frauen so verschieden sind, besteht eine gemeinsame Vorliebe darin, sich vor einem lodernden Feuer zu lieben. Sie und die Frau, mit der Sie ausgehen, werden im siebten Himmel sein, wenn Sie ebenfalls in dieser Umgebung einen romantischen Abend verbringen können.

Stellen Sie sich einen Moment lang vor, dass Sie mit einer Frau ausgehen. Alles lief sehr gut. Sie haben eine wunderschöne Frau zum Essen mit anschließendem Spaziergang eingeladen. Jetzt liegen Sie mit ihr auf einem Teppichboden. Vor wenigen Sekunden haben Sie sie mit Obststücken gefüttert und ihre Lippen sanft geküsst. Dann haben Sie mit Ihren

Fingern sanft über ihren nackten Körper gestrichen. Das Zimmer ist dunkel, bis auf das Licht vom Feuer. Es knistert, als sie Sie berührt. Tun Sie, was in Ihrer Macht steht – ziehen Sie alle Fäden, zahlen Sie (wenn nötig) Geld –, um für Ihr Date ein Zimmer mit einem offenen Kamin zu finden.

Sinnliche Gespräche sorgen für Stimmung

Haben Sie ein Zimmer entsprechend vorbereitet, wird es leicht fallen, die richtige Stimmung zu erzeugen. Der nächste Schritt ist, dass das Gespräch von Romantik auf Sex umschaltet. Die romantische Konversation ist eine Art von Vorspiel. Tatsächlich ist sie fast so wichtig wie Berührung und Zärtlichkeit. In einer romantischen Situation werden die meisten Frauen dahinschmelzen, wenn man Komplimente über ihren Körper macht. Sie werden romantische Fragen beantworten und beschreiben, wie es sich anfühlt, wenn man jemanden wirklich attraktiv findet.

Bei unseren Befragungen haben die meisten Frauen angegeben, dass sie nervös waren, als sie zum ersten Mal Sex mit einem Mann hatten. Jede Frau hatte Angst, dass ihr Sexpartner ihren Körper nicht mögen würde. Daraus haben wir geschlossen, dass es besonders wichtig ist, beim Sex Komplimente über den Körper einer Frau zu machen. Komplimente schaffen und erhalten eine Atmosphäre, in der sie sich sicher fühlt, sodass sich ihre Ängste legen. Komplimente können eine wunderbare Anregung sein und bewirken, dass sie Sie noch mehr begehrt.

Worüber man Komplimente machen kann

Ihr Körper

Machen Sie Komplimente über bestimmte Körperteile. Loben Sie das Glitzern in ihren Augen oder die Art, wie ihre Haut im Kerzenlicht schimmert. Achten Sie aber darauf, nicht grob zu sein: »Du hast tolle Titten« wird sie nicht als Kompliment gelten lassen; »du hast schöne Brüste« schon. Gehen Sie Ihren Körper durch und machen Sie Komplimente über verschiedene Bereiche. Das kann sie auch zum Lachen bringen, was den Spaß noch mehr verstärkt.

Ihre Schönheit

Wenn es darum geht, ein unvergesslicher Liebhaber zu werden, muss die Frau am Ende das Gefühl haben, dass Sie eine außergewöhnliche Erfahrung mit ihr hatten. Sie will als Individuum gewürdigt werden – und nicht eine Frau unter vielen sein. Eine Möglichkeit, das zu bewerkstelligen, besteht darin, ihr häufig Komplimente über ihre Schönheit zu machen. Zeigen Sie ihr, dass Sie sie attraktiv finden. Zeigen Sie ihr, dass sie etwas Besonderes ist, und dass Sie begeistert sind, mit ihr zusammen zu sein. Indem Sie ihr sagen, dass sie schön, hinreißend, hübsch, liebreizend, heiß, sexy, temperamentvoll, fantastisch ist und eine tolle Ausstrahlung hat (und was Ihnen sonst noch einfällt) wird sie in Ihren Armen sehr schnell dahinschmelzen.

Ihre Technik

Zusammen mit Komplimenten über ihr Aussehen und besondere Körperteile wollen alle Frauen wissen, dass Sie es genießen, mit ihnen ins Bett zu gehen. Die meisten Männer wissen nicht, dass Frauen sich Komplimente für ihre sexuellen Leistungen wünschen. Auch in dieser Hinsicht wollen Frauen wissen, dass sie Ihnen gefallen. Sie wissen, dass Sex für einen Mann eines der wichtigsten Dinge überhaupt ist; wenn sie heiß aussehen und gut im Bett sind, wird ein Mann mehr an ihnen interessiert sein, als wenn sie das nicht sind. Wenn Sie einer Frau Komplimente über ihre sexuelle Technik machen, wird sie sich Ihnen näher fühlen. Die Chancen auf eine Wiederholung werden dadurch stark erhöht.

Was die Emotionen weckt

Beim Sex und auch beim Vorspiel ist es wichtig, dass man Augenkontakt hält. Dieser einfache Kontakt hilft sehr, die Verbindung zwischen Ihnen zu stärken. Beispielsweise weigerte sich Bob, Barbara anzusehen, während sie Liebe machten. Indem er Augenkontakt vermied, brachte er rüber, sie sei ihm egal; das vergrößerte die Distanz zwischen ihnen. Wenn Sie zum Beispiel eine Frau anlächeln, während Sie Liebe machen, schaffen Sie eine Verbindung und geben ihr ein Gefühl der Wertschätzung.

Dasselbe gilt für liebevolle Küsse. Ein sanfter Kuss auf die Wange beim Sex gibt ihr Sicherheit und zeigt ihr, dass sie Ihnen etwas bedeutet. Diese kleinen Zeichen summieren sich für eine Frau. Sie erfahren sie als Arten von Fürsorge, Zuwendung und Wertschätzung.

Wenn Bruce Sex hat, lächelt er oft und hält normalerweise den Augenkontakt aufrecht. Chara hat kürzlich für ihn gestrippt. Er sah ihr gierig in die Augen. Am Ende des Tanzes ging Chara zu ihm hin, und sie küssten sich lange und leidenschaftlich. Als sie sich gegenseitig die Kleider auszogen, lächelte Bruce, während er ihr in die Augen sah. Er küsste ihre Wange und öffnete ihren Büstenhalter. Chara lächelte zurück und kicherte sogar ein bisschen. Obwohl Bruce seine Augen schließen und in seine eigene Welt versinken wollte, hielt er gelegentlichen Augenkontakt, um die Stimmung zu erhalten. Er wusste, dass Augenkontakt und sanfte Küsse Chara beruhigen und bei der Stange halten würden. Bruce hat gelernt, auf diese Kleinigkeiten zu achten. Deshalb kommen die Frauen in der Regel zu ihm zurück, weil sie mehr wollen.

Themen, die nicht ins Bett gehören

Komplimente verbessern die Stimmung, aber es gibt zahlreiche Themen, die sie auch verderben. Lesen Sie die Liste aufmerksam durch, um sicherzustellen, dass Sie einen heißen Augenblick nicht vermasseln. Wir empfehlen, dass man die Einstellung einer Frau, was gewagte Themen anbetrifft, vorher prüft, indem man während des Vorspiels Fragen stellt wie zum Beispiel: »Glauben Sie, Frauen mögen Männer, die die beim Sex schmutzige Dinge sagen?« Sie werden dann erfahren, ob sie dergleichen tatsächlich mag. Wenn Sie andere Fragen haben, stellen Sie diese beim Verführungs-Date oder Vorspiel.

Folgendes sollten Sie nicht ansprechen:

- andere Frauen
- Ihre Liebe zur Pornographie
- dass Sie keine Ahnung von weiblicher Anatomie haben
- wie lange es her ist, dass Sie Sex hatten
- vulgäre Ausdrücke, es sei denn sie fängt damit an
- dass Ihr Orgasmus unmittelbar bevorsteht
- beleidigende Dinge über ihren Körper
- die Art Ihrer zukünftigen Beziehung zu ihr
- Themen, die nichts mit Sex zu tun haben, zum Beispiel Sport oder Arbeit

Die Kunst des Vorspiels

Wenn Sie eine sexuelle Position oder einen Akt aussuchen sollten, den die Mehrheit der Frauen für besonders wichtig hält, um sie zu befriedigen, was wäre es? Ein Orgasmus? Nein. Ein Biss in den Nacken? Nein. Penetration? Nein. Berührung der Brüste? Nein. Wenn Sie eine dieser Fragen mit ja beantworten, liegen Sie falsch!

Seit jeher sagen Frauen, dass das Vorspiel für sie der liebste und befriedigendste Teil beim Sex ist. Sie berichten auch, dass Männer regelmäßig zu wenig Zeit dafür verwenden. Die meisten von uns vermeiden es. Stattdessen steuern wir direkt auf den Koitus zu. Ihre neue Aufgebe besteht darin, sie zu befriedigen und sie mit Ihren Fähigkeiten im Bett im Sturm zu erobern. Wir empfehlen dringend, dass Sie Ihre Routine ändern: Konzentrieren Sie sich nicht auf Ihre eigenen Bedürfnisse, sondern auf die der Frau – und darauf, was sie heiß macht.

Zuerst wollen wir sicherstellen, dass Sie wissen, was ein Vorspiel ist. Wir meinen damit alle Küsse, Berührungen und Gespräche, die dem Koitus vorausgehen. Bedenken Sie alle Schritte und Vorbereitungen, die zum ersten Kuss führten (Flirten, beiläufige Berührungen, romantische Gespräche, Bereitschafts-Tests usw.). Das Vorspiel ist die Vorarbeit für den Sex: Es gewährleistet eine unvergessliche Erfahrung. Alle großen Verführer investieren Zeit ins Vorspiel. Auch wenn sie am liebsten direkt zum Koitus übergehen wollen, investieren sie Zeit in die Vorarbeit, weil sie der Frau eine Freude machen und die Chance verbessern wollen, dass es eine Wiederholung gibt.

Wie empfehlen, dass Sie Ihre sexuellen Gewohnheiten ändern und die Zeit ausdehnen, die Sie auf das Vorspiel verwenden. Es ist wichtig, dass Sie der liebste Liebhaber einer Frau werden. Wenn es Sie auch sonst nichts gelehrt hat, so hat dieses Buch Ihnen hoffentlich gezeigt, dass Sie ein selbstbewusster und engagierter Mann sein müssen, um eine Frau zu erobern. Wenn Sie beim Sex ständig Fehler machen, die Frau nicht anregen und nicht für die richtige Stimmung sorgen, spülen Sie alle bisherigen Fortschritte einfach den Abfluss hinunter. Wenn Sie nicht einmal die Grundlagen beherrschen, wird sie wahrscheinlich nicht allzu beeindruckt sein und es vermeiden, wieder mit Ihnen ins Bett zu gehen.

Wir empfehlen auch, dass Sie Ihre Routine von fünf Minuten Vorspiel und drei Minuten Sex auf 15 Minuten Vorspiel und 30 Minuten Sex ausdehnen. Bedenken Sie auch: Jede Frau ist anders. Was die eine liebt, wird die andere hassen. Beginnen Sie mit Berührungen und Zärtlichkeiten und erforschen Sie, was sie liebt. Dasselbe gilt für das Küssen. Liebt sie kurze Küsse oder lange, nasse? Finden Sie es schnell heraus und fahren Sie in diesem Sinne fort. Schwimmen Sie mit dem Strom. Die Welt des Sex ist spontan. Man weiß nie, was geschehen wird. Vielleicht landen Sie auf dem Boden in ihrer Wohnung bei intensivem Sex. Oder auf der Couch beim Küssen und Oralsex. Lassen Sie es auf sich zukommen.

Das Hauptereignis

Nun, da das Vorspiel vorbei ist, gehen wir zur Hauptattraktion über. Viele Frauen brauchen mindestens 15 Minuten Vorspiel, um für den Sex genügend angeregt zu sein. Danach brauchen sie mindestens 15 Minuten Aufmerksamkeit, um einen Orgasmus zu bekommen. Die meisten Frauen können von einem bloßen Koitus keinen Orgasmus bekommen. In der Regel muss man eine Zeitlang ihre Klitoris berühren, reiben oder lecken. Wenn Sie nicht genau wissen, wo die Klitoris ist und wie man sie berührt, gehen Sie in die Stadt und kaufen Sie heute noch ein Buch über Sex. Das ist kein Geheimwissen; Sie sollten es sich besorgen, bevor Sie wieder einmal mit einer Frau ins Bett gehen.

Beim Sex sollten Sie darauf achten, dass sie zuerst kommt. Die meisten Männer haben kein Problem damit, einen schnellen Orgasmus zu haben. Im Gegenteil: Millionen Männer leiden unter vorzeitiger Ejakulation. Wenn Sie es schaffen, dass sie vorher kommt, können Sie eine schnelle Ejakulation rechtfertigen. Ihre Aufgabe ist fast erledigt.

Ein guter Liebhaber ist im Bett auch generös. Als Bob zum Beispiel nur an sich selbst dachte, wirkte er auf Barbara wie ein Idiot, der sie nicht befriedigen kann. Wir haben die Erfahrung gemacht, dass die meisten Männer mehr Spaß haben, wenn sie wissen, dass die Frau auch Spaß hat. Oft erzählen Männer, dass es ihnen Selbstvertrauen gibt, wenn sie wissen, dass sie eine Frau zum Orgasmus gebracht haben. Wir empfehlen, dass Sie so viel Zeit wie nötig investieren, um zu lernen, wie man eine Frau zum Orgasmus bringt.

Wenn der Sex so läuft, wie Sie es gehofft hatten, werden Sie beide die Erfahrung genießen. Wir empfehlen, dass Sie Sex-Positionen studieren, um den Sex noch schöner zu machen. Niemand liebt sexuelle Monotonie. Bücher wie das Kamasutra und Dutzende andere, die in den meisten Buchgeschäften zu haben sind, werden Ihnen helfen, Ihren sexuellen Horizont zu erweitern. Die Frau wird Ihre Kenntnisse zu schätzen wissen und Sie dafür respektieren. Es lohnt sich auch, zu lernen, wie man den eigenen Orgasmus steuern und die eigene Sensibilität verbessern kann.

Wie man das Nachspiel genießt

Die meisten Männer begreifen nicht, dass das Nachspiel bei jedem einzelnen Beischlaf absolut unerlässlich ist. Nun, da die Sache vorbei ist, wollen Sie sich wahrscheinlich einfach umdrehen und schlafen. Ja, Sie haben den mühevollen Prozess durchlaufen, sich selbst zu befriedigen. Es ist aber entscheidend, dass Sie vor dem Einschlafen die Frau umarmen und mit ihr kuscheln. Meister des Sex wissen, dass es zur Gewohnheit werden muss, nach dem Sex zu kuscheln und zu reden. Während Sie nichts weiter wollen als schlafen, will sie höchstwahrscheinlich gehalten und geküsst werden: Das zeigt ihr, dass Sie sie immer noch schätzen. Wenn Sie das nicht tun, wird sie Sie wahrscheinlich für einen Idioten halten. Außerdem ist das die ideale Gelegenheit, das Gefühl der Verbundenheit zwischen Ihnen zu vertiefen, während Sie sie umarmen. Das Nachspiel erfordert nicht viele Stunden Zeit. 5–10 Minuten sollten notfalls schon genügen. Spielen Sie den Verliebten, küssen Sie sie und machen Sie ihr Komplimente – und schon können Sie entspannt einschlafen.

Ein weiterer wichtiger Grund dafür, warum man sich Zeit zum Kuscheln nehmen sollte, besteht darin, dass eine Frau, mit der man zum ersten Mal schläft, in der Regel beim Nachspiel entscheidet, ob sie es wieder tun will. Wenn Sie sie umarmen, ihr Komplimente machen und unsere übrigen Anweisungen befolgen, wird der Sex wahrscheinlich wiederholt werden. Wenn nicht, wird sie Sie wahrscheinlich nie wiedersehen wollen.

Mögliche Probleme – und wie man sie löst

Ob sie gelegen kommen oder nicht: Im Bett sind Probleme vorprogrammiert. Sex ist ein Thema, das mehr Meinungsverschiedenheiten, Ärger und Probleme schafft als fast alles andere. Sex wird bei Ihnen und Ihrer Partnerin oft emotionale Reaktionen auslösen. Als Faustregel gilt: Probleme sind immer eine Gelegenheit, Ihre Bindung zu vertiefen und zu pflegen. Sex hat die Macht, jede Beziehung zu ruinieren oder zu stärken. Eine Beziehung kann schnell zerstört werden, wenn man beim Sex die Probleme einer Frau nicht ernst nimmt. Das ist eine Kardinalsünde für jeden Topverführer.

Wir bieten eine Liste möglicher Probleme an, damit Sie nicht unvorbereitet sind, wenn sie unweigerlich auftreten. Nutzen Sie die Techniken zur Konfliktlösung, die wir im Kapitel über Verführung beschrieben haben: Diese werden Sie durch die meisten Konflikte führen.

»Es geht mir zu schnell«

In sexuellen Situationen haben Frauen oft das Gefühl, dass der Mann viel zu schnell vorgeht. Die Lösung ist einfach: Machen Sie langsam! Vielleicht ist das so einfach, dass Sie es verpasst haben – deshalb wiederholen wir es: Machen Sie langsam! Ein wunderbarer Liebhaber drängt eine Frau niemals. Er respektiert ihre Wünsche und drosselt sofort das Tempo. Jemand wie Bob wird wütend, wenn eine Frau im Bett Kommentare abgibt oder um etwas bittet. Bruce weiß, dass es entscheidend ist, ihre Wünsche zu respektieren, wenn eine Frau das Gefühl hat, dass es ihr zu weit geht. Er will, dass das Date gut läuft und dass sie glücklich ist. Deshalb ist er bereit, den sexuellen Prozess jederzeit zu stoppen, wenn sie es will. Er weiß, dass es heutzutage als Belästigung bewertet werden und rechtliche Folgen nach sich ziehen kann, wenn eine Frau vergeblich darum bittet, dass man sich zurücknehmen soll. Dieses Risiko will er nicht eingehen.

Sie müssen es so sehen: Wenn Sie und eine Frau sich küssen und intensives Petting machen, hat sie Sie offensichtlich gern. Es ist auch wahrscheinlich, dass sie mehr Zeit mit Ihnen verbringen will. Wenn sie nach einer halben Stunde Petting und Schmusen aufhören will, tun Sie es auch. Dafür wird es das nächste Mal viel besser. Die meisten Männer machen gute Erfahrungen, wenn sie beim Sex langfristig denken. Dadurch, dass Sie aufhören, sorgen Sie dafür, dass Sie die Frau wahrscheinlich wiedersehen werden. Wenn Sie das Gefühl haben, dass Sie zu früh abgewürgt worden sind, versuchen Sie Ihr Glück bei einer anderen und kommen Sie später auf diese Frau zurück.

»Da ist ein anderer«

Das ist ein klassisches moralisches Dilemma: Soll man mit einer Frau ausgehen, die einen Freund hat? Die erste Frage, die Sie beantworten müssen, ist: Fühlen Sie sich wohl, wenn Sie mit jemandem Sex haben, der eine feste Beziehung hat? Wir hatten Schüler, denen es etwas ausmachte, und Schüler, die es nicht störte. Wir lehnen es ab, diese moralische Entscheidung für Sie zu treffen. Wichtig ist, dass Sie immer in Übereinstimmung mit Ihren Überzeugungen handeln. Wenn Sie Skrupel haben, verabreden Sie sich nicht mehr mit ihr. Wenn Sie keine Skrupel haben, versuchen Sie es.

Wenn Sie beschließen, es durchzuziehen und sie regelmäßig zu treffen, trösten und besänftigen Sie sie. Zeigen Sie Verständnis für ihre Zwangslage. Sie fühlt sich wahrscheinlich schuldig, dass sie einen Mann betrügt, mit dem sie eine Beziehung hat. Sorgen Sie gleichzeitig auch dafür, dass Sie sich nicht zu sehr binden. Schließlich sind Sie aus ihrer Sicht wahrscheinlich nur eine Ablenkung von ihrem sonst trostlosen Dasein – es sei denn, ihre Beziehung ist schon zerrüttet oder steht auf der Kippe. Mit anderen Worten: Sie sind ihr Sexkumpel. Dieses Arrangement mag perfekt funktionieren. Die Hauptstrategie besteht darin, ihren Kommentaren keine allzu große Bedeutung beizumessen. Bleiben Sie ruhig, gelassen und unbeeindruckt und sehen Sie dann weiter.

»Du bedeutest mir wirklich viel – ich will mehr als einen One-Night-Stand.«

Viele Frauen akzeptieren Dates – in der Hoffnung, einen besonderen Mann für eine feste Beziehung zu finden. Männer verabreden sich oft in der Hoffnung auf puren Sex. Die Lösung: Sie bestätigen ihr, dass Sie mehr als einen One-Night-Stand suchen. Das ist wahr. Ob der Sex gut ist oder nicht – Sie werden sie nicht nur für eine Nacht sehen wollen. Nochmal: Seien Sie verständnisvoll; beruhigen Sie sie und bleiben Sie doch ehrlich.

Bob und Sharon waren einige Male miteinander ausgegangen. Beim vierten Date landeten sie zusammen im Bett. Sharon wies darauf hin, dass sie einen festen Freund suchte – und nicht einen Partner für eine Nacht. Bob antwortete: »Vergessen wir das Gequatsche und kommen wir zur Sache.« Er versuchte, über ihre Sorge hinwegzugehen, ohne ihr eine befriedigende Lösung anzubieten. Diese häufige Sorge darf man nicht ignorieren. Man muss damit umgehen. Hier sind einige Vorschläge:

»Ich bin mir über meine langfristigen Ziele unsicher. Irgendwann will ich eine feste Beziehung, aber momentan bin ich mir nicht sicher. Ich mag dich aber sehr und hoffe, wir können uns noch näher kennenlernen.«

»Es ist in Ordnung, wenn du aufhören willst. Ich weiß, dass wir unser Verhältnis intensivieren, wenn wir weitermachen. Ich weiß, dass Du mir sehr viel bedeutest. Unsere Beziehung wird sich ändern, wenn wir weiter machen. Ich bin aber bereit, das Risiko einzugehen, wenn du auch dazu bereit bist.«

»Ich habe eine Krankheit, Herpes oder eine Geschlechtskrankheit«

Hoffentlich wird die Frau diese Tatsache erwähnen, bevor Sie mit ihr schlafen. Wenn sie es zugibt, nachdem Sie Sex hatten, gehen Sie und brechen Sie sofort die Beziehung ab. Eine Frau, die Sie anlügt und Ihre Gesundheit gefährdet, bringt nur Probleme und setzt Sie einem hohen Risiko aus. Erzählt Sie Ihnen vor dem Sex davon, bleiben Sie ruhig und regen Sie sich nicht auf. Ziehen Sie keine voreiligen Schlüsse. Finden Sie zunächst heraus, was sie hat, und ob es unbedingt einer sexuellen Beziehung im Wege steht. Wenn Sie sich informieren, können Sie eine begründete Entscheidung treffen. Fragen Sie einen Arzt oder Apotheker. Medizin ist bei weitem keine exakte Wissenschaft. Auch wenn sie glaubt, dass ihre Krankheit geheilt oder nicht ansteckend ist, besteht doch eine große Ansteckungsgefahr. Seien Sie vorsichtig.

Wenn Sie mit dieser Frau eine Zukunft sehen, kaufen Sie die nötige Schutzausrüstung für den Sex. Mit einem Kofferdam können Sie zum Beispiel ihre Vagina erforschen, ohne Ausscheidungen in den Mund zu bekommen. Informieren Sie sich über sicheren Sex.

Wenn sie eine ernstere Krankheit hat, zum Beispiel Filzläuse, Chlamydia oder Tripper, meiden Sie sie, bis die Krankheit geheilt ist. Alle drei können durch verschreibungspflichtige Medikamente geheilt werden.

HIV ist ein viel ernsteres Problem. Gehen Sie auf keinen Fall mit ihr ins Bett, auch nicht mit Kondom. Das Risiko ist zu groß. Sie können Zärtlichkeiten austauschen, aber nicht mehr. Für die meisten Männer wird das aber langfristig nicht befriedigend sein. Wenn Sie sich aber verlieben und eine langfristige Beziehung sehen, gibt es immer Mittel und Wege.

Wenn sie Krankheiten hat, sollten Sie sie aber leider nicht mehr treffen, bis Sie mehr darüber wissen. Wir sind keine Ärzte und können dazu keine Ratschläge geben. Als Sexexperten wissen wir aber, dass viele Geschlechtskrankheiten heilbar sind. Wir empfehlen, sich die Zeit zu nehmen und sich in der Bibliothek, im Internet oder im Buchhandel zu informieren. Sprechen Sie immer mit einem Arzt, wenn Sie irgendwelche Bedenken haben. Da heute sehr gefährliche Krankheiten im Umlauf sind, sollten Sie sich vorbereiten.

»Wenn ich schwanger werde, will ich das Baby behalten«

Egal, auf welcher Seite Sie in der Abtreibungsfrage stehen – es besteht Grund zur Sorge, wenn eine Frau sagt, dass sie ein Baby behalten würde. Warum sagt sie das? Sie hat schon entschieden, was sie tun wird, wenn jemand sie schwängert. Sie sollten sich dieses Risikos ebenfalls voll bewusst sein. Wir empfehlen, dass Sie mit äußerster Vorsicht vorgehen. Verlassen Sie sich nicht darauf, dass sie verhütet. Auch wenn Sie eine Spirale, die Pille, ein Diaphragma usw. verwendet, gebrauchen Sie grundsätzlich Kondome und seien Sie vorsichtig. Unterbrechen Sie oft, um zu sehen, ob das Kondom noch sitzt und nicht beschädigt ist. Wenn Sie unseren Rat ignorieren und ungeschützten Sex mit einer Frau haben, die entschlossen ist, ein Baby zu behalten, kann es leicht geschehen, dass Sie die nächsten 18 Jahre Unterhalt zahlen müssen. Das kommt vor. Sorgen Sie dafür, dass es Ihnen nicht passiert.

»Ich hasse Kondome, wir müssen sie nicht verwenden«

Wenn eine Frau Ihnen sagt, dass Kondome nicht nötig sind, sollten bei Ihnen sofort die Alarmglocken schrillen. Sie können sicher sein, dass diese Frau unglaublich, ja, gefährlich dumm ist. Wenn Sie ihren dämlichen Rat befolgen, riskieren Sie nicht nur Ihre Gesundheit, sondern auch Ihre Finanzen, falls sie schwanger wird.

Auch wenn sie dumm ist, können Sie doch mit ihr schlafen, wenn Sie ein Kondom haben. Es kann sein, dass sie Sie so sehr mag, dass sie sich vom Feuer des Augenblicks hinreißen lässt. Gehen Sie auch in diesem Fall vorsichtig vor und verwenden Sie ein Kondom. In solchen Fällen würden wir Ihnen im Allgemeinen raten, diese Frau zu meiden. Sie wird wahrscheinlich langfristig Ärger machen.

Sie klagt über ihren Körper

Das Date verlief großartig, wie geplant. Nun liegen Sie endlich mit ihr im Bett. Nach 15 Minuten Vorspiel sind Sie in Ekstase, grunzen mit geschlossenen Augen und zusammengebissenen Zähnen und fühlen sich wie im siebten Himmel. Sie haben Sex und genießen jede Sekunde. Aus heiterem Himmel werden Sie auf den Boden der Realitäten zurückgeworfen, weil die Frau plötzlich über ihren Körper jammert: »Glaubst du, ich bin hübsch?« Oder: »Glaubst du, mein Hintern ist zu groß?« Das letzte, was Sie jetzt tun wollen, ist reden, geschweige denn, eines ihrer Lieblingsprobleme diskutieren. Um sicherzustellen, dass die schöne Erfahrung weitergeht, müssen Sie leider aufhören und auf ihr gegenwärtiges Problem eingehen.

Die Lösung besteht darin, immer Komplimente zu machen. Sagen Sie etwas wie: »Ich mag deinen Körper, wie er ist. Ich würde nicht das Geringste daran ändern. Du siehst so gut aus, das macht mich total an. Dein (Problem-Körperteil) ist absolut perfekt. Ich liebe ihn sogar. Ich will ihn.« Diese Art von Antwort sollte sie beruhigen und es Ihnen gestatten, mit dem Sex fortzufahren, bis Sie befriedigt sind. Wiederholen Sie diesen Vorgang so oft wie nötig, bis sie zufrieden ist.

»Ich habe meine letzte Beziehung noch nicht überwunden«

Wir alle sind verletzbar, wenn wir eine Beziehung abgebrochen haben. Frauen, die sich gerade davon erholen, sind besonders empfindlich, weil der akute Trennungsschmerz besonders präsent ist. In dieser Lage suchen Frauen in der Regel eine informelle Beziehung, keine ernste. Sie müssen sich erholen und suchen eine vorübergehende Affäre, um sich wieder an Dates zu gewöhnen. Wahrscheinlich suchen sie einen Mann, der Spaß macht, umgänglich ist und keine Forderungen stellt.

Wenn eine Frau sagt, dass sie noch über eine Trennung hinwegkommen muss, will sie sicherstellen, dass Sie sich nicht in sie verlieben oder sich von ihr abhängig machen. Sie will den Ärger vermeiden, sich um Sie kümmern und schon wieder auf die Gefühle eines Mannes Rücksicht nehmen zu müssen. Wir empfehlen, mit ihr zu reden und ihr zu sagen, dass Sie für eine Beziehung offen sind, aber eher eine schöne Affäre suchen, die nicht von Dauer ist. Normalerweise ist es in der Regel gut, einer Frau zu sagen, dass man an einer ernsten Beziehung interessiert ist: Das wollen sie hören; es stärkt die Glaubwürdigkeit. Eine Frau, die über eine Trennung hinwegkommen muss, wird aber eine ernste Beziehung meiden. Wenn sie glaubt, dass Sie nur eine ernste Beziehung suchen, ist das ein weiterer Minuspunkt für Sie.

Sie weint beim Sex

Es ist ganz natürlich, manche Frauen weinen beim Sex. Sie weinen aus vielen Gründen: Wegen der Gefühle, der Intimität, weil Sie ihnen so viel bedeuten, als Erleichterung nach einem Orgasmus, weil sie sich an eine traumatische sexuelle Erfahrung erinnern oder aus einer Fülle von anderen Gründen. In der Regel genügt es, ruhig zu bleiben und weiterzumachen, damit alles wieder gut wird.

Wenn eine Frau auf Sex mit heftigem Schluchzen reagiert, brechen Sie den Sex sofort ab. Nehmen Sie sie in den Arm und finden Sie heraus, wo das Problem ist. Wenn Sie mit Sex weitermachen, wird es später Probleme geben: Sie wird dann glauben, dass Sie kein Einfühlungsvermögen haben. Wenn man sie in den Arm nimmt und einige Augenblicke lang mit ihr redet, wird die Frau sich in den meisten Fällen beruhigen. Dann können Sie wieder zur Sache kommen. Wenn nicht, seien Sie geduldig und schätzen Sie ab, ob Sex später in der Nacht noch möglich sein wird.

Überleben mit Safer Sex

Wenn Sie ein Schüler der Verführung sein wollen, müssen Sie lernen, Ihrem Verstand (und nicht ihrem Trieb) zu folgen. Vor zwei Dingen muss man sich in Acht nehmen: Geschlechtskrankheiten und Schwangerschaft. Ob Sie es zugeben wollen oder nicht – beides geht Sie an. Wenngleich beide massive Probleme verursachen können, können sie auch leicht vermieden werden.

Die meisten Männer schieben es auf das Feuer des Augenblicks, wenn sie keine Kondome verwenden. Oder sie schieben die Verantwortung für solche Dinge auf die Frau. Der unreife Mann versäumt es, Kondome zu benutzen, weil er sich die Gefahren nicht bewusst macht. Er wird es am Ende bitter bereuen, dass er nicht langfristig geplant und nur das kurzfristige Glück mit einer Frau gesucht hat. Die einzige vernünftige Lösung besteht darin, ausnahmslos immer Kondome zu benutzen.

Die häufigsten Geschlechtskrankheiten sind Chlamydia, Filzläuse, Genitalwarzen, Tripper und Herpes. Informieren Sie sich im Gesundheitsamt oder im Buchhandel über Literatur zu diesen Themen. Wir werden die einfachsten Grundlagen abdecken und empfehlen dringend, dass Sie mehr zum Thema lesen, um die Gefahren voll zu verstehen.

Wenn Sie eine Geschlechtskrankheit haben, empfehlen wir, alle Frauen zu informieren, die Sie angesteckt haben könnten. Das ist zwar peinlich, aber es ist einfach die richtige Entscheidung. Viele von diesen Krankheiten können ein ernstes Problem darstellen, wenn sie nicht unmittelbar nach der Infektion behandelt werden.

Wir raten, immer einen Arzt aufzusuchen, sobald es irgendwelche Probleme gibt. Geschlechtskrankheiten darf man nicht auf die leichte Schulter nehmen. Sie sind sehr ernst und können Sie und Ihre Partnerin schrecklichen gesundheitlichen Risiken (bis hin zum Tod) aussetzen. Wir sind nicht in der Lage, Sie über Medikamente oder Therapien zu beraten – hier können nur Ärzte helfen. Wir nennen diese Anzeichen und Symptome, um Ihnen nahe zu bringen, dass Sie die potenziellen Risiken ernst nehmen müssen.

Chlamydia

Chlamydia ist die häufigste Geschlechtskrankheit. Jährlich stecken sich etwa vier Millionen Menschen mit dieser Krankheit an. Sie ist vorwiegend in der Altersgruppe unter 25 Jahren verbreitet. Die meisten Symptome treten bei Männern erst drei Wochen nach der Ansteckung (oder noch später) auf. Diese bestehen in geringfügigen Reizungen des Penis. Bei Frauen treten die Symptome erst auf, wenn sie zu ernsten Problemen werden. Wenn sie nicht rechtzeitig erkannt wird, kann diese Krankheit sogar zu Unfruchtbarkeit führen. Die Therapie besteht in Antibiotika, die die Krankheit und ihre Symptome in der Regel innerhalb einer Woche heilen.

Genitalwarzen

Es gibt kaum etwas Schlimmeres als einen von Warzen bedeckten Penis. Wenn Sie mit vielen Frauen gleichzeitig ausgehen, wird die Wahrscheinlichkeit einer Ansteckung mit Warzen stark erhöht. Warzen sind kleine, schmerzfreie Wucherungen. Sie kommen hauptsächlich an Penis, Hodensack, Anus und Mund vor. Bei Frauen breiten sie sich in der Regel bis tief in die Vagina und den Gebärmutterhals aus. Wenn sie nicht behandelt werden, können sie zu großen, fleischigen Beulen anwachsen.

Warzen sind ein ernstes Problem und erfordern ärztliche Hilfe. Die Standardbehandlung besteht in der Entfernung durch Laser- oder Gefrierbehandlung (Kältetherapie). Auch nach der Entfernung sollte man mehrfach zum Arzt gehen.

Filzläuse

Filzläuse sind Läusen ähnlich. Sie haben eine kurze Lebenserwartung, legen aber Eier im ganzen Bereich, der befallen ist. Im Unterschied zu den meisten anderen Geschlechtskrankheiten kann man sie nicht nur durch Geschlechtsverkehr, sondern auch durch engen Körperkontakt – und sogar über Bettwäsche und Kleidung – bekommen. Sie gehen hauptsächlich ins Haar: Achselhöhle, Schamhaare und Kopfhaare. Von dort aus breiten sie sich auf Augenwimpern und jeden anderen Ort aus, den sie erreichen können.

Das wichtigste Symptom von Filzläusen ist Juckreiz. Stark betroffene Bereiche können wie Ausschlag oder Pickel aussehen. Sie werden vielleicht auch kleine weiße Beulen bemerken. Dabei handelt es sich um Eier, welche die Tiere legen. Die Lösung besteht darin, ein rezeptfreies Shampoo zu kaufen, die Gebrauchsanweisung zu befolgen und die Biester zu töten. Waschen Sie außerdem alle Laken und Kleider, die mit ihnen in Kontakt gekommen sein können. Am Ende wird das Problem gelöst sein. Die Dinge werden wieder ihren normalen Gang gehen.

Herpes

Es gibt zwei Arten von Herpes. Die erste wird durch offene Stellen um den Mund übertragen. Die zweite Art wird (normalerweise beim Sex) durch den Genitalbereich übertragen. Wenn man Herpes hat, bleibt er für immer im Körper. Die gute Nachricht ist, dass er nur gelegentlich ausbricht. Manche Menschen haben häufige Anfälle, zum Beispiel wöchentlich oder monatlich, andere nur ein paarmal pro Jahr.

Der erste Anfall ist der schlimmste. Die meisten Menschen haben Grippesymptome, die vor jedem Ausbruch wieder auftreten, gefolgt von Hautproblemen. Herpes sieht aus wie eine Blase, die bald wieder verharscht und heilt. Bei den meisten Menschen treten diese Blasen nur kurzzeitig auf, in der Regel nicht länger als zehn Tage. Die schlechte Nachricht ist, dass er niemals weggeht. Es besteht keine Heilung. Wenn man einmal infiziert ist, bleibt Herpes immer ansteckend, in manchen Fällen mehr als in anderen. Es gibt verschreibungspflichtige Medikamente, die Intensität und Häugigkeit der Anfälle deutlich lindern können. Bitten Sie Ihren Arzt um ein Rezept.

Tripper (Gonorrhöe)

Der so genannte Tripper ist nach wie vor ein gewaltiges Problem. Ohne Behandlung müssen Männer damit rechnen, dass sie dauerhaft unter Schmerzen beim Wasserlassen leiden. Die Symptome können auch auf Gehirn, Herz und Gelenke ausgreifen. Bei Männern treten die ersten Symptome frühestens zehn Tage nach dem Kontakt auf. Die ersten Anzeichen sind Schmerzen im Penis und Brennen beim Wasserlassen. Es folgt eine grüngraue Flüssigkeit, die aus der Penisspitze austritt. Viele Männer haben aber keine Symptome. Die gute Nachricht ist, dass man Tripper einfach und schmerzfrei durch Antibiotika loswerden kann. Ihr Arzt kann zur Sicherheit einen Urintest durchführen.

AIDS und HIV

Die Legende, dass HIV nur die Schwulen-Szene bedroht, ist absolut falsch. Es handelt sich um ein so schreckliches und furchteinflößendes Problem, dass man dumm wäre, seine weitreichenden Folgen zu ignorieren. Bis heute gibt es keine Heilung. Im Vergleich dazu sind alle anderen Geschlechtskrankheiten harmlos. Wenn aber ein Mensch mit HIV infiziert ist, heißt das nicht, dass er auch AIDS hat. HIV kann im Körper viele Jahre lang inaktiv schlummern. In den meisten Fällen bricht aber irgendwann AIDS aus. Das Immunsystem des Betroffenen wird dann plötzlich paralysiert.

HIV wird durch Blut und Körperflüssigkeiten übertragen – in der Regel durch Nadeln und ungeschützten Sex. Wenn Sie Kondome benutzen, sollten Sie geschützt sein. Außerdem sollte man keine Nadeln gemeinsam benutzen. Wenn man zum Beispiel Herpes hat, besteht eine höhere Ansteckungsgefahr, weil die wunden Stellen im Genitalbereich und am Mund gegen die Übertragung keinen Schutz bieten.

Wir empfehlen, dass jeder Mann, der dieses Buch liest, sich testen lassen sollte, um sicherzugehen, dass er nicht infiziert ist. Es handelt sich um einen preisgünstigen und schnellen Test, der Ihnen und Ihrem Partner bestätigt, dass Sie kein HIV haben. Wenn Sie sich doch mit HIV anstecken, müssen Sie zum Arzt gehen oder eine AIDS-Hotline anrufen.

Kondome: Die unerlässliche Ausrüstung eines Mannes

Für Geburtenkontrolle und Prävention von Geschlechtskrankheiten sind Sie selbst verantwortlich. Die Zeiten des ungeschützten Sex sind endgültig vorbei. Dasselbe gilt für die Zeiten, in denen Frauen allein beim Sex für den Schutz sorgten. Hier sind die Fakten: Wenn Sie keine Kondome verwenden und keine monogame Beziehung führen, besteht ein gewaltiges Risiko, dass Sie sich eine Geschlechtskrankheit zuziehen.

Keine Form von Geburtenkontrolle ist zu 100 Prozent sicher, auch nicht in Verbindung mit Kondomen. Das betrifft zum Beispiel Diaphragma, Spirale, Portiokappe und die Rhythmus-Methode. Sie alle bergen ein Risiko. Keine Form von Geburtenkontrolle, außer Kondomen, schützt gegen die Ausbreitung von Geschlechtskrankheiten. Deshalb muss jeder Mann Kondome benutzen.

Die einzigen Kondome, die die Übertragung von Krankheiten verhindern können, sind Latex-Kondome. Lammhaut-Kondome fühlen sich besser an, schützen aber nicht vor der Ausbreitung von Krankheiten. Wir empfehlen, dass Sie sich heute noch eine Packung Kondome kaufen und diese griffbereit aufbewahren. Sie sind Ihre unabdingbare Waffe gegen Krankheiten und Schwangerschaft. Jeder erfolgreiche Verführer hat sich mittlerweile damit abgefunden, dass man bei jeder sexuellen Erfahrung Kondome tragen muss.

Es gibt viele Möglichkeiten, eine sexuelle Erfahrung zu verderben. Ein Mann wie Bob vergisst, eine Frau wie eine Dame zu behandeln, investiert keine Zeit in das Vorspiel, bereitet das Zimmer nicht romantisch vor, verhält sich der Frau gegenüber übertrieben grob, kennt sich an ihrem Körper nicht aus, redet nicht beim Sex, hält keinen Augenkontakt, versucht, es auf die Schnelle zu machen, kuschelt nicht nach dem Sex, geht ans Telefon, schaut auf die Uhr, hat keine Kondome griffbereit, beleidigt die Frau und tut viele andere Dummheiten.

Alle diese Fehler reduzieren sich beim Sex auf drei hauptsächliche Bereiche, die man beherrschen muss, wenn man ein Meister im Bett sein will: Kommunikation, Technik und Einstellung. Dieses Kapitel hat gezeigt, wie man alle drei Techniken lernt, übt und meistert. Wir empfehlen, beim Training konsequent zu bleiben – Sie werden schon bald Fortschritte machen. Es mag Monate oder Jahre dauern, bis Sie sich daran gewöhnen, aber es wird sich sehr lohnen.

Dann haben wir die Bedeutung des Vorspiels behandelt. Wir haben Ihnen sogar eine Checkliste an die Hand gegeben, die leicht anzuwenden ist. Neben dem Vorspiel haben wir die nötigen Vorarbeiten besprochen. Zum Beispiel ist es entscheidend, dass man für die richtige Stimmung sorgt. Beleuchtung, Geruch, Kerzen, Kaminfeuer und Musik sind dabei die entscheidenden Aspekte.

Dann haben wir Grundkenntnisse über den weiblichen Orgasmus vermittelt. Die meisten Frauen brauchen mindestens 15 Minuten Vorspiel, um in Fahrt zu kommen, und mindestens noch einmal 15 Minuten, um einen Orgasmus zu bekommen. Viele Frauen werden länger brauchen, manche weniger. Wir empfehlen, sie zum Orgasmus zu bringen, bevor Sie selbst kommen. Das stellt sicher, dass sie Spaß hat und erhöht die Chance auf ein zweites Date.

Der nächste Schritt nach dem Geschlechtsverkehr ist das Nachspiel. Wir haben erwähnt, dass man eine Frau nach dem Sex beruhigen und entspannen muss: Das ist ebenso wichtig wie das Vorspiel. Wir bezeichnen das als »Nachspiel«; es umfasst Umarmungen, Kuscheln, Gespräche und andere Arten der Berührung, die nach dem Sex kommen. Wenn Sie das nicht tun, wie Bob, wird die Frau Sie sehr wahrscheinlich für einen Idioten halten und Sie meiden.

Dann haben wir einige mögliche Probleme behandelt und gezeigt, wie man damit umgeht. Wir haben über Safer Sex geredet und die unterschiedlichen Geschlechtskrankheiten und Therapien unter die Lupe genommen. Zu diesen zählen: Chlamydien-Infektion, Filzläuse, Genital-Warzen, Tripper, Herpes und HIV. Die einzige Möglichkeit, das Risiko zu reduzieren, besteht darin, beim Sex Kondome zu tragen. Für einen Meister der Verführung sind Kondome unerlässlich.

Wenn Sie unsere Ratschläge in diesem Kapitel befolgen, Kommunikation, Technik und Einstellung sowie Safe Sex beherrschen und immer Kondome benutzen, werden Sie bald ein Meister der Erotik sein und viele Nächte umwerfenden Sex haben.

10 | Der Traummann

m Bett

Wenn Frauen Ärger machen: Wie man mit Problemen umgeht, die Frauen verursachen

Richtig schlechte Dates

Date Nr. 1

Als Jakob zum ersten Mal mit Zoe ausging, wunderte er sich nicht, dass sie etwas nervös war. Sie arbeitete in dem Reformhaus, in dem er immer einkaufte. Sie war klein, neigte zum Punk und war süß. Sie ging gut auf sein Flirten und seine romantischen Annäherungsversuche ein. Nach ein paar Wochen romantischem Geplänkel kam sie aus dem Laden, um ihn zu begrüßen, wenn sie seine Stimme hörte. Er vereinbarte eine Verabredung zum Kaffee in einem Café in der Nähe. Die Lage passte, der Plan schien idiotensicher. Er kam zum Café und hatte ein interessantes Buch dabei, falls sie nicht erscheinen würde. Sie kam aber, kurz nach dem vereinbarten Termin … mit einem Mann.

»Das ist mein Mitbewohner Tony«, erklärte sie. »Ich dachte, es macht dir bestimmt nichts aus, wenn ich ihn mitbringe.«

»Natürlich nicht«, antwortete Jakob und wusste sofort, dass seine Verführung an diesem Tag nicht sehr weit kommen würde. Die drei setzten sich. Jakob bemerkte sofort, dass Tony kein ausgeglichener Mensch war. Seine Augen und sein Gesicht wirkten wild und unattraktiv. Er schien von Konspirationstheorien besessen zu sein. Nach rund 20 Minuten höflicher Konversation ging Jakob davon aus, dass dieser Psycho ihm wahrscheinlich reichlich Ärger machen würde, wenn er Zoe weiter den Hof machte. Als er Zoe zwei Tage später anrief, sagte sie ihm: »Tony und ich werden morgen die Stadt verlassen. Er glaubt, dass du mir nachstellst.« Zu seiner Erleichterung hat Jakob Zoe nie wiedergesehen.

Date Nr. 2

Dennis war ein Date-Anfänger Anfang 20. Er war immer zu unsicher gewesen, Frauen um eine Verabredung zu bitten. Die wenigen Frauen, die mit ihm ausgegangen waren, hatten ihn von sich aus angesprochen; er hatte ihnen auch immer die ganze Macht in der Beziehung überlassen. Sie trafen jede Entscheidung. Er hoffte stets, dass die Beziehung sich von selbst wunschgemäß entwickeln würde, auch wenn er passiv blieb. Er hoffte vergebens.

Eine Frau, die er um eine Verabredung bat, war Daria. Sie war 19, elegant gekleidet und schien ihn (aus unerklärlichen Gründen) wirklich zu mögen. Bei ihrem ersten Date saßen sie auf einer Parkbank und unterhielten sich; sie lehnte sich immerzu »aus Versehen« nach vorn, damit er in ihren Ausschnitt sehen konnte. Er fragte sie, ob sie wieder mit ihm ausgehen wollte. Sie sagte zu und er glaubte, es geschafft zu haben. Da er dieses Buch nicht gelesen hatte, ging er bei seinem ersten Date mit Daria essen und danach ins Kino. Die Probleme begannen, als er sie zum Essen ausführte. »Wir hatten schon gegessen, und ich fürchte, ich machte einen Ausrutscher«, erzählte er uns. »Ich fragte, ob sie für sich selbst zahlen würde, und sie antwortete, dass sie kein Geld dabei hätte. Danach ging es nur noch bergab.« Es stellte sich heraus, das Daria in jeder Hinsicht vollkommen unselbstständig war. Sie hatte kein Geld, und als sie ins Kino kamen, hatte sie auch keinen Ausweis. Da der Film nicht jugendfrei war, mussten sie stattdessen einen Kinderfilm ansehen. »Sie wurde immer wütender auf mich, wenn ich etwas bezahlte«, sagt er heute, »obwohl ich so tat, als wenn es keine große Sache wäre – obwohl es das war.« Nach dem Film setzte er sie vor ihrem Haus ab und ließ das unangenehmste Date seines Lebens hinter sich.

Date Nr. 3

»Wir gingen ins Kino und sahen ›Schindlers Liste‹«, erzählte Fritz. »Ich hatte keine Ahnung, dass es sie so mitnehmen würde. Nach zehn Minuten begann sie zu weinen. Im Auto weinte sie immer noch, bis ich sie zu Hause absetzte. Sie konnte einfach nicht aufhören. Sie war richtig ausgerastet. Es versteht sich von selbst, dass meine Verführungspläne für diese Nacht zerstört waren.«

Date Nr. 4

Anna war ein richtiger Punk. Sie war umwerfend schön, hatte leuchtend orangefarbenes Haar und trug Lederkleidung, zerrissene T-Shirts, Ketten und Springerstiefel. Sie war außerdem extrem sexy und wirkte, als hätte sie sich als eine Art Fetischpuppe verkleidet. Brett war absolut begeistert, dass so eine heiße Frau mit ihm ausging, aber es gab ein Problem.

»Natürlich starrten die Leute sie an, weil sie so heiß war«, sagte Brett. »Und sie hasste es. Wenn Männer sie ansahen, warf sie ihnen böse Blicke zu und sagte zum Beispiel – Was guckst du so, Arschgesicht? Gibt's was zu glotzen? – ich musste dann sehen, wie ich mit diesen wütenden Kraftprotzen fertig wurde. Nachdem ich beim Versuch, sie zu verteidigen, einige schwere Schläge eingesteckt hatte, habe ich Schluss gemacht.«

Date Nr. 5

Rebecca war 36, groß und schlank, hatte ihren Körper gut gepflegt und wurde oft für eine Frau Mitte 20 gehalten. Als Sal zum ersten Mal Sex mit ihr hatte, waren sie in seinem Haus, und sie war unglaublich erregt. »Oh Gott, ich bin so erregt«, sagte sie. »Mach es ohne Kondom! Ich hasse diese Dinger! Keine Angst, ich werde nicht schwanger. Und wenn schon, es macht nichts, ich habe nichts gegen ein Baby von dir! Mach es mir einfach ohne Kondom!« Selbstverständlich hat Sal trotzdem ein Kondom benutzt, aber auch als er Sex mit ihr hatte, machte Rebeccas Einstellung ihm Sorgen. »Das ist doch verrückt«, sagte er uns, »sich von mir, also praktisch einem Fremden, schwängern oder anstecken zu lassen. Was geht hier ab?«

Date Nr. 6

Rich und Roger hatten eine WG. Roger ging mit Jill aus, einer unausgeglichenen, neurotischen, extrem sexgeilen Frau. »Ich liebe verrückte Frauen«, sagte Roger zu Rich, als er begann, sich mit Jill zu treffen. Aber ihr verrücktes Benehmen trieb sie bald beide in den Wahnsinn. Eines Tages saß Rich zu Hause, als die Haustür aufging und Jill hereinmarschierte. »Wo ist er?«, kreischte sie. »Wo bist du Roger, du Idiot! Ich habe dir zehnmal meinen Körper gegeben! Jetzt gibst du mir, was ich will! Wo bist du?« Roger musste die Polizei rufen, um die kreischende Jill aus ihrem Haus zu entfernen.

Date Nr. 7

Bob und Yolanda hatten ihr drittes Date, als sie durchdrehte. Sie unterhielten sich über die Gleichberechtigung von Mann und Frau und die Unterschiede, die zwischen den Geschlechtern bestehen. Da wurde sie, wie er später sagte, einfach sauer auf ihn. Sie begann, über all die bösen Dinge zu schimpfen, die Männer Frauen antun, wie Frauen als Sexsklavinnen gehalten und in manchen Kulturen beschnitten werden. »Mir wurde klar, dass sie durchdrehte. Ich bat sie, das Thema zu wechseln. Da hat sie mich auf einmal geschlagen!«

Date Nr. 8

Bruno und Emmie waren Freunde. Sie kam oft mit ihren emotionalen Problemen zu ihm, von denen sie jede Menge hatte. Es war wie eine Serie: »Trauma der Woche.« Einmal hieß es: »Mein Vater hat mich missbraucht.« Dann: »Ich glaube, meine Mutter hat meinen Zwillingsbruder getötet.« Er hatte keine Möglichkeit festzustellen, ob sie diese traumatischen Erlebnisse tatsächlich gehabt hatte. Er vermutete, dass etwas dran war, weil sie sonst nicht so unausgeglichen gewesen wäre.

Eines Abends kam sie spät zu ihm, sprach eine Weile mit ihm und schlief dann auf seiner Couch. Vier Tage später rief sie ihn an: »Du hast mich sexuell missbraucht, als ich letztens bei dir geschlafen habe! Ich gehe zur Polizei!« Zum Glück hatte er viele von ihren verrückten, motzigen, widersprüchlichen Anrufen auf seinem Anrufbeantworter, sodass er vor Gericht eine gute Chance hatte. Sie verzichtete deshalb auf eine Klage. Wenn sie nicht darauf verzichtet hätte, wäre er heute vielleicht wegen einer Tat vorbestraft, die er nicht begangen hatte.

Date Nr. 9

Henry lernte Jean in einer Bar kennen. Er konnte sein Glück nicht fassen. Sie war sexy, nuttig, hatte fantastische Brüste und einen absolut flachen Bauch. Ein Traum war wahr geworden. Sie gingen in seine Wohnung und hatten in betrunkenem Zustand Sex. Als er morgens aufwachte, war sie weg. Außerdem fehlten seine Brieftasche, sein Scheckbuch und einige andere wertvolle Kleinigkeiten, die in seiner Wohnung herumlagen. Er hat sie – und sein Geld – nie wiedergesehen.

Date Nr. 10

Albert ging mit Wendy, einer Chiropraktikerin, aus, die in seiner Stadt lebte. Sie hatten einige Dates und spielten mit dem Gedanken an eine Romanze. Sie führten einige lange Telefongespräche und fühlten sich einander insgesamt ziemlich verbunden. Eines Tages, als er sie anrief, sagte sie: »Ich bin heute Abend allein und will mir einen Film ansehen. Kannst du mir einen empfehlen?« Er erzählte von einem Film, den er letztens gesehen hatte. Sie lieh ihn aus, sah einen Teil davon an und rief ihn am folgenden Tag an: »Ich wollte dir nur sagen, dass ich mit niemandem ausgehen kann, der diesen Film mag«, sagte sie. »Ich kann mich nicht mehr mit dir treffen.«

Der richtige Umgang mit Problemen

Haben Sie oder ein Mann, den Sie kennen, jemals etwas Derartiges erlebt? Wenn nicht, dann wird das wahrscheinlich noch kommen. Wir wollen nicht unken, sondern Sie einfach nur warnen. Nicht jede Frau, die Sie kennenlernen, ist ausgeglichen, geistig gesund und Ihnen gegenüber ehrlich. Manche werden schwierig, merkwürdig, unangenehm, furchteinflößend oder sogar gefährlich sein. In diesem Kapitel geht es darum, wie man mit schwierigen Frauen umgeht.

Ein Problem sollte man am besten schon beheben, bevor es ein Problem wird. Wenn Henry in Jean die Warnsignale gesehen hätte, wäre er vielleicht nicht einfach eingeschlafen, bevor sie aus seiner Wohnung verschwunden war. Dann hätte er seinen Geldbeutel und seine Wertsachen behalten. Wenn Roger gewusst hätte, wie gefährlich Jill sein konnte, hätte er es sich zweimal überlegt, ob er sie allzu oft treffen oder ihr seine Adresse nennen sollte. Wenn Bruno die Warnsignale bei Emmie gesehen hätte, hätte er sich nicht in eine Situation gebracht, in der sie ihn wegen sexueller Übergriffe hätte anzeigen können. Wenn sie im Voraus einfache Vorsichtsmaßnahmen getroffen hätten, hätten diese Männer ihr Leben viel sicherer und einfacher machen können.

Männer neigen dazu, Frauen gegenüber extrem naiv zu sein. Sie glauben, dass ihnen bei einem Date nichts geschehen kann. Diese Naivität ist nirgendwo offensichtlicher als beim Sex. Viele Männer glauben zum Beispiel, dass sie von der Erfordernis, ein Kondom zu benutzen, ausgenommen sind: Sie werden keine Frau schwängern. Sie holen sich kein HIV oder eine andere Geschlechtskrankheit. Das ist idiotisch und völlig unbegründet. Diese Art zu denken (»es wird schon alles gut gehen«) durchdringt die Beziehungen der Männer zu Frauen und macht sie blind für die Probleme, die auf sie zukommen können. Dieses Kapitel wird Ihnen helfen, Ihre Naivität gegenüber Frauen ein für alle Mal abzulegen. Wenn Sie es gelesen haben, werden Sie die Probleme kommen sehen und ihnen leichter ausweichen können.

Einschätzung des Aufwandes

Alle Beziehungen wollen gepflegt werden. Jeder Mensch, ob Mann oder Frau, braucht eine gewisse Bestätigung: Man muss sich gegenseitig zeigen, dass man sich etwas bedeutet und den Partner attraktiv findet. Das erfordert einen gewissen Aufwand, den man einsetzen muss, um eine Frau glücklich zu machen.

Frauen brauchen unterschiedlich viel Aufmerksamkeit zum Beweis der Wertschätzung. In manchen Fällen sind die Bedürfnisse relativ einfach. Wenn man aufmerksam ist (oder sie nicht gerade wie Dreck behandelt) fühlen sie sich geschätzt und finden Sie attraktiv. Andere Frauen finden einen Mann nur anziehend, wenn er sie schlecht behandelt. Wieder andere erwarten ständige Komplimente, Geschenke und allerlei kleine Aufmerksamkeiten. Manche müssen regelmäßig mit Ihnen streiten, um das Gefühl zu haben, dass die Beziehung wirklich gut funktioniert.

Wahrscheinlich haben Sie schon gehört, dass manche Männer zwischen pflegeleichten und aufwendigen Frauen unterscheiden. Diese Unterscheidung ist sehr nützlich. Hier sind die Kriterien, anhand derer Sie schon früh entscheiden können, ob eine Frau pflegeleicht oder aufwendig ist (und ob der Aufwand sich überhaupt lohnt).

Pflegeleichte Frauen

Eine pflegeleichte Frau ist für den Mann ein echter Glücksfall. Sie erwartet keine ausgefeilten Rituale, um Ihnen vertrauen und mit Ihnen ausgehen zu können. Ihre Bedürfnisse sind einfach und leicht zu erraten. Sie wird Ihnen sogar helfen, indem Sie Ihnen genau – und ehrlich – sagt, was sie braucht.

Was man über sie wissen muss

- Sie nimmt nur wenige Dinge im Leben persönlich. Die pflegeleichte Frau wird nicht auf jedem Ausrutscher und auf jeder dummen Bemerkung herumreiten. Wenn sie wütend ist, regt sie sich schnell wieder ab und ist daher eine angenehme Gesellschaft.
- Sie hält ihre Gefühle zurück. Wenn sie schlecht gelaunt ist, zeigt sie es nicht und lässt es nicht an Ihnen aus. Sie übernimmt für ihre Gefühle die Verantwortung.
- Sie ist nicht unvernünftig. Sie versucht wirklich, jederzeit vernünftig zu sein, was Ihnen das Leben leichter macht.
- Sie dreht nicht durch. Wenn sie besorgt, wütend oder gestresst ist, geht sie verantwortlich damit um; oft merkt man es gar nicht.
- Sie weiß, dass sie immer etwas dazulernen kann und zieht keine voreiligen Schlüsse. Sie hängt nicht übermäßig an ihren eigenen Meinungen.
- Ihre momentanen Gefühle sind ihr nicht übermäßig wichtig. Sie hört auf ihre Gefühle, aber trifft Entscheidungen auf einer rationalen und logischen Grundlage.
- Sie hat immer Lust auf Sex. Entweder will sie es selbst die meiste Zeit, oder sie tut es Ihnen zuliebe.

- Sie erwartet nicht, dass Sie wissen, was sie braucht. Sie wird es Ihnen gerne sagen.
- Sie ist emotional ausgeglichen und hat keine massiven Stimmungsumschwünge.
- Sie macht sich keine übermäßigen Gedanken darüber, was andere Menschen von ihr halten.
- Sie mag Sie – und sie mag Männer im Allgemeinen.
- Sie ist produktiv und kreativ und hat Spaß im Leben.
- Sie beklagt sich selten.

Mittelschwere Pflegefälle

Mittelschwere Pflegefälle sind häufiger als pflegeleichte Frauen. Mittelschwere Pflegefälle haben mehr Bedürfnisse und nehmen mehr Dinge persönlich, die Sie sagen und tun. Gleichzeitig sind sie aber – im Unterschied zum schweren Pflegefall – nicht zu sehr in ihre Gefühle verstrickt: Man kann mit ihnen auskommen.

Was man über sie wissen muss

- Sie nimmt manche Dinge im Leben persönlich. Es gibt Themen, die man besser vermeiden sollte, zum Beispiel Pornografie oder die größeren Brüste anderer Frauen. Zum Glück ist das nicht allzu schwierig.
- Sie lässt gelegentlich ihre Launen an Ihnen aus. Wenn sie schlecht gelaunt ist, wird sie zickig und sucht Streit. In der Regel wird sie sich aber nachher entschuldigen, manchmal sogar mit Sex.

- Manchmal reagiert sie irrational.
- Sie »flippt aus«, aber hat hinterher ein schlechtes Gewissen deswegen. Wenn sie Ihnen eine Szene macht, entschuldigt sie sich später dafür.
- Sie kann wegen ihrer Figur oder ihres Aussehens empfindlich sein.
- Sie ist mäßig kreativ und mäßig weinerlich.
- Sie mag Sex, aber sagt manchmal nein. Manchmal hat sie an Ihrer Leistung etwas auszusetzen.
- Sie kann launisch sein, ist aber meist ausgeglichen. An manchen Tagen ist sie glücklich, an anderen traurig, weinerlich oder wütend.
- Sie macht sich manchmal Gedanken darüber, wie sie bei anderen Menschen ankommt – und was andere Menschen über Sie denken.
- Sie geht mit Männern aus, hat aber manchmal keine Lust auf Männer.

Heiße Eisen oder »schwere Pflegefälle«

Schwere Pflegefälle haben keine Selbstbeherrschung. Sie haben ihre Launen und Verhaltensweisen kaum unter Kontrolle und haben auch ständig mit allen Leuten Probleme – vor allem mit Ihnen. Eine solche Frau glaubt, dass sie das Recht hat, so schwierig zu sein, wie sie will. Sie ist unglaublich impulsiv; damit muss man fertig werden. Wenn sie Lust hat, einen gefährlich aussehenden Fremden anzuschreien, tut sie das auch – und Sie müssen mit den Konsequenzen fertig werden. Wenn sie Lust hat zu schreien, zu weinen, zu schmollen oder sich wie ein Baby zu benehmen, würde es ihr nicht im Traum einfallen, sich zu beherrschen. Sie hat kein Problem damit, Sie beim Essen in einem schönen Restaurant anzuschreien und Ihnen eine Szene zu machen. Schließlich, so glaubt sie, wird sie unterdrückt, wenn sie nicht in jedem Augenblick ihre Gefühle frei äußern kann.

Was man über sie wissen muss:

- Sie nimmt alles im Leben persönlich. Wenn sie spazieren gehen will und es regnet, ist sie wütend auf das Wetter.
- Sie lässt ihre Launen an Ihnen aus. Wenn sie schlecht gelaunt ist – und das ist sie oft – lässt sie es an Ihnen aus.
- Sie fühlt sich berechtigt, unvernünftig zu sein. Sie gibt sich nicht die geringste Mühe, vernünftig zu sein – und Sie müssen damit leben.
- Sie fühlt sich berechtigt auszuflippen. Wenn sie besorgt, wütend oder gestresst ist, wird sie weinen oder kreischen oder sonst irgendetwas tun, was ihren Gefühlen entspricht, egal wo Sie sind. Sie müssen damit leben.
- Sie glaubt, dass sie in jeder Frage Recht hat, und weist Sie jederzeit gerne zurecht, wenn Sie etwas falsch machen.
- Sie fühlt sich von allem, was Sie tun, beleidigt.
- Sie glaubt, dass ihre augenblicklichen Gefühle das Wichtigste im ganzen Universum sind. Sie kann sich niemals einfach beruhigen und weitermachen. Sie muss jeden Streit immer sofort austragen.
- Sie akzeptiert nicht die geringste Kritik. Wenn Sie ihr Verhalten kritisieren, flippt sie aus, schreit und weint, wozu sie aus ihrer Sicht berechtigt ist.
- Sie leistet nichts, ist nicht kreativ und klagt ständig über Langeweile.

- Sie ist unglaublich empfindlich. Beim geringsten Anlass unterstellt sie Ihnen, dass Sie sie für fett oder unattraktiv halten. Wagen Sie es in ihrer Gegenwart auf keinen Fall, andere Frauen anzusehen.
- Sie ist sexuell mal aufgedreht und mal nicht. Man weiß nicht, was man bekommt. In einer Nacht ist sie ein unglaublich heißer Drachen, dann wieder wegen der geringsten Bemerkung so wütend, dass sie Sie aus dem Haus wirft.
- Sie wird wütend, wenn Sie nicht zu jedem Zeitpunkt sofort und automatisch wissen, was sie braucht. Dass Sie nicht jederzeit hellsehen können, beweist aus ihrer Sicht Ihr mangelndes Einfühlungsvermögen.
- Sie ist unglaublich launisch. Mal ist sie glücklich, dann wieder traurig und weint oder schreit.
- Sie glaubt, dass es nur eine Art gibt, etwas zu tun – und Sie machen es falsch.
- Sie macht sich ständig Gedanken darüber, wie sie bei anderen Menschen ankommt – und was andere Menschen über Sie denken.
- Sie ist sehr pingelig, was Ihr Verhalten angeht.
- Sie geht mit Männern aus, aber kann sie nicht wirklich leiden. Sie betrachtet Männer als notwendiges Übel.

Mit welcher Art von Frau gehen Sie in der Regel aus? Ist sie ein ultraanspruchsvoller schwerer Pflegefall? Oder ein relativ anspruchsvoller mittelschwerer Pflegefall? Es lohnt sich einzuschätzen, welches Maß an Aufwand eine potenzielle Date-Partnerin machen wird, weil man dann einschätzen kann, ob ein Date sich überhaupt lohnt. Außerdem können Sie die Verhaltensweisen vorhersehen, die wir skizziert haben. Nun werden wir zeigen, wie man mit vielen Problemen umgehen kann, die Frauen verursachen.

Ärger machen

Die acht Geheimnisse im Umgang mit problematischen Frauen

Die größte Falle, in die Männer im Umgang mit Frauen fallen, besteht darin, dass sie mit den Problemen, die Frauen verursachen, falsch umgehen. Anstatt das Problem zu lösen, machen sie es oft nur noch schlimmer. Sicher haben Sie auch schon diese Erfahrung gemacht: Sie sind mit einer Frau zusammen, die wütend ist. Sie versuchen zu helfen und haben am Ende doch nur Streit. Dann beklagt sie sich darüber, dass Sie ein unsensibler Bastard sind, der nicht in der Lage ist, sie zu verstehen. Die Ursache ist, dass Sie wahrscheinlich eine oder mehrere von den folgenden acht Regeln für den Umgang mit Beziehungsproblemen verletzt haben. Wenn Sie diese befolgen, können Sie sich eine Menge Streit sparen.

1. Lösen Sie niemals das Problem einer Frau, weil Sie sonst selbst das Problem werden

Männer, die das nicht begreifen, geraten in endlose Probleme mit Frauen. Es ist ein großer Fehler, die Schwierigkeit einer Frau zu lösen, weil man dann selbst ihr Problem wird. Das hat folgende Gründe. Frauen gehen mit Problemen anders um als Männer. Wenn Männer Probleme haben, wollen sie sie lösen – ganz einfach. In aller Regel haben wir auch wenig Verständnis für Männer, die einfach nur darüber reden wollen, ohne es zu lösen. Wenn ein Mann ein Computer-Programm entwickelt und es nicht funktioniert, werden andere Männer ihn nicht fragen, wie er sich dabei fühlt. Sie verschwenden keine Zeit damit zu erzählen, wie sie sich gefühlt haben, als sie beim Programmieren ein ähnliches Problem hatten. Sie krempeln ihre Ärmel hoch und versuchen, das Problem anzugehen.

Dementsprechend klagen Männer untereinander nicht viel über Beziehungen. Beispiel: Zwei Männer trainieren im Fitness-Center. Einer sagt: »Ich habe diese heiße Frau getroffen, aber sie hat mich nicht angerufen!«. Der andere wird ihn nicht lange bedauern und sagen, wie schlecht sich das anfühlen muss. Er wird eher sagen: »Wo ist das Problem, hast du vergessen, wie man ein Telefon benutzt? Ruf sie an, du Idiot!« Problem gelöst, das nächste Thema bitte.

Frauen gehen hingegen anders mit Problemen um. Merkwürdigerweise mögen Frauen Probleme mehr als Männer. Sie nutzen diese als Möglichkeiten, ihre Gefühle zu teilen und Bindungen zu stärken. Frauen werden in der Umkleidekabine regelmäßig über tolle Männer klagen, die nicht anrufen, aber sie würden nicht im Traum daran denken, sich gegenseitig Lösungen vorzuschlagen (»ruf an, du Idiot«). Ein Problem zu haben und zu teilen, ist für Frauen eine Art, soziale Bindungen zu vertiefen, die Männer erst begreifen müssen.

Wenn eine Frau mit einem Problem zu Ihnen kommt, dürfen Sie es nicht lösen. Gestatten Sie uns, das zu wiederholen, weil es sich so merkwürdig anhört: Wenn eine Frau mit einem Problem zu Ihnen kommt, dürfen Sie es nicht lösen. Es kommt uns komisch vor, das auch nur zu sagen. Aber es ist wahr. Wenn eine Frau Sie mit einem Problem konfrontiert und Sie versuchen, es zu lösen, wird sie mit ziemlicher Sicherheit sauer auf Sie sein. Sie wird Ihnen vorwerfen, dass Sie ihr nicht zuhören und nicht einfühlsam sind – das ist der ganze Dank, den Sie dafür bekommen. Wenn eine Frau mit einem Problem zu Ihnen kommt, seien Sie dankbar. Solange sie dieses Problem hat, wird sie nicht Sie zu ihrem Problem machen: Sie sind aus dem Schneider. Anstatt das Problem zu lösen, sollten Sie ihr zuhören, bei ihr sein und ihr helfen zu glauben, dass Sie ihre Gefühle verstehen.

Als Leo erstmals mit Karen ausging, schien alles gut zu gehen. Eines Tages änderte sich alles. Er holte sie zu Hause ab und fand sie weinend vor. »Ich wusste nicht, was ich sagen sollte, aber ich erinnerte mich daran, dass ich ihr Problem nicht lösen durfte. Ohne ein Wort zu sagen, nahm ich sie in den Arm und ließ sie weinen.« Das dauerte fünf oder zehn Minuten, dann hörte sie schließlich auf. Später sagte sie zu ihm: »Ich kann nicht glauben, wie wunderbar du gewesen bist! Du warst so perfekt, als es mir so schlecht ging!« Das hat ihn umgehauen, weil er aus seiner Sicht eigentlich nichts getan hatte. Wenn er versucht hätte, ihr Problem zu lösen, hätte sie ihn nicht für so wunderbar gehalten. Vielleicht wäre sie sogar böse gewesen.

Ärger machen

Sie müssen sich wie Leo verhalten: Trösten Sie sie, indem Sie bei ihr sind, aber lösen Sie nicht das Problem. Wenn Sie etwas sagen müssen, versuchen Sie es mit einer der folgenden Möglichkeiten:

- »Wow, sag mir, wie das sich anfühlt!«
- »Das klingt ganz schön hart. Erzähl mir mehr, wenn du willst.«
- »Ich will dich einfach nur unterstützen.«
- »Ich bewundere die Art, wie du damit umgehst.«
- »Gibt es etwas, was ich sagen oder tun kann, um zu helfen?«

Machen Sie sich keine Gedanken, wenn Sie diese Phrasen ständig wiederholen. Sie will einfach nur, dass ihr jemand zuhört. Ihr Kopf wird sowieso damit beschäftigt sein, sich daran zu erinnern, dass Sie das Problem nicht lösen dürfen. Wenn Sie sich dabei ertappen, dass Sie eines der folgenden Dinge sagen, reißen Sie sich zusammen und dreschen Sie stattdessen eine der Phrasen, die oben aufgelistet sind:

- »Ich finde, du solltest ... «
- »Warum tust du nicht einfach ... «
- »Ich weiß nicht, was daran so schlimm ist.«
- »Hast du versucht ... «

Diese Aussagen sind Einleitungen für Lösungsversuche; sie werden Sie in große Schwierigkeiten bringen. Manche Männer glauben, dass eine Frau mit ihnen schlafen wird, wenn sie für eine Frau ein Problem lösen. Wir haben das bereits ausführlich behandelt. Wir weisen an dieser Stelle nur darauf hin, dass Sie nicht mit Sex belohnt werden, wenn Sie für eine

Frau ein Problem lösen. Sie wird dann nur an das Problem denken, wenn sie Sie sieht, und Sie als einen guten Freund ansehen.

2. Bedenken Sie: Ein Streit mit einer Frau ist wie das Entschärfen einer Bombe

Einer unserer Schüler war ein Experte für Sprengstoffentsorgung. Er erzählte von der Arbeit mit Bomben. »In der Regel schickt man eine Art Roboter hin, um die Bombe zum Explodieren zu bringen. Das ist kein Problem, wenn man sich nicht in der Nähe aufhält. Das echte Problem entsteht, wenn man hingehen und es selbst tun muss. Man muss äußerst geduldig sein, darf keine voreiligen Schlüsse ziehen und muss wissen, was man tut, wenn man eine Bombe entschärft.«

Es fiel uns auf, dass er nicht nur die Entschärfung einer Bombe beschrieb –, sondern auch einen Streit mit einer Frau. Wenn man es einrichten kann, dass ein anderer die Sprengung abbekommt, desto besser. Meist wird man es aber selbst tun müssen.

Ein Streit mit einer Frau ist eine heikle Angelegenheit. Wie in der Analogie mit der Bombe muss man sich immer auf das Wichtigste konzentrieren. Bei einem Date mit einer Frau ist das Wichtigste an einem Streit, dass man ihn schnell und mit einem Minimum an Stress beendet. Wenn man sich in eine Einzelheit des Streites verstrickt oder sich von seiner Wut mitreißen lässt, wird man verlieren – auch wenn man, technisch gesehen, gewinnt: Sie mögen die Frau dazu drängen einzugestehen, dass sie in einem Punkt Unrecht hat. In diesem Fall werden Sie aber keine Harmonie erzeugt haben und deshalb später auch keinen Sex bekommen.

3. Fragen Sie sich ständig: »Was ist für mich am wichtigsten?«

Bei einem Streit mit einer Frau kann man leicht den Kopf verlieren. Sie sagt Dinge, die Sie treffen, sodass Sie sich verteidigen wollen. Das ist fast ein ebenso großer Fehler wie der Versuch, das Problem einer Frau zu lösen. Denken Sie ständig daran, welches Ergebnis Sie erzielen wollen. Wenn die Beziehung noch nicht weit gediehen ist und Sie noch nicht einmal Sex mit ihr gehabt haben, empfehlen wir dringend, jeden Streit mit einer Frau völlig zu vermeiden. Wenn Sie streiten müssen, bedenken Sie, was Ihnen wichtiger ist: Wollen Sie ihr klarmachen, dass Sie Recht haben, oder wollen Sie von ihr begehrt werden? Ihre Antwort auf diese Frage entscheidet über Ihr Verhalten bei jeder möglichen Auseinandersetzung.

Wenn Bob mit einer Frau streitet, verdirbt er jede Chance auf Sex mit ihr. Bei seinem ersten Date mit Annette begann er, von seinem Lieblings-Fernsehprogramm zu erzählen: »Babylon-5«. »Oje«, antwortete sie, »ich habe nur einen Wunsch im Leben: Dass die Leute aufhören, mir von Babylon-5 zu erzählen. Science Fiction interessiert mich nicht!« An diesem Punkt musste Bob sich fragen: »Was ist für mich am wichtigsten: Mit ihr zu schlafen oder zu streiten?« Wenn er das getan hätte, hätte er nicht den Fehler gemacht zu antworten: »Ich weiß nicht, was du dich so aufregst. Das ist doch die beste Show, die es je gab – jeder denkt so.« Selbstverständlich war sie darüber beleidigt: »Oh, wirklich, jeder? Also ich nicht!« Sie hatten einen kleinen Streit, was Annette irritierte, sodass sie Bob weniger attraktiv fand. »Warum gebe ich mich mit diesem Depp ab?«, fragte sie sich. Es war eine gute Frage.

Man muss sich klarmachen, dass man die Wahl hat, ob man etwas als Angriff bewerten will, was ein anderer sagt. Sind Sie jemals beleidigt worden? Haben Sie es jemals an sich abgleiten lassen? Vielleicht haben Sie zu sich selbst gesagt, dass es einen Streit nicht wert sei, und sich um Ihre eigene Angelegenheiten gekümmert. In diesem Augenblick war Ihre Entscheidung für etwas anderes – zum Beispiel das Leben zu führen, das Sie wollen – wichtiger, als jemandem zu beweisen, dass Sie eine Beleidigung nicht akzeptieren würden.

Wenn Sie sich niemals erlaubt haben, eine potenzielle Beleidigung nicht persönlich zu nehmen, sollten Sie es besser lernen, wenn Sie romantischen Erfolg bei Frauen haben wollen. Frauen werden Ihnen hinreichend Gelegenheit geben, wütend zu werden. Sie müssen sich entscheiden, den Köder nicht zu schlucken und sich niemals aus der Fassung bringen zu lassen. Wenn ein sechsjähriges Kind dasselbe zu Ihnen sagen würde, würden Sie es vielleicht für anstößig und ärgerlich halten, aber es würde nicht dieselbe Auswirkung haben, wie wenn es von einer Frau kommt, mit der Sie ausgehen wollen. Wenn Sie so tun, als ob sie ein albernes Kind wäre, wird es Ihnen helfen, Ihren Verstand auf die Verführung zu konzentrieren.

Unser Schüler Ivan traf eine solche Entscheidung gegenüber Bonnie. Er lernte Bonnie durch einen gemeinsamen Freund kennen, der sie beide zu einer Segeltour in seinem Boot mitnahm. Sie war Ende 20 und sah in ihrem einteiligen Badeanzug gut aus. »Sie war ziemlich süß, also beschloss ich, dass sie eine gewisse Anstrengung wert war.« Ihr gemeinsamer Freund erwähnte, dass Ivan auf eigene Rechnung ein Buch publiziert hatte. Da er es zufällig bei sich hatte, zeigte er es ihr. »Frauen reagieren in der Regel positiv darauf«, sagte er uns. »Aber Bonnie fand all diese Fehler im Schriftsatz und sagte, dass es falsch strukturiert war. Ich hatte schnell die Nase voll – was hatte sie denn schließlich geleistet, worüber sie reden konnte? Aber ich habe mich ständig gefragt, was für mich wirklich wichtig war, und stellte fest, dass es mir egal war, was sie von dem Buch hielt. Ich wollte nur, dass sie diesen Badeanzug auszog.« Er wechselte das Thema, ohne zu streiten, und fuhr mit anderen Themen fort. Er bekam ihre E-Mail-Adresse, verführte sie zunächst per Mail, dann persönlich und hatte schließlich Sex mit ihr. »Wenn ich wegen des Buchs mit ihr gestritten hätte, hätte ich es bei ihr zu nichts gebracht«, sagte er uns. »Es hat wirklich einen Unterschied gemacht, als ich mich fragte, was für mich wirklich wichtig war.«

4. Diskutieren Sie niemals mit einer wütenden Frau

In dem Film »Besser geht`s nicht« spielt Jack Nicholson einen Schriftsteller, der gefragt wird: »Wie entwerfen Sie eine weibliche Rolle?« Er antwortet: »Ich denke an einen Mann und streiche Vernunft und Zurechnungsfähigkeit.« Wenngleich das bei weitem nicht immer zutrifft, werden Sie im Streit mit einer Frau weitaus mehr Erfolg haben, wenn Sie so tun, als ob es so wäre.

Wenn Sie mit einer Frau zusammen sind, die wütend ist, dann ist sie zu diesem Zeitpunkt wahrscheinlich unvernünftig und schwierig. Das gilt aber auch für Männer. Wenn Sie wütend sind, werden Sie höchstwahrscheinlich ebenfalls unvernünftig sein. Haben Sie jemals versucht, den Mangel an Logik im Denken einer wütenden Frau aufzuzeigen? Wie gut hat das bei Ihnen funktioniert? Wir vermuten, gar nicht. Vernunft und Logik werden sie nur noch mehr verärgern. In einer solchen Situation besteht Ihre Aufgabe darin, sie nicht zu beeinflussen: Ihre Aufgabe besteht darin, sich selbst zu beeinflussen. Sie dürfen sich nicht hineinziehen lassen, nicht versuchen, eine Lösung zu finden und nicht versuchen, sie zur Vernunft zu bringen. Fragen Sie sich ständig, was Ihre Ziele sind, und halten Sie sich daran.

5. Nehmen Sie nichts persönlich

Gina und Tony hatten ein Verführungs-Date. Ihre Unterhaltung lief gut, bis Gina sagte: »Es muss schwer sein, nicht in der wirklichen Welt zu leben. Ich meine, wenn man an der Universität immer nur mit lauter intellektuellen Eierköpfen zu tun hat, muss es schwer sein, mit richtigen Menschen umzugehen.« Nicht in der wirklichen Welt? Nur in der Universität arbeiten? Ist das eine Beleidigung? Oder nicht? Leider beschloss Tony, es als eine Beleidigung anzusehen: »Was soll das heißen? Ich lebe in der wirklichen Welt!« Er hat etwas persönlich genommen, was sie gesagt hat, und einen möglichen Streit zugelassen.

Denken Sie an einen Streit zurück, den Sie mit einer Frau hatten. Den größten Teil der Zeit lief das Gespräch gut. Sie beide unterhielten sich – es gab keine Probleme. Plötzlich sagte jemand etwas Dummes, was man als Beleidigung auffassen konnte. Die andere Person nahm es persönlich; es folgte ein Streit. Manchmal wird die Frau, mit der Sie ausgehen, Dummheiten sagen, die Ihnen wie eine Beleidigung erscheinen. Manchmal werden Sie selbst diesen Fehler machen. Als Mann und als Verführer liegt es in Ihrer Verantwortung, dafür zu sorgen, dass das Date gut läuft. Wenn Sie etwas persönlich nehmen, was eine Frau sagt oder tut, verlieren Sie Ihr Ergebnis aus dem Blick und ruinieren die Verführung.

Sie müssen im Auge behalten, was Sie erreichen wollen. Das gilt vor allem in Stress-Situationen. Es ist unglaublich leicht, etwas persönlich zu nehmen, was sie sagt oder tut: Man ist beleidigt und beginnt einen Streit. Hier ist eine Liste von Dingen, die Frauen tun, die man aber nicht persönlich nehmen darf. Wenn Sie Dates haben, werden Sie zweifellos andere Dinge finden, die Sie der Liste hinzufügen können:

- Sie ruft nicht zurück.
- Sie kommt zu spät oder gar nicht.
- Sie sagt in letzter Minute ab oder verschiebt das Date.
- Sie würdigt nicht, was Sie für sie tun.
- Sie ist kalt, distanziert, beleidigt oder einsilbig.
- Sie reagiert nicht auf Ihre Verführung.
- Sie ignoriert Sie, wenn Sie »Hallo« sagen.

6. Ertragen Sie weibliche Grobheiten mit Würde

Wie sollte man mit solchen schwierigen Verhaltensweisen umgehen, wenn man sie nicht persönlich nehmen darf? Auf Kleinigkeiten (zum Beispiel, dass sie nicht zurückruft) muss man gar nicht reagieren, wenn man einfach akzeptiert, dass der Mann immer anruft. Dasselbe gilt, wenn eine Frau, die man eben erst kennengelernt hat, kalt oder einsilbig ist. Es ist Ihre Aufgabe als Mann, damit umzugehen. Auf wirklich grobes Benehmen (zum Beispiel, wenn Sie mehrfach hintereinander versetzt werden) muss man aber reagieren. Wenn man es einer Frau erlaubt, dass sie einem ernste Unannehmlichkeiten bereitet, ohne darauf zu reagieren, wird sie es einfach wiederholen – und es noch weiter treiben.

Das Geheimnis liegt darin, zu wissen, wie man weibliche Grobheit behandelt, ohne dass es zu einem Streit kommt. Der Schlüssel: Nehmen Sie nichts persönlich was sie tut. Sie müssen es schlucken können. Aber die Frau muss ebenfalls lernen, wie weit sie bei Ihnen gehen kann. Sie dürfen nicht wütend werden und durchdrehen: Frauen respektieren keinen Mann, der sich so verhält. Es macht ihnen nur Angst. Aber um einer Frau Grenzen zu setzen, muss man fest und standhaft bleiben. Wenn Sie es nicht persönlich nehmen, können Sie sagen, was gesagt werden muss, und es auf sich beruhen lassen. So werden Sie viel mehr erreichen und die Frau wird Sie mehr respektieren.

Cindy hat Leo bei zwei Schnupper-Dates versetzt. Er hat es nicht persönlich genommen. Er vermutete, dass Cindy testen wollte, wie weit sie bei ihm gehen konnte. Da er einen klaren Kopf behielt, war er in der Lage, sich am Telefon mit ihr zu unterhalten, ohne einen Streit anzufangen oder ihr ein schlechtes Gewissen einzureden. Stattdessen sagte er: »Hör mal, ich mag dich und so. Aber du hast mich zweimal versetzt. Ich habe eine Regel, die du kennen solltest: Wenn du mich noch einmal versetzt, werde ich nie mehr ein Wort mit dir reden. Wenn du mit mir ausgehen willst, musst du auch kommen.« Seine Stimme war fest, aber er schrie nicht. Er gab auch keine Rechtfertigungen. Er setzte eine Grenze, aber statt sich über ihre Grobheit zu beklagen, stellte er sie vor eine einfache Wahl: Entweder du erscheinst oder du kannst mir gestohlen bleiben. Beim nächsten Date stand sie pünktlich auf der Matte. Es folgten die Verführung und dann der Sex. »Sie wollte wissen, wie weit sie gehen konnte«, sagte er. »Ich hätte nicht mehr mit ihr geredet, wenn sie mich noch einmal versetzt hätte, aber ich bin froh, dass sie gekommen ist.« Indem er es nicht persönlich genommen hat, war Leo in der Lage, damit umzugehen, ohne sich in seine Gefühle zu verstricken.

7. Hören Sie aktiv zu

Zuhören bedeutet für manche Männer, dass man auf eine Gelegenheit wartet, seinen eigenen Teil zu sagen. Andere Männer scheinen zu glauben, dass Zuhören beginnt, wenn die Frau ihren Mund öffnet, und endet, wenn der Mann ihr sagt, wie sie ihr Problem lösen kann. Wenn Sie zu diesen Männern zählen – keine Angst: Wir zeigen Ihnen, wie Sie zuhören müssen, damit die Frau sich am besten fühlt. Frauen, die wir befragt haben, hatten das Gefühl, dass Männer nicht richtig zuhörten, wenn sie mit ihnen redeten. Das kann man überwinden, indem man die folgenden einfachen Schritte des »aktiven Zuhörens« befolgt:

Machen Sie ein interessiertes Gesicht

Erinnern Sie sich daran, wie Sie reagiert haben, als die Lehrerin in der Schule fragte: »Schläfst du?« Plötzlich haben Sie sich wieder konzentriert. Welche Körperhaltung hatten Sie, als sie fragte? Sie glaubte, dass Sie gelangweilt waren, weil Sie so aussahen. Sie lehnten sich zurück oder ließen sich vornüber hängen; Ihre Augen sahen ins Leere und waren nicht auf die Lehrerin gerichtet. Denken Sie nun daran, welche Körperhaltung Sie hatten, wenn Sie versuchten, einen interessierten Eindruck zu machen: Sie lehnten sich leicht nach vorn und sahen die Lehrerin an; Sie nickten, atmeten tief und wirkten aufmerksam. Viele Männer erlauben es sich, gelangweilt zu schauen, wenn sie einer Frau zuhören, die sie verführen wollen. Auch wenn Sie zuhören, werden Sie nicht so aussehen, wenn Sie eine gelangweilte Haltung haben.

Wiederholen Sie, was sie gesagt hat

Wenn Sie mit einer Frau einen Konflikt haben, kann es unglaublich hilfreich sein zu wiederholen, was sie gesagt hat. Sie dürfen sich natürlich nicht wie ein Papagei oder wie ein nerviger Komiker verhalten, der alles nachäfft. Das wäre schlecht. Wenn Sie aber Schlüsselstellen wiederholen, zeigen Sie ihr, dass das, was aus ihrem Mund kam, in Ihre Ohren gelangt und immer noch in Ihrem Gehirn ist. Glauben Sie uns, es wird sie beeindrucken und ihr helfen, sich unkomplizierter und kürzer zu fassen.

Als Martens Freundin Ute wütend auf ihn war, weil er mit anderen Frauen geflirtet hatte, setzte er diese Technik sehr erfolgreich ein. Zuerst nahm er eine Haltung ein, die wirkte, als wenn er sich dafür interessieren würde, was sie sagte, obwohl ihm – ehrlich gesagt – alles andere lieber gewesen wäre, als hier zu sitzen und sich ihre Klagen anzuhören. »Ich mag es nicht, wenn du auf Partys mit anderen Frauen flirtest«, sagte sie. »Ich fühle mich dann richtig schlecht – als wenn du mich nicht lieben würdest.« »Mal sehen, ob ich dich richtig verstanden habe«, sagte er. »Für mich ist es wichtig, dass ich dir wirklich folgen kann. Du magst es nicht, wenn ich auf Partys mit anderen Frauen flirte. Es macht dich wütend, wie wenn ich dich nicht lieben würde. Ist das richtig?« »Genau« , antwortete sie und beruhigte sich. »Ich will wirklich das Gefühl haben, dass ich mit dir zusammen da bin, als Paar.« »Oh, ich verstehe.« »Für dich ist es wichtig, das Gefühl zu haben, dass wir ein Paar sind, wenn wir zu einer Party gehen. Ich wusste nicht, dass es dir so ging.« Inzwischen hatte sich Ute so weit beruhigt, dass sie normal reden konnte. So konnten sie das Problem lösen – weil Marten bereit war, aktives Zuhören anzuwenden. Man muss das Problem nicht lösen oder ihr zustimmen: Eine Frau beruhigt sich, wenn sie das Gefühl hat, dass man ihr zuhört. Wiederholungen sind eine gute Möglichkeit, es so aussehen zu lassen, als wenn man es täte.

8. Rechtfertigen Sie sich nicht

Wenn Sie einen Konflikt mit einer Frau haben, werden Sie versucht sein, sich dafür zu rechtfertigen, wie Sie sind und handeln. Lassen Sie es einfach. Eine gute Faustregel ist, dass man nur Fragen beantworten sollte. Wenn sie Sie fragt, weshalb Sie etwas getan haben, sagen Sie es ihr. Aber glauben Sie nicht, dass Sie ihr für jeden Aspekt Ihres Verhaltens eine Erklärung schulden, nur weil sie wütend auf Sie ist.

Bedenken Sie: Sie dürfen Ihre Selbstbestätigung nicht von Frauen abhängig machen. Diese müssen Sie aus anderen Quellen beziehen - erinnern Sie sich? Frauen können Ihnen eine zusätzliche Bestätigung geben, aber sie dürfen nicht die zentrale Quelle Ihres Selbstwertgefühls sein. Wenn Sie dieses Prinzip missachten, neigen Sie eher dazu, sich Frauen gegenüber bei Konflikten zu rechtfertigen. Bedenken Sie einfach, was für Sie am wichtigsten ist, beantworten Sie relevante Fragen und stehen Sie den Konflikt durch.

Die drei Arten, wie Frauen kämpfen, und wie man damit umgeht

Menschen kämpfen auf unterschiedliche Weise, und jeder Mensch neigt dazu, an seiner Art des Kämpfens festzuhalten. Es gibt drei grundlegende Arten, zu denen sich Menschen hinreißen lassen: Weinen, schreien oder manipulieren. Wir wollen jede davon detailliert behandeln und zeigen, wie man in jedem Fall mit Frauen umgeht.

1. Weinen

Manche Frauen weinen gern. Sie weinen in Filmen, auf Hochzeiten und sogar bei einer Werbesendung für Telefontarife. Sie sind sehr empfindlich, emotional sensibel und neigen dazu, bei einem Konflikt sofort loszuheulen, anstatt wütend zu werden oder das Problem zu lösen.

Früherkennung: Die Heulerin ist mitleidig. Wenn sie einen verwundeten Vogel auf der Straße sieht, läuft sie hin, um ihn zu retten. Schon die geringsten Kleinigkeiten bringen sie aus der Fassung. Wenn sie auf alles extrem emotional reagiert, ist sie wahrscheinlich eine Heulerin. Fragen Sie sie, wie sie über den Hunger in der Welt denkt, und achten Sie darauf, wie intensiv sie darauf reagiert. Wenn sich ihre Augen weiten und ihre Stimme eindringlich wird, ist sie wahrscheinlich eine Heulerin.

Lassen Sie sich nicht hineinziehen. Ihre Tränen sind die Masche einer Heulerin. Sie verunsichert und manipuliert Sie. Wenn Sie alles tun, was sie will, damit sie aufhört zu weinen, werden Sie verlieren – und sie gewinnt. Am Ende kann das aber auch für die Frau selbst eine Enttäuschung nach sich ziehen: Viele unserer Schüler haben Frauen Versprechungen gemacht, die so ausgefallen waren, dass sie nicht gehalten werden konnten – nur damit sie aufhörte zu weinen. Als sie ihre Versprechungen brachen, folgten noch größere Streitereien. Wenn man sich von den Tränen einer Frau manipulieren lässt und alles zusagt, nur damit sie aufhört zu weinen, hat man langfristig nur noch mehr Probleme.

Seien Sie nicht kompliziert, indem Sie sich schuldig fühlen. Männer, die sich schuldig und beschämt fühlen, wenn Frauen weinen, halten sich oft für einfühlsam. Unsere Befragungen belegen das Gegenteil. Für Frauen sind diese Männer die schwierigen: Plötzlich fühlen sich Frauen für den Schmerz und das Leiden des Mannes verantwortlich. Das macht es für beide Seiten schwieriger. Wenn ein Mann sich schuldig fühlt, weil eine Frau weint, schenkt er der Frau keine Aufmerksamkeit. Er ist ganz mit sich selbst beschäftigt: Er erscheint egoistisch und in sich selbst vertieft. Er muss sich von der Frau bestätigen lassen, dass er sich nicht schuldig fühlen muss und ist insgesamt sehr »ich-zentriert«.

Frauen haben uns immer wieder gesagt, dass sie Männer bevorzugen, die sich nicht schuldig fühlen. Wie eine Frau sagte: »Wenn ein Mann nicht bereit ist, zu tun, was nötig ist, um mich glücklich zu machen, braucht er sich auch nicht schuldig zu fühlen. Er wirkt dann nur wie ein unreifes Baby.«

Das müssen Sie verstehen, weil es wichtig ist: Ihr Leiden und Ihre Schuldgefühle sind kein Ersatz dafür, dass Sie einer Frau geben, was sie will. Das macht Sie nur komplizierter. Wenn Sie einer Frau nicht geben, was sie will, ist das in Ordnung. Aber glauben Sie nicht, es für die Frau besser wird, wenn Sie sich schuldig fühlen.

So sollten Sie sich verhalten: Fragen Sie sich selbst, was für Sie am wichtigsten ist. Dazu haben wir im Grunde schon alles gesagt. Behalten Sie einfach Ihre Ziele im Auge.

Versuchen Sie nicht, das Problem zu lösen. Wir müssen das nicht weiter vertiefen, aber wir müssen anmerken, dass das bei einer Heulerin besonders wichtig ist. Sie braucht Sie nicht so sehr, um ihre Probleme zu lösen, aber sie muss das Gefühl haben, dass Sie ihr zuhören. Sie will, dass Sie bei ihr sind, während sie weint. Das ist keine Zeit für Lösungen. Bieten Sie keine an.

Sagen Sie die richtigen Dinge. Es hilft, wenn man weiß, was man zu einer weinenden Frau sagen kann. Wenn Sie keine Lösungen vorschlagen wollen – was können Sie dann sagen? Versuchen Sie es mit diesen Aussagen:

- »Ich wusste nicht, dass du dich so fühlst.«
- »Ich verstehe, dass das schwer für dich ist.«
- »Ich verstehe, dass das für dich sehr belastend ist.«

Diese Sätze kann man so oft wiederholen, wie man will. Sie helfen einer weinenden Frau, sich verstanden zu fühlen, ohne mit ihren Gefühlen in Konflikt zu geraten.

Schweigen ist Gold! Das Beste, was man sagen kann, ist gar nichts. Wenn sie nicht auf Sie böse ist, können Sie sie wortlos in den Arm nehmen, während sie weint. Es ist erstaunlich, wie oft ein Mann bei einer weinenden Frau sein und sich wie ein Superidiot vorkommen kann, um dann von ihr zu hören: »Du warst so gut, als es mir schlecht ging! Woher hast du gewusst, dass du nichts sagen solltest?« Schweigen ist Gold, wenn man mit einer weinenden Frau zusammen ist.

Wenn man sich nicht von ihnen manipulieren lässt, sind die Heulerinnen am unkompliziertesten. Irgendwann beruhigen sie sich und wissen, was sie wollen und brauchen. Während sie weinen, müssen Sie einfach daran denken, was Ihnen wichtig ist, Mitleid bekunden und Ihre Position halten. Irgendwann wird sie aufhören zu weinen, und Sie können Ihr Date erfolgreich zu Ende bringen.

2. Schreien

Frauen, die sich dazu hinreißen lassen zu schreien, weinen nicht – sie werden wütend. Unbewusst glauben sie, dass sie Sie manipulieren können, wenn sie Ihnen mit ihrer Wut Angst machen können. Wenn ihnen das nicht gelingt, werden sie Sie entweder respektieren oder aus Ihrem Leben verschwinden. In jedem Fall gewinnen Sie, weshalb es sich lohnt zu lernen, wie man mit Frauen umgeht, die sich so verhalten.

Früherkennung: Die Schreierin ist von Natur aus eine Kriegerin. Sie ist oft streitlustig, wirkt hart und ist bereit, jede Kleinigkeit persönlich zu nehmen. Wenn Sie merken, dass Sie auf Zehenspitzen gehen müssen, damit sie nicht wütend wird, haben Sie es mit einer Schreierin zu tun. Man erkennt sie auch daran, dass sie sich gerne über die Bedienung im Restaurant beschwert oder Geschichten von Konflikten erzählt, die sie hatte.

Wie man mit ihr streitet. Die Schreierin will Sie einschüchtern, bis Sie gehorchen. Unbewusst geht sie davon aus, dass sie ihren Willen durchsetzen kann, wenn sie hinreichend unvernünftig ist. Außerdem hat es in der Vergangenheit auch funktioniert. Die Lösung: Vermeiden Sie einen Streit und lassen Sie sie sofort stehen. Später, nachdem sie sich beruhigt hat, können Sie reden und den Streit beilegen, wenn Sie glauben, dass es sich lohnt. Aber wenn sie schreit und Ihnen eine Szene macht, tolerieren Sie das nicht. Gehen Sie sofort weg.

3. Manipulation

Wahrscheinlich haben Sie schon den Spruch gehört: »Wer schreit, hat Unrecht.« Der manipulative Mensch lebt nach dieser Devise. Er manipuliert Sie indirekt und rechnet alles gegeneinander auf. Manipulatoren sind die Kontrollfreaks im Leben. Sie fühlen sich nicht sicher, wenn sie nicht alles in ihrer Umgebung steuern können. Diese Neigung verstärkt sich im Streit, weil dann ihre Kontrolle unmittelbar bedroht ist.

Während die Heulerin mit Tränen und die Schreierin mit Angst manipuliert, arbeitet die manipulative Frau mit logischen Argumenten. Sie ist besonders darauf bedacht, Recht zu haben und logische Argumente zu nennen, die beweisen, dass sie Recht hat. Sie hat Rechtfertigungen und Argumente dafür, dass sie Recht hat, aber im Streit wird sie Sie in den Wahnsinn treiben, weil ihre »logischen« Argumente nicht logisch sind. Sie wird auf irrationale Weise darauf bestehen, dass sie logisch sind. Zugleich wird sie Ihre geistige Gesundheit infrage stellen, weil Sie wegen der Inkonsistenz ihrer Argumente immer wütender werden. Sie wird sich selbst als Muster der geistigen Gesundheit präsentieren – eine zivilisierte Frau, die sich gegen Ihre unvernünftigen und groben Angriffe wehren muss. Das wird Sie noch mehr verrückt machen – was in ihren Augen einmal mehr beweist, dass Sie unvernünftig sind und deshalb Unrecht haben. Wenn sie dann »wer schreit, hat Unrecht« sagt, besteht das Risiko, dass Sie endgültig den Verstand verlieren. Das ist kein schöner Anblick.

Früherkennung. Die manipulative Frau ist oft sehr intelligent und arbeitet eventuell in einem Bereich, der eine Menge »zivilisierten« Streit erfordert, zum Beispiel in der Verwaltung. Es kann gut sein, dass sie sehr gebildet ist. Diese Zeichen alleine reichen aber nicht aus: Viele Frauen, die nicht manipulativ sind, haben diese Eigenschaften – und viele, die es sind, haben sie nicht.

Wenn Sie mit einer manipulativen Frau ein Date haben, werden Sie die Erfahrung machen, dass für sie alles genauso sein muss. Sie hat sehr detaillierte Vorstellungen von ihren Bedürfnissen und Erwartungen. Oft ist es ihr wichtig, Ihre Vorschläge abzulehnen, nur um sich zu bestätigen, das sie die Macht dazu hat. Ihre Gründe erscheinen Ihnen unglaublich dürftig. Wenn Sie sie zum Beispiel in ein chinesisches Restaurant ausführen wollen, wird sie Ihre Wahl mit dem Argument ablehnen, dass sie letzte Woche schon chinesisch gegessen hat. Sie übt ihre Macht aus. Sehen Sie sich vor.

Es ist schwierig, eine manipulative Frau zufriedenzustellen. Es ist immer irgendetwas nicht ganz in Ordnung. Klagen ist für sie eine Art, ihre Kontrolle auszuüben. Sie schickt im Restaurant ihr Essen zurück oder will ihren Drink mit Gin von einer ganz bestimmten Marke. Wenn genau diese Marke nicht vorrätig ist, wird sie, mit einem tiefen Seufzer, gar nichts bestellen. Sie mäkelt an Kleinigkeiten Ihrer Kleidung herum. Sie werden das Gefühl haben, dass sie besonders herrschsüchtig und pingelig ist. Das liegt daran, dass sie wirklich so ist.

Wie man mit ihr streitet. Diskutieren Sie nicht mit ihr. Vorsicht! Diese Art von Frau kann Sie verrückt machen. Wenn Sie sich von einer manipulativen Frau nicht in den Wahnsinn treiben lassen wollen, dürfen Sie nicht den Fehler machen, mit ihr über den Unsinn zu diskutieren, den sie verzapft. Das wird niemals funktionieren und Sie nur in den Wahnsinn treiben. Ihre Widerlegungen werden den Streit nur länger dauern lassen. Die manipulative Frau will nicht Logik, sondern Kontrolle. Sie fürchtet, dass ihr etwas Schlimmes passiert, wenn sie die Kontrolle verliert. Indem sie sich als Muster von Logik und Vernunft präsentiert, versucht sie, diese Kontrolle zu erlangen. Sie treibt Sie in den Wahnsinn und erklärt Sie dann zu einem hoffnungslosen Fall: Sie denken unlogisch, sind im Unrecht und haben sich selbst nicht unter

Kontrolle. Wenn Sie mit ihr über ihre Logik diskutieren, hat sie schon gewonnen – und für Sie ist alles vorbei.

Bestätigen Sie ihr, dass sie im Recht ist. Sagen Sie der manipulativen Frau, dass sie Recht hat, so oft Sie das über sich bringen können. Wenn Sie in irgendeinem kleinen Punkt Recht hat, sagen Sie es ihr und betonen Sie, dass sie Recht hat. »Du hast Recht, dass diese Beziehung für uns beide wichtig ist«, können Sie zum Beispiel sagen. »Das ist absolut richtig.« Versuchen Sie nicht, sarkastisch zu klingen. Sie müssen versuchen, ihr so viel Kontrolle zu geben, wie Sie können, um sie zu beruhigen, ohne sich selbst von ihr manipulieren lassen.

Entschuldigen Sie sich dafür, dass Sie nicht logisch sind. Es ist auch sehr wirksam, wenn Sie sich bei einem manipulativen Menschen dafür entschuldigen, dass Ihre Gefühle unlogisch sind. Sie kann darauf bestehen, dass Ihre Gefühle logisch sein müssen, aber Sie können immer entgegnen, dass Sie eben nicht so sind. So lange Sie sich nicht in eine Diskussion darüber verwickeln lassen, ob Sie logischer denken sollten, sind Sie auf der sicheren Seite. »Es ist einfach wichtig für mich, dass ich mit meiner Ex-Freundin wie mit einer Bekannten ausgehen kann«, können Sie sagen. »Es tut mir leid, dass es keinen Sinn ergibt. Ich weiß, wie frustrierend das sein muss. Aber ich empfinde nun einmal so. Ich glaube auch nicht, dass sich das ändern wird.«

Sagen Sie ihr, wie viel sie Ihnen bedeutet. Bedenken Sie: Sie ist kein schlechter Mensch. Sie hat nur Angst, dass sie die Kontrolle verliert. Sie wird sich beruhigen, wenn sie hört, wie viel sie Ihnen bedeutet. Wenn sie Ihnen nicht viel bedeutet, können Sie etwas an Ihrer Beziehung suchen, das Ihnen wichtig ist. Es mag der Wahrheit nahekommen, wenn Sie sagen: »Für mich ist es wichtig, dass es dir gut geht und du glücklich bist.« Natürlich ist das wichtig – wenn sie glücklich ist, ist sie viel umgänglicher und gibt Ihnen eher, was Sie wollen. Wenn sie das nur hört, wird sich die manipulative Frau schon beruhigen.

Wechseln Sie den Ort. Bei einer Auseinandersetzung mit einer manipulativen Frau werden Sie nicht viel erreichen; deshalb sollten Sie es möglichst schnell hinter sich bringen. Versuchen Sie, den Ort oder die Aktivität zu wechseln. Tun Sie etwas, wobei man nicht diskutieren kann, zum Beispiel einen Film sehen oder mit anderen Menschen zusammen sein.

Das sind die drei Arten, wie eine Frau sich im Streit verhält. Aber glauben Sie nicht, dass nur Frauen in diese Kategorien fallen. Das passiert auch Männern – sogar Ihnen. Die meisten Männer neigen zum Schreien und zur Manipulation; nur wenige werden weinen. Sie sollten diesen Abschnitt noch einmal durchlesen und sehen, in welche Kategorie Sie selbst fallen. Wollen Sie wirklich so sein?

Die vier klassischen Frauen, die man meiden sollte

Obwohl alle Frauen Probleme verursachen, machen manche mehr Ärger, als sie wert sind: Sie haben mehr davon, wenn Sie ihnen aus dem Weg gehen. So gibt es zum Beispiel die vier klassischen Psychos: Die Ausgeflippte, die paranoide Polizei-Anruferin, die Straßenkämpferin und die Zickenkönigin. Sie müssen sie kennen, damit Sie sie erkennen können, bevor sie Ihr Leben ruinieren. Bei Frauen muss man immer damit rechnen, dass sie verrückt sind, aber es ist nicht immer ganz einfach zu beurteilen, ob eine Frau verrückt ist und gemieden werden sollte. Hier sind die allgemeinen Warnsignale für eine mögliche Psycho-Frau:

Sie ist als Kind missbraucht worden. Psycho-Frauen sind oft missbraucht worden, oft schlimmer, als man es sich vorstellen kann. Schwerer körperlicher und sexueller Missbrauch in der Kindheit ist leider sehr verbreitet; Psycho-Frauen sind oft das Ergebnis solcher Kindheitserlebnisse. Wenn sie Ihnen sagt, dass sie als Kind geschlagen und vergewaltigt wurde, sollten Sie sie möglicherweise besser meiden.

Sie erzählt Ihnen von Anfang an intime Einzelheiten. Das geht oft mit Misshandlungen in der Kindheit einher. Wenn eine Frau misshandelt wurde und sie Ihnen schon bei der ersten Begegnung davon erzählt, ist das ein besonders schlechtes Zeichen. Es bedeutet, dass sie wahrscheinlich sehr unklare Grenzen hat. Der Vorteil daran ist, dass man sie eventuell leicht ins Bett bekommen kann. Der Nachteil ist, dass man nichts davon hat, wenn sie ausflippt.

Sie ist in Beziehungen oft misshandelt worden. Siehe oben. Gehen Sie ihr aus dem Weg, wenn Sie keinen Ärger haben wollen.

Sie scheint sich Krankheiten einzubilden. Wenn sie viele körperliche Beschwerden zu haben scheint, kann das auch ein Zeichen mentaler Probleme sein, obwohl das keineswegs immer so ist. Wir und viele unserer Schüler haben die Erfahrung gemacht, dass es oft Ärger bedeutet, wenn eine Frau zum Beispiel viele Allergien oder Lebensmittelunverträglichkeiten hat. Eine Frau, die kein Parfum ertragen kann und es nicht in einem Zimmer aushält, in dem jemand einmal eine Zigarette geraucht hat, kann in Beziehungen unerträglich und unausgeglichen sein. Wir wissen nicht, warum das so ist, aber es ist so.

Sie ist obsessiv oder zwanghaft. Solche Frauen sagen Ihnen oft sofort, was mit ihnen los ist: »Ich bin ein sehr obsessiver Mensch.« Oder: »Ich habe nie etwas losgelassen, ohne dass Spuren von meinen Krallen drangeblieben sind.« Es mag merkwürdig erscheinen, dass jemand einen solch beunruhigenden Aspekt der eigenen Persönlichkeit sofort offenbart – und das ist es auch. Dieses Warnsignal bedeutet, dass Sie ihr fernbleiben müssen, wenn sie nicht eine zwanghafte Bindung zu Ihnen entwickeln soll.

Sie haben einfach ein schlechtes Gefühl. Das ist die wichtigste Richtlinie von allen. Männer verlieren ihren Verstand, wenn sie eine Möglichkeit sehen, Sex zu haben. Sie wollen sogar mit Frauen Sex, von denen sie wissen, dass sie ihnen ohne Ende Probleme bereiten werden. Seien Sie kein

Trottel. Wenn bei Ihnen die Alarmglocken läuten und Sie bei einer Frau ein schlechtes Gefühl haben, seien Sie ein starker, selbstbewusster Mann: Gehen Sie ihr aus dem Weg. Wenn Sie klug genug sind, die Methoden aus diesem Buch anzuwenden, werden Sie Sex haben. Sie müssen sich nicht erniedrigen, indem Sie sich Ärger mit Psychos einhandeln. Denken Sie daran: Wenn Sie bei einer Frau ein schlechtes Gefühl haben, gehen Sie ihr aus dem Weg. Hören Sie auf sich selbst und vertrauen Sie Ihren Instinkten.

Die vier Arten von Frauen, die man meiden muss, haben diese Eigenschaften in Hülle und Fülle. Wir wollen sie, eine nach der anderen, etwas genauer betrachten:

1. Die Ausgeflippte

Die Ausgeflippte ist wie die Schreierin, nur viel schlimmer. Wenn sie ausflippt und schreit, geschieht das oft in Zusammenhang mit einem Flashback aus ihrer Kindheit, in der sie sexuell missbraucht wurde. Beim Weinen hyperventiliert sie auch, sodass sie sich etwa so anhört: »Ich (keuch) habe (keuch) große (keuch) Angst … « Indem sie hyperventiliert, sorgt sie unbewusst dafür, dass ihre Gehirn-Chemie sich nicht wieder ordnet, sodass sie ausgeflippt bleibt.

2. Die paranoide Polizei-Anruferin

Diese Frau erzählt Ihnen von Männern, die ihr nachstellen, wegen denen sie die Polizei ruft und die ihr per Gerichtsbeschluss fernbleiben müssen. Für Ihr zukünftiges Leben ist es wichtig, dass Sie dieser Frau aus dem Weg gehen. Oft hat sie einen verrückten Ex-Freund oder Ex-Ehemann, der sie misshandelt hat und sie immer noch belästigt. Alle paar Monate ändert sie ihre Telefonnummer, die nicht im Telefonbuch steht. Diese Frau ist traumatisiert: Sie hat die Erfahrung gemacht, dass Männer sie verletzen und das Gesetz ihre einzige Waffe ist. Irgendwann wird sie Sie unweigerlich ebenfalls für einen Gewalttäter halten. Gehen Sie ihr aus dem Weg, egal wie sexy sie ist.

3. Die Zickenkönigin

Diese Frau ist wie eine manipulative Frau, nur viel schlimmer. Ein Beispiel gibt Steve Martins Freundin in dem Film »L. A. Story«. An einem Punkt sagt er zu ihr: »Ich glaube, du weißt nicht, wie unattraktiv Hass ist.« Die Zickenkönigin weiß das niemals.

Es ist sehr wahrscheinlich, dass Sie einmal solch einer kritischen, schwierigen Frau den Hof machen werden, weil sie körperlich sehr attraktiv ist und Sie glauben, dass Sie sie ins Bett bekommen können. Sie ignorieren ihre negative, hasserfüllte Einstellung, weil Sie hoffen, dass sie mit Ihnen ins Bett geht. Von allen Frauen, die man meiden sollte, ist sie die unbedenklichste. Wenn Sie ein paarmal mit ihr Sex haben und sie dann loswerden können, wird Ihr Leiden geringfügig sein. Wenn Sie aber mit ihr eine Beziehung eingehen, können Sie sich gleich selbst kastrieren, weil sie das irgendwann tun wird.

Es lohnt sich, auf solche Frauen zu achten und ihnen fernzubleiben. Wenn Sie den schlimmsten Psycho-Frauen aus dem Weg gehen, werden Sie sich eine Menge Leiden ersparen.

4. Die Straßenkämpferin

Die Straßenkämpferin ist der Typ, der Streit sucht. Sie kann einen wundervollen Abend völlig versauen. Die Kämpferin wird ständig versuchen, Sie in Diskussionen zu verwickeln. Sobald Sie auf ihre Masche hereinfallen, haben Sie ein großes Problem. In der Regel hat sie eine negative Einstellung, macht aus allem ein Drama und reagiert äußerst leidenschaftlich. Ein Zeichen einer Straßenkämpferin ist, dass sie es liebt, andere zu kritisieren, und sich damit brüstet, eine eigene Meinung zu haben. Sie setzt ihre Meinung durch und geht dadurch den Leuten auf die Nerven. In der Regel ist sie politisch, rechthaberisch, zickig und kompliziert.

Wenn Sie mit einer Kämpferin zusammen bleiben, werden Sie sich an ihr die Finger verbrennen. Irgendwann wird Ihnen der Geduldsfaden reißen, und Sie werden versuchen, sie loszuwerden. Die Beziehung endet mit einem gewaltigen Streit. Die andere Gefahr besteht darin, dass sie gewalttätig wird und Sie angreift. Wenn eine Frau schon früh signalisiert, dass sie Streit sucht, versuchen Sie, sie loszuwerden.

Die 23 Problem-Frauen

Jede Frau ist ein Problem. (Bilden Sie sich deswegen aber nichts ein. Sie sind auch ein Problem, wie wir später noch zeigen werden.) Je schneller Sie erkennen, welche Art von Problem eine Frau ist, desto schneller werden Sie diesem begegnen können – und desto eher werden Sie beide eine glückliche Beziehung führen. Hier ist eine Liste von Problem-Frauen. Wie viele von ihnen kennen Sie?

1. Die reiche Zicke
2. Die Alkoholikerin / Drogensüchtige
3. Die Therapeutin
4. Die Prinzessin
5. Die »ich hasse dich, weil du mich liebst«-Frau
6. Die Streitsüchtige
7. Die Depressive
8. Die wütende Feministin
9. Die, die alles ausdiskutieren muss
10. Die, die ständig klagt
11. Die religiöse Moralistin
12. Die Drama-Königin
13. Die Nörgeltante
14. Das verwundete Vögelchen
15. Die Nachstellerin (Stalkerin)
16. Die Essgestörte
17. Die mit den eingebildeten Krankheiten
18. Die Retterin mit Helfersyndrom
19. Die Aktionskünstlerin
20. Der Kontrollfreak
21. Die Besserwisserin
22. Die Gutaussehende
23. Das Vollweib

16 Probleme, die auf Ihr Konto gehen

Wir haben bereits darauf hingewiesen, dass Frauen in Beziehungen nicht die einzige Problemquelle sind. Sie selbst verursachen ebenfalls welche. Deshalb ist es vernünftig, sich auch auf die Schwierigkeiten einzustellen, die Sie selbst verursachen werden – wie auch auf die Probleme, die die Frau verursachen wird. Hier ist eine Liste von Problem-Männern. Mal ehrlich, zu welcher Kategorie gehören Sie?

1. Der einfühlsame Hippie

Der einfühlsame Hippie verführt Frauen, indem er immer nett, hilfreich, künstlerisch und offen für Frauenfragen ist. Er trägt Schmuck und hat langes Haar. Er gibt sich als friedlicher Musiker und spielt Trommel oder übt Gitarre im Wald. Das Hauptproblem ist, dass er sich einbildet, keine brünstige, sexgeile Bestie zu sein, wie andere Männer. Er ist voller Licht und Güte. Wenn er einer Frau gegenüber gemein ist (und das ist er), ist er sich dessen nicht bewusst. Darüber hinaus übernimmt er nie die Verantwortung dafür, dass er andere Menschen beleidigt. Er hat auch keine Vitalität oder männliche Präsenz. Wenn Sie so ein Typ sind, suchen Sie sich Männerfreunde und essen Sie Fleisch. Besuchen Sie eine Strip-Show. Geben Sie zu, dass Sie eine dunkle Seite haben. Seien Sie eher wie andere Männer – dann bekommen Sie auch mehr Sex.

2. Der gute Junge

Wie der einfühlsame Hippie brüstet sich der gute Junge, nicht wie andere Männer zu sein. Oft hat er eine oder zwei besondere (in der Regel platonische) Beziehungen zu Frauen. Oft trägt er auch ungewöhnliche Kleidung und ganz besondere Kleidungsstücke. Die meisten Frauen meiden ihn, weil er einen unreifen Eindruck macht. Sie sagen, dass er irgendwie merkwürdig ist. Diejenigen Frauen, die ihn nicht meiden, mögen ihn – aber nur als einen guten Freund. Wenn Sie zu dieser Kategorie gehören, werden Sie glücklicher sein und mehr Sex haben, wenn Sie sich mehr auf das konzentrieren, was Sie mit anderen Männern gemeinsam haben, als auf das, was Sie von diesen unterscheidet.

3. Der feministische Typ

Dieser wohlmeinende Mann hat die Emanzipations-Bewegung der Frauen zu seiner eigenen Sache gemacht – aber sein Verhalten hat einen Unterton, der auf die meisten Frauen beunruhigend wirkt. Er kann leicht darüber reden, dass Männer in der Welt das Problem sind, und dass »alle Männer« Frauen auf vielfältige Weise verletzen. Es scheint, als wenn er sich selbst nicht für einen Mann halten würde. Es kann sogar sein, dass er sich tatsächlich nicht für einen hält und sich lieber als »Person« bezeichnet. Der feministische Typ schämt sich zutiefst für seine Männlichkeit und seine sexuellen Fantasien. Darüber hinaus glaubt er insgeheim, dass er Sex bekommen kann, wenn er sich für seine Männlichkeit entschuldigt.

Wenn Sie zu dieser Kategorie gehören und Erfolg bei Frauen haben wollen, haben Sie ein Problem. Hören Sie auf, sich mit einer Bewegung zu identifizieren, deren Führerinnen sagen, dass »alle Männer Vergewaltiger sind und sonst gar nichts«. Versuchen Sie zu sagen: »Ich unterstütze gleiche Rechte und Pflichten für Frauen, aber nicht die Feministinnen.« Sie werden sich in Ihrer Haut sofort viel wohler fühlen.

4. Der Frauenfreund

Wir haben bereits darauf hingewiesen, dass Sie die Zahl Ihrer weiblichen Freundschaften begrenzen müssen, weil Sie sonst die Rolle des Liebhabers verlernen. Wenn Sie mit Frauen befreundet sein müssen, versuchen Sie wenigstens, sie zu verführen – und sei es auch nur durch ein unernstes Flirten. Versuchen Sie immer, deutlich zu machen, dass Sie ein Mann sind und sie eine Frau ist.

Der Frauenfreund glaubt, dass er Sex bekommen kann, wenn er mit Frauen befreundet ist. Diese Masche funktioniert nur sehr selten. Wenn Sie diese Methode anwenden und Sex wollen, hören Sie auf, den Freund zu spielen. So einfach ist das.

5. Der niedergeschlagene Typ

Die fundamentale Botschaft dieses Buches kann man auf eine Aussage reduzieren: Seien Sie ein schöpferisch-produktiver, vitaler Mann – dann werden Frauen Ihnen mehr Sex geben wollen, als Sie brauchen können. Alles andere in diesem Buch zeigt Ihnen nur, wie Sie genau das umsetzen können. Der niedergeschlagene Typ hat das Leben aufgegeben: Er hat keine Kraft, keine Vitalität und kann kaum den Alltag bewältigen. Er erscheint gebrochen, gestresst und depressiv. Das Leben ist zu hart für ihn. Der niedergeschlagene Mann wirkt auf Frauen nicht attraktiv, weil er nicht produktiv und vital ist. Wer will schon mit jemandem zusammen sein, der keinen Spaß und keine Initiative hat und übertrieben ernst durchs Leben geht?

Wenn Sie niedergeschlagen sind, können Sie darüber hinwegkommen. Wenn Sie die Methoden in diesem Buch anwenden, verbessern Sie Ihre Vitalität und Produktivität. Vielleicht müssen Sie auch etwas für Ihre körperliche Gesundheit tun, Ihre Ernährung ändern und regelmäßig Sport treiben, zur Massage gehen – oder einfach irgendetwas tun, um mehr Energie in Ihren Körper zu bekommen. Wenn Sie vitaler werden, dann werden Frauen Sie mehr begehren.

6. Der Biertrinker

»Trinke Bier, sei ein Idiot und finde ein Mädchen«: Die Strategie ist unmittelbar abhängig von Alter und körperlicher Attraktivität. Wenn man ein 22-jähriger Gewichtheber ist, kann man Sex bekommen, wenn man sich in einer Bar betrinkt. Wenn man 40 ist und einen Bierbauch hat, wird diese Strategie aber nicht funktionieren. Um Frauen zu bekommen, müssen Sie nicht nur die Methoden in diesem Buch lernen, sondern auch Ihre alte Gewohnheit aufgeben, sich zu betrinken, zu rülpsen und zu kotzen, um eine Frau zu bekommen. Das funktioniert nicht mehr.

7. Die Besserwisser

Das sind die Jungs, die auf alles eine Antwort haben. Frauen hassen es, wenn Männer sie belehren oder von oben herab mit ihnen reden – was der klassische Besserwisser allzu gerne tut. Oft hat er mit Computern zu tun oder arbeitet in sonst irgendeinem technischen Bereich. Je mehr von seinem Wissen er mitteilt, desto besser fühlt er sich. Je mehr Fachausdrücke er in seinen Gesprächen unterbringt, desto mehr werden die Leute ihn mögen. Oft gebraucht er sein Wissen, um sich jemandem gegenüber hervorzutun – das hilft ihm, sich in seiner Haut wohl zu fühlen. Wenn man mit seinem Wissen angibt, um seine Selbstachtung zu stärken, demonstriert man eigentlich nur seine eigene Unsicherheit. Man sollte seine Selbstachtung aus seinem Lebensstil schöpfen – nicht aus der Menge der Daten, die man gespeichert hat.

Wenn Sie glauben, dass Sie ein Besserwisser sein könnten, versuchen Sie mindestens einmal täglich »ich weiß es nicht« zu sagen, auch wenn Sie glauben, dass Sie es wissen. Bleiben Sie dabei, dass Sie es nicht wissen. Wenn die Menschen in Ihrer Umgebung darauf entspannter und freundlicher reagieren, sind Sie wahrscheinlich ein Besserwisser. Geben Sie es auf.

8. Der Kontrollfreak

Haben Sie geglaubt, dass nur Frauen Kontrollfreaks sein können? Raten Sie noch einmal – Sie könnten selbst einer sein. Der Kontrollfreak muss alles bis in jede Einzelheit kontrollieren. Es fällt ihm sehr schwer, sich treiben zu lassen oder sich der Führung eines anderen anzuvertrauen, ohne ihn zu kritisieren. Eine unsichere Frau, die keine Selbstachtung hat, könnte einen Mann attraktiv finden, der so viel Struktur schafft, aber irgendwann wird sie rebellieren. Wenn Sie merken, dass anscheinend jeder immer tut, was Sie sagen, könnten Sie ein Kontrollfreak sein. Versuchen Sie, gelegentlich etwas zu tun, was andere Leute sagen. Das wird Sie auch für Frauen attraktiver machen.

9. Der androgyne Junge

Androgyn bedeutet, dass man ein männliches und weibliches Erscheinungsbild hat. Manche Männer mögen diesen femininen, unmaskulinen Look. Wenn das auf Sie zutrifft, werden Sie mehr Probleme mit anderen Männern als mit Frauen haben. Manche Männer reagieren wütend auf Männer, die »zu feminin« sind. Ein androgyner Mann, den wir kennen, wird zum Beispiel ständig von anderen Männern belästigt und gequält, obwohl er heterosexuell ist.

Wenn der androgyne Junge auf eine jungenhafte Art süß ist, werden manche Frauen ihn attraktiv finden, während andere sich abgestoßen fühlen. Leider werden ihn aber nur wenige als einen reifen, erwachsenen Mann ansehen und ernst nehmen. Wenn er nicht besonders attraktiv ist, wird es für ihn sehr schwierig sein, Sex zu bekommen. Wenn Sie androgyn sind und auf die Frauen, die Sie begehren, nicht anziehend wirken, tragen Sie maskulinere Kleidung und essen Sie mehr Fleisch.

10. Der Komiker

Der Komiker zieht für Frauen eine Show ab. Er glaubt, dass Frauen mit ihm schlafen werden, wenn er lustig und unterhaltsam ist. Richtig ist, dass Frauen an Männern, die sie attraktiv finden, vor allem den Sinn für Humor schätzen, aber das alleine genügt nicht. Frauen werden Sie am Ende für eine Unterhaltungsmaschine halten und von Ihnen erwarten, dass Sie eine Show abziehen, aber keine Romantik bei Ihnen suchen.

Durch ihr ständiges Bedürfnis, Leute zum Lachen zu bringen, zeigen Komiker auch ein gewisses Maß an Unsicherheit. Es ist, als wenn sie bei anderen ständig eine Art Bestätigung suchen, die sie eigentlich von sich selbst bekommen sollten. Frauen spüren das und schreiben dem Komiker den Status eines guten Freundes zu. Wenn Sie merken, dass Sie Frauen gegenüber den Komiker spielen, machen Sie weniger Witze und warten Sie ab, was geschieht. Vielleicht wirken Sie dann auf Frauen interessanter.

11. Der Fachidiot

Heute ist es eher in Mode, ein Fachidiot zu sein, als in der Vergangenheit, aber es ist immer noch eine furchtbar schlechte Verführungs-Strategie. Das Hauptproblem eines Fachidioten ist, dass er sich bei Maschinen wohler fühlt als bei Menschen (und vor allem bei Frauen). Er zieht sich in eine Welt der Computer oder Maschinen zurück, in der er das Gefühl hat, dass er sich auskennt.

Dieses Buch ist für den Fachidioten ideal, weil es ein Handbuch ist, das lehrt, wie man Frauen verführt. Der Fachidiot kann ein guter Verführer werden, weil er eine Technik beherrscht, sobald er weiß, wie das möglich ist. Fachidioten kommen mit unserem System besonders gut klar. Wenn Sie ein Fachidiot sind, ist dieses Buch für Sie genau richtig. »Lesen Sie das verdammte Handbuch«, wie man in der technischen Hotline oft sagt, »und tun Sie, was es sagt.«

12. Der Therapeut

Der Therapeut verletzt die Kardinaltugend eines Topverführers: Seien Sie nie der Therapeut Ihrer Zukünftigen. Der Therapeut glaubt, dass eine Frau mit ihm schläft, wenn er ihre Probleme löst. Wie wir bereits gesagt haben, wird sie ihn dann zunächst loswerden wollen und später mit den Problemen wiederkommen, die sie mit dem Idioten hat, mit dem sie ins Bett geht. Wenn Sie zu dieser Kategorie gehören, müssen Sie sich entscheiden: Wollen Sie der Therapeut sein oder wollen Sie Sex haben? Wenn Sie Sex wollen, müssen Sie noch heute die richtige Wahl treffen. Wenn sie mit Problemen kommt, wechseln Sie das Thema und fangen Sie an, sie zu verführen.

13. Der »12-Stepper« (der ständig gegen seine Süchte kämpft)

Das »12-Step«-Programm gegen Suchtneigungen hat schon viele Menschenleben gerettet. Wir wollen es nicht schlecht machen. Wir müssen aber darauf hinweisen, dass Männer, die sich intensiv mit einem solchen Programm beschäftigen, bei der Verführung von Frauen vorhersehbare Probleme schaffen. Wenn Sie zu dieser Kategorie gehören, sollten Sie wissen, worauf Sie achten müssen.

Wer an solchen Programmen teilnimmt, nimmt das Leben oft etwas zu ernst. Er verdirbt die Verführung, weil er zu viel über sein emotionales Leiden redet und verletzbar erscheinen will, indem er seine Kindheitstraumata mitteilt. Er schreckt Frauen auch dadurch ab, dass er alles unter dem Gesichtspunkt der Suchtgefahr sieht. Wenn sie einen Drink will, fragt er, ob es in ihrer Familie Alkoholiker gibt. Wenn sie eine Zigarette anzündet, belehrt er sie über die Gefahren des Nikotins. Genuss, so scheint es, ist ihm von Geburt an verdächtig. Eine Frau merkt das. Da sie nichts über seine Sexsucht hören will, wird sie mit ihm keinen Sex haben. Angst vor möglichen Suchtgefahren und der freie Geist der Verführung passen nicht unbedingt zusammen.

Wenn Sie an einem Programm teilnehmen, lohnt sich das für Sie. Bleiben Sie dabei: Es kann in Ihrem Leben einen großen Unterschied machen. Aber wenn Sie versuchen, eine Frau zu verführen, denken Sie daran, dass Sie nicht an einem 12-Step-Meeting teilnehmen. Sie will nichts von Ihrem emotionalen Leiden wissen oder von Ihnen hören, was für eine Sucht Sie haben. Behalten Sie Ihr Ziel im Auge und konzentrieren Sie sich auf die Verführung.

14. Der Sklave

Der Sklave glaubt, dass jede positive Aufmerksamkeit einer Frau ein Zeichen dafür ist, dass er auf dem besten Weg ist, Sex mit ihr zu haben. Zu diesem Zweck tut er für eine Frau alles, was sie sich wünschen könnte: Wenn sie Hunger hat, kocht er. Wenn sie Hilfe braucht, Möbel zu verschieben, sagt er demonstrativ eine Party ab, um ihr zu Diensten zu sein. Er glaubt, dass ihre gelegentlichen Komplimente (»du bist süß«) in Verbindung mit den offensichtlichen Opfern, die er bringt, in der Summe endlich und unweigerlich dazu führen werden, dass sie Sex mit ihm haben wird. Er bleibt ihr Diener und wartet auf diesen Tag. Ewig.

Die Wahrheit ist, dass Frauen sklavische Männer hassen, auch wenn sie diese gnadenlos als Handwerker, Geldautomaten und Sekretäre missbrauchen. Der Tag einer Belohnung durch Sex wird immer in unerreichbarer Zukunft bleiben: Der Sklave wird niemals bekommen, was er will. Wenn Sie merken, dass Sie der Sklave einer Frau sind, müssen Sie sofort damit aufhören, weil das Ihre sexuellen Chancen bei ihr zerstört. Sie müssen sich klarmachen, dass jede sklavische Handlung ihre Verachtung stärkt, auch wenn sie Ihre süße Art lobt. Ergreifen Sie stattdessen die Maßnahmen, die wir in diesem Buch empfehlen.

15. Der Jammerlappen

Der Jammerlappen ist wie der niedergeschlagene Typ, nur lauter. Anstatt in Stille zu ertragen, was die Welt ihm angetan hat, sorgt er dafür, dass jeder es erfährt. Er gibt Frauen laut und deutlich zu verstehen, dass er unreif ist und sie sich besser von ihm fernhalten sollten. Frauen verstehen die Botschaft und wollen nichts mit ihm zu tun haben.

Sie haben vielleicht jeden Grund zum Jammern. Vielleicht hatten Sie ein besonders schweres Schicksal - und es kann gut sein, dass jeder Sie verfolgt. Wir bestreiten das nicht. Wir sagen nur, dass Sie mehr Frauen bekommen, wenn Sie mit Ihren Problemen auf eine erwachsene Weise umgehen, als wenn Sie darüber jammern. Wie der Sklave glaubt auch der Jammerlappen, dass er auf dem besten Weg ist, mit einer Frau zu schlafen, wenn er eine positive, mitleidige Reaktion von ihr bekommt: Wie der Sklave missversteht er jede positive Reaktion als sexuelles Interesse. Der einzige Unterschied ist, dass sie zum Sklaven sagt, dass er süß ist und sie glücklich macht, wohingegen sie zum Jammerlappen mit bedauernder Mine sagt: »Du tust mir ja so leid.« Beide Ansätze funktionieren bei Frauen nicht.

Wenn Sie Frauen gegenüber über die Schwierigkeiten klagen, die Sie in Ihrem Leben hatten, hören Sie sofort damit auf. Es kann sein, dass die Frau Mitleid mit Ihnen hat, aber Mitleid und sexuelle Erregung sind absolut verschiedene emotionale Zustände. Meistern Sie Ihr Leben und verführen Sie Frauen. Aber klagen Sie ihnen gegenüber nicht.

16. Der Bedürftige

Wir haben viel über die Gefahr gesprochen, die Bedürftigkeit für Ihre Verführung bedeutet; deshalb werden wir sie hier nur knapp anreißen. Der bedürftige Mann braucht Frauen für seine Selbstbestätigung; die Folge ist eine ständige Unfähigkeit, sich in Gegenwart von Frauen zu entspannen. Er verhält sich eher wie ein Welpe, der auf einen Leckerbissen wartet. Frauen gegenüber erscheint er so schwermütig und merkwürdig, weil er Angst hat, dass er nicht die Wertschätzung bekommt, die er so bitter nötig hat. Wenn Sie zu dieser Sorte gehören, müssen Sie lernen, Ihre Selbstbestätigung vom Leben zu bekommen, anstatt von Frauen. Besonders wichtig ist, dass Sie sehr, sehr vielen Frauen den Hof machen müssen, damit die Reaktion einer einzelnen Frau auf Ihre Verführung für Sie weniger wichtig ist. Wenn Sie sich daran halten, wird Ihre Bedürftigkeit abnehmen, und Sie werden mehr Erfolg haben.

Nicht immer sind also Frauen für die Probleme verantwortlich. Schade eigentlich – es ist viel befriedigender, wenn man jemand anders die Schuld geben kann, anstatt sie bei sich selbst zu suchen. Ein starker Mann übernimmt aber die Verantwortung für jeden Aspekt seines Lebens – und für die Ergebnisse, die er erzielt. Wenn Sie herausfinden können, welche Probleme Sie bei der Verführung von Frauen wahrscheinlich verursachen, können Sie dafür die Verantwortung übernehmen und sie lösen. Sie werden dann ein viel besserer Verführer sein.

Umgang mit den wichtigsten Problemen, die Frauen verursachen

Sie haben keine Entschuldigung mehr dafür, dass Sie Beziehungen mit extrem komplizierten, anspruchsvollen, unausgeglichenen Frauen eingehen. Wenn Sie sich entschließen, die Methoden zu meistern, die wir in diesem Buch beschreiben, werden Sie so viele Dates mit Frauen haben, wie Sie möchten. Sie können dann die Frau aussuchen, die am besten zu Ihnen passt. Aber auch bei den ausgeglichenen Frauen taucht gelegentlich böser Ärger auf. Um Ihnen zu helfen, diese unvermeidlichen Pannen auf dem Weg zu vollkommener sexueller Erfüllung zu meistern, bieten wir dieses Notfallwerkzeug an: So können Sie mit den üblichen Problemen umgehen, die Frauen verursachen.

Was tun, wenn sie weint?

Wenn eine Frau bei einem Schnupper- oder Verführungs-Date weint, wirft das ein sehr schlechtes Licht auf ihre Ausgeglichenheit. Es können mildernde Umstände vorliegen – ein Amboss fiel auf ihren Fuß oder ihre Mutter ist gerade gestorben. In der Regel weint sie aber, weil sie emotional unausgeglichen ist und ihre Gefühle nicht beherrschen kann. Vielleicht können Sie Sex mit ihr haben, aber gehen Sie mit äußerster Vorsicht vor. Hören Sie auf jeden Hinweis, dass sie jemals in einer ihrer Beziehungen die Polizei hinzuziehen musste. Wenn ja, könnte es sein, dass sie etwas falsch interpretiert, was Sie tun, und Ihretwegen die Polizei ruft. Wenn sie einmal die Polizei rufen musste, bleiben Sie ihr fern. Wenn Sie es weiter bei ihr versuchen wollen, müssen Sie bedenken, dass Sie höchstens einige Male Sex mit ihr haben sollten, weil sie für eine langfristige Beziehung wahrscheinlich zu instabil ist.

Wenn sie weint, nachdem Sie eine Weile mit ihr Sex gehabt haben, kann es sich einfach um eine isolierte, emotionale Episode handeln; befolgen Sie den Rat, den wir früher in diesem Kapitel gegeben haben, und lassen Sie es geschehen. Wenn eine Frau weint, während Sie mit ihr Sex haben, müssen Sie damit umgehen. Die schlechte Nachricht ist: Wenn sie das einmal tut, wird sie das wahrscheinlich wieder tun. Wenn sie beim Weinen hyperventiliert, oft schluchzt und nicht aufhören kann, hat sie vielleicht ein Flashback und erlebt ein früheres sexuelles Trauma noch einmal. Wenn das der Fall ist, müssen Sie wissen, dass sie wahrscheinlich nicht in absehbarer Zeit damit aufhören wird.

Was soll ich tun, wenn sie ständig ihre Meinung ändert?

Unbeständigkeit und unlogisches Verhalten findet man bei allen Menschen, auch bei Ihnen. Wahrscheinlich staunt sie über Ihre Unbeständigkeit. Es ist zu erwarten, dass eine Frau wechselhaft ist. Machen Sie sich darüber keine Gedanken. Einmal mag sie vielleicht Schokolade, im nächsten Augenblick hasst sie sie. Schön. An einem Tag denkt sie vielleicht, dass Ihre neue Lederjacke gut aussieht, am nächsten denkt sie vielleicht das Gegenteil. Gut. An einem Date will sie Sie vielleicht loswerden, beim nächsten mit Ihnen Sex haben. Wie sie will. Nehmen Sie es nicht persönlich.

Was tun, wenn sie launisch ist?

Viele Frauen glauben, dass sie das Recht haben, launisch zu sein – und das Recht, so kompliziert zu sein, wie sie wollen, wenn sie schlechte Laune haben. Eine Frau, die wir befragt haben, sagte: »Es ist mir egal, ob ich für Männer schwierig bin!«

Sie dürfen das Verhalten einer Frau nicht persönlich nehmen. Wie immer müssen Sie sich fragen, was für Sie am wichtigsten ist. Wenn man mit einer launischen Frau zu tun hat, muss man vor allem eines wissen: Man darf sie nicht für ihre schlechte Laune belohnen. Vielleicht glauben Sie nicht, dass Sie Frauen für ihre schlechte Laune belohnen, aber wahrscheinlich tun Sie das. Wenn Sie in ihrer Gegenwart auf Zehenspitzen gehen, bei jeder Forderung Folge leisten und besonders nett zu ihr sind, wird sie daraus nur lernen, dass Sie sie besser behandeln, wenn sie schlechte Laune hat. Raten Sie mal: Sie wird schnell wieder eine miese Stimmung haben (und ihre Laune länger beibehalten), weil Sie sich so verhalten.

Der Schlüssel zur Behandlung einer schlechten Laune bei einer Frau

- Nehmen Sie es zur Kenntnis, dass sie schlechte Laune hat.
- Zeigen Sie etwas Verständnis für ihre Probleme.
- Bleiben Sie gut gelaunt und glücklich.
- Gehen Sie ihr aus dem Weg, sobald das möglich ist. Sie soll ihre Laune verarbeiten und sich später wieder mit Ihnen treffen, wenn sie sich besser fühlt.

Hier sind einige Dinge, die Sie tun können, um diese Schritte zu gehen

- Nehmen Sie ihre Laune zur Kenntnis. »Hattest einen schlechten Tag, was?« »Geht's dir heute nicht so gut?« »Läuft es gerade nicht so gut?«
- Zeigen Sie etwas Verständnis für ihre Laune. Entscheidend ist, dass Sie niemals versuchen, ihr Problem zu lösen. Hören Sie ihr einfach zu und zeigen Sie ein bisschen Mitgefühl. Sie können zum Beispiel sagen: »Hört sich hart an. Ich weiß, wie es ist, wenn man schlechte Laune hat.« »Es tut mir leid, dass es dir schlecht geht.«

- Bleiben Sie gut gelaunt: Das ist entscheidend. Sie müssen Ihr Leben weiterleben, ohne sich von ihrer schlechten Stimmung ablenken zu lassen. Wenn Sie das nicht tun, geben Sie nach und belohnen sie für ihre schlechte Laune. Das sollten Sie nicht auf eine sarkastische oder übertrieben enthusiastische Art tun: Machen Sie einfach deutlich, dass Sie sich Ihre Laune von ihr nicht verderben lassen.
- Gehen Sie ihr so schnell wie möglich aus dem Weg. Wenn es ihr schlecht geht, will sie es entweder mit Ihrer Hilfe oder alleine lösen – oder sie will es an Ihnen auslassen. Wenn sie Ihre Hilfe will, bieten Sie keine Lösungen an: Stellen Sie lediglich Fragen, damit sie klären kann, was ihr die Laune verdirbt. (Hoffentlich sind das nicht Sie.) Wenn sie es alleine ausräumen oder an Ihnen auslassen will, gehen Sie ihr aus dem Weg. Sie werden hinterher froh sein, dass Sie das getan haben.

Was tun, wenn sie PMS hat?

Das Prämenstruale Syndrom ist echt und hat grundlegende Auswirkungen auf den psychologischen und emotionalen Zustand einer Frau. Wenn Sie das nicht für möglich halten, denken Sie an die Zeit zurück, als Sie so geil waren, dass Sie bald den Verstand verloren hätten. Vielleicht hatten Sie schon längere Zeit keinen Sex und fühlten sich von all den liebreizenden jungen Frauen besonders gereizt, die Sie umgaben. Manche Männer werden so wütend, dass sie Kneipenschlägereien und anderen Ärger anfangen, nur um das Hormonchaos zu ordnen, das in ihren Körpern braut. PMS ist ebenso echt. Der Hauptunterschied besteht darin, dass eine Frau eine medizinische Entschuldigung dafür hat, wenn sie sich wegen PMS daneben benimmt. Wenn Sie sich schlecht benehmen, weil Sie geil sind, gelten Sie trotzdem nur als Idiot. Gut.

Eine Frau, die ständig Probleme mit PMS hat, mag sich für eine kurze Romanze eignen, wird aber in einer langfristigen Beziehung leider sehr schwierig sein. Wenn sie wütend wird oder sich merkwürdig benimmt und sich dann damit entschuldigt, dass sie PMS hat, sollten Sie ernsthaft in Erwägung ziehen, mit einer anderen Frau auszugehen. Es wird nicht besser, sondern nur schlimmer werden. Wenn sie entschlossen ist, verantwortlich damit umzugehen und sich medizinisch behandeln zu lassen, kann sie ein guter Partner sein. Aber wenn sie es auch nur einmal an Ihnen auslässt, sollten Sie sich möglicherweise nach einer anderen umsehen. Wenn Sie eine Beziehung mit einer Frau haben, die PMS hat, gehen Sie ihr aus dem Weg, wenn es ihr besonders schlecht geht.

Was tun, wenn sie einen Flashback hat?

Ein Flashback besteht darin, dass ein Mensch, männlich oder weiblich, die Gefühle eines vergangenen Traumas erlebt, als wenn es gerade jetzt geschehen würde. Flashbacks sind Teil eines Syndroms, das man als »posttraumatischen Stress« bezeichnet. Sie sind wahrscheinlich nicht dazu qualifiziert, damit umzugehen, wenn eine Frau, mit der Sie zusammen sind, darunter leidet. Flashbacks können sich in Hyperventilation, Weinen und Aversion gegen Berührungen äußern, sowie darin, dass die betroffene Frau mit Leuten redet, die gar nicht anwesend sind. Bei einem Flashback wird eine Frau zum Beispiel schreien: »Er holt mich!« oder »Es geschieht schon wieder!« Wenn eine Frau sexuell schwer missbraucht wurde, kann sie auch beim Sex einen Flashback haben. Das ist für Sie beide kein Spaß und ein guter Grund, Sex mit einem solchen Menschen zu vermeiden. Das Beste, was Sie tun können, ist, diesen Situationen fernzubleiben.

Obwohl wir nicht in der Lage sind, Ihnen medizinischen oder therapeutischen Rat zu geben (wozu wir nicht qualifiziert sind), haben wir bei Einzelfällen die Erfahrung gemacht, dass ein Flashback meistens in ein oder zwei Stunden vorüber ist, wenn Sie bei ihr bleiben. Aber manchmal bleibt er – in manchen Fällen muss die Frau in ein Krankenhaus eingewiesen werden. Wenn sie beim Sex irgendwie ausflippt, hören Sie sofort auf und versuchen Sie, ihre Aufmerksamkeit von dem abzulenken, was sich in ihrem Körper abspielt. Gehen Sie mit ihr ein Eis essen oder bringen Sie sie in ein anderes Zimmer. Schauen Sie mit ihr ein Fernsehprogramm an. Stellen Sie Fragen über ihre Arbeit. Wenn Sie ihren Verstand auf etwas anderes lenken können, wird der Flashback vielleicht aufhören. Vergessen Sie die Romanze mit ihr und suchen Sie sich eine ausgeglichene Frau.

Was tun, wenn sie mich kritisiert?

Es gibt unterschiedliche Ebenen der Kritik. Man muss die Kritik dagegen abwägen, wie attraktiv die Frau ist und wie viel Spaß sie im Bett macht. Wenn die Kritik geringfügig ist und sie große Brüste hat, wollen Sie das vielleicht hinnehmen. Die beste Art, es hinzunehmen, besteht darin, sich nicht zu verteidigen. Sagen Sie einfach etwas wie: »Oh, das ist interessant, dass du das so siehst« oder »ich wusste nicht, dass du das so siehst«. Geben Sie niemals eine Rechtfertigung oder Erklärung für das, was sie kritisiert. Das führt nur zu einem Streit. Denken Sie an Ihr Ziel. Sie wollen sie verführen - nicht beweisen, wie Recht Sie haben oder wie sehr Sie über ihre Kritik erhaben sind. Wenn Sie ihre Kritik anerkennen und sie auf sich beruhen lassen, kann ihre Kritik so schnell verschwinden, wie sie aufgekommen ist.

Manchmal funktioniert es, wenn man Kritik im Keim erstickt. Vielleicht weiß sie nicht einmal, was sie tut, und braucht Sie, um ihre Aufmerksamkeit darauf zu lenken. Sie können ruhig, aber fest sagen: »Hey, du hast noch nie so mit mir geredet, und es gefällt mir nicht. Sprich bitte nie wieder so mit mir.« Wenn sie sehr kritisch ist, wird das nur zu einem Streit führen, aber mit einer sehr kritischen Frau sollten Sie sowieso keine Zeit verschwenden. Wie Madonna schon sagt: »Respekt yourself«. Schlafen Sie ein paar Mal mit ihr und suchen Sie sich eine andere Frau, wenn ihre Kritik unerträglich wird.

Was, wenn sie mich schlägt?

Gehen Sie auf der Stelle. Nehmen Sie Hut und Mantel und gehen Sie. Sagen Sie nichts. Ignorieren Sie alles, was sie sagt. Verlassen Sie innerhalb von 30 Sekunden ihr Haus oder ihre Wohnung. Wir meinen es genauso. Sie muss lernen, dass alle Interaktionen sofort enden, wenn sie Sie schlägt. Für eine Frau ist das eine harte Strafe. Sie soll außerdem mit dem Gedanken, dass sie Sie geschlagen hat, allein sein. Wenn sie an Sie denkt, soll sie wissen, dass ihr Schlag das Letzte war, was Sie gemeinsam erlebt haben. Das wird ihr zukünftiges Verhalten mehr beeinflussen als alles andere.

Es versteht sich von selbst, dass Sie nicht zurückschlagen dürfen: Das wäre die dümmste mögliche Reaktion. Schlagen Sie niemals eine Frau, unter keinen Umständen, ist das klar? In den Augen der Justiz ist es fast immer Selbstverteidigung, wenn eine Frau einen Mann schlägt, auch wenn sie zuerst zuschlägt. Wenn Sie eine Frau schlagen (egal aus welchem Grund), ist das immer häusliche Gewalt gegen Frauen. Ihr pathetisches Gejammer »sie hat mich zuerst geschlagen« wird Sie nicht vor dem Gefängnis bewahren – vor allem, wenn sie es bestreitet (und das wird sie). Schlagen Sie nicht zurück und bleiben Sie nicht da, um mit ihr zu streiten. Verschwinden Sie sofort. Das ist die beste Möglichkeit.

Was, wenn sie keinen Sex will?

Wenn Sie ein reiches Sexleben haben, bedeutet das, dass Sie so ziemlich immer Sex haben können, wenn Sie wollen. Es gibt viele Frauen auf der Welt, die Sex so sehr mögen wie Sie, und die fast nie nein sagen werden, wenn Sie erst ein Paar sind. Das ist die Art von Frau, die Sie suchen sollten.

Wenn eine Frau beim ersten Mal, wenn Sie mit ihr zusammen sind, keinen Sex haben will, kann das auf ein Problem hindeuten. Wenn sie bis zum großen Ereignis einfach ein oder zwei Dates abwarten will, bleiben Sie am Ball und warten Sie es ab. Wenn sie sagt, dass sie einfach keine Lust hat, müssen Sie sich allerdings fragen, warum sie überhaupt mit Ihnen ins Bett gegangen ist. Es kann sein, das sie ein sehr sporadisches Bedürfnis hat – sodass sie den Sex einmal liebt und einmal hasst. So eine Frau wird Ihr sexuelles Selbstvertrauen untergraben: Sie müssen sie loswerden und mit einer anderen schlafen.

Wenn Sie mit einer Frau regelmäßig schlafen und sie nur manchmal keine Lust hat, entspannen Sie sich. Das hat nicht viel zu bedeuten. Wenn sie dauerhaft den Sex verweigert, sind Sie kein Paar mehr. Hören Sie auf, mit ihr auszugehen.

Was tun, wenn sie meine sexuelle Leistung kritisiert?

Nicht alle Menschen sind sexuell kompatibel. Einer unserer Schüler war mit einer Frau zusammen, die ihn bezichtigte, im Bett grob zu sein, obwohl er dachte, dass er zärtlich war. Eine Frau, die wir befragt haben, erzählte uns, dass sie einen Liebhaber »ritt« und dabei Begeisterung und Leidenschaft zeigte – aber er merkte trocken an, dass ihre Reitbewegung ihn an eine Nähmaschine erinnerte. Kurz: Die Botschaft, die Sie Ihrer Meinung nach beim Sex vermitteln, kommt vielleicht anders an, als sie gemeint ist.

Mit manchen Frauen kann man einfach nichts mehr anfangen, wenn sie erst einmal begonnen haben, einen Liebhaber zu kritisieren. Ein Mann erzählte uns, dass eine Frau, mit der er ausging, beim Sex weinte, weil »du alles falsch machst«. Als er fragte, was er anders machen sollte, sagte sie: »Das musst du selbst wissen! Ich hoffe, ich werde eines Tages einen Liebhaber finden, der weiß, wie man es richtig macht!« Er musste zwischen dieser schwierigen Frau und seinem sexuellen Selbstwertgefühl wählen. Er verließ sie und suchte eine andere Frau.

In anderen Fällen lohnt es sich, sich die Kritik einer Frau anzuhören, weil das ihre Offenheit verbessert. Wenn sie nicht will, dass Sie ihre Nippel zwicken, wird sie glücklicher sein und eine bessere Geliebte abgeben, wenn Sie auf sie hören. Die sexuelle Kritik einer Frau vermeidet man am besten dadurch, dass man beim ersten Mal, wenn man Sex hat, vorher und hinterher fragt, was sie mag. Wenn Sie diese Fragen in das Sexspiel integrieren, hat sie weniger zu kritisieren. Die sexuellen Vorlieben einer Frau kann man auch dadurch herausfinden, dass man fragt: »Was ist deiner Meinung nach für eine Frau an einem Liebhaber wichtig?« Sie wird Ihnen dann sagen, was sie mag, als wenn sie über alle Frauen reden würde.

Was tun, wenn sie meine Pornosammlung hasst?

Wenn Sie beginnen, eine Frau zu verführen, darf sie schlicht und einfach nicht wissen, dass Sie eine Pornosammlung haben. Die einzige Ausnahme besteht, wenn sie beim Sex einen sehen will, und das kommt nur sehr selten vor. Verstecken Sie sie irgendwo, wo sie sie nicht finden wird, wenn sie ein Hemd zum Anziehen sucht, während Sie am nächsten Morgen in der Küche Kaffee kochen.

Wenn Sie sie besser kennenlernen, bewahren Sie Ihre Pornos weiterhin dort auf, wo sie sie nicht sehen kann, bis Sie herausfinden können, wie sie darüber denkt. Wichtig ist: Wenn sie Pornografie hasst, dürfen Sie niemals mit ihr darüber diskutieren. Hören Sie einfach an, was sie dazu zu sagen hat, und wechseln Sie das Thema. Eine Diskussion über Pornografie wird niemals einen Einfluss darauf haben, wie eine Frau darüber denkt. Versuchen Sie es gar nicht erst. Und halten Sie die Pornos von ihr fern.

Was tun, wenn sie meine Freunde nicht mag?

Wenn Sie eine Frau zum ersten Mal verführen, sollte sie Ihre Freunde nicht kennenlernen. Ihre Freunde bilden eine unnötige Variable in Ihrer Rechnung. Man weiß nicht, welche idiotischen Dinge sie sagen oder tun werden, um Ihre Verführung zu verderben. Sie könnten sogar versuchen, sie Ihnen wegzunehmen! Wenn Sie in ihrer Gesellschaft auf einen Freund treffen, müssen Sie ihn so schell wie möglich loswerden.

Nachdem Sie eine Zeit lang mit einer Frau geschlafen haben, wird sie allmählich Ihre Freunde kennenlernen. Entscheidend ist: Man darf niemals einen Freund aufgeben, weil eine Frau ihn nicht mag. Hängen Sie nicht mit beiden gleichzeitig herum, aber schreiben Sie ihn auch nicht ab. Manche Männer geben ihre männlichen Freunde auf, wenn sie eine Beziehung mit einer Frau haben. Sie zahlen später den Preis der Einsamkeit. Begehen Sie nicht auch diesen Fehler.

Was tun, wenn sie Sport hasst?

Sport ist eine große Kluft zwischen Männern und Frauen! Erstens und vor allem: Lassen Sie sich nicht darauf ein, wenn sie mit Ihnen über Sport streiten will. Das ist ein weiteres Thema, über das man viel reden kann, wenn der Tag lang ist – aber wenn man mit einer Frau darüber diskutiert, macht das in der Beziehung nichts als Ärger. Wenn Sie eine Frau verführen, sollten Sie Ihre Liebe für Sport für sich behalten. Es nützt niemandem etwas, wenn Sie ihr sagen, dass Ihre Vorstellung von einem gelungenen Sonntagnachmittag darin besteht, zwei Fußballspiele sowie die Sportsendungen davor und danach. Sie wird das noch früh genug mitbekommen. Wenn Sie regelmäßig mit ihr schlafen, gilt dasselbe: Diskutieren Sie nicht mit ihr darüber. Wenn sie darüber diskutieren will, nehmen Sie zur Kenntnis, dass sie das nicht mag, und wechseln Sie das Thema.

Was tun, wenn sie eifersüchtig wird?

Die erste Frage ist: Warum ist sie eifersüchtig? Weil Sie vor ihren Augen mit einer anderen Frau geflirtet haben, die Sie verführen wollten? Denken Sie daran: Wenn Sie mit einer Frau ausgehen, ist sie die einzige, die existiert. Sie dürfen andere Frauen nicht abchecken oder anmachen, weil Sie sonst Ihr Date irritieren und Ihre Verführung ruinieren.

Was tun, wenn ich unerfreuliche Überraschungen unter ihren Kleidern finde?

So etwas kommt vor. Henry war ein Rockmusiker. Nach einem Auftritt in einer Bar gabelte er eine extrem heiße Frau auf und nahm sie mit nach Hause: »Als ich unter ihren Rock griff, stellte ich fest, dass sie ein Mann war! Es versteht sich von selbst, dass ich sie sofort aus meiner Wohnung warf!« Das ist ein extremes Beispiel für die Überraschungen, die man erlebt, wenn man einer Frau endlich an die Wäsche geht.

Einer unserer Schüler brachte eine Frau mit in seine Wohnung, wo er feststellte, dass ihr Körper von feinem schwarzem Haar bedeckt war. »Es hat mich unglaublich abgestoßen«, sagte er. »Es tat mir leid, aber was sollte ich tun?« Ein anderer Mann erzählte uns von einer Frau, deren Brust aus lauter Polsterungen bestand. »Ich hatte mich so darauf gefreut, ihre Brüste in die Finger zu bekommen«, sagte er. »Ich hätte mir ebenso gut die Verführung sparen und eine Schachtel Papiertaschentücher nehmen können!« Ein weiterer Mann erzählte von einer Frau, die einen penetranten, unangenehmen Geruch hatte, als er mit ihr im Bett lag. Es ist tragisch, aber manchmal landet man mit einer Frau im Bett, die einen einfach nicht antörnt. Was tun?

In der Regel lohnt es sich nicht, ihr zu sagen, was Ihnen an ihrem Körper nicht passt. Sie werden sie nur wegen einer Sache verletzen, für die sie nur wenig oder nichts kann. Warum soll man sie verletzen? Warum soll man fies sein? Sagen Sie etwas wie zum Beispiel: »Ich hab eine Idee! Lass uns ein Eis essen gehen!« Dann springen Sie auf und ziehen Ihre Kleider an. Sie können auch sagen: »Ich möchte dich wirklich näher kennenlernen, bevor wir damit weitermachen!« So kann man ein unschönes Sexspiel taktvoll bremsen. Es ist nicht schön, aus einer sexuellen Erfahrung auszusteigen, aber wenn es sein muss, dann tun Sie es so vorsichtig wie möglich.

Was tun, wenn sie beim ersten Date über eine Heirat sprechen will?

Manchmal können Gespräche über Beziehungen und Ehen beim ersten Date aufkommen. Frauen über 30 beschließen oft ganz plötzlich, dass es Zeit ist zu heiraten. Manchmal sagen sie das beim ersten Date, oder schon wenn sie die Einladung annehmen. »Ich muss dir sagen«, wird sie vielleicht sagen, »dass ich in meinen Zwanzigern einfach nur ausgehen wollte. Jetzt suche ich eine feste Beziehung. Was hältst du davon?« Wenn Sie nicht sagen, dass Sie auch eine feste Beziehung suchen, wird sie wahrscheinlich nicht mit Ihnen ausgehen.

Die richtige Art, damit umzugehen, besteht darin, ehrlich zu sein, aber sie nicht abzustoßen. Wenn Sie nicht wirklich eine feste Beziehung suchen, heißt das nicht, dass Sie keine eingehen würden, wenn Sie die richtige Frau kennenlernen würden. Sie könnte genau diese Frau sein – Sie wissen es einfach nicht. Deshalb müssen Sie nicht sagen: »Ich will mit vielen Frauen ausgehen und jede Menge bindungslosen Sex haben.« Dann wird sie auf der Stelle verschwinden. Versuchen Sie es stattdessen mit: »Ich bin mir nicht ganz sicher. Ich weiß, dass ich an einer festen Beziehung interessiert wäre, wenn ich die richtige Frau treffen würde. Ich weiß nur nicht, ob ich ihr schon begegnet bin.« Sie wird weiterhin interessiert sein, und Sie können mit ihr ausgehen.

Jetzt sind Sie für die Probleme gewappnet, die Frauen verursachen: Sie können die Frauen erkennen, denen Sie aus dem Weg gehen sollten, und kennen die drei Arten, wie Frauen kämpfen. Sie haben auch die Probleme erkannt, die Sie selbst bei Dates verursachen können, und gelernt, was Sie tun können, um die Probleme zu vermeiden, die Sie mit Frauen haben. Sie haben eine Liste mit Profi-Tipps für die Behandlung spezieller Probleme mit Frauen. Jetzt können Sie endlich loslegen!

Wichtiger noch: Sie wissen nun, dass Probleme unvermeidlich sind – egal, wie gut Sie mit Frauen umgehen können. Sie müssen sich nicht mehr einreden, dass etwas mit Ihnen nicht stimmt, wenn die Frau, mit der Sie ausgehen, plötzlich rumspinnt. Nehmen Sie es nicht persönlich – das gehört bei einem Date manchmal auch dazu.

12

Nach dem Date – bleiben Sie am Ball!

Jetzt haben Sie also mit allen Frauen, denen Sie begegnet sind, wie verrückt geflirtet und die nettesten von ihnen zu Schnupper-Dates eingeladen. Manche Frauen sind erschienen, andere nicht. Bei einigen haben Sie gute Arbeit geleistet: Sie haben zarte Annäherungen gemacht, emotionale Fragen gestellt und romantische Gespräche geführt. Bei anderen waren Sie eher ängstlich, faul oder schüchtern. Einigen Frauen haben Sie zugezwinkert und angelächelt, sie berührt, Augenkontakt gehalten – und sogar den ersten Kuss gewagt. Manche fühlten sich abgeschreckt – andere waren von Ihnen entzückt. Mit denen, die begeistert waren und Sie mochten, haben Sie Verführungs-Dates vereinbart und den nächsten Spielzug geplant.

Bei den Verführungs-Dates haben Sie romantische Erlebnisse organisiert, die Ihnen beiden Spaß gemacht haben. Sie taten gemeinsam ungewöhnliche Dinge. Sie machten ihr kleine Geschenke. Sie achteten auf die kleinen Einzelheiten, die eine gewisse Magie entstehen ließen. Am Ende des Dates war ein Bett in der Nähe, und Sie hatten Kondome dabei. Als die Zeit gekommen war und sie an den ersten Kuss (und mehr) dachte, haben Sie es gewagt.

Sie waren mit ihr im Bett und haben sich wie ein aufmerksamer, kreativer Liebhaber verhalten. Nun, am nächsten Tag, schauen Sie zurück auf das Date und fühlen sich zufrieden und glücklich. Sie waren erfolgreich. Sie haben auf die bestmögliche Art gewonnen. Herzlichen Glückwunsch!

Aber vielleicht ist etwas anderes passiert. Sie hatten ein Verführungs-Date, aber Sie haben es nicht bis ins Schlafzimmer geschafft. Vielleicht haben Sie eine romantische Stimmung erzeugt und sie geküsst, bis sie Sie gebeten hat, langsam zu machen. Vielleicht sind Sie auch ganz zurückgewiesen worden, und die Frau konnte Sie nicht schnell genug loswerden. Vielleicht haben Sie es auch gar nicht wirklich versucht und das Verführungs-Date zu bloßem Smalltalk verkommen lassen. Was auch immer geschehen ist – was ist jetzt zu tun? Egal, wie weit Sie gekommen sind – der weitere Kurs ist klar: Sie müssen es in Ihrem eigenen Kopf zu einem Erfolg machen; Sie müssen entscheiden, wohin die Interaktion als nächstes führen soll; Sie müssen Ihre Investitionen ausbauen und das nächste Verführungs-Date in Angriff nehmen. Dieses Kapitel zeigt Ihnen, wie Sie das bewerkstelligen und die Verführungen lebendig und in Schwung halten können.

Verbuchen Sie es als einen Erfolg

Wenn Bob mit einer Frau ausgeht und am Ende keinen Sex mit ihr hat (was die Regel ist), macht er sich selbst fertig: »Warum bringe ich nie eine Frau dazu, mich zu wollen?«, jammert er. »Trotz der ganzen Vorarbeit, die ich leiste, kommt nie etwas dabei heraus. Ich wette, ich werde nie wieder Sex mit einer Frau haben.« Er macht eine Katastrophe daraus; seine pessimistische Einstellung macht es ihm unmöglich zu glauben, dass das Date unter irgendeinem Aspekt ein Erfolg war. Nur weil er keinen Sex hatte. Für einen Anfänger der Verführungskunst ist eine solche Einstellung kontraproduktiv. Man muss lernen, jede Interaktion mit einer Frau als Erfolg zu verbuchen – ob man Sex mit ihr hatte oder nicht.

Sie müssen entscheiden, wie Sie Erfolg bei einem Date definieren wollen. Wenn Sie wie Bob sind und eine Verabredung nur dann als Erfolg bewerten, wenn Sie Sex hatten, machen Sie es sich selbst unnötig schwer. Schlussendlich müssen Sie den Maßstab für den Erfolg so setzen, dass Sie sich nach jedem Treffen mit einer Frau gut fühlen. Ihre Definition muss Ihnen helfen, aus dem Date zu lernen, soviel Sie können, und Ihnen für die nächste Begegnung den nötigen Antrieb geben.

Der durchschnittliche Mann glaubt, dass man nur dann Erfolg bei Frauen hat, wenn man es in weniger als 20 Minuten von der ersten Begegnung auf der Straße bis ins Bett schafft. Gleichzeitig ist er davon überzeugt, dass es immer vollkommen glatt laufen muss, sodass er sich mit jeder Frau gut versteht (und es sich nie mit einer verdirbt). Diese Definition von Erfolg ist viel zu stringent: So kann man nicht das Leben bekommen, das man will. Außerdem sind diese Ziele – auch für die besten Verführer – unrealistisch. Auch die besten können scheitern und werden gelegentlich zurückgewiesen. Sie wissen aber, wie man alle Interaktionen mit Frauen – auch die »Fehlschläge« – in Erfolge verwandelt.

Wir empfehlen Folgendes: Wenn Sie aus einer Verabredung mit einer Frau etwas gelernt haben, hatten Sie Erfolg. Das bedeutet nicht, dass Sie es sich einfach machen. Wenn man aus einer Erfahrung auch nur irgendetwas gelernt hat, wird man mit dieser Art von Situation beim nächsten Mal besser umgehen können, wenn sie bei einer anderen Frau auftritt. Und sie wird (fast mit Sicherheit) wiederkommen – verlassen Sie sich darauf. Sie müssen aus jeder Verabredung etwas lernen können; insofern sollten Sie immer erfolgreich sein.

Egal wie das Date läuft – Bruce findet eine Möglichkeit, es in einen Erfolg zu verwandeln. Wenn er mit einer Frau ausgeht, die sich als eine schreiende, wütende Feministin erweist, kann er lernen, wie man solchen Frauen früher auf die Schliche kommt; oder er kann das Date als Chance nutzen, einen neuen Ansatz auszuprobieren. Wenn er den ersten Kuss wagt und die Frau nein sagt, lernt er einige neue Warnsignale für sexuelle Zurückweisung kennen. Betrachtet er die Erfahrung rückblickend, fällt ihm vielleicht ein entscheidender Schritt auf, den er vergessen hat. Wenn eine Frau, nachdem sie mit ihm geknutscht hat, in der letzten Minute den Sex verweigert, wird ihm vielleicht etwas auffallen, was ihm vorher entgangen war – was sie aber verärgert hat. Wenn er daran arbeitet, kann er in Zukunft systematischer vorgehen.

Wir empfehlen, dass Sie jede Erfahrung mit einer Frau zu einem Erfolg machen – und nach jeder einzelnen Begegnung nicht eher ruhen, bis Sie herausgefunden haben, was Sie gelernt haben. Fragen Sie sich selbst einfach nur: »Was habe ich daraus gelernt?« Am Ende werden Sie es wissen. Auf diese Weise sichern Sie sich Ihre Zukunft. Sie gehen vorwärts, anstatt den Mut zu verlieren und aufzugeben. Sie treiben sich selbst schonungslos zu einem Sexleben, dass Sie sich wünschen – und unweigerlich erreichen werden.

Entscheiden Sie, wo die Bekanntschaft hinführen soll

Nun, da Sie die Frau etwas besser kennen, müssen Sie sich fragen: Wohin soll die Bekanntschaft führen? Soll diese Frau eine kurzfristige Sexpartnerin werden oder ist sie für eine Beziehung geeignet? Können Sie es kaum erwarten, sie wiederzusehen oder verbrennen Sie ihre Telefonnummer – in der Hoffnung, dass sie niemals Ihre Adresse herausfindet? Sie müssen Ihre Reaktion auf das Date überdenken und entscheiden, wo die Bekanntschaft hinführen soll.

Wenngleich man normalerweise nicht sofort sagen kann, ob eine Frau eine gute Partnerin für eine feste Beziehung wäre, fühlt man oft instinktiv, dass sie es nicht wäre. Es kann gut sein, dass sie Eigenschaften hat, mit denen Sie kurzfristig umgehen können, die aber unweigerlich jede Chance auf eine langfristige Beziehung mit ihr zerstören würden. Es ist besser für Sie, wenn Sie das sich selbst sofort eingestehen und mit dieser Tatsache leben. Wenn Sie das nicht tun, verleugnen Sie es und lassen sich in eine Beziehung hineinziehen, die Ihnen dauerhaft Leid bescheren wird. Wenn eine Frau für Sie zu unausgeglichen oder zu fett ist, politische Ansichten oder Persönlichkeitsmerkmale hat, die Sie verärgern, oder im Bett einfach nicht gut genug ist, müssen Sie es sofort zur Kenntnis nehmen. Planen Sie bei einer solchen Frau für eine kurzfristige Beziehung.

Bauen Sie Ihre Investitionen aus

Wenn Sie zum Verführungs-Date gehen, haben Sie bereits eine Menge Arbeit geleistet, um so weit zu kommen. Die Frau hat Ihnen gegenüber ein gutes Gefühl, und Sie haben ihr gegenüber ebenfalls eines. Zwischen Ihnen stimmt die Chemie: Sie fühlen sich einander verbunden. Sie müssen diese Gefühle am Leben erhalten. Egal, ob Sie mit ihr Sex hatten oder nicht – wenn Sie die Gefühle nicht pflegen, die Sie erzeugt haben, werden sie wieder verschwinden: Sie werden wieder ganz von vorn anfangen müssen. Bedenken Sie: Eine Frau wünscht sich Aufmerksamkeit und will das Gefühl haben, dass Sie wirklich an sie denken. Wenn Sie nach einem Date verschwinden, wird sie glauben, dass Sie nicht an sie denken, das Interesse verloren haben und sie nicht mögen. Schlimmer noch – sie mag zu dem Ergebnis kommen, dass Sie nur an Sex interessiert waren. Wenn sie mit Ihnen Sex hatte, wird sie davon ausgehen, dass Sie sie nur benutzt haben und sie nun fallen lassen. Dieser Gedanke wird sie wütend machen. Wenn sie keinen Sex mit Ihnen hatte, wird sie glauben, dass Sie nur Sex wollten und sie nun fallen lassen, weil sie nicht gleich mitgemacht hat. Das wird sie ebenfalls wütend machen. Wenn Sie wieder auf sie zugehen, werden Sie diese Wut überwinden und überhaupt erst wieder auf das Level der Verständigung gelangen müssen, das Sie gefühlt hatten, bevor Sie verschwunden sind. Manchmal ist das einfach, aber manchmal auch schwer. Wenn Sie von vornherein Ihre Investition pflegen, müssen Sie weniger nachholen.

Wenn Sie mit immer mehr Frauen ausgehen, werden Sie die Erfahrung machen, dass Sie manchmal aufhören, die Dinge zu tun, die nötig sind, um die Verbindung zu halten. In manchen Fällen sind Sie vielleicht wirklich nicht interessiert. Es kann aber auch sein, dass Sie träge und nachlässig werden. Wenn Sie Erfolg bei Frauen haben und ein üppiges Sexleben genießen wollen, müssen Sie, wie wir schon oft gesagt haben, an vielen Frauen gleichzeitig baggern. Das bedeutet, dass es eine Reihe von Frauen gibt, mit denen Sie gleichzeitig eine Bekanntschaft pflegen und vertiefen. Wenn Sie eine Frau verloren haben, die Sie immer noch begehren, beginnen Sie einfach, die Verbindung wieder zu aktivieren. Es besteht eine sehr gute Chance, dass Sie – mit etwas Mühe – das positive Gefühl wieder aufbauen können, das sie Ihnen gegenüber empfindet.

Man muss wissen, wie man Beziehungen pflegt, weil es ein wichtiger Schlüssel zum Erfolg ist. Es ist nicht nur bei kurzfristigen, sondern auch bei langfristigen Beziehungen (und auch in allen anderen Lebensbereichen) wichtig. Bedenken Sie: Die Aspekte Ihres Lebens, die Sie pflegen, sind die Aspekte, die Sie täglich (oder zumindest fast täglich) in irgendeiner Hinsicht verbessern. Durch Ihre ständige Aufmerksamkeit pflegen Sie diese Teile Ihres Lebens, damit diese weiterhin expandieren und wachsen können. Wenn Sie zum Beispiel entschlossen sind, mehr Geld zu verdienen, und an jedem einzelnen Tag unablässig einen Beitrag zu diesem Ziel leisten, werden Sie irgendwann mehr Geld verdienen. Sind Sie entschlossen, Ihre Gesundheit zu verbessern, und leisten Sie an jedem einzelnen Tag unablässig einen Beitrag, um dieses Ziel zu erreichen, werden Sie gesünder sein. Wenn Sie entschlossen sind, eine bessere Beziehung zu führen, und an jedem einzelnen Tag unablässig einen Beitrag dafür leisten, werden Sie eine bessere Beziehung führen. Und wenn Sie entschlossen sind, Romanzen mit Frauen anzufangen, und unablässig (wenn auch nicht unbedingt jeden Tag) einen Beitrag dafür leisten, werden Sie Romanzen haben. Beziehungspflege ist der Weg, um diese Verbindungen wachsen zu lassen, wenn Sie mit einer Frau einmal Dates oder Sex haben.

Die traurige Wahrheit ist, dass es sich bei Dates wie mit allen anderen Dingen des Lebens verhält: Entweder geht es voran oder es geht rückwärts. Ihre Beziehung zu einer Frau wird entweder besser oder schlechter. Es gibt keinen Stillstand und keinen Mittelweg. Das Leben geht weiter: Entweder bleibt man am Ball, oder man fällt zurück. Beziehungspflege ist nötig, um bei den Frauen, mit denen Sie ausgehen, vorwärtszukommen.

Die Kunst der Beziehungspflege

Beziehungspflege umfasst alles, was man tut, um bei jeder Partnerschaft, die man mit einer Frau aufbaut, die guten Gefühle lebendig zu halten. Bob tut das nicht. Nachdem Bob mit einer Frau ausgegangen ist, ist er normalerweise so deprimiert, dass er sich nicht dazu überwinden kann, die nötige Nacharbeit zu leisten. Eine Frau, für die er sich interessiert, hört nach dem ersten Date nie wieder etwas von ihm. »Ich würde sie anrufen, aber momentan bin ich wirklich zu beschäftigt«, entschuldigt er sich selbst. »Bei der Arbeit geht es drunter und drüber, und ich muss wirklich erst mein Leben in Ordnung bringen, bevor ich einer Frau den Hof mache. Außerdem: Wenn sie interessiert ist, kann sie ja anrufen!« Natürlich sind das alles nur Ausreden. Bob ist zu sehr damit beschäftigt, nach Fehlschlägen seine Wunden zu lecken, um nachhaltige Maßnahmen zu treffen, die ihn zum Erfolg führen würden. Zwei Monate später sehnt er sich wieder nach dieser Frau. »Aber jetzt kann ich sie nicht mehr anrufen«, sagt er zu sich selbst. »Ich habe seit Monaten nicht mehr mit ihr geredet.«

Vergleichen wir Bob mit Tom. Als Tom zum ersten Mal mit Lisa ausging, wusste er bereits um die Bedeutung der Beziehungspflege. »Wir hatten ein Schnupper-Date, das mit einem Kuss endete. Dann trafen wir uns zum Verführungs-Date, und ich führte sie in den Zoo aus. Dort gab ich ihr einige schön verpackte Tieranhänger, die ich vorher im Laden im Zoo gekauft hatte. Am Ende küssten wir uns, aber ich hatte nicht das Gefühl, dass ich weitergehen sollte. Ich wusste aber, dass es wichtig war, die Gefühle zu pflegen, die wir bereits aufgebaut hatten. Zwischen dem ersten und dem zweiten Verführungs-Date nahm ich mir die Zeit, an ihrem Arbeitsplatz vorbeizuschauen und, zusammen mit einer einzelnen Rose, eine kleine Liebesnachricht abzugeben. Beim nächsten Date hatten wir Sex.« Danach entschied Tom, dass er sie genügend gern hatte, um sie weiterhin zu treffen; also pflegte er ihre Bekanntschaft weiter. »Ich rief sie an, wir hatten Sex und ich schickte ihr wieder eine Botschaft«, erzählt er. »Sie war überglücklich, wieder mit mir auszugehen.«

Man darf es nicht so machen wie Bob. Man muss seine romantischen Bekanntschaften pflegen, indem man einfache Pflegemaßnahmen ergreift, damit die Romanze lebendig bleibt und wächst.

Was Beziehungspflege bewirkt

Beziehungspflege erfüllt drei Aufgaben, wenn es darum geht, eine romantische Bekanntschaft lebendig zu halten. Sie gibt einer Frau das Gefühl, dass sie Ihnen etwas bedeutet, und macht Sie für die Frau attraktiv, weil:

Beziehungspflege zeigt ihr, dass Sie an sie denken. Auch wenn Sie nicht die ganze Zeit an eine Frau denken, lohnt es sich, die Zeit und Mühe aufzuwenden, um ihr das Gefühl zu geben, dass Sie das tun. Frauen wollen den Eindruck haben, dass ein Mann, den sie mögen, an sie denkt. Sie hassen es, wenn er das nicht tut. Beziehungspflege zeigt, dass man an sie denkt, und erfüllt so ein entscheidendes weibliches Grundbedürfnis.

Beziehungspflege zeigt, dass Sie Zeit und Mühe investieren. Beziehungspflege zeigt einer Frau, dass Sie Zeit und Mühe in Ihre Beziehung investieren. Achten Sie auf die Formulierung: »Zeit und Mühe« – nicht »Geld«. Die meisten Frauen beeindruckt es weit mehr, wenn Sie eine Karte basteln oder eine Liebesbotschaft mit einer Rose schicken, als wenn Sie etwas schenken, was viel Geld, aber wenig Zeit und Mühe kostet. Wie wir bereits gesagt haben: Es ist nicht nötig, viel Geld auszugeben, um eine Frau zu verführen – es kann, an sich, sogar kontraproduktiv sein. Wenn sie sich während Ihres Treffens an die Zeit erinnert, als Coca Cola in Flaschen statt in Dosen angeboten wurde, hören Sie auf sie. Wenn Sie ein Sixpack mit Colaflaschen sehen, packen Sie sie schön ein und schenken Sie sie ihr mit einer witzigen Karte. Wir garantieren Ihnen, dass Sie dann viel weiterkommen werden als mit einem teuren, unpersönlichen Geschenk.

Beziehungspflege zeigt, dass Sie ein engagierter Mann sind. Frauen lieben Männer, die ihr Leben selbst in die Hand nehmen und es nach ihren eigenen Vorstellungen gestalten. In der Regel finden sie Männer unattraktiv, die Opfer ihres eigenen Lebens sind und denen alles sozusagen zufällig »zustößt«. Durch aktive Beziehungspflege zeigen Sie einer Frau, dass Sie entschlossen und in der Lage sind, Ihr eigenes Leben nachhaltig nach Ihren eigenen Vorstellungen auszurichten. Sie zeigen ihr, dass Sie kreativ und handlungsorientiert sind. Sie setzen sich von anderen weinerlichen, quengelnden Opfer-Typen ab und werden dadurch für sie begehrenswert.

Das Geheimnis guter Beziehungspflege

Beziehungspflege wird Ihnen wahrscheinlich nicht angeboren sein: Sie werden sich selbst dazu antreiben müssen. Es ist wie mit einer Steuererklärung oder einem Ölwechsel. Wie Bob werden Sie Ausreden finden, um romantische Bekanntschaften nicht zu pflegen. In Wahrheit werden Sie nur zu viel Angst haben, um bei einer Frau etwas Neues auszuprobieren, und sich selbst sagen, dass Sie zu beschäftigt sind (oder eine andere dürftige Ausrede finden). Sie werden sich wünschen, dass sich eine romantische Beziehung einfach ergibt, anstatt die Mühe zu investieren, sie selbst zu gestalten. Aufgrund dieser Neigung müssen Sie Ihren Terminkalender benutzen, um Arbeitszeit und romantische Beziehungen unter einen Hut zu bringen. Das bedeutet, dass Sie Zeit dafür einplanen - wie Sie das auch bei einer Besprechung oder einem Geschäftstermin machen.

Tom tut das für die Frau, an der er baggert. Derzeit hat er fünf Frauenbekanntschaften, die sich in unterschiedlichen Phasen befinden: Mit zwei Frauen flirtet er regelmäßig, aber er hat sie noch nicht eingeladen; mit zwei hatte er bereits Schnupper-Dates; und mit einer hatte er schon mehrfach Sex. Er hat dreimal pro Woche 15 Minuten eingeplant, um an Dingen zu arbeiten, die diese Beziehungen pflegen werden. »Manchmal geht die Zeit vorüber, aber ich weiß, dass ich in 15 Minuten mindestens einen Schlachtplan machen kann«, sagt er. »Für Stacey, die Frau, mit der ich Sex habe, investiere ich genügend Zeit, um eine besondere Aktivität für das nächste Date zu finden. Ich versuche auch, neue Möglichkeiten zu finden, um ihr zu zeigen, wie viel sie mir bedeutet. Für die beiden Mädchen, mit denen ich Schnupper-Dates hatte, habe ich Zeit investiert, um etwas für unsere Verführungs-Dates zu finden; ich habe z. B. Museen angerufen, um Öffnungszeiten herauszufinden, oder lustige kleine Geschenke vorbereitet. Eine von ihnen hat eine E-Mail-Adresse; deshalb habe ich mir etwas Zeit genommen, um ihr auf diesem Weg romantische Gedichte zu schicken. Bei denen, mit denen ich flirte, versuche ich herauszufinden, wann ich sie mit möglichst geringem Aufwand bei der Arbeit besuchen kann.«

Weil er Zeit für diese Dinge einplant, kann er den Eindruck erwecken, dass er spontan Zeit aufwendet, um einer Frau zu zeigen, dass sie ihm wichtig ist. Er tut es aber nicht spontan - und Sie werden es auch nicht tun. Er plant die nötige Zeit dazu ein - wie für andere Termine und Aufgaben auch. Beziehungspflege macht bei Frauenbekanntschaften überraschend viel Spaß, aber sie kommt nur dann spontan, wenn es eine magische, intensive Chemie und starke Gefühle gibt. Indem Sie sich selbst dazu anhalten, diese Art von Beziehungspflege zu machen, schaffen und stärken Sie diese magischen Gefühle.

bleiben Sie **am Ball**!

Häufigkeit der Aufmerksamkeiten

Maßnahmen im Rahmen der Beziehungspflege bezeichnen Behavioristen als »Verstärkung«. Eine solche Maßnahme ist eine Belohnung (etwas, was sich gut anfühlt), die ein Subjekt erhält, wenn es eine bestimmte Handlung ausführt oder ein bestimmtes Gefühl hat. So gibt man etwa einem Hund eine Belohnung, wenn er auf seinen Namen hört: Das verstärkt die Reaktion auf seinen Namen. Mit der Zeit wird der Hund sich darauf freuen, zu kommen, wenn er gerufen wird, weil er weiß, dass er dafür belohnt wird. Man muss aber beachten, dass der Hund träge wird, wenn er jedes einzelne Mal eine Belohnung bekommt. Er denkt sich: »Warum soll ich mich beeilen? Ich bekomme meine Belohnung sowieso, wenn ich komme.« Ständige Verstärkung verliert mit der Zeit also ihre Wirkung.

Vielleicht haben Sie das bei Ihren eigenen Beziehungen bemerkt. Haben Sie jemals jemanden erlebt, der ständig Umwege macht, um Ihnen zu zeigen, was Sie ihm oder ihr bedeuten? Nehmen Sie an, dass Ihnen jemand an Ihrem Arbeitsplatz eines Morgens aus heiterem Himmel eine Tasse Kaffee bringt, sobald Sie sich an Ihren Schreibtisch setzen. Sie würden sich wahrscheinlich als etwas Besonderes fühlen und sich freuen, diesen Menschen im Lauf des Tages wiederzusehen. Sie würden diesen Menschen mit den guten Gefühlen assoziieren, die Ihnen das Geschenk vermittelt hat.

Stellen Sie sich nun aber vor, dass dieser Mensch Ihnen (wie ein Uhrwerk) jeden einzelnen Tag Kaffee bringen und nie einen Tag auslassen würde. Zunächst würden Sie es wahrscheinlich zu schätzen wissen; dann würden Sie es weniger merken; später würden Sie es fast gar nicht mehr registrieren. Vielleicht würden Sie sich sogar beklagen, wenn der Kaffee einmal weniger gut ist als sonst, oder wütend werden, wenn er oder sie einen Tag ausließe. Anfangs würden Sie sich über die ständigen Geschenke freuen, aber allmählich würden Sie automatisch dazu übergehen, sie als eine Selbstverständlichkeit anzusehen – oder sogar als etwas, was Ihnen eigentlich zusteht. Das ist eine natürliche Reaktion auf eine konstante, unveränderte Verstärkung.

Wenn Sie eine Frau ständig mit Geschenken und Aufmerksamkeiten überschütten, besteht dieses Risiko ebenfalls. Zunächst ist es wichtig, eine Frau ständig zu verstärken: Sie wird sich dann immer freuen, wenn sie Sie sieht. Wenn aber Ihre Aufmerksamkeiten und Geschenke effektiv bleiben sollen, müssen Sie damit beginnen, sie etwas weniger regelmäßig zu vergeben. Verhaltensexperten bezeichnen das als »variables Verstärkungsmuster«. Man gibt ihr nicht jede Woche oder bei jedem Date Blumen. Man gibt ihr nicht immer ein kleines Geschenk. Man kommt nicht immer zur selben Zeit oder am selben Tag zum Flirten vorbei. Man variiert das Muster der Verstärkungen, die ihr das Gefühl geben, etwas Besonderes zu sein. Dadurch bleibt die Bekanntschaft für sie aufregend und frisch.

Tom macht einen sinnvollen Gebrauch von einem variablen Verstärkungsmuster. »Wenn ich anfange, mit einer Frau auszugehen, gebe ich mir viel Mühe, damit sie sich gut fühlt«, sagt er. »Aber ich weiß, dass ich das mit der Zeit allmählich zurückfahren kann. Solange ich sie weiterhin oft beglücke, sind die Ergebnisse doch besser, wenn ich sie nicht bei jeder Begegnung mit Geschenken verstärke.« Die klassische Falle, vor der man sich hüten muss, besteht darin, dass ein Verstärkungsmuster allmählich zur Gewohnheit wird: Nehmen sie sich vor Dingen in Acht, die Sie immer tun, um Ihre besondere Wertschätzung auszudrücken. Bringen Sie nicht immer Geschenke; besuchen sie ihren Arbeitspatz nicht immer alle drei Tage. Variieren Sie Ihr Verstärkungsmuster – so werden Sie viel mehr Erfolg bei Ihrer Angebeteten haben.

Die vier Schlüssel zu weiteren Dates

Wir haben Ihnen erklärt, was Beziehungspflege ist, welche Bedeutung sie hat und wie regelmäßig das Verstärkungsmuster sein sollte. Nun wollen wir einige besondere Dinge nennen, die Sie tun können, um Ihre knospenden romantischen Beziehungen zu pflegen.

Jede dieser Aktivitäten wird leichter fallen, wenn Sie die Frau, der Sie den Hof machen, tatsächlich mögen. Tatsächlich werden alle Treffen mit Frauen viel erfolgreicher sein, wenn Sie Frauen auswählen, die Sie wirklich mögen. Es handelt sich um Aktivitäten, die man automatisch tut, wenn man sich verliebt und beide Partner von Liebe und Begierde verzehrt werden. Aber bedenken Sie – diese Handlungen werden wahrscheinlich nicht nur bewirken, dass die Frau Sie attraktiv findet, sondern auch, dass Sie die Frau anziehender finden. Seien Sie also nicht überrascht, wenn Sie beginnen, sie wirklich zu mögen.

1. Liebesbotschaften und Poesie

Wir haben Liebesbotschaften bereits behandelt; deshalb werden wir sie hier nur knapp anreißen. Bevor Sie mit einer Frau Sex haben, sollten Liebesbotschaften knapp gehalten werden. Nachdem Sie Sex mit ihr hatten, können sie länger werden – aber nur, wenn Sie wissen, dass das, was Sie sagen, gut aufgenommen wird. Eine knappe Botschaft mit einer einzelnen Rose, die Sie ein paar Tage nach dem Schnupper-Date an ihrem Arbeitsplatz abgeben, kann für Ihre Verführung wahre Wunder wirken.

2. E-Mails

Fragen Sie Frauen, an denen Sie interessiert sind, immer nach ihrer E-Mail-Adresse. Eine E-Mail ist das perfekte Medium für romantische Briefe, die ihr schmeicheln und sie erregen, aber nicht zu überwältigend wirken. Sie können auch romantische Gespräche führen. Dabei haben Sie den »Heimvorteil«, dass Sie Ihre Worte sorgsam auswählen und überdenken können, bevor die Frau sie zu sehen bekommt. Stellen Sie einfach eine der romantischen Fragen. Geben Sie dann die Antwort, als wenn sie danach gefragt hätte. Sagen Sie in etwa Folgendes:

»Meine Bekannte Mary hat mir gerade von dem romantischsten Date erzählt, das sie jemals erlebt hat. Es war erstaunlich. Stell dir vor: Du gehst mit einem Mann aus, den du wirklich magst und attraktiv findest. Ihr sitzt in diesem wunderbaren Terrassenrestaurant mit Blick auf einen See. Die Herbstfarben sind einfach perfekt. Die Luft ist frisch und riecht so gut, man hat das Gefühl, dass man nicht einmal essen muss. Man will nur dasitzen, diese süße Luft atmen und sich gegenseitig in die Augen sehen. So hat sie es jedenfalls beschrieben. Und du hast dieses unglaubliche Date: Die Sonne geht über dem Wasser unter, die Sterne kommen heraus und der Mond geht auf. Ihr beide fühlt euch so verbunden, so verliebt. Weißt du, was ich meine? Ich bin neugierig, ob du mir deine romantischste Erfahrung beschreiben würdest?

Meines war ein Konzert mit keltischer Musik in einem wunderschönen Freilichttheater. Du kannst dir vorstellen, wie es war: Eine kühle Sommernacht, du hörst diese erstaunliche Musik mit einem Menschen, den du attraktiv findest. Und ich liebe die Art, wie die Musik in meinen Körper eindringt, weißt du, was ich meine? Es ist, als wenn man sich ganz im Rhythmus verlieren könnte – es ist unglaublich. Danach gingen wir auf dem Konzertgelände unter dem Bergen spazieren und spürten dieses warme, sichere Gefühl, die Hände zu halten … einfach spektakulär.

Auf jeden Fall, ich glaube, ich lasse mich hier hinreißen. Ich wollte dir nur sagen, dass ich bei unserem Date viel Spaß hatte und freue mich darauf, dich wiederzusehen.«

Indem Sie diese romantischen Erfahrungen beschreiben, sorgen Sie dafür, dass sie sie visualisiert und nachempfindet und diese Gefühle mit Ihnen verbindet. Wenn Sie sehr in die Einzelheiten gehen, ist es ratsam, einen abschließenden Absatz hinzuzufügen, in dem so etwas steht wie: »Jedenfalls lasse ich mich hier wohl hinreißen« oder »ich sehe, ich schweife ab; ich glaube, ich werde diesen Gedanken jetzt abschließen«. Solche Aussagen scheinen mulmige Gefühle zu glätten, die sie von dem, was Sie schreiben, vielleicht bekommen könnte, und geben ihr ein gutes Gefühl, zurückzuschreiben.

3. Blumen

Ein starker romantischer Spielzug besteht darin, ihr Blumen zu schicken oder zu bringen. Während Sie es vielleicht mögen, wenn eine Frau Ihnen Blumen schickt, mögen Frauen es wirklich. Blumen sind (wenigstens eine Zeit lang) eine dauerhafte Erinnerung. Sie wirken in jeder Phase einer Beziehung gut. Es ist nicht nötig, eine Menge Geld für Blumen auszugeben, wenn man das nicht will oder kann. Ein einfaches Bouquet für zehn Euro oder eine einzelne Rose mit einer Botschaft und einer Handvoll Pralinen ist ebenso viel wert wie ein Strauß Rosen für 30 Euro und kosten viel weniger.

Blumen zu kaufen ist einfach. Gehen Sie in ein Blumengeschäft und sagen Sie der Floristin: »Ich möchte zehn Euro für romantische Blumen ausgeben. Stellen Sie bitte welche zusammen.« Kaufen oder basteln Sie eine Karte, schreiben Sie einige romantische Zeilen darauf - fertig!

Die Lieferung von Blumen ist teuer, aber dann angemessen, wenn man großartigen Sex mit einer Frau hatte. Wenn Sie mit einer Frau ins Bett gehen und der Sex Ihnen den Kopf verdreht, können Sie ihr Blumen mit einer Botschaft zur Arbeit schicken: »Mir fehlen die Worte. Das war wunderbar. Danke für die letzte Nacht.« Wenn Sie das tun, ist weiterer Sex mit ihr so gut wie sicher.

Wenn Sie bei der Arbeit Blumen für sie abgeben, achten Sie darauf, dass Sie nicht zu lange bleiben. Wir empfehlen, dass Sie vorbeischauen, sie beglücken und wieder verschwinden. Wenn Sie herumhängen, stehen Sie ihrer Arbeit im Wege und riskieren, dass Sie etwas sagen oder tun, was die Verführung verdirbt. Wenn Sie herumhängen, werden Sie auch eher dazu neigen, an sich und Ihre Bedürfnisse zu denken und anfangen, ihre zu ignorieren. Wahrscheinlich werden Sie von ihr erwarten, dass sie anerkennt, was für ein toller Kerl Sie sind. Stellen Sie sie in den Mittelpunkt und lassen Sie sie mit ihren Blumen allein.

4. Geschenke

Wir haben Ihnen bereits anschaulich erklärt, welche Macht kleine Geschenke haben können. Betrachten wir nochmals die Grundlagen.

Erstens: Wenn man einer Frau ein Geschenk macht, kann es billig sein, solange es clever, lustig oder bedeutsam ist. Zweitens: das Geschenk muss gut verpackt sein. Wenn Sie keine Zeit haben, es zu verpacken, geben Sie es ihr nicht. Wenn man einer Frau ein kleines, verpacktes Geschenk gibt, ist das wie ein Geschenkgutschein für ein Lieblingsgeschäft. Es beweist Überlegung und Gefühl und macht sie glücklich. Ein unverpacktes Geschenk ist, wie wenn man jemandem etwas Kleingeld gibt und sagt: »Kauf dir etwas dafür.« Es hinterlässt den Eindruck, dass man sich mit dem Geschenk keine Mühe macht.

Wenn Sie ein Geschenk zum Arbeitsplatz einer Frau mitnehmen, machen Sie es wie mit den Blumen. Geben Sie ihr das Geschenk und machen Sie, dass Sie fortkommen. Riskieren Sie nicht, ein gutes Gefühl zu verderben, indem Sie herumhängen und sie von der Arbeit abhalten.

Gestalten Sie das nächste Verführungs-Date

Neben den Maßnahmen zur Beziehungspflege müssen Sie beginnen, den nächsten Schritt der Verführung in Angriff zu nehmen. Wenn sie nicht schon jetzt ein williger Sexpartner ist und darauf brennt, dass Sie zu jeder Tages- und Nachtzeit in ihr Haus kommen und mit ihr Sex haben, gibt es immer noch etwas zu tun.

Nicht alle Verführungs-Dates enden mit Sex. Deshalb ist es wichtig, dass wir alle möglichen Ergebnisse vergleichen und Ihnen zeigen, wie man den nächsten Schritt generiert. Unser diagnostischer Richtwert wird der erste Kuss sein. Haben Sie sie geküsst? Haben Sie sie geküsst und dann mit ihr geknutscht? Wie lange? Haben Sie Sex mit ihr gehabt? Haben Sie versucht, sie zu küssen und wurden zurückgewiesen? Haben Sie es nicht einmal probiert? Je nachdem, wie weit Sie gekommen sind, haben Sie unterschiedliche Möglichkeiten für Ihren nächsten Verführungsschritt. Sie müssen prüfen, was Sie erreicht haben und was nicht, und Ihre nächsten Spielzüge entsprechend planen. Betrachten wir diese Ergebnisse einzeln, um dann den nächsten Schritt zu entwerfen, den Sie von da aus gehen.

Sie haben sie geküsst

Herzlichen Glückwunsch! Sie haben etwas erreicht, das Sie angestrebt hatten. Wenn Sie sie geküsst haben und nicht weitergegangen sind, müssen Sie sich fragen: Warum habe ich aufgehört? Es kann gut sein, dass das die richtige Entscheidung war: Es kann für die Frau sehr wichtig sein, dass Sie beide langsam vorangehen. Vielleicht fühlt sie sich Ihnen nicht nahe genug. Oder Sie haben beschlossen, langsamer zu machen – oder

Sie haben erkannt, dass Sie sie im Grunde nicht wirklich begehren. Wenn es weitergehen soll, müssen Sie planen: Fragen Sie sich, was Sie tun müssen, um sie für Sex mit Ihnen in die richtige Stimmung zu bringen. Ein weiteres Verführungs-Date? Ein Anruf spät am Abend, um zu fragen, ob Sie vorbeikommen können? Bei Ihnen zu Hause für sie kochen? Beantworten Sie diese Fragen als Teil Ihrer Planung.

Sie haben sie geküsst und mit ihr geknutscht

Gute Arbeit! Sie haben diesen ersten Kuss bekommen – und mehr. Sie haben mit ihr herumgeknutscht, möglicherweise ihren Körper berührt und sie teilweise ausgezogen. Für Ihr nächstes Verführungs-Date müssen Sie über folgende Fragen nachdenken: Wollen Sie immer noch Sex mit ihr haben? Was müssen Sie tun, um das hinzukriegen? Wenn Sie deutlich mehr als einen Kuss, aber keinen Sex bekommen haben, werden Sie wahrscheinlich beim nächsten Date Sex mit ihr haben, wenn Sie es nicht verderben. Vielleicht fragen Sie sich, was Sie tun können, um die romantischen Gefühle lebendig zu halten und sie trotzdem schnell ins Bett zu bekommen. Ganz einfach: Planen Sie noch ein Verführungs-Date und halten Sie die Dinge in Gang.

Dieses Mal können Sie es in der Nähe eines Bettes beginnen (und nicht erst dort enden) lassen. Bei Franks erstem Verführungs-Date mit Petra waren sie in einem Zoo spazieren gegangen, hatten danach gut gegessen und am Schluss über eine Stunde lang auf seinem Wohnzimmerfußboden herumgefummelt. Er hat ihr die meisten Kleider ausgezogen und sie die meisten von seinen, aber ihre Strumpfhose und seine Unterwäsche blieben an.

Beim nächsten Date lud er sie wohlweislich in sein Haus zum Essen ein. Als sie kam, berührte er sie sofort auf romantische Art; sie reagierte positiv. Vor dem Essen genossen sie Drinks und eine Vorspeise und küssten sich in seinem Wohnzimmer bei Kerzenlicht. Es wurde immer intensiver und schließlich hatten sie noch vor dem Essen Sex direkt auf seinem Wohnzimmerboden. »Gesamtzeit vom Betreten meines Hauses bis zum Sex: eine Stunde«, sagte er uns. »Wenn wir ausgegangen wären, hätte es viel länger gedauert.« Wenn Sie schon richtig geknutscht haben, lohnt es sich, schon zu Beginn des Treffens ein Bett – oder einen anderen privaten Bereich – in der Nähe zu haben.

Ihr erster Kuss endete beim Sex

Wenn Sie Sex mit ihr hatten, herzlichen Glückwunsch! Sie sind »der Mann« – vorläufig jedenfalls. Nun haben Sie einige Entscheidungen zu treffen:

Entscheiden Sie, ob Sie wieder Sex mit ihr haben wollen

Manche Frauenbekanntschaften sollte man besser auf One-Night-Stands beschränken. Es kann sein, dass sie Ihnen das direkt oder indirekt sagt. Wenn sie nach dem Sex aufsteht und verschwindet, ist das ein Zeichen, dass es nur eine einmalige sexuelle Erfahrung sein sollte. Dasselbe gilt, wenn sie plötzlich kalt und distanziert reagiert. Es kann sein, dass sie Ihnen nicht zu nahe kommen möchte und sich emotional zurückzieht, um das zu verhindern. Lassen Sie sie gehen; seien Sie dankbar für den Sex und bedenken Sie, dass es vielleicht schwieriger sein wird, sie noch einmal ins Bett zu bekommen.

Es kann auch sein, dass es für Sie nicht gut wäre, noch einmal Sex mit ihr zu haben, auch wenn sie Sie gerne weiterhin sehen würde. Vielleicht haben Sie den Sex mit ihr nicht sehr genossen; vielleicht hat sie geweint; vielleicht war sie einfach keine gute Liebhaberin. Vielleicht fanden Sie ihre Persönlichkeit so abstoßend, dass Sie es vermeiden wollen, durch ein Wiedersehen irgendeine Art von Beziehung entstehen zu lassen. Es kann auch sein, dass sie Ihnen übermäßig unausgeglichen schien.

Welchen Grund Sie auch immer haben: Wenn Sie sicher sind, dass Sie keinen Sex mehr mit ihr haben wollen, gibt es nicht viel zu tun. Sie können sich entscheiden, sie am folgenden Tag anzurufen (siehe unten), aber wenn Sie es nicht tun, wird sie es wahrscheinlich auch nicht tun. Wenn Sie aber doch wieder Sex mit ihr haben wollen, lesen Sie weiter.

Entscheiden Sie, ob Sie sie am folgenden Tag anrufen wollen

Für Frauen ist es äußerst wichtig, dass man am folgenden Tag anruft, nachdem man Sex mit ihnen hatte. Das ist wirklich äußerst wichtig. Frauen sagen uns, dass es sie verletzt, wenn Männer nicht anrufen. Auch hier gilt eine Doppelmoral: Wenngleich eine Frau nicht im Traum daran denken würde, Sie am folgenden Tag anzurufen, wird das von Ihnen unbedingt erwartet.

Das bedeutet natürlich nicht, dass Sie anrufen müssen. Das müssen Sie nur dann, wenn es für Sie höchste Priorität hat, niemals eine Frau zu verletzen. Wir gehen davon aus, dass Frauen keine zarten Pflänzchen sind: Sie haben ein dickes Fell und wissen, dass Dates verletzend sein können. Sie will, dass Sie anrufen, aber wenn Sie es nicht tun, wird sie nicht schluchzend auf ihrer Couch liegen – umgeben von fürsorglichen Freundinnen, die ihr Taschentücher reichen und sie mit Eiscreme füttern. Sie haben wahrscheinlich nicht die Macht, sie so sehr zu verletzen. Das Problem ist: Wenn Sie am nächsten Tag nicht anrufen, wird sie wütend sein und mit Ihnen nicht so bald wieder Sex haben. Nicht zuletzt aus diesem Grund sollten Sie anrufen, wenn Sie glauben, dass Sie jemals wieder Sex mit ihr haben wollen.

Der Anruf muss keine große Sache sein. Rufen Sie sie im Lauf des folgenden Tages zu Hause oder bei der Arbeit an und sagen Sie so etwas wie: »Ich wollte nur anrufen und mich für die letzt Nacht bedanken. Es war wunderbar. Ich denke daran, was für eine schöne Erfahrung es war und was für eine tolle Frau du bist. Danke.« In diesem Fall ist Kommunikation per Anrufbeantworter gestattet. Wichtig ist, dass Sie anrufen – und dass sie weiß, dass Sie angerufen haben.

Wenn Sie persönlich mit ihr reden, fassen Sie sich kurz. Sie können dann schon das nächste Date ansetzen (wenn Sie es schon ausgearbeitet haben!) oder einfach ein Date vereinbaren, ohne sich auf etwas Bestimmtes festzulegen. Sie können ihr sagen, dass Sie sie wiedersehen wollen, aber Ihren Kalender gerade nicht parat haben und deshalb noch mal anrufen werden. Aber sagen Sie nicht, dass Sie sie anrufen werden, wenn Sie nicht die Absicht haben: Danken Sie einfach für die schöne Erfahrung und beenden Sie das Gespräch.

Sie haben es versucht und wurden zurückgewiesen

Vielleicht haben Sie versucht, sie zu küssen, und sie hat nein gesagt. Das ist in Ordnung. Eine kleine Zurückweisung erinnert Sie daran, dass Sie nichts zu persönlich oder zu ernst nehmen dürfen, was Sie mit einer Frau erleben. Wie sollte man damit umgehen? Zunächst muss man die Dauer der Zurückweisung prüfen. Hat sie Sie endgültig oder nur vorläufig zurückgewiesen? Wenn es nur eine vorläufige Zurückweisung war, kann es sein, dass sie immer noch interessiert ist, aber noch mehr Vorarbeit erwartet. Vielleicht braucht sie einfach noch ein romantisches Date, ein paar Blumen und etwas mehr Zeit. Wenn sie so etwas sagt wie »nicht jetzt«, »ich bin noch nicht so weit« oder »ich kenne dich nicht gut genug«, ist das ein gutes Zeichen – auch wenn sie den Kuss verweigert: Es bedeutet, dass Sie auf dem richtigen Weg sind. Mit der entsprechenden Mühe werden Sie bekommen, was Sie wollen. Es kann auch sein, dass sie Sie nur testet. Manche Frauen wollen wissen, wie Sie reagieren, wenn sie nein sagen. Sie wollen sichergehen, dass Sie sie ernst nehmen und ihre Meinungen und Wünsche respektieren.

Wenn ihre Verweigerung eher von dauerhafter Art ist, haben Sie ein größeres Problem. Wenn sie Ihnen eine Ohrfeige verpasst hat, einfach abmarschiert ist oder vor Ihrem Kussversuch erschrocken zurückgewichen ist, kann es von größerer Dauer sein.

Frauen, die Sie langfristig zurückweisen, werden Ihnen das eher direkt sagen: »Ich empfinde dir gegenüber nicht so« oder »für mich bist du nur ein Freund«. Verschwenden Sie im Fall einer endgültigen Zurückweisung keine Zeit: Es schadet Ihrer Selbstachtung, wenn Sie einer Frau nachlaufen, die null Interesse an Ihnen hat. Warum seine Zeit verschwenden? Lassen Sie sie los und arbeiten Sie an den anderen Frauen, denen Sie den Hof machen.

Es ist nicht immer leicht zu erkennen, ob eine Zurückweisung vorübergehend oder endgültig ist. Wir haben erlebt, dass eine Frau die Avancen eines Mannes wütend zurückgewiesen hat, um dann später am Abend uneingeladen zu seinem Haus zu kommen, weil sie Sex haben wollte. Wir haben Frauen erlebt, die einem Mann gesagt haben, dass sie ihn nicht gut genug kennen würden, um ihn zu küssen – um ihn später zurückzuweisen, weil sie ihn zu gut kennen würden und »die Freundschaft nicht verderben« wollten. Der beste Indikator für die Unterscheidung von vorläufigen und endgültigen Zurückweisungen besteht in der Reaktion auf die Einladung zu einem weiteren Date. Die meisten Frauen, die kein Interesse an Ihnen haben, werden sagen, dass sie keine Zeit haben. Wenn sie an Ihnen interessiert oder wenigstens neutral eingestellt sind, werden sie zusagen.

Zweitens muss man sich selbst fragen, warum sie nein gesagt hat. Versetzen Sie sich in ihre Lage und tun Sie so, als wenn Sie mit sich selbst ausgehen würden. Machen Sie die Dinge nicht besser, als sie waren –, aber auch nicht schlechter. Seien Sie schonungslos ehrlich zu sich selbst. Haben Sie etwas getan, was ihr die Lust verdorben hat? Haben Sie etwas Falsches gesagt oder eine Meinung vom Stapel gelassen, die sie verletzt haben könnte? Haben Sie sie wie einen Ihrer Männerfreunde behandelt, anstatt wie eine Lady? Haben sie etwas versäumt – z. B. ihr die Tür aufzuhalten oder sich um die ganzen Einzelheiten zu kümmern? Versuchen Sie, sich an einen Augenblick zu erinnern, an dem sie beschlossen haben könnte, Sie abzuschreiben. Überprüfen Sie (wenn nötig schriftlich) die Vorarbeit, die Sie geleistet haben. Schauen Sie, ob Sie irgendwelche Schritte übergangen haben. Finden Sie die Plus- und Minuspunkte der Verabredungen heraus und entwerfen Sie ein neues Date, das eher die Pluspunkte betont. Holen Sie etwas von der Vorarbeit nach und versuchen Sie es noch einmal mit dem Kuss.

Wichtig ist, dass Sie sie niemals fragen, was Sie falsch gemacht haben oder was Sie korrigieren sollten. Die meisten Frauen wollen einen Mann, der entschieden und tapfer genug ist, um selbst herauszufinden, was passiert ist. Wenn sie Sie an der Hand durch die Verführung führen muss – wie soll das erst in der Beziehung werden? Suchen Sie selbst eine neue Strategie und versuchen Sie es noch einmal. Probieren Sie einfach etwas Neues.

Sie haben es nicht einmal versucht

Wenn Sie nicht einmal versucht haben, sie zu küssen, ist die Frage: Warum nicht? Dafür gibt es viele mögliche Gründe. Zuerst müssen Sie absolut eindeutig klären, warum Sie es nicht versucht haben. Dann müssen Sie klären, wie Sie diese Probleme überwinden können. Schließlich müssen Sie tun, was auch immer nötig ist, um sie beim nächsten Verführungs-Date zu küssen.

Hier sind einige mögliche Gründe:

Sie hat etwas getan, was Ihre Meinung über sie geändert hat. Es ist sehr gut möglich, dass die Frau etwas getan hat, was Sie sehr gestört hat –, sodass Sie sie gar nicht mehr wollten. Sie kann Ihnen etwas über sich gesagt haben, was Ihre Meinung geändert hat: Vielleicht hat sie eine Geschlechtskrankheit eingestanden oder Ihnen gesagt, dass sie gegen Verhütung ist. Vielleicht hat sie Sie durch Geschichten über Männer verängstigt, derentwegen sie die Polizei rufen musste, oder von einem Ex-Liebhaber erzählt, der den letzten Mann angegriffen hat, mit dem sie ausgegangen ist. Wenn sie Sie abschreckt, haben Sie einen guten Grund, sie nicht zu küssen.

Sie hatten Angst, waren träge oder nachlässig. Das ist schon wahrscheinlicher. In diesem Fall haben Sie die Frau nicht geküsst, weil Sie bei der Vorarbeit nachlässig waren. Oder vielleicht haben Sie eine romantische Frage gestellt, welche die Frau anscheinend misstrauisch gemacht hat, sodass Sie aufgegeben haben. Eins ist sicher: Wenn Sie die Methoden in diesem Buch nicht anwenden, werden sie Ihnen nicht das Geringste nützen. Hatten Sie Angst oder wurden Sie träge, müssen Sie prüfen, woran das lag. Ist sie die einzige Frau, der Sie den Hof machen, sodass Sie »alle Eier in einem Korb« haben? Wenn ja, müssen Sie noch andere Frauen anbaggern, damit Sie mehr als einer Frau den Hof machen, bevor Sie wieder mit dieser Frau ausgehen. Haben Sie die romantischen Fragen und Gespräche vor dem Date laut geübt? Wenn nicht, werden Sie nicht wissen, was Sie beim Date sagen müssen, und keine romantischen Gefühle aufbauen können. Sie müssen die Dinge üben, die Sie beim Date tun müssen, um für das, was geschieht, bereit zu sein. Haben Sie vergessen, eine Lady wie eine Lady zu behandeln? Sind Sie mit ihr umgegangen wie mit einem Ihrer Kumpels? Wenn ja, beachten Sie, was Sie erreicht haben – nichts – und entscheiden Sie sich, denselben Fehler nicht zu wiederholen. Waren Sie unschlüssig, was Sie wann tun sollten? Studieren Sie dieses Buch noch gründlicher und üben Sie weiter, bis Sie bereit sind.

Sie müssen auch feststellen, ob es beim Date ein besonderes Problem gegeben hat, das Sie künftig überwinden müssen. Haben Sie etwas getan, was sie beleidigt hat? Finden Sie heraus, was es war. Hat sie irgendwelche Kriterien, die Sie noch nicht erfüllt haben? Wenn ja, überlegen Sie, wie Sie sie erfüllen könnten. Sieht sie in Ihnen »nur einen guten Freund«? Es kann sein, dass Sie noch mehr Zeit brauchen und noch mehr Dates nötig sind, um ihre Meinung zu ändern.

Ihre spontane Reaktion wird sein, Ausreden dafür vorzubringen, weshalb Sie es nicht gewagt haben. Wir wollen sie nicht hören. Machen Sie sich nicht selbst fertig, sondern lernen Sie aus der Erfahrung. Lesen Sie dieses Buch noch einmal und wagen Sie noch einen Versuch. Vereinbaren Sie mit ihr noch ein Verführungs-Date oder noch ein Schnupper-Date und ziehen Sie es diesmal durch.

Sie war nicht bereit. Es kann sein, dass sie noch nicht bereit war, als Sie den Test mit dem ersten Kuss gemacht haben. Vielleicht haben Sie keine romantischen Gefühle und Situationen erzeugt. In diesem Fall war es richtig, dass Sie nicht versucht haben, sie zu küssen. Wenn Sie alles wie nach dem Lehrbuch gemacht haben, kann es sein, dass sie einfach noch nicht bereit war oder noch nicht scharf auf Sie war. Manchmal hat eine Frau einfach einen schlechten Tag oder ist so sehr in ihrer eigenen Welt befangen, dass sie keine Lust auf Sex hat (oder Ihnen nicht näher kommen will). Es kann sein, dass sie einen festen Freund sucht und nicht zu schnell vorgehen will. Es ist in Ordnung, wenn das geschieht. Lernen Sie einfach so viel wie möglich aus dem Date. Arrangieren Sie entweder noch ein neues Verführungs-Date oder wiederholen Sie das Schnupper-Date.

Sie hat Ihnen gesagt, dass sie einen Freund hat. Viele Männer beenden ihre Verführung, wenn eine Frau sagt, dass sie einen Freund hat oder sich mit jemandem trifft. Das ist nicht immer die vernünftigste Reaktion – und auch nicht immer die, die sie sich wünscht. Man darf wohl fragen: »Wenn sie einen Freund hat, warum geht sie mit mir aus?« Es gibt mehrere mögliche Antworten. Eine ist, dass viele Frauen mit ihrem Freund zusammenbleiben, bis sie etwas Besseres finden. Wenn Sie zeigen können, dass Sie »etwas Besseres« sind, können Sie leicht ihr Liebhaber werden.

Andere Frauen führen offene Beziehungen oder gehen regelmäßig fremd. Wieder andere sagen, dass sie einen Freund haben, weil sie Angst haben, sich mit Ihnen einzulassen – oder sie haben entschieden, dass sie Sie nicht brauchen, und suchen eine Ausrede.

Nur Sie selbst können entscheiden, ob Ihre Integrität es zulässt, mit solch einer Frau Sex zu haben. Manche Männer brauchen einen klaren Hinweis, dass die Frau Single und noch zu haben ist, bevor sie guten Gewissens Sex mit ihr haben können. Andere glauben, dass jede Frau erlaubt ist. Todd schläft mit jeder willigen Frau, die er begehrt, ob sie einen Freund hat oder nicht. »Wenn er nicht weiß, was seine Freundin macht, ist das nicht mein Problem«, erklärt er. Sie müssen ganz allein entscheiden, ob es für Sie moralisch hinnehmbar ist, mit einer vergebenen Frau zu schlafen.

Wollen Sie mit einer Frau schlafen, die schon eine Beziehung hat, sollten Sie die Risiken abwägen. Was hat sie für einen Freund? Wird er Sie vielleicht angreifen, wenn er merkt, was Sie vorhaben? Ist er bei der Polizei oder in einer Gang? Ist er wegen Körperverletzung vorbestraft? Ihre erste Sorge gilt Ihrer körperlichen Gesundheit: Egal, wie sexy sie ist und wie sehr sie Sie mögen – ein Abend Sex ist keine Körperverletzung oder andere Probleme wert.

Wenn Ihnen eine Frau sagt, dass sie eine Beziehung oder einen festen Freund hat, gehen Sie nicht darauf ein und fragen Sie sie nicht direkt danach. Nehmen Sie es einfach zur Kenntnis und setzen Sie Ihre Verführung fort. Fragen Sie etwas später, ob sie jemals mit einem wirklich eifersüchtigen Mann zusammen war oder einen Ex-Freund hatte, der mit ihren neuen Beziehungen nicht klarkam. Wenn Sie über einen gemeinsamen Freund herausfinden können, was er tut oder wie er ist, tun Sie das auf jeden Fall. Wenn er keine unmittelbare Gefahr bedeutet, richten Sie sich nach Ihrem Gewissen.

Sie haben die sieben Gewohnheiten eines Topverführers nicht befolgt. Das ist eine Art Nachlässigkeit oder Trägheit; die Aufgabe ist aber so einfach, dass es sich lohnt, die sieben Gewohnheiten noch einmal durchzugehen. Erinnern wir uns zum Zweck der Wiederholung daran:

Ein Topverführer ...

- verfolgt ständig seine Ziele
- weiß, dass Zurückweisungen der Schlüssel zum sexuellen Erfolg sind
- hat immer mehrere Eisen im Feuer
- sucht immer neue Chancen
- handelt immer ergebnisorientiert
- behält sein Leben selbst im Griff
- bettelt nie um Sex
- ist niemals Therapeut, Vertrauensperson oder Kumpel einer Frau
- ist immer bereit, eine Verführung abzubrechen und eine Frau stehen zu lassen
- erweckt den Eindruck, dass eine Romanze keine Mühe macht

Wenn Sie eine dieser Gewohnheiten brechen, werden Sie träge; dadurch wird es viel unwahrscheinlicher, dass Ihre Date-Partnerin Sie begehren wird und küssen will. Es wird auch unwahrscheinlich, dass Sie überhaupt versuchen, sie zu küssen, weil Sie einfach das Gefühl haben, dass es nicht an der Zeit ist. Wenn Sie merken, dass Sie eine dieser Gewohnheiten schleifen lassen, müssen Sie das zweite Kapitel noch einmal lesen und sich fest vornehmen, diese Prinzipien und Praktiken in den Mittelpunkt zu stellen.

Wie soll es weitergehen? Sie sind gefragt!

Nach dem Verführungs-Date ist Ihr Kurs eindeutig. Zuerst müssen Sie dafür sorgen, dass das Date ein Erfolg ist. Indem Sie etwas finden, was Sie daraus gelernt haben, sorgen Sie dafür, dass jede Erfahrung, die Sie mit einer Frau machen, ein Erfolg ist und jede Erfahrung Sie Ihrem endgültigen Ziel eines üppigen Sexlebens näherbringt.

Dann müssen Sie entscheiden, wohin Sie Ihre nächste Interaktion mit dieser Frau lenken wollen. Wollen Sie ihr weiterhin den Hof machen? Sehen Sie in ihr eine potenzielle kurzfristige Beziehung? Oder wollen Sie sie ganz loswerden? Wenngleich es oft schwer zu sagen ist, ob eine Frau für eine langfristige Beziehung infrage kommt, kann man oft sehr leicht erkennen, dass das nicht der Fall ist. Wenn Sie einen Fehler hat, der Sie wirklich abschreckt, sollten Sie dem sofort ins Auge sehen, um sich nicht zu sehr mit einer Frau einzulassen, die Ihnen später nichts als Probleme und Leiden beschert. Im nächsten Kapitel geben wir nützliche Hinweise darüber, wie man entscheidet, ob es sich lohnt, eine Frau zu halten.

Dann müssen Sie Ihre Investitionen pflegen, die Sie für sie aufgewendet haben – denn sonst besteht die Gefahr, dass all die guten Gefühle, die Sie erzeugt haben, Ihnen entgleiten. Beziehungspflege zeigt ihr, dass Sie an sie denken, Zeit und Mühe für Ihre Beziehung einsetzen und ein produktiver und kreativer Mann sind. Das Geheimnis guter Beziehungspflege besteht darin, dass Sie in Ihrem Terminkalender Zeit für kleine Dinge einplanen, die Sie für sie tun können, um die Bekanntschaft zu pflegen. Diese Zeit können Sie investieren, um das nächste Date zu entwerfen, ihr Liebesbotschaften und -gedichte zu schreiben, romantische E-Mails für sie zu komponieren, ihr Blumen zu kaufen oder lustige kleine Geschenke auszuwählen und einzupacken. Vergessen Sie aber nicht, das Muster Ihrer Zuwendungen und Überraschungen variabel zu gestalten. Wenn es zu regelmäßig ausfällt, wird sie beginnen, es zu erwarten. Es wird ihr nicht mehr das Gefühl geben, etwas Besonderes zu sein.

Zuletzt müssen Sie den nächsten Schritt Ihrer Verführung planen und das nächste Verführungs-Date entwerfen. Zu diesem Zweck müssen Sie bestimmen, wie weit Sie bis jetzt schon gekommen sind. Haben Sie sie geküsst? Geküsst und geschmust? Geküsst und Sex gehabt? Versucht, sie zu küssen und sich eine Zurückweisung eingehandelt? Oder gar nicht erst versucht, sie zu küssen? Nachdem Sie Ihr Ergebnis ausgewertet haben, gestalten Sie Ihr nächstes Date so, dass Sie mögliche Hindernisse überwinden und Ihre Verführung voranbringen. Wenn Sie diese Schritte befolgen, können Sie sicher sein, dass Ihre Bekanntschaft mit dieser Frau lebendig bleibt und gedeiht.

bleiben Sie **am Ball**!

Trennung

leicht
gemacht

Nach sechs Dates und ein paar heißen Sexsessions mit Belinda beschloss Bruce, dass er bereit für eine neue Beziehung war. Obwohl sie gut miteinander auskamen und er sie attraktiv fand, wusste er, dass er für eine feste Beziehung noch lange nicht bereit war. Nach dieser Entscheidung wartete Bruce ein paar Tage, bevor er sie anrief. In dieser Zeit durchlief er die Skala der Gefühle: Schuld, Trauer, Reue, alles. Schließlich beschloss er, sie anzurufen und sich von ihr zu trennen. »Habe ich etwas falsch gemacht?«, fragte sie. »Überhaupt nicht«, sagte er. »Ich mag dich wirklich. Ich habe dir von Anfang an gesagt, dass ich keine feste Beziehung wollte. Wenn wir weitermachen, wird sich wahrscheinlich mehr daraus entwickeln. Ich dachte, es ist einfacher, jetzt Schluss zu machen, anstatt uns das gebrochene Herz für später aufzusparen.« Sie begann zu weinen.

Bruce versuchte, sie zu trösten, und fühlte sich dann allmählich schuldig. Er begann, seine Entscheidung zu bereuen und seine Gründe infrage zu stellen. Aber dann erinnerte er sich daran, weshalb es nicht funktionieren konnte, und dass es am Ende nur noch schlimmer werden würde, wenn er es jetzt nicht durchzog. »Du bist ein Schatz gewesen, Belinda. Ich schätze die Zeit, die wir gemeinsam verbracht haben. Ich habe viel von dir gelernt und glaube, dass du etwas ganz Besonderes bist. Ich kann einfach nicht mehr weitermachen«, sagte Bruce. Sie redeten noch einige Minuten; schließlich beendete Bruce das Gespräch. »Es tut mir leid, Belinda, aber ich muss gehen. Gibt es jemand anders, mit dem du darüber reden kannst, wie verletzt du bist?« Belinda beschloss, bei ihrer Schwester zu übernachten, und sie verabredeten, dass sie bald wieder miteinander reden würden.

Inzwischen war Bob drei Monate lang mit Shirley ausgegangen. Sie hatten zwei oder drei Nächte pro Woche miteinander verbracht und noch mehr Zeit am Wochenende. Er war nie sonderlich an ihr interessiert gewesen, aber ging weiterhin mit ihr aus, um etwas zu tun zu haben, bis er einer attraktiveren Frau begegnete. Bob fand, dass es besser war, seine Zeit mit irgendeiner Frau zu verbringen, als allein zu sein. Eines Nachts, nachdem sie gestritten hatten, entschied Bob, dass es endlich Zeit war, Schluss zu machen. Am nächsten Abend, als er in ihrer Wohnung herumhing, sagte Bob ihr, dass Schluss sei. Sie war sehr verletzt. Seine Ankündigung kam aus heiterem Himmel und traf sie völlig unvorbereitet.

»Was funktioniert denn nicht in unserer Beziehung?«, fragte sie.

»Das ganze verdammte Ding ist einfach scheiße«, antwortete Bob.

»Können wir nicht darüber reden, Bob? Ich mag dich wirklich und will an unserer Beziehung arbeiten.«

Bob antwortete: »Wir hatten niemals eine Beziehung, Shirley. Wir hatten ein paar schöne Zeiten und etwas heißen Sex.«

Sie begann zu weinen. Er tat nichts, um sie zu trösten. »Hör auf zu weinen, das ist doch kein Weltuntergang. Du bist so verdammt emotional. Warum weinst du immer, wenn es mal schwer wird? Das ist auch ein Grund, weshalb ich Schluss machen will«, sagte er ihr.

»Das ist vielleicht für dich einfach, Bob, aber ich bin sehr verletzt. Ich empfinde sehr viel für dich. Ich dachte, zwischen uns wäre etwas Besonderes. Ich habe mich auf dich verlassen. Aber jetzt wirfst du das alles weg.«

»Warum diskutierst du mit mir, Shirley? Du bist einfach zu anspruchsvoll. Ich brauche meine Freiheit. Es ist Schluss, mehr ist dazu nicht zu sagen.« Bob stand auf, nahm seinen Mantel und ging ohne ein weiteres Wort.

Für einen erfolgreichen Verführer ist die Trennung eine der schwierigsten Aufgaben. Je mehr Erfolg Sie als Verführer haben, desto häufiger werden Sie in dieser Lage sein. Es ist selten einfach, eine Beziehung zu beenden, egal wie behutsam man vorgeht. Wenn man kein herzloser Rüpel ist, werden normalerweise beide Seiten darüber unglücklich sein. Trennungen erinnern Sie daran, dass Sie es mit einer lebendigen Frau zu tun haben, die Gefühle hat. Es ist wichtig zu lernen, wie man eine Beziehung so schonend wie möglich beendet und gleichzeitig sich selbst gegenüber ehrlich bleibt.

Wie immer machte Bob Dutzende von Fehlern, als er mit Shirley Schluss machte. Erstens war er unnötig verletzend. Dann war er – aus Gedankenlosigkeit – nicht in der Lage, damit umzugehen, dass die Trennung sie verletzte; er machte die Sache dadurch noch schlimmer, dass er ihre Hilfeschreie ignorierte. Er stürmte auch aus ihrer Wohnung und ließ sie in Tränen zurück. Das wird ihn später heimsuchen. Vor allem aber versäumte er es, die nötige Vorarbeit zu leisten, um die Trennung für sie einfacher zu machen.

Insgesamt nahm Bob nicht zur Kenntnis, dass die meisten Frauen eine Beziehung sehr wohl ernst nehmen und verletzt sind, wenn ein Mann plötzlich und ohne gegenseitige Absprache Schluss macht. Wenn man drei Monate lang miteinander ausgeht, bedeutet das eigentlich, dass man eine Beziehung hat. Das erfordert mehr als ein kurzes Gespräch, um Schluss zu machen.

Shirley hatte vermutet, dass Bob so viel Zeit mit ihr verbrachte, weil er an einer Beziehung ernsthaft interessiert war. Sie nahm an, dass er ihr fester Freund sein und mit ihr eine gemeinsame Zukunft aufbauen wollte. Warum sollte – aus ihrer Sicht – ein Mann so viel Zeit mit einer Frau verbringen? Er hinterlässt sie verwirrt und mit einem gebrochenen Herzen.

Obwohl Belinda verletzt ist, als Bruce Schluss macht, ist sie nicht überrascht. Tatsächlich hat sie es schon ein paar Wochen vorher kommen sehen. Bruce hatte ihr die ganze Zeit gesagt, dass er keine feste Freundin wollte. Er wollte nur eine gelegentliche Verabredung. Als er schließlich die Trennung einleitete, machte er ihr bewusst Komplimente und zeigte seine Wertschätzung für ihre gemeinsame Zeit. Er baute Belinda auf und versicherte ihr, dass sie nichts falsch gemacht hatte. Zugleich diskutierte er nicht mit ihr und ließ sich auch nicht verunsichern, als sie zu weinen begann. Bruce hat eine Strategie ausgearbeitet, um Trennungen möglichst schonend durchzuführen. Trotzdem bildete er sich nicht ein, dass es für sie einfach werden würde. Er war bereit, alle Unannehmlichkeiten zu ertragen, die auf ihn zukamen, und die Folgen seiner Entscheidungen zu tragen. Obwohl er Gewissensbisse hatte, blieb er seiner Sache treu und konnte die Reue und die lähmenden Gedanken ignorieren.

Während er mit Belinda redete, fragte er sich ständig, was er tun könnte, um die Konversation und die Trennung für sie leichter zu machen. Indem er sie etwa fragte, ob es jemand anders gab, mit dem sie reden konnte, sorgte Bruce dafür, dass sie nicht allein sein würde. Wieder einmal kümmerte er sich um sie.

Einige Wochen nach der Trennung steht Bruce noch immer mit Belinda in Kontakt. Sie einigen sich darauf, auf Dates und Sex zu verzichten, aber Freunde zu bleiben. Bruce geht davon aus, dass es besser ist, eine neue befreundete Bekannte zu haben, als einen neuen Feind. Indem er ihr den Raum gibt, verletzt zu sein, zu weinen und ihre Gefühle auszudrücken, sorgt Bruce dafür, dass sie Freunde bleiben. Da er so gut geschult ist, macht sich Bruce selten Feinde, wenn er sich von Frauen trennt.

Wenn Sie alle Phasen einer Romanze durchlaufen haben – von der ersten Begegnung und dem ersten Flirt bis hin zum Date und der Verführung – werden Sie sich wahrscheinlich fragen, ob Sie mit der Frau zusammenbleiben sollen, die Sie verführt haben, oder ob Sie weiterziehen sollten. Dieses Kapitel zeigt Ihnen, wie Sie entscheiden können, ob eine neue Beziehung funktioniert oder nicht. Von da aus können Sie eine Trennung planen, die möglichst einfühlsam und einfach umzusetzen ist.

Feste Beziehung oder nicht?

Wir haben die Erfahrung gemacht, dass die meisten Männer irgendwann eine langfristige Beziehung wünschen. Entgegen der populären Meinung kann solch ein Bedürfnis aber nicht erzwungen werden. Es kann sich nur von selbst einstellen, wenn die Zeit reif ist. Ob Sie eine Beziehung oder einen One-Night-Stand wünschen – wir unterstützen Sie und sind entschlossen, Ihnen durch die Informationen in diesem Buch genau das zu geben, was Sie wollen.

Bruce weiß, dass er für eine Beziehung noch nicht bereit ist. Ihm genügen Dates und Flirts. Er war Frauen gegenüber unsicher und traute sich nicht zu flirten, aber nun ist er auf dem Weg, ein Meister der Verführung zu werden. Er war an Wochenenden immer allein, aber jetzt hat er mehr Dates, als er einhalten kann. Er lebt sein Traumleben und »sammelt Erfolge« bei Frauen.

In der Vergangenheit hatte auch Daniel Frauen nur für Dates gesucht. Er wollte sich nicht binden. Seit er in den vergangenen zwei

Jahren unseren Stoff studiert hat, hat er sich von einem schüchternen Waschlappen in einen Profi verwandelt und arbeitet immer an verschiedenen Frauen gleichzeitig, mit denen er ausgeht. Irgendwann hatte Daniel genug von Dates und beschloss, eine feste Beziehung mit einer Frau einzugehen. Dafür war er erst bereit, nachdem er kurzfristige Beziehungen gemeistert hatte: »Erst als ich wusste, dass ich mit vielen Frauen schlafen konnte, konnte ich mir eine Beziehung vorstellen. Wenn ich nicht gewartet und mich an die erste Frau gebunden hätte, die ich interessant fand, wäre es nur irgendeine erfolglose Beziehung gewesen. Ich hätte genommen, was sich ergab, ohne eine echte Wahl zu haben«, sagte er.

Bruce und Daniel wissen genau, was sie von einer Frau erwarten. Bruce will weiterhin Dates haben, wohingegen Daniel mit einer festen Beziehung zufrieden ist. Wenn es Ihnen wie Daniel geht und Sie sich ernsthaft eine feste Beziehung wünschen, lesen Sie das nächste Kapitel: Es konzentriert sich darauf, wie man eine Beziehung in Gang hält. Wenn Sie bereit für eine Trennung sind (oder eine Trennung in der Zukunft vorhersehen), lesen Sie hier weiter.

Sie wollen also ein Profi sein …

Egal, wie oft wir es erwähnen, manche Männer wissen nicht, was sie in einer Beziehung wollen. Wenn Sie zu dieser Sorte gehören, liegt das daran, dass Sie sich noch nicht zwischen Dates und einer festen Beziehung entschieden haben. Doch Unentschlossenheit lähmt. Wenn Sie nicht entscheiden können, werden Sie wahrscheinlich von einer Frau zur nächsten springen und nicht die nötige Arbeit der Verführung leisten. Gleichzeitig werden Sie nicht bereit sein, die Arbeit zu leisten, die eine feste Beziehung fordert. Unentschiedenheit führt in beiden Hinsichten zu Misserfolgen.

Wir fragen also noch einmal: Was wollen Sie? Eine entschlossene, glückliche, erotische Beziehung oder einen Harem junger Nymphen? Wir empfehlen, dass Sie zunächst prüfen, ob eine Frau die Eigenschaften und

Merkmale hat, die Sie sich wünschen, bevor Sie sich endgültig für sie entscheiden. Wir verlangen von allen unseren Schülern eine Liste der Bedingungen, die sie an eine Frau stellen. Die Erstellung dieser Liste ist aus verschiedenen Gründen von entscheidender Bedeutung. Wenn Sie nicht genau wissen, was Sie suchen, werden Sie sehr wahrscheinlich mit einer Frau zusammen sein, die für Sie nicht die richtige ist. Dementsprechend wird die Beziehung scheitern. Schlimmer noch: Sie werden mit jemandem zusammen sein, mit dem Sie sich nicht wirklich verstehen. Das wird in der Beziehung zu ständigen Spannungen führen.

Die meisten Männer sind im Hinblick auf ihre Wünsche und Erwartungen unentschieden. Sie lassen sich auf Beziehungen ein, verhalten sich aber, als wenn es ungewollt geschehen wäre. Man sollte glauben, dass sich die Beziehung eines Tages auf geheimnisvolle Weise einfach von selbst ergeben hätte. Würden sie sich genauso verhalten, wenn sie ein Auto kaufen würden? Wir wetten, dass die meisten Männer ein viel höheres Maß an Sorgfalt aufwenden, wenn sie ein Auto auswählen und kaufen, als wenn sie die richtige Frau fürs Leben auswählen. Tatsächlich wissen die meisten Männer genau, was sie von einem Auto wollen und erwarten.

Hier sind die Kriterien, die Simon nennt:

- Es darf nicht mehr als 25 000 Euro kosten.
- Es muss mindestens sechs Zylinder oder einen V-8-Motor haben.
- Es muss eine Knüppelschaltung haben.
- Es muss Allradantrieb haben.
- Es muss Airbags haben.
- Es muss schwarz sein.
- Es muss in Frankreich gebaut sein.
- Es muss ABS haben.

Es gibt auch ein paar Bedingungen, die aus seiner Sicht nicht unbedingt notwendig sind, aber wünschenswert wären.

- Toll wäre ein Schiebedach.
- Toll wäre eine geile Stereoanlage.
- Toll wären automatische Fensterheber.
- Toll wäre ein Tempomat.

Die wenigsten Männer nehmen sich die Zeit zu überlegen, was sie von einer Frau erwarten. Vielleicht haben Sie mit Frauen geflirtet, die Ihnen optisch aufgefallen sind, oder Sie sind dauerhaft mit Frauen ausgegangen, weil Sie sich aus Angst und Gewissensbissen nicht zu einer Trennung überwinden konnten. Wenn Sie eine Liste von Bedingungen für die Wahl aufstellen, können Sie viel deutlicher erkennen, was Sie wirklich wollen. Bedenken Sie aber: Es wird schwieriger sein zu entscheiden, welche Bedingungen eine Frau erfüllen soll, als zu entscheiden, was Sie von einem Auto erwarten. Der Aufwand lohnt sich aber – er kann einen gewaltigen Unterschied für Ihr Leben machen.

Befolgen Sie die folgenden Schritte, um Ihre Liste zu erstellen:

- Nehmen Sie sich mindestens 15 Minuten Zeit.
- Beginnen Sie, die Eigenschaften aufzulisten, die eine Frau haben soll, mit der Sie potenziell eine feste Beziehung haben wollen. Zensieren Sie sich nicht selbst. Beginnen Sie zu schreiben und lassen Sie den Ideen freien Lauf. Wenn Sie nicht weiter kommen, notieren Sie die Eigenschaften, die eine Frau nicht haben soll.

So finden Sie die richtige Richtung

Joes Liste

- Sie muss attraktiv auf mich wirken.
- Sie muss kleiner sein als ich.
- Sie muss Science-Fiction-Filme mögen.
- Sie muss pünktlich sein.
- Sie muss Kinder haben wollen.
- Sie muss lange, blonde Haare haben.
- Sie muss ein Fußball-Fan sein.
- Sie muss emotional ausgeglichen sein.
- Sie muss bereit sein, Meinungsverschiedenheiten im Gespräch auszuräumen.
- Sie muss einen Sinn für Spiritualität haben.
- Sie muss mich lieben und nett sein.
- Sie muss kochen können.
- Sie muss coole Freunde haben.
- Sie muss mindestens zweimal die Woche Lust auf Sex haben.
- Sie muss gerne oralen Sex gewähren.
- Sie darf nicht sauer sein, wenn ich rülpse.
- Sie muss gerne verreisen.
- Sie muss einen sicheren Job haben.
- Sie muss Jazz mögen.
- Wir müssen die gleiche politische Meinung haben.
- Sie muss intelligent sein.
- Sie muss gerne Bier trinken.

Nun, da Sie die Liste haben, setzen Sie Prioritäten. Gehen Sie die Liste durch und notieren Sie, welche davon flexibel oder notwendig sind. Vergessen Sie nicht, dass es um Eigenschaften und Bedingungen für eine langfristige Beziehung geht. Die Betonung liegt auf langfristig. Wenn Sie die Dinge auf lange Sicht betrachten, treten unwichtige Eigenschaften zurück, wie etwa Musikgeschmack oder Biergenuss. Als Faustregel gilt: Je kürzer die Bekanntschaft, desto wichtiger die oberflächlichen Eigenschaften. Hier ist Joes überarbeitete Liste. Er hat die Eigenschaften in drei Kategorien unterteilt: Eigenschaften, bei denen er keine Abstriche macht, Eigenschaften, bei denen er gewisse Zugeständnisse machen will und Eigenschaften, die wünschenswert wären, aber nicht notwendig sind.

Was sie haben muss

- Ich muss sie attraktiv finden.
- Sie muss irgendwann Kinder wollen.
- Sie muss emotional relativ ausgeglichen sein.
- Sie muss intelligent sein.
- Sie muss mindestens zweimal pro Woche Sex haben wollen.
- Sie muss bereit sein, Probleme im Gespräch auszuräumen.
- Sie muss einen Sinn für Spiritualität haben.
- Sie muss mich lieben und nett sein.

Relativ flexibel / wäre wünschenswert

- Sie muss kochen können.
- Sie muss coole Freunde haben.
- Wir müssen die gleiche politische Meinung haben.
- Sie darf nicht wütend sein, wen ich rülpse.
- Sie muss gerne verreisen.
- Sie muss kleiner sein als ich.

- Sie muss pünktlich sein.
- Sie muss Science-Fiction-Filme mögen.
- Sie muss einen sicheren Job haben.
- Sie muss gerne oralen Sex gewähren.

Noch unwichtiger / spielt keine entscheidende Rolle

- Sie muss Jazz mögen.
- Sie muss lange, blonde Haare haben.
- Sie muss ein Fußballfan sein.
- Sie muss gerne Bier trinken.

Nun, da Joe eine Liste hat, kann er eine entsprechende Frau auswählen. Er kann unmittelbar erkennen, ob er und seine potenzielle Partnerin im Hinblick auf diese Qualitäten kompatibel sind. Leute wie Joe neigen dazu, eine feste Beziehung um jeden Preis zu vermeiden, und suchen Gründe, die aus der Luft gegriffen sind, um sich nicht zu binden. Indem Sie deutlich machen, was Sie wollen, wird es Ihnen leichter fallen, ambivalente Gefühle zu überwinden. Am Ende werden Sie etwas Konkretes haben, woran Sie eine Frau messen können, und müssen sich nicht von spontanen Gefühlen, Gedanken und Meinungen leiten lassen.

Trennung – warum?

»Man muss wissen, wann man sie hält, wann man sie hinwirft, wann man aufhört und wann man die Beine in die Hand nehmen muss.« Dieser abgedroschene Liedtext gilt nicht nur für das Kartenspiel – er gibt auch eine klare Anweisung für Dates. Es ist wichtig zu wissen, wann man eine Frau hält, wann man Schluss machen sollte und wie man es tut. Es kann kom-

pliziert sein, eine Beziehung abzubrechen. Schlechte Beziehungen sind ähnlich wie alte Autos. Sie werden immer schlechter und müssen ständig repariert werden. An einem bestimmten Punkt ist es sinnvoller, das Fahrzeug zu verschrotten und ein neues zu kaufen. Die andere Alternative besteht in regelmäßiger Wartung, sodass es gar nicht erst verkommt. Wenn Sie bereit sind, die Arbeit zu leisten, die nötig ist, um das Auto langfristig in Schuss zu halten, und entsprechend viel Geld und Zeit dafür aufwenden, kann es endlos laufen.

Als Faustregel gilt: Je länger Sie mit einer Frau ausgehen, desto schwieriger und schmerzhafter die Trennung. Je umfassender Sie einander kennenlernen, desto höher die Investition und desto größer der Verlust im Fall einer Trennung. Wir haben eine Methode entwickelt, um das Maß Ihrer Bindung festzustellen. Diese Methode bestimmt das Maß Ihrer Bindung und das voraussichtliche Maß des Trennungsschmerzes auf einer Skala von acht Stufen. Beginnen Sie mit Ihrem gegenwärtigen Stand auf der Skala der Bindungsstärke.

Die acht Grade der Bindungsstärke

1. Der One-Night-Stand

One-Night-Stands sind zeitlos populär. Die meisten Frauen, die nur an einer Nacht interessiert sind, suchen auch nicht viel mehr. Es besteht auf keiner Seite eine Investition in die Beziehung. Die Erfahrung war wahrscheinlich für Sie beide rein sexuell. Ein One-Night-Stand erfordert keine Erklärungen. Man beendet die Bekanntschaft am besten dadurch, dass man nicht mehr anruft – oder man ruft am folgenden Tag an, um sich zu bedanken (und danach nicht mehr). Die meisten Frauen erwarten, dass man sich meldet, nachdem man Sex gehabt hat. Wenn man das nicht tut, wird die Chance auf eine Beziehung nicht nur kleiner, sondern sie wird ganz gestrichen. Eine Frau für eine Nacht wird Sie wohl irgendwie gern haben, aber nicht am Boden zerstört sein, wenn sie Sie nie wiedersieht.

2. Kurze Bekanntschaft

Unter einer Bekanntschaft verstehen wir, dass Sie eine Frau eben erst kennengelernt haben oder erst ein paar Dates mit ihr hatten. Im Unterschied zum One-Night-Stand geht es bei einer solchen Bekanntschaft nicht vorrangig um Sex: Man investiert mehr Zeit in Gespräche, um sich näher kennenzulernen. Nach ein oder zwei Treffen haben Sie bereits geringfügig in die Beziehung investiert. Es ist noch nicht genug Zeit vergangen, als dass die Frau nach Ihnen verrückt sein könnte. Wir empfehlen die gleiche Strategie wie für einen One-Night-Stand. Es wird wahrscheinlich ausreichen, wenn Sie einfach nicht zurückrufen. Wenn das nicht ausreicht, wird ein kurzes Gespräch genügen, um die Sache zu klären. Wie bei jedem Trennungsgespräch ist Einfühlungsvermögen erforderlich. Ein unwirscher Ton wird sie nur verletzen und die Situation verlängern.

3. Drei bis vier Dates in den vergangenen paar Wochen

Wenn Sie mit einer Frau bereits drei bis vier Dates hatten, wird sie Sie definitiv mögen. Weshalb sollte sie sonst soviel Zeit mit Ihnen verbringen? Nach ein paar Verabredungen liegt der Grad der Zuneigung wahrscheinlich irgendwo zwischen zwei Polen: Man findet sich einerseits süß und interessant und will sich andererseits gegenseitig die Kleider vom Leib reißen und ins Bett springen.

Hier ist ein persönliches Trennungsgespräch angemessen. Zu diesem Zeitpunkt hat sie bereits angefangen, Sie als ihren potenziellen festen Freund zu betrachten. Wenn Sie bereits Sex hatten, wird es entsprechend schwerer sein, sich von ihr zu lösen. Am einfachsten ist es, wenn Sie ehrlich sagen, weshalb Sie nicht mit ihr zusammen sein wollen. Gleichzeitig ist es ratsam, diplomatisch zu bleiben und ihr keine Einzelheiten zu sagen, die sie als Grobheit interpretieren könnte.

4. Sie haben ein paarmal mit ihr geschlafen und festgestellt, dass sie problematisch ist

Wir haben bereits über Problem-Frauen gesprochen - über klassische Psychos, die potenzielle Stalkerinnen sind - gewalttätig, grausam, hyper-emotional und rundum schwierig. Vielleicht sind ihre Psycho-Eigenschaften Ihnen nicht sofort aufgefallen, aber sie sind bei Gesprächen oder beim Sex deutlich geworden. Vielleicht waren Sie von ihrer Schönheit so hingerissen, dass Sie unsere Warnungen in den Wind geblasen haben. Auf jeden Fall ist es wichtig, sich von solch einer Frau so schnell wie möglich zu trennen. Je länger Sie mit einer Problem-Frau zusammen sind, desto schwieriger wird es, sich zu trennen, und desto mehr Schwierigkeiten kommen auf Sie zu.

Eine Trennung von einer solchen Frau könnte sich mühsam gestalten. Sehr wahrscheinlich wird sie stark emotional reagieren. Es ist wichtig, dass Sie auf Ihre Sicherheit achten – Psychos können nämlich gewalttätig werden. Am besten sagen Sie einfach, dass Sie für eine feste Beziehung noch nicht bereit sind oder dass Sie ihr nicht geben können, was sie von einem Mann erwartet. Sie können ihr auf keinen Fall sagen, dass sie ein Psycho ist – oder irgendetwas anderes, was man als Gemeinheit missverstehen könnte. Seien Sie vorsichtig und versuchen Sie, so sanft wie möglich zu sein.

5. Sie ist eine Partnerin für gelegentlichen Sex

Eine Frau, die Sex mit Ihnen hat, ohne eine feste Bindung zu wollen, ist wunderbar. Überlegen Sie zuerst, weshalb Sie die Beziehung überhaupt auflösen wollen. Wenn Sie es darauf abgesehen haben, mit vielen Frauen gleichzeitig auszugehen, passt eine solche Bekanntschaft perfekt dazu. Sie ist die ideale Ergänzung eines Harems. Wenn sie der Typ ist, der sich mit gelegentlichen Dates begnügt, fragen Sie sich zuerst, weshalb Sie sie loswerden wollen. Was könnte besser sein als eine Frau, die bereit ist, mit Ihnen gelegentlich zu schlafen, ohne eine enge Beziehung zu erwarten?

Ein möglicher Grund für eine Trennung ist, dass sie nach einer Phase gelegentlicher Dates allmählich mehr verlangt. Zunächst hat es funktioniert, sich gelegentlich zum Sex zu treffen, aber jetzt will sie plötzlich etwas Ernstes. Sie möchten aber, dass die Beziehung locker bleibt. Ein anderer möglicher Grund besteht darin, dass Sie eine andere Frau kennengelernt haben und eine feste Beziehung führen möchten. In diesem Fall muss der Partner für Gelegenheitssex gehen. Ein einfacher Anruf oder ein persönliches Gespräch werden wahrscheinlich genügen. Bleiben Sie einfach ehrlich, dann fällt die Trennung leicht. Sie wird Sie verstehen und Ihnen vielleicht sogar zu Ihrer neuen Eroberung gratulieren.

6. Regelmäßige Dates seit einem Monat (oder weniger)

Ein Monat ist ungefähr die Zeit, nachdem es ernst wird. Erstens: Warum wollen Sie sich trennen? Was genau funktioniert nicht? Klären Sie die Einzelheiten vor dem Trennungsgespräch. Wir empfehlen ein Gespräch unter vier Augen. Die beste Möglichkeit, dieser Situation auszuweichen, besteht darin, von Anfang an klarzustellen, dass Sie keine feste Freundin suchen.

7. Regelmäßige Dates seit über einem Monat

Wenn Sie mit einer Frau länger als einen Monat ausgehen, geraten Sie in das schwierige Gewässer einer festen Beziehung. Offensichtlich mag sie Sie – andernfalls wäre sie nicht so lange mit Ihnen ausgegangen. Nachdem Sie so lange zusammen gewesen sind, sollte der Trennungsprozess über einige Wochen hingezogen werden. Erledigen Sie zuerst die Vorarbeiten, die wir später in diesem Kapitel erläutern werden. Zweitens: Planen Sie eine Phase von mehreren Trennungsgesprächen, anstatt es einfach in einem Aufwasch zu machen. Seien Sie ehrlich, taktvoll und übernehmen Sie Verantwortung für die Reaktion der Frau. Es wird wahrscheinlich mehrere Gespräche erfordern, um alles auszubügeln und die Trennung über die Bühne zu bringen.

8. Regelmäßige Dates seit über drei Monaten

In jedem Fall gilt: Nach drei Monaten haben Sie eine Beziehung und Sie sind ihr fester Freund. Auch wenn Sie das nicht so sehen, wird sie das ganz sicher tun. In dieser Phase muss eine Trennung genau geplant werden. Sie wird wahrscheinlich verletzt sein; die Trennung sollte möglichst einige Wochen dauern.

Vorarbeit für die Trennung

Dates erfordern Vorarbeit; das gilt für die Trennung ebenfalls. Die Trennung wird leichter fallen und für Sie beide weniger schmerzhaft sein, wenn sie im Voraus geplant ist. Wenn Sie die einzelnen Schritte planen, wird alles viel glatter ablaufen. Versuchen Sie, so teilnahmsvoll wie möglich zu sein. Eine impulsive Reaktion bringt nichts.

Gehen Sie nicht länger als einen Monat mit einer Frau aus

Wir wissen, dass es hart klingt, aber nach einem Monat werden die Dinge allmählich ernst. Wenn Sie es vermeiden wollen, eine Frau zu verletzen, indem Sie die Entscheidung verschleppen, hören Sie nach einem Monat auf, sie zu treffen. Wenn Sie weitermachen, wird sie Sie als ihren Freund ansehen. Wenn sie aber die lockere Art der Beziehung zu mögen scheint und offenbar nicht mehr erwartet, führen Sie nach einem Monat ein »Beziehungsgespräch« und klären Sie Ihre zukünftigen Absichten. Je deutlicher Sie sind, desto besser. Denken Sie aber daran: Nach einem Monat besteht immer das Risiko, dass sie sich immer mehr an Sie gebunden fühlt - egal, was Sie beide gesagt haben.

Holen Sie vorher alle Ihre Sachen aus ihrer Wohnung

Mindestens eine Woche vor dem Trennungstermin müssen Sie alle Ihre Sachen aus ihrer Wohnung entfernen. Dazu zählen CDs, Kleider, Bücher und alles, was Ihnen wichtig ist. Sobald Sie getrennt sind, besteht die Gefahr, dass Ihre Sachen zerstört werden oder im Müll landen. Wenn Sie Ihre Wertsachen im Voraus in Sicherheit bringen, haben Sie ein Problem weniger, um das Sie sich kümmern müssen.

Sorgen Sie dafür, dass sie Sie nicht als einen Mann für eine langfristige Partnerschaft ansieht

Wenn Sie nicht an einer ernsten Beziehung interessiert sind, dürfen Sie ihr niemals vorlügen, dass Sie es sind. Seien Sie von Anfang an ehrlich. Wenn Sie eine Frau an der Nase herumführen und ihr sagen, dass Sie eine Freundin wollen, obwohl Sie das nicht wollen, wird die Trennung schrecklich werden, denn sie wird wahrscheinlich sehr verletzt sein. Wenn Sie lügen, werden Sie Schuldgefühle haben und sich Sorgen machen, dass sie später die Wahrheit erfährt. Lügen lohnt sich einfach nicht. Wenn Sie von Anfang an ehrlich sind, wird die Frau nicht schockiert sein, wenn Sie sie nicht mehr treffen. Sie wird die Risiken im Voraus kennen. Es ist grausam und unnötig, einer Frau in der Date-Arena mehr als nötig zuzumuten.

Planen Sie Unternehmungen mit ihr nicht lange im Voraus

Naive Männer machen mit Frauen oft Pläne, die weit in die Zukunft reichen. Das Problem ist, dass man einer Frau auf diese Weise auch vortäuscht, dass man eine langfristige Beziehung wünscht. Sie wird ihn dann als langfristigen Partner ansehen. Da die meisten Männer in Beziehungen einen Tunnelblick haben und sich nur auf die unmittelabare Zukunft konzentrieren, wird eine Frau davon ausgehen, dass ein Mann eine langfristige Beziehung führen will, wenn er sechs Monate im Voraus einen Frankreich-Urlaub oder zum Ende des Jahres eine Rundreise plant. Dementsprechend sind Sie de facto in einer festen Beziehung. Die Lösung ist einfach: Machen Sie Pläne nur für die nahe Zukunft und vermeiden Sie Kommentare zu allem, was langfristige Pläne implizieren könnte.

Scott und Donna gingen seit ein paar Monaten miteinander aus. Von Anfang an wollte er nur eine sexuelle Beziehung. Beide liebten Auslandsreisen und redeten oft über exotische Länder, die sie gerne einmal besuchen wollten. Donna ging davon aus, dass sie diese Dinge besprachen, weil er diese Orte mit ihr besuchen wollte. Scott hatte auch einmal geäußert, dass sie in den nächsten 15 Monaten Jakarta und Neuseeland besuchen sollten. Sie erzählte ihren Freunden, dass Scott sie auf eine einjährige Weltreise mitnehmen wollte. Als er die Trennung wollte, traf es Donna sehr hart. Sie war die ganze Zeit davon ausgegangen, dass sie eine lange gemeinsame Reise planten und eine Beziehung daraus hervorgehen würde. Wenn Scott sich besser vorgesehen und es vermieden hätte, langfristige Pläne zu erwähnen, wäre es viel einfacher gewesen.

Vermeiden Sie es, mit einer »kurzfristigen« Frau über langfristige Pläne zu sprechen.

Seien Sie nicht der perfekte feste Freund

Wenn wir sagen, dass Sie nicht der perfekte feste Freund sein sollen, meinen wir nicht, dass Sie – in irgendeiner Hinsicht – jemals fies, gehässig, grausam oder verletzend sein sollen. Wir sagen lediglich: Wenn Sie sich »perfekt« verhalten, indem Sie vor jedem Date Blumen kaufen, immer lieb sind, sich gut anziehen, die Frau ständig anrufen und sich insgesamt sehr um sie kümmern, dann betrachtet sie Sie als den idealen Freund. Möglicherweise verliebt sie sich in Sie. Andererseits ist es wichtig, sie respektvoll zu behandeln, freundlich und liebevoll zu sein, bei Dates zu bezahlen und alles Weitere zu tun, um charmant zu sein. Das haben wir das ganze Buch hindurch betont.

Wenn Sie sich nicht langfristig an sie binden wollen, müssen Sie sich aber bewusst machen: Je perfekter Sie sind, desto eher wünscht sich die Frau eine feste Beziehung mit Ihnen. Ist dies der Fall, wird Trennung schwerfallen. In diesem Fall empfehlen wir, Dinge zu tun, die uncool, anstößig oder gar ärgerlich sind. Wenn Sie sich trennen wollen, erhöhen Sie allmählich die Häufigkeit und Menge der Verhaltensweisen und Gewohnheiten, die sie wahrscheinlich nicht mag. Wenn Sie sich so verhalten, wie sie es nicht mag, wird es ihr leichter fallen, Sie loszulassen. Es kann sogar dazu führen, dass sie Sie loswerden will und selbst die Trennung einleitet.

Sie können sich stärker für Sport interessieren. Das wird ihr wahrscheinlich die Lust nehmen, ohne sie zu verletzen. Eine gesunde Liebe zu Zigarren ist ebenfalls sehr wirksam. Nachlässige Kleidung kann helfen, ebenso die Nicht-Verwendung eines Deodorants und gelegentliches Fluchen. Wir sind sicher, dass Ihnen noch mehr Dinge einfallen, die ihr die Lust an Ihnen verderben. Seien Sie sich dessen immer bewusst, dass die Trennung schwerer wird, wenn Sie sich perfekt verhalten … wir empfehlen aber keinesfalls, dass Sie sie beleidigen oder irgendwie gemein zu ihr sein sollen. Sie können aufhören, der perfekte Freund zu sein, indem Sie die Zahl der schönen Dinge reduzieren, die Sie tun – aber Sie müssen sich nicht gleich wie ein ausgewachsener Rüpel benehmen.

Die drei Arten, sich zu trennen

1. Einvernehmliche Trennung

Eine einvernehmliche Trennung ist die beste. Man einigt sich darauf, dass es nicht gut läuft: Sie bekommen beide nicht, was Sie brauchen und sehen beide keine gemeinsame Zukunft. Bei dieser Art von Trennung besteht die beste Chance, Freunde zu bleiben.

Nachdem sie einen Monat lang miteinander ausgegangen waren, waren weder Andreas noch Pauline zufrieden. Sie hatten angefangen zu streiten, es funkte nicht mehr, der Sex wurde langweilig und sie beide riefen nur noch aus Pflichtgefühl an. Auf einem Spaziergang gestanden sie sich gegenseitig ein, dass sie nicht mehr daran interessiert waren, miteinander auszugehen; es funktionierte einfach nicht. Indem sie sich einvernehmlich trennten, fühlten sie sich beide nicht verantwortlich oder schuldig.

2. Sie macht Schluss

Sie hat zwei Möglichkeiten, Schluss zu machen. Die nahe liegende Situation besteht darin, dass Sie mit ihr zusammen bleiben wollen – aber sie nicht: Sie werden abserviert. Sie findet etwas, was an Ihnen oder der Beziehung nicht stimmt, und macht Schluss.

Die zweite Situation besteht darin, dass der Mann Dinge tut, die die Frau dazu bringen, Schluss zu machen. Zum Beispiel hatte Hannah Robert gesagt, dass sie mit ihm Schluss machen würde, wenn er jemals mit einer anderen Frau schlafen würde. Einige Monate später tat Robert genau das und brachte sie so dazu, mit ihm Schluss zu machen. Es gibt viele andere Beispiele von Männern, die ein Tabu brachen, sodass die Frau schließlich die offizielle Trennung vorschlug. Wenn man es näher betrachtet, war der Mann derjenige, der die Trennung herbeigeführt hat.

3. Sie trennen sich von ihr

Müssen wir diese Möglichkeit auch noch erklären? Sie beschließen, dass Sie nicht mit ihr ausgehen wollen – aus welchem Grund auch immer. Dann leisten Sie die nötige Vorarbeit. Daraufhin trennen Sie sich und ertragen die Folgen Ihrer Entscheidung.

Wie wir bereits erwähnt haben, machen Männer manchmal aus Angst Schluss. Tief im Inneren wollen sie die Beziehung, aber sie haben Angst vor der Bindung. Wenn Sie aus Angst Schluss machen, sollten Sie Ihre Entscheidung überdenken und tun, was Sie können, um die Beziehung zu retten. Wenn Sie Schluss machen, weil es nicht gut läuft oder die Dinge sich in eine Richtung entwickeln, die Ihnen nicht gefällt, fassen Sie sich ein Herz und machen Sie Schluss. Nutzen Sie alle Informationen in diesem Kapitel, um diese Aufgabe leichter zu machen.

Die acht Warnsignale für eine Trennung

Wir alle sind für manche Dinge blind. Bevor er dieses Buch gelesen hatte, war es Bob nie bewusst gewesen, dass nachlässige Kleidung Frauen abstoßen könnte. Er wusste einfach nicht, dass er auch auf sein Äußeres achten musste, um Frauen zu begeistern und an sich zu binden. Männer haben in Beziehungen viele blinde Stellen. Es handelt sich um Dinge, die sie einfach nicht als Probleme (oder als potenzielle Probleme) ansehen wollen.

Oft übersehen Männer die Warnsignale, wenn eine Beziehung nicht funktioniert, oder sie ignorieren, dass eine Frau, mit der sie zusammen sind, gefährlich und psychotisch ist. Männer halten die Warnsignale für unbedeutend: Sie spielen die Möglichkeit der Gefahren und Bedrohungen herunter, die damit zusammenhängen.

Im Folgenden nennen wir Ihnen Warnsignale. Wenn Sie derzeit eines oder mehrere der folgenden Dinge erleben, sollten Sie ernsthaft erwägen, die Beziehung zu beenden. Wir hatten zu viele Schüler, die von schrecklichen Konsequenzen berichteten, nachdem sie gefährliche und verletzende Beziehungen nicht rechtzeitig beendet hatten. Machen Sie, dass Sie schnell herauskommen, um Kopf- und Herzschmerzen zu vermeiden.

1. Sie haben nicht mehr das Sexleben mit ihr, das Sie wollen

In einer kurzfristigen Beziehung sollte es jede Menge Sex geben. Wenn nicht - warum führen Sie eine? Wenn der Sex aufhört, ist die Beziehung in einer Krise. Frauen verlieren normalerweise das Interesse an Sex, weil die Beziehung nicht gut läuft. In der Regel liegt das daran, dass der Mann aufhört, die Kleinigkeiten für sie zu machen - die vielen Punkte zur Beziehungspflege, die wir in diesem Buch besprochen haben. Wenn Ihre Partnerin mit Ihnen ein Problem hat und Sie nicht bereit sind, darauf einzugehen, wird die Beziehung weiter verfallen, bis Sie entweder das Problem anpacken oder sich trennen. Bei einer langfristigen Beziehung müssen Sie mit allen auftretenden Problemen umgehen: Das gehört zu einer Beziehung dazu.

2. Sie können sich selbst nicht leiden, wenn Sie mit ihr zusammen sind

Es gibt Frauen auf der Welt, die Ihre schlechtesten Eigenschaften zum Vorschein bringen. Die miesesten Launen, Eigenschaften, Gedanken, Gefühle - alles. Normalerweise übernimmt ein Mann nicht die Verantwortung für seine Wut. Stattdessen gibt er der Frau die Schuld und behauptet, dass sie etwas tut, was seine schlechten Gefühle provoziert. Obwohl Sie sie vielleicht nicht mögen, tut sie wahrscheinlich gar nichts. Sie reagieren einfach in dieser Weise auf sie. Im Grunde mögen Sie sich selbst einfach nicht, wenn Sie mit ihr zusammen sind. Übernehmen Sie die Verantwortung für Ihren Teil.

Jim hatte Dates mit einer politischen Aktivistin namens Hara. Ungefähr die Hälfte der Zeit kamen sie gut miteinander aus. Es schien immer, als wenn er seine Gedanken und Meinungen vor ihr verbergen musste, weil er Angst hatte, dass es zu einem Streit kommen könnte. Hara konnte ihm ihre Meinungen jedoch mitteilen - sie tat das die ganze Zeit. Jim war in ihrer Gegenwart unsicher, demütig und schwach und hasste sich selbst dafür. Er hatte das Gefühl, für Sex und Anerkennung kriechen und sich ihren Launen und Wünschen unterwerfen zu müssen.

Es liegt auf der Hand, dass die Beziehung bald scheiterte. Wenn Jim auf seine Angst und Abneigung geachtet hätte, sowie darauf, wie er sich in ihrer Gegenwart fühlte, hätte er sich vergegenwärtigt, dass es viele andere Frauen gab, mit denen er Dates haben konnte: So hätte er sich eine Menge Ärger erspart und eher Schluss gemacht.

Wenn Sie Ihr eigenes Verhalten in der Gegenwart einer bestimmten Frau nicht mögen, müssen Sie entweder Ihre Verhaltensmuster ändern oder die Beziehung beenden. Der Preis ist einfach zu hoch, wenn man in einer verfahrenen Situation nichts tut. Vergessen Sie nicht: Wenn Sie sich in ihrer Gegenwart schlecht fühlen, liegt es in Ihrer eigenen Verantwortung, aus der Situation herauszukommen. Das ist nicht die Sache Ihrer Partnerin.

3. Sie mag Sie nicht

Es mag sich komisch anhören, aber viele Männer berichten, dass sie Frauen geheiratet oder ausgeführt haben, die sie nicht mochten. Frauen erzählten ebenfalls von Beziehungen mit Männern, die sie eigentlich nicht mochten. In diesen Situationen bleibt das Paar zusammen, weil man jeweils bestimmte Eigenschaften am anderen schätzt und genießt, obwohl man den ganzen Menschen nicht mag. Die Geringschätzung äußert sich in Form ständigen Kritisierens, Jammerns und allgemeiner Gehässigkeit.

Es ist kaum zu glauben – aber manche Männer verharren in solchen Beziehungen. In der Regel weichen sie den Leiden und den ständigen Schlägen gegen ihre Selbstachtung aus, die eine solche Beziehung verursacht. Es gibt keinen Grund, weiterhin mit jemandem auszugehen, der Sie nicht so behandelt, wie Sie das wollen.

Einer der fundamentalen Werte, die wir in diesem Buch vermitteln, besteht darin, dass Ihre Selbstachtung und Ihr Selbstvertrauen als Mann in jedem Lebensbereich für den Erfolg entscheidend sind. Wenn eine Frau, ein Job oder irgendetwas sonst Ihnen schadet, stoppen Sie die Aktivität oder die Beziehung sofort. Wenn die Beziehung Sie nicht aufbaut, verlassen Sie sie.

4. Sie hat ständige emotionale Probleme

Darlene war normalerweise liebenswert. Sie war lieb, ehrlich, schön und hatte einen guten Job. Gleichzeitig war sie hochgradig emotional und hatte ständig Gefühlsausbrüche. Man konnte diese kaum vorhersagen. Wenn sie wütend war, fluchte sie und feuerte Gegenstände auf jeden in Schussweite. Wenn sie traurig war, hyperventilierte und schluchzte sie. Die große Bandbreite ihrer emotionalen Ausbrüche machte David Angst. Er mochte sie wirklich gern, aber er hatte das Gefühl, dass ihre emotionalen Probleme ihn daran hinderten, sie kennenzulernen und sich jemals mit ihr wohl zu fühlen.

Darlene zählt zu einer Gruppe von Frauen, die liebenswert sind, aber emotional so unkontrolliert, dass man kaum eine Romanze mit ihnen haben kann. Obwohl David Darlene gern hatte, empfahlen wir ihm die Trennung. Sie war einfach zu wild und unberechenbar. Für eine kurzfristige Beziehung ist jemand wie Darlene inakzeptabel, weil es einfach zu viel Arbeit macht, mit ihr auszugehen und sich um sie zu kümmern. Es mag hart klingen, aber eine Trennung ist die einzige Möglichkeit, sich zu schützen, wenn man mit einer übermäßig emotionalen Frau ausgeht. Gehen Sie behutsam vor und trennen Sie sich möglichst in aller Freundschaft.

5. Sie ist zu aufwendig

Manche Frauen glauben, man hätte im Leben nichts anderes zu tun, als ihnen zu dienen. Vielleicht rufen sie häufig bei der Arbeit an oder bitten einen, unangemessen viel Zeit mit Reden zu verbringen, wenn man eigentlich etwas anderes tun sollte. Vielleicht kommen sie zu den unmöglichsten Zeiten in der Nacht bei Ihnen vorbei und hämmern an die Tür, weil sie kuscheln wollen. Oder sie rufen an und bitten darum, dass man eine gewaltige Einkaufsliste an »Frauenbedarf« für sie besorgt. Frauen, die ständig so etwas tun, können zu aufwendig sein.

Manchen Männern fällt es leicht, solchen Frauen klare Grenzen zu setzen. Wenn eine Frau sie bei der Arbeit stört, zu ungelegenen Nachtstunden vorbeikommt oder andere Ansprüche stellt, sagen sie einfach nein. Ende vom Lied. Die meisten Männer bringen aber ihren Terminplan und ihr Leben durcheinander, um solch einer Frau zu dienen.

Die Probleme beginnen, wenn Ihr Zeitplan scheitert, weil Sie Zeit, die Sie in Ihr eigenes Leben investieren sollten, für Dienstleistungen opfern. Die erste Lösung besteht darin, in allen Gesprächen ihr gegenüber prinzipiell das magische Wort nein zu verwenden. Es mag eine Weile dauern, bis Sie Ihr Leben wieder im Griff haben, aber wenn Sie einen starken Willen haben und sich mit dem Wort nein anfreunden können, können Sie die Beziehung vielleicht weiterführen. Wenn das nicht funktioniert oder Ihre Partnerin angesichts Ihrer Verweigerungen noch anspruchsvoller wird, ist es Zeit für die Trennung.

6. Sie redet Ihnen wegen Ihrer männlichen Neigungen Schuldgefühle ein

Manchmal flirten Männer und Frauen, indem sie sich gegenseitig wegen »männlicher« und »weiblicher« Dinge aufziehen. Sie ziehen Ihre Partnerin auf, weil sie so lange braucht, um sich zu schminken, und Ihre Partnerin zieht Sie auf, weil Sie Sport lieben: Was sich liebt, das neckt sich. Es gibt aber Frauen, die versuchen, Sie zu treffen, wo es wehtut. Sie beleidigen Ihre Männlichkeit und haben Spaß daran, Ihnen Schuldgefühle einzureden – wegen irgendwelcher Dinge, die man als männlich interpretieren könnte. Sie könnte Sie beleidigen, weil Sie sich jede Woche darauf freuen, mit Ihren Kumpels die Sportschau zu sehen. Sie mag Kommentare darüber abgeben, wie dumm Fußball ist, und dass Sie einen gewalttätigen Sport unterstützen. Sie mag auch über alles andere meckern, was man als »männlich« ansehen könnte – Fahrten mit den Kumpels zu Automessen, Sportveranstaltungen oder brutalen Filmen usw. Schließlich mag sie ständig die Probleme des Landes oder der ganzen Welt den »Männern und ihren fragilen Egos« in die Schuhe schieben: Sie behauptet, dass alles in Ordnung wäre, wenn Frauen an der Macht wären. Wenn Sie mit einer Frau zusammen sind, die solche Kommentare vom Stapel lässt, stehen Beziehungsprobleme direkt vor der Tür.

Manche von diesen Frauen zählen zum Typus der wütenden Feministin: Sie schikanieren einen ständig, nur weil man ein Mann ist, und geben nicht nach. Sie greifen Sie auf jede mögliche Art verbal an und werfen es Ihnen vor, dass ein Mann (wie sie glauben) grundsätzlich immer ein privilegiertes, leichtes Leben an der Macht führt, wohingegen eine Frau ein Leben in unerlässlicher Sklaverei und Erniedrigung führen muss. Vielleicht stimmen Sie ihr in manchen Punkten durchaus zu, aber trotzdem greift sie Sie persönlich an. Für Ihre Selbstachtung und seelische Gesundheit ist es wichtig, den Umgang mit einer Frau zu beenden, die Sie nicht mag, nur weil Sie ein Mann sind.

Die Tatsache, dass Sie einen Penis haben, ist kein Grund, sich jemals zu entschuldigen oder zu schämen. Wenn Sie sie als Frau respektieren, sollten Sie dasselbe von ihr ebenfalls erwarten. Wenn nicht, suchen Sie sich eine andere Frau.

7. Sie haben keine Achtung vor ihr

Warum sind Sie mit einer Frau zusammen, die Sie nicht respektieren? Liegt es daran, dass sie schön oder reich ist, Ihrer Karriere nützt - oder was? Wenn Sie mit einer Frau ausgehen, die Sie nicht achtet, sind echte Probleme vorprogrammiert: Nichts könnte Ihrer Selbstachtung mehr schaden. Wenn Sie eine Frau nicht respektieren, mit der Sie einmal schlafen, ist das in Ordnung. Eine Beziehung wird aber Sie beide verletzen; es wird Sie belasten und Ihr Selbstvertrauen untergraben. Was sagt es über Sie selbst aus, dass Sie es nötig haben, mit einer Frau auszugehen, die Sie nicht respektieren? Diese Frage wird Sie irgendwann verfolgen.

8. Sie stellt sich zwischen Sie und Ihre Freunde

Wie wir bereits oft gesagt haben, sind enge männliche Freunde sehr wichtig. Die »einsamen Reiter« im Leben, die ihre Zeit nur mit sich selbst oder ihrer Frau verbringen, werden irgendwann stranden. Die nährende, humorvolle, derbe, ehrliche Art von Kameradschaft und Unterstützung, die Männer sich gegenseitig geben, ist von einer Beziehung zwischen Mann und Frau völlig verschieden. Ein guter Verführer kennt Männer, mit denen er reden kann, die ihn unterstützen und denen er vertraut.

Wenn eine Frau versucht, sich zwischen Sie und Ihre Kameraden zu stellen, will sie Ihr Leben dominieren. Sie versucht, Ihren Kontakt zu anderen abzuschneiden; tatsächlich kappt sie die Lebensader Ihrer männlichen Energie. Warum tut sie das? Welche Gefahr bilden Ihre Kameraden für Ihre Beziehung?

Im Grunde ist keine Frau es wert, Ihre Freunde aufzugeben. Frauen kommen und gehen – aber enge Männerfreundschaften halten normalerweise ewig.

Fallen im Trennungsgespräch

Sie könnte versuchen, Sie mit Sex zu ködern

Wenn eine Trennung eine Frau verletzt, kann es gut sein, dass sie zu extremen Maßnahmen greift. Oft wird eine Frau Sex anbieten, um einen Mann zurückzubekommen. Sie glaubt, dass er sich daran erinnern wird, wie sehr er sie liebt, wenn sie ihm ihren Körper anbietet, sodass er die Trennung abbläst.

Als Bob die Trennung von Veronika einleitete, begann sie zu weinen. Dann fing sie an, ihr Hemd aufzuknöpfen und ihm zu sagen, dass er eine Menge verpassen würde. »Willst du nicht noch einmal Liebe machen, wegen der alten Zeiten?«, fragte sie. Dummerweise ließ sich Bob darauf ein und schlief mit ihr. Er fühlte sich die ganze Zeit schuldig. »Wie kann ich mit ihr schlafen und dann einfach gehen?«, dachte er bei sich selbst. Nachdem sie sich geliebt hatten, beschloss er, noch ein paar Wochen mit ihr zusammenzubleiben. Dann leitete er wieder die Trennung ein. Sie versuchte noch einmal, ihn zu verführen – wieder ließ er sich darauf ein. Nach drei Runden Trennung und Verführung lernte Bob endlich, sich nicht durch Sex zum Bleiben verführen zu lassen.

Wenngleich die Chance auf Sex sehr verführerisch ist, lohnt sie sich in einer Trennungssituation kaum. Bleiben Sie stark und konzentrieren Sie sich in beiderseitigem Interesse auf Ihr langfristiges Glück anstatt auf eine einmalige sexuelle Erfahrung: Das macht die Trennung leichter.

Sie könnte mit Ihnen diskutieren

Die meisten Frauen werden eine Diskussion führen, wenn Sie sich trennen wollen. Das hilft ihnen, Sie zu verstehen und sich mit der Trennung abzufinden. Sie wollen wissen, ob sie irgendetwas tun können, um die Trennung zu vermeiden. Wegen des Verlusts sind Diskussionen und starke Gefühlsausbrüche zu erwarten. Die Antwort besteht darin, lange Gespräche und Auseinandersetzungen mit ihr einfach zu vermeiden. Unsere Forschungsergebnisse belegen, dass die Trennung desto schwerer fällt und für beide Seiten desto verletzender ist, je länger man streitet. Seien Sie fürsorglich, behutsam und ehrlich; Rechthaberei bringt nichts. Wenn sie nicht aufhört zu diskutieren, beenden Sie die Situation und setzen Sie einen neuen Termin fest, um wieder zu reden.

Körperliche Gewalt und Drohungen

Mark war einige Monate mit Karen ausgegangen, bevor ihm klar wurde, dass es nicht funktionierte. Sie wollte immer mehr Zeit mit ihm verbringen. Wenn sie aber zusammen waren, kam es ihm immer wie Arbeit vor. Mark wusste, dass es Zeit war, sich zu trennen. Er hatte aber Angst, weil sie in vorangegangenen Auseinandersetzungen Türen zugeschlagen, geschrieen und geweint hatte. Es zeigte sich, dass seine Befürchtungen berechtigt waren. Während des Trennungsgesprächs schrie sie ihn an. Dann drohte sie, seinen Arbeitgeber anzurufen und ihm zu erzählen, dass er sie misshandelte. Sie griff nach einer Metallschüssel und drohte, sie ihm an den Kopf zu werfen, wenn er versuchte, sie zu verlassen.

Es mag unglaublich klingen, aber so etwas kommt vor. Das kann sehr beängstigend sein. Wenn Sie jemals in eine ähnliche Lage geraten, raten wir Ihnen, sofort zu gehen (und Ihren Kopf zu schützen). Gefährden Sie niemals Ihre Sicherheit. Verlassen Sie das Haus und kommen Sie nie mehr in ihre Nähe. Sobald Sie in einer Frau, mit der Sie ausgehen, ein gewalttätiges Potenzial erkennen, meiden Sie sie und trennen Sie sich von ihr – möglichst in aller Öffentlichkeit vor Zeugen.

Sie verspricht, sich zu ändern

Im Fall einer Trennung betteln viele Frauen den Mann aus Verzweiflung an zu bleiben. Sie versprechen, jeden Teil ihrer Persönlichkeit auszuradieren, über den er jemals geklagt hat. Sie betteln um eine letzte Chance. Der Mann, der die Trennung will, lässt sich in das Drama hineinziehen und hört auf. Bald darauf wird er sich wieder trennen wollen und wieder einmal mit dem Versprechen, sich zu ändern, konfrontiert sein. Das Problem ist aber nicht, ob die Frau sich ändern wird. Das wird die unvermeidliche Trennung nur hinauszögern und sie am Ende noch mehr verletzen. Es ist am besten, bei Ihrer Entscheidung und Begründung zu bleiben und keinen Rückzieher zu machen. Seien Sie niemals grausam, aber gehen Sie auch nicht in die Falle, sich schuldig zu fühlen und die Trennung zurückzunehmen. Es ist eine Gratwanderung. Halten Sie die Richtung und alles wird gut.

Saubere Trennungen

Paul glaubte, dass er Bonnie liebte. Von dem Augenblick an, in dem er ein Auge auf sie geworfen hatte, schien sie ideal zu ihm zu passen. Sie liebten dieselben Rock-Gruppen und dasselbe Essen. Auf Partys hatten sie immer viel Spaß miteinander. Sie waren ständig zusammen. Nach ein paar Wochen wurde die Glut seiner Liebe schwächer. Sie hatten oft Streit. Eines Nachts griff Bonnie ihn an. Sie warf einen Teller nach ihm, der nur knapp seinen Kopf verfehlte. Dann sprang sie ihn an und schlug und trat ihm dorthin, wohin kein Mann getreten werden will! Paul hatte ein paar Tage lang Schmerzen und schwor, dass er sie nie wiedersehen würde. Sie entschuldigte sich und bettelte ihn an zurückzukommen. Er konnte nicht anders. Paul glaubte, dass er sie wirklich liebte.

Sie vertrugen sich wieder und die Dinge liefen ein paar Wochen lang glatt. Aber dann hatten sie wieder Streit. Diesmal versuchte sie, ihn eine Treppe hinunterzuwerfen. Paul schützte sich und vermied eine potenziell gefährliche Situation. Am nächsten Tag wusste er, dass sie sich trennen mussten. Er hatte aber Angst, die Trennung einzuleiten. »Was, wenn sie wieder durchdreht?«, fragte er sich. Er verbrachte die folgenden paar Wochen damit, seine Sachen aus ihrer Wohnung zu retten, während er die Trennung plante. Paul ging auch davon aus, dass sie ihn an einem öffentlichen Ort eher nicht angreifen würde. Er wartete, bis sie in einem Café zusammensaßen und sagte ihr endlich, dass er Schluss machen wollte. Sie war wütend, akzeptierte aber die Trennung.

Ken hatte Maja auf einer Party kennengelernt. Sie tranken, tanzten und redeten bis vier Uhr morgens, als er sie bat, mit ihm zu kommen. Sie war einverstanden. Ken hatte von Anfang an nicht das Bedürfnis nach einer Beziehung. Tatsächlich kannte er zu der Zeit drei weitere Frauen, mit denen er sich traf. Maja kam mit in seine Wohnung, wo sie miteinander schliefen. Am nächsten Morgen ging er mit ihr zum Frühstücken. Beim Essen gestand sie, dass sie einen Freund suchte und er infrage käme. Ken sagte ihr, dass er sie gern wiedersehen würde, aber sich gleichzeitig mit drei anderen traf. Sie schien etwas verletzt zu sein, aber gab ihm ihre Telefonnummer und bat ihn, sie anzurufen und ein Date auszumachen. Während des Essens redeten und flirteten sie und hatten Spaß dabei. Nach dem Frühstück fuhr er Maja nach Hause.

Nachdem er sie abgesetzt hatte, warf Ken ihre Telefonnummer aus dem Fenster. Obwohl er es genossen hatte, mit ihr zu schlafen und zu reden, schien es, dass ihr Wunsch nach einer festen Beziehung künftige Begegnungen stören würde. Anstatt ihr ständig sagen zu müssen, dass er keine Freundin wollte, beschloss er, sie einfach nicht mehr anzurufen.

Der Sex war zwischen Kay und Willi immer intensiv, leidenschaftlich und wild gewesen. Es war, als wenn eine Art magische Chemie zwischen ihnen bestünde. Sie trafen sich drei- oder viermal pro Monat; Sex war immer ein Hauptbestandteil des Dates. Beide hatten sexuelle Bekanntschaften mit anderen Leuten und betrachteten sich gegenseitig als Gelegenheitsliebhaber. Nach ein paar Monaten wollte Kay aber mehr. Sie war an einer Beziehung mit Willi interessiert.

Eines Nachts, nach einer sinnlichen Erfahrung, gestand Kay, dass sie sich in ihn verliebt hatte. Anstatt dem Thema auszuweichen, sagte Willi direkt, dass er für sie nicht so empfand. Er genoss den Sex und die Nähe, die sie teilten, wollte aber nicht weitergehen. Sie war unglücklich. Zugleich wusste sie aber, dass er ihre Gefühle wohl kaum erwidern würde. Sie gingen getrennte Wege, und obwohl Willi den Sex vermisste, wusste er, dass eine Trennung viel schwieriger gewesen wäre, wenn er weitergemacht hätte.

Bob und Anne gingen seit zwei Monaten miteinander aus. Sie mochten sich, aber beide sahen ein, dass sie kein langfristiges Potenzial hatten und außerdem auch mit anderen Leuten Romanzen hatten. Eines Abends bemerkte Bob, dass Anne distanzierter war als üblich; er fragte sie, ob etwas nicht in Ordnung sei. »Also«, sagte sie, »ich habe einen kennengelernt und diesmal ist es etwas Ernstes. Ich habe dich wirklich gern, aber ich kann dich nicht mehr treffen, weil ich mit ihm zusammen sein will.«

»Ich verstehe«, sagte er. Er war traurig, aber er wusste auch, dass es so am besten war. Sie wurden Freunde, obwohl sie keinen Sex mehr hatten.

Sie sehen, dass Trennungen oft schmerzhaft, schwierig und problematisch sind. Der Meister der Verführung bereitet sich aber vor, um die Trennung zu erleichtern. Dieses Kapitel begann mit der Frage, welche Art von Beziehung Sie sich wünschen. Wir haben gefragt, ob Sie eine langfristige oder nur eine kurzfristige sexuelle Beziehung wollen. Dann haben wir besprochen, dass viele Männer aus Angst langfristige Partnerschaften meiden.

Wir haben Ihnen die Schritte gezeigt, die Sie gehen müssen, um festzustellen, welche Eigenschaften eine Frau haben sollte, an die Sie sich binden. Wir haben Ihnen deutlich gemacht, wie Sie die Prioritäten setzen können, um die Eigenschaften zu unterscheiden, die notwendig sind, die wünschenswert sind oder die schön wären, aber nicht unbedingt nötig sind.

Wir haben die acht Grade der Bindung sowie die grundlegenden Trennungsstrategien für jede Phase besprochen. Um Ihr Gedächtnis aufzufrischen: Wir unterscheiden den One-Night-Stand, die Bekanntschaft, eine Frau, mit der Sie drei oder vier Treffen in wenigen Wochen hatten, eine Frau, bei der Sie nach einigen gemeinsamen Nächten Probleme sehen, die Partnerin für Gelegenheits-Sex, eine Frau, mit der Sie seit höchstens einem Monat zusammen sind, eine Frau, mit der Sie zwischen einem und drei Monaten zusammen sind und schließlich eine Frau, mit der Sie seit über drei Monaten intim sind.

Schließlich haben wir die Vorarbeit, die man vor einer Trennung leisten muss, in den Mittelpunkt gestellt. So müssen Sie z. B. all Ihre persönlichen Dinge aus ihrer Wohnung holen. Sie dürfen nicht mehr den idealen Partner spielen. Sie müssen vermeiden, dass sie sich Hoffnungen auf eine langfristige Beziehung macht, und in Betracht ziehen, dass eine Frau es als eine feste Beziehung ansieht, wenn man länger als einen Monat mit ihr ausgeht.

Nun, da Sie die Vorarbeit geleistet haben, müssen Sie entscheiden, aus welchen Gründen Sie zusammenbleiben oder sich trennen sollten. Die acht Warnsignale geben Ihnen ein diagnostisches Werkzeug an die Hand, mit dem Sie bestimmen können, ob das Verhalten einer Frau auf zukünftige Probleme hindeutet oder nicht. Einige Warnsignale sind: Eine plötzliche Reduktion der Häufigkeit, mit der man Sex hat; Sie mögen sich selbst nicht, wenn Sie mit ihr zusammen sind; Sie mögen sich gegenseitig nicht; sie hat ständige emotionale Probleme; sie ist zu anspruchsvoll; Sie macht Ihnen wegen Ihrer Männlichkeit ein schlechtes Gewissen; Sie respektieren sie nicht; sie stellt sich zwischen Sie und Ihre männlichen Freunde.

Wenn Sie die Trennung beschlossen haben, gibt es einige Probleme, die im Trennungsgespräch auftreten können. Zu den Dingen, auf die man achten sollte, zählen: Ködern mit Sex, um die Trennung zu vermeiden; Diskussion der einzelnen Gründe, weshalb Sie sich trennen wollen; Drohung mit körperlicher Gewalt für den Fall einer Trennung zur Abschreckung; das Versprechen, dass sie sich ändern und Ihre perfekte Partnerin werden wird. Alle diese Probleme haben einfache Lösungen: Trennen Sie sich schnell und bleiben Sie dabei respektvoll. Bei allen Trennungsszenarios ist die Vorarbeit entscheidend.

Sie haben nun gesehen, wie ein Meister sich trennt – und wie Anfänger sich durch schmerzhafte und mühsame Trennungen hindurchwursteln. Egal, wie gut Sie sind – Trennungen sind meist schmerzhaft. Der Meister der Verführung erträgt den Schmerz und übernimmt die Verantwortung für sich, die Frau und die Situation. Er stellt ihren Trost über sein eigenes Bedürfnis, Recht zu haben, und macht es ihr dadurch leichter. Der Jammerlappen gibt der Frau die ganze Schuld und geht grausam vor. Er beleidigt sie oder schreit ihr ins Gesicht. Je erfolgreicher Sie in der Verführung sind, desto öfter werden Sie Trennungen bewältigen und die Probleme angehen müssen, die damit zusammenhängen. Wenn Sie fair und ehrlich bleiben, werden Sie Ihren Weg durch potenziell schwierige Situationen finden und am Ende genau die Beziehungen führen, die Sie sich wünschen.

Zwischen
Spaß und
Ernst

Jahrelang hörte Daniel von Frauen immer dasselbe. Bei jedem Date versuchte er, sie zu verführen, nur um zu hören: »Sex ist nicht so wichtig. Ich will etwas Anderes.« Es machte ihn wahnsinnig, weil er nicht einmal den Sex bekam - geschweige denn »etwas Anderes«, von dem immer die Rede war. Es kam ihm so vor, dass die Frauen, mit denen er ausging, »etwas Anderes« wollten, weil sie schon jede Menge Sex hatten. Schließlich begehrten viele Männer ebenfalls die Frauen, die er begehrte. »Ich sage euch«, sagte er zu seinen Freunden, »eines Tages will ich auch mal in der Lage sein, eine Frau um etwas Anderes zu bitten. Das wäre toll.«

Nachdem er mit uns gearbeitet und unsere Workshops besucht hatte, gingen Daniels Erfolge bei Frauen ab wie eine Rakete. Er machte die Erfahrung, dass er so viele Frauen haben konnte, wie sein Herz (und andere Körperteile) begehrte, wenn er nur bereit war, die nötige Arbeit zu tun. Er hatte jede Menge Dates und viel Sex mit vielen Frauen.

Irgendwann kam der Zeitpunkt, an dem er definitiv wusste, dass er kein sexuelles Defizit hatte. Er wusste, dass er jederzeit Sex haben konnte und es in seinem Leben nie mehr an sexuell willigen Frauen mangeln würde. Der Sex, der ihm in seinem ganzen Erwachsenenleben so wichtig erschienen war, erschien ihm plötzlich trivial. Er wusste, dass er ihn haben konnte. Was war schon dabei? Daniel hatte kurzfristige Frauen-Bekanntschaften satt. Er wollte »etwas Anderes«: Daniel war bereit für eine langfristige Beziehung.

»Etwas Anderes«

Wir haben bereits die Idee kurzfristiger Bekanntschaften eingeführt, wobei Sie ein paar Wochen oder Monate Sex mit einer Frau haben und dann neue Bekanntschaften suchen. Vielleicht sind Sie zum ersten Mal mit der Vorstellung konfrontiert worden, dass man sich bewusst dafür entscheiden kann, kurzfristige Bekanntschaften zu haben. Wir haben viele Männer kennengelernt, die sich kurzfristigen Sex wünschten, aber nicht wussten, wie man es darauf anlegen könnte. Der größte Teil dieses Buches befasst sich mit der Frage, wie man genau das erreichen kann.

Nachdem Ihnen das gelungen ist, werden Sie wahrscheinlich irgendwann erleben, was Daniel erlebt hat. Sie verlieren endgültig jedes Gefühl sexueller Bedürftigkeit – Ihr Nachholbedarf an sexueller Vielfalt ist erfüllt. Sie wissen, dass Sie Sex haben können und allmählich »etwas Anderes« suchen: Allmählich sind Sie bereit für eine langfristige Beziehung.

Es ist entscheidend zu wissen, wie man eine kurzfristige Bekanntschaft in eine funktionierende feste Beziehung verwandeln kann. Wenn Sie das können, ist eine langfristige Beziehung etwas, was Ihnen im Leben Halt und ein Gefühl der Sicherheit geben und eine ständige Quelle von Spannung und Glück sein kann. Wenn Sie nicht wissen, wie man eine langfristige Beziehung führt, kann sie die schlimmste aller möglichen Welten werden: Leiden und Langeweile ohne Zugang zu Sex oder zu einer unterstützenden Beziehung – gelähmt durch eine Verpflichtung, keine bessere Beziehung zu suchen.

Dieses Kapitel zeigt Ihnen, wie Sie eine funktionierende langfristige Beziehung gestalten können. Diese Informationen sind absolut entscheidend, wenn Sie eine kurzfristige Bekanntschaft in eine funktionierende Partnerschaft fürs Leben verwandeln wollen. Wenn Sie sich an eine Frau binden, geben Sie Ihr Wort, dass Sie nur mit ihr – und mit keiner anderen Frau – eine Romanze haben werden. Sie ist nicht länger »eine von Ihren Frauen«: Sie ist die einzige. Sie ist Ihre Partnerin. Sie machen langfristige Pläne miteinander und führen sie nicht an der Nase herum. Sie haben die ehrliche Absicht, sich fürs Leben zu binden.

Bei einer langfristigen Partnerschaft ändern sich die meisten Regeln. Die meisten Männer haben im Hinterkopf die Vorstellung, dass eine langfristige Beziehung aus Leiden besteht und den letzten Fetzen Freiheit oder Glück kostet – als wenn man lebenslänglich an eine Kugel gekettet wäre. Es ist wahr: Wenn Sie eine langfristige Beziehung mit einer Frau eingehen, gibt es Dinge, die Sie aufgeben müssen. Sie haben aber auch viel zu gewinnen: Die Unterstützung und Intimität, die Sie erfahren, ist nicht durch irgendetwas Anderes zu ersetzen.

Ob eine langfristige Beziehung Schinderei und Leid oder Ekstase und Spaß ist, hängt absolut von Ihnen ab. Wenn Sie wissen, wie man die richtige Frau findet und eine Beziehung langfristig lebendig hält und wachsen lässt, können Sie diese eine Partnerschaft gestalten, die Ihnen mehr gibt, als Sie jemals für möglich gehalten hätten. Wenn Sie nicht wissen, was Sie tun, können Sie sich eine Beziehung mit der besten Frau verderben, die Sie sich vorstellen können, und die Zeit mit ihr in Langeweile und Leiden verwandeln. Ja, es liegt alles in Ihrer Hand.

Da dieses Kapitel für Ihre Chancen auf langfristiges Glück in einer Beziehung entscheidend ist, ist es vielleicht das Wichtigste in diesem Buch. Bedenken Sie: Wir reden hier vom Rest Ihres Lebens.

Liebe sie für das, was sie ist, und für das, was sie nicht ist

Dieses ganze Kapitel lässt sich in zwei Ratschlägen zusammenfassen: Liebe sie für das, was sie ist; und liebe sie für das, was sie nicht ist. Der Rest des Kapitels behandelt, wie man die Beziehung pflegt und sie frisch und lebendig hält. Es ist entscheidend, das zu wissen. Aber bei allen Tipps und Strategien müssen Sie sich bewusst sein, weshalb Sie sie lieben. Sie müssen sich der Qualitäten bewusst sein, die Sie an ihr bewundern – des Humors, den Sie teilen, der tollen Gespräche, die Sie führen, der gemeinsamen Interessen, der geteilten Erfahrungen und der Verbundenheit, die Sie empfinden. Das Gute an ihr ist das, worauf Sie ständig Ihre Aufmerksamkeit richten sollten.

Die Kehrseite der Medaille besteht darin, sie für das zu lieben, was sie nicht ist. Schließen Sie Frieden mit ihren Fehlern: Mit Eigenschaften, die ihr fehlen, mit Macken, die Sie irritieren, mit Gründen, aus denen Sie streiten und mit allem, was an ihr nicht perfekt ist. Wenn und sobald Sie ihre Fehler und Mängel akzeptieren können, können Sie Ihre Beziehung vertiefen und echte Intimität entwickeln.

Wenn Sie aufhören, Ihre Liebe an Bedingungen zu knüpfen und akzeptieren, dass sie, wie der Rest der Welt, ihre persönlichen Macken hat, wird sich auch die Intimität entwickeln. Wenn Sie sich von der kindischen Vorstellung lösen, dass die Welt dazu da ist, Sie zu bedienen, und die Rolle einer Frau darin besteht, Ihnen alles, was Sie wollen, auf einem Silbertablett zu servieren, ohne dass Sie etwas zurückgeben, wird alles viel glatter laufen.

Sechs Schlüssel, die eine langfristige Beziehung glücklich machen

Funktionierende langfristige Beziehungen ergeben sich selten einfach von selbst – wie sich auch gelungene kurzfristige Verführungen selten von selbst ergeben. Man muss etwas dafür tun, damit sie möglich werden, wachsen und dauerhaft Spaß machen. Wenn Sie Ihren Körper fit halten wollen, wird eine Trainingssitzung pro Monat kaum ausreichen. Dasselbe gilt, wenn man an einem Tag pro Monat Diät macht. Beziehungspflege, wie im übrigen auch Körperpflege, erfordert ständige Konzentration und Aufmerksamkeit.

1. Man darf die »kleinen Dinge« nicht schleifen lassen

Die meisten Männer nehmen eine Frau als Selbstverständlichkeit, sobald sie eine Weile mit ihr zusammen sind. Eine Frau hat uns erzählt: »Bevor wir verheiratet waren, hat Rich immer einmal pro Woche abends für mich gekocht. Es war so schön, nach Hause zu kommen, wo eine warme Mahlzeit, Musik aus der Stereoanlage, Kerzenlicht und ein Glas Wein auf mich warteten. Ich fühlte mich so sehr geliebt. Nach der Hochzeit hat sich das plötzlich geändert. Er hat überhaupt nicht mehr gekocht – außer gelegentlich eine Pizza aus der Tiefkühltruhe, wenn er ein Fußballspiel sah. Als ich ihn irgendwann fragte, warum er nicht mehr für mich kochte, sagte er: Oh, ich hab dir nur den Hof gemacht. Jetzt sind wir verheiratet. Fünf Jahre später waren wir geschieden.«

Meist fällt die Verhaltensänderung weniger dramatisch aus. Die Veränderung vollzieht sich allmählich, während man aufhört, die »kleinen Dinge« zu tun, weil einem nicht mehr danach ist: Zu Beginn der Beziehung waren Sie so von Liebe überwältigt, dass Sie gar nicht darüber nachdenken mussten, den nötigen Aufwand zu treiben, um Ihre Partnerin glücklich zu machen. Sie haben es einfach getan. Sie schienen endlose Energie zu haben, um Dinge zu tun, die ihr gefielen, weil Sie so verliebt waren. Auf diese Weise sind Sie in die Falle gegangen.

Wenn ein Mann die kleinen Dinge in einer Beziehung aus reiner Leidenschaft für die Frau macht, bereitet er unbewusst die Zerstörung der Beziehung vor. Das Problem ist: Am Anfang ist man von Natur aus von der Frau begeistert, mit der man zusammen ist. Diese natürliche Begeisterung gibt einem reichlich Kraft, um sie zu beglücken. Man macht die Kleinigkeiten gern, die eine Beziehung lebendig halten. Man tut sie ständig und macht dadurch die Frau glücklich.

Es ist traurig, aber unvermeidlich, dass Sie mit der Zeit Ihre Leidenschaft verlieren. Das läuft so ab: Wenn Sie sie besser kennenlernen, erkennen Sie einige ihrer Schwächen; Sie werden automatisch etwas selbstgefällig. Wenn das geschieht, haben Sie weniger Lust, sich um die Kleinigkeiten zu kümmern, sodass Sie diese immer seltener tun. Während Sie träge werden, wird Ihr Gefühl, dass sie etwas Besonderes ist, allmählich schwinden, sodass Sie immer weniger Lust haben, sich um die Kleinigkeiten zu kümmern. Irgendwann werden Sie sie gar nicht mehr tun. Schließlich haben Sie keine Lust mehr dazu! Herzlichen Glückwunsch. Sie haben Ihre Beziehung getötet und werden bald darüber klagen, dass der Funke aus ist. Ehe Sie es sich versehen, werden Sie eine andere Frau suchen, um Ihre Partnerin zu ersetzen.

Sie sind in die Selbstgefälligkeits-Falle gegangen. Sie haben sich von Ihren Gefühlen leiten lassen, als Sie sich um die »kleinen Dinge« gekümmert haben; deshalb haben Sie sie immer seltener gemacht. Die Beziehung wurde lauwarm. Je lauwarmer die Beziehung wurde, desto geringer die Motivation, sich um die Kleinigkeiten zu kümmern. Ein Teufelskreis.

Die Lösung ist, dass man sich nicht von den Gefühlen leiten lässt, wenn man sich um die Kleinigkeiten kümmert, um die Partnerin zu beglücken. Wenn Sie wollen, dass die Beziehung lebendig und aufregend, belebend und spaßig bleibt, müssen Sie sich bewusst vornehmen, sie zu tun – ob Sie wollen oder nicht. Auch in diesem Fall müssen Sie (wenn nötig) Zeit in Ihrem Terminkalender einplanen. (Aber sagen Sie ihr nichts davon, das wäre unromantisch.) Kümmern Sie sich einfach um diese lebenswichtigen Kleinigkeiten.

Männer, die in langfristigen Beziehungen erfolgreich sind, wissen, dass die guten Gefühle daherkommen, dass man sich um die kleinen Dinge kümmert – nicht umgekehrt. Dementsprechend nehmen diese Männer sich vor, ständig Möglichkeiten zu finden, wie sie ihre Partnerinnen beglücken können – als wenn die Beziehung noch neu und frisch wäre.

Deb und Kevin sind seit neun Jahren verheiratet. Sie sind das Wunderpaar in ihrem Freundeskreis, von denen die meisten in diesem Zeitraum mindestens einmal verheiratet waren. Aus irgendeinem Grund scheint ihre Beziehung lebendig zu bleiben und zu wachsen, während die Partnerschaften ihrer Freunde scheitern. Der Grund, weshalb diese Ehe so gut läuft, ist, dass Kevin sich immer um die Kleinigkeiten kümmert.

Als wir sie einmal besuchten, beschloss Kevin, loszulaufen und etwas Tapioka zum Dessert für das Essen zu besorgen, das Deb kochte. Wir gingen mit. Zuerst gingen wir zu einem Laden, wo er eine Packung Tapioka-Desserts in Einzelportionen kaufte. »Wisst ihr«, sagte er, »ich glaube, ich laufe mal rüber zum anderen Lebensmittelgeschäft und schaue, ob sie eine andere Marke haben. Dann lassen wir Deb einen kleinen Geschmacksvergleich machen, um zu sehen, welche Marke besser schmeckt. Sie liebt solche kleinen Veranstaltungen.«

Deb war erfreut, dass sie wählen durfte, und probierte sie beide, wobei sie die eine Marke deutlich besser fand als die andere. Sie fühlte sich geliebt, weil Kevin die kleinen Dinge tat, die eine Beziehung lebendig halten. Umgekehrt suchte sie ebenfalls Möglichkeiten, ihn glücklich zu machen. Warum sollte sie das auch nicht tun? Schließlich nimmt er sich ständig Zeit, sie glücklich zu machen. Sie will das entsprechend erwidern.

Der wichtigste Schlüssel zur Pflege einer langfristigen Beziehung besteht darin, dass die Verführung niemals vorbei ist. Man muss sich immer um die kleinen Dinge, die Details, kümmern. Wir können das gar nicht genug betonen. Wenn Sie wollen, dass Ihre Beziehung hält, müssen Sie ihr weiterhin den Hof machen, sie verführen und sich weiterhin um die wichtigen Details kümmern.

2. Sie müssen sie voll unterstützen

Sie müssen eine ständige Quelle der Unterstützung für Ihre Partnerin sein – sonst wird Ihre Beziehung eingehen wie eine Topfpflanze, die Sie nicht gießen. Sie muss wissen und darauf vertrauen, dass Sie an ihrer Seite stehen, egal, was geschieht. Es ist diese Art von Vertrauen und Unterstützung, die Ihre Bindung stark hält. Im Lauf Ihrer Beziehung werden Sie beide – auf einer immer tieferen Ebene – die Erfahrung machen, wer und wie Sie wirklich sind. Wie das ganze Leben ein Prozess der Selbst-Entdeckung ist, gilt das auch für Beziehungen. Wir wollen Ihnen hier nicht zu psychologisch kommen, aber das muss man unbedingt verstehen, wenn man eine langfristige Beziehung sucht, die hält.

Man kann es auch so sagen: Sie und Ihre Freundin werden immer wachsen, lernen und sich verändern. Sie werden nicht mehr dieselben sein, die Sie bei der ersten Begegnung waren. Angesichts dieser Tatsache haben Sie eine Wahl. Entweder unterstützten Sie sie, während sie wächst und sich entwickelt, oder Sie leisten Widerstand. Wenn Sie Ihre Partnerin voll unterstützen, wird sie Sie ebenfalls voll unterstützen. Wenn Sie sie nicht voll unterstützen, wird sie sich irgendwann von Ihnen trennen. Sie haben die Wahl.

Auf diese Weise hat Bob seine letzte Freundin verloren. Kathrin wollte sich verändern und wachsen. Sie hatte einen Vollzeitjob und nahm Abendkurse. Nachdem sie rund ein Jahr lang miteinander ausgegangen waren, begann sie, sich für Kunst- und Tanzkurse zu begeistern. »Ich habe das Gefühl, dass ich mich allmählich selbst finde«, gestand sie Bob. »Ich glaube, tief in meinem Inneren bin ich vielleicht eine Künstlerin. Es erfüllt etwas in mir, was durch nichts anderes erfüllt wurde.«

Anstatt sie in ihren neuen Interessen zu unterstützen, bekam Bob Angst. »Erfüllender als ich?«, fragte er sofort. »Na so was. Na, ich hoffe, du wirst nicht allzu enttäuscht sein, wenn sich das für dich auch nicht bezahlt macht. Abgesehen davon traue ich diesen Künstler-Typen nicht – vor allem den Tänzern. Sie werden versuchen, dir an die Wäsche zu gehen. Versprich mir, dass du mich nicht betrügen wirst? Versprich es mir hier und jetzt!«

Im Lauf der nächsten zwei Monate reagierte Bob jedes Mal auf dieselbe ablehnende Art, wenn Katrin ihre neu entdeckte Leidenschaft erwähnte. Schließlich endete es damit, dass sie mit einem Mann aus ihrem Kunstkurs ins Bett ging. Sie sagte: »Er versteht mich und unterstützt meine Interessen.« Ihren Freundinnen erklärte sie die Trennung so: »Ich glaube, wir haben uns einfach auseinandergelebt.«

Natürlich kann es beängstigend sein, wenn jemand, den Sie lieben, sich für etwas begeistert, worüber Sie gar nichts wissen. Auf jeden Fall verunsichert es Sie, wenn Ihre Freundin plötzlich einen anderen Freundeskreis hat als Sie oder ein Hobby, das Ihnen unsinnig erscheint. Wenn Sie die Beziehung halten wollen, müssen Sie sie trotzdem auf der Suche nach ihrem Selbst unterstützen. Wenn sie sich für Kunst interessiert, sollten Sie sich auch dafür interessieren – ob es Ihnen passt oder nicht. Wenn sie sich für modernen Tanz interessiert, sehen Sie beim Training zu, besuchen Sie jeden Auftritt und unterstützen Sie sie in jeder Hinsicht, so gut es eben möglich ist. Dadurch wird Ihre Beziehung besser.

Als Susanne einen Welpen bekam und sich leidenschaftlich für Hundetraining begeisterte, begann Daniel ebenfalls, sich dafür zu interessieren. Obwohl er wusste, dass es eigentlich ihr Hobby war, beschäftigte er sich damit und hatte bald ebenfalls seine Freude daran. Tatsächlich mochte er Hunde von Natur aus nicht sehr und wäre lieber zu Hause geblieben, als Susanne zum Hundetraining zu begleiten. Er bemühte sich aber darum, sich dafür zu interessieren, weil er wusste, dass das die beste Möglichkeit war, ihre Beziehung lebendig zu halten und wachsen zu lassen. Er wusste auch, dass ihre Interessen ihm eine wunderbare Möglichkeit boten, aus seiner normalen Routine auszubrechen. Er wusste, dass er wahrscheinlich Fußball schauen und Bier trinken würde, wenn er sich selbst überlassen bliebe, und seine Routine nur durch einen gelegentlichen Pornofilm würzen würde. Indem er ihre Interessen teilte, sorgte er dafür, dass er wuchs und aus seiner normalen Routine ausbrach. Auf diese Weise stellte er sicher, dass er selbst ebenfalls wachsen würde.

Die Unterstützung Ihrer Partnerin ist für den langfristigen Erfolg Ihrer Beziehung von entscheidender Bedeutung. Wenn Sie versuchen, ihr Wachstum zu bremsen, anstatt es zu unterstützen, werden Sie in Einsamkeit enden.

3. Sie müssen zuhören

Auf den Seiten 334 f. haben wir die Grundlagen der Kommunikation behandelt und die neun Schritte besprochen, die eine brüllende Löwin in ein schnurrendes Kätzchen verwandeln. Sie sollten diesen Kommunikationsprozess studieren, bis Sie in der Lage sind, diese Schritte in einer Beziehung anzuwenden.

Zur Erinnerung – die neun Schritte sind:

1. zuhören
2. wiederholen, was sie gesagt hat
3. sich bedanken
4. weiter zuhören
5. Versprechen machen und sich entschuldigen
6. wenn es Ihnen wirklich, ehrlich egal ist, was sie sagt, entscheiden Sie, wie Sie damit umgehen wollen
7. lassen Sie es hinter sich
8. machen Sie ihr Komplimente
9. wiederholen Sie diesen Prozess, so oft es nötig ist

Wir haben auch über das aktive Zuhören geredet. Wir haben Ihnen Hinweise gegeben, wie Sie einen interessierten Eindruck machen und wiederholen können, was sie Ihnen gesagt hat. Ein Mann, der diese Anweisungen befolgt, ist den 95 Prozent der anderen Männer weit voraus, die im Gespräch mit Frauen, für die sie sich interessieren, keinerlei Disziplin einhalten und nicht die geringste Ahnung haben, wie man einer Frau das Gefühl gibt, dass man ihr zuhört.

4. Pflegen Sie Ihr eigenes seelisches Wohlbefinden

Viele Männer glauben irrtümlicherweise, dass ihre Beziehung alle ihre emotionalen Bedürfnisse erfüllen wird. Wenngleich viele erfüllt werden, bleiben doch immer Wünsche unerfüllt. Wenn Sie erwarten, dass eine einzelne Beziehung alle Ihre Sehnsüchte befriedigt, stellen Sie sowohl an die Frau als auch an die Partnerschaft zu hohe Erwartungen. Das führt unweigerlich zu Stress, den Sie nur schlimmer machen, weil Ihre Erwartungen nicht erfüllt werden. Manche Dinge, die Männer schleifen lassen, sobald sie eine Freundin haben, sind in langfristigen Beziehungen sogar noch wichtiger. Hier sind die Dinge, sie Sie tun müssen, um in einer Beziehung seelisch ausgeglichen zu bleiben:

Pflegen Sie Männerfreundschaften. Wenn eine langfristige Beziehung funktionieren soll, müssen Sie weiterhin Männerfreundschaften pflegen. Vor allem am Anfang einer festen Beziehung verliert man leicht die anderen Freunde aus dem Auge. Man kann eine Zeit lang damit leben, aber wenn die Beziehung sich einmal gefestigt hat, ist es entscheidend, dass Sie den Kontakt mit Ihren männlichen Freunden wieder aufnehmen und sie in Ihr Leben integrieren. Im Idealfall sollten Sie zu keiner Zeit den Kontakt verlieren. Für Frauen gilt im Übrigen das Gleiche.

Freundschaften mit anderen Männern geben Ihnen einen Raum, um Abstand zu gewinnen, sich zu entspannen und die Neigungen auszuleben, die Sie bei Ihrer Freundin normalerweise zurückhalten müssen: Sie können öfter fluchen, straffrei rülpsen und darüber reden, wie gerne Sie Sex mit anderen Frauen hätten. Sie können über Ihre Freundin klagen, ohne sich Schwierigkeiten einzuhandeln.

Wenn Sie keine solchen Freundschaften haben, besteht das Risiko, dass Sie Ihre Freundin irgendwann wie einen Ihrer Kumpels behandeln. Das wird sich auf zweierlei Arten zeigen. Die eine besteht darin, dass Sie anfangen, anderen Frauen hinterherzuschauen, wenn Ihre Freundin dabei ist. Das ist auch in einer festen Beziehung immer noch ein Tabu.

Das ist eben eines der Opfer, die Sie bringen müssen. Zweitens würden Sie beginnen, mit Ihrer Freundin die Witze zu machen, die Sie mit Ihren Freunden machen: Sie werden sie verletzen und aufziehen. Inzwischen sollten Sie wissen, dass Sie Ihre Freundin anders behandeln sollten als Ihre Kameraden. Männer geben Ihnen ein Ventil, damit Sie alles herauslassen können.

Männerfreunde geben Ihnen Feedback, das Ihre Freundin Ihnen nicht geben kann; sie können Ihnen auch gute Ratschläge für Ihre Beziehung geben, an die Sie beide nie gedacht hätten. Als Jakob Probleme mit seiner Freundin Molly hatte, verließ er sich auf seine Freunde, die ihm »aus der Hüfte heraus« ein klares, unparteiisches Feedback gaben. Nur das konnte Jacob helfen, seine gescheiterte Beziehung wieder zu beleben.

Tun Sie, was Sie können, um Ihre Männerfreundschaften lebendig zu halten.

Teilen Sie nicht alles mit ihr. Viele der Gedanken, die Sie haben, nützen einer langfristigen Beziehung nichts. Es ist nicht immer klug zu sagen, dass man sich nach einer Frau mit größeren Brüsten sehnt oder gelegentlich daran denkt, sie zu verlassen. Dasselbe gilt für manche Gespräche, die Sie mit Ihren Männerfreunden führen. Es besteht kein Grund, Dinge zu tun, die sie verletzen, aber keinen Einfluss auf die Beziehung haben. Manche Dinge muss man beiseite lassen.

Wenn Bob eine Freundin hat, hält er es für absolut notwendig, jeden Gedanken, jedes Gefühl und jede Erfahrung mit ihr zu teilen. Er begreift nicht, dass viele der Gedanken und Gefühle, die er hat, für ihre Beziehung im Grunde bedeutungslos sind. Er glaubt fest daran, dass er unehrlich ist, wenn er ihr nicht jede Kleinigkeit erzählt, die ihm durch den Kopf geht. Als er einmal mit seiner Freundin essen ging, kam eine umwerfend schöne, sexy Frau direkt an ihrem Tisch vorbei. Bob glotzte sie offen an, ohne zu begreifen, dass er die Frau ignorieren und sich auf seine Freundin konzentrieren musste. Sie fragte sofort: »Also findest du sie attraktiver als mich?« Getreu seinem Ideal, ehrlich zu sein, antwortete er: »Natürlich.« Er hätte sagen sollen, was ein Meister der Verführung sagen würde, z. B.: »Na ja, sie ist attraktiv, aber du hast alles, was nötig ist, um mich völlig zu verzaubern. Ich liebe es, dir in die Augen zu sehen, deine Lippen zu küssen … ich bin so dankbar, mit dir zusammen zu sein.« Bob lässt sich auf eine Diskussion über die guten Eigenschaften seiner Freundin ein und vergleicht sie mit denen des Supermodels, das gerade an ihnen vorbeiging. Wegen seines Bedürfnisses, ehrlich zu sein und alles mitzuteilen, sagt er ihr, wie gerne er Sex mit einer Frau haben würde, die einen solch großartigen Körper hat. Am Ende kommt es zu einem Streit, weil er es für nötig hielt, jeden Gedanken zu äußern.

Egal, an welche Frau Sie sich binden, sie wird Eigenschaften haben, die Sie stören. Wenn Sie diese ihr gegenüber auflisten, sind Sie nicht ehrlich, sondern dumm: Diese kleinen Persönlichkeitsfehler werden sich kaum ändern. Es wird sich wohl auch kaum etwas bessern, wenn Sie Ihre Gefühle äußern. Klagen Sie Ihren Männerfreunden gegenüber über die Fehler Ihrer Freundin und sehen Sie in ihrer Gegenwart darüber hinweg. Sagen Sie ihr die wichtigen Dinge – aber machen Sie keinen unnötigen Ärger.

Bauen Sie sich weiterhin ein Leben auf, das Sie lieben. Nur weil Sie eine Freundin haben, heißt das nicht, dass Sie nun Ihre Selbstbestätigung nur noch von ihr bekommen können. Es gilt immer noch dasselbe, was schon bei flüchtigen Bekanntschaften galt: Holen Sie sich Ihre Selbstbestätigung aus Ihrem Leben, nicht von Frauen. Das tun Sie, indem Sie weiterhin ein Leben aufbauen, dass Sie lieben. Bedenken Sie: Ihre Partnerin soll ein wunderbarer Teil, aber nicht das Fundament Ihres Lebens sein. Sie müssen sich weiterhin Ziele setzen und diese auch verfolgen. Sie müssen dafür sorgen, dass Ihr Leben so wird, wie Sie es wollen. Sie müssen versuchen, Ihren persönlichen Stil zu finden und zu tun, was Ihnen Spaß macht. Betrachten Sie es von dieser Seite: Ihre Leidenschaft für Ihr Leben ist wahrscheinlich einer der Gründe dafür, dass Ihre Freundin sich überhaupt in Sie verliebt hat. Wenn Sie das in einer festen Beziehung aufgeben, werden Sie nicht mehr der Mann sein, in den sie sich einmal verliebt hat. Mit der Zeit wird diese einfache Tatsache Ihre Beziehung zerstören.

5. Bringen Sie Opfer!

Bei dem Wort »Opfer« denken die meisten Männer an Leid, Hausarbeit und daran, dass man sich von einer Frau sein Verhalten vorschreiben lässt. Was auch immer es bedeutet - es ist etwas, was sie nicht mögen. Tatsächlich bedeutet »Opfer« nichts dergleichen. Dahinter steht, dass man ständig die Beziehung über die eigenen Bedürfnisse stellt. Das bedeutet nicht, dass man weniger schläft, bei der Arbeit fehlt oder auf die Sportschau verzichtet. Es bedeutet, dass man bereit ist, alles Nötige zu tun, damit die Beziehung funktioniert. Wenn z. B. Ihre Freundin eine Partnertherapie vorschlägt, weil Sie sich in wichtigen Dingen nicht verstehen, tun Sie es, auch wenn Sie es dumm und lächerlich finden. Sie bringen ein Opfer, um sie glücklich zu machen, damit die Beziehung besser funktioniert.

Frauen lernen früh, für Männer Opfer zu bringen. Sie ertragen unsere merkwürdige Art, bieten uns ihre Körper an, kochen, was wir mögen, ziehen sich unseren Fantasien entsprechend an, machen uns Komplimente, wenn sie es nicht wollen, und tun Dutzende anderer Dinge, um uns glücklich zu machen und die Beziehung zu pflegen. Wenn Sie nicht bereit sind, dasselbe zu tun, müssen Sie erwachsen werden oder sofort die Beziehung beenden. Ohne eine gewisse Opferbereitschaft scheitert jede Partnerschaft. Wenn Sie dazu nicht bereit sind, belassen Sie es bei kurzfristigen Bekanntschaften.

Ein Opfer ist wie eine Spritze, die Sie als Kind bekommen haben. Erinnern Sie sich, wie sehr es wehgetan hat und Ihnen Angst machte? Obwohl es Angst gemacht und wehgetan hat, hat Sie jemand dazu gezwungen, weil es langfristig zu Ihrem Besten war. Dasselbe gilt auch für Opfer, die man für eine Beziehung bringt. Auch wenn man es zunächst nicht mag, tut man es wegen der langfristigen Vorteile. Wenn Sie genau hinsehen, werden Sie feststellen, dass Sie es bereits tun, ohne sich dessen bewusst zu sein. Sie bringen Opfer, wenn Sie sich um die Kleinigkeiten kümmern. Es ist ein Opfer, kleine Geschenke zu kaufen, wenn man kein Geld hat. Ihr zuhören, wenn sie weint oder motzt, obwohl Sie lieber fernsehen wollen, ist ein Opfer. Jedes Mal, wenn Sie etwas aufgeben, um sie glücklich zu machen oder die Beziehung zu pflegen, bringen Sie ein Opfer. Wenn Sie ständig darüber nachdenken, wie Sie das tun können, wird die ganze Beziehung lebendig bleiben.

6. Sorgen Sie für ein aktives Sexleben

Sie können es sich nicht leisten, Ihr Sexleben verkümmern zu lassen. Auch hier gilt: Von Ihrer Entscheidung – nicht von Ihren Gefühlen – hängt es ab, dass es lebendig bleibt. Wenn Sie sich von Ihren Gefühlen abhängig machen, wird Ihr Begehren nach einigen Jahren nachlassen – auch bei der heißesten Frau. Sie müssen ständig dafür sorgen, dass Sie Ihr Sexleben lebendig halten.

Wiederholen Sie das Sex-Kapitel und nehmen Sie sich vor, sexuell interessiert zu bleiben. Das kann bedeuten, dass Sie sich manchmal auch dazu überwinden, Sex mit ihr zu haben, auch wenn Ihnen zunächst nicht danach ist. Männer erzählen uns, dass der Appetit beim Essen kommt. Wir empfehlen, dass Sie für immer und ewig mit neuen Arten sexueller Spiele experimentieren und immer danach streben, Ihr Sexleben frisch zu halten. Sie dürfen Ihre sexuelle Beziehung nicht sterben lassen: Ihr Sexleben ist dasjenige, was die Beziehung zu Ihrer Partnerin von anderen in Ihrem Leben grundlegend unterscheidet. Wenn Sie keinen Sex mit ihr haben, kann sie genauso gut eine normale Bekannte sein. Sex ist das Herz und Blut einer leidenschaftlichen Beziehung. Zum Glück reicht es oft aus, wenn man sich vornimmt, das Sexleben ständig zu erweitern, um es lebendig zu halten.

Sechs Stolpersteine auf dem Weg zu einer langfristigen Beziehung

Wie es Dinge gibt, die man tun muss, um eine glückliche, langfristige Beziehung zu führen, gibt es Dinge, die man nicht tun darf. Man muss seine Augen offenhalten und die Stolpersteine meiden. Unserer Erfahrung nach sind sie die Hauptursachen für den Zerfall einer Partnerschaft. Das Problem daran ist, dass jeder einzelne absolut natürlich ist. Wenn man nicht aufpasst, wird man über jeden einzelnen stolpern. Hält man die Augen auf, wird die Beziehung gedeihen – wenn nicht, verkümmert sie.

1. Man behandelt sie wie einen Männerfreund

Wenn Sie aus diesem Kapitel sonst nichts lernen, dann wenigstens dies: Der beste Weg, eine romantische Beziehung zu zerstören, besteht darin, eine Frau so zu behandeln wie einen Kumpel. Bei den meisten Männern äußert sich das darin, dass sie mit einer Freundin witzeln und sie aufziehen, als wenn sie einer der Männerfreunde wäre. Tun Sie es nicht.

Harald machte ständig diesen Fehler bei seiner Frau Collette. Sie gingen mit einem anderen Paar, Björn und Frieda, aus, als Collette ein Buch über Beziehungsprobleme ansprach, das ihr half, Harald besser zu verstehen. Sie empfahl Frieda das Buch. Harald hielt sich für clever, als er Björn sagte: »Es wird Frieda wahrscheinlich dazu bringen, dich eher zu schätzen, wie auch Collette inzwischen gelernt hat, mich zu schätzen.« Collette war verletzt: »Was sollte das bedeuten?«, fragte sie. »Ich schätze dich.« Harald verletzte Collettes Gefühle durch einen Witz, der gegenüber einem Männerfreund eher angemessen gewesen wäre als gegenüber einer Frau.

Das mag Ihnen nicht der Rede wert erscheinen, aber das ist es. Wenn Sie gegenüber Ihrer Freundin auch nur einen beleidigenden oder aufziehenden Witz pro Woche machen, beleidigen Sie sie mehr als 50-mal pro Jahr. Glauben Sie nicht, dass sie das nicht merkt – denn sie registriert es. Und glauben Sie nicht, dass sie es Ihnen nicht heimzahlen wird – denn das wird sie. Sie wird das nicht tun, weil sie ein gemeiner und nachtragender Mensch ist, sondern weil Sie sie dazu getrieben haben.

Man kann es auch so sehen: Eine romantische Beziehung ist wie ein Bankkonto. Je mehr man sich um die Kleinigkeiten kümmert, romantisch ist und dafür sorgt, dass die Frau sich in ihrer Haut wohl fühlt, desto mehr hat man auf dem Konto. Je mehr Sie auf dem Konto haben, desto mehr wird auch sie tun wollen, um Sie glücklich zu machen.

Je mehr Sie andererseits ihre Gefühle verletzen, desto mehr heben Sie vom Konto ab. Kleine Witze, mit denen Sie sie aufziehen, kosten mehr, als Sie glauben. Wenn das Konto im Minus ist, beginnt sie, sich zu rächen. Das tut sie nicht aus Bosheit, sondern um das Konto wieder auszugleichen.

Als Mann ist es Ihre Aufgabe, dafür zu sorgen, dass Sie immer ein Guthaben haben – und zwar mehr, als Ihre Partnerin jemals vorher in einer Beziehung erlebt hatte. Sie müssen sie ständig mit einem Überfluss an Generosität, Liebe und Wertschätzung überwältigen. Wenn Sie das tun, wird sie Ihnen immer vergeben und Sie immer lieben. Wenn nicht, können Sie die netteste Frau in eine Giftschlange verwandeln. Ziehen Sie Ihre Männerfreunde auf. Tun Sie es nicht mit der Frau, die Sie lieben.

2. Man erniedrigt sie

Das ist wirklich eines der dümmsten Dinge, die ein Mann tun kann – und viele Männer lassen sich dazu hinreißen. Wenn Sie (zumal in der Öffentlichkeit) eine Frau erniedrigen, mit der Sie eine feste Beziehung haben, werden Sie unweigerlich die Liebe austreiben. Tun Sie es nicht. Erniedrigung geschieht oft in Form des Aufziehens (siehe oben) und von »Spitznamen«, die ihre Intelligenz beleidigen. Manche Männer nennen ihre Freundinnen tatsächlich »mein kleiner Idiot« oder »Dummkopf«. Das Tragische daran ist, dass die Erniedrigung allmählich natürlich erscheint, wenn man sich erst einmal daran gewöhnt hat. Sie gewöhnen sich daran, bissige Bemerkungen über den Mangel an Intelligenz ihrer Freundin zu machen. Sie haben das Gefühl, dass ihnen die Aussage »oje, wie kann man nur so dumm sein?« einfach herausrutscht. Inzwischen sollten Sie begriffen haben, dass Sie Ihr Glück aufs Spiel setzen. Wenn Sie sich selbst dabei ertappen, werden Sie sich künftig entschuldigen und sich vornehmen, es nie wieder zu tun.

3. Streit

Wenn wir gerade von Dummheit reden – es ist auch dumm, wenn man sich im Streit gegenseitig anschreit. Wütender Streit nährt sich selbst und – schlimmer noch – zehrt die Beziehung auf. Um zu verstehen, woran das liegt, denken Sie an das zurück, was wir Ihnen über das Flirten mit einer Frau gesagt haben, die Sie verführen wollen: Sie müssen sie lehren, Ihre Gegenwart mit guten Gefühlen zu assoziieren, damit sie sich gut fühlt, wenn sie Sie sieht (oder auch nur an Sie denkt). Das tun Sie, indem Sie immer für gute Stimmung sorgen, wenn sie Sie ansieht. Mit der Zeit assoziiert sie Ihre Gegenwart mit guten Gefühlen.

Im Streit mit einer Frau arbeitet dieselbe Dynamik gegen Sie. Wenn Sie mit einer Frau viele wütende, unerfreuliche Auseinandersetzungen haben, lernt sie, Ihre Gegenwart mit wütenden, schlechten Gefühlen zu assoziieren. Sie wird sich schon wütend und schlecht fühlen, wenn sie Sie nur sieht (oder auch nur an Sie denkt). Sie lernt, Sie mit diesen Gefühlen zu assoziieren – und das ist nicht gut.

Die Sache wird noch schlimmer, weil es Ihnen genauso gehen wird. Nach einigen Streitfällen werden Sie sie ebenfalls mit Streit, Wut und schlechten Gefühlen assoziieren. Wenn Sie sie sehen (oder auch nur an sie denken) werden Sie wütend.

Aus diesem Grund ist es wichtig, dass Sie sich nicht in unkontrollierten Streit hineinziehen lassen. Viele Leute glauben, dass sie das Recht haben, Menschen schlecht zu behandeln, die ihnen nahestehen – man bedenke das Sprichwort: »Wir tun immer denen weh, die wir lieben.« Wenn Sie merken, dass Sie Streit anfangen, versuchen Sie, zivilisiert zu bleiben. Natürlich hat man Meinungsverschiedenheiten; natürlich wird man mal wütend. Aber mäßigen Sie sich. Wenn Sie glauben, dass Sie die Beherrschung verlieren, gehen Sie ihr aus dem Weg und lösen Sie das Problem, wenn Sie ruhiger geworden sind.

Allen und Lisa streiten grundsätzlich immer per E-Mail. »Auf diese Weise können wir unsere Worte viel besser wählen und gründlich überdenken, was zwischen uns abgeht«, sagt Allen. »Außerdem assoziiere ich dann nicht all diese schlechten Gefühle mit ihr. Es funktioniert einfach besser.« Wenn Sie ein echtes Problem mit Wutanfällen haben (das haben viele Männer), sollten Sie sich um kompetente Hilfe bemühen. Ein guter Therapeut kann ihnen helfen, Ihre Wut abzulegen und in Beziehungen erfolgreicher zu sein. Entscheidend ist, dass ungehemmter Streit einer Beziehung schadet. Tun Sie es nicht.

4. Lügen

Manche Lügen sind Notlügen oder entsprechen dem Grundsatz, dass man nicht alles sagen muss. Das ist in Ordnung; es ist eigentlich eine Form von Höflichkeit. Wenn sie Sie z. B. fragt, ob Sie ihre neuen Schuhe mögen, und es Ihnen im Grunde egal ist, sollten Sie sagen: »Ich finde sie eigentlich sehr schön.« Wenn sie Sie fragt, was Sie denken, will sie in Wahrheit die guten Dinge hören, die Sie in letzter Zeit über sie gedacht haben. Sagen Sie nicht, dass Sie gerade daran denken, wie gut Mira Sorvina in dem Film, den Sie am vorigen Abend gesehen, in der Rolle der Prostituierten ausgesehen hat – und wie toll es wäre, Sex mit ihr zu haben. Sagen Sie Ihrer Freundin etwas Ehrliches darüber, was sie Ihnen bedeutet. Wenn Sie die Dinge tun, die wir Sie in diesem Kapitel lehren, werden Sie sich sowieso immer bewusst machen, was Ihnen an ihr wichtig ist.

Destruktives Lügen ist etwas anderes. Destruktives Lügen in einer Beziehung bringt Sie auf eine schiefe Bahn, die irgendwann die Partnerschaft zerstören wird. Lügen beginnt oft, nachdem man auf einer unbewussten Ebene beschlossen hat, die Beziehung zu zerstören. Es beginnt genau dann, wenn Sie glauben, dass es zu viel Arbeit ist und den Aufwand nicht lohnt, sich um die Kleinigkeiten zu kümmern, weil Sie zu wenig zurückbekommen. Es beginnt, wenn man unbewusst entscheidet, dass sie den Aufwand nicht mehr wert ist (und jemand anders es wäre). Sie beginnen, nach diesem anderen Menschen zu suchen – und Sie beginnen zu lügen.

Eine Frau, die Ihnen nahesteht, spürt es, wenn Sie sie anlügen. Psychologen sagen oft, dass 80 Prozent der Kommunikation nichtverbal ist. Wenn Sie glauben, dass sie Ihre Doppelzüngigkeit nicht hört, täuschen Sie sich. Wenn Sie versuchen, die Wahrheit zu verbergen, ändert sich Ihr Gesicht, Ihre Bewegung und Ihr verbaler Ton. Sie wird wissen, dass etwas nicht stimmt, und Sie werden schließlich den Preis bezahlen.

Hier ist eine wahre Geschichte von Lonny, einem Freund von uns, dem das so ging. Er hatte eine Beziehung mit Teresa, die nach einem Jahr in eine andere Stadt zog, um dort zur Schule zu gehen. Sie trafen sich einmal in zwei Monaten, telefonierten und schickten sich E-Mails, um die Beziehung lebendig zu halten. Eines Tages lernte Lonny Dee kennen. Sie fühlten sich auf überwältigende Weise zueinander hingezogen. Er ging kurzerhand mit ihr ins Bett, obwohl er geschworen hatte, dass er Teresa niemals betrügen würde. Am nächsten Morgen rief Teresa ihn an. Nach wenigen Augenblicken fragte sie ihn: »Hast du letzte Nacht Sex mit einer anderen Frau gehabt?« Er verdoppelte seinen Fehler, indem er sie anlog. Zwei Monate später hatten sie eine schreckliche Trennung. Dee störte es, dass er Teresa angelogen hatte, und sie trennte sich ebenfalls von ihm. Er war einsam und litt – hauptsächlich, weil er gelogen hatte.

Obwohl es zunächst vielleicht schmerzhafter ist, wäre Ehrlichkeit seine beste Strategie gewesen. Seine erste Lüge bestand in dem Versprechen, dass er Teresa niemals betrügen würde. Er hatte nicht gewusst, dass es eine Lüge war, aber das war es. Wenn er sein Wort gehalten und sie nicht betrogen hätte, hätte er nicht auch die anderen Lügen ebenfalls erzählen müssen.

Als Teresa ihn am nächsten Tag fragte, ob er mit einer anderen Frau geschlafen hatte, wäre es besser gelaufen, wenn er die Wahrheit gesagt und den Folgen sofort ins Auge gesehen hätte. Sie wäre verletzt gewesen, aber er wäre in der Lage gewesen zu entscheiden, welche Beziehung für ihn wichtiger war. Er hätte wirklich die Probleme zur Kenntnis nehmen können, die eine Distanz-Beziehung macht, und Entscheidungen treffen können, um sie zu lösen. Stattdessen log er, als ob alles in Ordnung wäre und schuf eine Situation, in der er weiter lügen musste, um die Fassade aufrecht zu erhalten. Schließlich fand sie die Wahrheit heraus, was zur Trennung führte. Sie konnte ihm nicht mehr trauen, nachdem er sie mehrfach angelogen hatte.

Wenngleich nicht alle Frauen psychologisch so feinfühlig sind wie Teresa, sind viele es durchaus. Der doppelzüngige Unterton, den das Lügen in eine Beziehung bringt, wird unweigerlich alles Gute an ihr wegwaschen. In fast jeder Situation werden Sie die Erfahrung machen, dass die langfristigen Konsequenzen leichter zu tragen sind, wenn man die Wahrheit sagt, als wenn man lügt. Das Ende vom Lied? Lügen Sie sie nicht an.

5. Man gibt ihr die Schuld für die eigenen Probleme

Inzwischen sollte das Thema dieses Buches klar sein: Sie sind verantwortlich für die Qualität Ihres Lebens und für die Qualität Ihrer Beziehungen. Sie werden Ihr Leben immer besser im Griff haben, wenn Sie mit dieser Philosophie arbeiten.

Leider neigen viele Männer dazu, den Frauen in ihrem Leben die Schuld für ihre Probleme zu geben. Das ist kindisch und unreif. Nach unserer Erfahrung haben Männer, die ihren Freundinnen oder Ehefrauen die Schuld für ihre Probleme gegeben haben, 90 Prozent dieser Probleme selbst verursacht. Zum Beispiel warf Jim seiner Freundin Becky vor, dass sie im Bett nicht sexy genug war. »Es ist, als ob ich an diese Frau gebunden bin, die kein Verlangen hat«, sagt er. »Sie muss frigide sein. Ich sage euch aber eines: Am Anfang war sie nicht so. Nein! Sie konnte nicht genug bekommen, das kleine Luder. Und jetzt? Ich nutze meine rechte Hand ab, weil ich es mir selbst besorge!« Eine Untersuchung ergab aber, dass er sich nicht mehr um die Kleinigkeiten kümmerte und sie insgesamt wie einen anderen Mann behandelte. Er hatte die Romantik in der Beziehung zerstört. Nicht sie. Nachdem er ihre Romanze verschrottet hatte, gab er ihr die Schuld dafür, dass er kein Sexleben hatte.

Wir haben Jim gezeigt, dass er aufhören musste zu klagen. Stattdessen musste er sein Verhalten ändern. Er machte bald die Erfahrung, dass Becky sich wieder sexuell für ihn erwärmte. Solange er ihr die Schuld gab, hatte er das Problem nicht wirklich lösen können. Bevor er sich ändern konnte, musste er sich klar machen, dass es an ihm lag. Er musste sich entscheiden, damit aufzuhören.

In neun von zehn Fällen sind Sie eher die Ursache Ihrer Probleme, als Sie sich eingestehen wollen. Im zehnten Fall kommen Sie besser weg, wenn Sie so tun, als wenn es an Ihnen liegen würde. Wenn Sie der Frau in Ihrem Leben die Schuld für Ihre Probleme geben, werden Sie diese nur verstärken und alles noch schlimmer machen.

6. Sie können nicht vergeben

In jeder Beziehung gibt es Zeiten, in denen man vergeben können muss. Wie wir bereits gesagt haben, wird sie Dinge tun, die Sie wütend machen – wie auch Sie Dinge tun werden, über die sie sich ärgert. Wenn Sie ihr nicht vergeben können, wird Ihr Verhalten die Beziehung zersetzen. Viele Menschen kennen die einfachen Grundlagen des Vergebens nicht. Wir wissen, wie man »ich vergebe dir« sagt, aber wir wissen nicht, wie man die Vergebung wirklich umsetzt. Wir haben keinen Schimmer, wie man die Vergangenheit hinter sich lässt. Viele Männer sagen, dass sie vergeben, und wärmen den Fehltritt des Partners doch immer wieder auf, sodass eine ständige Folter daraus wird.

Nachdem Sheila und Gary fast ein Jahr lang zusammen waren, besuchten sie gemeinsam eine Party, auf der Sheila betrunkener war, als Gary sie jemals erlebt hatte. Dann verschwand sie mit einem anderen Mann. Gary erwischte sie im Flur, wo sie herumknutschten. Sie erklärte, dass sie nicht wusste, was sie tat, und er brachte sie nach Hause. Am nächsten Tag sprachen sie darüber, was geschehen war, und ob ihre Beziehung eine Zukunft hatte. Gary war verständlicherweise wütend und dachte daran, die Beziehung auf der Stelle zu beenden. Er sagte: »Ich habe mir andere Frauen entgehen lassen, weil ich mich auf diese Beziehung festgelegt habe! Ich erwarte dasselbe von dir, oder ich mache Schluss.« Sie weinte, entschuldigte sich und gab zu, dass sie ein Problem mit Alkohol hatte, der sie zu impulsiv machte, wenn sie zu viel davon trank. Sie redeten darüber, ob es ein tieferes Problem in der Beziehung gab und kamen zu dem Ergebnis, dass dem nicht so war. Sie war nur zu betrunken gewesen und hatte etwas sehr Dummes getan. Sie gab eine glaubwürdige Entschuldigung und versprach, nie mehr so viel zu trinken.

Sheila hielt ihr Versprechen: Von nun an trank sie wenig oder gar nichts, wenn sie zu einer Party gingen. Sie blieb eine aufmerksame Geliebte und gute Freundin. Aber das genügte Gary nicht. Er hielt ihr den Fehltritt ständig vor. Jedes Mal, wenn er wütend wurde, sagte er z. B.: »Ich bin wohl nicht so gut wie der Kerl auf der Party, hä?« Oder: »Wenn du mich nicht magst, wette ich, der Party-Typ würde dich nehmen. Du warst ganz schön scharf auf ihn.« Für Gary führten alle Wege zurück zu Sheilas Fehler. Irgendwann begann sie, sich gegen seine Angriffe zu wehren. Es kam zum Streit. Am Ende trennten sie sich, weil Gary nicht hatte vergeben können. »Ich habe mich immer wieder entschuldigt«, sagte sie später. »Aber er konnte es einfach nicht hinter sich lassen.«

Wenn Sie ehrlich vergeben möchten, müssen Sie hinter sich lassen können, was Sie verziehen haben. Das bedeutet, dass Sie nicht mehr darüber reden. Hätte Gary Sheila wirklich vergeben, hätte er es nach ihrem ersten Gespräch nie mehr erwähnt. Es wäre ein für alle Mal erledigt gewesen. Wenn er das Gefühl gehabt hätte, dass er es wieder ansprechen musste, hätte ein wirklich vergebender Mann sich zurückgehalten: Er hätte die alte Geschichte nicht wieder aufgewärmt. Das bedeutet nicht, dass er zu Unrecht wütend war. Er hatte völlig Recht, als er ihr klarmachte, dass ihre Handlungen ein großes Problem verursacht hatten: Es war wichtig, dass sie sich deshalb unwohl fühlte und sich entschuldigte. Aber nachdem er ihre Entschuldigung akzeptiert hatte, hätte er es nicht mehr ansprechen sollen – es sei denn, dass sie zu viel trank oder übermäßig mit anderen Männern flirtete. Solange sie ihr Versprechen hielt, hätte er es hinter sich lassen sollen.

In einer Beziehung werden Sie zu Recht gelegentlich wütend sein. Ihre Partnerin wird Dinge tun, die Sie ihr vergeben müssen. Um eine Beziehung lebendig und glücklich zu halten, muss man begreifen, dass man kein Recht hat, sie mit vergangenen Fehltritten zu quälen, wenn man ihr einmal verziehen hat. Dieses Recht ist dann für immer verloren. Das mag für Sie ein Opfer sein. Wenn es nach Ihnen ginge, würden Sie es ihr immer wieder unter die Nase reiben, um ihr zu zeigen, wo ihre Grenzen sind. Tun Sie es nicht. Lassen Sie die Fehltritte Ihrer Partnerin hinter sich, wenn Sie ihr einmal vergeben haben, und schleppen Sie sie nicht mit in die Zukunft. Ihre Beziehung wird viel glücklicher sein und eine bessere Erfolgschance haben, wenn Sie lernen, wirklich zu vergeben.

Daniels neuer Erfolg

Daniel hat sein Bedürfnis erfüllt. Er ist einer Frau begegnet, ein Jahr später sind sie immer noch miteinander glücklich. Das folgende Date ist typisch für ihre Beziehung, die schon seit einem Jahr andauert:

Sie haben sich für Samstagabend zum Essen verabredet; am Mittwochnachmittag beginnt Daniel, sich vorzubereiten. Er ruft Susanne an und sagt ihr: »Ich hätte gern, dass es am Samstag ein eher formales Date wird, wenn das für dich in Ordnung ist. Wie wär's, wenn wir uns schick machen und etwas Besonderes daraus machen?« »Klar!«, antwortet sie. »Es ist eine gute Gelegenheit, meine neuen Sachen anzuziehen.«

Daniel legt lächelnd auf. Er ruft seinen Freund Jake an, der ungefähr seine Größe hat, und vereinbart, für Samstag dessen Smoking zu leihen. Ein anderer Freund leiht ihm den Mercedes.

Nach der Arbeit geht er in ein Spielwarengeschäft und kauft einige Spielzeug-Schmuckstücke, die er vor dem Date hübsch verpackt. Er geht auch bei einem Buchgeschäft vorbei und kauft ihr ein Buch, für das sie sich interessiert. Es besteht kein besonderer Anlass; Daniel weiß einfach, dass diese Art von Aktivitäten nötig ist, um die Beziehung spannend und lebendig zu halten. Er tut es auch gern. Schließlich macht es ihm Spaß und schafft unvergessliche Augenblicke für Susanne und ihn. Am Nachmittag vor der Verabredung geht er in ein Blumengeschäft und kauft ihr einige Blumen. Er hat ihr schon seit einer Weile nichts gekauft; deshalb will er sich nicht lumpen lassen und kauft ihr ein Dutzend rote Rosen.

Gut gestylt holt er Susanne mit einem schicken Auto ab. Sie ist überwältigt. Sie staunt über die Blumen und läuft aufgeregt los, um sie ins Wasser zu stellen. Er hält ihr die Türen auf, ist der perfekte Gentleman und führt sie ins Restaurant aus. Es ist nicht das beste oder teuerste Restaurant in der Stadt, aber es macht ihnen beiden mehr Spaß, weil sie sich so schick gemacht haben. Sie werden auch besser behandelt; die Leute finden ihre Garderobe schick und versuchen, ihnen die Erfahrung noch angenehmer zu machen. Nach dem Essen gibt ihr Daniel beim Kaffee eines der kleinen Geschenke, die er für sie gekauft hat. Das letzte hat er für das Ende des Abends reserviert: Er überreicht es ihr vor ihrem Apartment als Einleitung zu einer Nacht mit heißem und leidenschaftlichem Sex.

Auch Sie können haben, was Daniel hat, wenn Sie sich danach sehnen. Die einfachen Schritte, die wir in diesem Kapitel beschrieben haben, werden Sie leiten. Wie Daniel können auch Sie eine Romanze lebendig halten und sich jeden Tag mehr in die Frau Ihrer Träume verlieben.

Zusammenfassung

Ein Jahr später geht Bob die Straße lang und sieht aus wie aus dem Ei gepellt. Auf den ersten Blick ist es kaum zu glauben, dass das derselbe Mann ist, der sich vorher noch geweigert hatte, schöne Kleidung zu tragen und seine Haare zu kämmen, der eine negative Einstellung hatte und es ablehnte, diese gegenüber Frauen zu ändern. Jetzt trägt er ein Superoutfit, hat gestyltes Haar und wirkt insgesamt sehr selbstbewusst. Nach Monaten ständiger Fehlschläge bei Frauen hatte Bob endlich beschlossen, unseren Rat zu befolgen und sich nach stilvollen Vorbildern der Medien zu stylen. Er ahmte ihre Körperhaltung, Gedanken und Kleidung sowie ihre Einstellung und ihr Verhalten bei Dates nach. Durch einige Routine-Übungen fasste er Mut und war im Flow - schon wurde der Erfolg zum Normalfall.

Noch vor einem Jahr hätte man Bob niemals dabei ertappt, wie er Hefte über Männermoden las. Obwohl es immer noch nicht sein Lieblingsthema ist, hat er heute einige Magazine über Männermoden abonniert. Er ist ständig auf der Suche nach Möglichkeiten, sein Aussehen zu verbessern. Zuerst schien es ihm komisch, ja, beinahe unnatürlich, sich modisch zu kleiden und sich auf sein Äußeres zu konzentrieren, aber nach einer Weile merkte er, dass Frauen ihn anders behandelten und er sich in seiner Haut auch wohler fühlte. Bob wurde bewusst (und Ihnen hoffentlich auch), dass die Kleidung, die ein Mann trägt (und die Art, wie er sie trägt), eine Botschaft an Frauen aussendet. Vorher hat er unbewusst gesagt: »Bleib mir fern. Es ist mir egal, was du denkst.« Seine Strategie war effektiv - die Frauen hielten Abstand. Seine nachlässige Kleidung trug viel zu seinen Fehlschlägen bei.

Bob wurde klar, dass er für die heißen, jungen und sexy 21-jährigen Frauen, mit denen er am liebsten ausgehen wollte, nicht infrage kam, wenn er sich schlampig kleidete und kein Selbstvertrauen ausstrahlte. Diese Erkenntnis trieb ihn dazu, oft zu trainieren, abzunehmen und ein paar tausend Euro in Kleidung zu investieren. »Zuerst fühlte ich mich von den Geschäften für Männermoden über den Tisch gezogen: Ich fühlte mich richtig verarscht. Aber als ich eine Weile darüber nachgedacht hatte, betrachtete ich es als eine Investition, die sich langfristig auszahlen würde. Mit dieser Einstellung folgte ich den Ratschlägen der Verkäufer und kaufte einige Outfits, die mir gut standen. Jetzt fühle ich mich stark, wenn ich die Straße entlanggehe. Frauen schauen mir nach. Ich fühle mich manchmal schon wie ein Filmstar. Es macht Spaß.«

Als Bob begann, seinen Stil zu ändern, folgte er der Checkliste über Kleidung und Hygiene. Diese Liste umfasst Dinge wie Brillen, die in gutem Zustand und modisch sind, Schneiden der Haare an Ohren und Nase, weiche und kussfreudige Lippen, Rasieren vor jedem Date, Kugelschreiber vor einem Date aus den Hemdtaschen nehmen, Tragen sauberer Unterwäsche, passende Socken sowie Kleidung, die in gutem Zustand ist. »Ich musste viele Veränderungen vornehmen, um die Kunst der Verführung ernsthaft zu beherrschen«, berichtet Bob. »Ich habe meinen Kleidungsstil sowie meine Einstellung gegenüber Sport und Ernährung vollständig verändert. Früher dachte ich, man musste als Frauenheld geboren sein, oder man würde nie einer werden. Ich habe meine Meinung geändert.«

Bob hat Frauen und dem Leben gegenüber das Selbstvertrauen gewonnen, das er sich immer gewünscht hat. Er weiß heute, dass man etwas dafür tun muss. Bob erkannte, dass enge Männerfreunde ebenfalls wichtig waren, um das Leben zu führen, das er sich wünschte. »Ich hatte zu anderen Männern immer eine Distanz«, berichtet er. Heute, nachdem wir ihn geschult haben, sagt er: »Ich begann, mit anderen Männern zu reden und sie besser kennenzulernen. Es gibt viele Themen, über die ich mit Männern, aber nicht mit Frauen reden kann. Es hat mir bei Frauen sehr geholfen, dass ich Männer hatte, die mir Anregungen gaben und mich motivierten. Ich merkte, wie viel Spaß es macht, sich zu entspannen, ein paar Biere zu trinken, ein Spiel anzusehen und zu quatschen. Es gibt mir die Kraft für andere Lebensbereiche. Bis dahin hatte ich gedacht, Sportübertragungen wären etwas für Macho-Flachköpfe. Heute weiß ich, dass ich auch ein Flachkopf bin. Na und – wenn es Spaß macht!«

Bob hat sein Selbstvertrauen gegenüber Frauen gestärkt, indem er zugab, dass er Angst hatte, mit Frauen auszugehen. Er fürchtete sich vor der

Zurückweisung, hatte Angst, dass Frauen ihn nicht mögen würden, dass er nicht wissen würde, was er sagen sollte, und dass sie ihn als Macho und Frauenheld betrachten könnten. Diese Ängste standen seinem Erfolg im Weg. Erst als er sich diese eingestand, konnte er handeln und sie ändern. Eine Lösung bestand darin, einfach die ganze Zeit Frauen anzusprechen und mit ihnen zu flirten. Bob begann, es täglich zu tun, was sein Selbstvertrauen schnell stärkte. Zunächst schaffte er nicht mehr als ein »Hallo«. Allmählich lernte er, romantische Fragen zu stellen, zu flirten, zu lächeln, Sprüche auswendig zu lernen und sich zu entspannen. Er ließ sich von Zurückweisungen nicht unterkriegen; die Unterstützung durch andere Männer half ihm, weiterzumachen.

Im Lauf des Jahres machte Bob hunderte von Fehlern, aber er blieb am Ball. Die meisten Männer hätten aufgegeben, sich minderwertig gefühlt und jedem die Schuld für ihre Fehlschläge gegeben. Bob blieb beharrlich – und seine Situation änderte sich bald. Er sah den Kurs in der Kunst der Verführung als einen Job an: Man musste zuerst viel Arbeit investieren, um nachher die Früchte ernten zu können.

Auf seinen ersten Verführungs-Dates ignorierte Bob unsere Warnungen, dass man das Auto und die Wohnung für eine Romanze herrichten muss. Er fuhr weiterhin Müll in seinem Auto spazieren. Er bewahrte Flaschen und Dosen, die er eines Tages zum Recycling-Hof bringen wollte, sowie Hamburger-Papier von Fast-Food-Lokalen und eine Werkzeugsammlung in seinem alten, lauten, rostigen und verbeulten Kleinwagen auf. Schlimmer noch: Ein Paar Plüschwürfel baumelte vor seinem Rückspiegel. Jede Frau, die sich in sein Auto setzte, versuchte, so schnell wie möglich wieder herauszukommen. Später kaufte er sich ein neues Auto und verwandelte es in ein echtes Sexmobil: Er hielt es sauber, ließ eine Stereoanlage einbauen und kaufte romantische Musik; er bewahrte Decken, Kissen und Wein im Kofferraum auf und versteckte natürlich auch eine Packung Kondome im Handschuhfach.

Bobs Wohnung verwandelte sich ebenfalls. Es wurde ihm klar, dass ein Haus voller Müll, schmutziger Teller, kaputter Möbel und schlechter Gerüche jedes Mal die romantische Stimmung zerstörte. Innerhalb von ein paar Monaten ersetzte er alle Lampen in Wohn- und Schlafzimmer und stattete sie alle mit einem Dimmer aus. Er kaufte auch einige neue, weiche und bequeme Sitzmöbel, die zu Romantik und Sinnlichkeit einluden. Andere Teile bezog er frisch mit passendem Stoff. Sein neues Bett war riesig – man konnte stundenlang darauf herumliegen. Eine hübsche Sammlung von Pflanzen und gerahmten Bildern sorgte in beiden Zimmern für eine romantische Stimmung. Bob gewöhnte es sich an, vor jedem Date sein Schlaf- und Wohnzimmer zu reinigen und dafür zu sorgen, dass saubere Betttücher und Kissen auf dem Bett waren. Er fühlte sich in seiner Wohnung wohler, und Frauen bestätigten, dass es ihnen Spaß machte und sie es romantisch fanden, ihn zu besuchen.

Im Lauf des Jahres übte er sich auch in Flirts und Romanzen. Zunächst konnte er weder romantisch sein noch flirten, aber nach hinreichender Lektüre, Übung und Ratschlägen von anderen Männern fiel es ihm bald viel leichter. In der Vergangenheit hatte Bob geglaubt, dass Flirten einfach darin bestand, ein Gespräch ohne eine bestimmte Richtung zu führen, das irgendwann auf magische Weise zu Sex führen würde. Da er nie einen One-Night-Stand gehabt und keine einzelne Konversation jemals zu Sex geführt hatte, hielt er sich für einen Versager. Später wurde es Bob bewusst, dass Flirten im Wesentlichen ein Spiel war, bei dem man sich nicht auf ein bestimmtes Ergebnis fixieren durfte, und dass ein Mann selten schon nach einem einzigen Flirt Sex hat.

Als er lernte, sich zu entspannen, konnte er flirten, mit den Augen zwinkern und selbstbewusst mit Frauen umgehen. Bob nutzte das Flirten, um Frauen genauer abzuschätzen und zu sehen, ob sie für ein Date oder Sex infrage kamen. Er lernte auch, das Flirten so einzusetzen, dass eine Frau angenehme Gefühle mit ihm assoziierte. So begann er z. B. im Laden in der Nähe seines Arbeitsplatzes mit der Kassiererin zu flirten und sich gelegentlich mit ihr zu unterhalten. Er beschloss, jeden Tag in seiner Mittagspause hinzugehen und mit ihr über etwas Romantisches zu reden. Anfangs war er nervös und schaffte nur ein oder zwei Worte. Mit der Zeit begann sie, sich auf seine täglichen Besuche zu freuen.

Bob hatte beim Flirten viele grobe Fehler gemacht, bevor er die Grundlagen erlernte: Groben Humor zu vermeiden; nicht so grobe Witze zu machen, wie mit seinen Männerfreunden; sich niemals über ihre Erscheinung lustig zu machen; sich in ihrer Gegenwart niemals zu ekelhaftem Benehmen hinreißen zu lassen und sich niemals selbst im Scherz zum Idioten zu machen. Während des Lernprozesses machte er alle diese Fehler. Aber er lernte bald, Witze zu machen über Dinge, die sich ergaben, wie wichtig es war, »Hallo« zu sagen, Augenkontakt zu halten und in Gesprächen romantische Dinge zu beschreiben.

Romantisch zu sein war ähnlich schwer zu lernen. Anfangs vergaß er, sofort sein romantisches Interesse deutlich zu machen. Oft wartete er einige Tage, bevor er seinen Charme aufsetzte. Die Frauen fühlten sich davon aber abgestoßen, da sie ihn schon als »guten Freund« eingestuft hatten. Schließlich wurde ihm klar, dass Frauen in den ersten Minuten einer Bekanntschaft entscheiden, ob ein Mann ein Freund oder ein Liebhaber ist. Bob begann sogar, romantische Filme zu sehen und romantische Gedichte und Romane zu lesen. Er wollte so viel wie möglich lernen. Jede Woche stellte er sich Aufgaben, um zu verstehen und zu lernen, was Frauen in einer romantischen Situation begehren. Er akzeptierte, dass es seine Aufgabe war, einer Frau bei einem Date das Gefühl zu geben, dass sie etwas Besonderes war, und die nötigen romantischen Dinge zu tun, um das gewünschte Resultat zu erzielen. Die romantischen Geschichten und Filme, die er las, bestätigten unsere These, dass Romantik eine Atmosphäre des Unerwarteten und Irrealen hat. Eine romantische Situation ist generös, nicht bedürftig; man richtet sich nach dem Tempo der Frau; man zeigt ihr seine Wertschätzung: Das zeigt einer Frau, dass Sie Zeit, Kraft und Überlegung in das Date investiert haben.

Eines der schwierigsten Dinge, die Bob lernen musste, war aber, dass Frauen zunächst Angst haben, dass ein Mann gefährlich sein und sie verletzen könnte: Diese Angst muss überwunden werden, bevor man eine engere Beziehung aufbauen kann. Viele Schnupper- und Verführungs-Dates sowie Befragungen von befreundeten Frauen haben das bestätigt.

Am Anfang dieses Buches hatte sich Bob darüber beklagt, dass es keine Orte gab, an denen man Frauen kennenlernen konnte. Er war einsam, aber es schien nichts zu funktionieren. Auf unseren Rat hin begann Bob, Frauen versuchsweise an unterschiedlichen Orten zu treffen. Manche haben sich sehr gelohnt und zu vielen Dates geführt, andere waren hingegen nicht so produktiv. Auf jeden Fall hat Bob gelernt, dass man an jedem beliebigen Ort die Chance hat, Frauen kennenzulernen. Er hat gelernt zu flirten und es nicht persönlich zu nehmen, wenn es zu nichts führt oder er zurückgewiesen wird.

Bob begann, täglich dasselbe Café zu besuchen. Er wurde Stammgast. So fiel es ihm leichter, Frauen anzusprechen, die er regelmäßig sah: Es bestand bereits eine Gemeinsamkeit - nämlich das Café. Er begann, regelmäßig in denselben Restaurants zu essen und zu bestimmten Zeiten ins Fitness-Center zu gehen. Auch das führte zu weiteren Gelegenheiten, zu flirten und Dates auszumachen. Er sprach Frauen in seiner Lieblings-Buchhandlung an. Das führte zwar zu keinem Date, aber zu einigen interessanten Gesprächen. Bob experimentierte mit New-Age-Veranstaltungen. (Bei einer wurde er sogar hinausgeworfen, weil er einen Hellseher geärgert hatte.) An diesem Tag bekam er zwar keinen Sex, aber er trainierte seine Verführungskunst und hatte Spaß daran, sich komisch zu benehmen - insofern war es für ihn ein Erfolg.

Er besuchte sogar ein paar Mal einen Tanzkurs für Gesellschaftstänze. Er tanzte mit einigen heißen jungen Frauen. Er lernte auch viele Frauen beim Hundetraining kennen. Er schrieb sich sogar für einen japanischen Kochkurs ein. Bob war der einzige Mann im Kurs. Die anderen Teilnehmerinnen waren hauptsächlich verheiratete Frauen mittleren Alters. Aber Joyce, eine der Teilnehmerinnen, war sehr nett. Einmal gingen sie nach dem Kurs auf einen Drink aus. Ihre Dates zu einem Drink führten zu einer kurzfristigen erotischen Beziehung. Obwohl sie wenig gemeinsam hatten, hatten sie guten Sex, was beiden auch genügte.

Bob ging nur einen Monat lang mit Joyce aus. Obwohl er sie gerne länger getroffen hätte, wusste er, dass Joyce wahrscheinlich gerne seine feste Freundin geworden wäre, wenn sie sich noch länger getroffen hätten. Bob gelang es, die potenzielle Beziehung schnell abzubrechen. Joyce war nicht überrascht, als er schließlich Schluss machte.

Einer von Bobs größten Fehlern war gewesen, dass er all die Frauen nicht wahrgenommen hatte, mit denen er täglich Kontakt hatte. Bis dahin hatte er sich so verhalten, als wenn es keine Frauen gäbe, die zu einem Date bereit waren. Er hatte es versäumt, all die Frauen zu bemerken, mit denen er täglich sprach und Kontakt hatte. Heute sind seine Tage viel mehr wie die von Bruce – er flirtet und verabredet sich Tag und Nacht mit Frauen.

Als Teil seines Trainings setzte er viele Kontaktanzeigen in die Lokalzeitungen und suchte Frauen im Internet. Seine Anzeigen führten zu ein paar Dates. Die Kontaktanzeige im Internet führte zu keinen Dates, aber zu einigen gelungenen sexy E-Mails. Ein besonders gewagter Versuch war eine Gedichtlesung: Er stand auf und las verführerische Gedichte vor. Er schrieb zahlreiche Gedichte über Sexualität und Romantik. Er folgte unserem Rat und entwickelte lange Gedichte aus romantischen Fragen sowie aus der Beschreibung romantischer Stimmungen. »Es schockierte mich, dort oben zu stehen. Ich hätte nie gedacht, dass ich so dreist sein könnte, aber es hat Spaß gemacht. Danach habe ich mich mit mindestens sechs Frauen unterhalten. Das war der beste Teil. Ich habe ein paar Telefonnummern bekommen. Eine Frau, Rebecca, war 20 Jahre alt, hatte einen Punk-Look und Tätowierungen und Piercings im Gesicht. Sie ging noch in derselben Nacht mit mir nach Hause. Es war mein erster One-Night-Stand.«

Bob nahm sich auch Zeit, um Zaubertricks zu lernen. Er konzentrierte sich auf Karten-Tricks. Das bot ihm eine ideale Möglichkeit, Gespräche mit Frauen anzuknüpfen. In einer Warteschlange oder im Bus zog er ein Kartenspiel heraus und verwendete es, um ein Gespräch zu beginnen. Auch das verschaffte ihm Gelegenheiten für Flirts und Verabredungen.

Er begriff den Unterschied zwischen Schnupper- und Verführungs-Dates. Das Ziel des ersten besteht darin, die Frau auf eine Romanze einzustimmen und eine Verbindung zu schaffen. Er sah ein, wie wichtig es war, dieses Date kurz zu halten: Wenn er es zu sehr ausdehnte, konnte er leicht Fehler machen, sodass die Verbindung sich nicht entwickeln würde. Unlängst verabredete sich Bob mit Monika, einer Frau, die er aus dem Fitness-Center kannte, zu einem Schnupper-Date in einem Café. Sie verbrachten nur 45 Minuten zusammen – es funktionierte perfekt. Da sie viel Spaß zu haben schien, beschloss er, das Date noch früher zu beenden als geplant. Bob dachte daran, dass dies keine Zeit für Small Talk war. Die Aufgabe bestand darin, romantische Fragen zu stellen und herauszufinden, was sie von einem Mann und Partner erwartete. So fand er z. B. heraus, wie ihr erster Kuss sein sollte, ob sie an Liebe auf den ersten Blick glaubte, was sie an einer Beziehung schätzte und welche Eigenschaften sie in einem Partner suchte.

Natürlich brachte Bob sein neues Buch zum Lesen mit, falls Monika nicht erscheinen würde. Er wusste, dass viele Frauen nicht kamen; so konnte er sich entspannt und spontan geben. Da noch andere Frauen mit ihm ausgingen, machte er sich keine allzu großen Sorgen über Monikas Reaktionen. Es ging ihm spielend von der Hand. Eine seiner größten Veränderungen besteht darin, dass er gelernt hat, entschieden zu sein. In der Vergangenheit überließ er Entscheidungen immer den Frauen: Er hielt das für höflich. Nun hat er erkannt, dass man während einem Date unbedingt schnelle Entscheidungen treffen muss. Wenngleich das Date mit Monikca gut lief, hatte er das ganze Jahr über Dutzende von fehlgeschlagenen Schnupper-Dates erlebt. Es gab Frauen, die sich verspäteten oder gar nicht erschienen. Er begann, aus jedem Fehler und jedem Versäumnis zu lernen. Nach jedem Date prüfte Bob seine Checkliste für die Nachbereitung aus dem Kapitel über das Schnupper-Date. Dazu zählen Dinge wie die, dass man einer Frau mindestens viermal in die Augen sieht, romantische Fragen stellt, ihre Hand berührt, darauf achtet, dass das Date nicht länger als 75 Minuten dauert, Entscheidungen trifft, sie mindestens einmal zum Lächeln oder Lachen bringt, frühzeitig erscheint, Informationen über sie sammelt, ihr mindestens fünfmal Komplimente macht und viele andere persönliche Gesten mehr. Über die Checkliste hinaus erwog er auch jedes Mal, wie sehr ihm daran gelegen war, die Beziehung weiter zu entwickeln. Was musste er tun, um die nächste Stufe zu erreichen? Bob entwarf seine eigenen Maßstäbe, um zu bestimmen, in welchem Maß er an einer Frau interessiert war.

Der nächste Schritt bestand im Studium von Verführungs-Dates. Nun konzentrierte er sich nicht mehr darauf, eine Verbindung aufzubauen, sondern Sex zu haben. Bei Monika wusste er, dass sie bereit war mitzumachen. Sie zeigte Interesse an ihm, flirtete oft und reagierte gut auf seine Test-Berührungen. Beim Verführungs-Date sorgte er für die Kernelemente: Er verwandelte das Date in ein besonderes Ereignis, indem er eine lustige und romantische Aktivität auswählte; er machte es unvergesslich, zahlte für das Date, hatte einen flexiblen Zeitplan, machte kleine Geschenke, gab ihr das Gefühl, etwas Besonderes zu sein, war auf den Erfolg vorbereitet und sorgte für nette Überraschungen. Vor dem Date traf er alle Vorbereitungen: Er schätzte das Maß der Zuneigung ein, die zwischen ihnen bestand, setzte sexuelle Ziele, sorgte dafür, dass der Termin gut in seinen Zeitplan passte, legte fest, wie viel Geld er ausgeben wollte, hatte einen Ersatzplan, war vorbereitet und nutzte die Informationen vom Schnupper-Date, um seine Wahl zu treffen. Während der Verabredung war er höflich, liebevoll, charmant, behandelte sie wie eine Frau, redete über fröhliche Themen und war ein unterhaltsamer Mensch.

Zunächst gelang es Bob nicht, Frauen ins Bett zu bekommen. Als es schließlich doch glückte, endete es mit einer Katastrophe. Erinnern Sie sich an die schreckliche Situation mit Barbara? Bob war mit ihr im Bett, aber er wusste nicht, wie er sie zärtlich berühren sollte. Er war zu grob und wollte allzu schnell zum Geschlechtsverkehr übergehen. Er lehnte es ab, Zeit in das Vorspiel zu investieren – in Küssen und Petting (und was sonst noch dazu gehört). Als er hingegen mit Monika ausging, küsste er sie beim Verführungs-Date, und sie landeten schließlich in ihrem Bett. Da er sich intensiv mit dem weiblichen Körper befasst und gelernt hatte, wie man eine Frau einfühlsam berührt und massiert, berührte Bob Monika so, wie sie es sich wünschte. Es war ihm nicht peinlich, sie anzusehen oder Fragen zu stellen. Bob küsste sie und Monika stöhnte laut. Er war voller Selbstvertrauen. Seine Arbeit an der richtigen Einstellung im Schlafzimmer zahlte sich gut aus. Bob erkannte, dass sein Hauptziel darin bestand, ein echter Playboy zu sein. In ein paar Jahren sieht er sich in einer langfristigen festen Beziehung, aber vorläufig will er sich mit vielen Frauen verabreden und viele kurzfristige erotische Beziehungen haben. Er weiß, was nötig ist, um eine erfolgreiche langfristige Beziehung zu führen, wenn er dazu bereit ist: Opfer, Romantik, schöne Erfahrungen, kleine Geschenke und kommunikative Fähigkeiten – vor allem aber Zuhören, sich um Kleinigkeiten kümmern, sie voll unterstützen und sein eigenes seelisches Gleichgewicht pflegen. Aber vorläufig will er weiterhin Erfahrungen machen.

Bob hat noch eine weitere wichtige Fähigkeit erworben, die ihm oft nützlich gewesen ist: Er weiß, wie man mit Problem-Situationen und Problem-Frauen umgeht. Bislang war er im Hinblick auf Verabredungen auf die 24 Idioten-Fehler und Stolperfallen hereingefallen: Nur mit einer Frau auszugehen; nicht alle Faktoren abzuklären; mit Frauen zu streiten, die nicht zurückriefen oder nicht genügend Initiative zeigten. Er hatte Frauen mit sexuellen Anspielungen überwältigt, das Date zu ernst genommen, versucht, Wertschätzung und Bestätigung von Frauen zu bekommen und in ihrer Gegenwart andere Frauen angeschaut. Er hatte keine Limits gesetzt und war nicht ökonomisch mit seiner Zeit, seiner Kraft und seinem Geld umgegangen. Er hatte versucht, alle Probleme einer Frau zu lösen. Er hatte ständig mit Frauen gestritten und sich dazu hinreißen lassen, zu brüllen und zu schreien, anstatt seine Wut unter Kontrolle zu halten.

Bob hat sich im Lauf des Jahres mit einer Reihe von Problem-Frauen verabredet und gelernt, sie zu meiden. Er hat Frauen wie die Heulsuse, die paranoide Polizei-Anruferin, die Straßenkämpferin und die Manipulatorin / Zicke / Kritikerin kennengelernt. Er ist mit Frauen ausgegangen, die ständige emotionale Probleme hatten, den Sex verweigerten, ihn bei der Arbeit störten, seiner Selbstachtung schadeten, sich zwischen ihn und seine Kameraden stellen wollten oder übermäßig kritisch, dominierend und gewalttätig waren. Als eines dieser Probleme auftauchte, wusste er, dass er die Beziehung sofort beenden musste.

Bob musste viele Probleme in seiner eigenen Persönlichkeit feststellen. Seine Neigung, ein SNAG (Sensitive New Age Guy / postmoderner Hippie) zu sein, hatte ihn seit Jahren geplagt. Er hatte ständig versucht, Frauen dazu zu bringen, Sex mit ihm zu haben, indem er auf eine oberflächliche Art nett war, was aber niemals funktionierte. Er fand heraus, dass Frauen einen selbstbewussten Mann suchen, der nicht so apologetisch ist und nicht versucht, sie zu beeindrucken, indem er einfach nur nett ist. Er hörte auch auf, bei Dates ein Kontrollfreak und ein Besserwisser zu sein. Er lügt sich selbst nicht mehr vor, dass er eine Beziehung sucht. Bob will Sex und rechtfertigt sich nicht dafür.

Seinen Erfolg verdankt Bob unserem Rat, den er genau befolgt hat, und seinem unermüdlichen Einsatz. Er hatte mehr Probleme zu bewältigen als die meisten unserer Schüler, und das hat ihm Erfolg bei Frauen beschert.

Wenn Sie in kleinen Schritten lernen, werden auch Sie so sein wie Bob und künftig anders reden, anders handeln und anders mit Frauen umgehen. Dieses Buch ist Ihre Bibel für Verabredungen und sexuellen Erfolg. Wenn Sie unsere Wissenschaft anwenden und Ihren eigenen Intuitionen folgen, ist Ihnen der Erfolg sicher.

Register

C

D

E

F

G

H

I

J

K

L

M

N

O

P

R

S

T

U

V

W

Y

Z